Distribué au Québec par :
Québec-Livres
2185 Aut. des Laurentides
Laval (Québec)
H7S 1Z6
CANADA
Tél. : (450) 687-1210
Fax : (450) 687-1331

Distribué en France par :
D.G. Diffusion
Rue Max PLANCK
B.P. 734
31683 LABEGE CÉDEX
FRANCE
Tél. : (05) 61 00 09 99
Fax : (05) 61 00 23 12

Distribué en Suisse par :
Diffusion Transat SA
Route des jeunes, 4ter
Case postale 1210
1211 Genève 26
SUISSE
Tél. : 022/342 77 40
Fax : 022/343 46 46

Distribué en Belgique par :
Vander
Avenue des Volontaires 321
1150 Bruxelles
BELGIQUE
Tél. : (02) 761 12 12
Fax : (02) 761 12 13

Illustration de couverture: Lyne Lévesque
Dépôt légal:
Bibliothèque Nationale du Québec
Bibliothèque Nationale du Canada
Bibliothèque Nationale de France
Deuxième trimestre 2003
ISBN: 2-920932-19-5
Première édition
Publié par:
Les Éditions E.T.C. Inc.
1102, boul. La Sallette
Saint-Jérôme Québec
J5L 2J7   CANADA
Tél. : (514) 875-1930 ou (450) 431-5336
Amérique du Nord : 1-800-361-3834
Télécopieur : (450) 431-0991
info@leseditionsetc.com
www.leseditionsetc.com

LISE BOURBEAU

(auteur du Best-Seller *Écoute Ton Corps*)

MICHELINE ST-JACQUES

Le grand guide de l'ÊTRE

ÉDITIONS E.T.C. INC

Autres livres de LISE BOURBEAU

ÉCOUTE TON CORPS, ton plus grand ami sur la Terre
(ce livre est traduit en anglais, espagnol, italien, allemand, russe, roumain, portugais, lithuanien et polonais)

ÉCOUTE TON CORPS, ENCORE! (Tome 2)
(ce livre est traduit en russe)

QUI ES-TU?
(ce livre est traduit en italien et en roumain)

JE SUIS DIEU, WOW!

TON CORPS DIT : "AIME-TOI!"
(ce livre est traduit en anglais, espagnol, allemand, russe et polonais)

LES 5 BLESSURES QUI EMPÊCHENT D'ÊTRE SOI-MÊME
(ce livre est traduit en anglais, allemand, russe et italien)

UNE ANNÉE DE PRISES DE CONSCIENCE

COLLECTION ÉCOUTE TON CORPS :

- Les relations intimes (Livre #1)
  (ce livre est traduit en russe)
- La responsabilité, l'engagement et la culpabilité (Livre #2)
  (ce livre est traduit en italien et en russe)
- Les peurs et les croyances (Livre #3)
  (ce livre est traduit en italien et en russe)
- Les relations parents et enfants (Livre #4)
  (ce livre est traduit en russe)
- L'argent et l'abondance (Livre #5)
  (ce livre est traduit en italien et en russe)
- Les émotions, les sentiments et le pardon (Livre #6)
  (ce livre est traduit en russe)
- La sexualité et la sensualité (Livre #7)
  (ce livre est traduit en russe)

LA COLLECTION ROUMA *(livres pour enfants)*

- La découverte de Rouma
- Janie la petite

Consultez le catalogue des produits Écoute Ton Corps à la fin de ce livre.

REMERCIEMENTS

Je tiens à remercier Micheline St-Jacques pour sa grande patience, ténacité et souci du détail, grâce auxquels j'ai pu rendre à terme ce projet de plusieurs années.

Je suis aussi très reconnaissante à tous les clients d'Écoute Ton Corps qui, grâce à leurs incessantes questions dans tous les domaines, me permettent de toujours être en recherche afin que mon enseignement soit de plus en plus simple, clair et intelligent.

Lise Bourbeau

Je remercie d'abord mon Guide intérieur de m'avoir dirigée tout au long de ce grand périple. Je suis profondément reconnaissante à madame Lise Bourbeau qui, grâce à la confiance qu'elle m'a témoignée, à ses ouvrages et à sa grande complicité m'a permis de réaliser ce très grand rêve d'écriture.

Je remercie également pour l'encouragement, l'intérêt manifesté et les bons conseils de tous mes proches, en particulier mon époux Jean-Pierre, mes parents, mes enfants et mes frères et sœurs tout au long des trois années requises pour la réalisation de ce premier livre pour moi.

Micheline St-Jacques

Pour terminer, nous aimerions remercier Odette Pelletier et Édith Paul pour leur excellente collaboration dans les corrections et suggestions apportées. Ces dernières ont contribué à ce que les définitions dans ce livre soient le plus juste possible.

AVANT-PROPOS

L'idée de ce livre germa il y a quelques années au moment où Lise Bourbeau réalisa, lors de ses stages, que de nombreuses personnes s'empêchaient d'être elles-mêmes parce qu'elles vivaient en fonction d'une définition faussée des états d'être. Par exemple : être égoïste, être autonome, être libre, être paisible, être calme, etc. Son désir fut donc de les définir en rapport avec le niveau du « être » et le développement personnel et de les condenser tous dans un même livre.

De son côté, Micheline St-Jacques suivit toute la formation d'Écoute Ton Corps. Elle put ainsi vérifier que les outils d'ouverture de conscience fondés sur l'amour véritable donnaient d'excellents résultats. Pour son profit personnel, elle eut l'idée de réunir plusieurs de ces outils sous forme de répertoire afin de les retrouver plus facilement. Un jour, elle se rendit compte que ce répertoire pouvait aider nombre de personnes dans leur cheminement personnel. Elle approcha donc Lise Bourbeau avec son idée et elles se sont mises d'accord pour écrire ce livre ensemble.

Nous souhaitons très sincèrement que les messages transmis dans cet ouvrage aideront de nombreuses personnes à mieux gérer leurs états d'être.

INTRODUCTION

La mission première de ce livre consiste à mettre à la disposition des gens des outils d'ouverture de conscience et à fournir des réponses suite à un questionnement sur leur façon d'être, de faire ou d'avoir ou simplement pour découvrir de nouvelles notions. L'objectif de cet ouvrage n'est donc pas d'apporter de grandes théories exhaustives sur tout ce qui se rapporte à la connaissance de soi car, plusieurs sujets pourraient bien sûr faire l'objet d'un chapitre complet ou parfois même d'un livre.

L'interprétation des mots, il va sans dire, peut donc s'avérer fort différente de celle d'un dictionnaire conventionnel. Elle est axée sur la conscience de l'être humain dans le but premier qu'il apprenne à se connaître, pour qu'ensuite il se donne le droit d'être ce qu'il est. Cette démarche amène l'humain au but ultime de s'aimer de plus en plus dans son quotidien. Ce livre peut également aider une personne qui traverse une situation difficile à découvrir et à développer son potentiel intérieur pour être plus heureuse.

Puisque certains sujets sont étroitement liés et afin d'éviter les répétitions, il est souvent mentionné de se référer à d'autres sujets. Ainsi, les mots écrits en LETTRES MAJUSCULES t'invitent à t'y référer. Le fait de relire un sujet te permettra ainsi de mieux l'assimiler. Cependant, pour un meilleur résultat, il est conseillé de définir soi-même le mot recherché avant de regarder la définition suggérée dans ce livre. Le masculin est généralement employé dans le seul but d'alléger l'écriture. De plus, le tutoiement continue à être utilisé comme dans tous les livres de Lise Bourbeau. Tu remarqueras également que les notions importantes d'amour, d'acceptation, de pardon, de la responsabilité, de l'intelligence et du pouvoir de ton Dieu intérieur reviennent dans plusieurs définitions. Ces répétitions sont volontaires, car l'ego résiste tellement à ces notions que nous avons tous besoin de nous les répéter fréquemment, et ce, pendant plusieurs années.

Certains thèmes, n'étant pas des outils de croissance personnelle comme tels, par exemple, l'aura, l'astral, les chakras et quelques autres, ne sont mentionnés que dans le seul but de compléter une source d'information ou d'enrichir un sujet. D'autre part, les grands thèmes qui font l'objet d'un traitement en profondeur comme l'amour, les émotions, les dépendances, la sexualité, le poids, l'alimentation, le pardon, le miroir, le décodage de malaises et maladies ou les blessures profondes de l'âme sont des domaines très complexes mais combien révélateurs. De ce fait, il est suggéré, pour aller plus loin dans la connaissance de soi, de se documenter davantage ou même de chercher de l'aide auprès d'autres sources pour mieux clarifier et cerner un problème afin d'en trouver l'origine profonde.

Il n'en tient qu'à chacun de nous de décider à un moment donné de s'ouvrir à d'autres ressources, d'autres outils nouveaux ou différents de ceux déjà utilisés si nous voulons améliorer notre qualité de vie. Une personne qui persiste à utiliser les mêmes outils toute sa vie, c'est-à-dire à adopter les mêmes attitudes, les mêmes comportements et les mêmes croyances qui ne lui sont plus utiles, satisfaisants ou parfois même nuisibles, serait comparable à quelqu'un qui persiste à utiliser les mêmes anciens outils de travail. Quand ces derniers ne nous satisfont plus, nous n'hésitons pas à les renouveler et à les remplacer par de nouveaux qui nous simplifient la vie, n'est-ce pas ? Par exemple, il ne nous viendrait pas à l'idée de conserver notre vieille machine à laver manuelle sous prétexte qu'elle nous était utile dans le passé, en sachant que dans le moment, il en existe d'autres qui nous simplifient la vie et nous permettent de faire autre chose de beaucoup plus agréable. Tout évolue ! Mais sachons que pour l'être humain, l'évolution n'est possible que par la connaissance de soi et la vraie conscience qui s'acquièrent par l'expérimentation.

Néanmoins, il est fréquent qu'après la lecture d'un sujet ou à la suite d'une prise de conscience, une personne découvre elle-même ses propres outils. Ceci est souhaitable, car en apprenant à mieux se connaître et à s'aimer, on utilise davantage les ressources qui proviennent de notre guide intérieur.

En général, plus les gens possèdent de choses tels que l'argent, les biens matériels, les honneurs, les diplômes, etc., plus ils en recherchent. Ils se concentrent sans cesse à trouver ce qui semble manquer à leur bonheur. Mais à quoi servent tous ces « avoirs » si le cœur est malheureux ? Quand une personne souffre, les émotions prennent souvent le dessus et la santé fléchit. Notre âme souhaite que nous utilisions tout ce qui nous entoure, tous nos états d'être pour nous aider dans notre cheminement spirituel afin de nous mettre en contact avec DIEU présent en nous et autour de nous. Par contre, nous ne connaissons pas toujours exactement l'élément déclencheur d'une guérison ou celui qui fait déborder le vase et rend quelqu'un malade, victime ou malheureux. Une véritable transformation ou une guérison se produit à la suite d'un amalgame d'éléments. Les outils contenus dans ce *GRAND GUIDE DE L'ÊTRE* ont pour but de t'aider à prendre conscience et à te diriger vers la guérison physique et psychologique.

Lorsqu'une situation pénible et inattendue survient dans notre vie, tout semble basculer autour de nous. Une réaction tout à fait normale consisterait à penser que cela paraît parfois injuste. Les émotions éprouvées à ce moment nous décentrent et nous refusons d'accepter l'expérience. Par conséquent, nous ne voyons pas de solution dans l'immédiat. La principale source de nos difficultés est que nous voulons tout contrôler. Nous refusons d'accepter que ce qui nous arrive fait partie d'expériences essentielles pour notre évolution et que nous pouvons faire entièrement confiance à notre DIEU intérieur, ce grand MOI en nous qui sait exactement ce dont nous avons besoin pour évoluer. Nous sommes donc plus souvent des êtres en réaction plutôt que des êtres centrés, en maîtrise de notre vie.

La difficulté à prendre conscience de certains comportements découle du fait que nous croyons normal de réagir de la sorte et qu'il doit en être ainsi pour tout le monde. Mais il n'en est rien. Bien que nous soyons tous des êtres humains, nous demeurons tous uniques avec des leçons de vie particulières, et ce, même si nous cheminons tous vers un seul et même but, soit celui de retourner vers la lumière, notre raison d'être. Le chemin pour nous y rendre emprunte des sentiers bien différents. Ce livre apporte un vaste choix de solutions.

Confrontée à une difficulté, la personne centrée répondra à l'événement plutôt qu'à y réagir. Ainsi, elle se dira : « Ce n'est pas pour rien que cette situation arrive dans ma vie. Ça se produit sûrement pour m'apprendre quelque chose d'important.» **La solution à chaque problème réside déjà en nous.** Il suffit de prendre contact avec notre puissance intérieure et d'utiliser notre meilleur outil, notre corps dans toutes ses dimensions – physique, émotionnelle et mentale –, pour nous retrouver au service des besoins de notre être. En sachant accueillir la situation problématique comme un reflet d'une partie de nous qui souffre, il devient plus facile d'en devenir observateur pour ainsi mieux la gérer et reprendre les rennes de notre vie. Par conséquent, tout ce que nous vivons et tout ce qui nous entoure causent l'éveil de notre conscience. Les expériences qui nous semblent les plus difficiles se révèlent, en fait, les meilleurs outils pour devenir conscients de notre richesse intérieure, bien qu'il ne soit pas toujours facile d'accepter cette notion.

Notre DIEU intérieur ou « superconscience » nous envoie sans cesse des messages pour nous signaler que nous entretenons une façon de penser non bénéfique pour nous. Par exemple : les émotions qui prennent le dessus, les « mal-êtres » intérieurs, les malaises et les maladies, le manque d'énergie, les problèmes de poids, les accidents, l'envie de prendre de l'alcool ou des drogues, dormir trop ou pas assez, manger trop ou pas assez, etc. Lorsqu'une telle situation survient, il importe de dire merci pour le message reçu en sachant que son existence n'est pas l'effet du hasard. Ton Dieu intérieur cherche à t'aider. Écoute-le !

Comme chaque être humain se trouve unique et complexe de par sa personnalité et son bagage d'expériences personnelles, il peut y avoir de multiples causes reliées à une même situation. Par exemple, un problème de santé peut signaler chez une personne une façon de penser qui lui est nuisible; pour quelqu'un d'autre, une maladie peut provenir de croyances mentales « héréditaires », c'est-à-dire ancrées profondément depuis plusieurs générations. Pour certains, il peut s'agir d'une leçon de vie incontournable selon leur plan de vie. Tu constateras donc que les causes profondes sont très rarement évoquées dans ce livre. Par contre, lorsque cela est fait, le but consiste purement à mettre en lumière un lien important pour une meilleure compréhension. L'accent est placé davantage sur la prise de conscience, les attitudes et les comportements à reconsidérer, les actions à poser et les outils suggérés pour t'aider à mieux t'accueillir.

Il importe également d'utiliser ton discernement en vérifiant ce que tu ressens au cours de la lecture d'un sujet. Sois alerte à ne pas rejeter du revers de la main tout ce qui te dérange ou qui te fait réagir ou à croire que cela ne te concerne pas. Au contraire ! Peut-être y a-t-il là des aspects clés très intéressants qui pourraient t'aider à mieux te connaître et ainsi améliorer ta vie et tes relations personnelles et sociales. Sache également que les conflits vécus avec les autres servent à attirer ton attention sur tes propres conflits intérieurs. Voici la raison pour laquelle nous pouvons affirmer que, finalement, tout a son utilité.

Ainsi donc, quand nous sommes insatisfaits de ce que nous vivons, quand nous n'obtenons pas les résultats souhaités, nous pouvons changer nos anciens schèmes de pensée, nos croyances, nos comportements et nos attitudes en essayant de nouveaux outils. Cela ne peut qu'améliorer notre condition de vie et qu'accroître notre bonheur. Nous avons beaucoup à gagner à vivre de nouvelles expériences. Peu importe ce que nous vivons, un dilemme, une peur, une difficulté, un mal-être, un malaise, une maladie, un doute ou une insatisfaction quelconque, l'important consiste d'abord à nous intérioriser pour vérifier ce que nous ressentons pour ensuite décider d'apporter les changements nécessaires en adoptant des comportements différents de ceux du passé. Voilà une grande marque de sagesse. Ce guide est rempli de moyens pratiques à cet effet.

Pour toute transformation durable, il est suggéré d'expérimenter assidûment un nouveau comportement pendant trois mois environ afin de bien l'intégrer, période au cours de laquelle tu pourras vérifier si tu obtiens des résultats plus bénéfiques pour toi, bien que cela puisse parfois prendre plus de temps pour que l'intégration se fasse au niveau de toutes tes cellules. Si les résultats ne te satisfont pas, tu pourras expérimenter d'autres comportements, ce qui contribuera de toute façon à transformer ton attitude intérieure. Cependant, il est important de ne pas bousculer les étapes : ça ne sert à rien. Vouloir aller trop vite correspond à vouloir CONTRÔLER et le contrôle crée de la résistance. C'est comme lorsque nous nous trouvons à l'entrée d'un magasin avec des portes automatiques qui ne s'ouvrent pas tout de suite à notre approche. Nous essayons d'abord de les forcer pour aller plus vite, pour réaliser par la suite que ça ne servait à rien. Nous n'avions qu'à avancer naturellement, sans forcer, et laisser les portes s'ouvrir d'elles-mêmes.

Parmi tous les moyens suggérés, l'acceptation demeure la plus importante étape pour une réelle transformation. Elle nous ramène directement à expérimenter de l'amour inconditionnel, c'est-à-dire accepter toutes les expériences que nous vivons et reconnaître qui nous sommes véritablement, à savoir des êtres spirituels qui ont décidé de vivre certaines expériences humaines dans un monde de matière. Comme tout ce qui vit est attiré vers la lumière, nous désirons tous retourner vers celle-ci et le moyen par excellence pour y arriver sur cette planète est de développer l'AMOUR INCONDITIONNEL. Aimer, c'est s'accepter à travers toutes nos expériences. Celles-ci ne doivent servir qu'à nous ramener à l'AMOUR DE SOI et des autres. Le refus d'accepter nos expériences vécues, le refus de prendre notre RESPONSABILITÉ et le manque d'amour de soi représentent les plus grandes causes de notre résistance et de nos difficultés.

Dans ce livre, il sera fréquemment question de systèmes de valeurs ou de croyances parce que celles-ci se retrouvent également à la base d'un grand nombre de nos difficultés. Par conséquent, il n'est pas absolument nécessaire de tout comprendre intellectuellement. Chercher à comprendre se veut une notion mentale issue de notre système de valeurs, donc de ce que nous avons appris par le passé, ce qui diffère beaucoup d'un individu à l'autre. Dans cette perspective, il devient à la fois rassurant et libérateur de savoir que nous ne sommes pas obligés de tout comprendre ni, surtout, de savoir d'où une situation provient, ni quand, ni comment, ni pourquoi. Le fait d'accepter et de reconnaître que nous sommes des êtres responsables et que toute situation participe à notre apprentissage et à notre épanouissement personnel est suffisant pour obtenir de grandes transformations. Il constitue un exemple d'acceptation inconditionnelle.

Les sujets de l'ACCEPTATION, la RESPONSABILITÉ, le PARDON et le LÂCHER PRISE se révèlent d'une extrême importance et font toute la différence dans l'intégration de la plupart des sujets. Par conséquent, il devient essentiel de t'y référer aussi souvent que possible. D'autre part, comme une image vaut mille mots, il est suggéré de te reporter souvent au tableau de l'AMOUR à la fin de ce livre. Il te permettra, d'un simple coup d'œil, de te centrer et de retourner dans ton cœur.

Ce *GRAND GUIDE DE L'ÊTRE* te sera particulièrement utile lorsque tu utiliseras la méthode de décodage des croyances enseignée par Écoute Ton Corps. Lorsque tu découvriras une croyance, par exemple « Je m'empêche d'être LIBRE par peur d'être jugé d'ÉGOÏSTE », il est fortement suggéré que tu vérifies les définitions véritables de ces mots. Il y a de fortes chances que tu en aies une définition erronée et ceci contribue à entretenir cette CROYANCE.

Le plus grand désir qu'éprouvaient Lise Bourbeau et Micheline St-Jacques au cours de l'élaboration de ce livre était de t'aider à améliorer ta qualité de vie. Ce livre, étant un outil de référence au quotidien, peut te permettre d'accélérer ton cheminement vers une vie toujours plus heureuse. Nous te souhaitons de tout cœur qu'il soit un outil important qui t'aidera à ouvrir la porte de ton cœur, contribuant ainsi à la découverte de ta lumière intérieure comme l'indique la page couverture.

Pour terminer, rappelle-toi que la lecture de ce livre n'aura un impact positif dans ta vie que si tu poses des actions. C'est comme la différence entre lire une recette dans un livre et l'apprêter. Tu obtiens des résultats concrets que lorsque tu passes à l'action.

BONNE LECTURE !

ABANDON

L'abandon est défini comme une cessation. L'expression « être dans un état d'abandon » signifie « sans soin ». (Dans ce livre, les termes LÂCHER PRISE et DÉCROCHER sont utilisés au lieu du mot abandon et ils font plutôt référence à faire CONFIANCE À LA VIE ou s'en remettre à l'UNIVERS.) Abandonner une personne, c'est donc la laisser tomber, ne pas assez – ou ne plus vouloir – s'en occuper. Il en est ainsi dans le fait d'abandonner un projet ou s'abandonner soi-même. Toute personne qui souffre d'abandon l'exprime avec elle-même et les autres. Elle croit depuis son enfance qu'elle ne reçoit jamais assez d'attention. Voilà pourquoi c'est le genre de personne à la rechercher beaucoup chez les autres; elle essaie de compenser pour le manque affectif qu'elle vit.

Prenons l'exemple de la personne qui est presque toujours malade pour attirer l'attention. Elle ne peut et ne veut surtout pas s'occuper d'elle-même; elle fait tout ce qu'elle peut pour que ce soit les autres qui prennent soin d'elle. Ainsi, tout le temps qu'elle est malade, elle abandonne les autres, utilisant l'excuse de la maladie. Plus elle a peur d'être abandonnée, plus elle abandonne les autres. Comme la LOI DE CAUSE À EFFET est toujours présente, plus cette personne abandonne les autres et plus les autres ont envie de l'abandonner, ce qui a pour effet qu'elle doit trouver d'autres moyens pour essayer d'avoir plus d'attention. Toute personne qui souffre d'abandon devient, par conséquent, très DÉPENDANTE.

De plus, ce genre de personne a de la difficulté à rendre un projet à terme par elle-même. Elle a tout ce qu'il faut pour y arriver mais elle est motivée uniquement si elle se sent appuyée et soutenue par quelqu'un d'autre. Cela explique pourquoi certaines gens ont la réputation de débuter plein de projets et de les laisser tomber en cours de route.

Si tu te vois comme une personne qui souffre d'abandon, tu dois tout d'abord devenir conscient des nombreuses fois où tu abandonnes quelqu'un ou quelque chose, ainsi que toi-même. Ensuite, donne-toi le droit

A

d'être ainsi pour le moment en acceptant que tu as cru jusqu'à maintenant que tu ne recevais pas assez d'attention. Ensuite, fais des actions pour devenir AUTONOME, ce qui t'aidera à redevenir toi-même avec tout ton potentiel pour créer ta propre vie. Et surtout, souviens-toi qu'un adulte ne peut souffrir d'abandon. C'est l'ENFANT INTÉRIEUR qui souffre d'abandon et l'adulte peut le consoler, le réconforter.[1]

ABONDANCE

L'état d'abondance signifie avoir en quantité supérieure à ses besoins. Cet état est relatif à chaque individu, car ce qu'une personne perçoit comme étant une situation d'abondance peut signifier un état de manque pour quelqu'un de mieux nanti. Par exemple : toucher un salaire de 500 $ par semaine peut sembler un très bon revenu, mais pour une personne qui a l'habitude de gagner beaucoup plus, elle peut se sentir en état de manque avec 500 $. L'effet positif chez cette dernière ou chez quelqu'un qui vise plus haut dans l'échelle monétaire est qu'elle possède à l'intérieur d'elle-même le potentiel nécessaire pour attirer vers elle tout l'argent désiré et toujours plus d'abondance dans sa vie. La même chose se produit au niveau des amis, des effets matériels et même en ce qui concerne le temps. Ce qui bloque l'état d'abondance est, en général, plusieurs CROYANCES et attitudes inconscientes entretenues quotidiennement et depuis longtemps.

L'attitude à adopter consiste à avoir de la gratitude pour tout ce qui t'entoure. Remercier et apprécier de ce dont tu disposes présentement dans tous les domaines, que ce soit au niveau matériel, humain ou autre : maison, auto, vêtements, objets personnels, nourriture, amis, famille, santé, temps, loisirs… au lieu de focaliser sur ce qu'il te MANQUE. Prends le temps de faire la liste de tes avoirs, apprécier et profiter de ce que tu possèdes représente une bien meilleure attitude que celle d'envier ce que les autres possèdent et de jouer le rôle de victime. Être heureux pour tous ceux qui en possèdent plus que toi, au lieu de peut-être parfois

---

1   Pour plus de détails, il est suggéré de lire le livre "Les 5 blessures qui empêchent d'être soi-même".

les envier, représente une autre attitude gagnante. Apprendre à donner sans cesse pour le simple plaisir de DONNER, sans attentes, constitue un moyen très efficace d'attirer l'abondance. **Plus on donne, plus on reçoit** et ce, dans tous les domaines : argent, biens matériels, temps, compliments, services, etc. Donner nous amène à sentir, à penser et à croire que nous possédons beaucoup. Comme toutes les autres pensées et croyances, celles-ci influencent grandement ta vie. En conséquence, tu connaîtras de plus en plus d'abondance. Le moyen par excellence pour attirer l'abondance d'une façon permanente consiste à développer une attitude PROSPÈRE et, bien sûr, à utiliser ton grand pouvoir de CRÉER pour MANIFESTER ce que tu veux.

A

ABSOLU

Le mot absolu, qu'il soit utilisé comme nom ou adjectif, signifie « qui ne comporte aucune restriction, ni réserve ». L'expression « le monde de l'absolu » ou « dans l'absolu » est habituellement utilisée pour désigner l'opposé du monde limité humain. L'existence de ce monde est impossible à prouver, il ne peut qu'être ressenti. C'est un monde où tout est possible, où il n'y a aucune limite, peu importe le domaine que ce soit.

Nous devons, par contre, être prudents et ne pas dédaigner notre monde MATÉRIEL humain au détriment de l'absolu. Les deux mondes sont réels et nous n'atteindrons l'absolu qu'au moment où nous aurons atteint la MAÎTRISE sur terre.

ABUS SEXUEL

Se référer à **AGRESSION À CARACTÈRE SEXUEL**

ABUSER

Abuser, c'est tromper quelqu'un en profitant de sa complaisance ou de sa crédulité; abuser de son pouvoir, de son autorité. Abuser des choses, c'est faire un usage excessif, exagérer, dépasser la mesure. Certains abusent du système gouvernemental, de leur santé, du sexe, des plaisirs

A

de la table, etc. Quand les gens abusent des autres, cela indique en général qu'ils souffrent d'un grand manque de confiance en leur propre POUVOIR. Ils essaient donc d'avoir le pouvoir sur les autres. Ils peuvent se croire gagnants quand, en réalité, cela les empêche d'aller au fond d'eux-mêmes, de trouver leurs propres solutions, d'être en contact avec leur puissance et leur capacité de mieux gérer leur vie.

Ceux qui souffrent de la blessure de TRAHISON représentent ceux qui sont le plus aptes à abuser des autres, car ils croient qu'ils se feront avoir s'ils ne profitent pas des autres. Abuser dans quelque domaine que ce soit, par quelque façon que ce soit n'est jamais bénéfique pour personne. Vu qu'il est parfois malaisé de savoir quand nous abusons, un bon moyen d'en prendre conscience est de vérifier avec ses proches à quel degré nous le faisons. De plus, comme les autres sont le reflet de ce qui se passe à l'intérieur de nous, une personne abuse des autres au même point qu'elle abuse d'elle-même. De plus, selon la LOI DE CAUSE À EFFET, toute personne qui abuse des autres doit en payer le prix et en subir les conséquences. Les autres vont abuser d'elle, et ce, même si ce n'est pas de la même façon, ni dans le même domaine. La même loi existe concernant le fait d'abuser des êtres vivants sous d'autres plans, soit minéral, végétal et animal. Nous sommes sur terre pour les apprécier, pour apprendre à travers eux.

ACCEPTATION

Dans l'enseignement d'*Écoute Ton Corps,* le mot acceptation représente un des termes les plus utilisés, car elle est nécessaire pour vivre l'AMOUR inconditionnel envers soi-même ou envers quelqu'un d'autre. L'acceptation est essentielle pour retrouver l'état de bien-être, de bonheur, de santé, de prospérité et tous les attributs tant désirés par l'être humain. Il y a deux façons d'accepter qui font une différence : l'acceptation mentale et l'acceptation spirituelle.

Accepter mentalement consiste à être d'accord avec une situation et, en général, avoir la même opinion, ou quand on considère que c'est acceptable. Une telle personne se base sur ce qu'elle a appris par le passé pour décider si elle accepte ou non.

La vision spirituelle d'acceptation se situe au niveau de l'être, au niveau du cœur, là où il n'y a ni BIEN ni MAL, ni JUGEMENT d'aucune sorte. **Accepter, c'est la capacité de donner le droit aux événements et aux personnes d'être ce qu'ils sont, de vivre toutes sortes d'expériences sans vouloir les changer ou changer la situation, même si on n'est pas d'accord.** Permettre aux gens d'être différents de soi, sans critique, ni jugement de valeur, tout en étant capable de bien se sentir à l'intérieur de soi indique également une attitude d'acceptation. Le mental, n'étant que de la mémoire, ne peut pas gérer cette notion d'acceptation, car il se base avant tout sur ce qu'il a appris par le passé pour tirer toute conclusion, tandis que l'amour inconditionnel est toujours centré sur le moment présent. C'est pourquoi le mental humain a de la difficulté avec la notion spirituelle d'acceptation.

Voici à titre d'exemple un homme qui a commis un vol important ou un autre qui a tué une personne. Bien sûr, il est impensable (mentalement) d'être d'accord avec de tels événements extrêmes, mais accepter (spirituellement) se traduit par la capacité de donner le droit à toute personne d'avoir des comportements différents des nôtres, d'avoir une motivation que nous ne connaissons pas. Accepter, c'est aussi permettre aux autres d'avoir des peurs, des limites, c'est-à-dire d'être humains tout en sentant la souffrance qu'une personne peut éprouver au moment où elle commet un tel acte ou lorsqu'elle perd le contrôle de ses actions.

Souvent, lorsqu'une personne reste incapable d'accepter une situation, si minime soit-elle, c'est qu'elle croit sincèrement que ce qui est arrivé n'était pas correct ou qu'il était mal d'avoir agi ainsi, ce qui lui fait vivre beaucoup d'émotions, en particulier de la frustration et de la colère. Lorsque cela t'arrive, tes ÉMOTIONS peuvent devenir un indice précieux pour te rappeler qu'il est grand temps de réviser ton système de valeurs et tes croyances mentales si tu veux arriver un jour à devenir plus flexible, plus compatissant envers les gens et les circonstances. En somme, c'est un excellent moyen pour devenir plus heureux et épanoui.

A

Accepter, c'est reconnaître que toutes les personnes touchées ou affectées par une expérience spécifique ont une leçon de vie importante à apprendre à travers celle-ci. Te poser honnêtement la question suivante peut t'aider à accepter : « Si c'était mon fils ou ma fille qui avait commis un délit qualifié d'inacceptable, comment je le/la jugerais ? Comment je voudrais que les autres le/la jugent ? » Il est très important de te rappeler qu'accepter ne signifie pas nécessairement comprendre ou être d'accord avec la situation.

Si tu n'arrives pas à accepter malgré toute ta bonne volonté, ta CROYANCE MENTALE ou ta douleur étant trop intenses, tu dois accepter le fait que, pour le moment, tu en es incapable. Tu démontres ainsi une forme d'acceptation et une ouverture vers un mieux-être. Il est recommandé d'expérimenter cette attitude d'acceptation dans les domaines les plus faciles pour toi pour commencer. Dès le début, tu réaliseras que le fait d'accepter les personnes et les événements tels qu'ils se présentent produira dans ton être un sentiment de libération, ce qui ne veut pas dire que tu deviens indifférent. Comme nous sommes tous sur terre pour vivre toutes sortes d'expériences dans l'amour de soi et des autres, et notre but ultime étant de retourner vers la lumière, nous ne sommes pas en mesure de juger quiconque qui utilise des moyens différents des nôtres pour l'atteindre.

Nous devons savoir également que tant et aussi longtemps qu'une expérience n'est pas vécue dans l'acceptation totale, c'est-à-dire sans jugement d'aucune sorte, sans accusation, sans culpabilité, sans regret, l'humain s'attire les éléments nécessaires pour revivre la même expérience jusqu'à ce qu'il devienne conscient des conséquences qui lui sont, soit nuisibles, soit bénéfiques. C'est ainsi qu'il décide à l'avenir de ne choisir de vivre que des expériences qui le rendent heureux et qu'il laisse de côté celles qui entraînent des conséquences désagréables. Il le fait dorénavant par choix conscient et il en est ainsi pour toutes les expériences qu'il vit. Le manque d'acceptation des autres est aussi un outil très utile pour découvrir ce que nous n'acceptons pas de nous-même. Cet outil s'appelle l'approche du MIROIR.

ACCEPTATION DE SOI

A

C'est la même vision spirituelle que l'ACCEPTATION, sauf que l'amour exprimé est orienté vers soi-même. On a souvent de la difficulté à s'accepter tel qu'on est, car on se trouve toutes sortes de défauts et de lacunes. On est très souvent plus sévère et intransigeant envers soi-même qu'envers les autres. **S'accepter, c'est s'accueillir dans ses peurs, ses limites, ses défauts et ses faiblesses. C'est se donner le droit d'être ce que l'on est dans le moment, même si on n'est pas parfait, ni même d'accord avec nos comportements et ce, sans se critiquer, ni se juger comme étant faible ou tout autre attribut négatif ou dévalorisant.**

Voici un exemple : Une personne manque de volonté au niveau de bien s'alimenter. Elle sait qu'elle mange beaucoup trop de sucre et veut parvenir un jour à en manger moins. Elle se retrouve souvent devant ce dilemme : « Dois-je en manger ou dois-je me contrôler et me priver ? » Si elle sent un besoin irrésistible d'en manger, s'accepter consiste à se permettre de satisfaire ses sens tout en le faisant consciemment, c'est-à-dire lorsqu'elle prend une bouchée, elle doit vérifier comment elle se sent intérieurement. S'il y a une petite voix dans sa tête qui dit à peu près ceci : « Tu es encore en train de manger du sucre, tu t'étais pourtant promis que c'était la dernière fois, tu n'as aucune volonté, etc. », ceci est la voix de l'accusation et non de l'acceptation.

T'accepter, c'est simplement constater ce qui t'arrive dans le moment sans que tu veuilles te changer, te contrôler ou changer la situation. C'est reconnaître que cette situation t'aide à découvrir un aspect de toi, en l'occurrence tes limites. T'accepter, c'est te dire : « J'en mange quand même tout en sachant que je ne suis pas d'accord, que ce n'est pas ma PRÉFÉRENCE. Je préférerais ne pas donner tout ce travail à mon corps mais c'est comme ça pour le moment. Un jour, je sais que j'arriverai à ce que je veux vraiment. » Voilà ce que représente l'acceptation de soi. On ne se juge ni se critique de quoi que ce soit, car on sait qu'on est en train de vivre une expérience justement pour se permettre de s'accepter tel qu'on est. Il est beaucoup plus facile par la suite

A

de voir ce qu'on peut apprendre de cette situation. Ça peut être, par exemple, qu'on manque de nourriture affective et qu'on se remplit avec du sucre. On doit plutôt être reconnaissant à ce sucre de combler une carence parce qu'on ne s'aime pas assez et qu'on dépend des autres pour se sentir aimé. Ainsi, on s'accepte complètement. Ce genre de situation nous apprend surtout ce qu'on ne veut pas et, par conséquent, ce qu'on veut. Ensuite, il nous reste à nous donner le temps nécessaire pour arriver à ce qu'on veut. Quand on s'accepte véritablement, avec notre cœur, les outils pour améliorer certains aspects de soi-même surgissent par le biais de notre SUPERCONSCIENCE qui nous apporte les moyens nécessaires à toute transformation durable.

La grande difficulté d'accepter inconditionnellement réside dans le fait d'avoir peur que la situation perdure et d'avoir à vivre la même situation le reste de nos jours. Pourtant, c'est le contraire qui arrive : quand on n'accepte pas, on devient, sans le vouloir, soumis à la situation puisque rien ne change vraiment. On vit donc beaucoup d'émotions et de colère contre soi-même et ce genre de situation peut même mener à l'OBSESSION.

La seule façon de savoir si une situation est acceptée au niveau du cœur ou si, au contraire, elle est vécue dans la soumission, c'est de vérifier si on se sent bien intérieurement ou tourmenté par des pensées, des émotions ou des accusations. Le fait de bien se sentir au moment où on s'accepte indique qu'on est véritablement dans son cœur. Une phrase à retenir et à affirmer : « Je m'aime assez pour m'estimer et me permettre de… ». **S'accepter, c'est renoncer à vouloir se contrôler et faire preuve d'estime envers soi-même, c'est avoir de la compassion pour soi-même et surtout se permettre d'être humain.**

ACCIDENT

Tout événement fortuit, non prévu, qui modifie ou interrompt le cours de quelque chose est considéré comme un accident. Dans le monde MATÉRIEL, on considère qu'un accident est le fruit du HASARD. Dans le monde SPIRITUEL, il n'y a pas de hasard. Tout accident est un message de notre DIEU intérieur pour attirer notre attention sur le fait que nous voulons nous punir de quelque chose. Ce désir de nous punir vient du fait que nous nous sentons coupable de quelque chose et que cette culpabilité est inconsciente.

A

L'accident représente donc un moyen de nous arrêter afin de prendre conscience qu'il est inutile de nous sentir coupable. L'humain a de plus en plus besoin de devenir conscient qu'il n'est pas INTELLIGENT de se sentir coupable. La CULPABILITÉ nous emprisonne dans un cercle vicieux qui devient de plus en plus difficile à vivre. Voilà pourquoi notre Dieu intérieur attire notre attention par un accident, nous démontrant ainsi le degré de notre culpabilité. Plus nous nous accusons et plus nous croyons mériter un châtiment sévère. Nous sommes notre propre juge.

Lorsqu'un accident implique des BLESSURES PHYSIQUES, l'intelligence de ton corps te parle par la partie qui est affectée. Si l'accident a provoqué une blessure ou une douleur aux jambes par exemple, nous savons que les jambes servent à nous déplacer et à aller vers l'avant. Par conséquent, cela a un lien direct avec une culpabilité que tu vis face à un endroit où tu veux aller ou que tu désires ne pas aller. Les jambes ont aussi souvent un lien avec le travail. Dans tous les cas, la gravité de la blessure indique le degré de la culpabilité vécue qui n'est pas bénéfique pour toi.

Un accident peut provenir aussi d'un besoin inconscient de s'allouer un temps d'arrêt, alors que sans celui-ci, une personne ne s'en serait jamais donné le droit par culpabilité ou peut-être par crainte de faire ses demandes, de perdre son emploi, de retarder un projet par rapport auquel elle ne se sentait pas prête, etc. Cet accident lui rappelle que ce n'est pas l'activité qui n'est pas bénéfique pour elle mais bien son ATTITUDE intérieure face à celle-ci. En acceptant que tu attires tout événement en vue de devenir conscient d'une attitude intérieure, il te sera beaucoup plus facile d'ACCEPTER ce qui t'arrive et de faire ton processus sur-le-champ, au moment même où l'accident survient. Lorsqu'une blessure persiste suite à un accident, utilise la méthode de décodage élaborée dans le thème CROYANCE pour trouver la PEUR et le DÉSIR qui se cachent derrière cette blessure.

ACCROIRE

En faire accroire à quelqu'un, c'est le tromper, lui mentir, abuser de lui. Nous faire accroire, c'est une façon de nous voir ou de percevoir les choses comme nous voudrions qu'elles soient. Nous voyons d'une façon irréelle, non réaliste, déformée, faussée. C'est comme si nous voyions à travers un voile ou si nous portions des verres colorés qui teintent tout ce que nous regardons. Nous ne voyons pas les gens et les situations (ainsi que nous-même) tels qu'ils sont. Cela provient d'une réaction à ce que nous voudrions ou ne voudrions pas être. Ce genre d'attitude est surtout vécue par ceux qui se contrôlent ou qui cherchent à CONTRÔLER les autres ou encore qui vivent des PEURS.

On peut se faire accroire différents états d'être et agir en fonction de ceux-ci. Par exemple : nous faire accroire qu'une situation ne nous blesse pas, ne nous touche pas, alors qu'en réalité, elle nous fait vivre des émotions et du stress refoulés; nous faire accroire que quelque chose est réglé avec un parent alors que le même genre de situation perdure avec un conjoint ou un enfant; nous faire accroire qu'on est généreux, quand, en réalité, on s'attend à recevoir en retour, etc.

Comme nous pouvons le remarquer, il est facile de nous faire accroire toutes sortes de choses dans tous les domaines et à différents degrés. Mais sommes-nous réellement heureux, en paix avec nous-même et avec les autres ? Sachons que quand nous nous faisons accroire quoi que ce soit, nous sommes incapables d'être objectifs, d'accéder à nos désirs et de voir la réalité de ce que nous sommes vraiment. Pendant ce temps, nous ne sommes pas centrés sur nos besoins et nous ne sommes pas nous-même, et nous demeurons inconscients de notre pouvoir de créer favorablement notre vie. Ce sont les autres ou les situations qui ont le pouvoir sur nous. De plus, comme nous refusons de voir les peurs qui nous motivent à nous faire accroire quelque chose, celles-ci prennent de la force et finissent par se manifester tôt ou tard.

Nous faire accroire quelque chose ne réussit qu'à remettre à plus tard ce
à quoi nous devons faire face. Le plus malheureux est que plus nous attendons en fuyant les situations, plus il sera difficile d'y faire face. Nous
voulons tous arriver un jour à être capable de voir la réalité telle qu'elle
est, à être VRAI, honnête, sincère, authentique et enfin, à être
nous-même. Ceci représente un besoin criant de notre être.

ACCUSATION

Action d'accuser, de décider que quelqu'un est coupable. Une accusation, c'est porter un jugement de valeur sur une personne, une situation
ou sur soi-même du fait qu'on n'est pas d'accord et en réaction face à ce
qu'on considère comme étant bien ou mal, correct ou non. Tout type
d'accusation fait donc suite à une critique ou un jugement, et ce, que ce
soit fait ouvertement ou en pensée. Exemple : s'accuser d'être faible,
impatient, pauvre, de manquer de confiance, de volonté, etc., ou accuser
les autres de toutes sortes d'attributs qui nous DÉRANGENT ou qui
nous font vivre des émotions.

Aussitôt qu'il y a accusation, il y a ÉMOTION et celle-ci a comme effet
de vider l'être humain de son énergie. Nous accusons parce que nous
souffrons beaucoup et refusons de prendre notre RESPONSABILITÉ.
Nous souffrons parce que nous laissons notre EGO plutôt que
l'AMOUR contrôler notre vie. S'accuser ou accuser quelqu'un cache
toujours une peur pour soi, principalement celle de ne pas être aimé, accepté, reconnu. Vouloir être aimé signifie qu'on ne s'aime pas assez. On
espère donc que les autres le fassent pour nous.

Comment arriver un jour à cesser d'accuser ? En devenant conscient de
tes PEURS, tes CRITIQUES, tes CROYANCES ainsi que tes DÉSIRS
profonds derrière ces peurs. Ensuite, vérifier si tes croyances sont encore bénéfiques ou non pour toi et agis en conséquence, car si tu agis à
l'encontre de ce qui est bon pour toi, tu continueras encore de t'accuser.
Réalise aussi que moins tu t'accuseras, moins tu accuseras les autres et
moins les autres t'accuseront.

A

L'accusation représente l'une des grandes entraves à l'évolution humaine, car elle est le contraire de l'amour qui est ACCEPTATION de toutes nos expériences. Voilà pourquoi il devient primordial d'accepter de vivre toutes nos expériences dans l'OBSERVATION, en sachant que nous faisons tous notre possible au meilleur de notre connaissance à chaque instant, même si notre possible n'est pas toujours notre PRÉFÉRENCE. Nous savons ainsi que les autres font aussi tout leur possible. Lorsque nous nous donnerons le droit de faillir, sans nous accuser – attitude reflétant la voie de la sagesse –, nous aurons plus de COMPASSION et de TOLÉRANCE pour les autres.

ACTION (passer à l')

Mettre en mouvement, produire un effet; manifester sa volonté en accomplissant quelque chose. Faire des actions ou être dans l'action signifie agir, faire bouger l'énergie, donc influencer les événements dans sa vie. C'est le moyen par excellence pour que les changements véritables et les transformations se produisent. Afin que ces transformations s'orientent dans le sens de tes désirs, toute action physique doit être précédée par une DÉCISION intérieure basée sur un besoin de ton être.

Voici un exemple : une personne souhaite changer de travail, car elle sent un besoin de vivre de nouvelles expériences. Elle n'ose pas passer à l'action par crainte de se retrouver au chômage, car elle entend autour d'elle qu'il y a une pénurie d'emploi. La journée où elle *décide* véritablement de changer d'emploi et que cette décision remplit son cœur de joie et de bonheur, c'est à ce moment que la voie s'ouvre vers un nouveau travail qui sera encore plus enrichissant pour elle.

Être capable de passer à l'action dans toutes les circonstances où nous sentons un besoin d'aller de l'avant est une qualité essentielle qui nous aide à développer notre courage, notre persévérance et à découvrir de nouveaux talents ainsi que nos forces intérieures. Il n'y a jamais rien de perdu dans l'Univers. Aucun acte, aucune pensée, aucune parole ne sont laissés au hasard. Le plus grand obstacle qui nous empêche de passer à l'action est la peur de ne pas faire la ou les bonnes actions. Aucune action n'est mauvaise. L'idéal consiste à faire les actions qui te viennent spontanément. Celles-ci te permettront de vivre des EXPÉRIENCES nouvelles et tu sauras si ces actions étaient bénéfiques pour toi lorsque tu en évalueras les conséquences. **Il est impossible de vraiment connaître toutes les conséquences avant d'avoir passé à l'action.**

ADAPTER (s')

S'adapter, c'est s'ajuster exactement; se mettre en harmonie avec quelqu'un ou quelque chose après ajustement. L'adaptation est plus en rapport avec une décision intérieure et l'ajustement correspond plutôt aux nouvelles actions à faire ou aux nouvelles façons de penser à adopter afin d'arriver à s'adapter.

Tout ce qui vit est en perpétuel mouvement et en transformation. Dans ce monde où tout évolue très rapidement, l'être humain doit constamment s'ajuster dans tous les domaines s'il veut vivre sereinement sa vie. S'adapter ne signifie pas se RÉSIGNER, ni même être d'accord avec ce qui se passe autour de soi; s'adapter, c'est s'ajuster aux nouveaux CHANGEMENTS qui s'opèrent dans le moment à une vitesse accélérée. Nous entrons dans une époque appelée l'ÈRE DU VERSEAU où le FÉMININ et le MASCULIN doivent apprendre à vivre harmonieusement. Nous sommes définitivement dans une grande période d'adaptation, et ce, dans tous les domaines.

Un couple qui débute une relation a grandement besoin de s'adapter l'un à l'autre, sinon la relation dépérit rapidement. Lorsqu'un enfant arrive dans une famille, voilà une nouvelle adaptation à faire par les deux parents. Chacun doit identifier les ajustements qui sont nécessaires. Si les deux ont la sagesse de simplement s'OBSERVER, sans s'ACCUSER, en se donnant le droit d'être différents et d'avoir des LIMITES, ils finiront par s'ajuster, trouver un terrain d'entente et ainsi recréer l'équilibre au sein de leur famille.

Il y a aussi le fait de s'ajuster à l'âge, à la forme de son corps qui change, à tout ce que nous apprenons jour après jour, s'ajuster aux enfants NOUVEAUX et à l'influence de ce qui se passe autour de soi et sur la

A

planète. En somme, c'est s'ajuster dans tout. S'adapter signifie que nous pouvons être bien avec tous les genres de personnes sans les juger ni les critiquer, même si nous ne sommes pas d'accord. Nous nous ajustons aux différentes circonstances, aux besoins de chacun qui diffèrent avec l'évolution. De plus, nous remarquons que les besoins des gens ne sont plus les mêmes.

Voilà l'importance de s'ajuster au fur et à mesure que certains changements se produisent en nous et autour de nous tout en observant ce que cela nous fait vivre intérieurement. Les gens plus flexibles auront plus de facilité à s'ajuster aux choses nouvelles tandis que ceux qui résistent éprouveront plus de difficulté. Sachons que les changements intérieurs et extérieurs s'ajusteront au niveau de conscience, d'acceptation et des efforts fournis par chacun, ce qui demande tolérance, indulgence et compassion de notre part envers ceux qui sont différents. C'est ainsi que nous développons l'AMOUR véritable.

ADMIRER

Se référer à **MIROIR**

ADOLESCENCE

L'adolescence est la période d'âge comprise entre 13 et 19 ans qui marque le passage de l'enfance à l'âge adulte. Il est courant que cette période soit très difficile à vivre par les humains, c'est-à-dire par les adolescents et leur entourage. Durant cette période, l'adolescent cherche son identité. Il se demande qui il est dans ce monde. Inconsciemment, il s'identifie à son parent du même sexe. Il cherche dans ce parent un modèle dont il peut être fier et qu'il veut suivre. Lorsqu'il se sent incompris et qu'il n'aime pas le modèle qu'il voit, il cherche obstinément à être l'opposé de son parent du même sexe et à se démarquer de sa famille. Plus il se sent incompris par le parent du même sexe, plus il recherche le support, le soutien du parent du sexe opposé.

L'adolescent sent souvent qu'il vit des contraintes de toute part sans toutefois pouvoir les identifier. Il ne sait pas exprimer ses besoins de façon à partager ses craintes et ses désirs. En plus, l'adolescent veut recevoir plein de preuves d'amour de son parent du sexe opposé, mais comme il reçoit rarement tout ce qu'il s'attend, il vit des difficultés additionnelles.

A

En tant que parent, nous considérons que les adolescents sont parfois égoïstes, mais en général, c'est leur façon de manifester leurs besoins et de s'affirmer. L'adolescent, pour sa part, doit apprendre à communiquer, à afficher son AUTONOMIE et à s'affirmer clairement, sinon ce passage de l'adolescence à l'âge adulte n'est pas complété dans l'harmonie et il y a risque de carence affective. L'adulte qu'il deviendra un jour continuera à rechercher son identité et sera sans cesse en quête d'approbation et d'amour des autres. Voilà pourquoi beaucoup de personnes deviennent de grands DÉPENDANTS AFFECTIFS.

Puisque l'adolescence représente une étape cruciale dans le développement affectif de l'être humain, c'est la période où l'enfant a besoin d'être VALIDÉ par son parent du même sexe, c'est-à-dire l'enfant doit se sentir appuyé, encouragé et accepté dans sa façon d'être, dans ses choix et dans ses décisions, non seulement dans le faire.

Le parent qui veut aider son adolescent à passer cette période plus harmonieusement doit surtout s'intéresser aux choses qu'il vit tout en l'impliquant peu à peu dans le monde des adultes. Il doit le laisser s'exprimer librement, sans moraliser, en respectant son opinion tout en se respectant lui-même. En général, tous les parents font ce qu'ils peuvent pour leurs enfants mais ils oublient de vérifier avec eux ce que ceux-ci veulent vraiment. De nos jours, beaucoup d'aide est à la disposition des adolescents et des parents pour les amener à mieux vivre une relation familiale plus saine et harmonieuse. Nous avons de moins en moins d'excuses pour demeurer dans l'ignorance ou dans la négligence. Pour en savoir plus long, se reporter aux thèmes ENFANT et PARENT.

AFFECTION

Attachement que l'on éprouve pour quelqu'un, tendresse; avoir de l'estime pour une personne. L'affection découle du fait de sentir qu'on

A

fait une différence, qu'on affecte ou qu'on produit un effet dans la vie des autres, mais aussi dans sa propre vie. L'affection représente un besoin essentiel, primordial pour l'être humain, au plan émotionnel. Elle correspond donc à un sentiment très important. C'est pourquoi nombre de gens font tout ce qu'ils peuvent pour attirer l'attention des autres. Ils offrent des cadeaux, rendent service alors qu'ils n'en ont pas vraiment le goût, font mille pirouettes, tout cela pour avoir de l'attention et quérir le plus d'affection possible dans le but de se sentir aimé.

Toute personne qui se plaint de manquer d'affection est celle qui ne se croit pas assez importante pour affecter les autres. Elle a donc de la difficulté à reconnaître les marques d'affection venant des autres. En plus, elle trouve difficile de se donner à elle-même des marques d'affection. Voilà pourquoi elle en désire autant de l'extérieur.

Comment DONNER et RECEVOIR de l'affection de façon à combler ce besoin ? D'abord, sache que plus tu fais circuler l'énergie d'affection sans attentes, plus tu en recevras. Pour ce faire, il suffit de développer de bons sentiments, apprendre à sentir ce qui se passe autour de toi et ouvrir ton cœur. Apprends véritablement à aimer, à écouter, à développer de la compassion, de l'indulgence, de la tolérance, de l'altruisme.

Donner de l'affection se fait aussi à travers des paroles d'encouragement, par des signes d'affection comme un regard bienveillant, une carte de souhaits réconfortants, une simple fleur, un petit mot d'amour, un geste d'attention affectueux. Donner de l'affection, c'est aussi reconnaître et encourager les forces et les talents de chacun ainsi que les RESPECTER dans leur façon d'être. Toutes ces marques d'affection, ces gestes gratuits se répercuteront dans ta vie et s'amplifieront s'ils sont faits sans attentes. Ils seront d'autant plus efficaces du fait de combler d'abord et avant tout tes propres besoins. Après quoi, il sera beaucoup plus facile de produire ces sentiments pour les autres de façon naturelle et spontanée. Es-tu satisfait présentement de ta vie affective ? Si non, sache que si tu veux récolter de l'affection, tu dois d'abord en semer !

AFFIRMATION MENTALE

A

Une affirmation mentale est une phrase que l'on répète dans le but de conditionner ses corps émotionnel et mental. En général, l'humain fait des affirmations mentales pour l'aider à améliorer son état d'être et enrichir les pensées susceptibles de faciliter la réalisation de ses DÉSIRS. On peut se créer une affirmation du genre *Je suis un canal ouvert à l'abondance dans ma vie,* ou *Je suis de plus en plus calme.* Une affirmation mentale doit toujours être formulée au temps présent afin que le subconscient capte le message de façon intense. Ainsi, peu à peu, nous commençons par y croire pour finir par le SAVOIR. Nous ne devons pas seulement affirmer ce que nous voulons; nous devons plutôt affirmer ce que nous savons être vrai pour nous.

Pour qu'une affirmation soit efficace, une personne doit visualiser ce qu'elle désire être, faire ou avoir comme étant déjà MANIFESTÉ, tout en sentant intérieurement la joie d'avoir atteint cet objectif. Plus une affirmation est dite avec l'énergie de la confiance, en sentant celle-ci vibrer à travers tout son corps et non pas uniquement dans sa tête, plus vite elle agira. Il est important de savoir que si nous voulons voir nos aspirations se réaliser dans notre vie, il est nécessaire d'effectuer des actions. Par la pensée, on attire à soi ce qu'on désire; par l'action, on le reçoit.

Les affirmations mentales positives sont surtout excellentes pour t'aider à te centrer. Il est important cependant de réaliser qu'elles ne règlent pas tous les problèmes dans ta vie. Si c'est ce que tu crois, les affirmations deviennent un piège, c'est-à-dire qu'elles peuvent t'inciter à te contrôler. Par exemple, dans une situation qui te fait vivre de la colère, si tu ne fais que répéter *Je suis calme, je suis calme,* sans aller voir plus loin, sans découvrir pourquoi cette situation te fait vivre autant de colère, celle-ci se répétera. Ainsi, tu devras refaire tes affirmations chaque fois, ce qui peut certes t'aider à te centrer à ce moment-là, mais n'empêchera pas la réapparition de ce genre de situation dans ta vie. Cette attitude devient du CONTRÔLE mental.

A

Les affirmations mentales négatives sont tout aussi importantes et puissantes. Elles attirent un résultat négatif. Voici quelques exemples : la mère qui répète à ses enfants : « Vous me rendez malade… », se retrouve malade; « Je ne suis pas capable » ou « Je suis vidée d'énergie… » apportent aussi les résultats que ces affirmations énoncent. Ces exemples soulignent l'importance d'entretenir des pensées d'amour, de bonheur et de bien-être.

AFFIRMER (s')

Cette expression est développée ici dans le sens de s'affirmer en paroles pour exprimer ses préférences, ses besoins. On ne s'attardera pas à la définition qui consiste à s'affirmer en actes, par exemple s'affirmer dans la pratique d'un sport ou d'une discipline quelconque. **S'affirmer veut dire énoncer clairement ses idées et ses opinions selon ses valeurs, ses désirs et ses besoins. C'est manifester de façon indiscutable, tout en étant prêt à en assumer les conséquences.**

S'affirmer exige de la part de plusieurs personnes une bonne dose de courage et c'est en fait une excellente occasion de le développer. Malheureusement, la plupart des gens décident de s'affirmer seulement lorsqu'ils en ont assez, lorsqu'ils ont atteint leur limite.

Prenons l'exemple de plusieurs amies qui discutent ensemble et que l'une d'elles commence à critiquer une personne qui n'est pas là. Au lieu de subir cette conversation qui peut être longue et non constructive, celle à qui cette attitude ne convient pas peut s'affirmer et dire aux autres : « Je regrette mais je ne me sens pas bien de parler de quelqu'un qui n'est pas ici pour présenter son point de vue. Ce genre de conversation ne m'apporte rien de bon. Soit que vous continuiez, si c'est votre préférence, et je vous quitte, soit que vous changiez de sujet de conversation et que je demeure avec vous. Vous avez le choix, que décidez-vous ? »

Pour s'affirmer, il faut donc être centré, savoir ce qu'on veut. Les personnes autour de nous ressentent tout de suite l'authenticité dans nos propos et elles nous respectent. La personne qui ne s'affirme pas a toujours PEUR de quelque chose. Si c'est ton cas, vérifie ce qui pourrait se produire si tu t'affirmais. En général, la réponse à cette question ne reflète pas la réalité puisqu'elle n'indique qu'une probabilité.

S'affirmer est une façon de faire nos DEMANDES. Dans la vie, nous devons nous affirmer pour assurer nos besoins plutôt que d'attendre que les autres les devinent. S'affirmer nous aide à développer notre COURAGE et la CONFIANCE EN SOI, ainsi qu'à créer notre vie davantage à notre goût. Quel beau cadeau pour de futures réalisations !

AGORAPHOBIE

La définition suivante est extraite du livre ***Ton corps dit : Aime-Toi !*** : Cette phobie est une peur maladive des espaces libres et des endroits publics. Elle est la plus répandue des phobies. Les femmes y sont deux fois plus sensibles que les hommes. Beaucoup d'hommes cachent leur agoraphobie sous l'alcool. Ils aiment mieux devenir alcooliques plutôt que d'avouer leur grande PEUR incontrôlable. L'agoraphobe se plaint souvent de vivre de l'ANXIÉTÉ et surtout de l'ANGOISSE, au point de paniquer. Une situation angoissante entraîne chez l'agoraphobe des réactions physiologiques (palpitations cardiaques, étourdissements, tension ou faiblesse musculaire, transpiration, difficultés respiratoires, nausées, incontinence, etc.) qui peuvent mener à la PANIQUE; des réactions cognitives (sentiments d'étrangeté, peur de perdre le contrôle, de devenir fou, d'être humilié publiquement, de s'évanouir ou de mourir, etc.) et des réactions comportementales (fuite des situations anxiogènes et, évidemment, de tout lieu qui lui apparaît éloigné de l'endroit ou de la personne sécurisante qu'il s'est créé). Aussi, la majorité des agoraphobes souffrent d'hypoglycémie.

La peur et les sensations que l'agoraphobe ressent sont excessivement fortes au point de lui faire éviter les situations d'où il ne peut s'enfuir. C'est pour cette raison que l'agoraphobe doit se trouver quelqu'un de proche, qui devient sa personne sécurisante avec qui sortir, et un endroit sécurisant où se réfugier. Il y en a même qui finissent par ne plus sortir du tout. Ils se trouvent toujours une bonne raison. En fait, les catastrophes anticipées ne se produisent pas ou rarement. La plupart des agora-

A

phobes sont très DÉPENDANTS de leur mère et se sont sentis, étant jeunes, responsables de son bonheur ou de l'aider dans son rôle de mère. Elles sont aussi appelées personnes FUSIONNELLES.

Les deux plus grandes peurs de l'agoraphobe sont la peur de la MORT et la peur de la folie. Celles-ci proviennent de l'enfance et elles ont été vécues dans l'isolement. L'environnement propice pour développer l'agoraphobie inclut des événements tels que la mortalité d'un être cher ou bien la folie chez des proches. Il se peut aussi que l'agoraphobe ait lui-même failli mourir étant jeune ou que la peur de la folie ou de la mort de quelqu'un ait été véhiculée dans le milieu familial. Il a surtout peur de ce qui arriverait à ses proches s'il mourait ou sombrait dans la folie. À cause de sa partie fusionnelle, il croit aussi qu'il ne pourrait survivre s'il perdait un de ses proches.

Au plan psychologique, une personne qui a peur de la mort a de la difficulté à faire face à un CHANGEMENT dans quelque domaine que ce soit, car cela représente une mort symbolique. C'est la raison pour laquelle tout changement fait vivre à un agoraphobe de grands moments d'angoisse et accentue son degré d'agoraphobie. Ces changements peuvent être le passage de l'enfance à l'adolescence, puis de l'adolescence à l'âge adulte, au statut de célibataire à celui de vie de couple, un déménagement, un changement de travail, une grossesse, un accident, une séparation, la mort ou la naissance de quelqu'un, etc.

Pendant plusieurs années, ces angoisses et peurs peuvent être inconscientes et contenues. Puis un jour, lorsque l'agoraphobe est rendu à sa LIMITE mentale et émotionnelle, il ne peut plus se contenir et ses peurs deviennent conscientes et apparentes.

L'agoraphobe a aussi une imagination débordante et incontrôlée. Il s'imagine des situations bien au-delà de la réalité et il se croit incapable de faire face à ces changements. Cette grande activité mentale lui fait craindre la folie. Il n'ose en parler à d'autres, de peur de passer pour fou. Le plus difficile pour les personnes agoraphobes, c'est qu'elles vivent deux détresses en même temps. D'abord, la situation comme telle qui leur fait peur, ensuite le fait de penser que les autres les croient folles ou dérangées mentalement.

A

Si tu réponds aux critères mentionnés, sache que ce que tu vis n'est pas de la folie mais une trop grande sensibilité mal gérée et que ça ne fait pas mourir. Lorsque tu étais jeune, tu t'es tout simplement trop ouvert aux émotions des autres, en croyant que tu étais responsable de leur bonheur ou de leur malheur. Par conséquent, tu es devenu très PSYCHIQUE pour pouvoir être aux aguets et prévenir les malheurs, lorsque tu te retrouvais en présence des autres. Voilà pourquoi tu captes toutes les émotions et les peurs des autres lorsque tu te retrouves dans un endroit public. Le plus important pour toi est d'apprendre la vraie notion de RESPONSABILITÉ, car celle à laquelle tu as cru jusqu'à maintenant n'est pas bonne pour toi. En plus, il est recommandé de chercher de l'aide extérieure pour être guidé dans ta démarche de rétablissement.

AGRESSION À CARACTÈRE SEXUEL

Il y a plusieurs définitions pour les agressions à caractère sexuel : acte ou contact non désiré et imposé à une personne par une autre; abus de pouvoir; violence infligée par un ou plusieurs individus. Une agression sexuelle se produit dès qu'un geste sexuel est imposé, que ce soit par intimidation, menace, chantage ou par violence verbale ou physique. Une agression sexuelle peut prendre diverses formes, en voici quelques-unes :

- **Appels obscènes** : appels téléphoniques anonymes à connotation sexuelle dont le but est d'intimider ou de faire peur.

- **Voyeurisme** : acte commis par une personne qui assiste à une scène intime sans le consentement de la personne ou des personnes regardées.

- **Exhibitionnisme** : gestes posés par une personne qui cherche à montrer ses organes génitaux sans le consentement de l'autre ou des autres.

A

- **Harcèlement sexuel** : toute forme d'attention et d'avance sexuelle non recherchée ou désirée qui provoquent l'inconfort, la crainte et menacent le bien-être de la personne (regards, gestes, attouchements, commentaires et farces sexistes, affichage de matériel pornographique).

- **Inceste** : agression sexuelle commise par un adulte sur un enfant avec qui il existe un lien biologique, principalement : parent, grands-parents, grand-frère/sœur, oncle, cousin… ou par un adulte qui représente une figure parentale comme un beau-père, conjoint de fait… Quand les enfants d'une même famille sont sensiblement du même âge, on appelle les jeux et touchers intimes de l'« exploration sexuelle », non de l'INCESTE.

- **Viol** : acte de violence ou relation sexuelle forcée incluant tout type de pénétration (vaginale, anale, orale) par tout type d'élément (pénis, autre partie du corps, objet). Les recherches ont démontré que le viol est commis dans 70 % à 85 % des cas par une personne connue de la victime, et 9 fois sur 10 par un homme. Le viol peut même survenir à l'intérieur de fréquentations amoureuses ou de vie de couple.

- **Pédophilie** : un adulte ayant une attirance sexuelle pour les enfants, surtout ceux en pré-adolescence, et qui commet des abus sexuels.

- **Abus sexuel** : personne qui abuse de sa situation, de son autorité ou de son pouvoir pour satisfaire ses désirs ou FANTASMES SEXUELS. Il est dit que le plaisir que l'agresseur retire de son acte est directement lié aux sentiments de pouvoir ou de puissance qu'ils lui procurent.

Dans ce livre, l'approche utilisée en rapport aux abus sexuels est basée sur la RESPONSABILITÉ totale de chaque individu. Voilà pourquoi il peut être difficile de cerner la cause exacte d'une agression sexuelle, car elle provient d'une gamme de raisons issues d'antécédents, c'est-à-dire de causes mises en mouvement et d'expériences dont chaque être humain a besoin pour comprendre ce qu'il a à apprendre dans cette vie. Toutes les personnes concernées, soit l'agresseur, la ou les victimes, et même l'entourage immédiat ont un processus à faire au niveau de la

A

sexualité. Ce qui ressort chez la victime, en général, sont des sentiments d'impuissance, de colère, d'humiliation, mêlés de honte, parfois de culpabilité, de même que la sensation d'avoir été souillée, salie. Une telle expérience est souvent très pénible à vivre.

Sachons que rien n'arrive par hasard dans la vie. C'est grâce à la LOI D'ATTRACTION que ces ÂMES ont été attirées mutuellement, de façon vibratoire, pour comprendre et régler certaines choses au niveau sexuel. Cependant, chaque personne peut vivre ce genre d'agression de façon plus ou moins traumatisante. Il est frappant de constater qu'une agression sexuelle ne se produit que chez une personne qui, dans son PLAN DE VIE, a besoin de venir régler des choses au plan sexuel. De plus, toute personne avec ce plan de vie se retrouve dans une famille où les membres ont tous une démarche à faire au niveau du plan sexuel. D'ailleurs, elle est attirée vers des conjoints qui ont aussi des difficultés à gérer leur dimension sexuelle.

Il peut être difficile d'accepter sa totale responsabilité dans une expérience d'agression mais si nous voulons un jour arriver à guérir certaines BLESSURES DE L'ÂME, nous devons voir au-delà des actes physiques, c'est-à-dire accepter le fait que nous sommes tous des âmes venues sur terre pour vivre différentes expériences, certaines étant plus traumatisantes, et qu'elles ont un lien direct avec ce que nous devons apprendre pour aider notre âme à évoluer. Une personne capable de reconnaître sa totale responsabilité ne perçoit plus ses difficultés comme quelque chose d'insurmontable ou d'impossible à gérer. Elle cesse de s'enliser dans un rôle de VICTIME et de rejeter la faute sur les autres. Quelle que soit l'expérience, c'est toujours une partie de nous qui l'attire pour nous permettre de devenir plus conscients, car ce que nous ne voulons pas voir à l'intérieur, nous nous l'attirons de l'extérieur.

Cependant, quand un tel incident vient de se produire, il est tout à fait normal et humain d'être ravagé par la colère et d'en vouloir, et même parfois de s'en vouloir, donc d'être incapable d'accepter sur-le-champ sa totale responsabilité, car cela vient toucher plusieurs fibres en nous. Mais sachons que notre Dieu intérieur connaît nos besoins et nos limi-

A

tes. Aucune expérience ne nous arrive sans que nous n'ayons les outils en nous pour faire face à ce que nous vivons.

L'étape la plus importante pour la personne agressée est de se pardonner d'avoir jugé la ou les personnes l'ayant agressée et de s'être possiblement jugée elle-même. Dans le cas d'une *femme* par exemple, la démarche consiste à se pardonner d'avoir pu croire que c'était de sa faute en pensant avoir été trop sexy, trop négligente, trop faible et incapable de se défendre.

Pardonner ne veut pas nécessairement dire être d'accord et donner raison à ces actes répréhensibles ou même cesser toutes poursuites judiciaires, mais plutôt accepter le fait que la personne qui abuse est elle-même une personne souffrante, et c'est pour cette raison qu'elle perd le contrôle sexuellement. Même si ce sont des expériences jugées mauvaises et anormales, nous devons les utiliser pour apprendre à aimer et à pardonner. Cette attitude assure un pas de géant dans l'évolution de l'âme.

Ce qui peut nous aider aussi à comprendre et à pardonner de tels gestes est de prendre conscience qu'un abuseur a lui-même été abusé par le passé et que ce genre d'abus est peut-être présent dans son milieu familial depuis plusieurs générations. Le profil de *l'abuseur* est quelqu'un qui a possiblement été victime d'abus sexuels sous le couvert de menaces lorsqu'il était plus jeune et qui n'a pas su ou pas pu se défendre à ce moment-là. N'étant pas habitué à démontrer ses sentiments, ses peines, ses faiblesses et à exprimer ses peurs, il a gardé le silence et a vécu sa douleur dans l'isolement par crainte d'être jugé, dû au fait de s'être laissé faire ou d'être perçu comme quelqu'un de faible. Par la suite, il a pris l'habitude de refouler ses blessures et de fuir très souvent, soit dans l'alcool ou la drogue. Pendant tout ce temps, il n'est plus lui-même. La consommation de drogue ou d'alcool devient une solution pour lui qui l'éloigne momentanément de sa souffrance. Tant qu'une prise de conscience n'est pas faite suite à ce genre d'expérience, les abus continuent.

A

En ces temps de renouveau sur la planète, avec l'ÈRE DU VERSEAU, il est grand temps de régler nos problèmes d'une façon différente si nous voulons atteindre un jour cette grande harmonie intérieure. Garder le silence ou incriminer les abuseurs n'est pas la seule voie. L'énergie que les gens mettent dans de telles démarches enfonce davantage toutes les personnes concernées.

Dans le cas de *fausses accusations*, encore là, il est difficile d'accepter sa responsabilité. Il est toujours plus facile d'accuser les autres. Mais ça ne règle rien. Sachons plutôt que la LOI DE CAUSE À EFFET existe pour tout le monde et qu'elle voit à rendre justice. Ça ne sert donc à rien d'en vouloir à quelqu'un et de vouloir punir l'autre pour cette fausse accusation. C'est se faire du mal pour rien. Une personne qui se fait accuser injustement doit regarder ce qui la DÉRANGE dans cette situation et découvrir ce que cela lui fait vivre. Ce processus l'aidera à devenir consciente d'un aspect d'elle qu'elle n'accepte pas. Le plus important est de reconnaître le fait qu'elle s'est attiré cette situation dans sa vie pour une raison bien précise et qu'elle a le choix de réagir dans l'AMOUR ou dans la PEUR. Si la personne choisit la dernière alternative, elle vivra encore plus de souffrance.

Pour les *jeunes victimes d'abus sexuels,* il est recommandé de s'adresser à des organismes ou des spécialistes d'agressions sexuelles qui les aideront à faire un travail intérieur au niveau de l'être. Évitez de garder cette douleur à l'intérieur, car plus une douleur est vécue dans l'isolement, plus elle fait mal. Plus la souffrance s'imprime intérieurement, plus elle s'exprime extérieurement par des maladies, et plus les conséquences sont difficiles à vivre une fois devenu adulte. Ça semble beaucoup plus difficile d'accepter la notion de responsabilité quand il s'agit d'un jeune enfant. La plupart croient qu'il est trop jeune pour être responsable. La responsabilité n'a pas d'âge. L'âme de cet enfant a un travail à faire au niveau de la sexualité, et le plus tôt il pourra reconnaître ce fait, le plus tôt son âme en sera libérée.

A

Ceux qui refusent de faire un processus de RÉCONCILIATION avec leur abuseur risquent à leur tour de devenir des abuseurs une fois adultes, car, sans pardon, il n'y a pas de fin. Ce n'est que le PARDON véritable qui arrête la roue du KARMA. Rappelons-nous ceci : aussi longtemps que quelqu'un en veut à une autre personne ou qu'il essaie de repousser ou de refouler ses colères et ses émotions, cet incident continue à le traumatiser et à faire d'autres victimes.

AGRESSION PHYSIQUE

Se référer à **VIOLENCE PHYSIQUE**

AGRESSION (se sentir agressé)

Le dictionnaire définit ce genre d'agression comme étant une atteinte à l'intégrité psychologique ou physiologique des personnes, due à l'environnement visuel, sonore, etc. Nous avons des dizaines de situations par jour susceptibles de déclencher un sentiment d'agression en nous. Par exemple, lorsque nous sommes seuls, lorsque nous côtoyons des gens dans les endroits publics, au travail, à la maison, sur la rue, partout où les circonstances sont en disharmonie avec nos goûts et notre état d'être. Le sentiment d'être agressé provient d'une cause extérieure que nous considérons comme ennemie. Il est provoqué par notre perception de différentes situations qui sont reliées à ce que nous vivons. On peut se sentir agressé par de la musique forte ou criarde; par un regard, une parole ou un geste brusque, imprévu; par de la fumée de cigarette ou de cigare; par une personne qui veut tout contrôler; par un automobiliste qui nous suit de très près et qui veut nous forcer à rouler plus vite… En fait, c'est tout ce qui a le pouvoir de nous « tomber sur le gros nerf » comme le dit si bien l'expression populaire.

Par contre, sachons que ce qui agresse quelqu'un n'agresse pas nécessairement une autre personne. Si quelqu'un se sent facilement agressé, cette personne est peut-être le genre qui DRAMATISE à la moindre contrariété. Ou encore, elle éprouve de la difficulté à avoir de la TOLÉRANCE envers ses semblables. Dans la majorité des cas, quand on se sent agressé ou contrarié, c'est lorsqu'on veut CONTRÔLER les autres ou une situation et qu'on veut les changer par refus d'ACCEPTATION. On doit reconnaître que nous vivons en société et qu'il est impossible que tout aille toujours à notre goût ou selon nos désirs et caprices. Accepter les événements tels qu'ils se présentent et s'observer à travers eux est beaucoup plus sage et judicieux que de vouloir changer les autres.

Par conséquent, ce qui semble une agression peut nous aider énormément à découvrir des aspects ignorés de notre personnalité, en vérifiant ce qui nous dérange et en utilisant l'approche du MIROIR. Lorsque tu sens monter la colère suite à une agression, il est suggéré, comme outil de base, de prendre d'abord quelques grandes respirations en portant ton attention sur l'expiration. Une bonne expiration permet de reprendre ton calme et de te centrer. Sache que ce n'est pas ton être entier qui est agressé mais une partie de toi qui éprouve une colère intérieure.

Nous seuls avons le grand pouvoir de transformer avantageusement toute situation qui nous agresse en une expérience constructive. En plus, cela aiguise notre patience et fortifie notre capacité de nous centrer et d'accepter les situations qui nous entourent. Il est recommandé de commencer d'abord par observer de petites contrariétés et de noter les résultats immédiats se manifester dans notre quotidien.

AIDE DE LA VIE

Pour ceux qui veulent vivre véritablement et être heureux, il y a toujours eu toutes sortes d'aide disponible. Avec l'avènement de l'ÈRE DU VERSEAU et la nouvelle conscience émergeant chez les gens, nous savons que nous avons de plus en plus d'aide venant de toute part. Nous sommes des êtres privilégiés de vivre en cette période de l'histoire humaine. En effet, lorsque nous désirons de l'aide au niveau physique ou psychologique, nous pouvons la trouver et, bien souvent, à peu de frais à travers l'ensemble de la communauté.

Quand nous sentons le besoin de nous épanouir et d'apprendre à nous connaître davantage pour mieux gérer notre vie, beaucoup d'aide existe

A

sous maintes formes. Par exemple, à travers des enseignements de toutes sortes, des livres, des conférences, des stages et surtout à travers les gens qui nous entourent. Bien sûr, nous devons utiliser notre discernement en vérifiant comment nous nous sentons avec tous ces moyens. Cependant, l'aide la plus précieuse est celle que l'on reçoit de notre Source intérieure et de nos GUIDES. Pour percevoir cette aide, nous devons prendre du temps régulièrement pour nous arrêter, consacrer quelques instants pour observer ce qui se passe en nous, être vraiment à l'écoute et faire nos demandes à l'UNIVERS. La pratique de la MÉDITATION est un bon moyen pour y arriver.

Il est important de réaliser que plus tu es centré et tu sais ce que tu veux, plus tu attires à toi la forme d'aide nécessaire au moment où tu en as besoin. Cette aide peut venir de l'extérieur ou de l'intérieur de toi. Un jour, nous n'utiliserons que l'aide précieuse qui vient de notre Source, de notre **DIEU** intérieur, de notre intuition. Le jour viendra où nous reconnaîtrons que seule notre Source intérieure connaît tout de nous, encore mieux que nous-même, et que cette Source (DIEU) attire toujours à nous les gens et les situations dont nous avons besoin. Nous aurons alors une CONFIANCE et une FOI totale en notre Source divine.

AIDER LES AUTRES

Aider les autres signifie intervenir en faveur d'une personne en joignant ses efforts aux siens. La plupart des humains aiment aider les autres, surtout au point de vue moral ou psychologique. C'est une démonstration du grand cœur de l'être humain. Mais, pour toutes sortes de raisons, ce n'est pas tout le monde qui souhaite être aidé, surtout par des conseils. Donc, avant de te donner comme mission de vouloir aider tout le monde à tout prix, il est nécessaire de vérifier d'abord auprès de la personne concernée – par respect pour celle-ci – si elle veut de ton aide et quel genre d'aide elle désire. Si elle dit qu'elle préfère se débrouiller seule, tu dois t'abstenir d'insister et garder ton énergie pour tes propres besoins.

Par contre, si tu sens qu'une personne a vraiment besoin d'aide et que celle-ci veut se faire aider, tu peux le faire mais sans attentes,

A

c'est-à-dire si tu donnes un conseil, tu dois accepter que la personne suive ou non tes suggestions. Il en va de même pour l'aide *physique* : tu ne dois pas attendre d'aide en retour de cette même personne. Voilà l'occasion idéale de découvrir si tu donnes véritablement de ton temps pour le plaisir de donner et de rendre service ou non.

Dans la définition plus haut, il est bien dit « joindre ses efforts à ceux de l'autre ». Ça ne veut donc pas dire de tout faire pour l'autre. L'expression « aide-toi et le ciel t'aidera » le dit bien aussi. Tu ne rends pas service à quelqu'un si tu fais tout pour lui et qu'il ne veut rien faire pour lui-même. De plus, quand nous aidons les gens, nous le faisons, en général, à travers les filtres de nos connaissances et expériences, selon ce que nous croyons que les autres ont besoin. L'idéal consiste à apporter une aide EMPATHIQUE, c'est-à-dire aider tout en étant capable de demeurer OBSERVATEUR, en écoutant véritablement la personne et en l'ACCEPTANT dans ce qu'elle vit, sans vivre d'émotion ni dépasser nos limites.

Ainsi, on ne porte pas de jugement selon nos croyances mentales et les réponses pour l'aider proviennent de notre intuition et non de ce que nous avons appris ou à travers les expériences reliées à nos difficultés personnelles. Dans toute forme d'aide, il est important d'aider l'autre au meilleur de sa connaissance mais, encore là, toujours en respectant ses LIMITES. Quand quelqu'un demande de l'aide ou du support moral à quelqu'un d'autre, c'est que ce dernier a quelque chose à lui apporter en général. Par contre, si ce que vit l'autre réveille des ÉMOTIONS en nous, c'est un signal que nous avons quelque chose à régler dans ce domaine.

Si l'aide demandée est d'ordre *financier*, c'est en général plus délicat. Si tu te sens généreux dans ce domaine, c'est admirable, mais si l'autre demande un emprunt, il est important que tout soit clair entre les personnes concernées. Pour éviter tout malentendu, il est préférable de rédiger une ENTENTE claire et précise.

A

S'il t'arrive de vouloir sincèrement aider quelqu'un de proche sans que l'autre ne te l'ait demandé, tu peux lui faire part de ton désir de l'aider. Si cette personne refuse ton offre, tu dois RESPECTER sa décision. Il arrive fréquemment que certaines personnes ne veulent pas voir leurs problèmes et attendent d'être rendues à leurs limites avant de vouloir admettre ou reconnaître leur situation. Ça peut sembler MASOCHISTE de continuer à souffrir ainsi mais nous ne pouvons pas contrôler la vie de tous ceux que nous aimons. À ce moment-là, tu peux visualiser la personne baignant dans sa lumière en lui souhaitant qu'elle reprenne contact avec sa propre lumière intérieure qui la guidera vers ce qui est le mieux pour elle, vers son bonheur. Ce qui constitue le bonheur pour une personne ne correspond pas nécessairement à la même vision du bonheur que nous avons. Or, rappelons-nous que donner un conseil sans qu'il n'ait été demandé est rarement apprécié. L'aide la plus précieuse est encore celle qui nous est demandée.

AIDER (se faire)

Recevoir de l'aide signifie avoir de l'appui, de l'assistance, du soutien. En général, plusieurs personnes préfèrent se débrouiller seules lorsqu'il s'agit de faire face à des problèmes ou à des difficultés. Mais c'est au moment où une situation dépasse nos limites ou nos compétences que nous considérons l'idée de demander de l'aide ou d'en accepter des autres. Si nous sentons vraiment le besoin de nous faire aider ou d'avoir du support, nous ne devons pas attendre. Quand on hésite, c'est souvent par crainte de faire rire de soi, de se faire dire qu'on est incapable ou de montrer notre vulnérabilité. Ça peut aussi provenir de notre peur de se faire dire *NON*, ce qui nous ferait nous sentir rejeté ou abandonné.

Quand nous réalisons que nous sommes tous des humains avec des limites et des besoins différents et lorsque nous reconnaissons que nous faisons partie d'un ensemble, nous savons que plus nous nous ouvrons aux autres, plus les autres s'ouvrent à nous et plus nous vivrons un jour dans un monde de paix, d'entraide, de sollicitude et d'harmonie. De plus, nous devons réaliser que lorsque nous nous faisons aider, nous offrons l'opportunité à quelqu'un d'autre de donner. Même si nous ne recevons pas les conseils ou la forme d'aide souhaitée ou que nous avons l'intention de ne pas l'utiliser, nous sommes gagnants. Comment ? En se confiant à quelqu'un d'autre, nous apprenons à nous ouvrir, à nous révéler, ce qui aide à développer la CONFIANCE EN SOI. Se confier aux autres nous aide aussi très souvent à trouver nos propres solutions. Par contre, il y a l'autre extrême, c'est-à-dire la personne qui croit ne pouvoir rien faire seule et qui veut constamment se faire aider. Si c'est ton cas, nous te suggérons de lire les thèmes ABANDON et VICTIME.

AJUSTER (s')

Se référer à **ADAPTER (s')**

AKACHIQUE (mémoire)

Se référer à **MÉMOIRE AKACHIQUE**

ALCOOLISME

Se référer à **DÉPENDANCE** et **JE SUIS**

ALIMENTATION

Un aliment représente ce qui sert de nourriture à un être vivant. S'alimenter c'est se nourrir, s'entretenir et se fortifier. La façon dont l'humain alimente son corps physique est un excellent outil pour devenir conscient de la façon dont il alimente ses corps émotionnel et mental. Outre les bienfaits que l'alimentation équilibrée produit sur l'organisme, il est reconnu que l'humain utilise la nourriture physique pour combler des manques affectifs. Ainsi, en compensant avec la nourriture qui est devenue, avec le temps, une facette de la vie très conviviale, nous faisons très souvent du transfert.

Comme nous vivons tous avec cette nécessité de nous alimenter, la personne consciente de ses vrais besoins se demande si elle a vraiment faim et ce qu'elle a le goût de manger, plutôt que de se nourrir parce que c'est l'heure ou pour toute autre raison. Ces questions aident à déterminer si

A

nous sommes à l'écoute ou non de nos vrais BESOINS. Par exemple, une personne qui ouvre machinalement la porte du réfrigérateur ou de l'armoire et qui mange, même si elle n'a pas vraiment faim, n'écoute pas ses besoins. Elle tente de combler un vide intérieur. Ce comportement dénote chez elle une DÉPENDANCE à quelqu'un ou qu'elle réprime des ÉMOTIONS.

Il y a des gens qui mangent par gourmandise, par habitude – aux mêmes heures à tous les jours –, ou encore pour ne pas gaspiller. Certains mangent parce qu'ils craignent de déplaire lorsqu'ils sont invités; d'autres encore s'alimentent par peur de devenir faibles ou malades. Toutes ces raisons pour manger sans vérifier s'ils en ont besoin indiquent que ce sont leurs CROYANCES MENTALES qui gèrent leur vie, c'est-à-dire qu'ils se laissent diriger par ce qu'ils ont appris par le passé. Jusqu'à maintenant, les humains ont cru devoir manger trois repas par jour. C'était vrai dans le temps où nos parents et grands-parents travaillaient dur physiquement. Avec les temps modernes, ce n'est plus vrai. Nous n'avons plus besoin d'autant de nourriture physique.

Or, toutes ces raisons et bien d'autres encore ne sont pas fondées sur les besoins essentiels de notre être et du CORPS PHYSIQUE, mais plutôt pour répondre à d'autres besoins, d'ordre émotionnel ou mental. Le moment idéal de s'alimenter est de manger lorsque la vraie faim se fait sentir. Notre corps, dans sa sagesse, sait exactement quand il a faim et ce dont il a besoin pour bien être nourri. Si tu te reconnais parmi les personnes qui ne mangent pas lorsqu'elles ont vraiment faim et qui ne donnent pas à leur corps ce dont il a besoin, cela signifie que tu n'écoutes pas les besoins de tes CORPS ÉMOTIONNEL et MENTAL.

Une bonne alimentation physique aide à maintenir les cellules du corps en santé. Elle permet ainsi de t'ouvrir davantage et de veiller à l'alimentation de tes dimensions émotionnelle et mentale. Pour les gens habitant les pays où règne l'abondance, il est beaucoup plus facile de faire un travail intérieur si on compare cette situation à celle de beaucoup d'êtres humains qui doivent d'abord subvenir à leurs besoins de base afin de survivre. Soyons plus conscients de cela et reconnaissants.

ALTRUISME

A

Disposition de caractère qui pousse à s'intéresser à son prochain, à se montrer généreux et désintéressé, à se dévouer pour les autres, sans attentes. C'est l'opposé de l'ÉGOÏSME. L'altruisme se retrouve chez une personne munie d'une grande sensibilité aux souffrances des autres. L'altruiste possède, en général, une écoute EMPATHIQUE et COMPATISSANTE et sait trouver les mots justes pour réconforter les gens. Cependant, il est important de bien savoir gérer ce trait de caractère. L'altruisme doit toujours être exprimé par AMOUR pour son prochain et non par peur de quelque chose ou par sentiment de CULPABILITÉ si on ne s'intéresse pas à l'autre.

Puisque tous les humains sont reliés les uns aux autres et que nous formons une grande famille d'ÂMES, il est important et même urgent de développer un peu plus d'altruisme si nous voulons un jour vivre dans un monde de fraternité, de paix, de solidarité, d'amour et d'harmonie. Puisque nous récoltons toujours ce que nous semons, nous serions les premiers gagnants !

AMBIGUÏTÉ

Caractère de ce qui est difficile à cerner; dont le sens est équivoque, interprétable de différentes façons. Les meilleurs exemples d'ambiguïté sont les politiciens. La personne, dite ambiguë, est celle qui dit quelque chose, mais, dans le fond, veut dire autre chose. Par exemple, Madame qui demande à Monsieur : « Veux-tu aller au cinéma ce soir ? », quand, en réalité, elle veut lui faire part de son désir d'aller au cinéma. S'il répond non, elle est déçue et se sent rejetée, ignorée dans son désir. Lui n'a fait qu'exprimer son propre besoin de rester à la maison alors qu'il aurait fallu qu'il devine celui de Madame. Les personnes les plus ambiguës sont celles qui ont un principe FÉMININ trop développé. Une personne ambiguë devine très facilement une autre personne; c'est donc la raison pour laquelle elle ne comprend pas que les autres ne saisissent pas la signification de son message. Elle aurait intérêt à apprendre à mieux COMMUNIQUER ses besoins.

A

Si tu te reconnais en tant que personne ambiguë, il serait sage que tu en avises les personnes qui te côtoient pour qu'elles prennent le temps de vérifier si elles ont bien saisi ton message. Pour ta part, tu peux aussi vérifier ce que les autres entendent lorsque tu leur parles, car ce qui peut sembler ambigu pour certaines personnes peut paraître d'une clarté évidente pour quelqu'un d'autre. Quand on dit qu'une situation est ambiguë, cela suppose qu'il manque des éléments pour notre compréhension ou que la situation est réellement embrouillée ou peut être interprétée de différentes façons. Voilà l'importance d'être clair, vrai, authentique dans tous nos propos.

AMBITION

L'ambition est un désir ardent d'obtenir les biens qui peuvent flatter l'amour-propre (pouvoir, honneurs, réussite). Elle est également définie comme un désir ardent et profond de réussite; souhaiter vivement quelque chose. Certains croient qu'avoir de l'ambition sert uniquement à assouvir l'EGO. Ils associent ce mot à vouloir ambitionner sur quelqu'un ou rechercher le pouvoir. Il est vrai que le mot ambition peut avoir une connotation péjorative de recherche de POUVOIR. C'est dans ce sens que l'expression *l'ambition a fait périr son maître* est utilisée.

Cependant, avoir de l'ambition ou des ambitions est souvent le moteur qui nous pousse à faire des actions concrètes en vue de réaliser certains de nos désirs. Sans ambition, il y aurait très peu de grandes réalisations sur cette planète. Elle contribue à rester en contact avec notre pouvoir de créer, donc de nous rapprocher de notre grande puissance divine. Aussi, n'oublions pas qu'atteindre des BUTS est un besoin important du corps émotionnel. Ainsi, chacun agit selon ses capacités, ses possibilités et ses limites du moment. Nous avons tous des ambitions différentes, ce qui nous amène à nous accepter et à nous respecter les uns les autres.

ÂME

Le dictionnaire définit l'âme comme étant un principe de vie et de pensée de l'homme animant son corps; ensemble de la sensibilité et de la pensée. Dans ce sens, les dimensions émotionnelle et mentale de l'être humain sont inscrites dans l'âme. L'accumulation des expériences terrestres depuis le début de nos vies se retrouvent dans la mémoire de l'âme. Celle-ci revient donc avec tout le bagage accumulé au long de nos maintes incarnations. Tout ce qui est ressenti dans notre monde physique, émotionnel et mental s'inscrit dans l'âme. Le corps physique, qui est le véhicule de l'âme n'en est que l'écho; il reflète ce qu'une personne pense, fait, dit et ressent à travers chacune de ses expériences.

Comme l'âme demeure immortelle (ne disons-nous pas de quelqu'un venant de décéder qu'il vient de rendre l'âme !), celle-ci n'emporte dans l'au-delà, dans le monde de l'âme, que le résultat des choix qu'elle a faits pendant sa vie terrestre à la suite d'expériences et d'événements qu'elle a provoqués et vécus. C'est grâce au pouvoir de notre LIBRE ARBITRE que nous avons la possibilité et la liberté de choisir toutes sortes d'expériences dans ce bas monde. L'âme fait partie du plan qu'on appelle MATÉRIEL sur la terre et du plan astral dans l'au-delà. Seulement lorsqu'elle redeviendra lumière pourra-t-elle faire partie du monde SPIRITUEL.

Le but ultime de l'âme est donc de retourner vers la lumière, c'est-à-dire redevenir pur ESPRIT. Mais dans son cheminement à travers ses diverses incarnations, il y a certaines choses qu'elle n'a pas fini de régler, par exemple toutes les expériences vécues dans la non-acceptation, le jugement ou la culpabilité et qui sont inscrites comme BLESSURES DE L'ÂME. C'est la raison pour laquelle nous nous réincarnons sur cette terre et que nous choisissons tel corps, tel genre de parent et tel environnement avant de naître. Cela nous donne la possibilité de régler ces blessures et de retourner vers la lumière.

L'âme continue de s'incarner sur la planète Terre tant et aussi longtemps qu'elle vit des désirs terrestres refoulés, inconscients ou non as-

A

souvis. Ceci signifie que tant que l'humain vit des peurs et des culpabilités, son âme devra revenir encore et encore. Nous faisons partie d'une grande famille d'âmes et nous revenons souvent avec les mêmes âmes. Nous avons donc une grande quantité d'« ÂMES SŒURS ». Nous les reconnaissons rapidement. Aussitôt rencontrées, nous avons l'impression de les connaître depuis déjà longtemps; nous éprouvons un sentiment de « déjà vu ».

Il est dit qu'il y a des milliards d'âmes qui attendent dans le monde ASTRAL pour venir se réincarner et compléter leur cheminement dans cette dimension matérielle. C'est donc un grand privilège d'être sur terre dans le moment et nous devons en profiter pleinement pour vivre toutes nos expériences dans l'ACCEPTATION, c'est-à-dire dans le non jugement et exempt de CULPABILITÉ.

ÂME JUMELLE

Se référer à **ÂME SŒUR**

ÂME SOEUR

Une âme sœur, autant homme que femme, est une personne avec laquelle on a beaucoup d'affinités. C'est quelqu'un avec qui nous nous sentons bien dès la première rencontre parce que nous faisons partie de la même grande famille d'âmes dans le monde ASTRAL. Ce sont des âmes qui se sont déjà connues dans des vies précédentes et qui décident de poursuivre un bout de chemin ensemble. On les retrouve parmi notre FAMILLE choisie avant de naître, nos conjoints, nos enfants et nos amis.

On peut avoir plusieurs âmes sœurs dans plusieurs domaines différents : quelqu'un avec qui on partage différentes connaissances, d'autres, des choses intimes et d'autres, pour partager d'autres champs d'intérêts. Comme nous avons plusieurs vies à notre actif, nous disposons, par conséquent, d'une grande quantité d'âmes sœurs. De plus, nous retrouvant souvent avec les mêmes âmes, elles nous aident dans notre chemi-

A

nement personnel à évoluer plus rapidement puisqu'elles nous permettent de nous observer à travers elles.

Il existe une différence entre une *âme sœur* et une *âme jumelle*. Il est dit que nous avons seulement une âme jumelle. Elle est notre complément de qui nous avons été séparé au moment de la création de l'ÂME sur cette planète, c'est-à-dire au moment de la séparation des sexes. Lorsque nous rencontrons cette âme jumelle, dans certaines vies, elle se présente du sexe opposé à nous et nous vivons une relation difficile, car nous sommes trop identiques, trop le MIROIR l'une de l'autre. Au fil des vies, au fur et à mesure que nous apprendrons à nous AIMER et à nous ACCEPTER davantage, il deviendra plus facile de revivre une vie harmonieuse avec notre âme jumelle. Ne pas confondre avec des *personnes jumelles* qui sont deux âmes sœurs ayant décidé de venir ensemble sur terre pour s'épauler et s'entraider en vue d'une vie plus facile.

De plus, il est dit que l'humain termine sa dernière vie sur la terre avec son âme jumelle, qui est son complément. C'est la fusion de deux âmes qui avaient été séparées et qui se sont retrouvées après avoir vécu assez d'expériences pour atteindre l'équilibre et la paix intérieure. C'est en quelque sorte le principe FÉMININ et le principe MASCULIN en soi qui ont atteint la totale harmonie sur cette terre. On saura reconnaître cette âme jumelle que lorsque nous nous aimerons et que nous nous accepterons totalement. Cette théorie en est une parmi plusieurs autres. Elle ne doit être acceptée que si vous vous sentez bien avec, c'est-à-dire qu'elle ne crée aucune peur.

AMERTUME

Se référer à **RANCUNE**

AMITIÉ

Se référer à **AMOUR DES AUTRES**

A

AMOUR DE SOI

L'amour de soi, c'est s'aimer inconditionnellement, s'accepter tel qu'on est dans le moment. Il implique d'accepter toutes les parties en soi, surtout celles qui ne font pas notre affaire ou celles qui nous font parfois souffrir, en reconnaissant que c'est nous-même qui les avons créées, croyant qu'elles nous seraient utiles. S'aimer, c'est reconnaître qu'on évolue en tant qu'humain, c'est-à-dire que tout est temporaire. C'est ACCEPTER que nos limites, nos peurs, nos faiblesses, nos culpabilités, nos croyances, nos désirs de vivre certaines expériences, nos goûts, nos talents évoluent sans cesse et qu'ils peuvent être différents de ceux des autres. Ça demande de les accepter, surtout sans se juger ni se critiquer lorsqu'on n'est pas d'accord avec le fait d'être ainsi.

S'aimer, c'est reconnaître l'être spécial qu'on est, même si on n'a pas encore atteint notre idéal. S'aimer, c'est savoir au fond de son cœur qu'on agit toujours au meilleur de notre connaissance, selon nos capacités et nos LIMITES du moment. On est sur terre pour vivre des expériences dans le but de reconnaître qui on est. Il va sans dire qu'on atteindra notre but terrestre quand on sera capable d'accepter chacune des différentes façons qu'on a d'aimer et de s'exprimer. Pour accepter ainsi, on doit apprendre à CONSTATER ce qui se passe, à tout observer, y compris nos comportements, et se donner le droit d'être tel qu'on est. L'amour dit toujours oui sans résistance, sans condition.

Une personne qui ne s'aime pas se critique, se contrôle et ne croit pas en elle. Elle en oublie son essence, qui elle est véritablement, c'est-à-dire un être spirituel qui habite temporairement dans un corps de matière, un être merveilleux qui agit au meilleur de sa connaissance, de sa conscience et de ses limites. Elle s'identifie plutôt aux PERSONNALITÉS qu'elle a créées mentalement, qui ne sont en fait que des illusions.

Toutes les situations et les événements qui surviennent dans notre vie existent pour nous permettre de nous aimer toujours un peu plus chaque jour. Il y a plusieurs moyens d'apprendre à s'aimer, le premier étant de devenir CONSCIENT de qui on est véritablement : nos qualités de

A

cœur, notre générosité, nos multiples talents, notre capacité d'aider, d'accepter, d'écouter, de comprendre, et surtout notre grand pouvoir de créer et de rechercher sans cesse l'amélioration de notre être. L'amour véritable est d'essence spirituelle. Il représente l'énergie de fusion entre tout ce qui vit. On le considère comme le remède le plus rapide et efficace pour toute guérison physique, émotionnelle et mentale. Nombreux sont ceux qui croient que s'aimer signifie « être égoïste ». Il est suggéré de voir la définition de l'ÉGOÏSME.

AMOUR DES AUTRES

On aime les autres de la même façon qu'on s'aime. Voilà une bonne raison de vouloir vivre en famille ou en société. Tu as ainsi l'occasion d'utiliser tous ceux qui t'entourent pour devenir conscient de la façon dont tu t'aimes. Si tu essaies de changer les autres parce que tu ne les acceptes pas dans leur façon d'être, tu fais la même chose avec toi-même. Il y a de nombreuses définitions au mot amour comme il existe maintes façons d'aimer. De tout temps, le sens profond de l'amour a été confondu avec la tendresse, l'AFFECTION, la SEXUALITÉ, la PASSION, ou encore vouloir être aimé, d'où la DÉPENDANCE.

L'amour ne s'exprime pas uniquement par une relation entre deux personnes. Il est d'abord une énergie que l'on peut diffuser tout autour de soi. Il correspond au grand respect que l'on porte pour toute la création divine, tous les êtres vivants, que ce soit sur le plan humain, animal ou encore végétal. L'amour est aussi un don : DONNER sans ATTENTES, accepter que chaque personne est différente et possède un système de valeurs différent du nôtre, et ce, même si nous ne sommes pas d'accord ni ne comprenons pas son point de vue. Aimer implique de permettre à chaque personne d'être ce qu'elle est, c'est-à-dire d'avoir des désirs, des besoins, des croyances, des peurs, des limites, des attentes et des faiblesses différents des nôtres et ce, sans jugement, sans critique ni condamnation et surtout, sans vouloir les changer. Aimer signifie accepter que chacun est sur terre pour sa propre évolution et pour vivre ses propres expériences. Aimer, c'est faire des choses avec les autres et non pour les autres. Ainsi, nous nous expérimentons à tra-

A

vers les autres. Nous réalisons que, même si nous donnons, qu'en réalité, nous recevons.

Malheureusement, beaucoup de personnes croient qu'aimer quelqu'un d'autre, c'est lui plaire. Cette notion s'avère fausse. Une personne peut agir d'une façon qui ne te plaît pas et cette attitude n'a rien à voir avec l'amour qu'elle te porte. Il en est ainsi pour toi. Tu n'as pas à toujours plaire aux autres pour leur démontrer ton amour. Aimer véritablement, c'est plutôt tenir compte de ce qui est utile à l'autre plutôt que ce qui lui est agréable.

Notre façon de rechercher l'amour des autres est aussi très révélatrice. Chercher par tous les moyens à être aimé signifie qu'on ne s'aime pas. Quand quelqu'un aime véritablement avec son cœur, il sera aimé en retour et ne recherchera plus autant l'amour des autres. Nous ne pouvons récolter que ce que nous avons d'abord semé. Plus nous sommes dans l'amour véritable, plus nous baignons dans la lumière, et plus nous nous attirons les éléments essentiels dont nous avons besoin pour vivre heureux, en santé et en harmonie. Les mêmes règles d'amour se retrouvent dans l'amitié. Suivre ces règles est le moyen par excellence pour nous faire des amis et les conserver pendant longtemps.

Comment apprend-on à aimer les autres d'une façon inconditionnelle ? En étant capable de les ACCEPTER, d'avoir de la compassion, de la sollicitude, du RESPECT, d'être bon, généreux, affectueux, sensible et compréhensif. Tous ces moyens permettent d'ouvrir son cœur. En d'autres termes, **aimer, c'est raisonner avec le cœur**. Par conséquent, plus tu côtoies de personnes, plus tu as d'occasions d'apprendre ce qu'est l'amour véritable et de te rapprocher de la sagesse. La sagesse, c'est reconnaître que grâce à tes différences, tu peux véritablement apprendre à aimer. Lorsque tu voudras pour les autres ce à quoi ils aspirent pour eux-mêmes au lieu de vouloir pour eux ce que tu as en tête, tu sauras que tu sais aimer inconditionnellement.

AMUSER (s')

Passer du temps agréable, se distraire, se divertir, jouer; prendre plaisir à quelque chose. S'amuser peut s'exprimer sous différentes formes. C'est d'abord faire des choses que nous aimons, que nous considérons comme amusantes, qui nous délassent, qui nous aident à décompresser et à oublier nos soucis. Pour certains, s'amuser équivaut à sortir du quotidien, ne pas prendre la vie trop au sérieux. En somme, c'est mettre de la gaieté dans son quotidien, dans sa vie.

S'amuser est agréable et bénéfique, alors pourquoi cela semble-t-il si difficile pour certaines personnes ? D'une part, cela provient de notre enfance, de notre éducation. Lorsque nous étions jeunes, on nous disait souvent qu'il y avait un temps pour travailler, un autre pour être sérieux et un temps pour s'amuser... s'il restait du temps. On a grandi avec cette CROYANCE et, comme les obligations et contraintes venaient de toutes parts, on en a déduit qu'il restait rarement du temps pour s'amuser. À la longue, on est devenus des êtres « trop raisonnables », trop sérieux, de sorte qu'on n'arrive plus à s'amuser, à s'abandonner sans se sentir coupables.

Une personne raisonnable aura tendance à dire : « Je veux ceci ou je veux faire cela mais je n'ose pas. » Pour toutes sortes de raisons, elle s'en empêche puisqu'elle a probablement peur de se sentir coupable ou de se faire disputer ou elle croit qu'un adulte n'agit pas ainsi, etc. En somme, elle n'écoute pas ses besoins. La personne raisonnable ne croit pas mériter beaucoup, ne se jugeant pas importante.

Certaines gens ne savent plus comment s'amuser, ils oublient de le faire ou même ils en ont perdu le goût et l'intérêt. Ce sont ceux qui deviennent frustrés lorsqu'ils en voient d'autres s'amuser. Plus ils sont DÉRANGÉS et plus ils reçoivent le message qu'il est urgent pour eux de réapprendre à s'amuser. Nous devons devenir conscients qu'il n'y a pas « un TEMPS » pour s'amuser. Au contraire, nous pouvons autant nous amuser à la maison, en auto, au travail, que durant les divertissements. S'amuser ne veut pas nécessairement dire « jouer », c'est plutôt

A

prendre plaisir à faire ce que nous faisons; voilà pourquoi s'amuser peut se retrouver dans tout ce que nous effectuons.

En quoi s'amuser peut-il nous aider ? D'abord, à vivre l'instant présent, à être plus joyeux, à avoir du PLAISIR, à RIRE, à équilibrer les côtés les plus sombres et plus sérieux de la vie. S'amuser est aussi très important dans une vie de couple. Cela aide à réduire le stress et bien souvent à DÉDRAMATISER. S'amuser avec les enfants peut nous aider à retrouver notre petit enfant intérieur pour être plus à l'écoute de nos besoins.

ANGE GARDIEN

Se référer à **GUIDE DE L'AU-DELÀ**

ANGOISSE

On mélange souvent l'angoisse et l'anxiété, mais une distinction est amenée dans ce livre suite à l'observation de milliers de personnes. L'angoisse est un malaise psychique et physique, né du sentiment de l'imminence d'un danger. Une angoisse ou mal-être intérieur se définit aussi par une énergie qui cherche à se libérer bien qu'elle prenne toute la place et étouffe la personne qui en est victime. L'angoisse est surtout vécue et ressentie au niveau du plexus solaire. Plusieurs symptômes physiques peuvent l'accompagner : sueurs, spasmes, accélération du rythme cardiaque, vertiges, etc. Suite aux nombreuses observations, il a été possible de constater que l'angoisse est vécue par des personnes trop PSYCHIQUES, trop ouvertes à tout ce qui se passe à l'extérieur.

La différence entre l'angoisse et l'anxiété est la suivante : l'angoisse est provoquée par une personne ou une situation venant de l'extérieur et l'anxiété correspond à une activité mentale concernant la personne elle-même. Par exemple, une personne est angoissée à l'idée que son enfant puisse avoir un accident de la route ou angoissée à l'idée de parler en public et d'avoir tous les regards sur elle. Cette même personne peut être anxieuse de bien réussir, de se rappeler de son texte lors de son apparition publique ou anxieuse lorsqu'elle a plusieurs tâches à accomplir. Une même personne peut vivre de l'angoisse et de l'ANXIÉTÉ.

A

Pour t'aider au moment où tu vis de l'angoisse, tu dois d'abord te retirer quelques instants et prendre quelques respirations profondes et conscientes qui t'aideront à te centrer. Il est aussi recommandé de boire de l'eau. Il est bon d'accueillir cette partie angoissée qui a pris toute la place et de lui donner la permission d'être là en sachant qu'elle représente une partie de toi qui cherche à te protéger. Tu peux rassurer cette partie en prenant conscience que ses PEURS sont plus imaginaires que réelles. Le DIALOGUE INTÉRIEUR peut t'aider à faire cette démarche.

ANIMAL

Les animaux sont des êtres vivants qui partagent la planète Terre avec les humains et qui s'avèrent, tout comme nous, plus ou moins évolués. Par exemple, un ver de terre est loin d'avoir l'évolution d'un chat ou d'un cheval. Ceux-ci sont dotés d'un début de CORPS ÉMOTIONNEL et plusieurs animaux commencent même à développer un CORPS MENTAL. Tout comme l'humain, ils peuvent apprendre et sentir certaines choses.

Cependant, ils sont inférieurs à l'être humain au niveau de la conscience. Comme ils agissent davantage par instinct que par intelligence, ils deviennent donc des êtres vulnérables et soumis. Une personne ne doit pas PROFITER de leur condition pour les sous-estimer, les manipuler ou, inversement, les surestimer, c'est-à-dire se laisser manipuler par eux. Ils ont en commun avec nous un instinct naturel, l'instinct de survie par exemple, alors que l'humain est doté en plus de l'INTUITION. Le plus grand rôle des animaux est d'aider l'humain à développer davantage l'AMOUR inconditionnel. Ils veulent être au service de l'humain mais seulement dans l'amour, l'acceptation.

En général, les animaux domestiques sont des êtres doux, affectueux et sociables. Voilà pourquoi les enfants les aiment tant. Se rapprocher des animaux peut parfois nous inciter à devenir plus calmes, tendres et même plus tolérants. Ainsi, la façon dont on traite les animaux peut avoir un lien direct avec la manière inconsciente de se conduire avec

A

soi-même ou de se comporter avec les autres. Par exemple, quand une personne maltraite un animal, cela démontre la même attitude intérieure, mais inconsciente, qu'elle a envers elle-même ou envers son prochain. Aussi, sachons que quelqu'un qui traite un animal tel un objet, sans aucun sentiment, le blesse, le brutalise et décharge sur lui une colère ou une agressivité accumulée devra subir les conséquences de ses gestes. Ce genre de personne a probablement PEUR DE L'ANIMAL et ce, même si l'animal fait partie de la famille. Elle aurait grand intérêt à vérifier ce qu'elle pourrait apprendre sur elle-même grâce à cette peur.

Les animaux domestiques font partie de la vie des gens et on doit reconnaître que plusieurs d'entre eux savent combler la solitude chez bon nombre de personnes. Certains, presque humains, possèdent des aptitudes particulières et, grâce à un apprentissage spécifique, ils peuvent fournir un très grand secours à la société et rendre d'énormes services. De plus, ils sont fidèles et représentent un bon modèle d'amour inconditionnel. Ce sont des êtres vivants et on doit les traiter avec respect tout comme le reste de la création et leur permettre d'être ce qu'ils sont.

ANTIPATHIE

Vivre de l'antipathie envers quelqu'un ou quelque chose (un travail par exemple) est un sentiment intuitif, non raisonné. Ça ne correspond pas à de la HAINE, mais plutôt à une aversion qui nous pousse à nous éloigner de ce qui nous semble antipathique. Si cette aversion se produit suite à l'analyse d'une personne ou d'une situation, ça ne correspond pas à de l'antipathie, mais plutôt à un jugement basé sur notre perception mentale. L'antipathie ne s'explique pas, c'est intuitif : c'est ton DIEU INTÉRIEUR qui t'aide à discerner ce qui n'est pas bon pour toi maintenant. Ce qui t'est antipathique ne veut pas nécessairement dire que ce n'est pas bien, ni que la personne ou la chose n'est pas correcte, mais plutôt que c'est non bénéfique pour toi dans le moment, probablement même au-delà de tes limites de persister dans cette situation.

ANXIÉTÉ

A

L'anxiété est une inquiétude exagérée, une grande activité mentale causée surtout par l'incertitude, le DOUTE. La personne anxieuse a souvent des attentes disproportionnées face à elle-même. Se créer des PEURS imaginaires et non fondées est sa spécialité. Lorsque tu vis de l'anxiété, il est suggéré que tu te changes les idées en faisant des actions physiques agréables qui occuperont tes pensées. Les gens anxieux ont souvent de la difficulté à bien dormir, à dormir d'un SOMMEIL récupérateur.

APOCALYPSE

Se référer à **RÉVÉLATION**

APPARTENANCE

Se référer à **CORPS ÉMOTIONNEL**

ARGENT

L'argent représente dans notre monde actuel un moyen d'échange pour gérer l'aspect matériel de notre vie, par conséquent, il est une forme d'énergie en circulation. C'est également un outil qui nous aide à vivre d'une façon plus confortable sur la terre. L'argent, et ce qu'il représente, est aussi le reflet ou le résultat de notre force intérieure et de notre pouvoir de créer. Comme il est humain d'en désirer en abondance, certaines personnes se demandent pourquoi elles n'en n'ont pas autant qu'elles le désirent. Tout cela vient de très loin. Nous devons puiser dans nos souvenirs les plus lointains et ressortir l'attitude de nos parents face à l'argent et aux biens matériels. Même si, au fond de nous, nous désirons en posséder beaucoup, l'influence que nos parents et nos éducateurs ont eue sur nous a joué un rôle déterminant à ce niveau. Sans nous en rendre compte, nous avons, en général, conservé les mêmes pensées, les mêmes attitudes et les mêmes croyances qu'eux. Par exemple : « L'argent ne fait pas le bonheur. », « Dans la famille, nous sommes nés pour un petit pain. » ou encore « Je ne suis pas riche mais au moins je suis honnête et j'ai une bonne santé. »

Nous devons devenir conscients que ces attitudes nous confinent dans le MANQUE d'argent ou la peur d'en perdre ou d'en manquer. Par contre, toutes ces CROYANCES MENTALES du passé peuvent être remplacées quand une personne en prend vraiment conscience et *décide* d'adopter des croyances et des comportements différents pour enfin croire à une abondance d'argent dans sa vie. Ainsi, une personne doit vérifier, parmi ses pensées, celles qui lui nuisent et les remplacer par des pensées et paroles d'abondance qui sont constructives, telles que : « Je suis riche, heureux et en santé. » ou « J'ai tout l'argent dont j'ai besoin dans ma vie et même plus. » ou « J'attire de plus en plus d'abondance dans ma vie. » Un autre outil consiste à te poser la question suivante : « En quoi le fait d'avoir plus d'argent dans ma vie m'aiderait au niveau de mon être ? » Si le fait d'avoir plus d'argent, d'être riche de différentes façons, te rapproche de ton **DIEU** intérieur, c'est-à-dire t'aide à devenir conscient de ton potentiel, tes talents, tes capacités, cet argent sera alors bénéfique pour toi.

Ceux qui craignent de toujours manquer d'argent ou de le perdre vivent beaucoup de stress, d'insécurité, d'inquiétude et d'angoisse, comme la crainte de se faire voler ou de risquer de faire de mauvais placements, la peur de passer pour égoïste ou de faire abuser d'eux. Ces peurs prennent alors tellement de pouvoir qu'elles empêchent de jouir de ce qu'ils possèdent ou d'obtenir tout l'argent désiré.

D'autre part, le fait de vouloir posséder de l'argent en croyant qu'il nous procurera le bonheur et la sécurité est une illusion. Nous pouvons en désirer pour le confort et le bien-être qu'il procure ainsi que pour toutes les nécessités de la vie mais tout cela n'achètera évidemment pas le bonheur ni la SÉCURITÉ intérieure. En outre, les personnes qui ramassent de l'argent uniquement dans le dessein d'en profiter lors de leurs vieux jours, tout en se privant maintenant, risquent d'être déçues. Elles perdent leur spontanéité et désapprennent la façon de jouir de la vie. Comment pourront-elles avoir le goût, par exemple, de voyager plus tard si elles ont désappris à satisfaire leurs désirs ? Ou encore si elles sont diminuées physiquement ? En somme, il est important de devenir conscient que l'argent ne représente pas un bien mais un moyen d'échange dans notre société moderne et de le considérer comme étant une énergie. Il désigne un des symboles de notre énergie créatrice. Un manque d'argent reflète donc un blocage de cette énergie en nous.

A

Pour faire bouger l'énergie de façon constructive, nous devons agir en pensées, en paroles et en actions.

1) *En pensées :* envoyer des pensées de prospérité à tous, même aux personnes les mieux nanties, en leur souhaitant qu'elles aient autant d'argent qu'elles le désirent, si c'est bénéfique pour elles. Aussi, observer nos pensées si elles ne font pas interférence avec nos DÉSIRS.

2) *En paroles :* remercier souvent. Utiliser des paroles d'encouragement autour de soi et, bien sûr, ne pas s'oublier. Les AFFIRMATIONS mentales positives aident également, surtout celles que nous composons nous-même.

3) *En actions :* il est essentiel d'utiliser nos talents et notre créativité à bon escient en se souvenant que la forme d'énergie qu'est l'argent symbolise la MANIFESTATION de notre confiance en soi et de notre FOI en l'Univers. Aussi, ne pas oublier que plus nous donnons, plus nous recevons. Tous ces moyens aideront à développer la PROSPÉRITÉ et à vivre davantage dans l'ABONDANCE.

ASTRAL (corps)

Se référer à **CORPS ASTRAL**

ASTRAL (monde)

Monde des désincarnés, des âmes dépourvues de corps physique qu'on appelle « entités ». C'est pourquoi nous l'appelons « monde de l'âme ». L'ÂME, formée du corps astral de l'être humain, est immortelle. Ainsi,

A

l'être demeure capable de poursuivre son cheminement même après avoir quitté son corps physique. Elle est aidée par ses GUIDES à faire le bilan de sa dernière vie, l'aidant ainsi à décider de ce qui lui sera plus bénéfique lors de sa prochaine incarnation sur la planète terre. La même âme peut revenir des centaines, voire des milliers de fois, avec des corps différents tant et aussi longtemps qu'elle n'arrivera pas à l'ACCEPTATION complète de ce qu'elle est.

Le choix du PLAN DE VIE de l'âme est toujours déterminée en fonction des BESOINS de son être et non par rapport à ses désirs. Entre deux vies, l'âme continue à vivre selon son cheminement déjà fait. La seule différence est l'absence du corps physique. Tout est vécu aux plans émotionnel et mental. Par exemple, les peurs non réglées continuent à être vécues et ressenties dans le monde astral.

Il y a sept différents niveaux dans le monde astral, à partir du bas astral (enfer) jusqu'au haut astral (ciel). Les entités vivent ces différents niveaux comme elles les vivaient sur la planète terre, tantôt dans la haine, la colère, les peurs et tantôt dans l'amour, l'acceptation, le calme. C'est ainsi que l'âme devient très consciente de ce qu'elle ne veut plus et de ce qu'elle veut, ce qui la pousse à vouloir revenir sur la terre pour régler les croyances qui l'éloignent du bien-être désiré. Également, c'est ainsi qu'elle choisit sa prochaine incarnation, incluant les parents et l'environnement dont elle aura besoin. Après la mort du corps physique, tu rejoindras alors le monde astral, le monde de l'âme, aussi appelé l'enfer, le purgatoire ou le ciel dans la tradition judéo-chrétienne. La durée de ton séjour dans ce monde varie en fonction de ton degré de conscience et de tes faits et gestes sur la planète terre.

Dans le monde astral vivent aussi toutes les formes-pensées (ÉLÉMENTAUX) créées par les humains ainsi que les âmes collectives de tout ce qui vit sur la terre. Chaque espèce des plans animal, végétal et minéral fait partie d'une âme collective. Par exemple, tous les chats font partie d'une âme collective. Il n'y a que les humains qui ont chacun une âme individuelle car ils représentent les seules créatures vivantes à avoir leurs corps émotionnel et mental complètement développés. Pour ceux qui veulent savoir si une âme peut revenir sous la forme d'un animal, se référer à MÉTEMPSYCOSE.

A

ASTRAL (voyage)

Faire un voyage astral signifie que le corps astral se promène dans le monde astral. Certains le font consciemment et d'autres, sans le rechercher. Nous effectuons tous des voyages astraux pendant que notre corps physique sommeille. La plupart des gens ne s'en rendent pas compte. Lorsqu'ils se réveillent, ils croient avoir rêvé. D'autres sont beaucoup plus conscients et peuvent faire la différence entre un rêve où les corps mental et émotionnel se libèrent d'un trop plein et un voyage dans le monde astral.

Un voyage astral est considéré comme conscient lorsque la personne est éveillée et qu'elle voit son corps astral, c'est-à-dire qu'elle se voit se détacher et flotter au-dessus de son corps physique. Parfois, le corps astral demeure à côté ou au-dessus de son corps physique; quelquefois il se promène à volonté sur la terre ou dans d'autres dimensions plus élevées, même dans le monde SPIRITUEL.

Il n'est pas recommandé de s'amuser à faire des voyages astraux, car si tu te retrouves dans un niveau astral très bas, il se peut que ce soit trop difficile à vivre psychiquement. Par contre, si tu te retrouves spontanément au-dessus de ton corps physique, au moment où tu t'assoupis par exemple, demeure calme et demande à tes GUIDES de t'aider dans cette expérience de sortie astrale consciente. Comme l'expérience n'a pas été forcée, tu es probablement prêt à la vivre.

ATTACHEMENT

Sentiment qui nous unit, qui nous retient par un lien sentimental à des personnes ou à des choses que nous affectionnons. Il devient donc difficile de s'en détacher, de s'en départir. C'est souvent en rapport avec une personne ou avec quelque chose qui nous rappelle des souvenirs ou un bien-être personnel. Il y a aussi l'attachement envers les animaux, les choses matérielles et l'argent, incluant les souvenirs. Le point commun

A

de tout attachement semble être ce qui comble un vide affectif. Les personnes qui s'attachent facilement sont en général des personnes souffrant de DÉPENDANCE AFFECTIVE.

Lorsque l'attachement est trop fort, trop lié émotionnellement, nous devenons prisonniers de l'objet de notre attachement. Si ce dernier venait à disparaître de notre vie, nous perdrions ce point de repère et nous sentirions un grand vide intérieur. Nous pouvons aimer ou éprouver un certain attachement, c'est-à-dire une inclination envers quelqu'un ou quelque chose tout en sachant que, si pour quelque raison que ce soit, cela disparaissait de notre vie, nous saurions que nous possédons intérieurement tout ce dont nous avons besoin pour poursuivre sereinement notre route. Nous saurions que notre point de repère est notre DIEU INTÉRIEUR. Voilà pourquoi il est important de s'habituer, dès maintenant, à vivre dans le **non-attachement** envers tous nos biens et les personnes chères. Ça ne veut pas dire pour autant de **renoncer** à ce qui nous est cher.

Ne pas être attaché signifie aimer avoir des parents, une famille, un conjoint, des enfants, des biens, de l'argent et même d'en jouir mais tout en se rappelant que rien ne nous appartient, que tout est de passage dans notre vie pour nous aider à ÉVOLUER. C'est savoir que lorsque quelqu'un ou quelque chose disparaît de notre vie, l'Univers sait que ce n'est plus ce dont nous avons besoin, que nous devons passer à autre chose. C'est, de plus, ne pas laisser les valeurs matérielles ou nos désirs nous distraire de notre relation avec Dieu.

Le **renoncement** consiste plutôt à nous départir de tout, à nous dépouiller de nos biens ou de notre famille. Ceux qui adhèrent à certaines SECTES ou à certaines communautés religieuses représentent un bel exemple. De plus, il y a des personnes qui croient encore que le renoncement va les aider à être plus spirituels. En fait, ceci n'a rien à voir avec la SPIRITUALITÉ. Une personne qui choisit la voie du renoncement doit le faire pour vivre une nouvelle expérience et non par peur de quelque chose, comme ne pas aller au CIEL si elle a trop de biens et d'argent. En conclusion, nous ne devrions jamais « renoncer » mais plutôt « choisir » différemment. *Renoncer* est une action qui nous éloigne de quelque chose ou de quelqu'un et *choisir* est une action qui nous dirige vers quelque chose de nouveau.

A

ATTENTE

Une attente est le fait d'attendre, de compter sur quelque chose ou sur quelqu'un; une espérance, un souhait non formulé. Il est normal et humain d'avoir des attentes, surtout lorsqu'elles se trouvent justifiées, suite à une entente ou à un engagement clair. Par exemple, quelqu'un occupe un emploi et s'attend, suite à un engagement et une entente pré-établie avec l'employeur, à recevoir tel salaire pour l'emploi qu'il occupe. Son employeur peut s'attendre, lui aussi, à ce que son employé fasse les tâches pour lesquelles il a été engagé. Ceci est en quelque sorte un échange d'énergie. Il devient défavorable d'avoir des attentes lorsque rien n'a d'abord été clarifié et entendu.

Poursuivons avec le même exemple : si l'employé en fait, selon lui, plus que le travail qui lui a été assigné, il s'attendra à être reconnu et rémunéré en retour; il risque d'être très déçu, car il s'attend à quelque chose sans entente au préalable. Si tu vis une telle situation, les attentes risquent de te faire vivre des ÉMOTIONS désagréables. Dans le cas où tu te sens brimé dans tes droits, il est important de réviser les ententes prises et de réajuster l'engagement selon les nouvelles circonstances.

Voici un autre exemple d'attente non justifiée : une personne rend service à un ami en entretenant l'idée qu'un jour, l'autre lui rendra la pareille. Il est possible que ce dernier agisse à un moment donné selon son attente mais il est aussi possible que non. Dans le cas d'un non retour, elle risque de vivre de la DÉCEPTION, de la frustration et même de la colère, ce qui créera un malaise entre les deux amis.

Dans toutes les couches de la société, nous avons été éduqués de façon à avoir des attentes : les employeurs face aux employés et vice versa, de même qu'entre parents et enfants, frères et sœurs, les conjoints entre eux, sans oublier les amis. Les occasions sont fréquentes et multiples pour vérifier chaque jour si on vit des attentes. La plupart des gens veu-

A

lent et s'attendent à ce que les autres fassent quelque chose pour eux et que ces derniers les rendent heureux. C'est illusoire de conserver cette attitude, surtout lorsqu'il n'y a pas eu d'engagement à cet effet.

Quand on a des attentes sans ententes, en général, on cherche à être aimé, indice qu'on ne s'aime pas assez. On désire que quelqu'un d'autre remplisse notre vide intérieur qu'on est incapable de remplir par soi-même. Comme les autres nous reflètent nos parties inconscientes, on doit prendre en considération que toutes les attentes qu'on a face aux autres, on les vit également face à soi-même. Ainsi, quand on est déçu de nos résultats, de nos performances, de notre incapacité à tenir une promesse ou un engagement ou lorsqu'on se critique pour toutes sortes de raisons, on peut conclure que nos attentes finissent par nous faire vivre de la colère envers nous-même. En somme, quand on a des attentes, on n'est pas dans notre cœur et on souffre.

Cependant, les attentes ont un côté constructif : celui de nous aider à vérifier le progrès que nous faisons au fil des ans par rapport à l'acceptation. Bien sûr, l'idéal consiste à avoir des attentes seulement suite à des engagements clairs. On comprend donc pourquoi les engagements sont très importants entre les individus, sinon leur absence génère des émotions allant de la peur à la frustration, de l'impatience à la rancune, voire parfois la haine. C'est aussi la raison pour laquelle nous devons apprendre à mieux COMMUNIQUER pour exprimer nos sentiments et nos désirs.

Mais, comme en général les humains ont encore souvent des attentes, un moyen pour t'aider à mieux gérer ces situations consiste à te donner le droit d'avoir des attentes en sachant qu'un jour tu seras capable de t'aimer assez pour ne plus en avoir. À tout le moins, elles te feront vivre de moins en moins d'émotions. En plus, le fait de savoir que tes attentes te font vivre des émotions, celles-ci deviendront plus faciles à accepter. Le bon côté de ne plus avoir d'attentes sans ententes est que moins on en a et plus on a l'impression de recevoir beaucoup. Comme on ne prend plus rien pour acquis, on perçoit tout ce qui nous arrive comme un cadeau de la vie; on se place donc en état de RECEVOIR. À titre d'exemple : une mère qui aime recevoir souvent la visite de ses enfants. Même si ces derniers ne la visitent pas aussi souvent qu'elle le souhaite, elle respecte leur vie. N'ayant pas d'attentes, elle ne vit pas de déception et, en plus, chacune de leur visite représente une surprise et un cadeau qui illumine sa vie et fait croître son bonheur.

Dans l'exemple cité plus tôt (celui où une personne rend service à un ami), si cette personne ne s'attend à rien en retour, elle est gagnante quand même puisqu'elle l'a fait pour le PLAISIR que lui procure le fait d'aider quelqu'un. De toute façon, sachons que la LOI DE CAUSE À EFFET voit à retourner toute semence vers son créateur. Lorsqu'il y a eu une ENTENTE claire et précise et que l'entente n'est pas respectée, se référer à ENGAGEMENT.

ATTITUDE

Disposition à l'égard de quelqu'un ou de quelque chose, manière, ensemble de jugements ou de tendances qui poussent à un comportement. Une attitude se définit aussi comme un état d'être qui se reflète à l'extérieur de soi et qui crée notre réalité. L'attitude est donc ce qui se passe à l'intérieur de soi (mental) ainsi que le comportement physique qui en découle. Notre MOTIVATION et surtout nos CROYANCES nous font souvent adopter une certaine attitude : positive, négative, joyeuse, apathique, constructive, prospère, défaitiste, victime ou gagnante. Par exemple, une personne qui, à son travail, n'est motivée que par l'argent et la sécurité que ce travail lui procure, il est plus que probable que cette personne développera une attitude plutôt morose, apathique, s'abstenant d'utiliser sa créativité et ses talents au maximum pour le succès de l'entreprise. Les heures lui paraîtront beaucoup plus longues et interminables que si elle avait une attitude positive et constructive.

Tout résultat dans un travail ou dans toute autre situation dépend beaucoup de l'attitude que nous avons. C'est pourquoi notre motivation et notre INTENTION sont si importantes dans toute circonstance. Lorsque les résultats ne reflètent pas ce que tu veux dans la vie, il est important pour toi de vérifier ton attitude intérieure et de trouver les

PEURS qui t'empêchent d'avoir l'attitude qui te conduirait vers ce que tu veux. En résumé : l'attitude affecte le comportement qui affecte le résultat.

ATTRACTION (loi d')

Se référer à **LOI D'ATTRACTION**

AURA

L'aura est une auréole, un champ magnétique qui entoure tout ce qui vit. Certains la voient, bien que la plupart des gens ne peuvent l'apercevoir. Chez l'humain, l'aura est une sorte de « halo » qui se dégage autour de lui, surtout autour de la tête. En réalité, l'aura révèle l'énergie qui se dégage des gens et elle apparaît sous différentes couleurs, tout dépendant de l'état de la personne. Par exemple, une personne en colère dégagera du rouge foncé, une autre remplie de tendresse, du rose, etc. Il est plus facile de voir l'aura blanche du corps éthérique. Elle est présente autour de tout ce qui vit, autant dans le règne minéral (l'aura d'un rocher), que végétal (l'aura d'un arbre), animal et humain. On comprendra que plus le règne est évolué, plus il y a une énergie forte qui se dégage, rendant plus facile sa visibilité.

En plus de l'aura blanche, l'humain dégage l'aura de ses autres corps, que l'on nomme CORPS SUBTILS, à partir du corps émotionnel jusqu'au corps christique, chacun se composant de différentes couleurs. L'aura humaine a donc plusieurs couches et, même si elle ne peut pas encore être vue par la plupart, elle peut facilement être ressentie. Lorsque vous entrez dans l'aura d'une personne, vous le savez, car c'est ce qui vous fait sentir bien ou non en sa présence. Certaines personnes peuvent dégager des auras de plusieurs mètres; d'autres, à peine quelques centimètres. Tout dépend de la réserve d'ÉNERGIE de chacun.

AUTHENTICITÉ

Se référer à **VRAI**

AUTONOMIE

Dans le dictionnaire, l'autonomie et l'indépendance semblent avoir une définition similaire. Ce livre t'apporte une nuance entre les deux pour t'aider à mieux te situer. Une personne **autonome** est celle qui a la faculté d'agir librement et, surtout, de pouvoir décider par elle-même de ce qu'elle veut. Si elle n'arrive pas à satisfaire ses besoins par ses propres moyens, elle est capable de faire ses demandes et de solliciter de l'aide au besoin. Elle n'a besoin ni de l'approbation, ni de la présence continuelle de quelqu'un d'autre ou besoin de quelqu'un en particulier pour se sentir bien. De plus, lorsqu'elle demande de l'aide, elle accepte de se faire dire non, car elle ne dépend pas d'une personne en particulier. Elle trouvera quelqu'un d'autre pour l'aider, en cas de refus.

En général, la personne **indépendante** est en réaction à la DÉPENDANCE. Elle ne veut pas admettre qu'elle puisse être dépendante au plus profond d'elle-même. Elle décide donc de devenir indépendante, c'est-à-dire de ne compter que sur elle-même. Elle ne s'autorise que dans une situation d'extrême urgence de demander de l'assistance car, pour elle, réclamer de l'aide signifie être perçue comme étant quelqu'un de dépendant ou de faible. Comme cette personne est fermée à demander ou à recevoir de l'aide et pas ouverte (en général) aux idées et suggestions des autres, elle prend souvent de mauvaises décisions pour elle-même. Aussi, elle est souvent décentrée puisqu'elle se retrouve dans le CONTRÔLE.

Si tu te reconnais dans la description de « indépendant », tu dois d'abord te donner le droit d'être ainsi puis t'ouvrir graduellement à de nouvelles expériences. Ose demander de l'aide plus souvent sans t'attendre que la personne choisie doive t'en donner. Ainsi, tu sentiras de moins en moins la nécessité de tout contrôler, ce qui te libérera de plusieurs CONTRAINTES. Par conséquent, tu deviendras de plus en plus libre et autonome affectivement.

A

AUTONOMIE AFFECTIVE

Se référer à **AUTONOMIE**

AUTORITARISME

Se référer à **AUTORITÉ**

AUTORITÉ

L'autorité, c'est le droit de commander, de se faire obéir, d'avoir une forme de pouvoir. Une certaine autorité est nécessaire pour diriger, pour donner une direction, que ce soit de la part d'un parent, d'un enseignant, d'un chef d'entreprise, d'un dirigeant de pays, en somme de tout individu ayant la charge de personnes. Celui qui sait bien gérer son autorité n'a pas de difficulté à être reconnu et accepté dans ce rôle. Il utilise son autorité dans un certain domaine, sans ressentir le besoin de s'imposer. Son autorité est respectée spontanément. De plus, on peut être une autorité dans un certain domaine où on a fait beaucoup d'études et de recherches.

Bien gérer son autorité correspond à diriger les autres, tout en respectant leurs opinions s'ils ne sont pas d'accord avec notre façon de diriger. Si on doit insister pour se faire OBÉIR, on le fait en décidant avec les autres du choix qui apporterait le moins de conséquences fâcheuses. On dit de cette personne qu'elle utilise son autorité avec sagesse. Mal gérer son autorité équivaut à s'imposer, faire sentir son autorité d'une manière absolue, sans tolérer la contradiction; vouloir être obéi seulement pour le plaisir ou la satisfaction de l'EGO. C'est vouloir exercer son pouvoir de façon contrôlante, rigide, sévère, sans RESPECT pour l'autre. Cela s'appelle de l'**autoritarisme** plutôt que de l'autorité.

L'autoritarisme est motivé par l'ORGUEIL et les PEURS. Ce trait de caractère est rencontré chez une personne qui ne tolère pas l'autorité de quelqu'un d'autre. Comme elle réagit à tout ce qui représente « l'autorité », elle n'est donc pas centrée et ne peut utiliser ses qualités de chef de la bonne façon. Il est remarquable de constater que les enfants NOUVEAUX résistent totalement aux parents et enseignants chez qui l'autoritarisme est présent. Ils ne peuvent respecter quelqu'un qui ne respecte pas les autres.

A

Rappelons-nous que ceux qui cherchent à imposer leur autorité essaient de se montrer forts afin de cacher leur VULNÉRABILITÉ. Ayons de la COMPASSION en sentant leur souffrance et leurs peurs. Pour résumer, être autoritaire, tout comme n'importe quel attribut humain, peut être bénéfique ou non. Tout dépend de la motivation et de l'usage que nous en faisons. Si une personne s'en sert en vue d'aider quelqu'un ou pour diriger en tant que chef, c'est un atout valable et important. Mais si elle se sert de son autorité pour vouloir dominer, CONTRÔLER ou changer les autres, voilà une attitude qui ne lui est pas bénéfique, car, au lieu de se faire obéir, elle va éloigner ceux qu'elle aime et qui l'entourent.

L'attitude par excellence consiste donc à communiquer clairement, à prendre en compte les besoins de chacun, à guider les gens, même les jeunes enfants, en leur donnant des choix, sans vouloir imposer à tout prix nos croyances et nos VALEURS.

AVORTEMENT

L'avortement est une interruption provoquée d'une grossesse. Lorsqu'une femme se retrouve devant une grossesse non planifiée ou non désirée, elle doit réaliser qu'elle possède, inconsciemment, au fond d'elle-même toutes les ressources nécessaires pour engendrer cette ÂME qui veut s'incarner à nouveau. Si elle se trouve dans une situation qui fait en sorte qu'elle se sent incapable de mener à terme une grossesse, elle doit clarifier en premier lieu son INTENTION et ensuite prendre conscience que ce sont ses peurs et ses limites du moment qui la motivent à choisir l'avortement.

Compte tenu des circonstances, si elle choisit l'avortement, il est important, pour éviter de se culpabiliser plus tard, qu'elle se donne le droit d'avoir ces peurs et ces limites tout en étant consciente que, du fait de la LOI DE CAUSE À EFFET, ce REJET envers cette âme lui reviendra

A

un jour ou l'autre selon l'intention qui l'a motivée. Par exemple, si une femme veut subir un avortement pour avoir sa liberté parce qu'elle n'est pas prête à s'engager, quelqu'un lui fera vivre du rejet en voulant reprendre sa liberté, car il ne sera pas prêt à s'engager. Si la personne se sent en paix avec ce principe, il lui sera plus facile d'accepter les conséquences de sa décision. Cependant, il est important de prendre contact avec cette âme en lui parlant et en lui faisant part de ses limites et de ses peurs. Le ou les parents de ce futur enfant doivent s'accepter, car s'ils se sentent coupables et demeurent tristes suite à ce choix, l'âme ne pourra retrouver la paix. Quelle que soit la raison de l'avortement, on doit se souvenir que l'humain peut prendre toutes les décisions qu'il veut, car lui seul aura à en assumer les conséquences. On appelle ceci : prendre sa totale RESPONSABILITÉ.

De plus, dans l'ordre des choses, il convient de réaliser que lorsqu'il y a un choix d'avortement, cela crée une coupure dans le couple. Il est donc sage pour un couple qui veut continuer une relation, suite à un avortement, de recommencer leur relation sur une autre base. Sachons que personne n'est en droit de juger qui que ce soit. Le fait d'accepter le choix d'avorter, sans essayer de tout comprendre mentalement, ni de juger, représente le moyen par excellence pour nous ramener à l'ACCEPTATION et à la compassion.

BEAUTÉ

B

La beauté correspond au besoin le plus important du CORPS ÉMOTIONNEL. Vivre dans la beauté est donc essentiel pour la santé et l'équilibre de l'être humain. Voilà pourquoi il est tout à fait naturel de rechercher à être entouré de belles choses, incluant les gens qui nous inspirent la beauté. Une belle personne au niveau physique ne signifie pas nécessairement qu'elle répond à des critères de beauté établis par l'humain. La beauté se retrouve dans ce qui se dégage d'elle, dans sa façon d'être, dans son expression, dans son regard, son sourire vrai et sincère. En général, c'est une personne qui a du charisme et beaucoup de charme et, surtout, qui dégage de la sérénité, donc de la beauté intérieure.

S'entourer de ces gens nous aide à nous épanouir à travers eux. Par exemple, quand tu t'entoures de personnes qui dégagent la sérénité et la confiance en elles, qui sont vraies, et qui se permettent d'être elles-mêmes, tous ces attributs reflétés contribuent à développer ta propre confiance en toi, à devenir plus serein, vrai et toi-même. Cela t'aide à te sentir mieux dans ta peau et à découvrir ta propre beauté intérieure. Accepte que tout ce qui existe à l'extérieur de toi reflète ce qui existe en toi.

Les gens incapables de reconnaître la beauté autour d'eux ne peuvent reconnaître leur propre beauté. Ils sont souvent malheureux et, ne savent pas pourquoi. Ils ressentent un manque, un vide intérieur. Ceci indique qu'ils manquent de nourriture au plan émotionnel parce qu'ils ne peuvent voir leur propre beauté.

Au fur et à mesure que tu deviendras plus conscient de ta beauté intérieure, ton apparence et ton entourage physique changeront au même rythme. Comme le physique reflète ce qui se passe à l'intérieur de soi, cette transformation est naturelle. Tu seras porté à choisir des vêtements que tu trouves beaux, de texture naturelle de préférence, ainsi qu'à t'entourer de tout ce qui te fait sentir une personne spéciale et épanouie.

Tu voudras vivre dans un environnement de plus en plus beau. Tout ça se fera naturellement.

B

T'entourer de beauté dans ton monde physique t'aidera à devenir de plus en plus conscient de ta beauté intérieure et, par conséquent, de celle des autres. T'entourer de beauté stimule l'INTELLIGENCE et ton pouvoir de créer ce qui est bon et UTILE pour toi. Rappelle-toi que plus tu vois la beauté autour de toi, en toi et chez tous les êtres humains, plus ta vie s'embellit.

BÉBÉ

Se référer à **ENFANT / ENFANCE**

BÉNÉFIQUE

Qui a un effet positif, salutaire, favorable; qui fait du bien, qui apporte des avantages. Quand nous voulons savoir si quelque chose nous est bénéfique ou favorable dans n'importe quel domaine de notre vie, que ce soit pour un choix de carrière, une décision de couple, l'éducation d'un enfant, un désir, un engagement, une sortie, etc., il est important de vérifier à l'intérieur de nous *comment nous nous sentons*. Si nous ressentons un sentiment de paix, de joie, de plénitude et de bonheur, c'est un indice favorable et bénéfique pour nous.

Par contre, s'il y a un doute, une incertitude ou tout autre sentiment vague, un mal-être intérieur difficile à identifier ou même si nous croyons ne pas avoir fait la bonne chose, nous devons savoir que, de toute façon, il n'y a jamais d'erreur. Grâce à toutes nos actions, nous venons de nous enrichir d'une nouvelle expérience. En réalité, nous pouvons même affirmer que chacune de nos expériences est bénéfique, même celles qui nous semblent une grave ERREUR, celles qui nous apportent des conséquences très pénibles. Comment peut-on affirmer cela ? Les expériences difficiles sont souvent nécessaires dans notre vie pour devenir conscients de ce que nous ne voulons pas et, par la suite, de ce que nous voulons.

BESOIN

B

Le dictionnaire décrit un besoin comme un désir, envie, ce qui est nécessaire ou indispensable. Quelque chose de nécessaire ou un manque de. Il y a les besoins naturels facilement reconnaissables et nous savons que lorsque nous les négligeons, nous nous sentons mal, par exemple le besoin d'eau. Mais les besoins de notre être, bien que tout aussi importants, sont plus difficiles à reconnaître, à cerner. Lorsqu'ils ne sont pas comblés, nous ressentons un malaise sans en connaître la véritable raison.

Pourquoi est-ce si difficile de répondre à nos besoins ? Parce que nous n'avons pas appris à les identifier. À la naissance, nos parents, ainsi que les autres adultes impliqués dans notre vie, ont contribué à combler principalement les besoins nécessaires à notre croissance physique. Une fois adultes, nous avons à assumer la responsabilité de combler nos besoins physiques, naturels. Mais, en plus, il nous incombe de subvenir à nos besoins des plans émotionnel, mental ainsi que spirituel. Pour cela, nous devons être capables de les identifier et de faire la différence entre un besoin et un désir. Un besoin se situe au niveau de l'*être* tandis qu'un DÉSIR correspond, en général, au niveau de l'*avoir* et du *faire*.

Écouter tes vrais besoins se définit par la capacité de te centrer, de savoir ce qui est bénéfique pour toi, d'écouter ce que disent ton cœur et ton âme. Quand tu désires quelque chose et que tu veux savoir si ce désir répond à un besoin de ton *être*, tu dois t'intérioriser en te posant la question que voici : « En quoi mon désir va-t-il m'aider au niveau de mon *être* ? », c'est-à-dire « ce désir peut m'aider à *être* quoi ? » Par exemple, si tu désires un tel genre de travail, la question à te poser est celle-ci : « Comment ce travail va-t-il m'aider au niveau de mon *être* ? » La réponse peut être : « Il va m'aider à *être* plus créatif, *être* plus confiant, *être* plus autonome et aussi *être* plus heureux », au lieu de rechercher dans l'*avoir* comme : avoir ou gagner plus d'argent, avoir plus de sécurité. Si tu réponds spontanément : « *être* plus riche et *être* plus en sécurité », même si cette réponse paraît matérialiste, si ça t'aide à ÊTRE mieux, voilà l'expérience que tu dois vivre. **C'est seulement une fois**

B

dans l'expérience que tu pourras savoir si ce désir répondait à un vrai besoin de ton être. Tu le sauras par la façon dont tu te sens.

Voici un autre exemple : quelqu'un désire faire un voyage et n'en voit pas la possibilité, mais l'idée de partir à l'étranger l'enchante. La personne doit se demander en quoi le fait de voyager l'aidera ? Cela peut lui permettre d'*être* plus joyeuse, plus dynamique, plus ouverte aux coutumes et aux mœurs d'autres pays et *être* plus heureuse. C'est légitime de rechercher ce qui nous rend plus heureux et nous apporte du bonheur. Nous devons cependant faire des actions en conséquence pour MANIFESTER ce que nous voulons, ce qui contribue à développer notre puissance intérieure.

Pour savoir si tu décides ou si tu agis sans prendre le temps de vérifier tes besoins, demande à tes proches si tu es porté à décider pour eux, sans connaître leurs besoins ou sans en tenir compte ? Si la réponse est affirmative, cela signifie que tu fais la même chose avec toi-même. En plus de ne pas vérifier nos vrais besoins, il arrive fréquemment de ne pas écouter ceux que nous connaissons. Lorsque tu te rends compte que tu agis à l'encontre d'un de tes besoins que tu connais (comme manger au point d'être mal), au lieu de t'en vouloir et de te critiquer comme étant une personne sans volonté, donne-toi le droit de ne pas avoir été capable d'écouter ton besoin. Quand les conséquences de ne pas écouter tes besoins deviendront trop difficiles à assumer, il sera alors plus facile pour toi de faire le nécessaire pour y voir. Certaines personnes ont besoin de souffrir davantage avant d'arriver à leurs limites et de répondre à leurs besoins, ce qui s'appelle être MASOCHISTE.

Voici un exercice très simple, mais combien révélateur, pour déterminer les vrais besoins de ton être. Pose-toi la question suivante : « Si je me donnais la liberté d'être qui je veux, si j'avais la santé, le temps, l'argent et les talents nécessaires et que j'étais dans la certitude de ne pas déplaire, ni déranger personne, ni de me sentir coupable, quel serait mon choix de vie ou quel serait mon besoin dans le moment ? » Ne mets aucune barrière à imaginer une réponse. Sois plutôt à l'écoute de la première chose qui se présente. Quand tu es vraiment centré, la réponse devrait surgir spontanément. Tu peux aussi demander à tes GUIDES lors d'une détente ou d'une méditation : « De quoi ai-je vraiment besoin dans le moment pour mon évolution ? »

B

Ces messages peuvent être précieux et très révélateurs pour t'indiquer le chemin à suivre vers l'AUTONOMIE, les attitudes à adopter et les actions à faire pour créer ton bonheur. L'Univers fait toujours en sorte que nous nous retrouvions au bon endroit au bon moment pour accomplir notre vraie mission sur la terre, soit celle de devenir conscients de qui nous sommes. Il est donc essentiel d'être en contact avec nos vrais besoins, car, dans le cas contraire, il s'ensuit un manque ou une baisse d'énergie, un sentiment de malaise intérieur et notre joie de vivre décroît. Plus nous apprenons à nous connaître, à nous faire confiance, à nous apprécier à notre juste valeur et à nous aimer, plus nous découvrons nos vrais besoins et plus nous savons comment y répondre. Plus nous écoutons nos vrais besoins, plus notre intuition se développe et plus nous devenons maîtres de notre vie.

BIEN (principe bien/mal)

Selon le dictionnaire, le mot « bien » signifie « d'une manière conforme à la raison, à la morale (science du bien et du mal), à l'idée qu'on se fait du bien, à la perfection ». Habituellement lorsqu'on dit que quelque chose est bien, correct ou supposé, cela laisse présumer que le contraire est mal, pas correct ou non supposé. Ainsi, on ne peut dissocier le bien du mal. Ils sont deux aspects de la même chose. L'un ne peut exister sans l'autre. Chaque fois que nous considérons quelque chose ou quelqu'un de bien, nous nourrissons en même temps l'idée du mal si le contraire se produisait. Nous devons savoir que le bien, comme le mal, correspond à une conception mentale de l'être humain.

Lorsque nous disons que c'est bien de faire telle chose, il est bon d'observer qui parle : nos croyances ? nos principes ? notre système de valeurs ? Par exemple, quand une personne affirme que c'est bien de rendre visite à ses parents une fois par semaine, elle laisse entendre subtilement que, si elle ne le fait pas, il y a une petite voix intérieure qui la juge et la critique. Cela signifie que cette personne juge ou critique ceux

B

qui ne le font pas. Elle croit que ce serait mal, pas correct, ou pas bien de négliger cette visite, ce qui engendre automatiquement de la CULPABILITÉ lorsqu'elle va à l'encontre de ce qu'elle considère comme bien. Toutefois, si une personne rend visite à ses parents et le fait pour le plaisir que cela lui procure, sans obligation, elle aura plutôt le réflexe de dire : « J'aime rendre visite à mes parents une fois par semaine. » Voilà la nuance qui fait toute la différence.

Devenons plus alertes à chaque fois que nous utilisons des mots qui possèdent cette connotation de bien et de mal. Cela nous aidera à vérifier qui parle, notre cœur ou notre mental inférieur qui décide en fonction de ce que nous avons appris. Il est remarquable de constater que suite à s'être fait du bien, l'humain parvient fréquemment à juger cela comme étant mal. Prenons en exemple l'acte sexuel, expérience qui apporte une grande jouissance humaine : l'humain a réussi à se créer d'innombrables croyances et des culpabilités qui disent que c'est mal. Il en va ainsi pour l'expérience de gagner beaucoup d'argent et de s'acheter plein de biens avec celui-ci. L'humain a aussi créé plein d'autres croyances en relation avec cette notion de mal pour s'empêcher de bien se sentir.

Pourtant, il n'y a que dans l'EXPÉRIENCE que nous pouvons décider si c'est bénéfique ou non pour nous. En nous basant sur notre senti et ressenti et sur les conséquences de nos choix, plutôt que sur ce qui a été appris et transmis de génération en génération, ce sera l'INTELLIGENCE qui dirigera notre vie plutôt que la notion de bien ou de mal. De plus, devenons conscients que combattre le mal ne fait que lui donner plus de pouvoir. Cultivons ce qui est bien pour nous dans notre vie et ce qui était considéré comme mal n'aura plus sa place. C'est comme avoir un verre d'eau trouble et, au fur et à mesure qu'on y ajoute de l'eau pure, l'eau trouble disparaît.

BILAN DE VIE

Un bilan est une synthèse, un tableau résumé de l'inventaire d'une entreprise ou un résultat global du positif ou du négatif d'une opération quelconque. En ce qui concerne la connaissance de soi, le « bilan de

B

vie », différent du « PLAN DE VIE », est un excellent moyen de mettre en lumière une situation parfois difficile pour être en mesure de la transformer et de la maîtriser. Que ce soit pour clarifier une situation problématique, une difficulté quelconque, un mal de vivre ou pour savoir où nous nous situons avant de prendre une décision, un bilan de vie nous aide à faire le point pour nous CENTRER sur ce que nous voulons, sur nos forces et nos faiblesses, nous aidant ainsi à trouver des solutions.

Prenons l'exemple d'une personne en proie à un découragement suite à la perte de son emploi. Elle a du mal à accepter la situation, broie du noir, et ce, malgré ses efforts pour trouver du travail et pour conserver une attitude optimiste. Pour faire son bilan, il lui est suggéré de l'écrire plutôt que d'y penser. Elle prend une feuille de papier et trace une ligne verticale. À gauche, en haut, elle écrit « **passif** » (aspects perçus négativement, points faibles, inaptitudes…) et à droite « **actif** » (aspects positifs, talents, forces…). Du côté gauche, elle inscrit en toute honnêteté tout ce qui monte, tous les aspects défavorables de la situation, ceci afin de libérer ses états d'âme et de bien cerner le problème. Après avoir écrit tout ce qui apparaît négatif, elle fait la même chose du côté droit, cette fois, en prenant contact avec tous les aspects positifs et constructifs de la situation. Elle devient ensuite en mesure de mieux analyser ce qu'elle vit.

Ce qui suit est un exemple abrégé. Il est important d'écrire en détail tous les aspects de la situation, tout ce qui vient intérieurement, sans exception.

« PASSIF »	« ACTIF »
Les aspects perçus négatifs et défavorables de la situation ou de moi-même.	**Mes atouts constructifs : forces, talents, qualités, attitude, etc.**
Pas d'emploi actuel, broie du noir…	*Travaillant, patient, soucieux du travail bien fait…*

Peur de l'opinion des autres, d'être jugé...	*Intérêt pour les études, persévérant, sociable...*
Manque de confiance, d'estime de moi...	*Fidèle aux engagements, respect des autres...*
Difficulté à accepter les changements, vis plusieurs craintes...	*Désir de me prendre en main. Conscient que j'ai besoin d'aide et prêt à en demander...*
Peur qu'on me trouve trop vieux...	*Expérience dans plusieurs domaines...*
Problème de personnalité (orgueil, culpabilité, ressentiment, impatience...)	*Prêt à prendre des risques. Ouvert à quelque chose de nouveau...*

Ensuite, il sera plus facile de tirer les grandes conclusions de l'ensemble du bilan pour ressortir gagnant de l'expérience.

Pour ce faire, tu dois d'abord cesser d'alimenter les aspects négatifs en mettant l'accent sur les aspects positifs; reconnais tes forces et tes talents et continue de les développer; reporte-toi souvent au côté *actif* du bilan. Cette énergie vivifiante aura comme effet de prendre contact avec ton **DIEU** intérieur et de t'ouvrir à de belles opportunités. Par exemple, cherche un champ d'intérêt selon ta personnalité et tes talents; entreprends des études ou une formation pour acquérir les connaissances nécessaires; décide d'entreprendre une démarche intérieure profonde pour développer ou corriger certains aspects de ta personnalité (peur, croyance, orgueil, culpabilité, attitude...) qui te nuisent et t'empêchent de te centrer, de découvrir ta VALEUR PERSONNELLE et d'être toi-même. Apprends à t'aimer et à faire tes demandes selon le besoin.

Comme tu peux le constater, c'est une excellente idée d'établir un bilan de ton entreprise personnelle à chaque fois que le besoin se fait sentir, c'est-à-dire quand il te semble difficile de voir ton côté positif ou que tu ne vois aucune alternative pour arriver à gérer une situation. Plus tu relis le bilan des atouts de ton *actif* et plus tu prends conscience des innombrables ouvertures qui se dessinent devant toi. Une personne peut également chercher de l'aide, du support et de l'encouragement auprès d'autres personnes. Il est important de savoir qu'il y a toujours une lueur d'espoir même si, parfois, il y a peu de faits positifs apparents. Une attitude optimiste et gagnante implique de rester en contact avec cet espoir et de garder la FOI ainsi que la CONFIANCE. Le bilan de vie constitue le reflet précis de l'être extraordinaire et créateur qui sommeille en chacun de nous.

BLESSURE DE L'ÂME

Une blessure, c'est une lésion faite aux tissus vivants par une cause extérieure, provoquée involontairement ou pour nuire. Dans cet ouvrage, lorsqu'il est question d'une blessure de l'âme, on fait référence à des blessures psychologiques dont les cinq principales sont le REJET, l'ABANDON, l'HUMILIATION, la TRAHISON et l'INJUSTICE.

Chaque être humain naît avec quelques blessures qu'il vient régler, c'est-à-dire à accepter dans sa vie. Selon la blessure dont une personne souffre, celle-ci agit et réagit différemment d'une autre personne avec une blessure différente. C'est ce qui explique pourquoi un groupe de personnes, vivant une même situation, l'expérimentent de façon différente. Prenons l'exemple d'un couple où le mari se voit dans l'obligation de travailler de longues heures supplémentaires. Une épouse peut se sentir **abandonnée**, une autre se **rejette** en croyant qu'elle n'est pas assez importante pour que son conjoint veuille demeurer avec elle; une autre, souffrant de **trahison**, ne lui fait pas confiance car elle doute qu'il travaille véritablement autant et peut même le suspecter d'avoir quelqu'un d'autre dans sa vie, et ainsi de suite.

B

Par contre, une épouse qui n'est pas affectée par l'une de ces blessures se sentira bien, même si son conjoint n'est pas aussi présent qu'elle le voudrait. Elle en profitera même pour se consacrer à des activités personnelles. L'EGO refuse de reconnaître ces blessures en croyant ainsi moins souffrir. C'est pourquoi nous développons pour notre survie des MASQUES dont l'unique utilité est de nous protéger dans l'espoir de moins souffrir. Ces blessures nous empêchent cependant d'être nous-même et elles sont la cause de la majorité de nos difficultés. De plus, il nous est difficile d'admettre que nous faisons aux autres ce que nous avons peur de subir des autres. Tout ce que les autres nous font n'est qu'un reflet de ce que nous nous faisons à nous-même. Par exemple, celui qui souffre d'**injustice** verra plein d'injustice autour de lui, mais n'apercevra pas les occasions où il est lui-même injuste avec les autres et surtout avec lui-même.

Comme pour toutes blessures, l'humain fait tout pour ne pas être conscient de sa souffrance, car il a trop peur de sentir la douleur associée à celle-ci. Plus la blessure est profonde, plus ses expériences de vie graviteront autour d'elle.

Voilà pourquoi le moyen par excellence pour guérir ces blessures est de devenir conscient des nombreuses occasions où les autres nous accuseront de les blesser, et de nous autoriser quand même d'être ainsi. C'est donc par l'ACCEPTATION que nous arrivons à la guérison. Il est important de se rappeler que ce n'est pas ce que tu vis qui te fait souffrir mais bien ta RÉACTION à ce que tu vis et ce, à cause de tes blessures non guéries.

Pour effectuer une recherche plus en profondeur et en savoir davantage sur les cinq principales blessures de l'âme, comment mieux les identifier, savoir d'où elles proviennent, la personnalité type reliée à chacune d'elles, découvrir pourquoi certaines personnes ont plus de difficultés que d'autres à passer au travers, reconnaître les forces de chacun, de même que de nombreux outils pertinents pour nous aider à vivre plus heureux, il est suggéré de lire le livre *Les 5 blessures qui empêchent d'être soi-même.*

BLESSURE PHYSIQUE

B

Les blessures physiques qu'une personne s'inflige brusquement dans un moment d'inattention ou encore celles occasionnées par une autre personne indiquent qu'elle vit de la culpabilité. Son corps lui transmet le message qu'elle se sent coupable inutilement. Si nous pouvions nous observer au moment précis où l'incident survient, de savoir ce à quoi nous pensions, nous réaliserions que nous étions en train de nous accuser ou de nous juger d'un comportement ou d'une attitude non acceptée par notre ego. Ce genre de blessure est le moyen utilisé pour neutraliser notre culpabilité. Nous croyons qu'en nous punissant ainsi, nous serons moins coupables.

Voici un exemple : quelqu'un prend un après-midi de congé pour se distraire, car il en sent le besoin malgré une charge importante de travail qui l'attend. Puis, au moment de sortir de chez lui, il se heurte contre une armoire ou dégringole une marche et il se blesse. Il se retrouve forcément en état d'arrêt et ne peut sortir comme prévu. Cette personne se sentait coupable de vouloir s'amuser alors qu'elle avait tant à faire.

Le bon côté de cet accident consiste à attirer l'attention de la personne sur le fait qu'elle sent un besoin de se punir. Elle doit alors se demander si elle est vraiment coupable. Ensuite, elle doit décider de diriger sa vie elle-même plutôt que de laisser son système de CROYANCES la diriger. D'autre part, si c'est quelqu'un qui nous blesse, volontairement ou non, nous recevons le même genre de message, c'est-à-dire que nous nous sentons coupables mais, en plus, nous avons peur de l'opinion et des représailles de quelqu'un d'autre. Pour t'aider à découvrir dans quel domaine la CULPABILITÉ inutile se trouve, tu n'as qu'à regarder quelle partie de ton corps est blessée et ce que ça t'empêche d'être, d'avoir ou de faire.

BONHEUR

B

État de complète satisfaction, de plénitude, de plaisir; ce qui rend heureux. Nous avons tous une perception différente du bonheur. Or, malheureusement, encore beaucoup trop de gens croient que le bonheur réside dans les possessions matérielles, l'apparence physique, les sensations agréables, les honneurs, la notoriété ou même dans le fait d'avoir une vie bien remplie. D'autres croient que c'est le compte en banque et le confort qui créent le bonheur.

Nous ne devons pas renier l'aspect matériel de la vie mais il est important de réaliser que le véritable bonheur réside d'abord dans la capacité d'être bien dans ce que l'on vit, dans nos relations humaines, amoureuses et professionnelles. Il provient donc de l'intérieur de nous. C'est un état d'être, un sentiment d'être bien, de se sentir utile, de sentir que nous faisons une différence dans la vie. Il n'y a aucun sentiment de vide intérieur, on se sent rempli par la vie. Le bonheur dépend aussi de notre manière de percevoir la vie à travers les événements et les gens. Le bonheur, c'est ouvrir son esprit sur d'autres réalités, d'autres perceptions de la vie. Ainsi, tout ce que nous faisons, ce que nous disons, ce que nous pensons doit être en rapport avec notre être, notre façon de percevoir la vie.

En général, une personne qui n'est pas heureuse n'a pas pris conscience de sa vraie nature, de sa vraie valeur, de l'être spirituel qui l'habite. C'est pourquoi cette personne cherche le bonheur à l'extérieur, dans le monde physique. Créer son bonheur sous-entend de faire des choix et de décider d'être heureux ainsi que d'exercer son LIBRE ARBITRE en sachant que tout le monde a le même pouvoir. Créer son bonheur consiste également à devenir de plus en plus conscient de ses propres besoins, de ses désirs et de faire le nécessaire pour les combler. Sachons également qu'aucun être humain n'a le pouvoir de rendre une autre personne heureuse, car nous ne savons pas ce que l'autre a besoin d'apprendre et de comprendre à travers son cheminement.

B

Le bonheur ne peut pas s'acheter. Il doit être développé en nous. En réalité, il est gratuit. Voilà pourquoi chacun y a accès. Le bonheur équivaut à être capable de reconnaître et d'éprouver de la gratitude pour ce que nous possédons : la santé, notre potentiel, nos qualités, nos talents, tous les gens qui nous entourent, toutes ces richesses qui font de nous des êtres uniques. Nous devons faire le BILAN DE NOTRE VIE et cesser de faire la VICTIME en s'attardant sur ce qui nous MANQUE. On voit souvent des personnes sévèrement handicapées nous faire la leçon à ce chapitre (handicapées de naissance ou qui le sont devenues au cours de leur vie). Plusieurs d'entre elles sont plus conscientes du vrai sens de la vie. Elles savent en apprécier chaque moment, chaque petit instant. Certaines se fixent de petits objectifs chaque jour pour acquérir une nouvelle raison de vivre, d'être sur terre, comme *être* plus autonomes, *être* plus confiantes, *être* plus habiles, en somme, *être* mieux dans leur peau.

Un moyen pour t'aider à acquérir un plus grand bonheur est de te créer des BUTS en rapport avec ta RAISON D'ÊTRE. Trouve et fais des choses que tu aimes, qui te passionnent, qui te redonnent goût à la vie. Le bonheur, c'est de savoir que toutes les expériences peuvent être utilisées dans le but de grandir spirituellement. Il se retrouve aussi dans la capacité de lâcher prise en acceptant les événements tels qu'ils surviennent dans ta vie et dans ta capacité d'émerveillement devant toute la création divine : un lever de soleil, un arbre qui bourgeonne, un arc-en-ciel, un oiseau qui s'envole… C'est savoir que l'UNIVERS prend toujours soin de toi et de nous tous.

Cependant, lorsque surviennent des incidents douloureux dans notre vie, il est normal de ne pas crier au bonheur ! Les moments malheureux passent beaucoup plus vite lorsqu'une personne est capable de retrouver sa PAIX INTÉRIEURE. Le bonheur n'est peut-être pas toujours présent dans notre vie mais la paix intérieure peut l'être.

En somme, le bonheur se trouve dans ce qui est simple, dans ce qui nous fait nous sentir bien. Lorsque nous sommes heureux et voulons que notre bonheur persiste, remercions l'Univers en sachant que ça durera, plutôt que de croire que c'est trop beau pour être vrai et pour durer. N'oublions pas que nous matérialisons d'abord ce que nous croyons et ressentons. Le grand bonheur, c'est tout ce qui nous aide à nous développer en tant qu'être. C'est être en paix, nous savoir profondément LIBRES de toute contrainte physique, émotionnelle et mentale. Le bonheur, c'est simplement savourer le moment présent et vivre notre vie en étant nous-même.

BRANCHÉ (être)

Cette expression signifie être relié à une source d'énergie, d'alimentation. Cette expression est aussi utilisée en parlant des gens au courant des choses à la mode et de l'actualité. Dans le développement personnel, cette expression est utilisée de plusieurs façons. Par exemple, quand une personne est *branchée à l'énergie spirituelle*, elle est capable de voir DIEU, de sentir Dieu, de louer Dieu dans tout ce qui existe. Elle voit au-delà des actions physiques lorsqu'elle vient en aide à ses semblables. *Être branché au magnétisme* signifie posséder le soi-disant don de guérison bien qu'une telle guérison soit temporaire parce qu'elle ne fait que déplacer le mal d'endroit. Il n'y a que l'amour véritable, c'est-à-dire l'ACCEPTATION inconditionnelle qui peut guérir de façon définitive. *Être branché à la Connaissance* se définit d'un individu qui peut se connecter aux MÉMOIRES AKACHIQUES dans le but de fournir aux humains des informations qui peuvent les aider à démystifier les mondes subtils et à élargir leur niveau de conscience.

Il y a aussi les termes : *être branché à l'énergie tellurique*, qui signifie être en contact avec l'énergie de *notre mère la Terre*, et *être branché à l'énergie cosmique* qui correspond à l'énergie venant de *notre père, le Cosmos*. Ces deux sources représentent *l'énergie divine créatrice.* Tous les humains sont branchés naturellement à ces deux formes d'énergie, sans quoi il nous serait impossible de demeurer vivants. Il est donc impossible de manquer totalement d'énergie. Cependant, quand nous souffrons, c'est-à-dire quand nous laissons nos PEURS nous envahir, nous nous retrouvons en quelque sorte débranchés partiellement de ces deux sources. Voilà pourquoi nous éprouvons tant de difficultés et surtout une baisse notable d'énergie en telles circonstances. C'est comme si nos peurs prenaient tant d'ampleur qu'elles réduisaient en quelque sorte la taille de notre canal d'énergie.

Voici les étapes pour te brancher à l'énergie terrestre et cosmique : d'abord t'asseoir confortablement, le dos droit, les pieds touchant le sol, les mains déposées sur les cuisses avec les paumes ouvertes vers le ciel et les yeux fermés. Desserrer les mâchoires et respirer lentement et profondément. L'inspiration et l'expiration se font par le nez. Porte ton attention sur le CHAKRA du cœur (cardiaque), le centre d'énergie localisé au milieu de la poitrine entre les deux seins. Pour activer ce centre d'énergie, imagine avoir un soleil à cet endroit ou une lumière qui s'allume. Tu visualises une belle lumière blanche qui s'étend et qui prend toute la place qu'elle veut prendre. Pendant quelques instants, en te donnant la permission « d'être » avec cette belle énergie d'amour afin de bien la ressentir.

Maintenant, pour t'enraciner à l'énergie de la Mère-Terre : à partir du chakra du cœur, tu visualises deux immenses racines violettes, d'au moins 20 mètres de circonférence, que tu projettes au centre de la Terre, là où se trouve le centre d'énergie principal de notre Mère-Terre. Tu peux visualiser cette belle énergie sous la forme d'un liquide de couleur dorée comme de l'or. Tes racines violettes plongent dans cette eau dorée et l'énergie va remonter jusqu'à toi par celles-ci, tel un aspirateur aspirant l'air. Prends quelques instants pour sentir l'énergie monter de plus en plus rapidement. Elle traverse en premier tes corps subtils et les ré-énergise au passage. Ensuite, elle atteint ton corps physique et le ré-énergise aussi. Elle pénètre ton corps physique par la plante de tes pieds, remonte le long de tes jambes, ensuite dans la région du bassin pour finir au chakra du cœur en empruntant la colonne vertébrale comme canal. L'énergie s'arrête à cet endroit. Tu es maintenant branché à la Mère-Terre.

Pour t'enraciner à l'énergie du Père-Cosmos : toujours à partir du chakra du cœur, tu visualises un immense entonnoir de couleur violet dont la partie étroite est localisée au chakra du cœur et la partie évasée

B

est projetée vers le Cosmos. Pour te brancher à l'énergie du Cosmos, tu l'imagines sous la forme d'une pluie dorée dont les gouttes sont recueillies par l'entonnoir. Tu visualises cette belle pluie dorée descendre vers toi de plus en plus rapidement et intensément. Tu prends quelques instants pour bien la ressentir. Elle traverse en premier tes corps subtils et les ré-énergise. Ensuite, elle atteint ton corps physique et le ré-énergise. Elle entre dans ton corps physique par le sommet de ta tête, descend vers le chakra du cœur en empruntant la colonne vertébrale comme canal. L'énergie s'arrête à cet endroit. Tu es maintenant branché à l'énergie du Père-Cosmos.

Tu laisses maintenant les énergies du Père et de la Mère se mélanger ensemble en les faisant tourner dans le sens horaire des aiguilles d'une horloge. Pour se faire, tu imagines avoir une montre au chakra du cœur avec midi pointant vers ton menton. Tu ressens l'énergie tourner de plus en plus rapidement et intensément. Autres détails : lorsque tu visualises une couleur, ne la vois pas comme une couleur solide, telle une couche de peinture sur un mur. Vois-la plutôt comme une couleur traversée par un rayon de soleil, ce qui produit un effet translucide ou vaporeux. Tu peux ressentir différentes sensations physiques lors du passage de l'énergie dans ton corps. Parmi les plus fréquentes, on retrouve une sensation de chaleur, de picotement ou fourmillement. Si tu ressens un point douloureux, respire profondément mais sans forcer et laisse l'énergie faire son travail. Un nœud énergétique se trouve à cet endroit et l'énergie tente de se frayer un chemin. Si tu ne ressens rien, cela ne veut pas dire qu'il n'y a rien qui se passe. Si tu veux faire une détente dirigée, une relaxation ou une MÉDITATION, tu es maintenant prêt.

Lorsque nous serons conscients de qui nous sommes véritablement, nous serons branchés en permanence avec notre énergie spirituelle qui est, en fait, ce à quoi nous aspirons tous. Cette énergie représente le tout.

BUT

Un but est un objectif, ce que l'on se propose d'atteindre, ce à quoi l'on tente de parvenir. Un but est quelque chose de concret, de mesurable, de vérifiable et d'atteignable. Il se retrouve au niveau du *faire* et du *avoir*. Lorsqu'il s'agit d'un but au niveau du *être*, nous parlons plutôt d'une RAISON D'ÊTRE.

B

Il est fort important d'avoir des buts dans la vie. Sans but, l'existence devient terne et sans intérêt. La vie se déroule sans grande énergie, tel un automate; une personne peut perdre l'envie de faire quoi que ce soit, même le goût de vivre. Pourquoi est-ce si important ? Parce qu'avoir un but aide à nourrir le corps émotionnel, le corps des désirs. Cependant, les moyens pour y arriver sont tout aussi importants. Le fait d'avoir un but et de faire le nécessaire pour le réaliser nous aide à entrer en contact avec un de nos BESOINS et surtout avec notre partie divine, donc nous apporte l'opportunité de découvrir l'être créatif que nous sommes. Par conséquent, grâce à nos buts, nous développons une raison de vivre et une opportunité de grandir spirituellement, donc de répondre à un besoin de notre corps émotionnel. Nous mettons ainsi de la joie et du bonheur chaque jour dans notre existence, car nous alimentons sans cesse cette étincelle de vie.

Un but n'est pas seulement un DÉSIR; il devient un but lorsque nous commençons à poser des actions en fonction de ce dernier. Par exemple, quelqu'un désire faire un voyage. Il peut rêver à ce voyage pendant des années sans que ça ne devienne un but. Tant qu'il rêve, ce voyage se situe seulement au niveau du désir. Dès l'instant où il *décide* et commence à faire des actions, comme choisir la date du voyage, prendre des arrangements avec une agence de voyage, mettre de l'argent de côté, etc., le rêve devient un but, une réalisation possible puisque celui-ci est atteignable, vérifiable.

La plupart des gens ne réalisent pas que dès l'instant où un rêve devient un but, ce dernier devient une forme-pensée – ÉLÉMENTAL – qui attire à elle tous les éléments nécessaires qui peuvent les aider à atteindre leur but. N'hésite pas à avoir plusieurs buts, des petits, des grands, à court terme et à long terme, l'essentiel étant de toujours avoir hâte à quelque chose. Ça nous donne le goût de nous lever le matin. C'est ce qui alimente notre CORPS ÉMOTIONNEL. Si tu es du genre à

B

t'inquiéter du fait de ne pas prendre la bonne décision et de te tromper dans tes buts, la définition du mot DÉCISION t'aidera.

Ce qui peut t'aider également est de prendre quelques instants pour noter sur papier trois choses que tu désires : une à court terme (d'ici quelques mois), une à moyen terme (d'ici un an ou deux) et la troisième à long terme (pour plus tard). Prends la *décision* de faire cette semaine n'importe quelle action en fonction de tes trois buts, et ce, afin de commencer à mettre en mouvement l'énergie nécessaire à leur MANIFESTATION éventuelle dans ta vie. Ensuite, au lieu de vouloir contrôler les résultats, suis simplement les étapes vers lesquelles ton Dieu intérieur t'oriente, et sache que chacune d'elles sera bonne pour toi. Chaque petit but que tu réalises t'amène vers un autre désir, vers un autre but et te permet de devenir de plus en plus conscient de ton grand pouvoir de créer ta vie. Tu redeviens ainsi conscient de ce que tu es et tu reprends contact avec ton Dieu intérieur. Voilà la motivation fondamentale devant soutenir tes actions, peu importe lesquelles.

De plus, personne n'est obligé d'atteindre ses buts. Il est préférable de manquer de peu un grand but que d'uniquement atteindre de très petits buts. Même si tu n'atteins pas certains buts, il n'y a rien de perdu dans l'Univers puisque tu t'es enrichi d'expériences et de connaissances nouvelles qui t'aideront pour de futures réalisations. On appelle ce processus « respecter ses limites ».

Il est fréquent de changer d'idée en cours de route et de se créer d'autres buts. L'important est de toujours en avoir. L'humain évolue beaucoup plus pendant qu'il agit pour atteindre un but que lorsqu'il y est parvenu. Avoir des buts et vouloir les réaliser exigent de la volonté, du courage, de la détermination, de la persévérance, de prendre des risques, de se discipliner et, bien sûr, de LÂCHER PRISE, c'est-à-dire de faire confiance à l'Univers. Tout ceci signifie maintenir son rythme sans forcer ni vouloir tout contrôler, éviter également d'être trop sévère avec soi-même, et se récompenser lorsque nous remportons des victoires.

CAFARD

Se référer à **DÉPRIME**

C

CALME

État d'une personne qui n'est ni agitée, ni énervée. Qui manifeste de la maîtrise de soi. Calme de l'âme, calme intérieur : paix, quiétude, sérénité, tranquillité. Quand on dit que la nature est calme, rien ne la perturbe. Il n'y a pas de gros vents, pas de vague, ni de tonnerre, ni de tempête à l'horizon qui vient la perturber. Chez l'humain, être calme est un état d'être. Il se définit par notre capacité à OBSERVER les situations qui arrivent sans s'énerver et à accepter les expériences au fur et à mesure qu'elles se présentent. En général, une personne calme vit le MOMENT PRÉSENT et se concentre sur une seule chose à la fois : elle évite d'éparpiller ses énergies de tous bords, tous côtés.

Cependant, une personne peut paraître très calme extérieurement alors que c'est le tumulte à l'intérieur d'elle-même. Une personne vraiment calme l'expérimente autant à l'intérieur d'elle-même qu'à l'extérieur. Quand elle est confrontée à des situations embarrassantes, stressantes ou difficiles, elle sait quoi faire, comment se CENTRER et retrouve rapidement son calme et la MAÎTRISE d'elle-même.

Lorsque surviennent des situations où tu perds ton calme, car tu as dépassé tes limites ou tu te laisses diriger par ton EGO, ce qui peut t'aider sur-le-champ est d'abord de prendre quelques respirations profondes en expirant deux fois plus longtemps que tu inspires. Ensuite, tu portes ton attention sur la solution la plus INTELLIGENTE plutôt que de focaliser sur le problème. Tu recouvres ainsi peu à peu le calme. Après quoi, il est plus facile de faire ton processus d'ACCEPTATION.

Pour développer une attitude calme, sois plus conscient de tes pensées et de tes faits et gestes. Tu développeras l'habitude d'agir plus calmement. Observe-toi dans tes mouvements, tes paroles, tes actions. Retrouve-toi le plus souvent possible dans des endroits calmes et paisibles pour te ressourcer. Un jour, tu adopteras cette façon d'être de plus en plus souvent, ce qui deviendra une seconde nature. Il y a aussi les affirmations mentales qui aident, telles que : « Je suis calme, je suis de plus en plus calme. »

CAPACITÉ

Pouvoir de faire quelque chose, le fait d'être capable de comprendre. La capacité n'a rien à voir avec l'INTELLIGENCE. Une personne incapable dans un certain domaine n'est pas moins intelligente pour autant. Chaque être humain a des capacités et des HABILETÉS différentes. Certaines sont innées, naturelles et d'autres sont acquises par l'apprentissage. Il importe de reconnaître ses capacités sans avoir peur de se vanter ou de devenir orgueilleux. Ça s'appelle l'AMOUR DE SOI. Il est tout aussi important de reconnaître ses LIMITES, ce qui fait aussi partie de l'AMOUR DE SOI.

CAPRICE

Désir, exigence soudaine et irréfléchie. Envie subite et passagère fondée sur la fantaisie et l'humeur. Un caprice, c'est quelque chose qu'une personne veut spontanément, sans vérifier si elle en a vraiment besoin. Vu qu'un caprice n'est ni alimenté par un vrai BESOIN de l'être ni par un DÉSIR profond et entretenu, dès que la personne l'obtient, elle s'en lasse rapidement, le rejette et veut autre chose. Elle finit même par devenir confuse dans ses choix. On qualifie une telle personne de capricieuse, d'éternelle insatisfaite. Cette situation peut devenir difficile à vivre pour son entourage immédiat, mais aussi pour elle-même. Un caprice dénote de l'instabilité et dissimule une grande difficulté à s'accepter. En somme, c'est une personne qui vit un vide intérieur profond. C'est pourquoi elle recherche à combler ce vide par quelque chose qui apporte temporairement une sensation de joie, d'ivresse ou de plénitude.

Cependant, un caprice peut être relatif car ce qu'une personne perçoit comme un caprice peut être un besoin réel pour quelqu'un d'autre. Par exemple, tu veux t'acheter une nouvelle voiture, plus spacieuse, plus luxueuse alors que ta voiture actuelle est encore en bon état. Ce qu'il faut considérer est ta MOTIVATION, le *pourquoi* de cette envie soudaine à vouloir changer de voiture. Voici une question à te poser pour en devenir conscient : « En quoi cela va-t-il m'aider au niveau de mon *être* ? » Les réponses peuvent être semblables à celle-ci : « Cela va m'aider à *être* plus confortable, à *être* plus confiant, car je sais que je suis capable de me la procurer, donc à *être* en contact avec mon pouvoir de créer et, en plus, à me sentir plus libre. » Tout choix qui t'apporte de la sérénité et du bien-être intérieur est bénéfique pour toi.

Si tu te vois dans un comportement capricieux, il est impératif de te permettre d'être ainsi pour le moment, et ce, pour éviter de te sentir coupable. Fais le BILAN de ce que te rapporte ce comportement capricieux, c'est-à-dire les avantages ainsi que les désavantages. En somme, deviens conscient des conséquences d'une telle attitude. Après quoi, les choses commenceront à se transformer. Apprends également à te valoriser, à te faire des compliments, à t'accueillir dans ta façon d'être. Tu arriveras graduellement à retrouver une certaine stabilité et à agir de plus en plus selon les besoins de ton être.

CARACTÈRE

Se référer à **COMPORTEMENT**

CAUSE À EFFET

Se référer à **LOI DE CAUSE À EFFET**

CENTRÉ (être)

Un centre représente le point principal où des forces sont concentrées. L'expression « être centré » pour un humain veut donc dire être dans sa force, sa certitude, en équilibre. Une personne centrée est en contact avec son DIEU INTÉRIEUR qui est situé en plein centre de l'humain, dans le chakra du cœur. Elle est aussi dans sa lumière, ce qui l'aide à reconnaître ses besoins. Elle sait ce qui est bon ou non pour elle et fait en sorte que ses choix déterminent ses attitudes et ses actions. Elle vit son

MOMENT PRÉSENT et est en contact avec sa vraie valeur personnelle et ce qui est essentiel dans sa vie. Elle vit donc ses expériences pleinement et les choses semblent lui venir facilement car elle ne force pas.

C'est une personne qui sait exactement ce qu'elle doit faire et crée la bonne situation au bon moment. Même s'il lui arrive des pépins ou des obstacles, elle ne souffre pas, sachant que toutes les expériences sont là pour qu'elle puisse s'épanouir librement à travers elles. Elle est capable d'observer ce qui lui arrive et de vérifier si ces expériences répondent à un besoin ou à un désir. Elle est BRANCHÉE à sa source divine et en contact avec ce dont son âme a vraiment besoin.

Par contre, une personne décentrée ne dirige plus sa vie. Elle est plutôt dirigée par sa façon de penser et par tout ce qu'elle a appris dans le passé, c'est-à-dire ses croyances, ses culpabilités et ses peurs (EGO). Voilà pourquoi il lui est souvent difficile de gérer sa vie basée sur ses BESOINS. Elle n'est plus dans sa lumière. Lorsque tu t'aperçois que tu es décentré, prends une bonne respiration et redeviens observateur de ce qui se passe autant dans ton monde physique, qu'émotionnel et mental. La pratique de la MÉDITATION s'avère un autre excellent moyen pour aider à te centrer.

CERVEAU

Le cerveau est le centre névralgique de notre corps, car c'est par lui que passent toutes les ramifications nerveuses; il coordonne tout de notre corps, il commande et nous dirige. C'est en quelque sorte le contrôle de la machine. Sans cerveau, rien ne peut être coordonné, d'où le terme « cerveau d'une entreprise ». Les deux hémisphères du cerveau sont ces parties de l'encéphale engendrant l'activité intellectuelle contrairement au cervelet, beaucoup plus petit, qui est le siège de l'intuition. La conséquence est donc un intellect surdéveloppé comparativement à l'utilisation de notre INTUITION.

Le dictionnaire mentionne que le cerveau représente le siège des facultés mentales, de la pensée, du raisonnement. Mais, en réalité, il incarne l'outil physique nécessaire pour faire le lien entre le CORPS MENTAL, le CORPS ÉMOTIONNEL et le CORPS PHYSIQUE. La mémoire et la pensée sont gérées par le corps mental, et les sentiments, par le corps émotionnel. Lorsqu'une personne pense à un incident qui lui fait peur et qu'elle commence à sentir de l'angoisse, cette personne vit des manifestations dans son corps physique par l'intermédiaire du cerveau. Son cerveau donne l'ordre à son corps de respirer plus rapidement, de faire battre son cœur plus vite, de rendre ses mains moites, etc. Le cerveau permet aussi à la personne d'avoir une plus grande présence d'esprit pour faire face au danger.

Il y a des gens chez qui le cerveau est beaucoup plus développé, plus rapide, donc, ils pensent plus vite, par exemple, les grands créateurs de ce monde, les savants et beaucoup d'enfants NOUVEAUX en sont dotés. Ces personnes ont un corps mental plus développé, et le cerveau, étant l'outil des corps subtils, se développe en conséquence.

CHAGRIN

Se référer à **TRISTESSE**

CHAKRA (centre d'énergie)

Voici des informations sommaires concernant les chakras. D'abord, le mot chakra est un mot SANSKRIT. Il signifie dans notre langue *centre d'énergie*. Ces deux mots laissent entendre que, tout comme l'*énergie*, il ne peut être vu et il est *centré*. Un chakra n'est donc pas visible. Le corps physique est entouré d'un corps invisible, dit *subtil*, que l'on nomme corps éthérique ou vital. Ce corps énergétique est composé de milliers de petites lignes entourant le corps physique. C'est ce qui anime le corps physique en étant relié à l'énergie de la Terre et à celle du Cosmos. À sept endroits, l'énergie s'y trouve beaucoup plus concentrée. Ces endroits sont appelés « **centre d'énergie majeurs** » ou « **chakras** ». Ils gravitent le long de la colonne vertébrale, de la base du coccyx jusqu'au-dessus de la tête. Ils sont reliés au corps physique par une glande particulière. Ces glandes sont donc très importantes au bon fonctionnement énergétique de l'être humain.

Le premier chakra nommé « **centre coccygien** » est situé à la base de la colonne vertébrale et il affecte le corps à partir du coccyx jusqu'aux pieds. Il représente le siège de la survie et il est relié au corps physique par les glandes surrénales.

Le deuxième chakra, que l'on appelle « **centre sacré** », est localisé dans la région des organes génitaux, à quelques centimètres au-dessus du pubis. Cette énergie gère le pouvoir de créer sa vie et celle des activités sexuelles, dont la capacité de procréer. Il est attaché au corps physique par les gonades, glandes sexuelles (chez l'homme : les testicules, et chez la femme : les ovaires).

Le troisième chakra, nommé « **centre solaire** », est logé à la base du sternum. Il représente le centre des désirs et de l'intellect. Il se trouve connecté au corps physique par le pancréas.

Le quatrième chakra, nommé « **centre cardiaque** », est situé dans le milieu de la poitrine, directement entre les deux seins. Il affecte toute la région de la poitrine jusqu'au cou ainsi que les deux bras. Il correspond à la source de l'amour de soi. Il est joint au corps physique par le thymus.

Le cinquième chakra, nommé « **centre laryngé** », est positionné au niveau de la gorge, à la base du cou. Il est relié à la créativité (dans le sens de l'expression de celle-ci) et à la communication. Il est uni au corps physique par la glande thyroïde.

Le sixième chakra, nommé « **centre frontal** », aussi surnommé *troisième œil*, est situé en haut du nez entre les deux sourcils. Il gère l'énergie de l'amour universel, de la compassion pour autrui, en plus du développement des dons, des pouvoirs paranormaux et de l'intuition. Il est lié au corps physique par la glande pituitaire ou hypophyse.

Le septième chakra, qui est le « **centre coronal** », est situé sur le dessus de la tête. C'est le centre de la grande illumination, du JE SUIS. Il est relié au corps physique par la glande pinéale ou épiphyse.

C

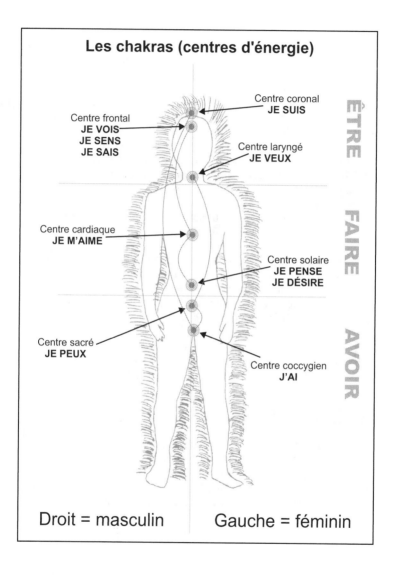

Les chakras (centres d'énergie)

Centre coronal
JE SUIS

Centre frontal
JE VOIS
JE SENS
JE SAIS

Centre laryngé
JE VEUX

Centre cardiaque
JE M'AIME

Centre solaire
JE PENSE
JE DÉSIRE

Centre sacré
JE PEUX

Centre coccygien
J'AI

ÊTRE

FAIRE

AVOIR

Droit = masculin   Gauche = féminin

Tous ces chakras vibrent à des vitesses différentes. Plus ils sont localisés dans les parties supérieures du corps, plus ils vibrent rapidement et plus ils sont puissants.

Il est intéressant de savoir, de retenir et de reconnaître, que nous sommes tous des êtres dotés d'une très grande capacité énergétique et que nous pouvons utiliser cette puissance de toutes les manières. **Nous utilisons cette énergie, soit pour nous aider à réaliser nos besoins et à vivre en santé et dans l'amour, soit pour nous nuire, dans le sens qu'elle peut servir à nous causer un manque de vitalité et même des maladies.** Quand tout va bien, lorsqu'on se sent heureux, qu'on crée notre vie agréablement et qu'on écoute nos besoins, en fait, lorsqu'on est en harmonie avec tout ce qui nous entoure, l'énergie circule librement en nous. On sent une vitalité accrue dans tout notre être.

Par contre, à chaque fois que nous vivons à l'encontre de l'harmonie, nous bloquons l'énergie à certains endroits dans notre corps. Nous nous sentons affaiblis, car les autres centres d'énergie ne sont pas alimentés adéquatement de façon naturelle. Pour en savoir plus à ce sujet, voir ÉNERGIE et CORPS PHYSIQUE, CORPS ÉMOTIONNEL et CORPS MENTAL. Nous réalisons ainsi qu'il est beaucoup plus salutaire et bénéfique d'utiliser toute notre énergie pour combler nos BESOINS dans l'AMOUR véritable et pour suivre le courant naturel de la vie, plutôt que de vivre continuellement en réaction, c'est-à-dire contre le courant.

CHANCE

Sort ou une manière favorable ou défavorable selon laquelle un événement se produit. **Hasard**, un de ses synonymes, se traduit par un événement fortuit, un concours de circonstances inattendues, inexplicables. Le mot « chance » est aussi utilisé fréquemment dans le sens de « probabilité ». Du point de vue spirituel, la chance résulte d'une manifestation d'un DÉSIR ou d'une CROYANCE MENTALE, qu'elle soit consciente ou inconsciente, donc, d'une expression créatrice de ce qui se passe à l'intérieur de soi. C'est sous cet angle que le mot chance est présenté dans ce guide.

Plus une personne devient consciente de sa VALEUR personnelle, de qui elle est véritablement et du grand pouvoir de créer sa vie, moins elle croit en la chance ou au hasard. Elle sait que tout ce qui arrive fait partie d'un tout, de sa propre créativité en rapport avec celle de chaque être humain et de tout ce qui vit sur la planète. Ce qu'on appelle « chance » est reliée à notre attitude intérieure et résulte de nombreuses causes mises en mouvement par les êtres dans le monde MATÉRIEL, soit dans cette vie ou dans une vie précédente. Aussi, tout arrive dans notre vie selon les LOIS D'ATTRACTION et de la LOI DE CAUSE À EFFET.

Le mot **chance** au niveau de l'*avoir*, du *faire* ou du *être* est aussi utilisé pour désigner différents états d'être dans la vie d'une personne. Par exemple, on dit de quelqu'un qu'il a la ***chance d'avoir*** beaucoup de talents, d'énergie, un bon travail, un conjoint compréhensif, des amis formidables, etc.; la ***chance d'être*** riche, en santé, beau, d'être né dans une famille aimante, etc.; la ***chance de faire*** beaucoup d'argent, de faire ce qu'il aime, etc. La chance peut aussi se définir comme une coïncidence, un hasard, quelque chose qu'on ne s'attendait pas, comme trouver un objet de valeur, quelque chose d'intéressant qui nous arrive, une occasion, une rencontre, etc., tout cela d'une façon fortuite, imprévue, grâce auquel on peut en tirer profit ou jouir des plaisirs de la vie. Certains disent que la chance, c'est être à la bonne place au bon moment, quand tout coïncide, coordonne, fonctionne ensemble. En réalité, c'est la manifestation de ton DIEU intérieur, de tout ce que tu as mis en mouvement.

Quand on observe la vie de certaines personnes, on pourrait volontiers croire qu'il existe des personnes chanceuses et malchanceuses. Par exemple, certains affirment être chanceux et conscients de vivre une vie fantastique et merveilleuse; d'autres préfèrent croire qu'ils n'ont jamais ou peu eu de chance. Ces derniers croient davantage à la malchance, au malheur, à un DESTIN défavorable pour eux.

C

Pourtant, devant certaines situations fortuites, par exemple une automobile frôle un piéton distrait et celui-ci faillit être blessé, un *chanceux* dira : « Merci mon Dieu pour cet avertissement, à l'avenir, je serai plus attentif, plus prudent. »; tandis que le *malchanceux* racontera son histoire en disant : « C'est affreux, j'ai failli me faire tuer. » Et c'en est ainsi devant tous les événements inattendus (maladie, handicap, perte d'un travail, accident, divorce, etc.). L'attitude d'une personne dite chanceuse percevra le côté positif et constructif, tandis que l'autre, l'aspect négatif et défaitiste. Cette dernière se maintient dans une énergie de VICTIME parce qu'elle refuse de prendre sa RESPONSABILITÉ.

Sachons que la chance, comme la malchance, n'existe pas. Si tu crois en la chance, il y a sûrement une partie de toi qui croit aussi à la malchance. Quelqu'un qui affirme être toujours malchanceux s'attire immanquablement des situations désagréables et sa vie en est imprégnée. Il est plus sage de croire qu'on peut créer nos propres opportunités plutôt que d'attendre qu'un quelconque heureux hasard se manifeste dans notre vie. Or, les jeux de hasard, de plus en plus nombreux, démontrent que beaucoup de personnes croient encore à la chance. Pourtant, toute proportion gardée, il y a peu de gagnants. On constate qu'une personne qui gagne un gros montant d'argent à la loterie ou qui hérite de biens, si elle n'est pas préparée psychologiquement, elle risque, soit de perdre ce qu'elle a gagné ou hérité par une mauvaise gestion, soit de vivre du stress, des problèmes et une gamme d'émotions désagréables.

Par contre, il arrive que des avoirs se présentent fortuitement dans la vie des gens et qu'ils en soient très heureux et capables de gérer favorablement cette abondance. Tel que mentionné précédemment, dans la vie, rien ne survient à l'extérieur de nous qui n'ait d'abord pris naissance de l'intérieur de nous. **Tout ce qui arrive n'est jamais dû au hasard ni à la chance, mais est plutôt attribuable à une récolte semée antérieurement.**

Comment parvenir à développer une attitude gagnante ? D'abord, réalisons que tout provient de l'intérieur de nous, donc, de notre attitude intérieure, de l'influence de nos croyances, de notre façon de penser, de nos actions ainsi que de nos réactions. Cette attitude intérieure découle surtout de l'influence de nos éducateurs, notamment celle de nos parents. Sachons qu'il n'est pas nécessaire de continuer à croire aux mêmes choses que nos parents si ceux-ci croyaient en la malchance. Grâce à leur exemple, nous pouvons savoir que nous voulons développer une attitude gagnante. En devenant plus conscients, nous pouvons transformer favorablement une attitude de « malchance » en *décidant* de croire à autre chose qui nous apportera du bonheur.

Lorsque nous croyons en notre puissance intérieure, nous nous élevons toujours plus haut vers la CONSCIENCE et l'intelligence et nous en sortons gagnants. Notre degré de « chance » indique notre degré de CONFIANCE en l'UNIVERS. Car, dans le monde MATÉRIEL, il nous arrive toujours ce que nous croyons ou ce à quoi nous nous attendons, même si c'est inconscient. Dans le monde SPIRITUEL, il nous arrive toujours ce dont nous avons besoin, c'est-à-dire ce qui est nécessaire pour nous aider à devenir conscients de ce que nous croyons.

Une autre attitude gagnante consiste à être reconnaissants pour tout ce que nous possédons, au lieu d'envier les autres. En général, les gens qui semblent chanceux aux yeux des autres ont provoqué leur propre chance en faisant quantité d'actions pour arriver à leurs buts; cette « chance » résulte d'un travail énergique et constant et d'efforts soutenus. Pendant que tu penses à la chance que les autres semblent avoir, tu oublies tes propres circonstances avantageuses, tels que la santé, les biens personnels, les personnes qui t'aiment et tout ce qui t'arrive de fantastique dans ta vie. Dans le fond, tu oublies de travailler ton propre jardin.

Si tu te vois comme personne dite malchanceuse et que tu désires changer les circonstances de ta vie à partir de maintenant, fais le BILAN de ta vie présente et décris ce que serait pour toi une vie heureuse. Que souhaites-tu qu'il t'arrive de fantastique dans ta vie ? Décris la situation, imagine-toi en train de la vivre. Ressens ses effets. Assure-toi de ne faire que des actions et de n'avoir que des pensées qui t'amènent vers ce que tu veux. Sache qu'aussitôt que tu doutes, c'est ta croyance en la malchance qui reprend le contrôle de ta vie à ce moment-là.

En résumé, plutôt que de croire en la chance, il est plus sage de décider de croire et, surtout, de reconnaître ta puissance intérieure, ton grand pouvoir de créer ta propre vie. Par conséquent, tu développeras une attitude prospère, c'est-à-dire que tu sauras intérieurement que tu possèdes en toi tous les atouts nécessaires pour MANIFESTER ce dont tu as besoin, donc te créer une vie d'abondance et de joie. Et si, pour une raison quelconque, tu perds des biens ou de l'argent ou quoique ce soit, tu sauras que tu as tout en toi pour te recréer ce dont tu as besoin. Nous sommes tous capables de nous bâtir une vie merveilleuse remplie de bonheur, de PROSPÉRITÉ et d'ABONDANCE en tout. De plus, tu t'apercevras que plus tu te considères « chanceux » et plus tu as l'impression d'attirer à toi plein de « hasards » heureux.

CHANGEMENT

État de ce qui évolue; le fait de quitter, de changer, de se modifier en parlant de quelqu'un ou de quelque chose. Un changement est une transition d'un état à un autre. Peu importe le type de changement, il implique immanquablement une modification, une transformation et une perception nouvelle des événements et de la vie. Tout changement exige aussi de renoncer à une certaine sécurité, c'est-à-dire à du connu. Cela peut, à l'occasion, créer de l'instabilité en nous plaçant devant l'incertitude. Cependant pour évoluer et devenir conscient, il est essentiel d'accepter le changement sans lequel aucune croissance n'est possible. Nous n'avons qu'à observer la nature pour nous rendre compte qu'elle se trouve en perpétuelle TRANSFORMATION.

En dépit de tous les bouleversements qui arrivent dans le moment, tous les changements dans le moment sur la terre s'orientent vers une amélioration des choses plutôt que leur destruction. Depuis quelques années, il n'y a jamais eu autant de changements et d'une façon aussi rapide que maintenant, et ce, dans beaucoup de domaines. Que ce soit dans la vie au travail, la sécurité d'emploi, le domaine des communications, la technologie, les relations de couple, l'éducation des enfants, la religion, la politique, il n'y a plus rien d'acquis. Tout change à une vitesse phénoménale. Tout est en perpétuelle transformation. Pourquoi tant de changements ? Parce que nous entrons dans une nouvelle époque appelée l'ÈRE DU VERSEAU.

C

Quand le changement découle de notre choix, comme lorsqu'on désire vivre un nouveau défi, il est plus facile de le gérer. Quand il provient de situations extérieures à nous, contre notre gré, ça génère souvent de l'insécurité, de la résistance, du stress ainsi que de nombreuses PEURS. Voilà pourquoi les gens se sentent souvent inconfortables et dépassés par les événements. Plus une personne a peur, plus cela signifie qu'elle résiste au changement. Il est donc plus sage de s'ajuster au fur et à mesure qu'un changement se manifeste dans notre vie en vérifiant ce qu'il nous fait vivre intérieurement et en se donnant le droit de vivre certaines peurs. Malheureusement, les humains sont encore inconscients du fait que lorsqu'on arrête le changement, les choses empirent car ils risquent d'étouffer un besoin fondamental de leur être, ce qui les confinera dans un état de stagnation, de fermeture.

Pour plusieurs personnes, le changement leur fait tellement peur qu'elles vont jusqu'à saboter inconsciemment leur propre guérison plutôt que de faire les changements psychologiques s'avérant nécessaires à leur guérison physique. De plus en plus, sans qu'on le veuille, le changement survient subitement dans des moments où on s'y attend le moins. Par exemple, une séparation de couple, une perte d'emploi ou de biens matériels, des êtres chers qui décèdent ou des catastrophes naturelles. Dans cette perspective, nous devons accepter l'idée que c'est la vie qui se charge de nous ramener vers l'essentiel de nos besoins et de nous propulser vers de nouveaux défis. Ce qui importe, c'est la capacité de s'AJUSTER dans toute situation nouvelle, même si parfois cela semble pénible. La RÉSISTANCE n'apporte que de la douleur alors que l'ACCEPTATION engendre l'harmonie et la plénitude. Il n'est pas nécessaire de souffrir pour évoluer spirituellement. Il est beaucoup plus sage de LÂCHER PRISE et de faire CONFIANCE.

C

On doit réaliser que tous ces changements nous incitent à vivre notre moment présent et à apprendre à être heureux au jour le jour. Aussi, ils nous permettent d'être plus ouverts, d'entrer en contact avec nos vraies valeurs profondes. Bien sûr, on peut planifier et poser des actions dans le sens de nos désirs mais en étant toujours prêts psychologiquement à d'éventuels changements imprévisibles. **Plus nous devenons conscients que nous sommes le seul créateur de notre réalité, plus nous pouvons faire les transformations et les changements appropriés dans le sens de nos désirs et de nos besoins.** Par conséquent, plus nombreux sont les individus transformés harmonieusement, plus la CONSCIENCE COLLECTIVE s'en trouvera modifiée et harmonisée. À l'inverse, si on tente de conserver nos anciennes valeurs, sources fréquentes de nos déceptions, ainsi que nos vieilles habitudes qui ne nous satisfont plus, on aura davantage de difficulté à s'ajuster. Donc, au lieu de résister, il est plus salutaire d'entrer dans le mouvement, c'est-à-dire suivre le courant et s'ouvrir au nouveau.

Un bon moyen pour accepter les changements qui peuvent être une source de stress dans ta vie consiste à cesser de DRAMATISER inutilement dès qu'il y a un changement. Vois plutôt les côtés positifs ou constructifs et bénéfiques, et les avantages qu'il procure. Si tu observes les bons côtés, tu réaliseras que les changements peuvent aussi devenir synonymes de liberté et de créativité, dans le sens où tu peux y découvrir de nouvelles possibilités que la stabilité t'empêchait de voir. Ces changements te permettent d'entrer en contact avec tes vraies VALEURS, d'être ouvert à découvrir de nouvelles forces en toi. En t'ajustant au fur et à mesure que les changements se présentent dans ta vie, tu réaliseras que la nouveauté apporte bien souvent du piquant à ta vie et de l'enthousiasme. La question clé à te poser est : « Ce que j'apprends ou ce que j'expérimente de nouveau m'aide en quoi dans mon évolution personnelle ? »

CHANGER (vouloir se)

Quand on dit vouloir se changer dans le sens de s'améliorer, on veut dire en fait qu'on veut se transformer pour le mieux. Il est humain de vouloir changer les aspects en nous qui nous DÉRANGENT ou qui perturbent nos proches. Malheureusement, la plupart des gens ne savent pas encore que **plus on veut se changer, moins ça change**. Prenons l'exemple de la personne qui a un bouton sur le visage. Plus elle s'acharne pour le faire disparaître, plus il grossit et prend de la place. Il en est ainsi dans tous les domaines.

C

Tu as sûrement déjà essayé de changer quelqu'un pour t'apercevoir que le résultat désiré ne se manifeste pas. Pourquoi est-ce ainsi ? Parce qu'il doit y avoir une ACCEPTATION de la situation avant qu'une TRANSFORMATION soit possible. C'est une loi de l'AMOUR véritable. On peut donc dire que **plus on rejette, plus ça persiste et plus on accepte, plus ça change**.

Un changement permanent en soi ne se fait véritablement que lorsqu'on prend conscience de ce qui ne va pas, et qu'on accepte d'avoir vécu une telle expérience, sans se juger, ni se critiquer, ni se culpabiliser. Cette expérience était nécessaire pour savoir ce que tu ne veux pas, t'aidant ainsi à te diriger vers ce que tu veux. C'est seulement suite à cette acceptation inconditionnelle que la sagesse divine en toi met à ta disposition tous les éléments efficaces qui t'amèneront vers les changements appropriés selon tes besoins.

Tu dois aussi te donner le temps d'y arriver et te permettre de ne pas y parvenir tout de suite. Au lieu de dire qu'on veut se changer, il est suggéré d'utiliser les termes « vouloir s'améliorer et se transformer » car vouloir se changer a davantage une connotation de non-acceptation.

CHASTETÉ

Se référer à **SEXUALITÉ**

CHEMINEMENT INTÉRIEUR

Action de cheminer, d'avancer; progression lente et régulière. Le cheminement intérieur est synonyme de développement personnel. Pour développer quoi que ce soit, on doit ouvrir pour savoir ce qui se trouve à l'intérieur. Chez l'être humain, au fil du temps, on s'est recouvert d'un bon nombre d'enveloppes, nommées aussi PERSONNALITÉS.

Les gens en général croient qu'ils se connaissent bien. La plupart peuvent dévoiler certains traits de caractère qui leur sont propres. Mais comme l'humain n'est conscient qu'à environ 10 % de ce qui se passe à l'intérieur de lui, cela signifie qu'à 90 % du temps, il ignore ce qui se passe en lui. Tout cela pour dire que l'humain, en moyenne, est conscient de 10 % de ses croyances, de ses peurs, de ses culpabilités, besoins, désirs, talents, limites et de sa capacité à créer sa vie telle qu'il la désire. Ainsi, comment pouvons-nous transformer certains aspects de nous-même et réagir aux événements de façon constructive et bénéfique pour nous si nous n'en sommes pas conscients ?

Réalisons, par contre, qu'il y a 90 % des désirs, des talents et de tous les attributs bénéfiques que nous possédons intérieurement que nous n'avons pas encore exploités, faute de mieux nous connaître. Cette seule prise de conscience amène à beaucoup d'espoir. Plus nous apprenons à nous connaître et à développer notre être, plus nous devenons conscients de nos possibilités et de notre grande puissance intérieure.

De nos jours, il n'y a plus d'excuse pour ne pas cheminer ou évoluer. Il y a de plus en plus de moyens à notre disposition pour nous aider à mieux nous connaître. Il existe une grande quantité de livres, de conférences, de stages et d'aide thérapeutique de tous genres pour nous guider dans ce cheminement. Ces moyens nous incitent à nous interroger sur nos désirs, nos aspirations, nos rêves. Quels sont tes BUTS dans la vie ? Que veux-tu véritablement ? Où souhaites-tu en être dans un an, cinq ans, dix ans ? Que désires-tu avoir accompli d'ici là, autant dans l'*avoir*, le *faire* ou le *être* ? Si tu es incapable de répondre spontanément à ces quelques questions, ceci indique qu'il y a grand besoin de mieux te connaître et de te situer face à toi-même.

Pour apprendre à te connaître, il est primordial de t'ouvrir à la CONSCIENCE, ta RAISON D'ÊTRE, ton PLAN DE VIE sur cette terre, ce qui implique de vivre toutes sortes d'expériences nouvelles.

C

Mais le nouveau, souvent synonyme d'inconnu, fait parfois peur n'est-ce pas ? C'est une des raisons pour laquelle plusieurs personnes hésitent à faire du cheminement intérieur, par peur de découvrir, par exemple, une personne vulnérable en elles. Certaines peuvent avoir peur de ne pas savoir gérer la découverte de leurs nombreux talents et possibilités. Pour d'autres, c'est simplement l'inconscience, l'ignorance des lois universelles, la paresse ou la négligence de vouloir faire des actions aux plans physique, émotionnel et mental. Mais nous ne pouvons plus ignorer ce besoin.

Tu peux découvrir des aspects de toi-même en t'observant à travers tes différentes attitudes. Par exemple, si tu as de la difficulté à écouter les autres, c'est qu'en général, tu n'écoutes pas tes propres BESOINS. L'approche du MIROIR est un outil d'une extrême efficacité pour cheminer, car les autres te reflètent sans cesse des aspects de toi que tu n'acceptes pas. Un autre moyen bien intéressant consiste à t'observer à travers ton ALIMENTATION, la morphologie de ton corps ou par le biais de tes MALAISES et MALADIES, messages très précieux que t'envoie ton corps physique. Tu peux te découvrir également à travers tes comportements, tes CROYANCES, tes DÉPENDANCES, tes ÉMOTIONS, tes RÊVES ONIRIQUES... Il s'agit de t'observer et d'être alerte à ce que tu ressens. Comme tu peux le constater, **tous les moyens, toutes les occasions, toutes les expériences pour te découvrir sont valables si elles t'aident à apprendre quelque chose sur toi-même.** Bien sûr, te connaître implique de faire des actions qui risquent parfois de bouleverser ta vie, mais le résultat en vaut le coup.

Dans notre monde MATÉRIEL, nous avons toujours le choix : soit que nous découvrons des parties de nous qui risquent parfois de nous faire réagir pour arriver un jour à maîtriser notre vie, soit nous demeurons inconscients et VICTIMES et à la merci des événements. L'attitude idéale est de prendre plaisir à s'améliorer en reconnaissant que tous nos efforts seront récompensés, en sachant que nous récoltons toujours ce que nous semons. Nous pouvons même en faire un but chaque jour en disant par exemple : « *Merci mon Dieu. Voilà une journée de plus pour découvrir en moi toutes les grandes possibilités de me créer une journée merveilleuse. »*

Plus nous devenons conscients de nos richesses intérieures grâce à un cheminement intérieur, sans devenir obsédés de la perfection, plus notre sensibilité se développe. Nous saurons ainsi reconnaître nos véritables besoins qui nous dévoileront le vrai sens du bonheur. Soyons conscients que nous sommes sur terre pour « **ÊTRE** », c'est-à-dire pour développer notre être, notre INDIVIDUALITÉ. Enfin, **réalisons que nous sommes toujours gagnants à mieux nous connaître et en nous rappelant que nous sommes véritablement des êtres créatifs, intelligents et capables de *décider* consciemment de notre propre vie.** Quand nous réalisons que nous pouvons créer notre vie, nous nous rendons compte combien nous sommes riches.

CHOIX

Se référer à **LIBRE ARBITRE**

CHRISTIQUE (état)

Se référer à **MAÎTRISE DE SOI**

CIEL

Le ciel est considéré, selon nos traditions judéo-chrétiennes, comme le lieu où les âmes justes peuvent jouir de la béatitude éternelle. On l'appelle aussi le paradis. En général, les gens croient que le ciel consiste en un endroit spécifique, tout comme le ***purgatoire*** et l'***enfer***. En réalité, ces trois mots désignent différents *états d'être*. Ils peuvent donc être ressentis par une même personne sur un court laps de temps. Par exemple, durant une seule journée, une personne peut se créer tantôt un état de ciel, c'est-à-dire que tout va bien et est à son goût, qu'elle est en amour, heureuse de vivre, ou tantôt se créer un état d'enfer, quand tout va mal, qu'elle vit des inquiétudes, des peurs, des doutes ou des obsessions.

C

Le **purgatoire** est décrit comme le lieu où les âmes expient leurs PÉCHÉS avant d'accéder au paradis. En réalité, le purgatoire décrit bien l'état que les humains vivent sur la terre durant les différentes étapes de leur évolution. Nous sommes sur terre pour vivre la LOI DE CAUSE À EFFET, ce qui nous donne l'occasion d'apprendre à vivre toute expérience dans l'AMOUR qui est l'ACCEPTATION et de nous diriger de plus en plus vers le paradis intérieur.

En ce qui concerne l'**enfer**, il est considéré comme le lieu destiné au supplice des âmes damnées. En réalité, l'enfer correspond à tout ce qui nous fait vivre des états de mal-être intérieur, qui nous fait sentir mal dans notre peau à des niveaux plus ou moins élevés. Par exemple, l'enfer, c'est lorsque nous vivons des états de colère, de jalousie, d'angoisse, de dépression, de frustration, d'agressivité; lorsque nous nous laissons manipuler par nos peurs, nos culpabilités, nos croyances nuisibles. L'enfer équivaut à quelqu'un qui vit de la rancune, de la haine, des pensées obsessionnelles ou nourrit des plans de vengeance. L'enfer équivaut également au refus de vouloir pardonner. L'enfer se rapporte donc à tout ce qui nous empêche d'être libres, heureux, en paix et centrés sur l'amour véritable; en somme, tout ce qui nous empêche de vivre au ciel fait partie de l'enfer.

Dans la *10e révélation de la prophétie des Andes,* l'auteur James Redfield décrit l'enfer comme étant peuplé de sentiments comme le désir sans frein, l'avidité, l'envie, la paranoïa, la maladie mentale, la peur, la rage, le dégoût de soi-même, l'obsession et l'orgueil. L'enfer est pesant, interminable, synonyme de froid, d'obscurité, de solitude et de désespoir.

Aussi, le mot «enfer» est parfois utilisé socialement pour relater des expériences extrêmement difficiles et douloureuses, par exemple : *sombrer dans l'enfer de la drogue, l'enfer du jeu, la descente aux enfers...* Ces termes font référence à l'état passager ou permanent de quelqu'un qui a touché le bas-fond, donc qui n'est plus du tout en contact avec sa nature divine.

C

Le mot « enfer » sert aussi d'expression à certaines personnes qui l'ont adopté machinalement pour appuyer un constat. Par exemple : « J'ai eu une journée d'enfer aujourd'hui. C'était l'enfer au bureau, l'enfer sur la route…» Cela peut sembler anodin mais certains emploient ce mot plusieurs fois dans une seule journée sans se rendre compte du grand pouvoir créateur de la PAROLE. Or, s'ils ressentent ce qu'ils disent, ces gens finissent par se créer des situations identiques à leurs paroles.

Dans le cours d'une même journée, une personne peut se créer des états de bien-être (ciel) ou des états de mal-être (enfer) par sa façon d'agir, de réagir ou de penser. Alors, le ciel et l'enfer sont des états tout aussi présents dans la vie sur cette planète que dans celle qui continue dans le monde de l'âme, le monde ASTRAL. Il n'en tient qu'à chacun de nous de décider si nous voulons vivre au ciel ou en enfer.

CLAIRVOYANCE

Faculté de l'esprit à juger avec clarté; perspicacité. Perception extrasensorielle ou sixième sens. C'est la capacité de voir au-delà de ce qui est considéré comme normal ou visible. Les clairvoyants sont sensibles et peuvent voir ce qui se passe chez les autres et ont la capacité de les aider sans que cela touche leurs propres émotions. Ils se connectent aux besoins de l'être d'une façon objective plutôt qu'à leurs désirs. La clairvoyance peut se manifester de plusieurs façons. Certains peuvent observer des événements ou entités dans le monde ASTRAL, d'autres voient l'aura, les chakras. Certains peuvent regarder les organes du corps, comme si leurs yeux étaient des rayons-X, d'autres voient les ÉLÉMENTAUX autour des humains.

La clairvoyance est souvent confondue avec la « clairsentience » (sentir) ou la « clairaudience » (entendre). Ces trois dons extrasensoriels résultent des manifestations de l'intuition. Le moyen par excellence pour les développer consiste à devenir de plus en plus conscient de son INTUITION. La clairvoyance n'a pas de rapport avec la spiritualité, car elle est plutôt reliée à la capacité de SENTIR et d'OBSERVER. Aussi, il ne faut pas confondre avec VOYANCE et MÉDIUMNITÉ qui peuvent créer des peurs chez certaines personnes. Si c'est le cas, il serait plus sage de demander de ne plus voir. Le vrai don de clairvoyance apporte au contraire l'harmonie et la quiétude.

CŒUR (être dans son)

C

Le cœur est le siège des sentiments profonds, de la conscience. C'est le cœur qui distingue la personnalité, l'apparence, l'ego, de l'individualité. Être dans son cœur signifie « ÊTRE CENTRÉ », être dans sa certitude. C'est aussi posséder des qualités altruistes, de bonté et de bienveillance. Lorsqu'on est dans son cœur, on est capable de compassion et de pardon. L'amour, qui est associé au cœur, a cette très grande possibilité de guérir les maladies.

Plus on apprend à AIMER, plus on ouvre son cœur et plus notre sang renferme les vertus essentielles pour reconstituer chacune des cellules de notre corps en des cellules pleines de santé et de vitalité. **Quand nous sommes dans notre cœur, l'harmonie intérieure et la joie de vivre s'installent, ce qui nous aident à réaliser nos désirs et tout ce dont nous avons besoin chaque jour pour être heureux.** On retrouve ainsi le calme, la paix, la joie, la quiétude et d'intenses moments de bonheur.

COLÈRE

Le dictionnaire définit la colère comme étant un état violent et passager résultant du sentiment d'avoir été agressé ou offensé. Les colères proviennent d'une ou de plusieurs FRUSTRATIONS accumulées.

Il y a les colères exprimées ouvertement et celles refoulées, les plus subtiles. Même si on ne les démontre pas extérieurement, celles-ci s'impriment intérieurement. Les colères manifestées extérieurement se retrouvent davantage chez les gens très passionnés. Les personnes qui ont l'air douces peuvent, par contre, avoir beaucoup de colère refoulée. En général, elles n'aspirent qu'à vivre dans la joie et l'harmonie et étouffent leur colère en l'occultant pour éviter des problèmes ou encore en refusant de s'en donner le droit. Ces personnes préfèrent se faire

ACCROIRE que tout va bien, qu'elles sont heureuses alors que leur cœur souffre.

En outre, sachons qu'une colère exprimée *sans accusation,* dans le but de s'affirmer, peut être un moyen sain de se libérer d'une accumulation intérieure de stress. Elle nous permet de reconnaître où se situent nos limites et de devenir conscients de nos besoins, donc de nos « je veux ». C'est ce qu'on appelle *faire une sainte colère.* Elle permet ainsi de clarifier une situation en rapport avec ce que l'on veut. Cependant, cette colère soudaine doit être exprimée d'une façon rapide et simple et ensuite être arrêtée. Un LÂCHER PRISE doit avoir lieu sinon, il y a un risque que la colère l'emporte et que nous fassions plus de tort que ce que nous avions voulu rectifier.

Nous vivons tous des colères, que nous les exprimions ou non. Il est préférable d'exprimer une colère que de la ravaler, même si la façon de l'exprimer se teinte parfois d'agressivité. La ravaler cause à la longue des maladies violentes et douloureuses chez la personne qui les retient. De plus, le jour où cette personne ne peut plus se contrôler, elle peut perdre le contrôle d'elle-même et devenir dangereuse. Les personnes les plus aptes à refouler leur colère sont les PERFECTIONNISTES. Pour elles, se mettre en colère représente une imperfection. Mais, comme elles sont perfectionnistes, un rien les met en colère et vivent encore plus de frustrations.

C'est pourquoi il est important, pour qui vit des colères à répétition, de s'observer à travers elles. Chercher à incriminer les autres ou à les accuser n'est jamais la solution. Il est primordial d'en prendre conscience pour se donner le droit d'être en colère et pour en retirer le bon côté en découvrant à travers elles nos besoins véritables.

Vivre de la colère est tout à fait humain; elle nous permet de réaliser que notre façon de réagir à un événement particulier est influencée par une de nos BLESSURES non guéries. La colère finit toujours par être dirigée contre soi-même, même si, de prime abord, nous croyons être en colère contre quelqu'un d'autre. Voici un exemple : une femme a besoin d'aide et fait appel à un ami. Ce dernier lui dit qu'il fera son possible pour venir l'aider le mardi suivant. Comme elle croit en sa bonne volonté, le jour venu, elle l'attend. Le temps passe et il ne se présente pas; il n'appelle même pas pour s'excuser de son absence. Elle se retrouve finalement seule, se sentant frustrée et abandonnée et voilà que la colère s'installe en elle. Elle commence d'abord par être en colère contre son ami pour ensuite diriger sa colère vers elle-même, s'accusant de ne pas avoir su exprimer clairement son besoin.

La colère est souvent utilisée à la place d'une demande. Cela se produit chez ceux qui s'attendent à ce que les autres fassent de la télépathie et devinent ce qu'ils veulent. « Ils devraient voir que j'ai besoin d'aide », se disent-ils. Plutôt que de demander, ils se mettent en colère. En effet, ce manque de COMMUNICATION ou de clarification est à la base de plusieurs colères. Revenons à l'exemple de la femme qui fait appel à son ami. D'abord, y avait-il eu ENGAGEMENT clair entre les deux personnes ? Cet ami lui avait-il affirmé qu'il serait là coûte que coûte ou encore qu'il l'appellerait en cas d'impossibilité ? Avait-elle remarqué qu'il avait dit *qu'il ferait son possible* ? Et si, malgré un engagement clair, cet ami avait malgré tout manqué à sa parole, il est suggéré d'aller plus loin dans la démarche intérieure. Nous devons entrer en nous et nous demander s'il nous arrive, parfois, à nous-même de manquer à nos engagements avec les autres ou encore avec nous-même. Si tel est le cas, il est bon de réaliser que nous nous permettons peut-être ce que nous reprochons aux autres. Voilà un message et une occasion d'apprendre à avoir plus de compassion pour nous-même et pour les autres.

Sachons que chaque fois que la colère monte en nous, nous ne sommes plus nous-même. Nous nous sommes laissé envahir par cette partie de nous qui souffre toujours et la situation actuelle vient réveiller cette vieille blessure du passé.

Lorsqu'on entre consciemment en contact avec sa colère, les points positifs à reconnaître en elle sont sa grande puissance et sa force de vie. Étant donné que nous n'avons jamais appris à gérer cette grande force de vie en nous, il est sage de la transmuter en d'autres formes d'ÉNERGIE plus créatrices, par exemple, décider de créer un nouveau projet qui nous tient particulièrement à cœur. Ainsi la personne utilise cette force de façon particulièrement constructive.

Dans notre processus d'apprentissage, nous vivons toutes sortes de situations et certaines expériences peuvent nous amener à la colère, ce qui est tout à fait humain. L'important consiste à en devenir conscient sans essayer de l'étouffer, ni croire que ce n'est pas correct, surtout quand il s'agit de colère en rapport avec nos PARENTS. Être capable de nous donner le droit et de nous PARDONNER d'en vouloir à des gens représentent les meilleurs moyens de transmuter cette énergie en force et en puissance bénéfique pour tous.

Voici ce qui est suggéré dès que tu sens monter en toi une colère :

1) Prends quelques **respirations** profondes. Cela aidera à te centrer, à retrouver ton calme, sans nécessairement te contrôler.

2) Une fois le choc émotif amorti, **donne-toi le droit** de vivre cette colère en sachant qu'elle veut simplement t'aider à découvrir un aspect de toi. Sois **indulgent** envers toi-même en te disant que tous les humains vivent des colères, car nous avons tous encore des choses à régler. Ainsi, en te donnant le droit d'être humain, cela t'aidera à développer de la compassion pour toi-même et pour les autres.

3) Vérifie si c'est une **sainte colère** (pas d'accusation contre toi ou contre les autres). Si oui, accepte que cette colère te sert à exprimer tes limites et à affirmer tes « **Je veux** ».

4) Réalise aussi qu'une **blessure du passé** a refait surface et que cette partie en toi souffre encore.

5) Pour vraiment conscientiser, cherche la véritable **raison** de la colère, c'est-à-dire ce qui te **dérange** le plus et regarde-toi à travers cela, comme il est suggéré dans l'approche du MIROIR.

6) Accepte l'idée que tu ne peux pas tout CONTRÔLER dans la vie et LÂCHE PRISE.

7) Pour terminer, dis **merci** à cette colère pour tout ce qu'elle t'a permis de découvrir en toi, notamment, des aspects inconscients non acceptés, ce que tu ne veux plus dans la vie et surtout ce que tu veux maintenant.

C

COMMUNICATION

Action, fait de transmettre quelque chose à quelqu'un, d'établir une relation avec autrui. Dans le cadre du présent ouvrage, ce terme est expliqué dans le sens de communiquer entre les gens, non pas de faire un discours. **Beaucoup de problèmes sociaux, familiaux et intimes proviennent d'un manque de communication claire.** Pourquoi est-ce si difficile de communiquer et de se faire comprendre ? Simplement parce que nous ne l'avons pas appris étant jeunes. Apprendre à communiquer se développe comme n'importe quelle aptitude, c'est-à-dire par la pratique. Mais cela exige une grande capacité d'écoute et de compassion, d'être vrai et authentique.

Pour ce faire, tu dois ÉCOUTER véritablement avec ton cœur et ton intuition ce que les autres veulent exprimer et ce qu'ils sont prêts à te dévoiler. Notre façon de communiquer est en général influencée par nos BLESSURES. Une personne qui vit facilement du rejet, une autre, de l'injustice, et une troisième, la peur d'être abandonnée s'exprimeront de façon différente puisqu'elles ont chacune des choses différentes à vivre et à apprendre, des besoins différents. Voilà pourquoi l'écoute est si importante; elle représente la base de la communication.

Développer de la COMPASSION signifie être capable de se placer dans les souliers de l'autre pour tenter de comprendre ce qu'il vit intérieurement; être assez dans son senti pour percevoir ses craintes et ses désirs à travers sa gestuelle et les mots qu'il emploie, car ce qui est véridique se trouve bien souvent derrière ce qui est dit.

Dans la plupart des cas, la vraie communication ne se fait pas à cause du manque d'écoute. Regardons ensemble comment communiquer lorsque quelqu'un d'autre nous approche. L'étape la plus importante consiste à **savoir ce que l'autre est en train de communiquer**. On peut reconnaître cinq formes de communication. L'exemple d'un couple qui discute ensemble de leurs prochaines vacances sera utilisée pour illustrer les cinq formes de communication.

1er L'autre nous fait une ***demande véritable, claire et précise***. Nous devons donc lui répondre directement. Exemple : Monsieur demande à Madame : « Où désires-tu aller pour nos prochaines vacances ? »

2e L'autre ne fait qu'un ***partage sur ce qu'il vit***. Il n'est pas nécessaire de dire ou d'ajouter quelque chose. Beaucoup d'énergie se gaspille dans les paroles inutiles. Exemple : « Ah ! ce que je suis content de notre choix de lieu de vacances. Je vais en profiter pour bien me reposer ! »

3e Ça peut aussi être un ***partage, c'est-à-dire*** qu'il n'y a ***pas de question***, mais un genre de partage qui cache une ***question ou*** une ***demande d'aide***. Lorsque cela se produit, il est suggéré de vérifier ce que l'autre veut savoir ou pourquoi il nous dit cela. Malheureusement, la plupart des gens tombent dans le piège. Ils croient avoir deviné la question cachée et commencent à répondre sans même vérifier ce que l'autre veut véritablement. Exemple : « Je me demande si c'est une bonne idée de prendre des vacances cette année. » Dans cette affirmation, il y a au moins cinq différentes demandes cachées. Laquelle est la bonne, c'est-à-dire laquelle convient à l'interlocuteur ?

4e Il y a aussi la ***demande d'aide véritable***. Dans ce cas, nous devons décider si nous pouvons accéder à cette demande, car ce n'est pas parce que quelqu'un nous demande de l'aide que nous devons toujours dire oui et, surtout, que nous pouvons le faire sans dépasser nos LIMITES. Exemple : Madame dit à Monsieur : « Est-ce que ça te dérangerait que j'aille en vacances seule pendant une semaine cette année et que tu t'occupes de la maison et des enfants durant mon absence ? »

C

5ᵉ Une autre forme de communication où il devient difficile de communiquer calmement est lorsque l'autre *met en doute* ce que nous avons choisi ou dit. Dans ce genre de situation, le piège consiste à essayer de convaincre l'autre pour qu'il ne doute plus. **Ça ne fonctionne pas !!!** Tant et aussi longtemps que l'autre doute, il résistera à tout ce qui est dit pour le convaincre. Il est plus sage de lui revenir avec une question sur ce qui lui fait dire cela. Exemple : « Tu dis que cette année, nous pouvons nous permettre trois semaines de vacances dans le sud ? C'est impossible !!! Je ne peux pas voir comment tu es arrivé à cette conclusion. »

Comme tu peux voir, il y a plusieurs façons de communiquer oralement. Par ailleurs, la communication peut aussi se faire par un regard, un toucher, un geste. Les personnes introverties, par exemple, peuvent plus difficilement communiquer oralement et choisissent souvent d'autres moyens pour communiquer leurs sentiments ou leurs demandes. Nous devons apprendre à accepter cette différence et ne pas exiger qu'elles changent. Plus elles se sentent acceptées et plus elles commenceront à se transformer pour communiquer un peu plus oralement.

Lorsque vient le moment pour nous de communiquer, on doit souvent puiser dans notre courage pour nous affirmer et mieux communiquer, car des peurs peuvent surgir et bloquer notre élan à vouloir être VRAI ou à faire nos DEMANDES. Prendre des bonnes respirations pour commencer aide beaucoup ainsi qu'avouer nos peurs à dire ce que nous voulons dire.

Ce qui aide le plus la communication, c'est apprendre à être le plus clair et précis possible. Si, par contre, pour quelque raison que ce soit, il est trop difficile de communiquer par peur de déplaire ou de te dévoiler, voici un moyen qui peut t'aider à amorcer cette démarche. Tu t'installes en position de détente, tu fermes les yeux et tu imagines la personne à qui tu veux parler à côté de toi. Tu lui parles et tu exprimes tout ce que tu as à lui dire. Cette méthode est beaucoup plus facile que tu peux l'imaginer. Ou encore, tu installes une photo de la personne devant toi et tu suis les mêmes étapes. Par après, tu verras qu'il deviendra plus facile pour toi d'arriver à communiquer avec cette personne.

Le plus important dans toute bonne communication est le RESPECT qu'on doit porter à chaque individu, y compris à soi-même. Ce respect consiste à nous donner le droit d'exprimer nos désirs et nos besoins sans critique, ni jugement d'aucune sorte, simplement en reconnaissant le point de vue de l'autre et en exprimant notre propre point de vue. Cette façon de faire donne des résultats exceptionnels.

COMPARAISON

Action de comparer, de noter les ressemblances, les dissemblances entre deux ou plusieurs personnes. La comparaison, surtout en regard avec quelqu'un d'autre, est rarement bénéfique. Par exemple, comparer deux enfants dans une même famille. Dans ce cas, même si la motivation est bonne, diminuer l'enfant et lui faire sentir que s'il avait le même comportement que son frère ou sa sœur, il serait plus gentil, plus intelligent et plus aimé, ça ne donne pas de bons résultats à long terme. Il est préférable de l'aider à se développer en lui faisant valoir ses qualités et ses talents propres à son individualité.

La comparaison nuit à la bonne COMMUNICATION profonde et durable et ébranle la CONFIANCE EN SOI puisqu'elle est habituellement accompagnée d'un jugement. La comparaison n'apporte qu'une diminution au niveau de l'ACCEPTATION et de l'ESTIME DE SOI. De plus, nous comparer nous empêche d'être naturel, d'être nous-même et peut nous causer des frustrations. Une des conséquences de se comparer beaucoup est de développer de l'envie ou de la jalousie. Voici quelques exemples : un collègue de travail apprend plus rapidement que nous et semble plus apprécié; un homme possède plus d'argent ou de connaissances que son voisin et celui-ci se sent inférieur à cause de ce manque d'argent, de connaissances ou de diplômes. Tout cela démontre que la personne se valorise à travers des valeurs matérielles alors que sa vraie valeur est spirituelle qui, elle, s'évalue à sa capacité d'aimer.

En général, lorsqu'une personne se compare en se trouvant mieux, elle se compare aussi dans d'autres domaines ou avec d'autres personnes en se trouvant pire. Les gens qui se croient meilleurs deviennent de grands critiqueurs, jugent les autres et manquent de tolérance, et ceux qui se sentent inférieurs sont portés à se juger, à se critiquer ou encore à se culpabiliser. Dans les deux cas, leur attitude est signe de manque d'estime et d'acceptation de soi et elle encourage un comportement orgueilleux. Par contre, si une personne se sent plus habile dans un domaine parce qu'elle possède un talent réel, alors c'est différent. Elle peut reconnaître sa supériorité mais sans se comparer. Elle cherchera plutôt à aider ses semblables par compassion et sollicitude tout en étant capable de voir ses propres faiblesses dans d'autres domaines.

Il peut être bénéfique de nous comparer à nous-même lorsque cela nous aide à reconnaître que nous nous dépassons. Par contre, nous comparer à nous-même pour nous dévaloriser n'est pas bénéfique. Par exemple, une personne qui avait beaucoup d'énergie par le passé et qui se dévalorise maintenant parce qu'elle en a moins. Cette comparaison, au lieu de l'aider lui nuit davantage car elle indique une non-acceptation. Il est bien expliqué dans acceptation que moins on s'accepte et plus l'aspect non accepté s'intensifie.

La comparaison découle en général d'un manque de confiance en soi, bien qu'elle puisse cacher aussi un grand désir d'amélioration. Si tu t'observes en train de te comparer en *plus* ou en *moins*, il est plus salutaire d'utiliser ce comportement pour apprendre à te connaître et à t'accepter en vérifiant ce qui te DÉRANGE ou ce que tu ADMIRES chez les autres tel que spécifié dans l'approche du MIROIR. Si tu te compares en « moins », tu dois te demander si tu serais plus heureux si tu avais, faisais ou étais ceci ou cela. Si tu crois que ça t'aiderait à être plus heureux, tu peux te révéler à la personne comparée ou admirée et lui demander comment elle y est parvenue. Cependant, cette démarche doit être faite dans le but d'améliorer ton être, selon ton individualité en considérant tes limites, et toujours sans attentes. Car les attentes, nous le savons tous, minent énormément notre énergie et mènent immanquablement au désappointement et à la frustration, car elles ne sont pas souvent assouvies. Au lieu de te comparer, l'idéal est de t'observer pour apprendre à mieux t'apprécier tel que tu es, ainsi que les autres, tout en faisant ressortir tes multiples qualités et talents.

Reconnaître que nous sommes tous l'expression de **DIEU** et cela, même si nous ne sommes pas aussi séduisants, riches, instruits, talentueux ou n'importe quel autre attribut retrouvé chez les autres est la voie qui mène vers le bonheur. Plutôt que d'utiliser les comparaisons inutilement, constatons et apprécions les différences qui existent en chacun de nous. Si nous faisons notre possible chaque jour pour améliorer notre capacité d'aimer, nous deviendrons de plus en plus conscients et excellents et nous nous accepterons davantage. De plus, tout s'améliore quand nous nous donnons le temps d'y parvenir. S'estimer en tant qu'être humain, voilà l'idéal. En fin de journée, demandons-nous simplement : « Ai-je fait mon possible aujourd'hui pour m'estimer et m'accepter ? » Rappelons-nous que les comparaisons doivent toujours être faites dans le seul but de nous améliorer, d'aller vers ce que nous voulons ÊTRE.

COMPASSION

Sentiment qui rend sensible aux souffrances d'autrui. En d'autres mots, la compassion se définit par la capacité chez l'être humain de sentir ce qu'une autre personne vit intérieurement. L'opposé de la compassion correspond à de la violence, de la cruauté, de la méchanceté et de l'indifférence. La compassion se ressent au niveau du cœur, et n'est accompagné d'aucune accusation ni jugement. Voici un exemple : quelqu'un se trouve témoin d'une scène où une mère réprimande brutalement son enfant. Il peut avoir de la compassion pour la mère en étant capable de se placer dans les souliers de celle-ci en sentant la souffrance vécue au moment où elle malmène son enfant. Même si la mère perd le contrôle, il comprend que ce n'est pas une personne méchante mais plutôt souffrante. Sans être d'accord avec le geste, il n'y a pas d'ACCUSATION. En outre, un autre signe de compassion consisterait à ressentir de la tristesse pour l'enfant, toujours sans accuser qui que ce soit. Cette tristesse est issue de notre grande sensibilité. **La compassion se développe au fur et à mesure qu'on ouvre notre cœur et qu'on apprend à ACCEPTER, donc à AIMER inconditionnellement.**

COMPLEXE D'ŒDIPE

C

Ensemble de sentiments et de représentations partiellement ou totalement inconscients, pourvus d'une puissance affective qui organise la personnalité de chacun. Le complexe d'Œdipe est un concept développé par le psychanalyste Sigmund Freud. Le mot Œdipe vient de la mythologie grecque et relate l'histoire d'un garçon prénommé Œdipe qui, dès sa naissance, fut séparé de sa mère. À travers différentes tribulations vécues au cours de sa jeunesse, il tua un homme qui, semble-t-il, était son père et, une fois devenu adulte, il épousa une femme qu'il ignorait être sa propre mère. Dans le présent ouvrage, un résumé de ce sujet fort complexe mais combien révélateur, sera présenté, car il met en lumière une des nombreuses sources de difficultés ou de conflits dans les rapports personnels, relationnels et sexuels.

Selon la synthèse de Freud, le complexe d'Œdipe est expliqué par le fait que chaque être humain en bas âge tombe en amour avec le parent du sexe opposé ou avec une personne qui l'a remplacé et qui s'est occupé de lui dans son enfance. Comme les parents sont en général les premiers amours dans la vie des enfants, entre deux et six ans l'enfant tombe amoureux du parent du sexe opposé ou celui qui joue ce rôle. Cette attirance physique et psychologique se montre tout à fait normale et se vit naturellement par tous les êtres humains. Cette attirance provient du désir de fusion des principes FÉMININ et MASCULIN en nous. Toujours selon Freud, à travers notre développement, nous avons tous à traverser cette phase œdipienne. La façon dont nous la vivons dans notre enfance et adolescence affecte notre vie d'adulte, nos communications, donc nos relations amoureuses, sexuelles et sociales. Par conséquent, c'est une phase psychologique et affective des plus importantes.

En rapport à ce stade évolutif, voyons le processus naturel de l'être humain depuis sa conception. D'abord, le fœtus fait *un* avec la mère. Après la naissance, le bébé, qu'il soit de sexe masculin ou féminin, veut prolonger ce lien intime avec sa mère. Il se trouve en quelque sorte en symbiose. Il commence dès lors à avoir des sensations, d'abord avec la mère puisqu'elle a généralement un lien plus étroit avec le bébé. Elle l'observe, lui parle, le nourrit, le baigne, le cajole, en somme, elle s'occupe davantage de son bien-être et de son développement. Ainsi, une vaste gamme de sensations sont éprouvées par la mère et son enfant. Comme le bébé désire continuer de faire *un* avec sa mère, il croit qu'elle a le même désir que lui. Puis, quand il voit maman s'affairer à autre chose ou s'occuper des autres personnes, il fait tout ce qu'il peut pour attirer son attention, soit en gesticulant, en pleurant et même en hurlant.

Cependant, la mère doit continuer à vaquer à ses occupations et ne pas devenir son esclave en répondant à tous ses caprices, cela pouvant s'avérer très malsain pour l'enfant ultérieurement. Il pourrait croire qu'il peut éclipser complètement toute autre personne autour, y compris le père, parce qu'il comble entièrement sa maman. Aussi, en permettant une telle situation, elle pourrait inconsciemment l'empêcher de résoudre sa phase œdipienne, qui demande de reconnaître la présence des deux parents qui l'ont conçu.

La phase du complexe d'Œdipe la plus marquée débute très jeune, environ à l'âge de deux ans pour se poursuivre jusqu'à vers six ans, après quoi elle devrait disparaître naturellement. Nous devons comprendre que c'est l'énergie sexuelle qui s'éveille, ce désir de fusion qui attire inconsciemment l'enfant vers la personne du sexe opposé la plus importante pour lui à ce moment de sa vie.

Il est facile d'observer que les enfants sont souvent prêts à tout pour être aimé du parent du sexe opposé et se faire remarquer dans le but de le séduire et de se rapprocher de lui. Par exemple, la fillette se blottit contre son père, l'embrasse, lui dit qu'elle l'aime et même qu'elle veut l'épouser plus tard. De son côté, le petit garçon agit ainsi avec sa mère. Il fait le petit homme, s'offre souvent de l'aider et, par cette attitude, il cherche à prendre la place du père. Il peut même devenir jaloux du père et la fillette, de sa mère. On dit que chercher à séduire le parent du sexe opposé est aussi fort et intense à cet âge que chez les adultes. Ce complexe d'Œdipe mal vécu et non résolu peut être une des causes de l'INCESTE et de l'HOMOSEXUALITÉ.

D'une façon naturelle, après l'âge de six ans, l'enfant devrait commencer à vouloir s'identifier au parent du même sexe. Il cherchera à l'imiter et à l'aimer plutôt qu'à le repousser ou à l'ignorer. Le petit garçon commencera à vouloir s'identifier à son père au lieu de rester accroché aux jupes de sa mère. Il cherchera à l'imiter en empruntant ses paroles, ses manières et voudra le suivre partout. Son père deviendra son héros. La petite fille fera de même avec sa mère. Elle voudra se maquiller, s'habiller, se coiffer comme elle et se comporter comme maman. Donc, l'enfant s'identifiera au parent du même sexe pour se préparer à son futur statut de femme et d'homme dans la société et il en sera ainsi jusqu'à la période de l'adolescence.

Cependant, bien que l'enfant ait tenté de tout faire pour se faire remarquer et aimer du parent du sexe opposé, nous savons qu'il est difficile d'être aimé de la façon dont nous aurions voulu être aimé. Par exemple, la fillette n'a pas eu toute l'attention et l'amour qu'elle aurait souhaités de son père, il n'était pas assez présent à son goût ou elle aurait été grondée, etc., et elle en aurait souffert, de même que le petit garçon avec sa mère. Nous savons que très peu de gens se sont sentis pleinement comblés par l'amour de leurs parents et ce, en dépit des efforts, de l'attention et de l'affection qui leur ont été prodigués. C'est donc tout à fait normal et humain qu'il y ait des parties en nous qui soient demeurées insatisfaites, inassouvies, qui ont vécu des blessures et connu la déception. Ces parties *inconscientes* en nous souffrent toujours. Ceux qui souffrent de la BLESSURE d'ABANDON ou de TRAHISON ont le plus de difficulté à résoudre leur complexe d'Œdipe.

Or, quand cette phase n'est pas résolue vers l'âge de six ans, elle refait surface pour s'intensifier à l'adolescence. La jeune fille essaie encore à sa façon de séduire son père, c'est-à-dire d'attirer son attention. Elle devient la petite mère, la petite fille raisonnable, car plus elle sera raisonnable, selon elle, plus elle aura l'attention de son père et plus elle sera aimée de lui. Cette jeune fille finit par devenir un adulte trop raisonnable au point de ne plus écouter ses besoins. Par la suite, si elle est le moindrement déçue de son père qui ne répond pas à ses attentes, il y aura une partie d'elle qui l'aimera et une autre qui lui en voudra et même le haïra. Rappelons-nous que la HAINE n'est rien d'autre qu'une blessure profonde issue d'un grand amour déçu. Plus cet amour est fort, plus cela risque d'être décevant et souffrant. Et c'est ainsi que commencent les conflits dans la famille. L'adolescente se trouvera souvent en réaction et cherchera à faire tout à l'opposé de ce que dit son père, et l'adolescent vivra la même situation avec sa mère.

Lorsque le complexe d'Œdipe continue à l'adolescence, à savoir qu'une forte attraction existe entre le parent et l'enfant, la jalousie s'ajoutera à la dynamique familiale. Par exemple, jalousie entre la mère et la fille si le père ne refuse rien à sa fille. La même chose se produit entre l'adolescent et sa mère : le père devient jaloux de son fils quand il s'aperçoit que la mère lui donne beaucoup d'attention et lorsqu'il voit la complicité entre les deux. C'est aussi ce qui explique les préférés dans la famille. Cette attitude finit par affecter les autres membres de la famille et peut être une source additionnelle de CONFLITS.

Ce qui suit pourrait expliquer l'une des nombreuses causes de l'homosexualité : le petit garçon chez qui le complexe d'Œdipe s'avère particulièrement très fort avec sa mère qu'il aime d'un amour extrême, voire irréel; il l'a placée sur un piédestal et la perçoit sans défaut. Il l'admire à un point tel qu'il a complètement mis son père de côté. Puis, vers l'âge de six ans, au lieu de chercher à s'identifier à son père, le phénomène contraire se produit, c'est-à-dire qu'il refuse de s'identifier à lui. Donc, en plus d'être en amour avec sa mère, il veut être comme elle et s'identifier à elle. Il commence à marcher comme elle, à imiter ses gestes et faire des choses avec elle. On remarque qu'en général les hommes homosexuels aiment énormément leur mère. Plusieurs les admirent et s'occupent d'elles jusqu'à un âge très avancé. Par contre, du côté de la petite fille qui était en adoration devant son père, si elle a été très déçue et blessée profondément de son comportement et si, par la suite, elle l'a beaucoup jugé, elle deviendra complètement en réaction. Elle décidera de ne pas vivre comme sa mère pour ne pas souffrir davantage. Voilà une des causes pouvant mener au lesbianisme, choix permettant d'éviter toute relation amoureuse avec le sexe opposé.

Comment peut-on aider l'enfant à traverser sa phase œdipienne et la compléter de façon naturelle et harmonieuse ? Au départ, il doit y avoir une sorte de complicité entre la mère, le père et l'enfant plutôt qu'un malaise, de la gêne ou de la rivalité. Ensuite, expliquer dans des mots simples et sans détour ce qu'est le complexe d'Œdipe et les étapes importantes et les conséquences dans la vie d'un enfant. S'assurer à travers les réponses de l'enfant qu'il comprenne bien que sa propre conception s'est faite à trois. Lui dire que le fait qu'il soit attiré vers son parent du sexe opposé symbolise l'énergie ou la force sexuelle qui s'éveille en lui et que ce phénomène est normal. Il faut surtout lui expliquer qu'il doit se faire à l'idée que son parent du sexe opposé ne sera jamais son amoureux.

Dans le cas, par exemple, où l'enfant dit au parent du sexe opposé : « Je veux te marier un jour », tout en étant compatissant, lui répliquer : « Sache que c'est impossible de te marier avec moi. Ton papa (ou ta maman) est mon amoureux. Un jour, lorsque tu seras grand (ou grande), tu auras toi aussi quelqu'un dans ta vie avec qui tu pourras te marier. » Même si c'est très sérieux pour l'enfant, nous ne devons pas entretenir de faux espoirs. S'il essaie de séparer ses parents en train de s'embrasser ou insiste pour coucher avec eux, il est suggéré, sans rejeter ou repousser l'enfant, de lui expliquer de nouveau ce qu'est le complexe d'Œdipe, le faire parler sur ce qu'il ressent, puis être ferme en lui disant que les parents ont leur chambre et lui la sienne.

Au moment où le complexe d'Œdipe semble particulièrement fort, il importe de faire parler l'enfant sur ce qu'il vit, comment il se sent face au parent du sexe opposé, ce qui se passe en lui, dans son corps et dans ses pensées. Il est important d'être vrai et de prendre ses questions au sérieux tout en respectant son rythme. Il est inutile, par contre, d'entamer trop vite le sujet de la sexualité, de tout lui expliquer en détail sans que l'enfant l'ait d'abord demandé. Encore une fois, le fait de se montrer très clair et ferme aide l'enfant à résoudre ce complexe d'Œdipe.

Lise Bourbeau & Micheline St-Jacques

Dans la situation où un parent vit seul avec un enfant du sexe opposé, il est très important que ce parent parle en bien de l'autre parent, même si ce dernier ne se révèle pas très présent. Lui parler des bons moments passés entre eux permet à l'enfant d'entretenir une image saine du parent absent ou manquant. Si la mère, par exemple, dévalorise constamment le père du petit garçon et, qu'en plus, il n'y a aucun autre homme dans sa vie pour une longue période de temps, cela pourra créer des problèmes additionnels. Aussi, il est important que l'enfant côtoie des personnes adultes du même sexe que lui pour qu'il puisse s'identifier à un modèle de son propre sexe (éducateur, oncle, tante, grands-parents).

Voici un cas fréquent : un petit garçon par exemple se retrouve seul avec sa mère. D'abord, il peut se sentir heureux et comblé sur le coup car il devient, en quelque sorte, le conjoint de maman. Cependant, il est malsain de l'encourager à agir ainsi et de lui laisser croire à de faux espoirs, en lui disant par exemple : « Maintenant que papa est parti, c'est toi l'homme de la maison. » D'abord, cela continue d'alimenter son complexe d'Œdipe et peut créer des pressions et des conflits chez l'enfant. Certaines femmes vont jusqu'à se sentir obligées de donner un compte-rendu lors de leurs sorties et, si la mère revient avec un nouvel ami, le fils, vivant son complexe d'Œdipe très fort, ira jusqu'à lui faire une scène de jalousie. Il fera tout pour nuire à la nouvelle relation, ce qui deviendra problématique pour tout le monde. Donc, autant il peut être heureux sur le moment, autant il peut se développer par la suite de l'angoisse et de la culpabilité. En effet, s'il voit la situation se détériorer, au fond de lui, il se dira : « C'est peut-être de ma faute si papa est parti pour de bon. » Il refusera d'en parler mais sera de plus en plus agité et nerveux à l'école ou à la maison et se créera des blocages pour plus tard.

La petite fille aura un comportement similaire avec son père et pourra se sentir trahie. Si elle demeure avec sa mère, elle pourra penser : « Je n'ai sûrement pas été assez gentille, assez sage, j'aurais dû me montrer plus raisonnable, c'est pour ça que papa est parti. » Elle peut facilement vivre de la honte et de la culpabilité face à sa mère lorsqu'elle désire son père pour elle toute seule. Voilà pourquoi il importe de dire à l'enfant que toute séparation n'a rien à voir avec lui. Lui expliquer qu'il est possible qu'il se sente coupable ou malheureux mais qu'il n'est en rien responsable de la situation. L'encourager à parler de ce qu'il vit pour l'aider à se sentir accueilli et compris s'avère une démarche indispensable car il est inconscient de sa culpabilité.

C

Voici quelques indices pouvant permettre de détecter que le complexe d'Œdipe n'est pas résolu à l'âge adulte :

- Si tu vis un complexe d'Œdipe avec un de tes enfants;

- S'il y a une relation de POUVOIR ou de CONTRÔLE avec ton conjoint ou ta conjointe;

- Si tu agis souvent comme un père ou une mère avec ton conjoint ou ta conjointe;

- Si tu idéalises ton parent du sexe opposé et que tu considères que c'est ton parent du même sexe qui a tous les torts;

- Si tu en veux beaucoup à ton parent du sexe opposé de ne pas t'avoir assez aimé, compris, appuyé;

- S'il manque d'harmonie et de communication profonde dans le couple.

Pour parvenir à compléter le complexe d'Œdipe une fois devenu adulte, tu dois reconnaître qu'il est vécu par tout le monde et qu'il peut t'aider à harmoniser des parties en toi. Savoir que cette étape est très importante pour apprendre à te connaître et ainsi à prendre conscience des blessures vécues avec tes PARENTS. Ne t'en veux pas de ne pas l'avoir encore résolu. Ton parent du même sexe a probablement vécu la même chose que toi avec ses parents. Et surtout, si tu viens d'un foyer DYSFONCTIONNEL, il est encore plus difficile de résoudre quoi que ce soit durant l'enfance et l'adolescence.

Il n'est jamais trop tard pour reprendre contact avec ton petit enfant intérieur et lui parler de la même façon que tu le ferais avec un enfant qui est dans son complexe d'Œdipe. Explique-lui qu'il doit couper le cordon avec son parent du sexe opposé, soit en arrêtant de l'IDÉALISER ou en lui PARDONNANT, donc en l'acceptant et en l'aimant tel qu'il est. Tu reprendras ainsi ton AUTONOMIE et tes relations amoureuses en seront grandement améliorées.

COMPORTEMENT

Manière de se comporter physiquement qui découle ou qui est influencée par notre attitude intérieure. Comme la dimension physique existe pour attirer notre attention sur ce qui se passe à l'intérieur de nous, notre comportement nous aide à découvrir notre ATTITUDE intérieure qui, elle, est gérée ou dirigée par nos CROYANCES.

Il est fréquent de voir deux amis ou deux conjoints avoir des comportements opposés, contraires. Ceci sert à attirer leur attention sur des aspects d'eux qu'ils ne veulent pas voir. Ils sont à deux extrêmes. Par exemple, l'un est rapide, l'autre, lent; l'un dépense, l'autre, économise; ou alors l'un aime une vie sociale active et l'autre est « pantouflard », etc. Quand nous éprouvons de la difficulté à accepter un comportement, c'est qu'à un moment de notre vie, nous avons appris et retenu qu'une telle conduite était inacceptable ou incorrecte et nous avons décidé d'y croire. Cette croyance engendre des peurs et jugements face à cette attitude. Plus un comportement contraire nous DÉRANGE, plus le message est important. Il nous dit que nous devons y faire face pour arriver à être enfin nous-même et à écouter nos vrais besoins. Aussi, il est urgent de vérifier notre système de valeurs (ou croyances) et de ne conserver que ce qui nous fait sentir bien, heureux et en paix avec nous-même et les autres.

COMPRENDRE

Concevoir, se rendre compte de quelque chose; saisir le sens, se faire une idée claire des choses; avoir une attitude compréhensive envers quelqu'un; pouvoir arriver à une conclusion en rassemblant tous les éléments nécessaires. Il est tout à fait normal et humain de chercher à comprendre, car cela aide à diminuer ou à éliminer des peurs pour mieux passer à l'ACCEPTATION. Cependant, la plupart des gens essaient de comprendre intellectuellement; et comme l'INTELLECT est la mémoire de l'humain, il nous manque très souvent des éléments essentiels qui ne sont pas connus ou encore ressentis pour pouvoir comprendre. **La vraie compréhension vient de l'intelligence du cœur et non de l'intellect.**

C

Les personnes qui essaient de comprendre quelque chose que par l'analyse intellectuelle n'arrivent pas à comprendre ce qu'ils analysent parce qu'il est nécessaire de *sentir* quelque chose pour le comprendre. Quand il nous arrive de ne pas comprendre, on doit accepter le fait qu'il nous manque des données.

Pour arriver à la véritable compréhension, il est essentiel d'être capable d'ouvrir son cœur afin de ressentir ce qui se passe véritablement. Voici un exemple : un jeune adulte qui a jugé ses parents d'avoir été très sévères n'arrive pas à comprendre pourquoi ils ont agi de la sorte avec lui alors qu'il était un enfant docile. Il ne lui sera possible de les comprendre véritablement que lorsqu'il deviendra parent à son tour et que ses enfants le jugeront sévèrement, même s'il essaie d'agir de façon contraire à ses parents. Il sera alors en mesure de ressentir leur motivation ou les peurs qui les ont poussés à agir ainsi. Il saura que cette façon représentait celle qu'ils croyaient être la meilleure pour la famille en raison des circonstances et de leurs connaissances limitées.

Plutôt que de forcer à vouloir tout comprendre rapidement, on doit parfois accepter l'idée qu'il n'est pas nécessaire de toujours tout comprendre pour accepter une situation. Cela s'appelle LÂCHER PRISE. Le simple fait d'accepter toute situation sans comprendre constitue une étape essentielle pour que les éléments manquants viennent se mettent en place et que la vraie compréhension soit complétée. Voilà un signe de SAGESSE. Atteindre la sagesse, c'est apprendre à ressentir et à comprendre avec le cœur.

COMPULSION

Impossibilité de ne pas faire une action. Tendance intérieure irrésistible poussant une personne à accomplir quelque chose. On dit d'une personne qu'elle est compulsive lorsqu'elle commence quelque chose et qu'elle ne peut s'arrêter, même si elle est complètement en désaccord avec ce geste. Par exemple, une personne se procure ou reçoit une boîte de chocolat. Elle décide d'en manger un ou deux pensant être capable de s'arrêter. Mais elle ne peut s'empêcher d'en prendre tant qu'elle n'a pas vu le fond de la boîte. La compulsion peut se retrouver subtilement dans plusieurs autres domaines tels que jeu, alcool, achats, sexe, magasinage, etc.

La compulsion cache quelque chose à combler, un besoin, et l'objet de la compulsion ne représente pas le BESOIN. Lorsqu'une personne vit un moment ou une période de compulsion, ceci indique une grande **non-acceptation** d'elle-même ou une insatisfaction quelconque dans sa vie. Elle essaie de remplir son vide intérieur, causé par le manque d'amour d'elle-même, par autre chose. Pour gérer cette compulsion, se reporter aux thèmes AMOUR DE SOI, DÉPENDANCE et ACCEPTATION.

CONFIANCE AUX AUTRES

Espérance ferme; sentiment de sécurité d'une personne qui se fie à quelqu'un d'autre. Avoir ou faire confiance aux autres est comparable à la confiance qu'on se témoigne ou qu'on affiche envers la vie. Les personnes qui refusent totalement et résolument de faire confiance aux autres vivent forcément en état de stress, car elles sont toujours aux aguets, dans tous les aspects de leur vie.

Malheureusement, la plupart des humains ont de la difficulté à faire confiance spontanément aux autres, sans preuve pour la justifier. Ceux qui vivent davantage cette difficulté sont ceux qui souffrent de la blessure de TRAHISON, de REJET et d'INJUSTICE. Leur réflexe peut être de se fermer, de s'isoler; mais plus une personne s'isole et se ferme, plus elle a peur et moins elle communique sainement avec les autres. Voilà qui devient un cercle vicieux.

Une distinction est faite dans cet ouvrage entre « *avoir confiance* » et « *faire confiance* ». Avoir confiance, c'est se fier complètement à l'autre, même si nous savons que cette personne n'a jamais accompli ce qui lui est demandé. Faire confiance signifie que nous lui confions une tâche parce que nous savons qu'elle l'a déjà faite avec succès. Voilà pourquoi nous utilisons l'expression : « Je ne peux plus lui faire confiance », lorsque quelqu'un n'a pas gardé son ENGAGEMENT par le passé ou a raté ce qu'il devait faire. Regarde si tu es plus porté à *« avoir confiance »* ou à *« faire confiance »* aux autres et tu découvriras ce que tu vis avec toi-même.

Bien sûr, il peut arriver qu'une personne ait miné la confiance de quelqu'un à un point tel qu'il lui est devenu difficile de faire confiance à d'autres gens, et même à la société. C'est pire encore si la confiance a été fortement ébranlée par quelqu'un de cher. Néanmoins, nous devons reconnaître que la confiance représente un attribut très important qui peut rallier tous les humains les uns aux autres, ce qui est d'une grande aide dans notre évolution spirituelle. Nous devons accepter toute la richesse que nos semblables possèdent et peuvent nous offrir et être sensibles à leur présence, leurs ressources, leurs qualités, leurs talents ainsi qu'à leur expérience. En somme, acceptons avec confiance toutes les innombrables richesses qui sont mises à notre disposition et qui peuvent nous aider à nous réaliser pleinement. Sachons accueillir tout ce qui se présente à nous et utilisons chaque expérience pour notre propre épanouissement personnel.

CONFIANCE EN LA VIE

Foi, sécurité, confiance absolue. Avoir confiance en la vie ou en l'Univers fait partie de notre capacité à reconnaître l'ensemble de la création comme étant parfaitement harmonieuse. N'avons-nous pas tous confiance au processus de la nature qui veille à harmoniser tout ce qui vit ? On aurait tort de s'inquiéter du lever du soleil et de la clarté que ce lever du jour nous procure semaine après semaine, année après année. Nous sommes les premiers à dire aux autres d'avoir confiance en la vie, surtout lorsque les personnes que l'on aime viennent de vivre de grandes difficultés. On s'exclame en leur disant que la vie se charge toujours d'arranger les choses, etc.

C

Nous devrions avoir cette même confiance en la vie en ce qui nous concerne. Prenons comme exemple une personne qui expérimente une période creuse de sa vie et qui broie du noir suite à une séparation, la perte d'un emploi ou d'un être cher, ou encore suite à un accident, une tragédie ou une maladie grave. Souvent, on ne fait confiance à la vie que lorsqu'on a été exaucé d'une quelconque demande ou lorsqu'on a obtenu les résultats désirés. On hésite ou on refuse de faire ainsi confiance à la vie dans les situations plus complexes. Ce n'est pas ce qu'on appelle avoir confiance en la vie.

Être confiant ou avoir confiance en la vie, c'est la capacité d'accepter que tout ce qui nous arrive fait partie d'un plan d'ensemble, d'un plan divin indispensable à notre évolution. C'est savoir au plus profond de nous qu'il y aura toujours une solution et que nous ne sommes jamais seuls pour surmonter nos difficultés.

En général, nous faisons confiance au mécanisme de notre automobile. Nous roulons sans réaliser qu'un bris mécanique peut se produire n'importe quand. Pourtant, nous hésitons à faire confiance en notre Guide intérieur, celui qui sait tout de nous, qui nous conduit immanquablement vers notre réalisation personnelle.

Avoir confiance en la vie nous incite à être dans le moment présent, à faire des actions dans le sens de nos désirs. Chaque nouvelle journée représente un cadeau que nous offre la vie et l'opportunité de faire mieux que la veille, de tout recommencer s'il le faut, et surtout de sourire à cette vie qui circule en nous et tout autour de nous. En résumé, le fait d'avoir la foi, d'avoir confiance en soi, en les autres et en la vie nous incite à LÂCHER PRISE et à cesser de tout vouloir CONTRÔLER. Voilà un pas de géant vers l'amélioration de notre être. Utilisons plus souvent les expressions suivantes : « Je sais que l'Univers s'occupe de moi. » – « À la grâce de Dieu. » – « Que *TA* volonté soit faite. » – « Je sais que j'ai fait tout ce qui était humainement possible et, pour le reste, je m'en remets entre les mains du Divin. »

CONFIANCE EN SOI

La confiance en soi est l'assurance, le courage qui vient de la conscience qu'on a de sa propre VALEUR. Il y a une différence entre « *se faire confiance* » et « *avoir confiance en soi* ». Dans le cas d'une personne qui « se fait confiance », cela signifie qu'elle se juge ou se valorise par les résultats qu'elle a déjà obtenus. C'est uniquement dans cette perspective qu'elle se valorise et qu'elle se fait à nouveau confiance; elle est même prête à recommencer. Sinon, elle ne se fait plus confiance et est portée à se dévaloriser et à s'abaisser.

Prenons l'exemple de quelqu'un qui doit faire un exposé devant un groupe. La personne connaît parfaitement sa matière et se sent prête à passer à l'action. Si tout se déroule normalement, c'est-à-dire selon les normes qu'elle s'est fixées, elle est fière d'elle-même et se sent prête à recommencer. Par contre, si elle ne réussit pas à performer à son goût, malgré tous les efforts qu'elle a fournis, sa confiance en elle est ébranlée. Elle se juge par les actions faites et les résultats obtenus et se dévalorise suite à cette expérience. Elle hésitera ou n'osera plus faire une deuxième tentative de peur de subir un second échec. Avoir confiance serait de risquer de nouveau mais sans se juger et ce, peu importe les résultats. Voilà l'attitude gagnante idéale. En plus, qui dit que cette future expérimentation ne deviendra pas le point de départ d'une autre expérience très constructive pour elle ?

De ce fait, une personne qui a confiance en elle vit des expériences qu'elle estime nécessaires à son plein épanouissement *sans se juger*. Elle n'hésite pas à revivre les expériences, même si celles-ci n'avaient pas donné les résultats escomptés. En somme, elle a confiance que tout ce qui lui arrive fait partie de ce qu'elle doit apprendre et comprendre pour son évolution. Ainsi donc, la personne qui se juge est davantage dans le « faire confiance » que dans le « avoir confiance ».

Un moyen pour devenir conscient du degré de confiance que tu as en toi est ta capacité de te confier, de te révéler aux autres sans crainte d'être jugé ou critiqué. Par conséquent, un manque de confiance sera reconnu chez une personne qui a de la difficulté à révéler aux autres ses faiblesses ou ses erreurs par peur de se faire juger. Par contre, se révéler ne signifie pas de raconter à tout le monde ses problèmes dans le but de se faire réconforter. On appelle plutôt ceci « se plaindre et faire la VICTIME » : cette attitude risque d'éloigner les vraies communications profondes. Par ailleurs, certains agissent ainsi dans l'espoir que les autres se confient.

Le manque de confiance en soi est issu en général de notre vécu relié à nos expériences difficiles du passé. Sachons qu'on n'est pas obligé de croire à ces difficultés le reste de nos jours. On évolue sans cesse et toutes les expériences accumulées servent à en renforcer de nouvelles qui élargissent notre degré de CONSCIENCE. Se faire à nouveau confiance exige de sortir de sa zone de confort et de prendre des RISQUES et particulièrement de risquer davantage au niveau de l'*être* comme se dévoiler et oser montrer sa vulnérabilité.

Un autre outil qui peut t'aider à recouvrer la confiance en toi est d'écrire quotidiennement un journal de bord. Note sans censure, ni jugement, tout ce que tu as vécu avec toi-même et avec les autres. Tu peux jeter ou brûler le papier tout de suite après si tu veux. L'important est de te pratiquer à te révéler. Par après, il sera plus facile de te révéler aux autres en te permettant d'être vrai, authentique et sincère, en te disant : « Quelle est la pire chose qui puisse m'arriver si je me révèle ? » Commence d'abord par te révéler aux personnes en qui tu as une plus grande confiance, ou avec qui tu te sens plus à l'aise, puis en petits groupes et ainsi de suite en élargissant toujours un peu plus ton cercle de relation. Peu à peu, tu arriveras à être transparent dans tes paroles et tes actes avec tout le monde.

Une personne confiante est capable de reconnaître ses talents et ses qualités et d'admettre ses faiblesses. Plus on apprend à se confier, à se révéler aux autres sans avoir peur d'être jugé, sans même choisir à qui on se confie, plus on développe la confiance en soi. À la longue, on cessera de se juger et de se critiquer. En développant la confiance en soi, on développe le courage, le discernement, l'autonomie, le lâcher prise et la foi en l'Univers. On saura qu'il y a toujours une solution, car on sera en contact consciemment avec notre DIEU intérieur.

CONFLIT

C

Plus ou moins violente opposition de sentiments, d'opinions et d'intérêts ou de motivations entre deux ou plusieurs personnes selon lesquels chacun cherche à avoir raison. Un conflit se produit lorsqu'il y a un rapport de force qui génère de la discorde, de la mésentente et des émotions. Le contraire de conflit est l'entente, l'union, la paix, l'harmonie.

Il y a une différence entre un conflit et un DILEMME (situation qui nous place face à deux ou à plusieurs choix). Un conflit se veut toujours agressant car deux parties s'opposent et croient sincèrement avoir raison. Les conflits se retrouvent autant dans les domaines personnel, familial, professionnel que social. Par exemple : conflit d'intérêt, de personnalité, d'argent, à propos d'un héritage, de valeurs différentes, etc. Ils sont la source de grands déchirements et de guerres entre les peuples. **Tous les conflits extérieurs sont des expressions de conflits intérieurs vécus par les humains, c'est-à-dire conflits entre les différentes parties ou PERSONNALITÉS à l'intérieur d'eux.**

Les conflits vécus avec autrui éclatent pour nous aider à prendre conscience de nos propres conflits intérieurs. Cela signifie que c'est toujours avec nous-même que nous vivons des conflits, jamais avec les autres. En effet, tout ce qui nous fait réagir, nous fait vivre des émotions et tout ce qui nous dérange chez les autres représentent des parties de nous que nous refusons de voir car nous ne les acceptons pas. C'est une des raisons pour lesquelles nous essayons très souvent de nous objecter ou de les repousser au lieu d'y faire face et de les régler. Et plus nous repoussons ces parties, plus elles reviennent avec force grâce à la LOI D'ATTRACTION; nous nous attirons continuellement des situations et des personnes autour de nous dans l'unique but d'arriver un jour à accepter inconditionnellement toutes ces parties en nous.

Les conflits sont plus difficiles à vivre avec nos proches qu'avec les autres car ils viennent toucher nos BLESSURES les plus sensibles et profondes. Plus un conflit semble important et difficile à gérer, plus il est douloureux et plus il est relié à une blessure importante. Selon la blessure vécue et le degré de souffrance, nous avons tous des façons différentes de vivre nos conflits. Certains explosent rapidement; d'autres se retiennent pour ne pas perdre le contrôle; plusieurs fuient ou renient le problème ou se plaignent à qui veut bien les entendre… Certains arrivent même à se convaincre qu'il n'y a pas vraiment de conflit. Ils y parviennent jusqu'au jour où le couvercle saute et qu'ils ne puissent plus en accumuler davantage.

Tant que nous n'avons pas réglé nos conflits, du plus petit au plus gros, nous expérimentons des malaises, de la discorde et de la douleur. Ces souffrances nous portent à juger les autres ou à les critiquer par rapport à un manque d'attention, de compréhension, d'ouverture d'esprit, de respect ou autre. Cette attitude éveille l'ORGUEIL et l'incapacité à vraiment communiquer nos désirs et nos besoins. Nous finissons par vivre beaucoup d'émotions, de frustrations, de peurs et de culpabilité. En bout de ligne, tout le monde cherche à avoir raison, à changer les autres plutôt qu'à prendre sa RESPONSABILITÉ.

Que nous en soyons conscients ou non, ces conflits ont des répercussions considérables dans notre vie.

Au **plan mental**, par exemple, une personne peut se monter des scénarios inouïs qui lui font vivre beaucoup d'inquiétudes, d'anxiété, d'insomnie, pouvant créer des pertes de mémoire jusqu'à atteindre la maladie d'Alzheimer.

Au **plan émotionnel**, elle peut ressentir de l'agressivité, de la colère, de l'hostilité, de la rancune et des peurs de toutes sortes. Tout cela mine son CORPS D'ÉNERGIE. Elle risque de devenir hyperémotive et la moindre contrariété la fera réagir.

Au **plan physique**, ce stress occasionné par les conflits la vide d'énergie et l'empêche souvent de passer à l'action dans ce qu'elle veut. De plus, il entraîne des MALAISES et des MALADIES, comme des ulcères à l'estomac, de l'hypertension, des problèmes de digestion, d'arthrite, etc.; ça peut mener à la dépression, au « burnout » et à l'épuisement chronique. Plus il y a retenue et contrôle à l'extérieur et plus il y a perte de contrôle à l'intérieur, causant des maladies importantes.

Au **niveau de l'être**, les conflits nous empêchent d'être nous-même, d'exprimer ce que nous voulons vraiment être. Puisque nous sommes toujours aux aguets, cela brime notre liberté, notre bonheur, et même notre créativité puisque nous perdons contact avec notre puissance personnelle en ayant l'impression d'être soumis à quelque chose ou à quelqu'un. Il devient très difficile de rester en contact avec nos désirs et nos besoins. Nous devenons, par conséquent, pris dans un engrenage sans fin croyant ne pas pouvoir nous en sortir.

Nous avons tous intérêt à régler nos conflits. Comment faire pour y parvenir ? D'abord, devenir conscient que tous les humains, sans exception, vivent des conflits à différents niveaux car nous avons tous des blessures à régler au niveau de l'âme. En identifiant la blessure profonde et en visant la RÉCONCILIATION, nous ne voyons plus les gens, ni les situations de la même façon. Le fait de sentir la blessure de l'autre nous aide à sentir la nôtre, à nous donner le droit d'en avoir voulu, donc à faire la paix et à nous réconcilier. Sachons qu'en général, l'autre vit la même chose, même si c'est exprimé de façon différente. En prenant notre responsabilité et en acceptant que notre EGO a pris le dessus, et non notre cœur, nous n'essayons plus de les changer. Cela nous permet d'avoir de la compassion et d'ouvrir notre cœur, de voir la partie en nous non acceptée que nous voulions repousser. Nous devenons conscients que c'est une partie de nous souffrante qui a créé ces conflits et que nous avions besoin de cette expérience pour faire un grand pas dans l'évolution de notre âme. L'approche du MIROIR est excellente pour arriver à cette conscience.

C

Il est recommandé de commencer par de plus petits conflits et d'avoir l'intention sincère de parvenir un jour à régler les plus importants. Parfois, il peut être sage de faire appel à un spécialiste en relation d'aide ou à un médiateur qui saura être objectif et qui aidera à trouver une solution équitable. Cependant, les deux parties doivent être d'accord à vouloir se faire aider. Nous devons aussi être indulgents et nous donner le temps d'y arriver. Rappelons-nous également qu'un conflit avec une personne du sexe féminin est là pour attirer notre attention sur un conflit non réglé avec notre mère. Il en est ainsi des conflits avec les personnes du sexe masculin qui ont un lien avec notre père.

C'est grâce à nos conflits, à ceux que nous vivons avec nos proches, nos parents en particulier, que nous apprenons à découvrir nos blessures et à mieux nous connaître. À mesure que nous faisons la paix avec les gens qui nous entourent, que nous vivons dans l'ACCEPTATION et la réconciliation, nous nous rebranchons à l'énergie divine en nous. Nous sommes de plus en plus dans la lumière; nous savons que nous prenons les bonnes décisions qui nous aident à aller toujours plus loin vers ce que nous voulons être et à devenir lumière et sagesse pour notre entourage. Cela nous aide à faire la paix avec nos principes FÉMININ et MASCULIN en nous, à mieux communiquer et à devenir plus AUTONOMES affectivement. Nous reprenons la maîtrise de notre vie plutôt que de nous laisser diriger par notre ego. Voilà pourquoi nous pouvons affirmer que le contraire de conflit équivaut à la paix, l'entente, l'union et l'harmonie.

CONFLIT INTÉRIEUR

Se référer à **DUALITÉ**

CONGÉNITAL

Se référer à **MALADIE CONGÉNITALE**

CONNAISSANCE

La connaissance est ce que l'on a acquis par l'étude, par la pratique, par l'expérience; c'est la faculté de connaître, de comprendre, de percevoir. Nombreuses sont les personnes qui possèdent quantité de connaissances, un lot de diplômes, qui disposent d'un éventail de théories et qui les utilisent davantage pour impressionner les gens ou encore pour vouloir changer les autres. Si ces connaissances intellectuelles sont utilisées dans cette optique, elles sont plus nuisibles que bénéfiques. Détenir un tas de connaissances de toutes sortes ne change rien à leur vie si ce n'est que de flatter leur EGO et amplifier leur ORGUEIL.

Plusieurs personnes croient qu'avoir des connaissances veut dire être CONSCIENT. On ne peut devenir conscient de quelque chose qu'au moment où nous mettons nos connaissances à l'épreuve dans notre quotidien. **C'est par la pratique intégrée à travers tout son être qu'une personne arrive à transformer ses connaissances en SAVOIR pour arriver graduellement à faire une différence dans sa vie et à la transformer graduellement.** Tout ce que nous apprenons devrait nous aider à nous améliorer au niveau de notre être, à devenir de meilleures personnes et à vivre toujours de plus en plus dans l'amour de soi et des autres.

CONSCIENCE

La conscience est la faculté que possède l'être humain de connaître sa propre réalité. Le mot « conscience » est aussi utilisé dans un sens moral. Elle correspond à la faculté qui nous pousse à porter un jugement de valeur sur nos propres actes. Dans cet ouvrage, le premier aspect est le plus développé, celui de prendre conscience, de devenir de plus en plus conscient, grâce à un travail de CHEMINEMENT INTÉRIEUR.

Une personne qui vient de découvrir un nouvel aspect d'elle-même ou qui vient d'apprendre quelque chose de nouveau n'est pas nécessairement consciente. Cette découverte est plutôt appelée « faire une prise de conscience ». Ce n'est pas la même chose qu'être conscient. Aussi, la conscience n'est pas synonyme de la pensée. La pensée n'est qu'un petit aspect de la conscience. La pensée ne peut exister sans conscience mais on peut conscientiser sans penser. **La vraie conscience se développe dans l'expérience.** En effet, pour vraiment conscientiser, une personne doit expérimenter tout ce qu'elle découvre ou apprend dans son monde physique, émotionnel et mental afin que son être en soit entièrement imprégné.

Prenons l'exemple d'une jeune fille qui veut devenir patineuse artistique. Elle aura beau observer consciencieusement les experts patiner, lire tous les manuels sur le patinage artistique, apprendre par cœur toutes les techniques, cela ne fera jamais d'elle une patineuse, ni même une apprentie patineuse, tant qu'elle n'aura pas embarqué sur la glace et pratiqué. Elle ne pourra pas *sentir* en elle ce qui se passe lorsqu'un patineur s'exécute ou fait une chute, ni même si elle a du talent dans ce domaine. Elle deviendra consciente de son talent, de ses capacités, de ses limites et de l'amour de ce métier uniquement lorsqu'elle passera à l'action. De même qu'un aveugle ne peut réellement être conscient d'un arc-en-ciel ou de la vue flamboyante d'un coucher de soleil rouge sur la mer bleue un soir d'été. Une personne ne peut être consciente de ce qu'est une brûlure si elle ne l'a jamais expérimentée. Elle peut avoir appris tous les effets d'une brûlure mais cela demeure au niveau du mental, de la mémoire. **La conscience est vécue par l'être entier.**

Voilà pourquoi la LOI DE CAUSE À EFFET est si importante. Son but principal est de nous aider à conscientiser. Prenons l'exemple d'une personne qui traite ses parents d'avoir été injustes avec elle depuis son enfance. Cette personne deviendra réellement consciente de ce que signifie être qualifiée d'injuste quand elle deviendra parent à son tour et qu'un de ses enfants la jugera d'injuste. Elle pourra sentir en elle ce que ses parents ont expérimenté lors de ses accusations. Après être devenue consciente, il lui sera beaucoup plus facile de voir la réalité plutôt que sa perception influencée par une de ses blessures non guéries. Ainsi, elle pourra accepter davantage l'amour ou la peur qui se trouvait derrière le comportement de ses parents en reconnaissant qu'ils ont fait au meilleur de leur connaissance, tout comme elle avec ses enfants.

Selon les recherches en psychologie, on dit que l'humain n'est conscient qu'à environ 10 % de ce qu'il vit à l'intérieur de lui. Donc, 90 % du temps, il agit, parle et pense machinalement. Nous avons donc intérêt à devenir plus conscients dans tous les domaines et sur tous les plans pour arriver à mieux gérer notre vie. Par exemple, il y a des gens qui affirment n'avoir aucune peur alors qu'ils les ignorent complètement. Comment peuvent-ils changer des situations s'ils n'en sont pas conscients ?

C

Lorsqu'une personne sait qu'elle est sur terre pour sa propre évolution, tout en étant consciente qu'elle fait partie d'un tout, ce qu'elle fait et ce qu'elle projette font une différence autour d'elle. Elle est consciente de ses pouvoirs et les utilise pour se rapprocher de son essence divine. Elle sait qu'elle crée entièrement sa vie. Elle utilise toutes ses facultés au maximum tout comme quelqu'un qui utilise les parties de son corps pour faire de l'exercice, sinon les muscles s'atrophient rapidement.

Comment alors peux-tu devenir plus conscient ? En vivant des expériences et en constatant les résultats dans ta vie. Tu dois d'abord observer comment tu te sens face à ce que tu vis. Ensuite, il n'en tient qu'à toi de décider si tu veux continuer à vivre ce même genre d'expérience ou non. Voilà l'avantage d'être conscient.

Devenir conscient nous aide donc à régler nos problèmes beaucoup plus rapidement, non seulement au point de vue physique mais aussi aux niveaux émotionnel et mental. La conscience représente aussi un outil important pour l'ouverture du cœur. Voici une affirmation susceptible de t'aider à devenir plus conscient : « Je m'ouvre à la vie et je suis toujours de plus en plus conscient de l'être extraordinaire que je suis avec mon plein pouvoir de créer ma vie telle que je la veux maintenant. »

CONSCIENCE COLLECTIVE

Cette expression est utilisée pour désigner la conscience divine qui relie tout ce qui vit sur cette planète. On peut comparer cette conscience à l'air sur notre planète qui s'avère une autre énergie divine. Il n'y a au-

C

cune coupure dans l'air, nulle part sur cette planète. On retrouve de l'air partout mais il prend certaines caractéristiques selon l'endroit où nous nous situons. D'une pièce à l'autre dans une maison ou de la ville à la campagne, il n'y a pas de coupure. Il en est ainsi pour tous les humains et les autres formes de vie. Il n'y a aucune séparation entre nous et ce qui nous entoure, mais nous avons chacun nos caractéristiques.

D'autre part, il y a ce qu'on appelle « l'inconscient collectif » qui affecte considérablement les humains. Par exemple, le fait d'apprendre par les médias qu'un virus ou un microbe provenant d'un autre pays puisse être très dangereux. Les effets de la nouvelle peuvent prendre des proportions gigantesques et avoir un pouvoir collectif énorme du fait qu'un très grand nombre de personnes ont peur d'être affectées. C'est davantage l'énergie de la pensée et le fait de croire au danger qui engendrent la peur – devenue un gros ÉLÉMENTAL –, que le virus en lui-même.

Aussi, plus une CROYANCE est répandue ou populaire, plus elle a d'influence sur l'inconscient collectif de la société. Une épidémie, par exemple, est proportionnelle à la croyance populaire qui la maintient. Même si une personne n'est pas consciente de toutes ses croyances, elle se fait quand même arriver ce à quoi elle croit. Voilà pourquoi certaines croyances populaires semblent plus fortes, influentes et plus puissantes que d'autres, parce qu'elles sont répandues parmi un très grand nombre d'individus et ce, depuis fort longtemps et les gens y sont restés accrochés. Par exemple, croire qu'on peut attraper le rhume de quelqu'un d'autre ou à cause d'un courant d'air, etc. Cela se manifeste seulement chez ceux qui y croient.

En devenant plus conscients et intuitifs, nous pouvons SAVOIR rapidement ce qui se passe chez les autres à cause de cet effet collectif.

CONSEIL (donner un)

Se référer à **AIDER LES AUTRES**

CONSEIL (recevoir un)

Se référer à **AIDER (se faire)**

CONSTATER

Ce mot qui signifie OBSERVER, reconnaître, enregistrer ou remarquer est très important pour apprendre à accepter, c'est-à-dire à AIMER véritablement. Lorsque nous constatons quelque chose, nous ne sommes pas dans le jugement. Nous reconnaissons tout simplement qu'il se passe quelque chose d'agréable ou non, sans plus. Apprendre à constater aide grandement à voir les faits tels qu'ils sont et non à travers nos filtres, c'est-à-dire nos peurs et nos croyances.

CONTINENCE

Se référer à **SEXUALITÉ**

CONTRAINTE

Pression morale, sociale ou physique exercée sur quelqu'un pour le forcer à agir contre sa volonté. Entrave à la liberté. Une contrainte est vécue comme une obligation, une pression qui brime notre champ d'action. La plupart des gens croient que les contraintes viennent de l'extérieur. Mais il est important de réaliser que nous créons nous-même sans cesse notre vie. L'extérieur ne reflète que ce qui se passe à l'intérieur de nous. Par conséquent, toute contrainte, sans exception, vient de nous-même.

Prenons l'exemple d'un jeune homme qui veut devenir artiste mais à qui ses parents refusent tout soutien s'il n'étudie pas pour devenir un professionnel, comme ingénieur ou un médecin. Il se sent et se croit contraint, forcé par ses parents à faire un métier qui ne correspond pas à son choix. Toutes les indications pointent dans ce sens, mais en réalité, il ne pourra être lui-même et vivre sa vie qu'au moment où il acceptera l'idée que l'attitude de ses parents attire son attention sur le fait qu'il a peur de s'affirmer.

En général, c'est la plus grande leçon que l'humain a à apprendre lorsqu'il vit des contraintes : **apprendre à s'AFFIRMER**. Faisant partie de son PLAN DE VIE, c'est la raison pour laquelle il a choisi ce genre de PARENTS. Un autre genre de contrainte peut se retrouver dans une situation où Monsieur oblige son épouse à prendre sa mère sous leur toit. Si Madame se sent forcée de vivre avec sa belle-mère, même si elle n'est pas d'accord, elle a la même leçon à apprendre : s'affirmer, faire ses demandes.

Toutes ces contraintes qui nous empêchent d'être nous-mêmes, heureux et libres de nous épanouir proviennent de vieilles BLESSURES non guéries et de peurs du passé qui refont surface pour qu'elles puissent être gérées une fois pour toutes. Notre âme souffre car elle sait que nous venons sur terre pour grandir spirituellement, pour devenir de plus en plus nous-même. Pour devenir conscient des contraintes que tu endures, prends le temps de t'arrêter et de vérifier dans quel domaine tu sens parfois une pression qui t'empêche d'être libre, d'avoir, de faire, de dire ou d'être ce que tu veux. **La plus grande contrainte à la liberté de l'humain est son EGO.**

CONTRÔLE DE SOI ET DES AUTRES

Contrôler les autres ou se contrôler, c'est exercer une certaine autorité, surveiller, être aux aguets. Contrôler consiste à vouloir dominer, voir à ce que ses propres décisions se manifestent à tout prix, même si les autres ne sont pas d'accord. Ça signifie vouloir tout DIRIGER à notre façon en voulant que le résultat corresponde à nos désirs, à nos caprices et à nos croyances. En somme, on essaie de toutes les façons possibles de tout manipuler.

Derrière le contrôle se retrouve toujours une peur pour soi. Par exemple, une femme qui contrôle ce que son conjoint mange peut croire qu'elle le fait pour son bien, pour sa santé, alors que sa vraie motivation est la crainte que, s'il se retrouve malade, incapable de travailler, que les gens croient qu'elle n'est pas une bonne épouse ou qu'elle se sente obligée de s'occuper de lui et de tout faire. Ou encore, le père qui contrôle les heures de sortie et d'entrée de son adolescente et qui affirme qu'il craint pour elle, alors que sa peur profonde est issue de l'inquiétude de passer pour un parent non RESPONSABLE, ou encore parce qu'il est incapable de dormir tant qu'elle n'est pas rentrée à cause de ses propres peurs non gérées.

C

En voulant tout contrôler, on croit posséder le pouvoir sur les autres, mais c'est le contraire qui arrive. En agissant ainsi, on s'emprisonne soi-même par peur de faire confiance ou de déléguer quand il s'agit de tâches à accomplir.

On se contrôle soi-même lorsqu'on agit à l'encontre de ses désirs. Il se crée donc des tensions dans notre corps et, à un moment donné, tout finit par éclater. Prenons l'exemple d'une personne qui désire se reposer durant toute une fin de semaine. Sa partie « raisonnable » l'en empêche car elle a trop de travail à faire. Au fur et à mesure qu'elle accomplit ses tâches, des tensions commencent à surgir dans son corps, car elle s'empêche d'accéder à un désir qui répond à un besoin réel. Si elle persiste dans cette attitude, son corps lui enverra périodiquement des messages, toujours plus importants, jusqu'à ce qu'elle n'ait plus le choix de s'arrêter ou qu'elle en devienne malade. Ce qui est malheureux dans cette attitude, c'est que plus une personne se retient, se contrôle, refoule ses émotions et se coupe de sa sensibilité et de ses désirs, plus elle risque de perdre le contrôle. Par exemple, la personne qui contrôle sa colère, l'autre, ses larmes, une troisième, ses paroles, toutes finiront par perdre le contrôle d'une façon ou d'une autre. L'être humain, étant limité psychologiquement, ne peut pas se contrôler indéfiniment. Lorsqu'il se rend à ses LIMITES, il craque.

Derrière le contrôle de soi, il y a aussi une peur pour soi qui s'y cache, que le contrôle soit conscient ou non. Par exemple, si quelqu'un se contrôle en s'abstenant de manger du dessert, ça peut être par peur de devenir dépendant ou d'engraisser. Éventuellement, il finit par perdre le contrôle et en manger trois fois plus que nécessaire. Ou il peut perdre le contrôle dans un autre domaine. Sachons également que se contrôler exige énormément d'efforts et d'énergie. Peux-tu t'imaginer la somme d'énergie que cela demande quand on a une famille, un cercle d'amis, des collègues de travail et que l'on veuille contrôler tout le monde !

Pour arriver à moins te contrôler, il est suggéré de te pratiquer avec les autres. Comment y parvenir ? En te respectant, en LÂCHANT PRISE et en écoutant tes propres besoins; en t'ACCEPTANT tel que tu es et en te faisant davantage CONFIANCE. Plus tu apprendras à moins te contrôler, plus il te sera facile de le faire avec les autres. Tu pourras déléguer et donner l'espace nécessaire pour que chacun puisse s'épanouir librement tout en respectant ton propre espace. Tu pourras les laisser vivre leur vie même si tu n'es pas d'accord. Par contre, si malgré toute ta bonne volonté, tu te vois en train de contrôler, il est important de te donner le droit d'être ainsi pour le moment en reconnaissant que tes PEURS et tes limites ont pris le dessus et te font agir ainsi.

Un jour, quand nous en aurons assez de tout contrôler, quand nous en aurons assez des conséquences désagréables que le contrôle entraîne, nous déciderons alors d'être nous-même et de laisser les autres simplement être. Cela exige bien sûr de l'indulgence et de la tolérance pour nous ajuster. Le plus merveilleux consistera à réaliser que les transformations physiques suivent les transformations intérieures. Nous vivrons ainsi un sentiment de plus grande liberté et de grand respect ainsi qu'un plus grand bien-être physique.[2]

CORPS ASTRAL

Le corps astral est le double semi-matériel du corps physique. Il représente les corps émotionnel et mental de l'être humain. Il fait partie du monde MATÉRIEL terrestre et du monde de l'ÂME, mais non du

---

2   Pour plus de détails, il est suggéré de lire le livre "Les 5 blessures qui empêchent d'être soi-même".

monde SPIRITUEL. Étant invisible, il est considéré comme « subtil » tandis que le corps physique est considéré comme « tangible ».

Le corps astral se promène dans le monde ASTRAL par l'entremise des rêves. Il se détache du corps physique aussitôt que nous dormons. Par contre, il y est toujours relié par la « corde d'argent » à trois endroits : à la base de la colonne vertébrale, au cœur et sur le dessus de la tête. Cette corde d'argent se rompt définitivement à la mort. Lorsqu'elle se rompt à un ou deux endroits, la médecine appelle cela un état de coma. Même dans cet état, le corps astral n'étant que partiellement détaché du corps physique, la personne perçoit tout ce qui se passe autour.

Lorsque tu te réveilles brusquement pendant ton sommeil et que tu sursautes dans ton lit, c'est ton corps astral qui réintègre trop rapidement ton corps physique. Il est normal de vivre un malaise à ce moment-là. Il est suggéré de demeurer calme, de prendre plusieurs bonnes inspirations et de visualiser que ton corps astral se replace bien dans chaque partie de ton corps.

Lors d'apparitions, surtout durant les quelques heures suivant le décès d'une personne, c'est le corps astral de la personne décédée que ses proches peuvent voir. Cette façon est utilisée par plusieurs personnes pour faire leurs adieux avant de quitter définitivement le monde terrestre pour se diriger vers le monde astral. Quand toute forme de désir aura disparu en toi, c'est-à-dire quand tu te détacheras complètement de tes corps émotionnel et mental, tu poursuivras ensuite consciemment ton évolution dans le monde spirituel.

CORPS BOUDDHIQUE

Se référer à **CORPS SUBTIL**

CORPS CAUSAL

Se référer à **CORPS SUBTIL**

CORPS CHRISTIQUE

Se référer à **CORPS SUBTIL**

C

CORPS D'ÉNERGIE

Le corps énergétique, appelé aussi corps éthérique, fait partie de nos corps subtils (invisibles) tout comme notre CORPS ASTRAL. Il représente la puissance, la vigueur, la force dans l'action et il rend capable de grands effets. Notre corps d'énergie sert de liaison avec nos corps subtils et il les nourrit d'énergie. Il est branché à deux sources : les soleils cosmique et tellurique (dans la terre). En effet, ces sources représentent la pile qui nous alimente. L'énergie cosmique symbolise notre père et l'énergie tellurique, notre mère.

Plusieurs croient que notre énergie vient de ce que nous mangeons ou buvons. Au contraire, ce que nous absorbons et buvons nous enlève souvent de l'énergie : surtout lorsque nous mangeons en trop grande quantité ou quand nous consommons de la nourriture non nécessaire pour notre corps. Nous avons besoin de nous alimenter dans le seul but de nous garder BRANCHÉS à la planète Terre. Il est dit que l'alimentation contribue à peine 5 % de notre énergie. Le corps d'énergie est visible autour de tout ce qui vit sur la planète terre – mondes minéral, végétal, animal, humain – par la lumière blanche (AURA) qui se dégage autour de la forme de vie. Il est certain que plus cette dernière est évoluée et plus il est facile de voir son corps d'énergie.

Lorsque nous baissons notre niveau d'énergie à cause d'une trop grande activité physique, émotionnelle ou mentale, nous sentons le besoin de dormir. À ce moment, les corps subtils se détachent afin de refaire le plein d'énergie. Notre corps d'énergie est relié au corps physique à sept endroits principaux appelés « CHAKRAS » et ceux-ci déversent leur énergie respective à travers une glande particulière.

Le corps d'énergie de chaque être humain, étant toujours connecté à la Source Divine, fournit toute l'énergie dont nous avons besoin pour nos trois corps, à savoir : les corps physique, émotionnel et mental. Plus l'énergie circule bien, moins l'humain a besoin de nourriture physique non naturelle. Voilà pourquoi il est important de bien utiliser notre énergie au lieu de la bloquer. Se reporter aux deux autres thèmes sur l'ÉNERGIE et sur ceux des CORPS PHYSIQUE, ÉMOTIONNEL, MENTAL.

C

CORPS ÉMOTIONNEL

Le corps émotionnel fait partie des corps subtils de l'être humain, c'est-à-dire qu'il ne peut pas se voir. C'est le corps des désirs, des sensations, des sentiments, mais aussi des émotions. Notre corps émotionnel a été créé pour sentir, vibrer, s'émouvoir et désirer vivre toute notre vie dans la joie, le bonheur, la beauté, la paix, l'abondance, la santé et l'harmonie. Cependant, la plupart des humains l'utilisent davantage pour vivre des émotions.

L'énergie du corps émotionnel se trouve mal utilisée lorsque nous ne comblons pas nos besoins, lorsque nous les refoulons ou encore lorsque nous vivons des émotions et négligeons de les exprimer dans l'AMOUR véritable. Au lieu de bien nourrir notre corps émotionnel, nous le bloquons en laissant nos CROYANCES l'influencer. Il s'ensuit inévitablement des blocages dans le corps physique sous forme de baisses d'énergie, de malaises ou de maladies. De là l'importance d'apprendre à mieux se connaître et à devenir conscients de nos DÉSIRS, de nos ÉMOTIONS et de nos SENTIMENTS.

Comme le corps émotionnel fait partie du monde matériel de l'être humain, il a également besoin de nourriture. Un de ses besoins vitaux est la BEAUTÉ. Nous devons voir et sentir intérieurement la beauté partout, que ce soit à travers la création divine, les gens qui nous entourent et en soi. Voir la beauté, c'est s'émerveiller devant l'immensité du firmament, la brillance des étoiles, la force d'un arbre, l'élégance d'une fleur, la sagesse d'un enfant, nos talents, nos victoires… Même si quelqu'un ou quelque chose n'est pas nécessairement beau physiquement, apprenons à voir la beauté au-delà des apparences. Utilisons ainsi tout ce qui nous entoure pour nous éblouir et nous réjouir. Est-ce que tu donnes beaucoup de beauté à ton corps émotionnel dans ton quotidien ?

Nourrir ton corps émotionnel, c'est aussi te donner de l'AFFECTION ainsi qu'en offrir aux autres. Un autre besoin du corps émotionnel consiste à avoir des BUTS et à faire des actions concrètes pour les réaliser. C'est aussi user de sa CRÉATIVITÉ dans son travail et son quotidien, garder ESPOIR dans les moments plus difficiles et également à avoir CONFIANCE en soi, en les autres et en l'Univers en développant son potentiel au maximum. Et enfin, c'est éprouver le sentiment d'appartenance, c'est-à-dire savoir qu'on a la capacité de s'adapter, de se sentir bien à l'endroit où l'on est. Tu élimineras ainsi la sensation d'être mal à l'aise dans un endroit inhabituel, et tu vivras moins de rejet ou d'abandon.

Pour résumer, le fait d'avoir des buts concrets dans ta vie entretient tes désirs et développe ton espoir pour l'avenir. Ainsi, tu utiliseras davantage ta créativité et tu feras une différence, c'est-à-dire tu sentiras que tu produis un effet dans ta vie et dans celle des autres. Tu te sentiras de mieux en mieux dans ta peau et la vie deviendra de plus en plus belle pour toi. Voilà un corps émotionnel bien nourri et en harmonie.

CORPS MENTAL

Le corps mental, tout comme l'émotionnel, fait aussi partie des corps subtils de l'être humain. Aussi appelé « mental inférieur » ou « intellect », il est le plus puissant des trois corps matériels, c'est-à-dire plus puissant que les corps émotionnel et physique. À travers notre corps mental, on pense, analyse, organise et utilise notre MÉMOIRE. On l'utilise également pour décider de ce qu'il faut savoir et faire pour matérialiser nos désirs. Il est donc très important de savoir ce que l'on veut, car la puissance de notre corps mental a une portée indéniable sur les résultats dans notre vie.

Le mental humain juge ce qui est bien ou mal, bénéfique ou non bénéfique. C'est pourquoi, le système de croyances des humains est créé à partir d'énergie mentale. Tout comme l'énergie du corps émotionnel est mal utilisée lorsque nous vivons des émotions, on emploie de façon défavorable l'énergie du corps mental lorsque nous entretenons des CROYANCES. Le corps mental deviendra en harmonie lorsqu'il sera complètement au service de notre être, c'est-à-dire lorsqu'il utilisera toutes ses capacités pour répondre à nos BESOINS véritables. Pour ce faire, il ne doit pas se laisser arrêter par notre système de croyances mais plutôt se laisser guider par notre intuition, le DIEU INTÉRIEUR en nous.

C

Ainsi, **l'humain, en devenant plus conscient de ses besoins, utilise son mental pour découvrir les croyances qui le bloquent et prend en considération ce qui lui est bénéfique à partir de ce qu'il a appris de ses expériences.** Prenons conscience aussi que lorsque des changements se manifestent au niveau de la pensée et des croyances mentales, des transformations physiques et émotionnelles se manifestent aussi immanquablement.

Le corps mental, tout comme les deux autres corps, a aussi besoin de nourriture. Il a besoin d'être en contact avec ta RAISON D'ÊTRE, le sens du RESPECT, ton INTÉGRITÉ, une SÉCURITÉ intérieure, le développement de ton INDIVIDUALITÉ ainsi que d'être VRAI. Pour résumer, en te dirigeant vers ta raison d'être, tu développeras ton individualité, tu te respecteras, tu seras une personne intègre et vraie avec toi-même et tu te sentiras plus en sécurité. Voilà un corps mental bien nourri et en harmonie.

CORPS PHYSIQUE

Une partie matérielle de l'être humain, de l'organisme. Le corps physique représente l'enveloppe, l'expression extérieure des deux autres corps (émotionnel et mental) qui forment à eux trois l'enveloppe matérielle de l'être humain. Le corps est le vêtement de l'âme, son véhicule sur la planète terre pour nous permettre de nous déplacer dans notre monde physique, celui de la matière.

Pour l'aider à mieux nous servir, nous devons nous rééduquer sur la façon de nous occuper des besoins de notre corps physique. Bien sûr, pour bien fonctionner et conserver son énergie, il a besoin d'une saine ALIMENTATION et d'éléments essentiels de base dont il est constitué, tels que l'eau, les protéines, les vitamines, les glucides (sucres et hydrates de carbone), les lipides (gras essentiels) ainsi que les minéraux.

Le corps physique a besoin aussi de SOMMEIL, de dormir suffisamment et d'avoir périodiquement des moments de repos. La digestion et l'élimination font aussi partie des besoins physiologiques et le corps s'en acquitte parfaitement sans que nous ayons à y penser ni à fournir le moindre effort. Nous devons souvent remercier l'Intelligence de notre corps qui fait un travail tout à fait exceptionnel. Ces éléments et fonctions de base au niveau physiologique ne sont pas traités dans cet ouvrage, étant donné la quantité de livres qui le font.

Par contre, un mot sur la RESPIRATION, élément essentiel pour notre survie et le plus grand besoin du corps physique. Bien peu de gens s'en soucient et y portent consciemment l'attention qu'elle mérite. Nous n'avons malheureusement pas appris à respirer adéquatement de façon à nourrir notre corps grâce au *prana* (énergie vitale subtile) que contient l'air que nous respirons. L'air nourrit nos poumons, aide à purifier le sang et à nous garder énergique plus longtemps. Nous devons devenir plus conscients des bienfaits de notre respiration. De plus, bien respirer aide beaucoup à se centrer au point de vue émotionnel et mental.

Étant donné que le corps physique est le plus tangible et visible des trois corps matériels, il devient donc plus facile de s'observer à travers lui. Beaucoup de gens sont maintenant conscients du fait qu'une indigestion n'est pas le simple fait d'avoir mangé quelque chose d'inadéquat et que le stress engendre non seulement des problèmes psychologiques mais aussi des problèmes physiologiques. Ainsi, on doit faire confiance à l'Intelligence de notre corps et apprendre à détecter les messages qu'il véhicule constamment. Nous devons l'utiliser judicieusement afin de mieux nous connaître et le remercier souvent de nous servir si fidèlement.

Certaines personnes ont honte de parler de leur corps ou de certaines de ses fonctions ou, pire encore, elles rejettent des parties qu'elles n'aiment pas. C'est tout à fait contraire aux lois naturelles. Le corps a été créé entièrement dans le but de nous servir et de nous éclairer sur ce qui se passe aux plans émotionnel et mental. Nous devrions plutôt essayer de comprendre ce que ces parties veulent nous apprendre pour que nous puissions mieux nous connaître, nous aimer. Il est plus sage de le remercier, de l'ACCEPTER tel qu'il est, c'est-à-dire de nous aimer et de nous accepter tels que nous sommes.

En résumé, portons une attention particulière à notre consommation de nourriture, aux messages que signalent nos MALAISES et nos MALADIES, notre manque d'ÉNERGIE qui cherchent à nous aider à devenir plus conscients de nos sentiments et de nos émotions ainsi que de nos CROYANCES MENTALES. Aussitôt qu'il y a un signal au plan physique, c'est-à-dire dès que nous nous sentons mal ou vidés d'énergie, quelque chose se passe et qui a un rapport avec nos désirs, nos besoins et notre façon de penser. Il est toujours là pour attirer notre attention sur quelque chose aux plans émotionnel et mental que nous ne voulons pas voir dans le moment. Notre corps nous rappelle vers le droit chemin, celui de l'amour véritable et de l'écoute de nos vrais BESOINS. Sachons aussi qu'il est un guide précieux qui nous aide à reprendre contact avec certains aspects de notre individualité.

CORPS SUBTIL

Un corps subtil est difficile à percevoir, à définir, car nos yeux étant faits de matières terrestres ne peuvent pas le voir. Par exemple, les CORPS ÉNERGÉTIQUE, ÉMOTIONNEL, MENTAL sont des corps subtils qui composent notre enveloppe matérielle. Les corps *causal*, *bouddhique* et *christique* composent notre enveloppe spirituelle. Pour le moment, les trois corps de l'enveloppe matérielle sont très développés. Il nous reste maintenant à développer notre enveloppe spirituelle afin d'arriver à l'harmonie totale.

Le **corps causal** s'active chaque fois que nous laissons l'INTELLIGENCE nous diriger ainsi que la LOI DE CAUSE À EFFET. Le **corps bouddhique** se développe chaque fois que nous vivons dans l'AMOUR inconditionnel véritable avec tous ceux qui nous entourent. De plus, il se renforce à chaque exercice de PARDON et lorsque nous mettons en pratique l'approche du MIROIR. C'est le corps des capacités paranormales ou extrasensorielles. Le **corps christique**, le moins développé chez l'humain, est mis en mouvement et s'éveille à chaque fois que nous sentons au plus profond de nous que nous faisons partie du *TOUT*. C'est la conscience du « JE SUIS ».

COUPLE (désirer former un)

La motivation par excellence pour s'engager dans une relation de couple serait de vouloir apprendre à grandir spirituellement grâce à l'autre. Désirer un conjoint par peur de rester seul, pour combler un vide, pour recevoir l'aide dont nous pouvons avoir besoin matériellement ou pour être aimé ne sont pas de sages motivations. Une telle relation risque de s'enliser rapidement dans une liaison de dépendance ou de contrôle. Il est plus salutaire de s'engager en étant conscient qu'on apprend toujours de plus en plus à travers l'autre sur l'AMOUR véritable. À ce chapitre, notre âme sait exactement ce dont nous avons besoin. Nous augmentons ainsi nos chances de croiser sur notre route une personne susceptible de partager favorablement notre vie et de nous accompagner dans notre recherche de paix intérieure.

Pour commencer, nous devons arrêter de croire qu'il y a une « ÂME SŒUR » quelque part pour nous. Nous faisons partie d'une grande famille d'âmes et, dans cette famille, il y a une multitude d'*âmes sœurs* très compatibles avec nous. Une deuxième croyance populaire non bénéfique consiste à penser qu'il existe une « personne idéale » pour nous. Il est bien décrit dans le mot IDÉAL que son opposé correspond à « réalité ». Donc, si tu as fait une liste de la personne idéale pour toi, il serait mieux de la détruire. Dis-toi bien que l'Univers s'occupe de toi et tu attireras à toi la personne dont tu as besoin.

Aussi, sachons que les actions sont importantes. Nous ne devons pas demeurer au niveau du rêve. Donc, sortir de chez toi, te retrouver en société, aller vers les gens pour établir des contacts, afficher un sourire sincère et leur dire bonjour sont des actions très efficaces. Si aucune personne ne semble se présenter, c'est peut-être qu'inconsciemment tu entretiens des PEURS plus fortes que ton DÉSIR réel de partager ta vie avec une personne. Pour en devenir conscient, pose-toi la question suivante : « Que peut-il m'arriver de désagréable si je vis en couple ? » Ferme les yeux et imagine-toi vivre avec quelqu'un. La réponse peut être semblable à celle-ci : « J'ai peur de perdre ma liberté; j'ai peur que l'autre prenne trop de place; j'ai peur du désordre dans la maison; j'ai peur de me faire contrôler, déposséder de mes biens, etc. »

Malgré certaines craintes légitimes, nous devons réaliser cependant qu'il y a énormément de cadeaux à partager sa vie avec une autre personne. Chaque jour, nous avons l'occasion d'apprécier la présence d'un autre être humain à nos côtés qui a des goûts, des qualités, des talents et des faiblesses différents des nôtres. Ainsi, c'est l'occasion par excellence d'apprendre la compassion et de mieux nous connaître à travers l'autre (se référer à MIROIR). De plus, nous pouvons partager nos joies, nos peines, nos craintes, nos rêves, nos aspirations; nous amuser ensemble, rire, faire des projets et surtout apprendre à COMMUNIQUER.

Par ailleurs, plus nous apprenons à être amis ou complices, c'est-à-dire tisser des liens solides d'amitié avant de vivre une relation intime avec quelqu'un, plus la probabilité que la relation soit profonde et durable augmente. Quand on fait confiance à l'Univers et que notre motivation est d'abord au niveau de l'être – apprendre à aimer au lieu de vouloir être aimé –, on s'assure ainsi d'avoir le conjoint dont nous avons besoin pour notre évolution spirituelle.

COUPLE (séparation / divorce)

Ce qui se passe lorsque l'un des conjoints ou les deux ont atteint leurs limites dans l'acceptation de leurs différences. Peu importe le motif d'une séparation dans un couple, celle-ci est un moyen qu'utilise la vie pour nous mettre en face d'une réalité. Une séparation peut provenir d'un DÉSIR inconscient ou d'un BESOIN de l'être. Elle peut être provoquée par les deux conjoints ou par un seul. L'un des partenaires, par exemple, peut éprouver le désir de retrouver sa liberté ou vouloir vivre une toute autre expérience, parfois même inconsciente, reliée à son PLAN DE VIE qui n'est pas acceptée par l'autre.

Avec l'ÈRE DU VERSEAU, il semble y avoir plus de séparations à cause des grands CHANGEMENTS sur la terre. Elles peuvent être l'occasion propice pour apprendre à AIMER de façon moins possessive et dépendante.

Lorsqu'une séparation survient dans notre vie, surtout de façon inattendue, et que nous en souffrons, sachons d'abord que c'est tout à fait normal et humain de réagir ainsi, et que c'est en général à cause de notre résistance au changement. Ce qui arrive n'est pas le fruit du hasard. Quand une personne accepte ce qui se passe, elle évite de se concentrer à outrance sur son chagrin et sa peine s'estompe peu à peu; c'est alors que ses forces décuplent et que des solutions apparaissent. Sachons aussi que derrière toute séparation, il y a toujours un cadeau pour toutes les personnes concernées. Le fait de découvrir ce cadeau rend la séparation moins pénible et plus acceptable.

Habituellement, le cadeau consiste à se prendre en main, s'assumer entièrement, c'est-à-dire reconnaître ses capacités, sa valeur et ses talents souvent enfouis profondément, camouflés par une trop grande dépendance ou par des responsabilités devenues trop lourdes. Si une personne n'y voit aucun cadeau et que cette séparation lui est très pénible, surtout lorsqu'elle se retrouve seule avec elle-même, elle doit observer la partie en elle qui souffre et la consoler. Pour ce faire, utiliser le DIALOGUE INTÉRIEUR pour se connecter à nouveau avec les différentes parties en soi qui veulent nous aider. D'autre part, une personne peut en profiter pour s'occuper davantage d'elle-même et de ses propres besoins. Cette séparation peut l'aider à devenir consciente qu'elle ne s'autorisait pas à faire certaines activités à cause de son sentiment de culpabilité face à son conjoint, qu'elle se laissait étouffer par les désirs de l'autre, ce qui lui faisait oublier les siens.

Puisque chaque personne est différente, les expériences de vie diffèrent également pour chacun d'entre nous. Pour découvrir ce que tu dois apprendre avec cette séparation, regarde dans quel domaine elle est le plus difficile à vivre pour toi. Est-ce au niveau de l'argent, des enfants, de la communication, des biens matériels, de la sécurité affective, ou encore au niveau de la solitude, ou d'autres besoins ? Si le domaine de l'argent, par exemple, te fait vivre la plus grande DIFFICULTÉ, l'Univers t'envoie une opportunité pour faire un pas en avant dans celui-ci. Tout dépend de ta RÉACTION et de ta décision. Si tu choisis de te plaindre ou d'accuser l'autre, rien ne changera dans ce secteur pour toi. Si tu décides de prendre ta RESPONSABILITÉ, cette séparation te sera utile pour l'avenir. Souvenons-nous que les difficultés vécues sont toujours proportionnelles à nos vrais besoins, à nos forces ainsi qu'à nos limites. Plus une situation est difficile et tendue, plus nous recevons le message qu'il est urgent d'apprendre à aimer. Par contre, si tu éprouves beaucoup de difficulté à gérer une séparation, il est préférable de ne pas rester avec cette douleur.

Toute séparation, pour être bénéfique, doit être vécue dans l'amour, c'est-à-dire à l'amiable, dans l'ACCEPTATION du fait qu'il est plus intelligent pour les deux parties de vivre séparément. Il ne doit pas y avoir un coupable. Quand deux personnes ne réussissent pas à trouver les moyens pour vivre en harmonie, il n'est plus intelligent pour elles de se contrôler ou de se forcer à vivre une situation désagréable, ou au-delà de leurs limites. Ce genre de situation se produit, en général, chez un couple qui ne se donne pas l'heure juste au fur et à mesure des expériences vécues, qui ne sait pas COMMUNIQUER en profondeur. Vient un temps où il y a un trop plein de bagage refoulé entre les deux et ils ne peuvent plus faire marche arrière pour mieux avancer ensemble. Au lieu de s'accuser mutuellement de tous les torts, les partenaires auraient intérêt à s'asseoir et à se dire tout ce que chacun a reçu et a appris à vivre avec l'autre et se remercier mutuellement. En ce qui concerne ce qui ne va plus dans le couple, les deux doivent prendre leur part de responsabilité. Ainsi, il n'y aura pas d'accusation ni de CULPABILITÉ.

C

Une séparation ainsi faite contribue à augmenter le niveau d'amour inconditionnel pour les deux parties. Ils seront donc en mesure de bâtir une autre relation sur une meilleure base. De plus, leurs enfants les respecteront davantage s'ils réussissent à se séparer dans l'harmonie au lieu de continuer à entretenir une relation conflictuelle et stressante pour toute la famille. Une séparation n'est pas un ÉCHEC du point de vue spirituel. Elle représente une EXPÉRIENCE de vie, grâce à laquelle une famille ou un individu peut grandir.

COUPLE (vivre en)

Un couple est un lien entre deux personnes, la réunion de deux êtres humains. **La raison première de vouloir vivre en couple consiste à apprendre à se connaître à travers l'autre dans le but d'arriver à s'accepter inconditionnellement.** Quand deux personnes décident de vivre en couple, elles ont une très grande opportunité d'apprendre l'amour véritable. Sachons que ce n'est pas le hasard qui fait que deux personnes se sentent attirées l'une vers l'autre. Plusieurs aspects de la personnalité de chacun se retrouvent chez l'autre, ce qui cause une attraction naturelle, comme deux aimants. Pour comprendre ce principe, se reporter à LOI D'ATTRACTION et MIROIR.

Alors, pourquoi y a-t-il autant de couples vivant des difficultés ? Ces dernières sont causées par les aspects de l'un qui ne sont pas acceptés par l'autre parce que ce dernier, bien que possédant ces caractéristiques, ne veut pas les voir et encore moins les admettre. La situation vient réveiller des vieilles BLESSURES du passé qui ne sont pas encore réglées. Voilà pourquoi deux personnes sont attirées l'une vers l'autre. Les aspects qui semblent opposés dans le couple font surface pour approfondir l'ACCEPTATION d'eux-mêmes.

En général, quand on commence à vivre en couple, on est heureux ensemble. On vit souvent l'un pour l'autre, on se retrouve en quelque sorte en symbiose. Nous l'appelons la phase passionnelle. Tout va très bien jusqu'à ce que cette phase s'atténue et que nous commencions à vouloir changer l'autre pour l'amener à ce que nous croyons être bon pour le couple ou pour soi. Voici un problème de couple très fréquent. L'un des deux commence à se sentir étouffé et ressent le besoin de faire à nouveau des choses seul, de renouer avec ses amis qu'il avait mis de côté. Il est assuré que cela sera bon pour le couple puisqu'il croit que les deux ont besoin de plus d'espace, de plus de liberté. Par contre, l'autre ne voit pas cela d'un bon œil car il ne ressent pas ce même besoin. Voilà que ce dernier commence à avoir peur et ne sait pas comment en parler. Ce manque de communication crée un malaise et une distance entre les partenaires et la relation risque d'étouffer et de se transformer peu à peu en DÉPENDANCE ou d'éclater.

La plupart d'entre nous n'avons pas appris, plus jeunes, à exprimer nos sentiments et à faire nos demandes de façon à communiquer nos vrais besoins. Nous avions peur de nos parents ou nous ne nous sentions pas accueillis. De plus, nos parents n'étaient pas des communicateurs chevronnés, ne sachant pas plus communiquer entre eux qu'avec nous. En continuant ce même comportement, la relation de couple en souffre. Elle devient difficile, pénible et parfois stérile. Dans le quotidien, le couple fait souvent semblant que tout va bien et ne fait rien, alors qu'en réalité, ça ne va pas du tout. Plus ça va mal, plus les deux s'accusent l'un l'autre de leurs difficultés. Une lutte de pouvoir s'ensuit et les deux veulent avoir raison. L'ORGUEIL et l'ÉGOÏSME prennent de plus en plus de place. Les peurs s'accumulent et, peu à peu, ils s'éloignent de leur cœur tout en demeurant co-dépendants l'un de l'autre.

Pour réussir à entretenir une relation stable et harmonieuse, l'essentiel est la COMMUNICATION véritable. Comme elle représente le problème le plus courant d'une vie de couple, il est évident qu'apprendre à communiquer demande du courage, de la pratique et de la persévérance. Au lieu de parler de la pluie et du beau temps, il est beaucoup plus sage de faire parler l'autre sur ce qu'il ressent, sur ses goûts, ses désirs, ses besoins, ses ambitions, ses craintes, ses peurs et ses rêves. Nous croyons trop souvent connaître l'autre alors qu'une vie complète ne suffit pas pour véritablement connaître une autre personne. Il est impossible d'avoir une relation profonde, sincère et durable si tu ne connais pas intimement la personne avec qui tu habites. Le fait de t'intéresser à l'autre amènera celui-ci à agir ainsi avec toi. Toutefois, il est bon de se souvenir que l'homme, en général, a plus de difficulté à parler de ses sentiments. Ce fait doit être accepté par les deux partenaires, ce qui amènera l'homme peu à peu à en parler davantage.

Aimer l'autre consiste à l'apprécier tel qu'il est sans vouloir le changer et l'encourager dans ce qu'il aime vraiment, même si tu n'es pas d'accord avec ses choix. Par exemple, une femme partage sa vie avec un amateur de chasse. En dépit du fait qu'elle n'aime pas ce sport et désapprouve l'abattage des animaux, l'aimer correspond à le respecter dans son choix. Si elle le respecte et l'aime vraiment tel qu'il est, elle sera capable de l'écouter en observant son regard pétillant lorsque la saison de chasse débute et qu'il lui en parle. Elle sera heureuse pour lui, car elle le saura heureux dans son univers. Cette attitude est préférable à celle de croire qu'un partenaire doit toujours satisfaire les désirs et besoins de l'autre. Le but de toute relation est de continuer à être en contact avec les besoins de son ÊTRE malgré la vie à deux. Pratiquer l'écoute véritable avec son partenaire nous permet de vérifier à quel point nous pouvons nous écouter nous-même. En plus, ce genre d'écoute a pour conséquence que l'autre a plus envie de nous écouter. Ainsi, un partenaire qui apprend à écouter l'autre a toutes les chances de mieux se connaître.

Pour renforcer les liens d'une relation de couple, il est aussi souhaitable de créer des activités en commun et de mettre du piquant par toutes sortes de moyens, tels que accorder à l'autre de petites attentions et le considérer comme quelqu'un d'important dans ta vie. Par exemple, s'informer de sa journée; faire ressortir ses qualités, ses talents, ses bons côtés, les points positifs et même les amplifier, au lieu de chercher à relever ses lacunes et ses moindres faiblesses; mettre de l'humour et de la fantaisie dans ton quotidien au lieu de DRAMATISER. On dit que tant et aussi longtemps qu'un couple peut s'amuser et rire ensemble, leurs chances de survie sont excellentes. Tous ces atouts, ces petites attentions, ces gestes de tendresse faits par AMOUR et surtout *sans attentes*, germeront et auront comme effet de produire la même attention en retour.

L'amour véritable et durable exige temps et investissement personnel. De plus, il nécessite un engagement au plus profond de son cœur, du style : « Je *décide* qu'à partir de maintenant, c'est avec cette personne que je veux apprendre à aimer d'une façon intime. Je *décide* de ne plus laisser la porte ouverte pour quelqu'un d'autre au cas où cette relation ne fonctionnerait pas. J'utilise tous les moyens à ma disposition pour rendre cette relation de plus en plus harmonieuse au fil des ans. » **Cet ENGAGEMENT peut être pris sans que l'autre ne soit obligé d'en faire autant. On s'engage pour soi et jamais pour les autres.**

L'amour dans un couple devrait être un échange harmonieux entre deux êtres. Il suffit d'accepter que l'autre diffère de nous et de consentir à partager ces différences. Aimer l'autre consiste à lui faire sentir qu'il est spécial dans notre cœur. **Une relation de couple idéale implique de s'aimer mutuellement sans vouloir changer la personne aimée. C'est donner à l'autre l'espace nécessaire dont il a besoin pour qu'il puisse s'épanouir librement et c'est reconnaître que tous deux ont ce même espace bien que ni l'un ni l'autre n'ait le goût d'en abuser.**

COURAGE

Force de caractère, fermeté que l'on a devant une situation difficile à affronter; le fait d'agir, de décider, de passer à l'action malgré sa peur. Certaines personnes semblent naître avec plus de courage que d'autres. Heureusement, cette faculté se développe au cours de notre existence grâce au besoin naturel de l'humain d'améliorer certains aspects de sa vie ou suite à un désir d'accomplir quelque chose qui lui tient réellement à cœur. Prenons l'exemple de quelqu'un qui veut dépasser sa peur de conduire la voiture dans les grandes villes, ou celle de prendre l'avion, ou de quelqu'un qui désire faire ses demandes et améliorer sa communication. Lorsque ces personnes reconnaissent leur peur mais passent à l'action malgré leur PEUR, elles font un acte de courage, ce qui les aide à trouver des moyens pour parvenir à ce qu'elles veulent. Dès que le courage dépasse la peur, le début de la fin de cette peur se produit, s'il y a d'abord eu ACCEPTATION de cette peur.

C

Le courage se développe également à travers nos difficultés, par exemple la mortalité subite d'un être cher, une séparation de couple, une perte matérielle importante, une catastrophe naturelle, etc. Ces événements deviennent l'opportunité par excellence pour développer notre courage en décidant de nous prendre en main et en apprenant à devenir plus autonomes.

Le courage développe la confiance et l'estime de soi. Il aide à aller de l'avant et à se dépasser pour réaliser certains objectifs. Tu peux te faire aider, te faire conseiller, te faire encourager mais c'est toi seul qui dois décider de prendre ton courage à deux mains si tu veux RISQUER dans la vie. Tu verras que les obstacles seront de plus en plus faciles à franchir pour arriver un jour à manifester tes plus grands DÉSIRS.

CRAQUER

Avoir une grave défaillance physique ou psychologique, s'effondrer. Se reporter à LIMITE.

CRÉATIVITÉ

La possibilité d'une personne de créer, c'est-à-dire de réaliser quelque chose, concevoir, produire; susciter par elle-même. Créer signifie manifester ou matérialiser sur le plan visible ce qui existe déjà dans le plan invisible. En effet, avant que quoi que ce soit se manifeste sur le plan physique, nous devons l'avoir déjà créé sur les plans émotionnel et mental, même si nous en sommes inconscients. Notre créativité vient en réalité de notre IMAGINATION. Lorsque nous passons à l'action, cela devient une création. Créer n'est pas exclusivement synonyme d'inventer. Quand quelqu'un décide de cuisiner un nouveau plat à partir de certains restants de son réfrigérateur, il utilise sa créativité. D'autre part, il est important de réaliser que nous créons sans cesse, à chaque instant de notre vie. Ce que nous pensons, ressentons et faisons aujourd'hui crée notre vie de demain et il en est ainsi pour tous les êtres humains. **Notre vie actuelle représente la manifestation de ce que nous avons déjà mis en mouvement, par nos pensées, nos paroles ou nos actions.**

Nous créons sans cesse mais créons-nous ce que nous voulons ou non ? Pour créer une vie remplie de joie et de bonheur, il est essentiel d'avoir des pensées positives et d'adopter des comportements constructifs. **Créer positivement sa vie implique de la diriger dans le sens de nos besoins.** Par contre, il arrive parfois que, malgré nous, nous créions le contraire de nos désirs. Prenons l'exemple d'une personne qui désire plus d'abondance dans sa vie. Mais, sans en être consciente, elle pense, ressent et affirme continuellement ses états de manque au lieu d'être heureuse de ce qu'elle possède. Par ce comportement, elle se crée, inconsciemment, un état perpétuel de manque car ses attitudes et ses pensées les plus fréquentes l'emportent. En affichant une attitude prospère dans tous les domaines, en plus d'avoir de la gratitude pour tout ce qu'elle possède aujourd'hui, elle est en train de créer l'ABONDANCE qu'elle désire pour demain et pour les années à venir.

En sachant que l'humain n'est conscient qu'à environ 10 % de ce qui se passe à l'intérieur de lui, il devient donc urgent pour toi de devenir de plus en plus CONSCIENT de tes faits, de tes gestes, de tes pensées et de tes paroles pour mieux te connaître et être en mesure de savoir ce que tu es en train de créer. Tu pourras ainsi faire les transformations nécessaires dans ta vie. En plus, il est important de réaliser que le contraire de « créer » est non seulement « détruire » mais aussi « IMITER ». Lorsque tu imites quelqu'un d'autre, que tu n'es pas toi-même, tu n'utilises plus ta créativité à bon escient. N'oublie pas que tu es le seul maître à bord de ta réalité. Alors, que décides-tu de créer dès aujourd'hui ?

CRÉER

Se référer à **CRÉATIVITÉ**

CRISE

C

Plusieurs définitions se rapportent à ce mot : accès bref et violent d'un état nerveux ou émotif; manifestation soudaine et violente d'émotions; période décisive ou périlleuse de l'existence. Une crise est l'éclatement de quelque chose, d'une situation parfois imprévue, rendue difficile, voire impossible à gérer sur le coup. En voici quelques-unes : crise d'angoisse, d'hystérie, de panique, d'agoraphobie, de cœur, d'asthme, d'allergie, de foie, de jalousie… Dans les grands moments de crise, nous devenons complètement DÉCENTRÉS. L'intellect devient incapable d'analyser ou de contrôler les agissements. Les émotions deviennent alors les maîtres.

Il y a aussi les crises qu'on qualifie d'existentielles, car elles se vivent par période tout au long de l'existence. Elles sont tellement fréquentes que plusieurs croient qu'elles sont normales chez l'humain. Elles se produisent en général dans un tournant significatif de la vie. Par exemple : les crises d'ENFANCE, d'ADOLESCENCE, crise d'identité ou de PERSONNALITÉ, crise dans le COUPLE, crise de la quarantaine, de la cinquantaine…

Observons l'état évolutif des crises. Elles se déclenchent chez un enfant, un adolescent ou un adulte aux prises avec son sentiment d'impuissance à être lui-même, à s'affirmer, à se diriger vers ce qu'il veut. Voilà que son âme crie : « Au secours, j'étouffe ! »

Pourquoi certaines personnes semblent-elles continuellement en situation de crise ? Parce qu'elles n'ont pas réglé la ou les crises précédentes. Elles se trouvent en réaction et dans leurs peurs. Donc, à chaque changement, vient s'ajouter une autre couche de tension et voilà pourquoi d'autres crises s'ajoutent. Ces crises activent nos BLESSURES non guéries au niveau de l'âme. Elles représentent un signal d'alarme qui nous amène à revoir un volet essentiel de notre existence, un besoin véritable.

Que faire dans ces moments de crise ? D'abord, en prendre conscience en sachant que notre SUPERCONSCIENCE nous envoie un message nous disant qu'il est grand temps d'apprendre à nous aimer et à répondre à nos BESOINS plutôt que de continuer à être ce que nous croyons que les autres veulent que nous soyons. Ces crises nous incitent à apprendre comment gérer nos peurs et nos émotions selon les grands principes de l'AMOUR véritable. Nous avons tous les outils en nous pour avancer, évoluer. Sachons que nous avons toujours le choix, soit d'utiliser ces crises comme tremplin pour un nouveau départ, soit de nous laisser diriger par notre peur de ne pas être aimé.

C

CRITIQUE

Voici quelques définitions de la critique : blâme, reproche porté sur quelqu'un ou quelque chose, jugement intellectuel, moral; tendance à émettre des jugements sévères, défavorables. Fondamentalement, la partie critique de l'être humain est celle qui recherche toujours à s'améliorer et à se dépasser. On peut considérer ce genre de critique comme étant constructive si elle demeure objective et sans jugement. Mais, plus souvent qu'autrement, on est enclin à se critiquer et critiquer les autres de façon péjorative, défavorable plutôt que de manière constructive. En général, les critiqueurs sont de grands perfectionnistes et trop exigeants en idéalisant l'objet de leur critique. Par conséquent, ils ont le même comportement avec eux-mêmes en se critiquant sans cesse.

Cette forme de critique commence par un JUGEMENT. Nous jugeons selon nos critères personnels, d'après ce que nous avons appris comme étant bien ou mal, acceptable ou non acceptable. Nous critiquons ainsi tout ce qui est à l'encontre de notre façon de penser, d'agir, en somme, selon nos valeurs, nos croyances. Voici quelques exemples : une personne qui critique un comportement trop lent ou trop rapide; une autre qui trouve un travail trop médiocre (selon ses critères); celle qui critique celui qui mange trop ou qui mange mal; une autre que l'on juge d'être trop sévère ou trop indulgente… Voilà le genre de critique qui n'aide personne.

Lorsque tu critiques une personne dans le but de l'abaisser ou de lui démontrer qu'elle n'est pas acceptable, les autres seront portés à te critiquer car ils reflètent ce qui se passe en toi. Ils se retrouvent dans ton entourage pour attirer ton attention sur le fait que tu te critiquerais de la même façon, si tu adoptais le comportement critiqué. L'expression « on devient ce que l'on critique » vient du fait que, même si tu te forces à ne pas agir ou à ne pas être comme ceux que tu critiques, il viendra un jour où tu ne pourras plus te CONTRÔLER et tu agiras exactement comme ceux que tu as critiqués. Si quelqu'un te critique d'être trop sévère, trop dépensier ou trop lent, pose-toi honnêtement la question suivante : « Se peut-il qu'à l'intérieur de moi, je me critique parfois d'être trop sévère, trop dépensier ou trop lent ? »

Sachons cependant qu'il est impossible de cesser de critiquer du jour au lendemain. Il vaut mieux ne pas essayer d'arrêter de critiquer, mais plutôt de t'accepter dans tes critiques. Tu peux les utiliser de façon constructive en acceptant qu'elles représentent un excellent moyen pour te connaître et t'améliorer. L'approche du MIROIR est excellente pour t'aider à découvrir ces aspects en toi. Si tu es plutôt du genre à te critiquer beaucoup toi-même, ceci indique que tu n'es pas réaliste face à tes capacités et à tes limites et que tu t'en demandes trop. Cela est un manque d'AMOUR DE SOI. Ta partie PERFECTIONNISTE est mal gérée.

CROYANCE MENTALE ou INTELLECTUELLE

Le fait de croire une chose vraie, vraisemblable ou possible. Une croyance est dite mentale, car elle est créée avec l'énergie du corps mental. Ce dernier, parfois nommé INTELLECT, nous permet de mémoriser, d'analyser, d'organiser, etc. Une croyance fait partie de notre système de valeurs qui comprend ce qui nous a été légué par l'environnement familial ainsi que par nos convictions profondes avec lesquelles nous sommes nés.

Le motif premier qui nous amène à décider de croire en quelque chose est notre sécurité. Nous cherchons à nous aider, à nous protéger. Derrière une croyance se cache toujours la notion de bien et de mal, de correct et d'incorrect. Il est dit en psychologie que tout notre système de croyances d'adulte a été mis en place avant l'âge de sept ans. Depuis notre conception, tout ce qui a été perçu par nos sens a été enregistré dans notre mémoire. Notre perception (mentale) du bien ou du mal a été l'élément déclencheur pour créer nos croyances. Prenons l'exemple d'un petit garçon qui ose dire la vérité à ses parents (il a cassé la vitre de la fenêtre du voisin) et qui se fait punir. Il décide de croire qu'il est préférable de ne rien dire ou de mentir, car dire la vérité équivaut à se faire punir. Une croyance est une association mentale entre deux choses. Pour lui, dire la vérité l'a fait souffrir. Donc, sa croyance a été mise en place pour éviter une future souffrance.

Prenons l'exemple maintenant de la petite fille qui reçoit des compliments et de l'attention seulement lorsqu'elle est sage et fait plaisir à ses parents. Elle entend même ses parents souhaiter que le petit frère devienne aussi sage. Elle décide donc de croire qu'être gentille et plaire aux autres égalent être aimée. Être semblable à son petit frère signifie ne pas être aimée. Voilà une autre croyance pour ne pas souffrir.

Donc, derrière toute croyance se cache toujours une peur, un besoin ou un désir à combler. Tu peux donc en déduire que chaque fois que ta vie ne se déroule pas comme tu veux, chaque fois que tu as peur, que tu vis des émotions difficiles ou qu'un besoin important n'est pas comblé, il se cache une croyance que tu entretiens depuis ta jeunesse. Cette façon de penser attire à toi des situations désagréables justement pour que tu deviennes conscient que tu crois en quelque chose qui n'est plus bénéfique pour toi. Croire que tu ne peux pas avoir quelque chose produit le même résultat que ne pas désirer l'avoir, car les résultats sont les mêmes.

Il est certain que certaines croyances se montrent beaucoup moins nuisibles que d'autres. Tout dépend de l'intensité de la peur qui les a engendrées. Par exemple, le fait de croire que tu dois manger trois repas par jour pour être en santé peut te convenir pendant de nombreuses années. Cette croyance peut être assez forte pour te faire vivre un mal de tête ou une faiblesse si tu sautes un repas, même si tu sais que tu as des réserves et que l'humain doit se nourrir moins physiquement et davantage psychologiquement et spirituellement. Arrivera un jour où tu t'apercevras que de croire à cela te nuit plus que cela t'aide. Tu pourras donc décider d'arrêter d'y croire et de t'ALIMENTER selon les besoins de ton corps.

La peur de devenir le contraire nous fait souvent tarder à changer nos croyances. Elle constitue une peur irréelle, car dès que nous prenons une décision basée sur notre besoin, nous pouvons être plus flexibles. Parfois nous agissons d'une façon, parfois d'une autre. Revenons à l'exemple de la personne qui croit qu'elle doit plaire pour être aimée. Lorsqu'elle réalisera le prix à payer de cette croyance et qu'elle prendra une nouvelle décision, elle saura quand sera le bon moment de plaire ou non. Sa décision ne sera plus basée sur la PEUR.

Nous devons être particulièrement alertes aux **croyances populaires** qui dirigent notre vie d'une façon inconsciente, telles que : dormir huit heures par jour pour être capable de faire sa journée, manger de la viande pour être fort, prendre trois repas par jour, souffrir pour garder la forme grâce à un programme strict de conditionnement physique, les courants d'air donnent la grippe, le rhume s'attrape en embrassant quelqu'un qui l'a, etc. Toutes ces croyances et bien d'autres, semblent anodines au départ, mais elles peuvent inconsciemment avoir un impact sur notre vie car elles nous empêchent d'écouter nos vrais besoins. Ces croyances populaires sont particulièrement fortes car elles sont entretenues par un grand nombre de personnes. Une croyance peut être aussi décrite comme un ÉLÉMENTAL.

En plus des croyances créées suite à nos expériences vécues plus jeunes, nous ne nous laissons pas seulement influencer par les croyances populaires mais aussi par les **croyances d'autrui**, surtout les personnes qui ont eu un impact sur notre éducation durant notre jeunesse. Bien entendu, ceci inclut nos parents. Il importe de réaliser que tu crois aux mêmes choses que celles-ci, non pas parce que tu as été influencé par elles mais plutôt parce que tu les as choisis puisqu'elles avaient les mêmes croyances que toi à régler. Comme cette notion est difficile à intégrer, il est suggéré de lire la définition de PARENTS et RESPONSABILITÉ.

Toutefois, ce que nous croyons – sans avoir vécu un incident à ce sujet durant notre enfance – s'avère beaucoup plus facile à changer puisqu'on ne l'a pas ressenti dans nos tripes. La croyance se retrouve dans la MÉMOIRE mentale seulement, donc, à un niveau moins profond que si elle existait, en plus dans la mémoire émotionnelle.

Il a été dit plus tôt que toutes nos croyances proviennent de peurs pour soi. Ces peurs peuvent être reliées à chacune de nos BLESSURES. Pour découvrir la croyance derrière une situation désagréable dans ta vie, voici les questions à te poser, étape par étape.

1) Cette situation désagréable m'empêche d'avoir, de faire, de dire et d'être quoi ? (La réponse à cette question te dévoile ce que ton être veut véritablement).

2) Si je me permettais de faire et d'être ce que je veux, que peut-il arriver de désagréable, à moi ou à quelqu'un d'autre ?

3) Si cette conséquence désagréable se produisait, je me jugerais ou on me traiterait d'être quoi ? (La réponse à cette question t'indique ce que tu crois).

4) Étant la personne que je suis aujourd'hui, suis-je assuré que cela est encore vrai pour moi ? (Si ta réponse est oui, cela signifie que cette croyance ne te fait pas encore assez souffrir pour la changer. Par contre, si la réponse est non, cette croyance n'est plus bénéfique pour toi).

Maintenant, que faisons-nous avec ces croyances une fois découvertes et reconnues comme n'étant plus bénéfiques pour nous ?

La première étape consiste à les remercier car elles nous ont été utiles et nous ont rendu service dans le passé. Elles nous ont protégés, car nous étions convaincus que si nous agissions à l'opposé, nous souffririons et que nous ne saurions pas gérer cette souffrance. La deuxième étape équivaut à ne pas s'en vouloir d'avoir cru à cela. Nous croyions en avoir besoin. Ensuite, remercier à nouveau cette croyance pour nous avoir fait découvrir ce dont nous ne voulions plus et, par conséquent, distinguer ce que nous voulons maintenant. Il ne reste plus qu'à prendre une nouvelle décision basée sur ce que nous voulons. Comme la croyance initiale a été basée sur un choix, il nous faut prendre une autre décision pour la remplacer. La croyance, n'étant plus nourrie par nous, manquera de nourriture et se désagrégera peu à peu pour devenir une mémoire inerte sans charge émotive, sans peur.

Un jour viendra où nous ne croirons plus en rien. À la place, nous *saurons* exactement ce qui nous est bénéfique car nous serons branchés à notre Source et en contact permanent avec nos vrais BESOINS. Nous serons dans le SAVOIR (mental supérieur) plutôt que dans le *croire* (mental inférieur).

CROYANCE RELIGIEUSE

Fait de croire à une vérité ou à l'existence de quelque chose; ce que l'on croit, conviction, dogme, foi religieuse. De tout temps, les croyances religieuses ont eu comme objectif de nous ramener à **DIEU**, même si ce Dieu porte des noms différents selon les civilisations. Les religions ont été formées il y a très longtemps dans l'intention d'aider et de guider les gens car, en ces temps-là, la plupart des humains n'étaient pas assez CONSCIENTS de leur grand pouvoir créateur pour se laisser guider par leur Dieu intérieur. Ils se sont donc laissés convaincre que les religions détenaient la vérité absolue pour eux. C'est pourquoi les religions sont devenues aussi dogmatiques. Leur vérité était incontestable.

Nous avons l'opportunité à présent d'avoir un grand choix d'enseignements religieux et spirituels transmis de nombreuses façons. Maintenant que l'humain est devenu plus éveillé, plus conscient, il doit utiliser son discernement pour choisir l'enseignement qui lui convient le mieux. Si faire partie d'un mouvement collectif ou d'une organisation religieuse aide une personne à trouver le bonheur, l'autonomie, la sérénité, la joie de vivre et, surtout, à mieux s'aimer, voilà un indice qu'elle se trouve sur le bon chemin pour elle.

Cependant, si l'enseignement reçu lui crée des peurs (comme la peur de SATAN), des craintes, des doutes, de la culpabilité, ce genre d'enseignement n'apparaît pas bénéfique pour elle. Il l'éloigne de l'harmonie qu'elle veut atteindre. La plupart des religions d'aujourd'hui se montrent de plus en plus conscientes de l'importance de l'AMOUR. Elles ont réalisé que l'être humain ne veut plus vivre de peurs. Bien souvent, ce n'est pas la religion même qui n'est pas bien structurée, mais les gens qui la représentent qui ne s'avèrent pas assez sensibilisés à de nouvelles façons de penser et d'agir. Chacun des humains se doit d'avoir un bon discernement pour choisir les gens qui les guideront.

Un jour viendra où nous saurons fondamentalement que nous sommes les seuls maîtres de notre vie. Alors, nous ne ressentirons plus le besoin de faire partie d'une association quelconque. Nous percevrons à travers toutes les fibres de notre être et de notre conscience que c'est notre **DIEU** intérieur qui nous guide indéniablement vers nos vrais besoins, sur le chemin de la sagesse, de l'amour et de la liberté.

CULPABILISATION

Le fait d'accuser quelqu'un d'autre, de vouloir le faire sentir coupable. Ce comportement nous indique que si nous osions ou lorsque nous nous autorisons à faire ce qu'un autre fait, nous nous sentons coupables. Nous essayons de le culpabiliser encore davantage lorsque nous ne nous permettons pas de le faire nous-même. Il est très dérangeant de constater que quelqu'un d'autre ose se permettre de faire ce que nous n'osons pas. Cet autre se trouve justement dans notre vie pour attirer notre attention sur notre propre CONTRÔLE et sur l'absence d'amour de nous-même.

CULPABILITÉ

Sentiment d'être coupable, fautif. Se culpabiliser, c'est se blâmer, se condamner pour quelque chose. La culpabilité représente une des plus grandes sources de souffrance et de misère humaine puisqu'elle nous empêche de nous accepter tels que nous sommes et de vivre nos expériences dans l'AMOUR DE SOI. Comme notre mission d'être sur terre consiste à évoluer et à vivre toutes sortes d'expériences dans l'acceptation pour parvenir un jour à redevenir pur esprit, nous devons nous rappeler que nous accuser est tout à fait le contraire de nous accepter. **Tant que nous nous accuserons de quelque faute que ce soit, nous resterons pris dans l'engrenage de la culpabilité, ce qui enfreint notre évolution spirituelle.**

Avec la nouvelle conscience en émergence, si nous voulons un jour basculer dans le monde de l'intelligence, nous devons, même si c'est contraire à l'éducation sociale, morale et religieuse, accepter le principe que nous ne sommes jamais coupables. Il est vrai que du point de vue mental, la culpabilité existe. Dans cet ouvrage, nous abordons le sujet du point de vue spirituel qui dit que **l'être en nous n'est jamais coupable puisqu'il est parfait.** Voilà un concept issu de l'ABSOLU, là où il n'y a ni BIEN ni MAL.

Voyons d'abord d'où vient la culpabilité. Ce sentiment provient de l'influence des parents, des éducateurs, des religions, de nos CROYANCES ainsi que de nos PEURS et de nos BLESSURES non réglées. Nous nous sentons coupables car nous croyons devoir faire ce que nous avons appris ou vivre selon certaines valeurs. Plus la croyance est forte, plus la culpabilité le devient. Nous nous sentons coupables face à nous-même et face aux autres. Lorsque c'est face à nous-même, nous sommes trop exigeants, nous nous en demandons trop, bref nous ne sommes pas réalistes. Cette culpabilité provoque donc de la colère contre nous car nous sommes désappointés face à nos attentes irréalistes envers nous-même.

Lorsque nous nous sentons coupables face à une autre personne, nous nous croyons alors responsables de son bonheur ou de son malheur. On nous a enseigné que lorsque nous agissions de façon contraire aux normes des adultes, par exemple si nous n'obéissions pas ou si nous ne réussissions pas dans nos études, nos parents et nos éducateurs devenaient très déçus. Nous en avons déduit que c'était de notre faute s'ils n'étaient pas heureux.

Ainsi, nous avons appris et cru que nous étions responsables du bonheur des autres plutôt que de notre propre bonheur. Par conséquent, la culpabilité engendre plusieurs peurs, dont celle de déplaire, d'être rejeté, de ne pas être à la hauteur des attentes des autres, etc.; en somme, nous éprouvons la peur de ne pas être aimé. L'être en nous souffre puisque plusieurs parties sont atteintes, dont la principale qui est l'estime de soi. Le seul moyen d'arriver à arrêter cette souffrance consiste à changer notre système de croyances pour arriver un jour à croire et à sentir que nous sommes des êtres uniques et remplis d'amour malgré certains comportements. Personne sur cette planète n'est ici pour rendre quelqu'un d'autre heureux. Personne n'a ce pouvoir.

Une autre raison qui explique pourquoi la culpabilité est si courante, c'est de croire qu'en nous sentant coupables, nous sommes plus sensibles et de meilleures personnes. Prenons l'exemple d'une maman qui a perdu le contrôle avec son enfant et qui l'a battu. Elle s'accuse d'avoir agi trop sévèrement envers lui, donc d'être une mauvaise mère, d'être INDIGNE. Elle se sent coupable de son comportement. Elle se promet bien de ne plus recommencer. Elle croit que le fait de s'en vouloir indique qu'elle regrette ce qu'elle a fait et qu'elle est une meilleure mère du fait de se sentir coupable. Il faut réaliser que plus nous nous sentons coupables, plus nous nous promettons de ne plus recommencer et plus nous récidivons. Pour mieux comprendre ce phénomène, se reporter au thème ÉLÉMENTAL. La culpabilité n'apporte jamais le résultat désiré. Il n'est donc pas intelligent de continuer à l'entretenir.

Comment arriver à ne plus te sentir coupable ? En réalisant que ce n'est pas toi, dans ton cœur, qui t'accuses mais une des parties de toi qui a appris que tel comportement était mal. Cette partie ne te donne pas le droit d'être humain avec des faiblesses, des peurs, des limites. Il est bien expliqué dans ACCEPTATION que moins on accepte un aspect de soi et plus celui-ci persiste et augmente. Revenons à l'exemple de la mère qui a battu son enfant. Si elle ouvre son cœur et perçoit sa motivation derrière ses agissements, elle va s'apercevoir qu'elle ne voulait pas nuire à son enfant. Elle avait atteint, voire dépassé ses limites, voilà tout ! Elle sait au plus profond qu'elle aime son enfant mais, étant humaine, elle a craqué. Elle ne pouvait faire mieux, faute de connaissance et d'expérience. C'est en acceptant ce fait qu'elle ouvre la porte pour perdre de moins en moins le contrôle. Cependant, notre EGO dit le contraire : il croit qu'en nous acceptant, nous continuerons le comportement indésirable. Ce n'est pas vrai. **Plus nous nous acceptons, même si nous ne sommes pas d'accord, plus ça change.**

Il arrive des circonstances où nous voulons volontairement faire du mal à quelqu'un, lui nuire. Pourquoi ? Parce que nous souffrons trop ! Sommes-nous coupables ? C'est la partie en nous qui souffre et qui croit que se venger est la seule solution pour arrêter la souffrance et qui nous pousse à agir de la sorte. Nous ne sommes pas coupables mais responsables des conséquences que cette vengeance apportera.

Voici le moyen par excellence de ne plus nous sentir coupables : **appliquer la notion de RESPONSABILITÉ**. Quand nous persistons à nous sentir coupables, nous nous contrôlons beaucoup. Ce contrôle mène à l'OBSESSION qui est considérée comme l'ENFER sur terre. Par exemple, la personne qui se sent coupable de manger à sa faim par peur d'engraisser. Cette peur l'obsède de plus en plus jusqu'au jour où elle perdra le contrôle et il lui arrivera ce qu'elle redoutait tant : prendre du poids. Il est donc très important de prendre tous les moyens possibles pour devenir conscient de cette culpabilité afin de la gérer. Voici quelques manières dont elle s'exprime :

- Lors d'un accident, douleur soudaine ou de toute BLESSURE PHYSIQUE;

- Quand tu t'excuses ou tu te justifies;

- Quand tu essaies de culpabiliser une autre personne;

- Quand tu ne te permets pas quelque chose qui te ferait plaisir par peur de…;

- Quand tu utilises des mots au conditionnel : « j'aurais dû », « je ne devrais pas », etc. (Dire à la place : « j'ai appris que, je tire une leçon de…»);
- Quand tu t'accuses mentalement.

En résumé, retenons que la culpabilité représente une des plus grandes entraves à l'amour de soi et à l'évolution de l'être. **Elle contribue à nous maintenir dans ce que nous ne sommes pas.** Elle enlève la joie de vivre, le goût du risque; elle apporte des peurs et engendre des problèmes de santé. Décidons que ce n'est plus intelligent pour nous de continuer à entretenir autant de culpabilité.

DÉCENTRÉ

Se référer à **CENTRÉ (être)**

DÉCEPTION

État d'une personne déçue, trompée dans ses attentes, ses espérances; désappointement, déconvenue. Il est normal et humain de ressentir parfois de la déception. **Les déceptions proviennent de nos ATTENTES** : des attentes face à soi ou face aux autres. En général, nous sommes déçus de nous-même quand nous sommes trop exigeants face à nous : nous nous en demandons trop. Notons qu'il n'y a qu'un pas entre la déception et la CULPABILITÉ.

Généralement, nous sommes déçus des autres quand nous avons négligé de prendre des ENTENTES ou des ENGAGEMENTS clairs au préalable. La déception est vécue encore plus fortement lorsqu'il y a eu une entente claire et précise et que celle-ci n'est pas tenue ou respectée. Il est tout à fait normal et humain de vivre ce genre d'émotion lorsque cela se produit. Si ça se présente trop souvent, il est temps de faire une INTROSPECTION pour découvrir pourquoi tu t'attires ce genre de situation. Le moyen par excellence est l'approche du MIROIR. Chaque déception te rappelle le besoin d'une communication plus claire ou t'amène un message indiquant d'être plus flexible et indulgent envers toi et les autres.

DÉCISION CONSCIENTE

Résolution; jugement qui apporte une solution. Le pouvoir de décision est celui qui, en général, a le plus d'impact sur notre vie, car les décisions influencent nos désirs et nos actions. Tout découle de nos décisions conscientes ou inconscientes. Lorsqu'elles sont prises *consciemment*, notre vie prend une toute nouvelle direction : les idées surgissent favorablement, les occasions se présentent et tout se met en branle vers le processus de réalisation de nos désirs. Les actions faites suite à une décision consciente, basée sur un désir ou un vrai besoin, sont plus efficaces et produisent immanquablement des résultats selon notre besoin.

Le pouvoir de décision est si puissant que nous pouvons l'utiliser en tout temps et renverser une situation qui nous cause une difficulté. Voici un exemple : un homme quitte sa conjointe pour des raisons obscures. La femme délaissée a le choix, de s'abandonner à son triste sort et d'accuser son conjoint ou de décider *consciemment* de se prendre en main et de réagir favorablement en se disant : « Ce qui m'arrive n'est pas facile, je le reconnais car ce n'était pas prévu. Même si je ne comprends pas pourquoi ça m'arrive, je *décide* d'aller de l'avant, de tourner la page et de passer à autre chose. Je sais que je vais m'en sortir. » Dès l'instant où elle se décide, les portes s'ouvrent devant elle pour l'aider, elle reçoit de nouvelles idées et puise dans ses réserves de courage pour s'en sortir. Ça se passe ainsi dans tous les domaines. Dès l'instant où une décision est prise consciemment, la personne tire profit de tout ce qui lui arrive et vit de véritables transformations à tous les points de vue. Par contre, il y a le genre de personne qui décide mais qui a de la difficulté à passer à l'action suite à sa décision. Si c'est le cas, se référer à ACTION (passer à l').

Les personnes qui ont de la difficulté à se décider se retrouvent avec une vie morne et vide d'intérêt. Elles ont l'impression de végéter et de tourner en rond. Cette difficulté peut provenir d'un manque d'ESTIME d'elles-mêmes. Elles ne sont pas assez conscientes de leur grande VALEUR et de leur pouvoir de créer leur vie. Ça peut venir aussi d'un manque de contact avec leurs DÉSIRS et leurs BESOINS. De plus, la peur de se tromper et de prendre la mauvaise décision représentent des raisons très courantes de la difficulté à se décider. On les retrouve surtout chez les grands perfectionnistes.

Souviens-toi qu'**il n'y a jamais de mauvaise décision. Tout est expérience.** Si tu as plusieurs possibilités et que tu ne peux te décider, détermines le degré d'importance pour toi de 1 à 10 de chacune des possibilités et choisis la plus importante du moment. Sache que peu importe tes décisions, tu en retireras toujours des aspects bénéfiques. Une fois que tu auras passé à l'action, tu sauras si ton choix était bénéfique ou non pour toi. Si cette décision ne t'apporte pas les résultats escomptés, il est toujours possible de décider autre chose. **Une vie bien vécue est remplie d'expériences.** N'oublions pas que la vie est une suite de décisions. N'avons-nous jamais remarqué que les grands changements, les grandes transformations se font toujours suite à une décision majeure ou radicale ?

D

DÉCISION INCONSCIENTE

Nous prenons beaucoup plus de décisions d'une façon inconsciente que consciente. Pourquoi ? Parce que nous sommes conscients à environ seulement 10 % de ce qui se passe à l'intérieur de nous. La grande majorité de nos CROYANCES, par exemple, proviennent de décisions inconscientes. Nous faisons de nombreux choix en croyant savoir pourquoi alors qu'ils sont motivés par une BLESSURE émotionnelle non réglée. Voilà pourquoi il est si urgent que l'humain devienne de plus en plus CONSCIENT. Il saura pourquoi il s'attire des situations éprouvantes ou agréables et sera plus en mesure de décider davantage en fonction de ses besoins.

DÉCOURAGEMENT

Perte de courage; état d'une personne démoralisée, abattue. Quand une personne vit une période de découragement, elle sent infailliblement une baisse soudaine d'énergie envahir son corps tout entier. Une telle personne est portée à s'approprier surtout le côté négatif et pessimiste d'une situation. La plupart du temps c'est une condition passagère. Ces périodes de découragement arrivent souvent parce que nous n'étions pas préparés à certaines conséquences ou à des circonstances imprévues.

Tout être humain n'est pas à l'abri d'un découragement. Même lorsqu'une personne vit une période excitante et dynamisante, elle peut parfois ressentir des périodes de découragement temporaires, ce qui lui donne l'heure juste sur ce qu'elle vit au plus profond d'elle-même. Prenons comme exemple une personne qui est très excitée et même survoltée à l'idée de réaliser un projet d'envergure et qui lui tient très à cœur. Elle s'exécute, s'applique à bien le faire et tout va bien. Voilà que, tout à coup, sans raison apparente, elle se sent habitée par un sentiment de découragement devant l'inconnu et l'ampleur de la tâche. Des doutes et des inquiétudes font surface et la paralyse temporairement. Ce découragement aura comme bienfait de l'aider à devenir consciente de PEURS qu'elle avait refoulées. Le fait d'accepter ce qui lui arrive en prenant conscience que ce sont ses peurs qui prennent toute la place va l'aider à se sortir de ce découragement plus vite. Si elle s'en veut de se décourager, si elle ne se le permet pas, le découragement prendra plus d'ampleur.

D

S'il t'arrive de vivre un moment de découragement, prends le temps de bien respirer; cela t'aidera à te centrer. Ensuite, vérifie tes priorités, va à l'essentiel avant de t'attaquer à des situations qui ont pris des proportions inattendues ou qui sont peut-être devenues trop lourdes ou ardues dans le moment. Si ça semble trop difficile, peut-être que tu es trop exigeant, que tu t'en demandes trop ou que tu vis trop d'ATTENTES en voulant contrôler tout ce qui arrive.

Pour résumer, il est important de prendre le temps de faire le point sur ce qui arrive, de LÂCHER PRISE, de se faire confiance et surtout de ne pas dramatiser. Ces moments de découragement sont souvent seulement des « instants ». Donnons-leur le temps de passer et de s'en aller. En les regardant passer, sans jugement, ni critique, ni accusation envers soi ou quelqu'un d'autre, ils reviendront de moins en moins souvent et dureront de moins en moins longtemps.

DÉCROCHER

Décrocher peut se définir comme abandonner une activité; cesser de s'intéresser à quelque chose; renoncer à suivre, à comprendre. Dans le présent ouvrage, décrocher signifie LÂCHER PRISE, s'abandonner, remettre sa CONFIANCE en l'UNIVERS. Lorsque nous refusons de décrocher d'une situation ou d'un passé parfois douloureux, telle une idée fixe, cela contribue à nous faire revivre les situations et beaucoup d'émotions inutilement. Il devient même impossible de jouir de son moment présent et d'être objectif. L'orgueil prend le dessus car on croit être les seules personnes à détenir la vérité ou la solution à des problèmes, alors qu'il existe plein d'alternatives possibles. En somme, refuser de décrocher nous garde emprisonnés et nous empêche de trouver la solution adéquate pour nous. De plus, cela écarte l'intérêt à vouloir s'améliorer et à expérimenter du nouveau.

D

Pourtant, nous remarquons que lorsque nous décrochons d'une situation problématique et que nous cessons de vouloir CONTRÔLER ou comprendre à tout prix, des solutions apparaissent peu de temps après et tout se replace beaucoup plus rapidement. Décrocher nous permet de nous reposer, de lâcher prise, d'avoir un regard neuf, objectif, des idées plus claires et même d'éviter le piège de la compulsion ou de l'obsession. Décrocher est donc important pour nous donner un nouveau souffle, un nouvel élan vers ce que nous voulons.

DÉDOUBLER (se)

Se diviser, se partager en deux. Nous pouvons vivre ce type d'expérience dans un moment de détente, lorsque le CORPS ASTRAL se détache du corps physique pour expérimenter dans le monde de l'ASTRAL, ce qui s'appelle faire une sortie astrale ou un voyage astral. Nous vivons tous ce type d'expérience dans notre sommeil. Par contre, il y a des maîtres sur cette planète qui arrivent à se dédoubler consciemment afin d'être présents à deux endroits en même temps.

Il ne faut pas confondre avec un dédoublement de personnalité, reconnu comme un trouble psychique. C'est la coexistence chez une même personne de deux types de conduite, une première, consciente et adaptée socialement, et une deuxième (ou plusieurs autres), tout à fait différente de la première et qui est motivée inconsciemment. La première personnalité ne se souvient pas de ce que la deuxième fait, dit, ressent ou pense. Ces cas se produisent en général chez des personnes qui ont beaucoup souffert ou vécu de graves abus étant jeunes. Se créer une autre personnalité fut un moyen pour survivre à ce moment-là.

DÉDRAMATISER

Se référer à **DRAMATISER**

D

DÉDUIRE

Tirer comme conséquence logique. C'est faire sa synthèse à partir de ses propres données, c'est-à-dire en étant influencé par nos filtres, nos CROYANCES et nos BLESSURES. Prenons l'exemple de deux frères adolescents. Ceux-ci voient souvent leurs parents se disputer à propos de tout et de rien. L'un d'eux peut en être très affligé, en souffrir et déduire que de vivre en couple n'est pas tellement agréable et décider de ne jamais s'engager dans une relation de couple. Tandis que cette même attitude des parents peut laisser l'autre adolescent plutôt indifférent, car il en déduit que c'est leur façon à eux de communiquer. Selon leurs perceptions, ces deux ados renforcent leurs déductions qui deviennent des croyances face à la vie de couple, ce qui les influencera beaucoup plus tard.

Toute déduction est donc conçue à partir de notre perception, de ce nous ressentons, de ce qui influence nos décisions en rapport aux expériences que nous vivons. Il est très recommandé de vérifier avec les autres personnes en cause si nos déductions s'avèrent justes et réalistes, car il y a malheureusement beaucoup d'émotions vécues à cause de déductions erronées.

Lorsque tu fais ta RÉTROSPECTION à la fin d'une journée, il est souhaitable d'en profiter pour remettre en question toutes les déductions faites à ton sujet ce jour-là, par exemple si tu as déduit que tu as été nul suite à un oubli ou à une fausse manœuvre. Il est important de vérifier si tes déductions viennent de ton CŒUR, c'est-à-dire suite à une observation ou de ton EGO, c'est-à-dire suite à un jugement de bien ou mal.

DÉFAITISME

Se référer à **NÉGATIVISME**

DÉFOULER (se)

Se libérer de contraintes, de tensions diverses; extérioriser ses instincts, son agressivité; « sortir un surplus » soit de colère, d'agressivité ou même d'enthousiasme. Nous pouvons nous défouler et sortir notre trop plein d'énergie en nous amusant, en pratiquant un sport, en faisant de l'exercice et même en hurlant, en fait, tout ce qui aide à décompresser. Se défouler ainsi est donc bénéfique et salutaire puisqu'il permet de rééquilibrer nos corps physique, émotionnel et mental, en autant que cela ne nous amène pas à des actes répréhensibles ou regrettables, comme frapper quelqu'un ou faire quelque chose qui puisse nuire.

La personne qui se défoule en perdant le CONTRÔLE de ses paroles ou de ses actions est celle qui s'est trop retenue, contrôlée. L'idéal consiste à vivre son moment présent, à COMMUNIQUER et à s'exprimer au fur et à mesure au lieu de refouler. Se défouler peut aussi vouloir dire raconter ses problèmes à quelqu'un, à la personne concernée ou à une tierce personne. Cela n'est bénéfique que si la personne est à la recherche de solutions et ne se défoule pas en accusant. Sinon, c'est une dépense d'énergie totalement inutile car, en plus d'alimenter le problème existant, cette attitude finit par l'éloigner des gens.

DÉLÉGUER

Transmettre, confier une responsabilité à un subordonné. Charger d'une mission en transmettant son pouvoir. Vu sous cet angle, déléguer semble être quelque chose de très libérateur. Alors, pourquoi est-ce si difficile pour plusieurs personnes ? Voici quelques raisons :

Certaines personnes ont de la difficulté ou sont totalement incapables de faire confiance aux autres. D'autres se croient indispensables, de sorte qu'ils se sentent obligés de tout faire par eux-mêmes. Plusieurs craignent que ce qu'ils délèguent ne soit pas fait à leur goût, à leur façon. Quelques-uns ne peuvent supporter que les gens empiètent dans leurs affaires. D'autres croient que déléguer signifie être paresseux, faible ou diminué. Certaines personnes n'ont même jamais envisagé l'idée que cela était possible.

En bout de ligne, la raison principale est que la plupart des gens veulent CONTRÔLER pour toutes sortes de raisons. Dans beaucoup de domaines, il nous est encore difficile de LÂCHER PRISE, de faire CONFIANCE. Par conséquent, en refusant de déléguer, nous sommes contraints de tout faire par nous-même. Nous aimerions nous abstenir de faire certaines tâches devenues fastidieuses, mais, en même temps, nous refusons de nous le permettre pour une raison ou pour une autre. Nous nous emprisonnons.

Si tu es le genre de personne qui ne voit pas l'utilité de déléguer, car tu aimes vraiment tout faire par toi-même, c'est ton choix. Mais es-tu vraiment bien dans ce choix ? Est-ce que tu choisis de tout faire par toi-même par peur de quelque chose ou par amour pour toi ? Il arrive très souvent que ceux qui ne veulent pas déléguer agissent ainsi parce qu'ils se croient autonomes. Ça ne représente pas de l'autonomie mais plutôt de l'INDÉPENDANCE. Est-ce ton cas ?

Sache qu'il est difficile, voire impossible, de tout faire, tout en voulant vivre de nouvelles expériences. L'important consiste à en être conscient, à être alerte et prêt à déléguer au moment où tu en auras besoin, en te demandant : « Quelle est la pire chose qui pourrait arriver si je déléguais ceci, cela ? Quel serait le prix à payer ? » La plupart du temps, il n'y en a pas ou très peu, ou mieux encore, cela apporte une possibilité nouvelle que tu n'avais peut-être jamais envisagée.

Déléguer demande une ouverture d'esprit et une certaine souplesse, car une vraie délégation est faite avec confiance. Si nous déléguons pour ensuite tout surveiller et contrôler, on ne peut appeler ceci de la délégation, car cela demande encore plus d'énergie que de le faire nous-même. La même chose s'applique au travail. Nous savons que pour mener et faire évoluer une entreprise, les administrateurs et cadres supérieurs n'ont pas d'autres alternatives que de déléguer à des subalternes. Ils doivent s'entourer de gens de confiance, sinon l'entreprise en souffrira. Déléguer est donc un gage de confiance. Réalisons que ceux qui nous délèguent reconnaissent notre valeur, nos talents et nos capacités. En plus, cela aide à accepter et à vivre plus facilement l'étape où une personne est obligée d'arrêter de faire certaines choses parce qu'elle vieillit.

D

Les gens capables de déléguer ont beaucoup à gagner. On dit même que lorsque nous avons appris ce qui nous était utile dans un certain domaine, il est temps de passer à autre chose. C'est une façon intelligente d'évoluer dans la vie. Nous devons cesser de croire que parce que nous décidons de déléguer, nous perdons de notre valeur. Au contraire, cela s'appelle de la SAGESSE. Plus nous déléguons, plus nous nous dirigeons vers ce que nous voulons vraiment faire et être. Cela ouvre la porte à la LIBERTÉ.

DEMANDE

Demander, c'est faire savoir à quelqu'un ou à plusieurs ce qu'on veut, ce qu'on souhaite obtenir; réclamer, revendiquer. Formuler ses demandes s'effectue de bien des façons. Il y a les demandes faites à l'Univers et celles qu'on adresse aux autres. Si quelqu'un n'ose jamais présenter ses demandes à qui que ce soit et qu'il a un besoin précis, cela risque d'être difficile puisqu'il n'est pas habitué d'agir ainsi. Peut-être craint-il un refus ou encore a-t-il peur de passer pour une personne faible ou dépendante ? Par contre, quelle grande occasion de s'ouvrir, de développer la confiance en soi et de surmonter certaines peurs, dont celle du rejet.

Néanmoins, il est essentiel d'être authentique et clair dans ses demandes, autrement la COMMUNICATION est impossible et demeure stérile. Toutefois, adresser ses demandes ne signifie pas que les autres sont automatiquement obligés de répondre à nos DÉSIRS. Nous devons accepter cette réalité. Nous devons être capables d'assumer les conséquences d'un refus en reconnaissant que les autres ont aussi le droit de refuser ou d'accepter, de même que nous envers les autres. En acceptant cette perspective, nous nous ouvrons à plusieurs autres possibilités, à différentes formes d'aide que nous n'aurions peut-être jamais imaginées.

Sachons que grâce aux demandes que nous faisons, nous pouvons développer l'autonomie, car cela nous aide à nous libérer de certaines tâches dont nous voudrions à la longue nous dispenser ou éliminer en vue de faire davantage ce que nous aimons. En plus, cela nous permet de vivre de nouvelles expériences. À l'inverse, si une personne ne fait jamais aucune demande, elle risque fort bien de se sentir oppressée par obligation de tout faire par elle-même. Elle risque de se sentir emprisonnée dans son quotidien et de ne pas avoir l'énergie et le temps de se réaliser dans de nouvelles expériences. Il arrive fréquemment que l'humain ne distingue pas les termes « AUTONOMIE » et « INDÉPENDANCE ». Ce fait peut l'empêcher de faire ses demandes.

D'autre part, les demandes faites à l'UNIVERS sont un peu plus subtiles. Avant de faire une demande pour obtenir un travail, un bien matériel, la santé, l'abondance ou avoir un conjoint, un enfant, etc., il est bon de prendre le temps de vérifier en nous quels sont nos véritables besoins à ce moment-là. Qu'est-ce qui nous ferait sentir utiles et qui nous aiderait en tant qu'être ? Quelles peuvent être les conséquences d'obtenir une telle demande ? Pour le savoir, nous devons vérifier en nous s'il y a un prix à payer et si ce dernier n'est pas trop élevé pour nos limites du moment. Ensuite, se demander si nous sommes prêts à assumer les conséquences de nos choix et des demandes obtenues.

Prenons l'exemple d'un couple qui désire avoir un enfant. Le prix à payer pourrait être de renoncer à une certaine liberté à laquelle ils sont habitués, l'obligation de devoir s'occuper de quelqu'un d'autre, les frais de tous genres à faire face et ainsi de suite. Dans ce cas, il est suggéré de relever les « avantages » et « désavantages » et de vérifier comment ils se sentent avec cette liste. De plus, sont-ils prêts à assumer les conséquences des imprévus qui pourraient arriver ? L'outil BILAN DE VIE peut t'aider à faire des choix conscients. Il est important de te souvenir que toute demande à l'Univers doit t'aider à « être » mieux, à grandir intérieurement.

D

Il y a maintes occasions chaque jour de faire des demandes et ce, dans tous les domaines : pour une augmentation de salaire, pour vouloir se faire accompagner lors d'une sortie, pour demander un prêt ou de l'aide morale ou physique, etc. Si tu crains de faire tes demandes, tu peux utiliser cette phrase qui aide beaucoup à passer à l'action : « Quelle est la pire chose qui peut m'arriver si quelqu'un refuse ? » De plus, tu peux te rappeler toutes les fois où tu as fait des demandes et où tu as obtenu satisfaction facilement.

Quand nous n'osons jamais faire nos demandes, nous nous disons non à nous-même, nous bloquons une belle récolte. Ainsi, continuons de faire nos demandes en voyant les aspects bénéfiques qui en découlent. L'important dans la vie est de ne jamais perdre son but de vue.

DÉMON

Se référer à **SATAN**

DÉPENDANCE AFFECTIVE

Dépendre de quelqu'un ou de quelque chose pour son bonheur. La dépendance affective débute très tôt alors qu'un enfant vit un manque affectif avec le parent du sexe opposé. L'AFFECTION qu'il recherche ne lui est pas apportée par ce parent. L'enfant croit que ce manque lui est imputable, c'est-à-dire qu'il n'est pas assez aimable pour avoir de l'attention, de l'amour. Pour survivre à la douleur qu'il vit, il décide d'adopter un comportement qui n'est pas le sien. Il tente de devenir ce qu'il croit que son parent du sexe opposé aimerait qu'il soit ou il se révolte et devient le contraire de ce que ce parent aimerait. Il se trouve un dérivé physique, par exemple un aliment sucré ou un jeu vidéo, qui lui apporte une illusion de plénitude pour remplir le vide ressenti par son manque d'ESTIME de lui-même. Voilà pourquoi, devenu adulte, cet enfant continue de chercher l'amour à l'extérieur de lui et développe des DÉPENDANCES PHYSIQUES. Nous savons donc que cette personne vit un manque profond au niveau de l'amour et de l'estime d'elle-même.

La personne dépendante est en général une personne hyperémotive. Elle vit beaucoup d'attentes, d'émotions et de peurs, comme celle de perdre la personne aimée, ce qui engendre souvent de la JALOUSIE. Elle sent alors un vide important et c'est pourquoi elle recherche inconsciemment la présence constante des autres. Une personne dépendante souffre quand elle n'a pas l'attention désirée, principalement de la personne aimée. Comme il est impossible de recevoir toujours d'autrui une attention continuelle et, même si elle l'obtenait, sa satisfaction ne serait que temporaire, puisque c'est toujours à recommencer.

Il y a plusieurs façons de reconnaître sa dépendance affective. En plus d'être dépendant de la *présence* et de l'*attention* de l'autre, on peut dépendre des *compliments* ou de la *reconnaissance* de l'autre pour se croire aimable. Certains ont sans cesse besoin de l'*accord* ou de l'*opinion* du conjoint avant de prendre une décision ou pour se sentir bien s'ils décident par eux-mêmes. Si l'autre n'est pas d'accord, ils s'en veulent d'avoir pris une certaine décision. Certains sont dépendants de se *sentir utiles* et du *bonheur* de l'autre. Si l'autre n'est pas heureux, ils ne peuvent l'être.

Dans un couple, la dépendance est mutuelle. Il ne peut y avoir qu'un seul dépendant. Parfois, un seul semble l'être tandis que l'autre apparaît très indépendant. En réalité, celui-ci est dépendant de la dépendance de l'autre. Permettre à quelqu'un d'autre de devenir dépendant de nous fait partie d'un jeu de pouvoir. En effet, le sentiment de pouvoir que nous éprouvons lorsque nous croyons que l'autre ne peut vivre sans nous n'est qu'une illusion et ne sert qu'à gonfler notre EGO.

Quand on dépend d'une autre personne pour son bonheur et que l'autre relève de nous pour être heureux, la charge affective devient alors beaucoup trop lourde et on finit par craquer. Un COUPLE qui désire entreprendre une démarche vers l'autonomie et l'amélioration de leur relation de couple aura avantage à utiliser l'outil principal qui consiste en la COMMUNICATION profonde. Il est essentiel de parler ensemble mais en éloignant toute forme de critique ou de jugement envers l'autre et soi-même. De plus, il est recommandé de partager chacun ses points de vue en parlant de ce qu'il ressent et tenter de trouver des moyens pour s'aider mutuellement. Encore une fois, tout doit se faire dans l'ÉCOUTE, l'ACCEPTATION et le RESPECT de chacun. Au fil du temps, les deux conjoints finiront par devenir moins dépendants l'un de l'autre car ils apprendront à reconnaître leurs désirs et leurs besoins respectifs.

D

Si tu te considères comme une personne vivant de la dépendance affective, il est essentiel de te donner le droit d'être tel que tu es pour le moment, sans te critiquer et te donner le temps de parvenir à l'autonomie. Ce n'est pas du jour au lendemain qu'une attitude intérieure profonde se transforme. Cela se fait graduellement avec beaucoup d'indulgence et d'AMOUR. Donc, accepte-toi, apprécie-toi et estime-toi pour la valeur de ton être, plutôt que par les actions que tu fais. Valorise qui tu es, reconnais tes forces, tes talents et ton potentiel.

Tu peux décider de commencer à pratiquer seul certaines activités que tu aimes. Par exemple, marcher seul, prendre un stage seul sans toujours être accompagné par une autre personne, prendre tes propres décisions sans attendre l'approbation des autres, etc. En somme, ne pas toujours attendre après quelqu'un pour décider et agir. Par contre, tu ne dois pas déborder dans l'autre extrême et ne plus jamais rien demander aux autres. Il ne s'agit pas de devenir INDÉPENDANT mais AUTONOME.

Combler tes besoins affectifs consiste également à apprendre à te réconforter quand tu es triste en te fournissant toi-même l'attention et le support dont tu as besoin. Apprends à être à l'écoute de tes goûts, de tes DÉSIRS et de tes BESOINS. Identifie ce qui te fait sentir bien, heureux, en sachant que tu es unique et spécial; offre-toi concrètement ce que tu souhaiterais recevoir des autres et ce, avec la même joie et la même intensité que si tu le recevais d'une personne chère. Quand on est comblé affectivement, on ne recherche pas autant l'approbation et l'amour des autres. On comble soi-même nos besoins essentiels comme la tendresse, la reconnaissance et le fait de se sentir aimé mais sans le rechercher; tout cela se fait automatiquement.[3]

DÉPENDANCE PHYSIQUE

D

Besoin compulsif, soit d'absorber une substance quelconque ou d'agir de manière à faire cesser un malaise psychique ou psychologique. Que ce soit par l'alcool, le tabac, la drogue, le sucre, les médicaments, le café, les liqueurs douces, certains aliments, le sexe, le sport, la télévision, l'Internet, la musique, la lecture, le magasinage, le jeu, etc., dépendre d'un ou de plusieurs de ces éléments pour notre bonheur symbolise un appel à l'AMOUR DE SOI. Tout ce qui se passe dans notre vie reflète ce qui se produit en nous. Tout est là pour nous instruire, même les dépendances physiques. Elles nous indiquent notre degré de DÉPENDANCE AFFECTIVE.

D'abord, comment savoir si ton désir est une dépendance ou non ? Par exemple, tu veux savoir si le fait d'absorber un verre de vin tous les jours est devenu, avec le temps, une dépendance ou une HABITUDE. Pour ce faire, tente de t'en abstenir pendant au moins une semaine. Si tu n'en souffres pas et que tu peux facilement passer à autre chose, c'est signe que ce n'est pas une dépendance. Ce verre de vin répond à une préférence ou à une habitude. Mais si tu en souffres, ou si tu t'en prives en te contrôlant, c'est-à-dire en y pensant beaucoup et en te retenant difficilement, c'est une dépendance.

Il y a deux facteurs pour évaluer le degré de dépendance : le premier est le degré de souffrance causé par le manque, et le deuxième, le degré d'effets nocifs causés par la dépendance. Exemple : une dépendance à la drogue est plus nocive qu'une dépendance à la lecture. **Plus une personne souffre de ce qui lui manque, plus la dépendance est importante et plus son âme crie au secours !**

---

3   Pour plus de détails, il est suggéré de lire le livre "Les 5 blessures qui empêchent d'être soi-même".

Certaines personnes disent n'avoir aucune dépendance. Si tu es parmi celles-là, es-tu assuré de ne pas te contrôler, de ne pas te retenir ? Si c'est le cas, ta dépendance est tout aussi présente. Un moyen de le vérifier consiste à observer ton attitude envers les autres, surtout avec tes proches. Leur dépendance te dérange-t-elle ? Essaies-tu de les convaincre d'arrêter ou de se retenir, ou les critiques-tu intérieurement ? Cela indique clairement ton propre contrôle. Par exemple, lorsqu'une personne se passe de sucre vraiment par choix et non par contrôle, elle n'est pas dérangée par les autres qui mangent beaucoup de sucre. Si tu es le genre de personne à avoir besoin de quelque chose à l'occasion, que ça ne dure que quelques jours ou quelques semaines, cela indique plutôt de la COMPULSION.

D

Toutes les dépendances physiques sont un message déterminant qui nous indique ce qui se passe en nous. Elles reflètent notre dépendance affective. Ceux qui ne veulent pas le reconnaître sont ceux qui ne veulent pas admettre qu'une partie d'eux est hors contrôle.

Toutefois, il ne s'agit pas d'éliminer toutes les dépendances, car il n'y a ni bien ni mal à être dépendant, il s'agit simplement de les accepter et d'apprendre à se connaître à travers elles. C'est ainsi que nous arriverons à la MAÎTRISE. L'étape principale est toujours **l'acceptation**, se donner le droit d'avoir des dépendances en évitant de se juger et de se contrôler, en sachant que nous sommes sur terre pour grandir et que ce n'est pas parce que nous avons encore des dépendances que nous ne sommes pas bien. Il devient ainsi plus facile d'avoir de la compassion pour soi et les autres qui ont beaucoup de dépendances et de sentir l'incapacité parfois de se priver de sa dépendance. Sachons également que lorsqu'une dépendance est acceptée, elle ne représente pas une entrave à notre évolution. Au contraire, elle nous aide à nous diriger davantage vers l'AUTONOMIE affective, puisque le fait de l'accepter contribue à sa décroissance graduelle. L'acceptation d'une dépendance nous conduit donc vers la LIBERTÉ.

DÉPRÉCIATION

Diminuer, sous-estimer, dénigrer; ne pas apprécier sa valeur actuelle. La dépréciation est le contraire d'apprécier ou de s'apprécier. Quand on se déprécie, on bascule facilement dans la COMPARAISON, l'autocritique et le jugement, donc la non-acceptation. Demandons-nous ceci : « Est-ce que le fait de me déprécier m'a déjà aidé à m'améliorer ? À régler certaines difficultés ? À être mieux dans ma peau ? À me valoriser ? À mieux m'aimer ? » Reconnaissons qu'il n'y a aucun aspect constructif à se déprécier ou à déprécier quelqu'un d'autre, sinon qu'il peut être un outil pour apprendre à s'observer, à se connaître et à découvrir sa VALEUR PERSONNELLE.

Te déprécies-tu en croyant être une personne humble ? Si oui, il est suggéré de te référer à HUMILITÉ. Par exemple, une personne qui se déprécie, ne se croyant pas assez compétente pour faire une certaine activité ou pour accomplir une tâche, doit reconnaître que les autres, les personnes qu'elle ADMIRE, qu'elle qualifie comme étant mieux qu'elle n'ont en réalité que des expériences, des connaissances et des qualificatifs différents des siens. Elles ne sont ni meilleures, ni moins bien qu'elle. Peut-être se disent-elles la même chose à son égard ? Qui sait ! Puisque se déprécier n'aide personne, n'est-il pas plus sage de décider de s'accepter dès maintenant en tant qu'humain, avec nos forces et nos faiblesses ? Si c'est ton cas, une bonne habitude à prendre est de te faire dix compliments par jour.

DÉPRESSION

Selon le dictionnaire, la dépression est un état mental, pathologique caractérisé par du découragement, de l'anxiété et de la faiblesse, marqué par une tristesse avec douleur morale, une perte d'estime de soi. Le mot l'indique bien « dé-pression ». Il équivaut à ne plus mettre de pression ou de concentration pour opérer. Quand une personne croit que tout va mal, il est vrai que tout lui apparaît ambigu, terne, embrouillé. Elle se sent triste, déchue, abattue, faible et seule au monde. Elle éprouve une baisse accrue de son énergie et perd le goût de vivre. Elle abdique en quelque sorte. Une personne qui vit cet état ne voit plus à quel point elle est importante. Elle se sent prise dans un tunnel sombre, sans issue.

Voici la définition métaphysique d'un état dépressif tel que décrite dans le livre ***Ton Corps dit : Aime-Toi !*** : *Les symptômes majeurs de la dépression sont la perte d'intérêt ou de plaisir lors des activités habituelles, un sentiment de désespoir ou d'abattement, associé à de la fatigue ou à une diminution d'énergie et de la concentration, de l'indifférence, un désintérêt, du découragement, un repli sur soi et la rumination mentale. En général, l'individu qui en souffre ne veut pas se faire aider; il préfère que ce soit les autres qui changent. Il dort mal, même avec l'aide de somnifères. Il s'exprime peu et a plutôt tendance à fuir le monde. Il peut même avoir des idées suicidaires. Il arrive fréquemment que la dépression soit confondue avec le burnout.*

La dépression est le moyen utilisé par une personne pour ne plus avoir à vivre de pression, surtout affective. Elle n'en peut plus; elle en est rendue à sa LIMITE. La personne ayant des tendances dépressives a des conflits à régler avec son parent du sexe opposé. C'est ce qui explique que, très souvent, la personne en dépression va s'en prendre à son conjoint sur qui elle fait du transfert. Ce qu'elle fait vivre à son conjoint, c'est ce qu'elle aurait voulu faire vivre à ce parent mais elle s'est retenue. En refusant de se faire aider, cette personne continue à alimenter la RANCUNE ou la HAINE qu'elle vit face à ce parent et elle s'enfonce dans sa douleur.

*Plus l'état dépressif est grave, plus la BLESSURE a été vécue fortement étant jeune. Les blessures peuvent être les suivantes : **rejet, abandon, humiliation, trahison** ou **injustice**. Pour causer un si grand déséquilibre mental, telles que la dépression et la psychose maniaco-dépressive, il a fallu que la douleur soit vécue dans l'isolement. Jeune, cette personne n'avait personne à qui parler et faire entendre ses questions et ses angoisses. Elle n'a donc pas appris à se fier aux autres; elle a bloqué ses désirs et s'est finalement repliée sur elle-même, tout en développant de la rancune ou de la haine.*

Lise Bourbeau & Micheline St-Jacques

Comme la personne dépressive en général ne veut pas s'aider ou se faire aider, ce sont les personnes qui l'entourent qui essaient de régler son problème. Si tu es une de ces personnes en train de lire ce livre, il est suggéré d'être très ferme avec la personne dépressive et de lui dire que personne au monde ne peut vraiment l'en sortir de façon définitive si ce n'est elle-même.

La chose la plus importante qu'elle doit ACCEPTER, c'est que son état dépressif est causé par la grande douleur subie étant jeune au niveau de son ÊTRE. Elle refuse ce qu'elle est. En général, la blessure la plus courante correspond au REJET ou la peur d'être rejeté. Cette personne doit se rendre à l'évidence que même si elle a été rejetée étant jeune, cela ne veut pas nécessairement dire que son parent ne l'aimait pas. Le parent qui rejette son enfant a sûrement été rejeté plus jeune et se rejette encore lui-même. La guérison commencera lorsqu'elle aura de la compassion pour ce parent et lui pardonnera.

Ensuite, l'étape la plus importante consiste à se PARDONNER elle-même d'en avoir autant voulu à ce parent et de l'avoir aussi rejeté. Il ne restera, par la suite, qu'à exprimer à ce parent ce qu'elle a vécu, sans aucune accusation. Il est très humain pour un enfant de développer de la rancune ou de la haine lorsqu'il souffre intensément dans l'isolement. De plus, il est suggéré que cette personne prenne la décision de reconnaître sa propre VALEUR. Si elle éprouve de la difficulté, elle peut demander à ceux qui la connaissent bien de lui dire ce qu'ils voient en elle. D'autre part, si la personne dépressive a des idées suicidaires, il arrive fréquemment que quelque chose en elle veuille mourir pour pouvoir faire de la place à du nouveau. Elle mélange la partie en elle qui veut mourir avec elle-même.

DÉPRIME

Découragement, idées noires. La déprime est perçue par un sentiment de mal-être, de vide intérieur. Ce sentiment survient plus particulièrement chez les gens seuls et tristes, parfois amers, qui n'ont pas de but précis dans la vie ou chez ceux qui répondent aux nombreuses ATTENTES venant des autres au lieu de tenter de créer leur propre vie.

Un moyen très efficace pour prendre conscience du malaise consiste à s'asseoir quelques minutes par jour et à observer ce qui se passe à l'intérieur de soi. Ceci nous permet de mettre un mot, une image sur ce que l'on ressent. Par exemple, est-ce qu'on se sent abandonné, inutile, impuissant ? Il est plus facile par la suite de pallier à cet état et y apporter des solutions adéquates. Une personne peut ainsi profiter de cette condition pour faire le point sur sa vie.

D

D'autre part, une excellente idée pour rétablir une situation est de se distraire en accomplissant quelque chose que nous aimons ou peut-être même faire du bénévolat, surtout avec des jeunes. Cela pourrait nous aider à trouver un BUT dans la vie qui nous procurerait de l'énergie. En réalité, la déprime représente la conséquence d'un CORPS ÉMOTIONNEL mal nourri.

Il est important de faire la différence entre une déprime et une DÉPRESSION. Cette dernière dure beaucoup plus longtemps tandis qu'une déprime est passagère. Elle peut durer entre une heure et quelques jours, d'où l'expression : « J'ai un moment de déprime. »

DÉRANGÉ

Se référer à **MIROIR**

DÉSENGAGEMENT

Se référer à **ENGAGEMENT**

DÉSIR

Envie d'obtenir quelque chose pour avoir du plaisir. Aspiration; souhaiter la possession ou la réalisation de quelque chose. Un désir se définit par une énergie issue de notre corps émotionnel. **Aussitôt qu'un désir se forme en nous, tout ce qui correspond à sa matérialisation est**

déjà créé dans l'invisible. Il s'agit de prendre contact avec les moyens pour le réaliser en ayant confiance qu'ils existent déjà. Les désirs sont aussi reliés à l'ENFANT INTÉRIEUR, la partie qui sait ce qu'elle veut et ce dont elle a besoin. Il est humain de désirer. La personne qui étouffe constamment ses désirs parce qu'elle croit qu'il faut être raisonnable ou que ce n'est pas spirituel ou qu'elle ne le mérite pas, étouffe le petit enfant en elle et se ferme peu à peu à l'énergie du désir et de l'abondance.

Les désirs découlent du monde MATÉRIEL, c'est-à-dire ils sont reliés au « **avoir** » et au « **faire** » dans notre vie, tandis que l'ÊTRE est relié au BESOIN. Lorsque les désirs se matérialisent, cela nous aide à être en contact avec notre énergie divine, notre grand pouvoir de créer. Idéalement, nos désirs devraient toujours être motivés par ce dont nous avons besoin au niveau de notre être. Si les désirs nous aident à être plus heureux, à nous estimer davantage, à développer nos talents, notre créativité, à ressentir toujours plus de bonheur et de joie de vivre, voilà des motivations par excellence pour continuer à désirer.

Malheureusement, les désirs sont souvent basés sur des PEURS et, au lieu d'obtenir ce qu'elles désirent, ces personnes alimentent leurs peurs et font arriver ces dernières. Voici quelques exemples :

Désirer ramasser de l'argent par **peur d'en manquer ou d'en perdre un jour**. Vu que ce désir est basé sur une peur du manque, une telle personne aura tendance pendant toute sa vie à se priver de belles occasions de se réaliser dans d'autres domaines, par exemple, voyager. Elle aura peut-être de l'argent mais elle *manquera* tout ce que son cœur désire. Sa peur du MANQUE se matérialisera un jour; elle s'arrangera pour avoir de l'argent et le perdre éventuellement à cause de différents malheurs ou d'une mauvaise gestion ou *manquera* de joie de vivre, cette étincelle qui nous aide à être plus heureux.

Un autre exemple courant est celui de la personne qui désire vivre une relation harmonieuse avec quelqu'un et qui se cherche un conjoint. Si son désir est basé sur la **peur de se retrouver seule un jour**, elle s'organise pour trouver plein de bonnes raisons pour ne pas continuer avec les différents conjoints qu'elle rencontre et sa peur d'être seule se manifeste. Chaque fois qu'un désir est basé sur une peur, cela signifie qu'il y a une CROYANCE très forte qui dirige cette personne plutôt que les besoins de son être. Malheureusement, ces croyances sont souvent inconscientes.

D

Dans le premier cas, la personne croit peut-être qu'avoir de l'argent signifie ne plus avoir d'amis. Dans le deuxième cas, elle estime peut-être que vivre en couple correspond à perdre sa liberté. **Quand nous n'obtenons pas ce que nous désirons, c'est que l'émotion de peur est ressentie plus intensément que le désir et que la peur l'emporte.**

Donc, chaque fois que tu désires quelque chose et que cela ne se manifeste pas, sache que tu crois à quelque chose qui empêche à ce désir de se manifester. Te reconnais-tu dans ce qui suit : croire que tu ne le mérites pas; estimer que c'est impossible d'y accéder; juger ton désir possible, mais qu'au fond, ce serait trop beau pour être vrai; trouver que ce n'est jamais le bon moment; penser que tu seras jugé si tu obtiens un désir qui pourrait déranger quelqu'un d'autre, etc. Plusieurs croient qu'il est injuste de trop avoir ou d'avoir plus que leurs proches; d'autres sont convaincus qu'il n'est pas spirituel de désirer car cela indique un trop grand ATTACHEMENT aux biens matériels. Sache qu'il y a une grande différence entre désirer et être attaché.

Il est impératif et nécessaire de désirer dans notre vie afin de bien alimenter notre CORPS ÉMOTIONNEL. Par contre, pour être bénéfique, tout désir doit répondre à un besoin de l'être. Pour en devenir conscients, nous devons prendre le temps de nous arrêter et de nous poser la question suivante : « Qu'est-ce que je désire sincèrement et profondément dans ma vie ? Qu'est-ce qui remplirait mon cœur de bonheur et de joie de vivre ? **La réalisation de ce désir m'aiderait à être quoi ?** » Ou encore la phrase suivante : « S'il m'était permis d'avoir et de faire ce que je veux, si j'étais certain de ne déranger, ni de blesser personne ou si j'étais assuré de ne pas me sentir coupable ou ne pas avoir peur de me faire juger, qu'est-ce que je désirerais dans le moment ? » Gardons à l'esprit que les désirs sont nécessaires dans le monde matériel pour arriver à manifester les besoins de notre être. Par contre, il est important de distinguer le désir du « vouloir ». Le désir à lui seul ne peut rien. Il faut qu'intervienne la volonté et la décision qui portent à l'action.

D

DÉSIR SENSUEL

Se référer à **PASSION EN RELATION**

DESTIN

Le destin est défini comme une loi supérieure qui semble mener le cours des événements vers une certaine fin, une puissance qui, selon certaines croyances, fixerait de façon irrévocable le cours des événements. Dans l'étude de ce livre, le mot « destin », que certains appellent *fatalité*, s'apparente au PLAN DE VIE d'une personne. C'est le chemin de vie que notre âme a choisi avant l'incarnation dans un but évolutif. Ce sont en fait les grandes lignes qui ont été tracées d'avance par notre âme en vue de venir vivre des expériences sur terre pour apprendre à évoluer à travers elles. Par exemple, pour revivre certaines expériences que nous n'avons pas vécues dans l'amour véritable, nous avons besoin de choisir tel genre de parents, de famille, d'environnement, de posséder certains talents, certaines capacités physiques, intellectuelles, etc. Nous revenons aussi avec des faiblesses et certains ont même besoin d'avoir un handicap.

Le destin est intimement lié à la loi du KARMA, connue aussi sous le nom de LOI DE CAUSE À EFFET, qui est une suite logique de quantités de causes mises en mouvement, lesquelles nous devons vivre pour en expérimenter les effets. Il est vrai que, selon notre plan de vie, plusieurs grandes lignes irrévocables sont tracées par nous avant de naître. Par contre, le mot « destin » ne s'applique pas à tout ce qui nous arrive. Prenons l'exemple de quelqu'un qui a décidé, avant de naître (son destin), de vivre l'expérience d'un accident où il deviendra handicapé physiquement. Toutes les décisions prises suite à cet accident ne font pas partie de son destin. Grâce à son pouvoir de choisir (LIBRE ARBITRE), il peut se diriger vers l'apitoiement sur son sort, devenir de plus en plus dépendant, peut-être même alcoolique et finir par éloigner les êtres chers autour de lui. Ou il peut choisir de s'en sortir, de travailler sur les messages qu'il reçoit de cet accident, de se découvrir de nouveaux talents ainsi que la grande force qui l'habite.

À chaque grand tournant de notre vie, il y a de nombreuses voies qui s'ouvrent à nous. Grâce à notre libre arbitre, nous pouvons décider du chemin que nous voulons prendre en sachant que nous récolterons ce que nous aurons semé. De ce fait, nous ne sommes pas fatalement soumis à un destin puisque nous l'avons nous-même créé par nos choix, nos actions, nos jugements et par nos expériences du passé. La phrase qui dit : « On ne sait jamais ce que la vie nous réserve, on ne peut changer le cours de notre destin. » signifie que c'est notre DIEU INTÉRIEUR qui, avec la vue d'ensemble de notre plan de vie, trace notre chemin dans le but de faire évoluer notre âme vers la conscience de ce que nous sommes véritablement. Cela, on ne peut pas le changer. Donc, nous pouvons diriger notre destin par notre façon de réagir face à ce qui nous arrive. Ceci fait partie de la grande loi de RESPONSABILITÉ et ça nous aide à conscientiser beaucoup plus rapidement.

DÉTACHEMENT

Se référer à **MORT** et **PERTE**

DÉTENTE

Relâchement d'une tension intellectuelle, morale, nerveuse. Fait de se détendre, de relaxer. Dans notre monde où le stress est omniprésent, il devient impératif, pour mieux gérer notre vie, de développer l'habitude de nous détendre régulièrement. Apprendre à relaxer implique de relâcher tous les membres de notre corps pour en libérer les tensions. Il est ensuite beaucoup plus facile de se détendre psychologiquement. Voici une technique toute simple pour ceux qui se permettent des moments juste pour eux.

Choisir un endroit calme où l'on se sent à l'aise et confortable. Prendre trois respirations profondes en contactant la lumière dans notre cœur. Compter lentement à rebours de douze à un en appuyant sur chaque chiffre et en essayant d'ignorer toute pensée préoccupante. Demander et permettre à chacune des parties de notre corps de se détendre, de se dé-contracter. Pour ce faire, nous pouvons les visualiser lentement une à une ou on peut les contracter et les relâcher.

Une fois détendu, rien ne nous empêche de faire de la visualisation ou de la PROJECTION MENTALE qui nous aidera à manifester un désir. Par exemple, visualiser un projet ou même un rêve souhaité depuis longtemps en ressentant dans toutes les fibres de notre corps le bonheur que procure ce désir manifesté. Un moyen très énergisant consiste à avoir une pensée pour les gens que nous aimons en les visualisant heu-reux, en paix, en les voyant baigner dans leur lumière et en leur souhai-tant tout le bonheur désiré. Ensuite, agrandissons ce cercle d'amour pour inclure toute l'humanité jusqu'à se sentir enveloppé par cette lumière.

Outre les bienfaits que procure la détente, ces moments nous permettent d'entrer en contact avec nous-même et de nous ressourcer tout en nous « ré-énergisant ». Toute forme de détente sert à nous centrer et à être dans notre MOMENT PRÉSENT. Par conséquent, cela nous aide à pui-ser dans nos ressources l'énergie et même l'aide dont nous avons besoin pour nous réaliser davantage. Plusieurs ouvrages existent sur la détente et la relaxation. Il est recommandé d'en expérimenter plusieurs sortes afin de découvrir celle qui nous convient le mieux. Une détente dirigée consiste à se faire aider par quelqu'un d'autre pour arriver à la relaxation et à la visualisation. Pour savoir la différence entre détente et médita-tion, se référer à MÉDITATION.

DETTE

Somme d'argent due à quelqu'un ou à des créanciers; obligation mo-rale; ce qu'une personne doit à une autre. Lorsqu'on parle de dette, en général, on parle d'argent. Soit de l'argent à percevoir ou de l'argent qu'on a emprunté. Quand une personne a de la facilité à rencontrer ses échéanciers, il n'y a bien sûr aucun problème. Mais dans l'éventualité où une personne vit des difficultés financières, comment vit-elle cette conjoncture ? Nous devons reconnaître que l'argent n'est jamais un sujet facile puisqu'il touche plusieurs fibres en nous : insécurité, confiance et peurs de toutes sortes.

D

Du point de vue spirituel, on dit que **les dettes représentent le degré de confiance que les gens et l'Univers ont envers nous.** Vu sous cet angle, les dettes nous paraissent beaucoup plus acceptables et nous ouvrent à la capacité de créer des moyens pour les rembourser plus facilement. Néanmoins, lorsque les dettes nous oppressent, il est difficile d'en percevoir sur-le-champ le côté bénéfique. On a plutôt tendance à verser dans le négativisme, ce qui est tout à fait humain. Nous devons nous rappeler qu'il y a toujours une solution à tout PROBLÈME. Il s'agit de garder notre attention sur la solution plutôt que sur le problème.

Le fait de se souvenir que, pour être endetté, il a fallu que quelqu'un nous fasse CONFIANCE est un excellent moyen de revenir à la source, c'est-à-dire à notre grande puissance intérieure pour trouver une solution. **L'important est de reconnaître ce que les dettes nous apprennent et comment elles nous aident à nous dépasser en tant qu'être.** Alors, viendra un jour où nous nous endetterons de moins en moins jusqu'au moment où nous serons tellement en contact avec notre puissance intérieure que nous manifesterons au fur et à mesure ce qui est requis pour combler tous nos besoins.

DEUIL

Perte, décès de quelqu'un. Douleur, tristesse causée par la mort de quelqu'un. Un deuil est une période de temps nécessaire pour s'adapter au départ d'un être ou d'un bien matériel. Quand nous parlons de deuil, généralement, nous faisons référence à la MORTALITÉ ou à la PERTE d'une personne. Si c'est quelqu'un de proche que nous aimons beaucoup, il est normal et humain que ça nous touche davantage car son départ crée un vide affectif. Ceux qui ont de la difficulté à traverser cette période ignorent qu'ils possèdent en eux les forces nécessaires pour y faire face avec sérénité. Nous devons toutefois laisser le temps et la vie remplir ce vide.

Cependant, regretter une personne décédée, peu importe son âge, n'est pas bénéfique pour personne si ce regret perdure trop longtemps. Mourir fait partie du cycle de la vie humaine et nous devons accepter que le décès d'une personne, même en très bas âge, signifie qu'elle a terminé ce qu'elle avait à vivre dans ce corps et cet environnement et que cela faisait partie de son PLAN DE VIE. Si la PEINE persiste, c'est un message indiquant que la personne reste trop attachée aux gens et aux biens de la terre. Elle doit apprendre le DÉTACHEMENT.

Parallèlement, le mot deuil est aussi utilisé au figuré dans le sens de renoncer à quelque chose. L'expression « il est préférable d'en faire son deuil » veut dire ACCEPTER d'en être privé définitivement, de tourner la page, d'aller vers autre chose. En résumé, réaliser qu'il est temps de s'en détacher pour passer à autre chose et que la vie continue. Dans tous les cas, l'important est l'ACCEPTATION. Après quoi, il devient plus facile de s'AJUSTER à chaque nouvelle phase de la vie.

DÉVELOPPEMENT PERSONNEL

Se référer à **CHEMINEMENT INTÉRIEUR**

DIABLE

Se référer à **SATAN**

DIALOGUE

Se référer à **COMMUNICATION**

DIALOGUE INTÉRIEUR

Un dialogue consiste en une discussion visant à trouver un terrain d'entente. Le dialogue intérieur, dans ce contexte, représente une technique utilisée pour laisser s'exprimer les différentes parties ou

PERSONNALITÉS que l'on possède à l'intérieur de nous. Nous en avons ainsi des centaines. Par exemple, une partie de nous désire quelque chose et une autre s'y oppose ou croit que c'est impossible ou que nous n'y avons pas droit, une autre critique certains comportements, etc. Dans ces moments, nous ressentons un malaise, un tiraillement intérieur et de la confusion. Quelle décision devrions-nous prendre ? Nous ne savons plus qui a raison. Nous ne savons plus différencier nos besoins, des parties en nous qui ont peur. Sachons cependant que toutes ces parties recherchent uniquement notre bonheur et ne demandent qu'à être accueillies et écoutées.

D

Voici comment arriver à un dialogue intérieur par soi-même. D'abord, prends le temps d'installer deux chaises, l'une en face de l'autre : une pour toi et l'autre pour la partie qui s'oppose à ce que tu veux. Tu prends ta place, tu te détends bien et tu demandes (à ta partie invisible assise en face de toi) comment elle croit t'aider en t'interdisant ce que tu veux. Tu changes alors de chaise pour donner l'opportunité à cette partie de répondre. Tout se fait à haute voix. Tu peux même vérifier quel âge tu avais lorsque cette partie est apparue dans ta vie. Tu continues à changer de chaise à chaque fois que toi ou la partie en toi veut parler. Comme les deux, toi et la partie en toi, croient sincèrement avoir raison, il ne s'agit pas de faire gagner ou de faire disparaître une partie au détriment de l'autre, mais plutôt d'arriver à une entente entre les deux.

Il est important d'accueillir cette partie, de lui donner la permission d'être là, de la remercier de sa bonne intention, notamment d'avoir voulu te protéger durant toutes ces années. Mais signale-lui que maintenant, avec l'expérience et la personne que tu es devenue, tu te sens solide et capable de gérer seul ta vie. Tu es prêt à faire face aux conséquences. Lorsque la partie intérieure qui a peur pour toi sentira que tu es prêt, *que tu es dans ta certitude*, elle cessera d'argumenter et de te tourmenter.

Retenons que toutes nos personnalités intérieures travaillent pour notre bien-être. C'est pourquoi il devient important de toutes les accueillir et de sentir leur bonne motivation. Ainsi, elles n'auront plus peur d'être rejetées et elles nous aideront à prendre la meilleure décision pour nous au lieu de nous troubler. Cette technique obtient en général des résultats surprenants et agréables. Prépare-toi à entendre des choses auxquelles tu ne t'attends pas. Cette technique peut être utilisée aussi souvent que tu en sens le besoin.

D — DIEU / ÊTRE SUPRÊME

Le dictionnaire définit Dieu comme étant un principe d'explication de l'existence du monde, représenté par un être supérieur, tout-puissant. Voilà pourquoi nous nous y référons comme étant l'*être suprême*. Dieu désigne le terme pour exprimer tout ce qui existe dans la création. Dieu symbolise une conscience, une énergie de base universelle qui comprend le Tout. Carl Jung l'appelle « CONSCIENCE COLLECTIVE ». Ainsi, tout ce qui vit est l'expression de Dieu. Cette énergie se manifeste sous toutes sortes de formes car elle vibre à des vitesses différentes et c'est ce qui crée des formes et des expressions distinctes. Dieu désigne donc l'esprit créatif de tout ce qui vit. C'est une énergie qui veut s'expérimenter sous toutes sortes de formes.

Sur notre planète, cette énergie s'expérimente à travers les humains, les animaux, la végétation et les minéraux. La seule différence entre les humains et les autres créatures vivantes se retrouve au niveau de la CONSCIENCE. L'humain a la possibilité d'être conscient de qui il est. Plus nous devenons conscients, plus nous savons que nous sommes cette énergie créatrice. En étant conscients, nous savons aussi que nous avons le pouvoir de choisir et de décider de notre vie. Sur cette planète, nous avons choisi de manifester cette énergie en nous créant un corps de matière et en vivant diverses expériences dans le monde de la matière.

Souvenons-nous qu'il est impossible de comprendre intellectuellement le monde spirituel, le monde ABSOLU. Nous ne pouvons comprendre qu'une énergie soit éternelle, qu'elle ait toujours existé et qu'elle existera toujours. Nous ne pouvons que la sentir et savoir que c'est vrai au plus profond de nous.

Pourquoi est-ce si difficile de reconnaître que nous sommes des êtres parfaitement créateurs de notre réalité ? D'abord, à cause de notre éducation. Rappelons-nous que, pour la plupart, nous avons appris dans notre enfance que Dieu était un être tout-puissant et qu'il était amour mais qu'*IL* éprouvait parfois ceux qu'il aime. *IL* nous observait d'en haut et nous jugeait, puis décidait de nous récompenser ou de nous punir selon les actions commises, comme un humain le ferait. De ce fait, on a fini par humaniser Dieu pour en faire un personnage concret, humain comme nous. On lui a même donné un sexe, celui de masculin. Si Dieu est masculin, l'homme est-il plus Dieu que la femme ? Voilà des faits qui ont troublé l'humanité depuis longtemps. C'est pourquoi, au fil de nos nombreuses vies, nous avons graduellement oublié le fait que nous sommes cette divinité. À cause de cet oubli, nous avons donné de plus en plus de pouvoir à notre MENTAL INFÉRIEUR en le laissant décider pour nous et diriger notre vie à la place de notre DIEU INTÉRIEUR.

D

D'autre part, on nous a dit aussi que nous étions l'expression de Dieu, que nous étions créés à son image, à sa ressemblance. Nous sommes donc une parcelle de cette énergie. Par ce principe, nous pouvons affirmer que nous sommes un Dieu créateur, capables de devenir maîtres de notre vie.

Comment peut-on l'avoir oublié ? On peut comprendre qu'on puisse « décrocher » de cette réalité lorsque nous observons ce qui se passe quand nous partons en vacances, ne serait-ce que pour quelques jours. Point n'est besoin de changer son identité pour être déconnecté de sa vie quotidienne. Au point de vue spirituel, cela témoigne qu'il est facile de se débrancher parfois de notre réalité, c'est-à-dire de notre essence divine. Cela vient joindre la thèse selon laquelle nous ne sommes conscients qu'à peine 10 % de notre potentiel et de qui nous sommes véritablement.

Il importe de savoir comment nous décidons d'exprimer cette énergie créatrice et d'être heureux tout en exprimant cette divinité. Sachons que **nous nous trouvons sur la planète Terre pour vivre toutes sortes d'expériences tout en nous rappelant que nous sommes l'expression de Dieu.** Par conséquent, nous sommes tous égaux au niveau de l'être. Un vagabond est autant l'expression de Dieu qu'une personne immensément riche, instruite, ignorante, célèbre, qu'un moine, un roi ou même un criminel.

Donc, Dieu s'expérimentant à travers nous, notre seule RAISON D'ÊTRE sur cette planète consiste à redevenir conscients de notre vraie nature spirituelle à travers différentes expériences jusqu'à une totale ACCEPTATION de toutes nos expériences. Être Dieu, c'est reconnaître que chaque expérience doit être vécue sans jugement, sans accusation et, par conséquent, dans l'acceptation pour nous aider à découvrir ce que nous ne voulons plus et ce que nous voulons.

Un jugement de BIEN ou de MAL ne provient pas de DIEU mais plutôt de notre EGO qui se croit roi et maître. Ainsi, après avoir vécu des milliers d'expériences au fil d'innombrables vies, nous en arriverons au point de vivre d'une façon INTELLIGENTE c'est-à-dire dans l'amour, objectif de chaque être humain sur cette terre. Sans exception, nous sommes tous des Êtres de lumière et nous avons tous la même mission : celle de retourner vers cette lumière qui est l'état naturel de tout ce qui vit et de redevenir pur esprit. En apprenant à voir l'expression divine partout autour de nous, en nous, dans tous les êtres vivants, la vie deviendra totalement différente. Nous aurons l'impression d'être constamment entourés de beauté et de lumière.

DIEU INTÉRIEUR

Cette expression est utilisée pour désigner notre divinité, notre « superconscience », notre moi supérieur, notre guide intérieur, notre lumière intérieure, la sagesse divine, la puissance intérieure, l'intuition, l'énergie créatrice, notre source infinie… Cette grande puissance intérieure peut être appelée de nombreuses façons mais elle demeure toujours la partie parfaite en nous qui connaît tout de nous depuis le début de notre existence, le commencement de nos vies terrestres. Cette partie de nous est reliée à la grande énergie créatrice, à la Connaissance, à cette grande puissance universelle qui s'occupe de tout ce qui existe sur la terre, sur toutes les planètes, dans tout le cosmos. On peut choisir de désigner cette partie divine en nous sous l'appellation qui nous convient le mieux, en autant qu'on reconnaisse que c'est notre voix intérieure qui nous dicte nos grands besoins. Cette partie divine est omnisciente (connaît tout), omniprésente (partout) et omnipotente (toute puissance).

L'être humain constitue la plus haute expression sur cette planète de cette essence divine. Malheureusement, il s'est déconnecté de sa Source. Il a préféré croire, au fil du temps, qu'il est son enveloppe matérielle qui comprend ses corps mental, émotionnel et physique. Plus il s'éloigne de sa Source et plus il souffre. C'est pourquoi il est urgent de devenir CONSCIENTS de qui nous sommes véritablement pour être en mesure de nous BRANCHER à notre essence divine. L'amour véritable, qui est l'acceptation inconditionnelle, représente le moyen par excellence sur le plan terrestre pour reprendre contact avec notre Dieu intérieur, avec la partie spirituelle en nous. Toute expérience sur terre reste valable puisqu'elle nous indique si nous sommes en contact avec notre partie divine, notre ÊTRE, ou non.

Nous pouvons tous affirmer : « *JE SUIS DIEU* » en sachant que nous parlons de la partie parfaite, divine en nous et non de ce que nous croyons être, notre EGO. Celui-ci a une interprétation du mot « perfection » basée sur notre éducation, nos croyances. La perfection divine signifie que tout ce que nous vivons, que ce soit agréable ou non, désiré ou non, est Dieu en train de s'expérimenter en tant qu'humain. Ce n'est ni bien, ni mal, ni positif, ni négatif, c'*EST* tout simplement. Toutes nos expériences nous aident à discerner ce qui nous convient ou non pour arriver à vivre dans la pleine conscience de l'ÊTRE.

DIFFICULTÉ

Caractère de ce qui est difficile. Le mal ou la peine que l'on éprouve pour faire quelque chose. En général, une difficulté qui survient dans notre vie devient une source de nombreuses émotions. Elle est donc considérée comme un problème, un obstacle ou parfois une épreuve. La plus grande cause de nos difficultés réside dans le fait que nous nourrissons beaucoup trop d'ATTENTES et nous refusons d'accepter les événements tels qu'ils surviennent. En d'autres mots, nous cherchons à trop contrôler.

Sachons d'abord que pour qu'une difficulté survienne dans notre vie, il a fallu que nous en ayons attiré les éléments déclencheurs. Il y a quelque chose en nous qui a attiré des éléments en vue de vivre une certaine expérience. Si nous acceptons cette RESPONSABILITÉ au niveau de l'être, nous percevrons toute difficulté d'un point de vue totalement différent.

Il est beaucoup plus sage de réaliser qu'une difficulté peut s'avérer un très bon guide pour nous. Grâce à nos obstacles, nous nous dépassons et nous découvrons nos forces et nos vrais besoins. Donc, au lieu de concentrer toute notre énergie sur le problème, nous l'orientons pour trouver des solutions qui sont tout près de nous et pour nous épanouir à travers lui.

Par ailleurs, certaines gens se complaisent dans leurs problèmes, car ils croient qu'ainsi ils obtiendront l'attention des autres. Ces gens s'appellent des VICTIMES. Si leurs problèmes étaient résolus, ils ressentiraient un vide et devraient se créer d'autres situations problématiques pour avoir la sensation d'exister. En général, ces personnes s'identifient à leurs problèmes et à tout ce qu'ils comportent de frustration, de douleur, de compulsion et de négativité. Elles ne voient que leurs problèmes et, bien souvent, elles les amplifient, ce qui écarte toute forme de solution. Inconsciemment, elles se laissent ballotter par la vie.

En premier lieu, quand tu te sens oppressé par une grosse difficulté, prends d'abord des respirations profondes, un excellent moyen pour te centrer. Puis, accepte l'idée que cette difficulté a sa raison d'être dans ta vie. Note tout ce que cette difficulté t'empêche de faire, d'avoir, de dire ou d'être présentement et deviens conscient qu'elle est là pour attirer ton attention sur ce que tu veux. En effet, ce que cette difficulté empêche dans ta vie représente ce que tu veux vraiment. Deviens conscient que ce n'est pas la difficulté apparente qui empêche quoi que ce soit, mais bien tes CROYANCES. Voilà la raison pourquoi les problèmes non résolus ne disparaissent pas. Ils s'endorment jusqu'à ce qu'une situation les réveille pour t'aider à devenir conscient que tes croyances causant les problèmes sont encore présentes et actives.

De plus, il est important de cesser de DRAMATISER la situation pour la solutionner facilement. Tu verras qu'au lieu de te sembler compliquée, cette difficulté deviendra plus simple à tes yeux. Ce qui peut t'aider aussi est de découvrir le cadeau derrière tes difficultés. Par exemple, si une personne vit difficilement un divorce, un des cadeaux peut être de l'aider à développer une plus grande autonomie ou le sens de la débrouillardise, etc.

D

Sachons qu'il y a toujours une issue, une solution à toute difficulté, car **chaque personne possède en elle tous les éléments nécessaires pour surmonter n'importe quel obstacle qui lui arrive, peu importe son importance.** Il est dit que nous n'attirons jamais une difficulté sans attirer sa solution en même temps. Le secret est de porter notre attention sur la solution plutôt que sur le problème. Avec des efforts soutenus et du bon vouloir, c'est-à-dire en modifiant nos attitudes, nos comportements et nos croyances et en ayant CONFIANCE EN LA VIE, nous pouvons accepter toute difficulté qui se présente.

Souvenons-nous que les difficultés font partie de nos expériences de vie et surviennent pour que nous apprenions à nous connaître, à nous accepter et à développer notre potentiel. Elles aident surtout à découvrir ce que nous ne voulons pas, nous dirigeant ainsi vers ce que nous voulons maintenant. Nous pouvons tourner la page sur le passé et décider de commencer une toute nouvelle expérience. Par la suite, tout nous apparaîtra beaucoup plus simple, facile et ça nous aidera à amoindrir le côté dramatique de toute difficulté subséquente. Que décides-tu ? Te confiner dans tes problèmes ou *décider* de réagir et de t'épanouir à travers eux ?

DIGNITÉ

Se référer à **HUMILIATION**

D

DILEMME

Obligation de choisir entre deux propositions contraires ou contradictoires qui présentent chacune des avantages et des inconvénients. Un dilemme intérieur peut se manifester lorsque deux désirs contradictoires se manifestent. Souvent, une partie de nous désire une chose et une autre aspire au contraire. Prenons le cas d'une personne qui désire aller en vacances seule. Une partie en elle veut vivre une nouvelle expérience et une autre hésite ou refuse, car elle croit que ça ne se fait pas ou elle a peur des conséquences possibles. Voilà qu'elle se sent tiraillée de part et d'autre et se trouve devant un dilemme.

Un dilemme se présente aussi lorsqu'il y a plusieurs options ou propositions intéressantes et qu'il est malaisé de fixer son choix. Pour reprendre un exemple de voyage, tu te retrouves devant deux destinations avantageuses et tu n'arrives pas à faire un choix. Un moyen efficace pour toi consiste à identifier le degré d'importance de chaque option en utilisant le barème de 1 à 10. Quel est le premier chiffre qui te vient pour chaque choix ? Le plus élevé correspond à la meilleure option pour toi. Ou encore, imagine-toi avoir obtenu les deux choix, un à la fois. Comment te sens-tu avec chacun ? Ce processus peut t'aider à identifier le choix à faire.

Si les deux options se retrouvent à égale importance, il est suggéré d'utiliser la technique du « pile ou face » en sachant d'avance que ta main qui lancera la pièce est l'extension de ton cœur et elle ne pourra choisir que ce que ton cœur désire. Tu ne dois pas recommencer pour te rassurer. De toute façon, sache qu'il n'y a jamais de mauvais choix. Il n'y a que des expériences. Quelle que soit l'option que tu choisisses, cette expérience t'aidera à devenir conscient de quelque chose de bénéfique pour toi. Si un choix s'avère désagréable pour toi, tu auras au moins appris ce que tu ne veux pas, ce qui t'amènera vers ce que tu veux. **Tu dois toujours dire *MERCI* à toute expérience sans exception.** Sinon, si tu n'acceptes pas une certaine expérience, elle devra se manifester à nouveau dans ta vie pour être acceptée. C'est la loi de l'AMOUR inconditionnel.

DIRIGER

Conduire, mener, orienter. **Diriger, c'est donner une direction, une orientation à quelqu'un ou à quelque chose sans vouloir l'imposer, c'est-à-dire en acceptant d'avance que le résultat ne reflète pas nécessairement ce qu'on avait envisagé ou prévu.** Prenons l'exemple d'un père de famille dont le rôle, en tant que parent, consiste à veiller à la sécurité matérielle et affective de ses enfants et à leur donner une certaine direction. Le père décide et agit en conséquence, c'est-à-dire selon ses valeurs, avec la manière qu'il croit être la meilleure et la plus favorable pour l'épanouissement de ses enfants et pour qu'ils deviennent des êtres RESPONSABLES. Par contre, peu importe leurs décisions ou ce qu'ils feront de ses recommandations, il sait au fond de lui qu'il a agi au meilleur de sa connaissance et qu'il est prêt à accepter leurs propres choix. Agir de cette façon apporte l'harmonie et la sérénité intérieures.

Diriger, c'est donc apporter une certaine direction selon nos VALEURS tout en étant capables de LÂCHER PRISE du résultat. Il existe donc une différence avec le mot CONTRÔLER qui signifie « vouloir à tout prix que les autres agissent de la façon dont on a décidé et dont on croit la meilleure ou encore vouloir que les événements tournent en notre faveur ». Dans l'exemple du père cité plus haut, contrôler consisterait à vouloir et à exiger de ses enfants qu'ils agissent de la façon dont il a décidé, en croyant que celle-ci est la meilleure selon son éducation, ses principes et son système de valeurs. Par conséquent, les enfants auront tendance à agir davantage par peur que par choix ou même à réagir en se conduisant de façon opposée, ce qui risque de créer une atmosphère tendue entre les membres de la famille.

Il est donc important de savoir faire la différence car, très souvent, les personnes qui ont une âme de chef utilisent mal cette qualité et deviennent des personnes contrôlantes plutôt que directives. Comme nous pouvons le constater, diriger s'avère beaucoup plus simple et salutaire que de vouloir contrôler.

DISCERNEMENT

Capacité de l'esprit de juger clairement et sainement les choses de la vie, de bien faire la distinction. On dit de quelqu'un qui possède un bon discernement qu'il a la capacité d'établir des choix éclairés en fonction de ce qu'il pense, ressent ou croit être préférable pour lui ou les autres dans le moment présent. Il a un bon jugement et ne vit pas dans la confusion.

Être CENTRÉ et vivre son MOMENT PRÉSENT aident énormément à développer un bon discernement, car nous restons ainsi en contact immédiat avec nos besoins réels. Par conséquent, il est beaucoup plus facile de nous aider nous-même ainsi que les autres. En faisant appel à notre INTUITION, nous aurons plus de facilité à développer un bon discernement.

DISCIPLINE

Règle de conduite que l'on s'impose. Dans ce livre, nous l'abordons dans le sens suivant : **être discipliné se définit par l'aptitude chez une personne de faire des choix et de s'assurer que toutes les décisions et actions qu'elle entreprend sont en fonction de ses choix.** Prenons l'exemple d'un homme qui, pour être en meilleure santé, se donne comme but de conserver sa forme physique. Cet homme fait le choix de se rendre au gymnase trois fois par semaine, car il croit que cette discipline l'aidera à maintenir sa forme. Par contre, un soir où il se sent particulièrement fatigué, il croit sincèrement qu'il est préférable de se reposer et choisit de rester chez lui. Il sent que cette décision s'avère la meilleure pour lui, pour sa santé. Néanmoins, il conserve toujours en tête son but qui est sa forme physique. Il sait qu'il reprendra ses activités un autre jour car il sait se discipliner. Par conséquent, il écoute ses vrais besoins tout en faisant preuve de souplesse.

Nous décidons de nous discipliner lorsque nous sentons au plus profond de nous que le fait d'accomplir certaines actions nous procurent plus d'avantages ou de satisfaction que de désagrément car elles nous amènent vers ce que nous voulons. De plus, nous choisissons de poser ces actions de façon continue. Nous le faisons parce que nous n'oublions pas notre BUT ou notre RAISON D'ÊTRE. Même si parfois il peut sembler difficile de nous discipliner, le fait de penser simplement aux bienfaits du résultat, des conséquences, cela est suffisant pour nous donner le coup de pouce nécessaire. La définition précédente du mot discipline n'a rien à voir avec la discipline sévère, rigoureuse où on impose notre volonté à nous-même ou aux autres. Cette dernière définition s'applique plutôt à la RIGIDITÉ, à l'OBÉISSANCE et au CONTRÔLE. Il est suggéré d'y référer pour bien faire la différence.

D

Or, la discipline qu'un adulte souhaite obtenir chez des enfants ne peut s'enseigner que par l'exemple. Pour les motiver à devenir discipliné, nous pouvons encourager et aider les enfants et les adolescents à se fixer leurs propres buts et des objectifs concrets par rapport à leurs désirs et besoins.

La discipline a de nombreux avantages. Elle représente un excellent moyen pour réussir à atteindre nos buts. Ainsi nous sommes heureux et fiers d'évoluer vers nos désirs dans des domaines que nous n'aurions jamais cru possible, n'eût été en partie grâce à la discipline. La discipline s'avère donc un gage de réussite, de succès, peu importe la façon dont nous décidons d'investir temps, efforts, courage et détermination. Dans la mesure où une personne s'implique de manière continue tout en respectant ses limites, la discipline l'aidera toujours à aller de l'avant vers ses buts, vers ses idéaux.

DIVORCE

Se référer à **COUPLE (séparation / divorce)**

DOGME

Se référer à **CROYANCE RELIGIEUSE**

DOMINATION / DOMINER

Se référer à **CONTRÔLE**

D

DON DE SOI

Capacité de donner de son temps, de son attention, de son amour, de son affection, sans attentes. La définition de DONNER s'applique aussi au don de soi. Hélas, notre éducation familiale et religieuse nous a enseigné que nous devions nous oublier pour les autres. Il est grand temps de réviser cette notion car les conséquences de cette croyance ne sont pas bénéfiques. Tu dois donner de toi-même seulement lorsque cela t'est possible et que ça ne dépasse pas tes limites. Plusieurs personnes croient encore que c'est égoïste de ne pas donner aux autres, surtout à leurs proches, ce que ceux-ci attendent d'elles. Si tu te trouves parmi ces personnes, il est suggéré de te référer à ÉGOÏSME et à AMOUR DE SOI.

DON PSYCHIQUE

Se référer à **PSYCHISME**

DON (talent)

Se référer à **TALENT**

DONNER

Action de donner gratuitement sans s'attendre à recevoir en retour. **Un vrai don consiste à donner pour le simple plaisir de sentir le bonheur à faire un don, et ce, même si nous ne sommes pas d'accord avec le choix que la personne fera de ce don.** L'essentiel et le vrai but du don reposent sur le fait de donner avec son cœur et dans la joie, sans attentes. Prenons l'exemple des parents qui donnent une allocation à leur fils à chaque semaine et que celui-ci utilise cet argent pour des cigarettes, de l'alcool ou de la marijuana. S'ils ne savent pas vraiment donner, ils exigeront que leur fils utilise mieux son argent en le menaçant d'arrêter de lui donner son allocation. S'ils agissent en vrais donneurs, ils conseilleront leur fils sur la façon de gérer cet argent mais ils n'imposeront pas leur choix. Ils vont continuer à donner, même s'ils ne sont pas d'accord avec la façon dont leur fils dispose de son argent.

Donner inconditionnellement se définit par le fait d'offrir sans même être d'accord, ni comprendre, ni ne jamais savoir comment ces dons seront utilisés.

D

Les bienfaits de tels dons sont immenses car ils nous placent en position de recevoir généreusement de notre Source Divine intarissable. Ainsi, en contactant à cette dimension de notre être, nous savons que nous sommes capables de donner beaucoup puisque nous avons beaucoup. Il a même été constaté que plus les dons sont offerts dans l'anonymat, c'est-à-dire sans attentes d'aucune forme de reconnaissance, plus ils nous reviennent multipliés. La LOI DE CAUSE À EFFET est infaillible.

D'autre part, quand nous nous sentons forcés de donner, par devoir ou par obligation, pour ainsi éviter de nous sentir coupables, ça ne représente pas un vrai don. Par exemple, lorsque tu te crois obligé de donner un cadeau à quelqu'un parce que c'est son anniversaire ou la période des Fêtes, ce genre de don est fait avec attentes. Si la personne à qui tu offres ce cadeau ne pense pas à toi et ne te donne rien à ton anniversaire, tu vivras de la déception, de la colère, de la frustration ou de l'injustice.

Il est tout à fait normal et humain d'espérer recevoir en retour, ne serait-ce qu'une toute petite marque de reconnaissance ou d'appréciation. Cependant, lorsque nous avons donné avec notre cœur, même si cet espoir ne se manifeste pas, nous n'expérimentons pas le genre d'émotions comme celles vécues lorsque nous avons une réelle attente. Si tu es du genre à dire que tu aimes beaucoup donner mais qu'il t'est difficile de recevoir, tu ne reflètes pas un véritable donneur : il doit y avoir un véritable échange entre le donner/recevoir pour que l'énergie circule librement. Tu as intérêt à apprendre à RECEVOIR.

D

Nous ne sommes jamais obligés de donner quoi que ce soit. Il est beaucoup plus bénéfique de ne rien donner que de donner avec attentes. Prends donc le temps de bien vérifier comment tu te sens à l'idée de donner quoi que ce soit. Est-ce une décision basée sur l'amour ou la peur de quelque chose ou par culpabilité ? Si c'est par peur, tu n'écoutes pas tes besoins. L'idéal consiste à apprendre à donner véritablement, de plus en plus.

Laissons simplement couler le flot d'énergie en donnant des objets, de son argent, de son temps, de son amour, de son affection, de ses belles paroles réconfortantes sans penser à qui nous faisons ces dons. Arrivons à donner continuellement, régulièrement, généreusement. À mesure que nous donnerons de cette façon, nous réaliserons que nous sommes riches puisque nous pouvons autant donner. Le vrai don se manifeste par une ouverture à l'ABONDANCE et à la PROSPÉRITÉ dans tous les domaines et ces attributs sont intimement liés avec la FOI.

DOULEUR SOUDAINE

Se référer à **ACCIDENT**

DOUTE

État d'incertitude sur la réalité d'un fait, d'une vérité. Jugement par lequel on manque de confiance dans la sincérité de quelqu'un ou de quelque chose. Il est humain de parfois douter des autres, de soi-même, de nos choix, de nos talents, de nos connaissances et même de nos doutes. Mais le doute est un sentiment très nocif, très malsain car il nous éloigne de notre Dieu intérieur. Il nous fait hésiter, il nous rend incertain et il nous empêche de prendre les décisions nécessaires dans notre vie. Il finit à la longue par miner notre énergie et nous perdons de plus en plus de CONFIANCE en nous.

As-tu remarqué ce qui se passe en toi lorsque tu commences à douter de quelqu'un d'autre ? Tu deviens incapable de lui trouver des qualités, de l'estimer à sa juste valeur et, en plus, tu ne lui trouves que des défauts qui sont souvent le fruit de ton imagination. Ce sentiment de doute t'éloigne donc de l'amour inconditionnel, de la capacité de voir le bon en toi et dans les autres.

Réalisons que nos craintes ou ce qui est véhiculé des autres ou encore les expériences désagréables du passé confirment la majorité de nos doutes. Plus nous doutons, plus nos PEURS renforcent. Le seul bon côté du doute est d'attirer ton attention sur le fait que tu dois développer ta FOI dans le domaine où tu doutes. Ainsi, en augmentant graduellement ton degré de confiance et ta foi en l'Univers et en atteignant la MAÎTRISE de tes peurs, tu vivras dans la certitude qu'il ne peut survenir que ce qui est nécessaire pour t'aider dans ton évolution.

DRAMATISER

Le fait d'accorder une importance exagérée à une situation, à quelque chose. Qu'est-ce qui fait qu'une situation devient plus dramatique pour une personne que pour quelqu'un d'autre ? Cela dépend de la perception de chaque individu. Un drame est toujours perçu comme tel selon nos croyances, nos peurs, nos limites et aussi selon notre réserve d'énergie physique, émotionnelle et mentale.

Voici plusieurs exemples de situations différentes qui peuvent être perçues comme un drame : avoir un accrochage en voiture sur la route, casser ou se faire briser un objet qui nous paraît d'une valeur inestimable, être victime d'un cambriolage, d'un incendie, vieillir, prendre du poids, rater un examen ou une entrevue, s'être fait ridiculiser ou blesser dans son amour-propre, apprendre que son enfant se drogue, a volé ou est homosexuel, se faire rouler en affaires, perdre son emploi, subir une perte à la bourse ou dans des placements, vivre une séparation ou un divorce, apprendre une maladie grave, la mortalité d'un être cher... D'autres personnes dramatisent au niveau du temps, du manque d'argent, des relations difficiles ou d'un problème épineux à résoudre. Voilà autant d'événements susceptibles d'être dramatisés.

Il est vrai que certaines des situations citées plus haut sont dramatiques en elles-mêmes, car elles s'avèrent plus difficiles à accepter mais le fait de les dramatiser nous éloigne de la réalité. Pourquoi certaines personnes dramatisent-elles plus que d'autres ? Pour certaines, leurs CROYANCES et leurs VALEURS prennent beaucoup trop de place. D'autres croient que dramatiser met du piquant dans leur existence, ayant ainsi la sensation de vivre une vie plus intéressante, plus stimulante. Plusieurs croient que c'est le seul moyen de toucher les gens autour d'eux afin d'avoir de l'attention, comme dramatiser leurs maladies, leur manque d'argent, leurs problèmes ou tout ce qui semble leur arriver.

Plus nous dramatisons, plus nous développons une énergie de VICTIME; plus les événements prennent du pouvoir sur notre vie, plus ceux-ci continuent. Aussi, plus nous dramatisons, plus nous vivons des ÉMOTIONS, ce qui use prématurément nos systèmes de défense créés en cas de dangers réels.

Pour savoir si tu dramatises facilement, demande-toi comment tu vivrais une ou plusieurs des situations mentionnées précédemment. Ensuite, vérifie avec plusieurs personnes de ton entourage quelles seraient leurs réactions. Tu deviendras ainsi conscient que pour certaines personnes, un rien va sembler un drame tandis que pour d'autres, dans une situation plus importante, elles auront tendance à la prendre avec un grain de sel ou même comme un défi.

Dramatiser, c'est vivre une situation très émotivement, parfois hors de contrôle, en amplifiant les faits la plupart du temps. On a peur des conséquences pour soi en exagérant celles-ci.

Prenons l'exemple des parents qui découvrent que leur enfant se drogue, a volé ou est homosexuel. Le parent qui dramatise dit qu'il craint pour son enfant alors qu'en réalité, sa grande peur est davantage reliée aux conséquences pour lui-même, comme celles de vivre de la honte, de l'humiliation, de la culpabilité ou bien d'être jugé comme un parent irresponsable ou encore d'être accusé de l'irresponsabilité de son enfant; en somme, il a peur de passer pour un mauvais parent qui se traduit, en bout de ligne, par **la peur de ne pas être aimé**.

De plus, nous dramatisons parce que nous n'avons pu contrôler une situation. Nous vivons de la colère, de la frustration, de la peur, etc. Nous sommes donc DÉCENTRÉS et ne pouvons voir la situation telle qu'elle est. Nous la percevons à travers nos filtres plutôt que d'avoir une vision d'ensemble de tous les aspects qu'une personne centrée aurait. Quelqu'un de centré, de RESPONSABLE sait que rien n'arrive pour rien. Elle réagit tout de suite en disant : « Ce n'est pas pour rien que cela m'arrive. Je ne sais pas pourquoi, je ne suis pas d'accord mais ça s'arrangera. Je sais que tout finit toujours par se placer. » Une telle personne est capable d'observer les faits et d'accepter les événements tels qu'ils se présentent, même si elle n'est pas d'accord et elle sait que quel que soit le problème, il y a toujours une solution. Elle se sent capable de faire face aux conséquences. En agissant ainsi, elle prend un recul par rapport à la situation de sorte que les émotions ne viennent pas entraver sa capacité de trouver des solutions immédiates.

Comment faire pour dédramatiser ? D'abord, deviens conscient des situations où tu dramatises. Si tu es incapable de voir quand tu agis ainsi, demande-le à tes proches. Car, sache que la marge est parfois subtile entre raconter un fait, exagérer et dramatiser. Ensuite, donne-toi le droit de dramatiser en réalisant que tes PEURS, tes LIMITES ou tes BLESSURES ont refait surface. En étant capable de voir tes peurs, tu éviteras ainsi de te contrôler en te disant par exemple : « Il faut que j'arrête de dramatiser. » Car, plus on veut arrêter quelque chose, plus ça perdure. Aussi, sache que rien n'arrive pour rien.

Lorsque tu te retrouves en train de dramatiser, prends quelques bonnes respirations profondes et pose-toi la question suivante : « Suis-je vraiment réaliste dans ma perception de ce qui se passe ? Est-ce la peur qui prend le dessus ? **J'ai peur de quoi pour moi ?** » Tu réaliseras que tu avais probablement exagéré les conséquences possibles. Ensuite, souviens-toi toutes les fois où tu avais dramatisé un événement pour ensuite réaliser que tout s'était bien terminé. Tu constateras que tu avais dramatisé pour rien. Après ce constat, tu sauras te centrer et il te sera beaucoup plus facile de trouver une solution, une façon de gérer cette situation dans l'AMOUR plutôt que dans la peur. De plus, tu pourras voir à quel point cette situation t'a aidé en tant qu'humain, ce que tu avais à apprendre et, surtout, comment elle t'a permis de développer l'ACCEPTATION.

D DUALITÉ

Caractère ou état de ce qui est double en soi; coexistence de deux éléments différents. Le vocable dualité est un terme dérivé des mots **duel** et **rivalité**. Il signifie divisé en deux dans le sens de nature différente ou d'opposition. La dualité est nécessaire pour que l'humain apprenne à exercer son LIBRE ARBITRE, à appliquer et à expérimenter les conséquences de ses choix aux niveaux physique, émotionnel et mental. Nous avons toujours le choix de vivre dans la contrainte ou la liberté, dans l'amour ou la peur, de vouloir contrôler une situation ou de lâcher prise, etc. Cette dualité est toujours présente aussi entre l'EGO et le CŒUR.

Les dualités de l'âme et de l'esprit, du féminin et du masculin symbolisent la base de toutes les dualités à l'intérieur de l'humain. Ces dualités existeront jusqu'à ce que nous atteignions l'unité (voir FUSIONNER). Elles s'avèrent donc nécessaires pour que nous devenions conscients de ce que nous voulons véritablement : la fusion de l'âme et l'esprit, du FÉMININ et du MASCULIN. Le moyen par excellence pour y arriver est l'AMOUR inconditionnel.

DYSFONCTIONNEL

Ce terme est utilisé en psychologie pour indiquer un « foyer dysfonctionnel ». Il désigne un foyer où il y a un trouble de fonctionnement, c'est-à-dire une famille où l'insuffisance, le manque ou l'excès existent. Ce dysfonctionnement marqué peut résulter de deux parents totalement différents, par exemple un père violent et une mère soumise, ou peut se retrouver chez l'enfant dont les parents ont un comportement tellement changeant qu'il se sent désorienté, ne sachant jamais à quoi s'attendre et vivant beaucoup d'ÉMOTIONS. Un jour, ses parents peuvent être doux, aimants et compréhensifs et le lendemain, très durs, très froids, voire brutaux.

En général, l'adulte, issu d'un foyer dysfonctionnel vit des problèmes d'instabilité et d'hyperémotivité. De plus, il devient très PSYCHIQUE. Le PARDON constitue le moyen par excellence pour revenir à son état naturel. Il est aussi recommandé de se faire aider par des personnes ressources spécialistes dans le domaine des familles dysfonctionnelles.

D

ÉCHEC

Le dictionnaire traduit un échec comme un revers éprouvé par quelqu'un, un manque de réussite, un insuccès, une faillite; le fait de ne pas avoir obtenu ce qui était espéré. Du point de vue spirituel, ce terme utilisé autant dans le domaine affectif que matériel et monétaire n'a un sens constructif que s'il signifie « expérience ». Considéré comme tel, il représente un outil extraordinaire et peut servir de tremplin pour toute future réalisation.

E

Prenons l'exemple d'un homme qui considère avoir subi un échec suite à un divorce. Il avait mis toutes ses énergies dans une relation de couple qu'il considérait comme importante. Selon lui, réussir sa vie équivalait à demeurer avec la même conjointe toute sa vie. N'ayant pas obtenu le résultat escompté, selon ses attentes et ses objectifs dictés par ses croyances, il considère avoir vécu un véritable échec. S'il entretient cette CROYANCE, il risquera d'aller d'échec en échec à l'avenir. Il peut même arriver à *se croire lui-même un échec*. Souvenons-nous qu'il nous arrive toujours ce que nous croyons.

Nous devons réaliser que ce que nous vivons comme expérience et ce que nous sommes véritablement représentent deux choses totalement différentes. Puisque tout découle de la réaction de chaque individu, ce qui est considéré comme un échec pour une personne peut signifier une expérience très stimulante et valorisante ou même constituer un défi pour quelqu'un d'autre qui entrevoit la possibilité de grandir spirituellement. D'autre part, ce qui est ressenti comme un échec intérieur – absence de paix, de bonheur et de satisfaction – peut également devenir une source très spéciale d'enrichissement personnel.

Rien de ce que nous entreprenons matériellement et de ce que nous vivons intérieurement et spirituellement n'est laissé au hasard puisque rien n'est perdu dans l'Univers. Tous nos revers, toutes nos expériences, tout ce que nous croyons mentalement un échec peut nous fortifier. Donc, au lieu de rester accroché à ce que ce mot représente pour certains et de se torturer inutilement, il est plus salutaire de le remplacer par le mot EXPÉRIENCE et de bien noter tout ce qui a été appris grâce à cette expérience. Il est beaucoup plus sage de décider de vivre pleinement toutes nos expériences dans l'ACCEPTATION, peu importe où notre Dieu intérieur nous guide. Sachons que ce que nous considérons comme un échec est un pas de plus pour l'évolution de notre âme. Voilà une autre raison de faire CONFIANCE à la Vie.

E   ÉCOLOGIE

Étude des milieux où vivent les êtres vivants et les rapports de ces êtres avec le milieu. La relation entre les habitants de la planète et ses ressources naturelles. Toute action qui touche la conservation et le bien-être de la nature, de la planète, comme la récupération, planter des arbres (pour nos poumons), purifier les eaux usées, protéger les animaux en voie de disparition… L'écologie consiste aussi à éviter de jeter des ordures à l'extérieur, de couper ou d'abîmer inutilement des arbres et des fleurs, enfin, tout ce qui détruit ou brise l'harmonie et la beauté de la nature. On doit se rappeler que la planète Terre est une entité vivante, comme tout ce qui existe. On lui a même donné le nom GAÏA et elle possède un cœur et des poumons. Quand nous posons des actions pour l'endommager, la détériorer, nous la détruisons et nous nous nuisons également. Une personne écologique est donc consciente des conséquences, des gestes qu'elle pose et ce, dans tous les domaines.

Quand chaque être humain fera sa part pour s'améliorer, enrichir tout ce qui l'entoure, incluant l'environnement, nous vivrons dans un écosystème écologique, c'est-à-dire un système qui prendra en considération l'être humain dans sa totalité plutôt que de demeurer dans un système où chacun cherche à satisfaire son propre ego. Demande-toi toujours : « Si le reste de l'humanité agissait comme je me conduis dans le moment, vivrions-nous dans un monde harmonieux ? » Utiliser son discernement et agir avec intelligence consistent à penser ainsi. Nous serons les premiers à profiter de cette attitude quand nous reviendrons dans une vie prochaine. En résumé, **l'écologie se définit par le RESPECT des ressources naturelles et de tout ce qui vit sur la planète, incluant**

notre corps et notre santé, en les utilisant de façon UTILE et INTELLIGENTE.

ÉCOUTER

Être attentif à, tenir compte de ce que quelqu'un dit, exprime, désire. Écouter constitue un acte, une attitude qui va bien au-delà d'entendre avec ses oreilles. Écouter les autres, c'est *être* avec la personne; prêter une oreille attentive à ce qui se passe en elle; observer sa gestuelle, l'expression de son regard, son timbre de voix; sentir ce qu'elle cherche à exprimer pour arriver à percevoir au-delà des mots prononcés. Écouter signifie également savoir entendre la détresse, la joie, la peur ou l'amour derrière toute attitude, toute parole, sans jugement, ni recherche de compréhension intellectuelle. Écouter exige de l'objectivité, de l'empathie, de même qu'un désir sincère de donner un peu de temps pour le bénéfice des autres.

Écouter, c'est laisser le temps à l'autre de terminer ce qu'il a à dire au lieu de l'interrompre; éviter de penser et de préparer notre réponse pendant que l'autre parle; revenir avec une question pour s'assurer d'avoir bien compris l'autre plutôt que de sauter aux conclusions. Cependant, nous devons être capables de reconnaître nos limites, savoir quand nous en avons assez. Bien qu'une personne soit douée pour l'écoute, celle-ci n'est pas toujours disposée à le faire. Nous devons aussi nous rappeler que ce n'est pas parce que nous avons besoin de parler que l'autre est obligé d'écouter. Il est bon de vérifier si l'autre veut le faire.

Quand nous écoutons véritablement les autres, sans attentes, ils auront la même attitude envers nous. Par ailleurs, une personne qui a de la difficulté à écouter les autres démontre qu'elle n'écoute pas ses propres besoins. À l'inverse, quelqu'un qui sait comment écouter ses besoins aura plus de facilité à écouter les autres et à les aider. Pour apprendre à nous écouter, nous devons être dans notre MOMENT PRÉSENT. Prends souvent un temps d'arrêt, des instants pour observer ce qui se passe autour de toi, en toi. Écoute ce que ton cœur désire. Écoute l'enfant en toi, soit attentif aux messages de ton corps pour reconnaître tes vrais besoins. En somme, écoute ta voix intérieure, ton INTUITION. Nous pouvons devenir conscients de notre capacité d'écoute en vérifiant notre capacité de vraiment écouter les autres.

ÉDUCATION

Action d'éduquer, de former, d'instruire quelqu'un. Ensemble des acquisitions morales, intellectuelles et culturelles d'une personne. L'éducation la plus marquante et importante vient de nos parents ou de ceux qui les ont remplacés, ainsi que de nos éducateurs. L'influence de toutes ces personnes a joué un rôle prédominant dans notre façon de penser, d'agir, de réagir et même de nous comporter tout au long de notre vie.

Au sein d'une famille, les enfants ont reçu la même éducation puisqu'ils ont eu comme modèles les mêmes parents. Alors, pourquoi chacun agit-il de façon différente ? Cela tient compte du tempérament de chaque individu et de ce que chacun a à vivre et à apprendre en rapport avec son PLAN DE VIE. Nous devons retenir que l'éducation fait partie d'un système créé par des humains, au même titre qu'un système de valeurs, et que celui-ci change avec l'évolution.

Le système éducationnel (familial ou scolaire) a malheureusement été jusqu'ici très contrôlant, au point de devenir de l'AUTORITARISME. Par conséquent, les jeunes d'aujourd'hui y résistent beaucoup. Tous les enfants NOUVEAUX et toute personne nouvelle ne veulent plus être éduqués selon un système périmé qui ne répond plus aux besoins d'aujourd'hui. Ils veulent plutôt être instruits. Ils adorent apprendre et connaître plein de choses mais ils doivent sentir que ces connaissances leur aident et ne leur sont pas imposées. Ils ont assez de discernement pour savoir ce qui est bénéfique ou non pour eux.

Les mondes adultes travaillant dans l'éducation (familial ou scolaire) ont grand intérêt à faire davantage CONFIANCE aux jeunes d'aujourd'hui. En réalité, l'éducation est plus facile à faire maintenant que dans le passé. En se basant sur les critères de la nouvelle époque de l'ÈRE DU VERSEAU, tout se simplifie.

EGO

Appelé parfois « petit moi », l'ego est le « je » que nous croyons être. Il est créé à partir d'énergie mentale humaine, c'est-à-dire de nos mémoires et surtout de nos croyances. En réalité, l'ego est la totalité de toutes nos croyances mentales. L'ego s'accroît au rythme que nos croyances se multiplient. Ces croyances deviennent des PERSONNALITÉS que nous développons tout au long de notre existence et qui veulent diriger notre vie. En effet, notre ego est convaincu qu'il est notre « Je suis » et, par conséquent, il croit qu'il est là pour nous protéger, nous dicter la meilleure conduite à suivre.

Par contre, comme l'ego se base sur nos CROYANCES pour décider et que celles-ci ont été créées la plupart du temps suite à une expérience désagréable, il cherche à nous motiver par la peur plutôt que par l'amour ou par l'écoute de nos besoins. L'ego ne peut connaître les besoins de l'être car il fait partie du monde MATÉRIEL et les besoins de notre être découlent de notre dimension spirituelle. Il ne peut résoudre nos problèmes car il fait partie de chacun de nos problèmes. Au fil du temps, cet ego a pris une telle dimension que nous nous sommes graduellement laissés envahir, pour ensuite croire que nous étions cet ego et lui donner le pouvoir de décider de notre vie. Quand il dirige notre vie, nous ne sommes plus nous-même, nous n'écoutons plus nos besoins et nous ne vivons plus notre moment présent. Nous nous immobilisons dans le passé ou le futur, nous freinons notre évolution, nous nous empêchons ainsi de nous ouvrir au nouveau.

Chaque fois que tu vis des émotions ou que la vie te semble difficile ou à chaque malaise intérieur vécu, sache que tu as laissé ton ego te diriger. Il est important d'en devenir conscient le plus rapidement possible afin de reprendre la MAÎTRISE de ta vie. Quand une personne se laisse envahir continuellement par la voix de son ego, elle devient convaincue qu'elle seule détient la vérité et elle se croit mieux et supérieure aux autres et développe de l'ORGUEIL. Avec le temps, ses peurs et ses croyances finissent par la manipuler complètement sans qu'elle ne s'en rende compte.

Avec l'avènement de l'ÈRE DU VERSEAU, l'ère de la nouvelle conscience chez l'humain, on sait qu'on doit se dégager un jour de notre ego pour transmuter le mental inférieur en supra mental qui est le « grand moi ». Étant guidés par notre DIEU INTÉRIEUR plutôt que par notre ego, nous serons inévitablement centrés et nous saurons que nous sommes le seul maître de notre vie.

E

Comment faire pour graduellement diminuer la puissance de notre ego ? Premièrement, nous devons l'accepter et non nous en vouloir de l'avoir créé. Nous devons réaliser que, jusqu'à maintenant, l'humain a cru qu'il constituait le meilleur moyen de se protéger contre la souffrance. On peut comparer l'ego à un serviteur qui dirige son maître parce que celui-ci lui a donné beaucoup de pouvoir en l'autorisant à le faire. Aujourd'hui, avec l'avènement de l'ouverture de la conscience, nous devenons conscients que nous sommes ce maître qui réalise que, dans l'ordre des choses, le serviteur ne décide pas. Il est plutôt à l'écoute des BESOINS de son maître. Nous voulons reprendre la maîtrise de notre vie. En ayant une attitude d'ACCEPTATION, l'ego ne se sent pas accusé mais plutôt reconnu pour l'aide qu'il a voulu nous apporter dans le passé. Il sera heureux et soulagé de reprendre son rôle de serviteur et nous laissera volontiers redevenir notre propre maître.

Souvenons-nous toujours que nous ne sommes pas notre ego et reprenons contact avec notre essence divine. Nous sommes des êtres parfaits qui utilisent un corps de matière avec ses dimensions physique, émotionnelle et mentale pour vivre certaines expériences en vue de retourner vers notre vraie nature et redevenir pur esprit. Nous avons malheureusement oublié ce fait au fil du temps et nous avons cru bien faire en utilisant de l'énergie mentale pour nous créer un ego. Reprenons donc contact avec notre individualité et avec qui nous sommes véritablement.

ÉGOCENTRISME

Qui rapporte tout à soi. Qualificatif utilisé pour quelqu'un dont son univers est uniquement centré sur sa seule personne. On utilise aussi l'expression « nombrilisme » pour signifier l'égocentrisme.

L'égocentrisme peut se trouver chez une personne à caractère extraverti ou introverti. Son attitude égocentrique s'amplifie davantage lorsqu'elle sent ses peurs l'envahir ou encore quand elle se sent sévèrement menacée. C'est le genre de personne qui peut parfois utiliser les autres pour combler ses désirs et ses besoins en oubliant de se soucier d'autrui. Généralement, elle est inconsciente de son comportement égocentrique bien que les autres s'en aperçoivent. En général, cette personne ne sait pas écouter les autres. Elle s'empresse de les interrompre pour parler d'elle, de rapporter le problème de l'autre à elle-même. Le « moi - je » est très courant dans son langage.

E

Une telle personne aurait grand intérêt à développer l'ALTRUISME, à s'ouvrir aux autres, à DONNER et à apprendre davantage ce qu'est l'ÉCOUTE et la COMPASSION. Grâce à cette ouverture, elle aurait l'opportunité de mieux se connaître en étant en contact plus étroit avec ses semblables.

ÉGOÏSME

Tendance qui porte un individu à se préoccuper exclusivement de son propre plaisir et de son propre intérêt sans se soucier de ceux des autres. Chercher à profiter des autres. Autrement dit, **l'égoïsme représente l'état d'une personne qui veut se faire plaisir ou s'approprier quelqu'un ou quelque chose au détriment d'une autre personne**, ou encore qui impose ses désirs à quelqu'un d'autre pour son propre intérêt. Elle vit beaucoup d'attentes et, par conséquent, elle se sent vite déçue quand les autres ne répondent pas à ses désirs. En telle circonstance, elle est portée à renverser les rôles et à accuser les autres d'être d'égoïstes, au lieu d'elle-même.

E

Par exemple, une mère assez âgée qui insiste que ses enfants viennent la visiter à tous les dimanches. Elle oublie les besoins de ses enfants et ne pense qu'à son propre désir. Si l'un d'eux ne vient pas la voir aussi souvent qu'elle le désire, elle le traitera d'égoïste quand, en réalité, son enfant écoute ses vrais besoins. Malheureusement, un grand nombre de personnes ne différencient pas l'*amour de soi* et l'*égoïsme*. Satisfaire ses propres besoins soi-même sans rechercher toujours l'assistance des autres reflète un comportement basé sur l'amour de soi. Vouloir que ses propres désirs soient satisfaits par quelqu'un d'autre ou enlever quelque chose à quelqu'un d'autre, sans vérifier s'il est d'accord, ces deux attitudes représentent de l'égoïsme.

Deviens donc plus conscient de cette différence. Il est plus sage de vérifier si l'amour de soi ou l'égoïsme est vraiment vécu lorsque tu te traites d'égoïste ou que tu juges quelqu'un d'autre de la même chose. Par exemple, les enfants NOUVEAUX sont souvent jugés d'égoïstes alors qu'ils existent pour nous montrer des exemples d'AMOUR DE SOI. Souviens-toi que plus tu t'aimeras, plus tu recevras de l'amour véritable des autres et, surtout, plus tu seras respecté, tandis que plus tu seras égoïste et plus on s'éloignera de toi éventuellement.

ÉLÉMENTAL

Appelé aussi une forme-pensée, un élémental est le terme utilisé pour désigner un **élément** du **mental**. Toute pensée, donc tout ce qui existe sur la terre, a d'abord pris forme dans le monde invisible. Toute PROJECTION MENTALE devient par conséquent un élémental dans l'invisible et flotte comme une forme au-dessus et autour de la personne qui a créé cette pensée. Cette forme-pensée demeure attachée à son créateur tant et aussi longtemps qu'une personne y met de l'énergie, en pensée, en parole, en action et en réaction. Or, plus elle y met de l'énergie, plus elle l'alimente et plus elle grossit et se manifeste rapidement dans le monde physique. Pourquoi ? Parce que la forme est magnétique. Elle attire à elle tout ce dont elle a besoin, tous les éléments nécessaires pour arriver à se manifester physiquement.

En effet, un élémental débute dans le monde mental. Il est donc invisible et subtil et est propulsé vers le monde visible, donc physique. Il peut être bénéfique ou non. Tout dépend de sa source. Par exemple, entretenir des pensées d'amour, de compassion et de paix envers tout ce qui existe crée un élémental qui aura des effets très bénéfiques. Il nous aidera à être heureux, à manifester nos désirs et à développer certaines qualités telles que la tolérance, la patience, la douceur, l'harmonie et autres attributs au niveau de l'être. La projection mentale peut aussi être utile quand on veut aider une personne. Par exemple, en l'imaginant baignant dans sa lumière, ceci l'aidera à reprendre contact avec sa propre lumière.

Mais comme nous sommes dans un monde de DUALITÉ constante, cet élémental peut aussi produire des effets défavorables lorsqu'il est contraire à l'amour véritable. Prenons l'exemple d'une personne qui entretient des pensées de haine ou de vengeance envers quelqu'un : elle développera autour d'elle un élémental analogue à ses pensées. Puis, à force d'être alimentée par de telles pensées, cette forme-pensée deviendra très puissante et finira par attirer de la violence dans la vie de cette personne qui l'alimente. Il ne faut pas oublier que plus l'élémental devient puissant, plus il grossit et plus il demande d'énergie de la part de son créateur. Celui-ci sera de plus en plus grugé de son énergie, ce qui finira par le rendre malade.

Un élémental très nourri et très gros devient une OBSESSION. Lorsque ça se produit, l'élémental s'avère aussi volumineux que son créateur et celui-ci est complètement envahi par cette forme-pensée : il n'a plus aucune MAÎTRISE. Voilà l'urgence de devenir conscient des pensées que nous entretenons et de tout ce que nous mettons en mouvement dans l'Univers. Ainsi, nous pourrons utiliser consciemment ce pouvoir créatif pour MANIFESTER nos plus grands désirs de façon à créer l'harmonie générale.

ÉMERVEILLEMENT

S'émerveiller, c'est éprouver un étonnement agréable devant quelque chose qu'on juge de merveilleux; inspirer une très vive admiration. Une personne en état d'émerveillement se trouve près de son ENFANT INTÉRIEUR. L'émerveillement provoque une joie profonde. Cet état de bien-être aide à conserver la santé, la jeunesse de cœur et d'esprit. Altruiste de nature, une personne qui s'émerveille facilement a, de façon générale, un très grand respect pour toute l'existence et est ouverte aux créations des autres ainsi qu'aux siennes. Elle dégage le bonheur de vivre et tous les gens autour d'elle se sentent bien à son contact. Pour ceux qui s'émerveillent devant les talents ou qualités des autres, il est suggéré de se référer à l'approche du MIROIR.

Pour développer une telle attitude, une personne doit rester attentive, observer et être ouverte à tout ce qui l'entoure et, surtout, laisser de côté ses anciennes perceptions. Elle s'émerveille devant les choses simples et naturelles de la vie et cherche à ne voir que le beau dans tout ce qui existe et ce, aussi loin que peut porter son regard. Par exemple, en contemplant un arc-en-ciel, en observant dans le ciel un nuage prendre une forme inusitée, en recevant un présent inattendu, en étant heureuse du bonheur des autres, etc. À ce sujet, les enfants sont souvent des guides pour nous. Lorsqu'ils s'émerveillent pour quoi que ce soit, on peut voir leur regard scintiller d'un éclat qui enveloppe tout leur être. Demandons-leur ce qui les émerveille et laissons-les nous rappeler de nous émerveiller plutôt que de devenir des adultes blasés.

ÉMOTION

Agitation passagère, état affectif intense causé par un sentiment vif de peur pour soi. Malaise intérieur qui bloque l'énergie au niveau du plexus solaire. **Une émotion est issue de notre plan mental, de ce qu'on a appris et décidé de croire par le passé.** Il arrive qu'on sente spontanément monter l'émotion ou d'autres fois qu'on n'en soit pas conscient car elle est profondément refoulée, à l'état latent, jusqu'à ce qu'on ne puisse plus la contrôler, la refouler. On peut se rendre compte d'une émotion refoulée lorsqu'on ressent un sentiment de vide ou de manque à l'intérieur de soi. On essaie en général de remplir ce vide par quelque chose, comme de la nourriture, d'où l'expression « manger ses émotions ».

La majorité de nos émotions proviennent de nos ATTENTES car nous n'avons pas appris à aimer de façon inconditionnelle, c'est-à-dire sans attentes. Aussi, on vit des émotions avec soi-même quand une ou plusieurs de nos CROYANCES MENTALES nous empêchent d'accéder à nos désirs. Notre EGO veut diriger et contrôler une situation en s'obstinant à vouloir obtenir un certain résultat qui est à l'opposé de ce que nous voulons véritablement. Prenons l'exemple de l'épouse qui veut faire une mise au point avec son mari mais qui a peur de sa réaction. Elle se retient, se promet bien de lui parler le lendemain et, pendant ce temps, elle vit de plus en plus d'émotions. En plus de la peur qu'elle vit, elle est surtout déçue et très en colère contre elle-même et s'accuse d'être faible, peureuse, etc.

Il est généralement plus difficile de devenir vraiment conscients des émotions que nous vivons avec nous-même, comparativement aux émotions vécues avec d'autres personnes. Autrement dit, chaque fois que nous vivons de la peur, c'est l'ego qui dirige notre vie et non notre cœur. Par conséquent, **toute situation non acceptée nous fait vivre des émotions. Pour que survienne une émotion, il doit y du JUGEMENT et de l'ACCUSATION, que ce soit envers quelqu'un ou envers soi-même. C'est la peur des conséquences pour soi, d'être critiqué ou jugé. En somme, on vit la peur de ne pas être aimé.**

Une théorie dit qu'il y a des émotions positives et négatives. Dans ce livre, une émotion indique de la peur pour soi, éveillée par un incident qui touche une des cinq BLESSURES DE L'ÂME. Il est suggéré de lire la définition de SENTIMENT qui explique ce qui est considéré comme une émotion positive. Sachons cependant que les émotions, d'une certaine façon, sont utiles car elles nous aident à voir des aspects inconnus ou inconscients de nous-mêmes. Voilà une des raisons importantes pour laquelle nous ne devons pas les contrôler, les ignorer ni les refouler.

Lise Bourbeau & Micheline St-Jacques

Nous devons plutôt apprendre à les identifier et les reconnaître comme faisant partie de nous. Elles sont là pour attirer notre attention sur les peurs et croyances qui nous habitent et qui nous empêchent de vivre l'AMOUR inconditionnel auquel nous aspirons tous.

Les personnes qui avalent, refoulent ou contrôlent continuellement leurs émotions risquent de se retrouver avec d'éternelles insatisfactions et de basculer dans les dépendances. Ces émotions finissent par miner leur corps d'énergie, car continuer à alimenter nos peurs demande beaucoup d'énergie. Lorsque nos réserves sont épuisées, voilà qu'apparaissent les problèmes physiques de toutes sortes.

Voici donc les étapes suggérées pour exprimer tes émotions avec quelqu'un d'autre et t'en libérer. Lorsque ces étapes sont vécues avec ton cœur et ton « senti », tu seras agréablement surpris de remarquer que même si le genre de situation se représente dans ta vie, tu ne vivras plus les mêmes émotions.

1) Deviens conscient de l'accusation portée envers toi-même ou envers quelqu'un d'autre et de ce que cela te fait vivre.

2) Prends contact avec ta RESPONSABILITÉ, c'est-à-dire reconnais que tu as toujours le choix de réagir avec amour ou avec peur. Tu as peur de quoi pour toi ? Réalise, en plus, que tu as peur de te faire accuser de la même chose. Accepte l'idée qu'il y a quelque chose en toi qui attire ce genre de personne et de situation pour t'aider à régler une blessure vécue étant jeune.

3) Lâche prise et accepte l'autre en te mettant dans sa peau et en ressentant ses intentions et ses peurs. Accepte l'idée que l'autre personne s'accuse et te juge probablement de la même chose que tu l'accuses. Elle a la même peur que toi.

4) Maintenant, tu passes à l'étape la plus importante : la réconciliation avec toi-même. Si l'émotion est vécue face à un autre, tu dois te pardonner de lui en avoir voulu. Si l'émotion est vécue face à toi-même, tu dois te pardonner de t'être accusé. Pour ce faire,

donne-toi le droit d'avoir encore des peurs, des croyances, des faiblesses, des limites qui te font souffrir et réagir. Accepte-toi tel que tu es maintenant, en sachant que c'est temporaire et que ce que tu vis est déclenché par une de tes blessures.

5) En guise de préparation pour l'étape six, imagine-toi avec la personne concernée en train de lui partager combien tu l'as jugée, critiquée ou condamnée. Tu es prêt à le faire lorsque l'idée d'aller partager ton expérience à la personne concernée suscite un sentiment de joie et de libération.

6) Vois la personne concernée et exprime-lui ce que tu as vécu et dis-lui que tu regrettes de l'avoir accusée, jugée et de lui en avoir voulu.

7) Retrace dans ton passé un événement similaire ayant eu lieu avec une personne faisant figure d'autorité : père, mère, grands-parents, professeur, etc. En général, cette dernière est du même sexe que la personne avec qui tu as vécu une émotion. Refais toutes les étapes avec cette personne (figure d'autorité).

Si tu te sens incapable de rencontrer la personne par peur de la blesser, de lui déplaire ou que cela dépasse tes limites, ceci indique que tu t'en veux encore. Tu peux communiquer dans l'invisible, c'est-à-dire avec l'âme de la personne afin de te pratiquer psychologiquement. Lorsque tu te sentiras prêt, tu pourras passer à l'étape six. Cette dernière n'est cependant pas obligatoire mais elle s'avère très utile pour savoir si tu t'es véritablement pardonné d'en avoir voulu et peut-être même d'avoir souhaité du mal à la personne en question. Il est préférable de voir la personne mais, si cela est impossible, écris-lui. Si elle est décédée ou disparue de ta vie, tu peux lui écrire et ensuite brûler la lettre pour qu'elle parte dans l'invisible. Si les émotions sont vécues avec toi-même, tu fais les étapes un, deux et quatre ainsi que l'étape sept avec le parent du même sexe que toi.

Cette façon d'exprimer tes émotions peut exiger parfois un certain temps car l'EGO, se basant toujours sur ce qu'il a appris, ne sait pas comment réagir à cette nouvelle façon inconditionnelle d'aimer. C'est pourquoi il résiste, ne croyant nullement en son importance. Il présume surtout que l'autre est coupable et essaiera par tous les moyens de t'empêcher de rechercher la réconciliation. Souviens-toi, par contre, que plus l'ego résiste, plus cela indique que ta blessure a été touchée profondément et plus les émotions seront fortes.

E

Vivre une émotion face à quelqu'un, c'est se sentir menacé alors qu'en réalité, nous sommes face à quelqu'un qui s'exprime différemment de nous, qui a peur ou quelqu'un qui n'aime pas sa propre vie. **L'émotion est véritablement exprimée avec le cœur lorsque nous nous pardonnons nous-même d'en avoir voulu à quelqu'un parce nous étions incapables de percevoir les peurs, les limites, la douleur ou le point de vue de l'autre et surtout parce que nous souffrions nous-même.**

Tous, autant que nous sommes, au plus profond de nous-même, ressentons un très grand désir de vivre que dans l'amour, la paix et l'harmonie puisque c'est l'état naturel de tout être humain. Par conséquent, moins nous vivrons d'émotions qui grugent une grande partie de notre énergie et plus nous sentirons de la joie, de la plénitude et un grand bonheur de vivre sur cette planète.

EMPATHIE

Forme d'écoute, une connaissance intuitive de l'autre. Capacité de se mettre à la place d'autrui en demeurant dégagé de soi, c'est-à-dire en faisant fi de ses croyances, de ses préjugés et de ses émotions pour être en contact avec le vécu, le problème de l'autre, tout en demeurant OBSERVATEUR. L'empathie se rapproche de la COMPASSION, excepté qu'il y a moins de « senti ». Dans la compassion, une personne ressent en elle le senti de l'autre mais sans en souffrir elle-même, tandis que dans l'empathie, elle est plus dans « savoir » de ce qui se passe chez l'autre.

De plus, l'empathie n'est pas de la *sympathie*. Une personne sympathique ressent et vit la douleur de l'autre. Elle se révèle davantage une personne FUSIONNELLE. Une personne empathique peut donc vraiment aider les autres car elle peut demeurer objective. Elle sait intuitivement poser au bon moment les bonnes questions qui permettent à la personne aidée d'être face à elle-même, face à ses difficultés afin qu'elle trouve ses propres solutions.

EMPLOI (avoir un)

Se référer à **TRAVAIL (avoir un)**

E

ÉNERGIE CRÉATIVE

Se référer à **DIEU INTÉRIEUR**

ÉNERGIE (hausse)

Une personne énergique ressent les courants de son énergie à travers tout son être. Cette personne sait qu'elle est centrée, branchée et soutenue par toutes les forces de l'Univers. Elle vit intensément son moment présent, se sent épanouie, exaltée car elle est en contact avec sa grande puissance divine, la force de vie qui parcourt tout son être. L'énergie rejaillit de son corps physique et rayonne autour d'elle. C'est l'état naturel de l'être humain.

Par contre, il peut arriver que certaines personnes, n'étant pas habituées à canaliser leur énergie, aient un trop plein d'énergie. Par exemple, lorsque nous recevons une nouvelle excitante ou encore quand nous avons réalisé un projet qui nous tenait particulièrement à cœur ou suite à un exploit extraordinaire à nos yeux.

En général, comme l'humain n'a pas encore appris à gérer toute la puissance de cette montée d'énergie, il se peut que certaines personnes vivent une crainte soudaine de la grande puissance que leur procure leur propre énergie. Inconsciemment, elles peuvent ressentir un besoin soudain d'en diminuer l'intensité, ce qui peut les entraîner vers les matières physiques, telles une compulsion à la nourriture, à l'absorption d'alcool ou à toute autre dépendance physique. D'autres personnes seront plutôt portées à canaliser leur surplus d'énergie à travers leur travail ou une activité quelconque d'une façon exagérée.

Si tu te retrouves avec un trop plein d'énergie, il est suggéré de prendre des RESPIRATIONS et d'expirer longuement et lentement, en demandant à ton énergie de s'équilibrer. Si cette situation est assez fréquente, ceci peut indiquer que tu dois prendre plus de temps pour pratiquer un sport physique actif, tel le tennis. Viendra un jour où l'humain saura très bien gérer son énergie et réalisera enfin son grand potentiel et sa grande puissance sur cette terre.

ÉNERGIE (manque ou baisse)

Le fait de vivre un manque ou une baisse d'énergie provient toujours de l'intérieur de soi. C'est un signal de notre corps et de notre SUPERCONSCIENCE qui veulent attirer notre attention sur le fait que nous agissons, pensons et vivons d'une façon défavorable pour nous, c'est-à-dire que nous utilisons mal nos dimensions physique, émotionnelle et mentale (notre enveloppe matérielle). Soit que nous dépassons nos limites dans une de ces dimensions, soit que nous n'écoutons pas du tout nos vrais besoins.

Au plan physique, il est normal et humain de se trouver en baisse d'énergie après avoir fait un gros travail physique et, davantage, si ce travail s'avérait inhabituel. Nous pouvons également se retrouver vidés d'énergie après avoir fait quelque chose de physique qui nous déplaisait ou qui a été fait par obligation. Aussi, une personne qui ne sait pas quand se reposer et qui dépasse ses limites se verra souvent en manque d'énergie.

Au plan émotionnel, nous savons tous qu'une baisse d'énergie survient rapidement lorsque nous recevons une nouvelle difficile à accepter ou quand nous sommes incapables de gérer une situation ou encore quand nous ne sommes pas nous-même suite à une BLESSURE réactivée. Si, au lieu de vivre dans l'acceptation tout ce qui arrive, de ressentir de l'amour, de la satisfaction et d'être en paix, notre vie est composée de grosses émotions de colère, d'angoisse, de culpabilité, de ressentiment et de frustration, nous perdons rapidement notre dynamisme parce que nous sommes vidés d'énergie.

Au plan mental, le fait de vouloir tout comprendre intellectuellement ce que nous vivons ou ce que vivent les autres représente également une grande cause de baisse d'énergie. On le voit souvent chez une personne qui veut trop AIDER LES AUTRES, sans vérifier si ceux-ci veulent se faire aider, ou qui le fait avec attentes. Cette attitude se retrouve aussi chez ceux qui se croient RESPONSABLES d'arranger la vie de leurs proches, qui pensent qu'ils n'ont pas le droit d'être heureux si ceux qu'ils aiment ne le sont pas. De plus, toutes les anxiétés mentales, les peurs, les inquiétudes, les doutes vident une personne de son énergie vitale.

E

Pour t'aider à reprendre tes forces, à être en contact avec l'énergie divine en toi et à retrouver ton pouvoir, tu dois devenir conscient que ce n'est pas d'énergie dont tu manques. Elle est toujours disponible mais tu te fermes à elle à cause de la façon dont tu l'utilises. C'est comme si tu étais dans une pièce et que tu fermais tous les volets. Est-ce parce qu'il fait noir dans la pièce qu'il n'y a plus de soleil ? *NON*, il est bien là. Tu n'as qu'à ouvrir les volets et la lumière du soleil réapparaîtra. Pour t'ouvrir à ton énergie naturelle, ACCEPTE les situations telles qu'elles se présentent au lieu de vouloir forcer ou tout CONTRÔLER. Apprends à aimer les autres et toi-même, tels que vous êtes sans vouloir changer personne. Ressors les points positifs et constructifs qui t'habitent. Apprends à aimer de plus en plus ce que tu fais en trouvant une bonne motivation au niveau de l'être. Rappelle-toi que la motivation et la satisfaction de faire ce que tu aimes engendrent automatiquement une hausse d'énergie, ainsi que d'apprendre à aimer tout ce que tu décides de faire. Voir les autres thèmes sur l'ÉNERGIE et les CORPS PHYSIQUE, ÉMOTIONNEL, MENTAL.

ENFANT / ENFANCE

L'enfance correspond à la période de la naissance à l'adolescence, c'est-à-dire de la naissance à 13 ans. Au point de vue de l'évolution de l'être, un enfant est une ÂME nouvellement réincarnée sur la planète

Terre qui s'est enveloppée d'un nouveau corps matériel en vue de venir régler certaines expériences dans l'ACCEPTATION. Comme l'âme a déjà plusieurs vies à son actif, elle sait, avant de naître, la raison pour laquelle elle revient sur cette planète.

E

L'âme de l'enfant choisit de façon vibratoire ses parents et son environnement avant même de naître pour lui permettre d'apprendre ce qui lui est nécessaire pour s'accomplir dans sa présente vie.

Voyons le stade évolutif de l'enfant depuis sa naissance. Au départ, un nouveau-né est empreint d'une grande innocence. Il n'aspire qu'à vivre dans la joie, l'amour et le bonheur. Le jeune enfant est totalement intuitif, naturel et spontané. Il ne mange que s'il a faim, s'endort quand il a sommeil et exprime ce qu'il ressent par divers moyens. Hélas, arrive très vite le moment où les adultes décident d'entreprendre son éducation. L'enfant apprend alors graduellement à s'exprimer et s'affirmer dans le contexte qui lui est suggéré et permis.

Les parents et les éducateurs, dictés par leurs systèmes de croyances, commencent à lui inculquer qu'il fait fausse route quand il agit à l'encontre des désirs des parents. Par exemple, il doit cesser de s'amuser à l'heure du repas ou du coucher et il est contraint de faire ce que ses parents décident pour lui (manger, se vêtir, parler, écouter, se taire…), de la façon qui leur plaît. En somme, il doit désormais suivre inopinément ce que l'adulte décide à sa place.

C'est ainsi que, pour se faire aimer, il découvre qu'il doit suivre les règles préétablies par les adultes, bloquant peu à peu son énergie naturelle, c'est-à-dire son besoin d'être lui-même. Suite à cette prise de conscience et à cette décision, l'enfant vit de la révolte intérieure car il se sent lésé dans son droit d'être. Il ne sait pas encore qu'il a choisi des parents et un environnement en fonction des BLESSURES qu'il veut guérir au niveau de l'âme. Au fur et à mesure qu'il entre en réaction à ses parents, il développe des MASQUES pour se protéger, pour moins souffrir.

L'enfant passe inconsciemment par cette phase, généralement entre zéro et sept ans. On dit même en psychologie que toutes les croyances qui nous entravent à l'âge adulte sont éveillées et acquises entre zéro et sept ans. Aussi, la période la plus difficile pour un enfant représente celle où il demeure seul avec sa douleur et son dilemme intérieurs. On doit savoir qu'à cet âge, un jeune enfant vit toutes ses expériences beaucoup plus tragiquement que nous en tant qu'adultes. Pour l'adulte, ce qu'un enfant vit est souvent considéré comme banal alors que pour ce dernier, toute situation qui le contrarie devient dramatique. Il n'a pas la CONSCIENCE requise pour comprendre que ce qui lui arrive fait partie de son PLAN DE VIE choisi avant de naître.

Quand on évite de faire confiance à l'enfant, on l'empêche de découvrir ce dont il a vraiment besoin, au moment où il en a besoin. Voilà pourquoi une fois devenue adulte, une personne a souvent de la difficulté à reconnaître ses vrais besoins.

L'adulte que nous sommes devenus a oublié cette phase de l'enfance. Nous avons de ce fait oublié notre vraie nature, celle d'être naturels, spontanés, d'écouter nos vrais besoins et de vivre notre moment présent. En observant les jeunes enfants, nous pouvons réapprendre tout cela. Si nous les écoutons véritablement, nous découvrirons leur grande sagesse, même si parfois ils semblent en réaction au comportement des adultes.

En tant que PARENT, notre rôle principal consiste à aider les enfants à progresser vers leur ÊTRE, donc à les AIMER en les valorisant et en les guidant. Les vraies valeurs à leur transmettre sont l'ESTIME DE SOI, réapprendre à écouter leurs BESOINS, être VRAI, authentique et cohérent, leur inculquer le vrai sens spirituel de la RESPONSABILITÉ, du RESPECT et de l'appliquer, c'est-à-dire donner le droit à tous et à chacun de vivre leurs propres expériences selon leurs propres valeurs et besoins.

ENFANT (désirer un)

Il y a plusieurs raisons pour lesquelles certaines personnes désirent un enfant. En voici quelques-unes :

- Pouvoir donner à un enfant ce qu'on n'a pas reçu soi-même;
- Croire que l'enfant retiendra le conjoint, par peur d'une séparation;
- Vouloir donner un petit-enfant aux grands-parents (donc, être aimé d'eux);
- Croire qu'une femme n'est pas femme tant qu'elle ne devient pas mère;
- Croire qu'il est anormal de ne pas désirer d'enfant;
- Vouloir inconsciemment exercer un contrôle sur quelqu'un (parce qu'on s'est toujours senti contrôlé);
- Vouloir donner un frère ou une soeur à l'enfant déjà présent;
- Vouloir réaliser ses rêves à travers son enfant.

Toutes les raisons précitées ne s'avèrent pas bénéfiques. Elles sont motivées par la peur ou en réaction à une situation vécue plus jeune. Un enfant conçu avec ce genre de motivation ne peut qu'attirer des difficultés futures. La motivation idéale pour vouloir procréer est de fournir l'opportunité à une âme de venir s'incarner sur cette planète afin de vivre certaines expériences indispensables à son évolution spirituelle. De plus, une personne doit vouloir évoluer en tant que PARENT grâce aux expériences qu'elle vivra avec cet enfant.

En effet, chaque parent devrait profiter de la présence de son enfant pour devenir conscient de ce qui n'est pas réglé avec ses propres parents. Les mêmes expériences se répètent de génération en génération, tant et aussi longtemps qu'une situation n'est pas vécue dans l'amour véritable, c'est-à-dire dans l'ACCEPTATION. Prenons l'exemple d'une maman qui a critiqué et jugé d'injuste un de ses parents. Il est assuré qu'un de ses enfants la traitera d'injuste, même si celle-ci tente désespérément d'être juste, même si elle reste convaincue de ne pas être injuste comme son parent. D'ailleurs, voilà une des raisons pour laquelle l'âme de l'enfant est attirée de façon vibratoire vers ce parent, afin de régler cette même blessure d'injustice. Quel beau cadeau ils se feront lorsque pointera le jour où l'enfant et le parent parviendront à se parler ouvertement de leurs BLESSURES, sans peur de s'offenser. Cela ne sera possible qu'avec la COMPASSION l'un pour l'autre.

Les personnes qui ne désirent pas d'enfant s'attireront d'autres personnes (souvent les enfants des autres) pour faire leur processus de conscientisation. Un enfant représente un moyen additionnel pour apprendre sur soi-même. L'occasion merveilleuse de mettre en pratique l'AMOUR véritable représente le plus beau cadeau que nous recevons d'un enfant.

ENFANT INTÉRIEUR

Dans cet ouvrage, l'enfant intérieur fait référence à la partie en soi qui a des désirs depuis longtemps, des DÉSIRS qu'il n'a pu réaliser jusqu'à maintenant. Cet enfant se manifeste de différentes façons, par exemple, l'enfant intérieur qui veut jouer, l'enfant créatif, l'espiègle, celui qui a peur, celui qui se sent brave, l'autre qui veut s'exprimer, expérimenter, dépenser, celui qui veut apprendre, tout savoir, tout connaître et surtout être spontané et transparent. Cet enfant intérieur a vécu aussi maintes douleurs dans l'isolement. La mémoire de ces souffrances est enfouie profondément en lui et veut avoir l'occasion et le droit de s'exprimer.

La personne qui néglige d'écouter son enfant intérieur étouffe ses désirs et ses besoins, ce qui risque éventuellement de dégénérer en toutes sortes d'émotions et de maladies. Sachons que l'enfant souffre toujours de ne pas être écouté et aimé inconditionnellement. On doit laisser parler l'enfant intérieur et avoir de la COMPASSION pour ce qu'il est. Lorsqu'il a des peurs, il est bon de le rassurer et de lui dire que nous, en tant qu'adulte, sommes là pour l'aider. C'est pourquoi il importe d'harmoniser toutes les parties en soi et de faire en sorte que tous nos BESOINS soient comblés. Lorsque tu sens une bataille entre ta tête d'adulte avec ses croyances et valeurs et ton cœur d'enfant avec ses désirs et besoins, l'outil du DIALOGUE INTÉRIEUR est excellent pour trouver un terrain d'entente.

ENFANTS (relation avec les jeunes)

E

Les enfants d'aujourd'hui ont beaucoup plus de maturité spirituelle qu'on est en mesure de le croire. Comme ils sont jeunes et moins développés physiquement et psychologiquement que les adultes, on les croit moins conscients et moins responsables qu'ils ne le sont en réalité. Les parents et les éducateurs doivent les encourager à se découvrir et à développer leur être. La majorité des enfants d'aujourd'hui, qu'on appelle les enfants NOUVEAUX sont très autodidactes. Ils préfèrent apprendre par eux-mêmes et sont souvent prêts à prendre plusieurs risques pour vivre leurs propres expériences. Ils saisissent les choses avec une rapidité qui étonne les adultes, ce qui crée souvent en eux des sentiments d'impatience et de colère. Voilà pourquoi il est difficile pour l'entourage d'en comprendre certains.

Si plusieurs d'entre eux paraissent indifférents face à la société et la vie alors qu'ils sont encore très jeunes, c'est parce qu'en général, ils trouvent illogique ce qui leur est imposé. Par contre, ils démontreront un grand intérêt si on prête une oreille attentive à ce qu'ils savent et ressentent profondément et si on respecte leurs besoins.

Les enfants sont aussi très perspicaces et cernent rapidement les faiblesses des adultes et des systèmes actuels. Voilà pourquoi ils semblent parfois de grands manipulateurs. Quand on les accuse d'être *sans cœur* ou même d'être égoïstes, surtout durant la période d'ADOLESCENCE, en général, c'est leur façon naturelle de s'affirmer et d'exprimer leurs besoins alors que les adultes ne voient que de l'ÉGOÏSME. Par leurs comportements, ils tentent surtout d'afficher leur individualité. Ils savent ce qu'ils veulent tandis que les adultes, au fil du temps, ont perdu contact avec leurs désirs profonds et leurs besoins. Par conséquent, si cette attitude te dérange beaucoup, ceci t'indique qu'en tant qu'adulte, tu dois t'affirmer et afficher ton individualité.

En tant qu'adulte ou parent, tu dois apprendre à écouter les enfants, dans leur langage car ils te transmettent de nombreux messages : être vrai, authentique, cohérent et transparent, sans essayer d'être parfait, car ils savent très bien discerner le vrai du faux.

Par contre, il importe de savoir que le parent n'est jamais responsable de la réaction de son enfant. Ce dernier a choisi ses parents pour ce qu'il doit apprendre à travers eux, raison pour laquelle il s'est réincarné dans cette famille. Par conséquent, s'il survient de grandes difficultés ou changements majeurs entre les parents, comme une séparation dans le couple, le rôle du parent consistera à demeurer lui-même, en formulant à l'enfant que tous les parents font leur possible, qu'il n'est nullement en cause, même si l'enfant croit qu'il peut en être la source. Il est important de l'accueillir dans ses peurs et de le faire parler sur ce qu'il ressent en l'écoutant avec attention et de lui mentionner qu'il n'a pas à craindre d'être jugé, rejeté ou abandonné. À ce moment, il se sentira aimé et respecté et c'est tout ce dont il a réellement besoin. (Se référer à COMPLEXE D'ŒDIPE).

Voici une parenthèse concernant l'enfant considéré comme *« hyperactif »*. On le dit agité et il ne peut montrer un intérêt continu dans quelque domaine que ce soit. Il démontre des troubles de comportement et, en général, il éprouve des difficultés à se calmer, se concentrer et fonctionner normalement. Il est important de savoir que le fait de diminuer le sucre et le motiver à découvrir ses champs d'intérêt peuvent contribuer à le rendre plus calme. Il est parfois difficile pour l'entourage de comprendre un enfant hyperactif. Il est aussi qualifié en psychologie comme ayant un *trouble de déficit d'attention*.

Malheureusement, on dit que de plus en plus d'enfants sont hyperactifs et on les incite et même on les oblige à se médicamenter quand, en réalité, ils ne sont pas hyperactifs mais plutôt *« hyperexpressifs »*. Ils sont agités mais uniquement lorsque quelque chose ne les intéresse pas. Quand ils trouvent un intérêt particulier, ils se concentrent très bien et peuvent même passer quelques heures sans s'agiter. Ces enfants n'ont pas besoin de médicament.

Peu importe le type d'enfant, tous ont besoin d'être écoutés et encouragés dans ce qu'ils aiment, dans leur vision des choses. Suivons leur mouvement, respectons-les tout en nous respectant nous-même. En somme, on doit apprendre à mieux communiquer, à cerner leurs besoins, ce qui exige parfois d'entamer des négociations et ce, peu importe l'âge de l'enfant.

En ce qui concerne l'éducation scolaire, si les enfants affirment n'avoir aucun intérêt au point de vouloir abandonner l'école et de se retrouver au banc des décrocheurs, en tant que parent, nous devons les faire parler, les laisser s'exprimer sur ce qui les dérange surtout. Ensuite, les aider à trouver une raison intelligente pour continuer leurs études. On doit les encourager et les valoriser dans ce qu'ils préfèrent et ce, sur quoi ils portent un intérêt plus marqué. Le point essentiel est de les écouter *sans moraliser*. Ainsi, l'enfant se sentira respecté dans son choix d'être et sera, en général, porté davantage à collaborer. S'il arrive que les enfants soient jaloux entre eux, il est mieux de faire ressortir leurs propres qualités, talents et forces au lieu de les comparer à leur frère ou à leur sœur. Tout cela aide à développer l'ESTIME DE SOI.

On remarque que dans les familles où on ne compte qu'un ou deux enfants, les parents jettent souvent tout leur dévolu sur eux. Ils les souhaiteraient parfaits, sans défaut, dotés d'une intelligence supérieure et espéreraient en faire de petits génies. Ils veulent qu'ils excellent en tout : sports, études et, plus tard, dans une belle carrière. Malgré la bonne intention des parents, un enfant dans une telle famille sent une pression énorme qui peut être très difficile à supporter, voire impossible à gérer. Au plus profond de lui-même, l'enfant ne veut pas décevoir ses parents, même s'il est en réaction à eux. Inconsciemment, il peut vivre de la révolte intérieure ou s'il la manifeste extérieurement, ce sera une source additionnelle de difficulté et de conflit.

Si un jeune enfant semble violent sans aucune raison apparente, il est suggéré de vérifier son environnement, surtout dans les domaines où il semble perturbé. S'il entretient de la violence en lui, il sera immanquablement attiré par des émissions de télé ou des jeux vidéo à caractère violent. Il ne devient pas violent à cause de ces jeux mais il est plutôt attiré par ces jeux pour alimenter sa violence. Il s'agit donc de l'aider à devenir conscient de ce qui le fait souffrir au point de générer cette violence. À qui en veut-il ? Les adultes doivent l'aider à devenir conscient qu'il est tout à fait normal et humain pour un enfant d'en vouloir à un adulte qu'il croit responsable de sa souffrance intérieure. Lorsqu'il deviendra conscient que c'est à cause de ses propres BLESSURES non guéries ou réglées qu'il s'est attiré un tel comportement de la part de son environnement (frères, sœurs, parents, professeurs, etc.), il aura plus de facilité à accepter ce qui lui arrive. On peut aider un enfant à faire ce genre de prise de conscience à un très jeune âge.

Si un enfant est sujet à de fréquentes colères qui le mettent hors de lui, un excellent moyen pour l'aider à se centrer consiste d'abord à le stabiliser par les épaules, à lui dire avec fermeté, en le regardant droit dans les yeux et en se baissant à son niveau : « Je refuse de te parler dans cet état, car ce n'est pas vraiment toi qui es devant moi. Redeviens toi-même et nous pourrons parler comme deux êtres intelligents. » Son être captera le terme « intelligent » et quelques secondes suffiront généralement pour qu'il reprenne ses esprits. Puis, sans faire de morale, dialoguer avec l'enfant sur ce qu'il vit et ressent.

Voici quelques points importants pour aider un enfant à développer son AUTONOMIE :

- D'abord, lui apprendre à identifier, à nommer ses besoins et à faire ses demandes lorsque nécessaire;

- Lui permettre d'avoir des opinions différentes sans le juger, sans moraliser et ce, *même si nous ne sommes pas d'accord;*

- Le rendre conscient des conséquences de ses actes et le laisser trouver par lui-même des solutions;

- Lui apprendre à vérifier ce qu'il ressent et lui permettre d'exprimer ses sentiments, ce qu'il vit à l'intérieur, les plus fréquents étant la *peine*, la *colère*, l'*envie*, la *peur* et l'*amour inconditionnel*.

Si l'enfant sent qu'il peut exprimer sa **peine**, cela l'aidera à faire le deuil d'une perte de quelque chose ou de quelqu'un, à faire ses adieux et à pouvoir tourner la page pour aller vers autre chose. S'il croit qu'il ne peut pas ou qu'il doit refouler sa peine, cela risque de l'amener vers la dépression plus tard. S'il est libre d'exprimer sa **colère** sans violence, cela l'aidera à s'affirmer, à faire ses demandes et à reconnaître ce qu'il veut dans la vie. S'il en est empêché, il risque plus tard de perdre le contrôle et de vivre de la rage. S'il peut exprimer son **envie**, il découvrira ce qu'il veut et il dépassera ses limites. S'il la réprime, il y a de grandes possibilités qu'il devienne jaloux plus tard. S'il peut exprimer sa **peur** sans se faire juger ou ridiculiser, cela l'aidera à apprendre la prudence, à survivre, mais surtout à se dépasser. S'il ne peut pas le faire, elle s'imprimera en lui et, plus tard, il ne saura pas comment la gérer et il paniquera. Finalement, s'il ne peut pas ou ne sait pas exprimer son **amour inconditionnel**, il deviendra possessif et dépendant.

Pour que l'enfant apprenne à se centrer, nous devons l'encourager à avoir des moments de silence, de calme et d'introspection. Lui expliquer également ce qu'est la CONSCIENCE, l'INTELLIGENCE, l'approche du MIROIR et la LOI DE CAUSE À EFFET tout en lui enseignant le vrai sens de la RESPONSABILITÉ. De ce fait, l'enfant saura que lui seul peut créer sa vie et qu'il a toujours le choix de vivre toutes ses expériences dans la joie ou la tristesse, dans l'amour ou la peur. Lui enseigner aussi ce qu'est l'INTÉGRITÉ, c'est-à-dire ne pas se laisser influencer par les croyances des autres, mais plutôt vérifier ce qu'il ressent au plus profond de lui. Rappeler à l'enfant qu'il est toujours en train de créer et l'aider à faire la différence entre créer ce qu'il veut et ce qu'il ne veut pas. Il apprend ainsi à prendre ses propres décisions et à développer son discernement. Le féliciter pour ce qu'il crée et non seulement lorsqu'il obtient les résultats escomptés. Lui faire réaliser tout son potentiel, sa VALEUR PERSONNELLE, plutôt que de lui parler seulement de ses faiblesses.

Un point intéressant qui peut aider à mieux comprendre les enfants et à cerner leurs difficultés et leurs besoins est de te remémorer ta propre jeunesse. Rappelle-toi comment tu aurais aimé que tes parents te comprennent et t'écoutent davantage sans te juger. Tu dois te placer dans la peau de l'enfant mais dans le contexte actuel. Plus tu communiques avec l'enfant, *surtout sans moraliser,* plus tu as de chance d'entretenir de belles relations. De plus, quand certaines attitudes chez l'enfant te désespèrent, essaie de lui trouver au moins un bon côté. Porte ton attention sur une de ses qualités, mets-la en valeur, aide-le à se sentir appuyé, soutenu et estimé. En somme, l'accepter dans sa façon d'être et dans ses décisions. (Se référer à VALIDATION). Ainsi tout sera beaucoup plus simple et l'enfant sentira ton amour malgré son comportement parfois déroutant.

Sachons qu'à travers certaines difficultés, nous pouvons toujours y déceler des cadeaux, le plus important étant celui d'apprendre à nous connaître à travers eux et, surtout, d'apprendre à aimer. **Les relations entre parent et enfant sont souvent compliquées parce que nous n'avons pas appris l'AMOUR inconditionnel.** De plus, étant intimement liés à eux, cela touche plusieurs fibres en nous, éveillant très souvent nos blessures profondes. Il est important de ne jamais laisser s'envenimer des relations qui nous perturbent. Nous devons plutôt chercher toute l'aide nécessaire pour retrouver une belle complicité et l'harmonie qui devraient exister entre PARENT et enfant. Il y a toujours une solution, une entente possible entre deux êtres humains.

ENFER

Se référer à **CIEL**

ENGAGEMENT

S'engager, c'est se lier par une promesse verbale ou écrite suite à une entente, un accord clair avec quelqu'un ou avec soi-même. En décidant de s'engager, on devient responsable des conséquences de nos engagements. Le fait de savoir s'engager évite d'avoir inutilement des

ATTENTES et beaucoup d'émotions désagréables. Savoir s'engager est très important pour vivre de façon harmonieuse. Pourquoi ? Parce que les engagements clairs et précis te donnent une direction dans la vie. Souviens-toi que les engagements sont aux niveaux du *avoir* et du *faire*, dans le tangible, c'est-à-dire dans le monde MATÉRIEL et non au niveau de l'*être*. Personne ne peut faire une promesse, par exemple, d'*être* toujours patient. Cela demanderait d'exercer du contrôle et de ne pas être soi-même. Tu ne peux donc pas exiger de toi-même ou des autres de s'engager ou de promettre d'**ÊTRE**.... S'imposer d'être quoi que ce soit représente un manque de RESPECT pour soi et pour les autres.

Prenons en exemple *un engagement qui concerne la vie de couple*. Aucun couple ne peut se promettre de toujours être heureux et fidèle jusqu'au décès de la personne aimée. Ce genre d'engagement concerne directement l'*être* de la personne, non le *avoir* ou le *faire*. Nous devons reconnaître que, bien que chaque conjoint ait la meilleure intention au monde et en dépit de toute bonne volonté, personne n'est en mesure de prévoir ce qui peut arriver à long terme, c'est-à-dire si une relation harmonieuse se prolongera pendant toute une vie. Cela dépend des expériences que chacun doit vivre. Il est donc plus sage de s'engager à apprendre l'AMOUR inconditionnel grâce à l'autre, idéalement avec la même personne, ce qui est généralement le souhait de tous. Par contre, plus les partenaires dans un couple s'engagent dans tout ce qu'il y a à faire et au niveau des biens qu'ils accumuleront ensemble, plus ce couple vivra dans l'harmonie. Il doit y avoir des engagements précis au sujet des travaux ménagers, de l'argent, de l'éducation des enfants, etc., quitte à réviser ces engagements de temps à autre pour mieux s'ajuster.

D'autre part, puisque toute nouvelle expérience comporte une part de risque, s'engager dans une relation de couple comporte des risques. Pour les *personnes qui craignent de s'engager*, la peur de l'inconnu prime souvent ou la croyance voulant qu'il est illusoire d'entretenir une relation durable toute une vie l'emporte. Une personne qui ne prend jamais de risques se prive de bien belles expériences de vie. Si tu comptes parmi ceux qui ont peur de s'engager dans une relation de couple, sache que tu ne pourras jamais vivre une vraie relation intime avec qui que ce soit. Pour identifier une PEUR ou une CROYANCE, se référer à ces deux thèmes.

C'est la même chose au niveau du travail. Comme mentionné plus haut, il y a toujours une part de risque dans toute nouvelle expérience. Une personne *qui s'engage dans un nouveau travail* croit, en général, posséder le potentiel pour réussir dans ce domaine. Mais ce n'est qu'une fois dans le feu de l'action qu'elle peut vraiment réaliser si elle aime ce travail et si elle a les atouts et les talents nécessaires, les connaissances et compétences requises pour poursuivre ou non cet engagement de façon satisfaisante pour tout le monde.

Tu ne peux attendre de t'engager seulement quand tu es assuré que les résultats refléteront tes attentes. Au contraire, tu dois t'engager en lâchant prise sur les résultats et en te rappelant que si tu t'aperçois que ton engagement s'avère trop difficile, tu pourras te désengager. Ce n'est qu'une fois dans l'expérience que tu peux vraiment savoir quelles limites tu as. La même chose s'applique pour ceux qui *s'engagent trop vite*, se plaçant souvent dans une situation qui ne leur convient pas. Si ça t'arrive, il sera toujours possible de te désengager, ce qui t'évitera d'éventuelles frustrations, de la critique ou d'avoir à te contrôler. Tu peux te désengager à n'importe quel moment mais sois conscient qu'il y a toujours des conséquences à toute décision. Vérifie les conséquences d'un tel désengagement en te posant les questions suivantes : « Que pourrait-il survenir de désagréable si je me désengageais ? Quel serait le prix à payer, pour moi-même, pour ceux que j'aime ou dans mes relations ? » Si les conséquences sont au-delà de tes limites, tu auras à prendre une décision en conséquence.

Une promesse à quelqu'un d'autre non tenue éveille en général la BLESSURE de TRAHISON, autant chez la personne qui l'a déclenchée que chez celle qui la subit et, dans certains cas, elle peut mener jusqu'à la rancune. Dans la vie, toutes les situations se produisent pour nous permettre de mieux nous connaître à travers toutes sortes d'expériences. Cela inclut la capacité de connaître et de gérer ses limites.

Il importe également de vérifier si derrière une promesse ne se cache pas certaines peurs : peur de se sentir coupable, de se faire punir, de récolter ce que nous avons semé, etc. Mais la plus grande peur correspond à celle de se faire rejeter, abandonner, donc, de ne pas être aimé. Par exemple, si quelqu'un dit : « Je te promets que c'est la dernière fois que je fais cela », ceci sous-entendra qu'il peut y avoir quelque chose de menaçant pour la personne si elle le refaisait.

Les promesses servent à l'occasion de moyen de marchandage pour se donner du temps ou pour obtenir des faveurs. Promettre d'arrêter de boire, de fumer, de rentrer tôt, de suivre des cours pour faire plaisir à l'autre, pour obtenir un consentement ou du support constituent de très bons exemples. Il existe aussi des gens qui, par INSOUCIANCE, se complaisent à promettre n'importe quoi sans se préoccuper des conséquences. Une fois conscients que notre promesse a été motivée par une peur, nous devons nous désengager.

Prenons maintenant un exemple d'engagement avec soi-même, celui de faire de l'exercice physique chaque jour pour garder la forme ou à se nourrir d'une certaine façon ou à avoir de l'ordre. Il est très courant que cette personne tienne sa promesse pendant plusieurs jours et peut-être même quelques semaines. Arrive un jour qu'il lui est de plus en plus difficile de garder ses engagements, car cela lui fait vivre trop de contraintes. Dans un tel cas, cette personne doit reconnaître ses limites et se respecter. Elle doit réviser ses priorités et reformuler d'autres engagements en rapport à ses vrais besoins, comme faire des exercices aux deux jours plutôt que de façon quotidienne, et il en est de même pour les autres domaines. Il lui sera ainsi plus facile de permettre la même chose aux autres. De plus, en se désengageant avec elle-même, elle écarte la possibilité de se sentir coupable ou de se contrôler.

Les désengagements sont donc générés par des circonstances imprévues, nos limites ou par des peurs inconscientes. Il est bon de se rappeler qu'un engagement n'est jamais pour la vie. L'humain a toujours le choix de se désengager. Souviens-toi, par contre, qu'il est possible également que les autres le fassent tout autant. Le fait d'ACCEPTER cette réalité te permet de faire un choix conscient tout en évitant de vivre des déceptions mais aussi de mieux comprendre les autres. Si tu découvres que tu dois te désengager souvent, cela indique que tu dois vérifier tes besoins avant de t'engager. Il se peut que tu t'engages trop rapidement.

Dans le cas d'engagements où il y a eu véritablement **ENTENTES** *claires mais non respectées* entre deux personnes, la situation peut être utilisée pour découvrir un aspect de toi-même. D'abord, vérifie si tu respectes toujours tes engagements avec les autres ou encore avec toi-même (car c'est la même chose), et reconnais que la raison qui a motivé ton désengagement est aussi valable que celle de quelqu'un d'autre. De plus, souviens-toi qu'il est tout à fait normal et humain d'avoir certaines LIMITES ou peurs qui nous poussent à nous désengager. En résumé, **en apprenant à bien gérer l'engagement et le désengagement, nous développons la notion de RESPONSABILITÉ.** Nous nous ouvrons à plus de compassion pour les personnes qui ne respectent pas toujours leurs engagements ainsi que pour nous-même. De plus, nous apprenons à prendre des risques, à découvrir un potentiel en nous, ignoré ou non utilisé jusqu'à maintenant.

ENNUI

Se référer à **BUT** et **DÉPRIME**

ENTENTE

Le fait de s'accorder, de s'entendre sur un certain sujet ou dans un certain domaine. Les ententes sont nécessaires avant de pouvoir s'engager avec soi ou avec les autres. Par contre, pour y arriver, on doit reconnaître le fait que les autres peuvent avoir une opinion différente de la sienne. Pour plus de détails sur les bienfaits des ententes, voir ATTENTE et ENGAGEMENT.

ENTHOUSIASME

Inspiration divine ou extraordinaire, état privilégié où l'homme, soulevé par une force qui le dépasse, se sent capable de créer; un sentiment se traduisant par une exaltation, une poussée à l'action dans la joie. Cette force intérieure est l'énergie divine en nous. C'est ce que nous appelons notre Dieu Créateur. Le mot enthousiasme est dérivé de « entheos » qui signifie « en Dieu ».

Une personne enthousiaste sent à travers toutes les fibres de son être qu'elle peut dépasser des frontières et se libérer de plusieurs contraintes. Elle a foi en elle. Elle dégage du charisme et on sent une aura de lumière illuminer toute sa personne. En plus, l'énergie de l'enthousiasme est très communicative et les gens qui se trouvent à côté d'une telle personne ont généralement envie de participer à sa joie et deviennent enthousiastes à leur tour.

Être enthousiaste représente aussi une façon fortifiante d'exprimer son pouvoir créateur. On a le goût de passer plus rapidement à l'action, car on se sent branché à notre DIEU INTÉRIEUR qui nous guide dans la bonne direction. Pour être enthousiaste nous devons être fier de soi et de ce que nous faisons. Par exemple, une personne qui ne se sent pas fière de la société pour qui elle travaille ne peut pas être enthousiaste à aller travailler. Le fait de nourrir des BUTS qui nous tiennent à cœur et les garder bien en vue nous aide aussi à développer de l'enthousiasme, et vice versa. On doit se servir de notre imagination et percevoir à l'avance les résultats positifs de nos buts.

S'il t'arrive d'être enthousiaste et que des gens cherchent à te décourager, il se peut que tu te sentes coupable de vivre quelque chose d'excitant dans ta vie ou que tu aies peur de la réaction des autres face à ce qui t'arrive. Cette situation se retrouve surtout chez les personnes qui souffrent d'INJUSTICE et qui se sentent coupables de recevoir beaucoup ou plus que leurs proches.

Il importe de ne pas retenir cet enthousiasme, même en présence de personnes qui ne le sont pas. L'énergie qui se dégage de toi peut être exactement ce dont ils ont besoin pour les motiver et les éclairer. De toute façon, une personne gagne toujours à adopter une attitude enthousiaste. Voici une pensée : « Quand l'existence de l'être humain est expansive et se manifeste par l'enthousiasme, elle a quelque chose de divin. »

E

ENTITÉ

Se référer à **ESPRIT**

ENVIE

Sentiment de désir de jouir d'un avantage, d'un plaisir égal ou supérieur à celui d'autrui. Ce sentiment peut être mêlé d'irritation, voire même de HAINE, et dirigé vers la personne qui possède ce que l'envieux n'a pas. On peut envier les talents, la beauté, le comportement ou des qualités chez les autres, ainsi que les biens qu'ils possèdent. Une personne envieuse se caractérise, en général, comme quelqu'un qui ne sait pas reconnaître ses propres qualités à sa juste VALEUR. Si elle est portée davantage à se comparer « en moins » parce qu'elle ne voit ni ses talents, ni ses qualités qui font d'elle une personne « aussi bien » que celle dont elle est empreinte d'envie, elle risquera de vivre de fortes émotions de colère et d'impuissance. Ce genre d'envie devient destructif.

Par contre, lorsque l'envie est déclenchée par de l'ADMIRATION, elle peut devenir constructive puisqu'une personne peut décider, suite au sentiment d'envie, de se prendre en main, de reconnaître ses capacités et de se faire arriver ce qu'elle envie chez l'autre.

Donc, si tu te vois comme une personne envieuse, commence à apprécier tout ce que tu possèdes déjà et dis merci pour cette abondance au lieu d'envier en secret. Demande aux personnes que tu envies comment elles ont réussi à acquérir ce que tu envies. Tu apprendras ainsi à tirer profit de tes forces, de tes valeurs et de tes talents. Partage ce que tu vis avec elles et tu réaliseras qu'au fond, tu les admires. Tu as besoin de reconnaître que tu as toi aussi le pouvoir de te faire arriver quelque chose ou quelqu'un de semblable.

ÉPREUVE

Se référer à **DIFFICULTÉ** et **OBSTACLE**

ÉQUILIBRE

Se référer à **HARMONIE**

ÈRE DES POISSONS

Se référer à **ÈRE DU VERSEAU**

ÈRE DU VERSEAU

Une ère se caractérise par un espace de temps, généralement de longue durée, dont le point de départ constitue l'origine d'une chronologie particulière. C'est une époque qui commence avec un nouvel ordre des choses. On sait que les astres ont une influence particulière sur notre planète et à tous les 2160 ans, une nouvelle influence se manifeste selon l'ère astrologique dans laquelle nous entrons. Comme il y a douze signes du zodiaque en astrologie, près de 26 000 ans sont nécessaires avant de faire le tour sur terre de toutes les influences que nous avons à vivre.

Dans le moment, nous sommes en mutation entre la fin d'une ère, celle *des Poissons*, et le début d'une nouvelle appelée *l'ère du Verseau*. La durée de la transition d'une ère à une autre compte environ 50 à 100 ans, selon la capacité de changement des humains. Nous sentons les effets de cette énergie depuis les années 1960, ce qui veut dire qu'à chaque année qui passe, nous entrons de plus en plus dans l'ère du Verseau. D'abord, sachons que les personnes nées sous le signe astrologique du « Verseau » ne sont pas plus influencées ou favorisées par cette énergie que les autres signes. Nous le sommes tous pareillement.

Nous pouvons considérer ces différentes époques comme des nouvelles incarnations, des renaissances pour la planète Terre. Donc, avec l'ère du Verseau, une nouvelle vie recommence pour la planète. Elle renaît. Elle est en train de vivre une transformation radicale.

L'ère du Verseau est aussi appelée l'ère des temps NOUVEAUX. C'est le temps de rebâtir un monde nouveau, un univers où l'humain est appelé à faire un grand bond dans l'évolution de l'être. C'est la période où l'humain passe de l'involution à l'évolution, de l'inconscience à la conscience, de l'intellect à l'intelligence, du normal au naturel. C'est une période d'évolution très rapide, de grands changements d'ordre spirituel, social, moral et technologique d'où tant de bouleversements et de chambardements mondiaux. C'est un peu comme un ruisseau qui suit son cours calmement et un autre plein de rapides qui se nettoie et qui, lorsque rendu à terme, est beaucoup plus clair, plus limpide, plus transparent. Les nouveautés apportées par ces énergies affecteront tous les domaines. Des ajustements s'opèrent présentement, notamment au niveau des systèmes qui gèrent le monde (gouvernemental, médical, alimentaire, scolaire, familial, judiciaire, bancaire). Toute la planète est affectée par ces changements. Même le climat se transforme. Par conséquent, l'humain vit beaucoup plus d'instabilité matérielle et psychologique (aspects émotionnel et mental) mais il aura l'agréable surprise de découvrir une stabilité spirituelle en devenant plus lui-même.

Nous venons de traverser *l'ère des Poissons* qui fut celle de la stabilité, de la matérialité, c'est-à-dire de la possession des êtres humains, des choses matérielles, où l'*avoir* et le *faire* primait sur l'*être*. Au début de l'ère des Poissons, un grand être nommé *Jésus* est venu aider les humains à passer à l'ère des Poissons et apportait l'énergie de l'amour de soi, l'amour véritable. Cette époque représentait l'ouverture du CHAKRA du cœur. Son message est encore incompris et n'est pas vécu comme il le devrait. C'est pourquoi il y a encore de la guerre, de plus en plus de maladies, de divorces, de suicides, etc.

Lise Bourbeau & Micheline St-Jacques

L'ère du Verseau apporte l'ouverture du chakra de la gorge, c'est-à-dire celui de la volonté, de l'affirmation de soi, de la création de sa vie, du « je veux » qui doit s'éveiller et se manifester de plus en plus. Pour y arriver, l'humain doit vivre dans l'INTELLIGENCE et la RESPONSABILITÉ.

La période de transition entre l'ère des Poissons et celle du Verseau est un temps de RÉVÉLATION que certains appellent *apocalypse*. Elle se caractérise par une grande ouverture d'esprit, de nouvelles connaissances. Des énergies concentrées spéciales, proviennent de consciences très évoluées, sont dirigées vers la terre afin de nous aider à effectuer cette transition, c'est-à-dire passer d'un stade de conscience plus élevé d'une façon accélérée. C'est pourquoi il est normal pour l'humain de vivre de l'insécurité et de l'instabilité pendant cette transition inconfortable. Souvenons-nous que cette transition est temporaire et devient plus facile avec chaque année qui passe.

L'ère du Verseau s'avère une ère de COMMUNICATION et de CRÉATIVITÉ. Elle se compose d'une énergie de liberté de choix dans la façon d'être, de penser, de s'exprimer, d'agir. Pour ce faire, nous devons laisser de côté les anciennes VALEURS, les vieux schèmes de pensée, les façons de vivre désuètes, nuisibles qui restreignent notre élan d'évolution et tout ce qui est qualifié de NORMAL chez les humains pour transmuter cette énergie vers le NATUREL en vue d'être soi-même. LÂCHER PRISE de toute situation qui engendre de la peur, des états d'être contraires à l'amour véritable.

En dépit de beaucoup de soulèvements, les enjeux humains prédominent. Nous sentons une volonté d'aller de plus en plus vers la paix, l'autonomie, l'acceptation de soi et des autres, que ce soit par l'entremise d'organisations se vouant à la cause de la liberté des peuples, des mœurs, de l'individu, etc. Tous convergent vers la liberté de l'être. Les gens sont plus ouverts, ils s'expriment davantage et se dévoilent de plus en plus. Ils recherchent à être de plus en plus vrais, authentiques, transparents. Même si parfois les gens paraissent plutôt individualistes, ils agissent ainsi pour laisser surgir le naturel en eux.

Nous remarquons que les races se mélangent pour apprendre à vivre différentes expériences dans des contextes différents. Tout cela doit se faire dans une bonne intention, celle de s'ouvrir et de s'accepter les uns, les autres, dans le RESPECT des différences.

L'ère du Verseau est également appelée l'Âge d'Or. On prédit que lorsque l'humain comprendra enfin l'importance de vivre dans l'amour et dans l'affirmation de soi, l'abondance régnera dans tous les domaines (santé, amour, paix, bonheur, biens matériels, argent, harmonie). L'énergie que nous recevons présentement devient de plus en plus forte. Avec notre LIBRE ARBITRE, nous pouvons utiliser cette énergie pour aller de l'avant ou non. Quel que soit notre choix, l'énergie de l'ère du Verseau accentue fortement et rapidement les résultats.

Si nous persistons à vivre dans la peur, la résistance, la non-acceptation de tous ces changements, ceux-ci deviendront beaucoup plus difficiles à gérer. Si nous choisissons d'entrer dans le mouvement et d'aller vers l'amour, nous deviendrons un canal ouvert à l'énergie divine et à ce qui est bon pour nous. Nous récolterons donc rapidement tout ce que nous voulons. Cette grande abondance sur la planète est appelée à se produire pour aider l'humain à apprendre à vivre dans le non-attachement plutôt que dans l'ATTACHEMENT et la possession des biens et des personnes.

L'ère du Verseau se définit également par l'ère de la SPIRITUALITÉ. Elle pousse les gens à rechercher le BONHEUR dans d'autres domaines que dans l'apparence, le physique et le matériel. Nous quittons un monde mental dominant pour favoriser un monde spirituel, un monde où l'ÊTRE doit reprendre sa vraie place. L'*être* doit prédominer sur le *avoir*. Nous devons devenir conscients de ce que nous voulons être et, par la suite, nous demander ce que nous avons besoin d'avoir et de faire pour parvenir à être ce que nous voulons. Il n'y a pas de mauvaise décision. Il n'y a pas de « être » négatif ou positif. Chaque expérience nous rapproche de notre but, celui de la fusion avec notre divinité intérieure. Il faut souvent « être » quelque chose afin de découvrir que ce n'est pas intelligent pour nous. Ce processus nous aide donc à nous diriger vers être autre chose.

L'ère du Verseau symbolise aussi l'éveil de la CONSCIENCE. Ces énergies présentes nous aident à ouvrir notre champ de conscience pour découvrir tout ce qui se cache derrière nos états d'être qui ne nous apportent plus de bonheur. Voilà pourquoi il y a quantité d'ouvrages, de formations, de conférences de tous genres sur le DÉVELOPPEMENT PERSONNEL, et l'éveil de la conscience, l'amélioration de notre qualité de vie.

En résumé, dans l'histoire de l'évolution de notre planète, nous avons maintenant atteint cette étape, ce niveau d'évolution qui consiste à laisser les gens être ce qu'ils désirent être pour que chacun redevienne MAÎTRE de sa vie et retrouve sa LIBERTÉ originale. L'ère du Verseau est appelée à susciter un monde meilleur, un monde d'amour, de paix, de fraternité, de liberté, de santé, de beauté, d'intelligence et d'abondance dans tout, car nous serons tous BRANCHÉS à DIEU, à l'énergie divine en chacun de nous.

ERREUR

Action ou pensée fausse, non prévue, par rapport à une norme, c'est-à-dire ne pas agir ou penser selon ce que l'ego considère comme normal, bien ou acceptable. Action blâmable par celui qui l'a commise ou par quelqu'un d'autre. Pourtant, nous savons qu'il y a énormément de découvertes, d'inventions et de produits de tous genres qui ont été créés suite à des « soi-disant » erreurs, pour les qualifier un peu plus tard d'idées de génie. On peut appliquer ce principe pour chacun de nous. Lorsque tu crois avoir fait une erreur et que tu ne te sens pas coupable, tu verras peu de temps après que cette *soi-disant erreur* t'aura été très utile et faisait partie d'un plan d'ensemble pour toi. Tu sauras finalement que cette erreur appartient à l'ordre des choses dans lequel nous vivons tous. Tu accepteras plus facilement ce grand maître à l'intérieur de toi qui sait tout ce qui est mieux pour toi.

Le vieil adage qui dit que « l'erreur est humaine » s'avère vrai. Faire des erreurs est souhaitable car ça représente le meilleur moyen d'apprendre et de devenir conscient de ce que nous sommes, de nos ressources intérieures et de nos possibilités. C'est grâce à elles que nous nous surpassons sans cesse. Nos erreurs (expériences) nous aident en plus à devenir conscients de ce que nous ne voulons pas et, par conséquent, de ce que nous voulons.

Hélas, le fait de croire à l'erreur encourage l'humain à se sentir sans cesse coupable. Plus nous devenons sages, plus nous savons que la CULPABILITÉ n'est jamais bénéfique. Voilà pourquoi dans le présent ouvrage, le mot « erreur » est remplacé par « expérience » ou « apprentissage ». Le fait d'accepter qu'**il n'y a jamais d'erreur** nous aide à vivre beaucoup plus dans l'harmonie. Tout ce qui est perçu comme une erreur par l'humain vient de ce qui a été appris ou retiré d'une expérience difficile ou désagréable du passé. Alors, pourquoi ne pas prendre l'habitude dès aujourd'hui de substituer le terme « erreur » par celui d'« expérience ». Toute situation t'apparaîtra beaucoup plus salutaire et bénéfique et tu auras le goût de vivre sans cesse de nouvelles EXPÉRIENCES.

ÉSOTÉRISME

Caractère de ce qui est mystérieux, incompréhensible pour quiconque n'appartient pas au petit groupe des initiés instruits d'un secret, d'un art. L'ésotérisme est fondé sur des lois cosmiques et n'était enseigné auparavant qu'à des groupes restreints. Ces enseignements visaient une plus grande compréhension de l'humain en tant qu'esprit ou âme et de ses pouvoirs surnaturels. C'est la science des mondes parallèles au monde physique.

En d'autres termes, le mot « ésotérisme » est utilisé pour décrire l'enseignement de ce qui touche les mondes invisibles, ce qui englobe le surnaturel, le méconnu par beaucoup de gens, tels que le SPIRITISME, le MYSTICISME, la magie, le PARANORMAL, le voyage ASTRAL, la RÉINCARNATION, les mondes subtils… Enfin, il inclut tout ce qui ne peut s'expliquer du point de vue matériel, de l'intellect et qui n'est pas enseigné dans les écoles ou universités. Ce qu'on appelle un mystère est souvent expliqué en ésotérisme et il se rapporte davantage au monde matériel subtil qu'au monde matériel physique. L'ésotérisme est au monde matériel subtil ce que la science est au monde matériel tangible, et les croyances dites religieuses, au monde des RELIGIONS et des SECTES.

E

ESPACE VITAL

Un espace correspond à ce dont nous avons besoin pour ne pas nous sentir gênés par les autres. Si nous observons la nature, les arbres, les fleurs et tout ce qui vit sur la planète, nous nous rendons compte que tout ce qui vit a besoin d'espace vital pour grandir et s'épanouir. C'est une loi biologique naturelle. Les animaux ont leur propre façon de délimiter leur territoire, leur espace. S'ils ne le font pas, les autres empiètent sur leur zone et de la discorde s'ensuit.

L'espace vital correspond à ce dont chaque être humain a besoin pour vivre heureux et pour s'épanouir tout en respectant l'espace de l'autre. Nous avons tous besoin d'avoir notre propre espace, aux plans physique, émotionnel et mental, sans quoi nous vivons un malaise et nous sommes atteints dans notre liberté. Les trois plans, étant intimement liés, ne peuvent être dissociés. Par conséquent, quand nous sentons un manque d'espace dans un des trois plans, nous nous sentons étouffés. C'est pourquoi nous vivons un sentiment de frustration, d'impuissance et parfois même de colère. Voyons ce que signifie respecter son propre espace dans les différents plans.

L'espace physique englobe les soins que nous décidons d'apporter à notre corps physique, tels la propreté, la nourriture, l'habillement, l'apparence physique, l'exercice physique… Il incombe à nous d'y voir, même si nos proches n'approuvent pas nos choix. Nos biens et tout ce qui nous appartient fait également partie de notre espace physique. C'est aussi disposer de l'espace nécessaire dont chacun a besoin (espace de travail, chambre, lit). Même dans un foyer où l'espace est très restreint, il est toujours possible d'avoir un petit coin bien à nous. Si nous avons de la difficulté à nous faire respecter dans notre espace physique, il en sera de même dans les deux autres plans.

L'espace émotionnel comporte les décisions prises suite à nos désirs, notre choix de travail, d'amis, de musique, de loisir, nos buts, nos rêves… Même si les autres ne sont pas d'accord, nous avons tous le droit de nous faire respecter et d'avoir des goûts, des intérêts et des ressentis différents.

L'espace mental comprend nos choix en rapport à nos connaissances, nos études, nos formations de tous genres, nos lectures, incluant notre courrier personnel, tous ces besoins susceptibles de nous aider à évoluer, à nous réaliser pleinement. Nos moments de solitude, de calme et de tranquillité sont également inclus. L'espace mental comprend nos propres façons de penser, nos croyances, nos valeurs et même nos doutes et nos peurs. C'est à nous de décider de les gérer à notre rythme, quand nous nous sentons prêts à le faire. De plus, souvenons-nous que tous ceux qui nous entourent ont tout aussi besoin de leur espace vital dans les trois plans.

Pourquoi tant de personnes ont-elles de la difficulté à faire respecter leur espace ? D'abord, parce que la plupart d'entre nous ignorions tout cela à ce sujet. À l'époque des grandes familles, l'espace se trouvait plutôt restreint, limité et destiné à tout le monde. Les gens s'entremêlaient, s'occupaient des affaires de tout le monde, de sorte que chacun se retrouvait dans l'espace de l'autre. Ce comportement était naturel durant le temps très lointain des tribus mais ne l'est plus maintenant.

Pour savoir si tu empiètes dans l'espace des autres, prends le temps de vraiment observer ce qui se passe dans ta vie et autour de toi. Es-tu le genre à vouloir DIRIGER la vie des autres, en vue de les CHANGER, de CONTRÔLER leurs actions, leurs paroles, leurs désirs et même leurs attitudes ? et ce, même si tu es persuadé que c'est bon pour eux ? Te retrouves-tu souvent en train de vouloir donner des conseils aux autres sans qu'ils te l'aient demandé ? Prends-tu des engagements, des décisions pour eux sans les avoir consultés auparavant ? Tout cela indique

que tu empiètes dans l'espace des autres. De plus, c'est un grand manque de RESPECT.

Un autre moyen pour en prendre conscience consiste à observer si les autres empiètent dans ton espace. Par exemple, y en a-t-il qui « emprun-tent » des choses qui t'appartiennent sans te le demander ou qui te cou-pent la parole ou interfèrent dans tes conversations, tes goûts, tes désirs, tes choix ? Si oui, voici le signal qui démontre que tu possèdes la même attitude envers les autres, même si c'est fait de façon subtile ou dans un domaine différent. **Ce que les autres nous font reflète ce que nous fai-sons aux autres et à nous-même.**

Afin de retrouver notre espace vital et de le faire respecter, il est essen-tiel de reconnaître que toute attitude extérieure reflète celle que nous vi-vons intérieurement. Transformer graduellement notre attitude intérieure aura des répercussions favorables sur l'attitude d'autrui. Tout peut se transformer quand nous décidons de faire les actions nécessaires dans le but d'avoir une meilleure qualité de vie et de meilleures rela-tions. Deviens conscient de ce que tu veux vraiment. Fais une liste sur papier pour identifier tes propres besoins. Fais le tour de ton jardin per-sonnel. Quel serait l'espace idéal pour toi aux plans physique, émotion-nel et mental ? Puis, demande aux autres membres de la famille d'en faire autant. Ensuite, prenez le temps d'établir clairement vos demandes et d'en discuter tous ensemble. Évaluez les choix et les besoins de cha-cun en respectant leur point de vue pour arriver à une ENTENTE favo-rable et profitable pour tout le monde. En somme, apprenez à COMMUNIQUER, à vous AFFIRMER et à vous respecter. Ainsi, cha-cun reprendra sa place, son propre espace, sa liberté d'avoir, de faire et d'être différent et unique.

ESPOIR

Le fait de considérer ce qu'on désire comme étant possible ou devant se réaliser; attendre avec confiance; souhaiter. En d'autres mots, l'espoir correspond à un désir caché basé sur le fait de croire que quelque chose de profitable et bénéfique se produira. Croire aux vertus de l'espoir est important dans un monde encore inconscient où nous ne sommes pas encore prêts à faire entièrement confiance à l'Univers. L'espoir apporte de la lumière. Aussi, espérer peut ainsi aider certaines personnes à accepter de continuer à vivre, à poser des actions, à s'entretenir jusqu'à ce qu'elles deviennent CONSCIENTES de leur propre nature divine, de leur grand pouvoir de créer. L'espoir représente la première étape vers le DÉSIR qui nous permet de passer au « je veux » et qui nous mène au SAVOIR et au LÂCHER PRISE, qui est la marque d'une CONFIANCE totale en l'Univers. Sachons qu'il y a toujours une solution à tous les événements qui surviennent dans notre vie et ce, dans l'unique dessein d'apprendre et d'évoluer vers ce que nous voulons ÊTRE.

E

ESPRIT

Terme utilisé pour désigner un humain désincarné dans le monde de l'âme. Ce même esprit sera appelé une entité lorsqu'il apparaît aux humains sur la terre. Le terme « pur esprit » est plutôt utilisé pour désigner une âme qui a atteint l'état CHRISTIQUE et qui existe dans le monde SPIRITUEL, au-delà du monde ASTRAL. Un pur esprit, aussi appelé « **Être de lumière** », n'a plus besoin de se réincarner sur notre planète. Par contre, ces êtres peuvent vouloir aider les humains jusqu'à ce que la Terre redevienne lumière. Ceux-ci ne se manifestent pas physiquement. Ils communiquent avec nous par des vibrations énergétiques et non à travers des MÉDIUMS. Nous recevons beaucoup d'aide de toutes sortes sans le savoir. Nous pouvons demander de l'aide, par la MÉDITATION par exemple, en disant : « Je m'ouvre à recevoir toute l'aide qui existe dans l'invisible, et je m'engage à l'utiliser de la meilleure façon possible. » Les moyens apparaîtront si nous demeurons BRANCHÉS et sans peur.

Sachons que la RAISON D'ÊTRE de toute âme qui s'incarne sur cette planète est la suivante : redevenir pur esprit car tout ce qui vit sur terre est en réalité de la lumière pure qui prend une forme pour vivre des expériences dans la matière. Cette lumière est aussi appelée DIEU qui s'expérimente à travers tout ce qui vit sur cette planète ainsi qu'à travers tous les systèmes solaires de l'univers.

ESTIME DE SOI

E

Appréciation, sentiment favorable né de la bonne opinion qu'on porte sur soi-même. En d'autres mots, l'estime de soi vient de ce qu'on ressent face à l'image qu'on entretient de soi. Cette image est basée sur ce que tu crois de toi-même. Si tu faisais une liste de toutes les qualités et défauts que tu crois posséder, cela représenterait ton image. Ensuite, en prenant le temps de vérifier comment tu te sens avec cette liste, tu découvriras l'estime que tu te portes. Une personne qui s'estime est capable de reconnaître sa VALEUR comme être humain. Même si elle ne réalise pas toujours ses désirs et ses buts, ou malgré certains revers, elle se sentira forte et courageuse et elle saura qu'elle ne vit que des expériences additionnelles qui la feront évoluer vers d'autres buts, d'autres réalisations. Elle se sent appuyée par les forces qu'elle développe sans cesse au cours de chacune de ses expériences. Elle ne se déprécie pas suite à un désaccord avec quelqu'un.

À l'inverse, quelqu'un qui manque d'estime de lui-même aura souvent tendance à se déprécier car il n'aime pas son image, il déprécie ses qualités. Il réussit à trouver un aspect négatif dans ce que d'autres considèrent comme positif. Cette attitude l'incitera à compenser par autre chose comme des DÉPENDANCES PHYSIQUES, telles que le sucre, la nourriture, le tabac, l'alcool, la drogue qui sont des formes de COMPULSION représentatives de son degré de DÉPENDANCE AFFECTIVE.

En effet, moins nous nous aimons et plus nous cherchons à être aimés de quelqu'un d'autre. Ce palliatif fournit une satisfaction ou comble un besoin temporaire mais cela ne remplit pas notre être. Ce n'est qu'une illusion. Puisque toute illusion n'est qu'éphémère, la personne doit toujours recommencer car ce genre de compensation n'est nullement en accord avec ses BESOINS. Aussi est-il préférable de changer l'image de soi avec de belles paroles, des compliments et toute attitude bénéfique et salutaire qui remplissent notre cœur de bonheur et nous font sentir un être complet.

Pour développer davantage d'estime de soi, on doit reconnaître que nous possédons tous des qualités et des talents que nous appliquons de façon différente. Le fait de nourrir des projets en se fixant sans cesse des BUTS et en passant à l'action pour chercher à les atteindre contribue à bâtir l'estime de soi. Apprenons au jour le jour à développer notre potentiel, d'abord en s'appréciant tel que nous sommes sans nous comparer ni nous déprécier. Donc, nous ACCEPTER dans toutes les facettes de notre personnalité, nos qualités, nos défauts et nos lacunes, même si nous ne rencontrons pas toujours les normes ou les résultats souhaités, est chose vraiment importante. En résumé, c'est **nous donner le droit d'être humain.**

Tu verras que plus tu auras d'estime de toi, plus tu auras envie de t'offrir des douceurs sans te sentir coupable, comme un article rêvé depuis longtemps, prendre soin de toi, de ton corps par de l'exercice régulier et une saine alimentation, dormir suffisamment, te reposer, te distraire, t'amuser et méditer sur ce qu'il y a de bon en toi et dans les autres. L'estime de soi mène à l'AUTONOMIE et à l'AMOUR DE SOI.

ÊTRE

Dans le présent ouvrage, le mot « être » signifie l'Essence, la nature même de chaque individu. Il représente aussi le Divin en nous, notre Être créatif, la Quintessence, le « Je Suis ». Nous sommes tous ici sur cette planète pour *être* et surtout pour nous rappeler qui nous sommes véritablement, un *ÊTRE*, ou *DIEU CRÉATEUR*. Tout ce que nous faisons, disons, pensons et ressentons devrait idéalement toujours répondre aux besoins de notre *être* et ce, dans le but ultime d'être un jour nous-même et d'acquérir la véritable liberté. Voici une petite phrase qui devrait nous suivre partout : « En quoi telle ou telle chose va-t-elle m'aider à *être* ? » Être plus heureux ? être en paix ? être confiant ? etc. Nous devons surtout nous souvenir qu'au niveau de l'être, il n'y a ni bien ni mal. Nous voulons vivre l'expérience d'*être* toutes sortes d'aspects humains, même ceux jugés négatifs ou mal par notre mental ou par la société et ce, jusqu'au jour où nous aurons la sagesse et l'intelligence de choisir d'*être* ce qui est le plus harmonieux pour nous et l'humanité en général.

ÊTRE DE LUMIÈRE

Se référer à **ESPRIT**

E

ÉVOLUTION

Transformation graduelle et constante. Tout ce qui vit évolue. Tous les règnes sans exception : végétal, minéral, animal et, bien sûr, le règne humain. Tout doit évoluer selon l'harmonie et les plans de l'Univers et selon les LOIS qui régissent chaque espèce. Nous devons admettre que, depuis quelques années, tout évolue beaucoup plus rapidement qu'auparavant. Au niveau matériel, par exemple, sur notre continent, l'avènement de nouvelles technologies nous incite à suivre le courant si nous voulons avoir accès plus facilement à certains services et moyens qui nous entourent. Nous avons même en certains moments l'impression de vivre de façon accélérée.

Au niveau de l'*être*, l'avènement de l'ÈRE DU VERSEAU est une époque charnière dans l'évolution de la race humaine. Nous pouvons donc dire que nous sommes assujettis à évoluer beaucoup plus rapidement puisque nous voulons un jour retourner vers notre essence véritable qui correspond à l'ÊTRE parfait en nous. Par contre, le rythme de cette évolution est propre à chaque individu selon son PLAN DE VIE et aucun humain ne doit se comparer à un autre. On pourrait comparer l'évolution à la lecture d'un livre. Tout est déjà écrit lorsque nous commençons à le lire mais nous découvrons l'histoire au fur et à mesure que nous avançons dans notre lecture.

Une personne qui refuse d'évoluer ressemble un peu à quelqu'un qui, s'opposant à l'idée de grandir, persiste à vouloir porter les mêmes vêtements trop petits qui lui causent de la douleur ou de la gêne. Elle représente le genre de personne qui RÉSISTE à tout ce qui s'avère nouveau. La situation devient tellement inconfortable qu'elle finira quand même par ne plus avoir le choix de les changer. Il en est ainsi au niveau de l'évolution de l'âme. Nous n'avons plus le choix d'évoluer puisque c'est un appel de notre DIEU INTÉRIEUR, une force en nous. Nous avons la chance dans le moment de pouvoir évoluer beaucoup plus rapidement grâce à tous les moyens existants qui nous aident à prendre conscience.

En effet, tu as le choix d'évoluer selon le rythme de l'humanité en général ou de le faire beaucoup plus rapidement. Chaque personne, chaque situation existent pour t'apporter quelque chose. Elles te permettent d'évoluer selon ton degré de CONSCIENCE, ce qui t'habilite à faire une différence dans ta vie. On peut reconnaître une personne qui évolue lorsqu'elle réalise et reconnaît qu'une partie de ce qu'elle a créé pour elle-même dans sa vie ne lui est plus utile et qu'elle décide de passer à autre chose de plus INTELLIGENT pour elle. Le grand avantage de l'évolution est le plaisir de découvrir le grand potentiel qui existe en chacun de nous et le bonheur de vivre sans cesse de nouvelles expériences. Il est facile de constater l'évolution de l'humain durant le dernier centenaire et tout ce qu'elle nous a permis de vivre.

Avec le nouveau millénaire, comme tout est accéléré, l'humain qui ne voudra pas évoluer spirituellement vivra des moments de plus en plus difficiles. Imagine marcher normalement versus marcher sur un tapis roulant : voilà la différence entre le passé et maintenant. Ceux qui ne veulent pas embarquer sur le tapis roulant vont manquer beaucoup d'occasions merveilleuses. Soyons plus ouverts et profitons donc maintenant de tout ce qui nous est offert pour évoluer.

EXHIBITIONNISME

Se référer à **AGRESSION À CARACTÈRE SEXUEL**

EXORCISME

Ce mot est utilisé principalement pour parler d'une pratique qui chasse les démons du corps d'un possédé à l'aide de formules et de cérémonies. Ce mot nous rappelle un film d'horreur où nous déduisions que celui qui se faisait exorciser était un malade mental. En réalité, nos DÉMONS intérieurs – et nous en avons tous – sont toutes les formes-pensées (ÉLÉMENTAUX) et les CROYANCES qui nous empêchent de reconnaître notre divinité.

Chaque fois que ces croyances nous font vivre des émotions, nous nous laissons envahir et manipuler par un de nos petits démons. Ainsi, lorsque tu n'es plus toi-même, au point même d'en perdre le contrôle, c'est une forme de POSSESSION (parfois issue d'une rancune profonde et inconsciente) qui se manifeste à divers degrés. Lorsque tu reprends la MAÎTRISE de toi-même, soit par un LÂCHER PRISE ou un PARDON par exemple, c'est un exorcisme que tu viens de faire par toi-même.

Quand la perte de contrôle devient très grave, une personne peut avoir besoin d'aide extérieure. S'il t'arrive de te trouver en présence d'une telle personne qui a perdu le CONTRÔLE d'elle-même, le moyen suivant sera souvent efficace : appeler la personne par son prénom avec puissance et lui ordonner de redevenir elle-même; lui dire que ce n'est pas elle qui agit dans le moment, qu'elle s'est laissée envahir; la saisir doucement par les épaules pour qu'elle sente une présence aidante est aussi recommandé. Ce moyen s'avère particulièrement efficace et rapide avec les enfants lorsque, par exemple, ils vivent de grandes colères et se retrouvent hors d'eux-mêmes. Tu peux utiliser cette même méthode pour toi-même en ordonnant à haute voix et avec puissance : « Au nom de Dieu, je t'ordonne de me quitter. » Par la suite, lorsque le calme reviendra, il sera important de vérifier quelle PEUR ou quelle ÉMOTION a été assez forte pour prendre autant de place. Ainsi, tu sauras sur quoi travailler pour éviter que ce genre de situation se renouvelle.

EXPÉRIENCE

Le dictionnaire mentionne qu'une expérience est la connaissance acquise par une longue pratique; le fait d'éprouver quelque chose considéré comme un élargissement ou un enrichissement de la connaissance, du savoir, des aptitudes. En d'autres termes, **une expérience signifie vivre ou faire quelque chose de nouveau, en le ressentant à travers chaque fibre de son être.** À ce titre, plus on vit d'expériences nouvelles, plus on devient connaisseurs et conscients de nos possibilités. Toutes les situations, peu importe le domaine ou le niveau où elles se situent, sont présentes pour apprendre et enrichir notre être dans le but de nous aider à devenir conscients de ce que nous voulons véritablement.

Par conséquent, **l'expérience que tu crois négative ou difficile s'avère bien souvent un tremplin pour de futures réalisations.** Lorsqu'une expérience t'a été très pénible, tu résistes à voir son UTILITÉ. Il est donc important de vérifier ce que chaque expérience t'apporte de bénéfique, de constructif et d'utile. Qu'as-tu appris principalement en rapport avec ton être ?

E

Comme tout n'est qu'expérience, lorsqu'une personne vient de vivre un divorce, par exemple, elle peut dire qu'elle vient de vivre une expérience de divorce. Voilà tout ! Elle ne juge, ni n'accuse personne. Cela peut l'aider à être plus autonome et découvrir des forces en elle. Voilà une façon constructive de voir les choses. En somme, il n'y a jamais rien de négatif, rien de non bénéfique ou d'ERREURS. Tout n'est qu'expérience. L'important est d'apprendre à en ressortir gagnant et grandi.

Lorsqu'une personne désire améliorer sa vie, bien qu'elle persiste à n'utiliser que ce qu'elle a appris dans le passé sans jamais risquer de nouvelles expériences, il est certain que ça ne peut l'aider à transformer sa condition pour le mieux. Expérimenter de nouvelles méthodes, comportements, prendre de nouvelles décisions représentent des choix plus avantageux que de persister à demeurer confinés dans d'anciennes habitudes qui ne nous apportent plus grand-chose. Sachons que grâce à des expériences nouvelles, nous parvenons à devenir plus conscients. En effet, **la vraie conscience ne peut se manifester que dans l'expérience.** Rappelons-nous que nous ne sommes sur terre que pour vivre des expériences dans l'ACCEPTATION, dans le but ultime de devenir conscients et de reconnaître DIEU en nous, notre vraie nature divine.

EXPÉRIENCE MYSTIQUE

Expérience personnelle, calme et tranquille où le miraculeux et le quotidien ne font qu'un. Sentir la présence d'une force supérieure au plus profond de soi. Ce n'est pas quelque chose de dramatique, de fort ou de secouant. On l'appelle aussi un moment de transcendance, période où il n'y a aucune activité mentale. Beaucoup de grands inventeurs et scientifiques connaissent des expériences mystiques. Cela n'est pas réservé seulement à des personnes religieuses comme certains l'affirment. Ce genre d'expérience nous arrive pour nous donner une petite idée du bonheur infini que nous vivrons lorsque nous manifesterons l'amour inconditionnel, universel.

EXTRAVERTI

Propension à se tourner vers l'extérieur, vers les autres et à exprimer ses sentiments. Quelqu'un d'extraverti est le profil d'une personne ouverte, qui a de la facilité à communiquer naturellement avec ses semblables. En général, elle est de nature sociable, elle recherche le contact avec les autres et elle se sent à l'aise auprès des gens, de même que les autres se sentent bien auprès d'elle. Ces personnes sont habituellement de nature généreuse et spontanée, elles s'expriment facilement et ont plus d'aisance à faire leurs demandes. Cela ne veut pas nécessairement dire qu'elles parlent davantage de ce qu'elles ressentent ou de choses profondes. Elles sont plutôt portées à parler plus qu'à réfléchir ou à écouter. Ceux qui se voient comme étant extravertis ont intérêt à apprendre à gérer cet aspect d'eux en apprenant davantage à ÉCOUTER et à SENTIR. L'antonyme d'extraverti est INTROVERTI.

FACILITÉ

Caractère, qualité de ce qui se fait sans peine, sans effort. Habileté, disposition à faire quelque chose simplement. Chez l'humain, la facilité est une aptitude intérieure qui, généralement, se transpose extérieurement, une sorte de talent à savoir ou à faire des choses aisément. La facilité peut se retrouver dans tous les domaines, autant dans le *avoir*, le *faire* et le *être*. Nous savons tous que ce qui s'avère facile pour une personne ne l'est pas nécessairement pour d'autres. Par exemple, dans le domaine des sentiments, certains ont plus de facilité à s'exprimer, à dire « je t'aime », à pardonner, donc à exprimer extérieurement ce qu'ils ressentent intérieurement, tandis que d'autres, bien qu'ils en aient un désir ardent s'en sentent absolument incapables pour toutes sortes de raisons (peur, croyance, culpabilité, limite…)

Dans le domaine pratique, nos talents font foi de la facilité d'accomplir certaines tâches. L'important est de savoir reconnaître ses propres LIMITES, peu importe le domaine et, surtout, de s'ACCEPTER tels que nous sommes dans le moment, en sachant que toutes les limites peuvent diminuer au fur et à mesure que nous apprenons à nous découvrir. Aussi, avec de la volonté, du courage, de la persévérance et un certain apprentissage, certaines choses deviennent de plus en plus faciles. La facilité vient avec la pratique. Toutefois, une personne qui est vraiment CENTRÉE dans son moment présent aura plus de facilité à faire quoi que ce soit ou à demander de l'aide.

FAIBLESSE

Perte subite de ses forces. Manque de force morale, d'énergie. Une faiblesse, autant dans le domaine physique que psychologique, dénote une fragilité, une lacune, un manque de quelque chose. Une personne peut être qualifiée de faible lorsqu'elle est vulnérable ou impuissante à s'adapter à une certaine réalité de la vie où ce sont ses peurs et ses sens qui la manipulent ou lorsqu'elle manque de VOLONTÉ. Par exemple, quelqu'un veut s'affranchir de l'alcool, de la toxicomanie ou de toute autre dépendance mais il éprouve des difficultés parce qu'il est inca-

F

pable de maîtriser ses pulsions. On peut donc dire qu'une faiblesse, dans ce cas, c'est réagir d'une façon différente à ce que nous voulons dans un domaine qui nous fait souffrir.

Cependant, il y a des gens qui se croient constamment faibles, démunis à cause d'un trait de caractère particulier ou d'une santé chancelante. Ils se croient la cible de faiblesses quelconques transmises de façon HÉRÉDITAIRE. Ils finissent par croire fermement qu'ils n'y peuvent rien et deviennent VICTIMES, à la merci de la situation. Cette attitude provient d'une CROYANCE MENTALE non bénéfique qui devient une excuse, même inconsciente, pour éviter d'aller à la source, à la cause profonde du malaise pour, par la suite, retrouver sa FORCE intérieure.

En prenant notre RESPONSABILITÉ, nous pouvons transformer toute faiblesse en force. Quand nous nous sentons faibles, posons-nous la question : « Qu'est-ce que cela m'empêche d'*avoir*, de *faire* ou d'*être* ? » Notre réponse correspond à ce que nous voulons véritablement, bien que nous nous empêchions d'aller vers ce DÉSIR à cause d'une croyance.

En résumé, quand un état d'être ou une qualité n'est pas suffisamment développé, il en ressort une faiblesse. Tout état de faiblesse se manifeste dans les moments de notre vie où nous nous laissons diriger par nos sens, nos peurs ou par quelqu'un d'autre; nous manquons de force psychologique pour agir de façon bénéfique pour nous. Il est recommandé, par contre, de bien faire la différence entre une faiblesse et une LIMITE.

FAMILLE

Ensemble de personnes qui ont des liens de parenté par le sang, par alliance ou par adoption. La cellule familiale, composée de PARENTS, d'un ou de plusieurs ENFANTS, est une très ancienne organisation dont sa raison d'être au départ consistait à donner l'occasion à chacun de ses membres d'apprendre à donner et à recevoir. De plus, elle s'avère un excellent moyen pour écarter l'éventualité dans un COUPLE de devenir trop DÉPENDANTS l'un de l'autre.

Ainsi, au fur et à mesure que la famille s'agrandit, ils partagent tous ensemble l'amour entre eux, réalisant de cette façon qu'il y a différentes façons d'aimer et d'être aimés. Les liens qui unissent les membres d'une famille sont très étroits. Chacun a été attiré dans cette famille pour une raison bien spécifique. Il n'y a pas de hasard pourquoi tu fais partie de ta famille biologique ou d'adoption. La raison principale est pour t'aider à découvrir et à régler tes BLESSURES entretenues depuis plusieurs générations. Tu as donc une occasion inouïe d'apprendre et de t'accomplir par le biais de la cellule familiale. L'expression « noyau familial » démontre bien le fait que la famille aide tous ses membres à se centrer.

Or, malheureusement, au fil du temps, au lieu de simplement nous aimer, nous ACCEPTER les uns les autres tels que nous sommes pour entretenir une relation familiale saine et harmonieuse, nous avons utilisé la famille pour chercher à obtenir encore plus de pouvoir, alors qu'en réalité, nous devrions être tous ensemble dans l'unique but de nous entraider et de grandir spirituellement. D'autres cherchent une famille pour être aimés au lieu de vouloir aimer. Ils ne réalisent pas que le seul fait d'aimer inconditionnellement leur fait récolter automatiquement de l'amour. L'humain n'a jamais besoin de « faire » quelque chose spécifiquement pour « être aimé ». La LOI DE CAUSE À EFFET s'en occupe. Ainsi, quand chacun des membres est traité avec AMOUR, respect et considération, les graines de confiance et d'estime de soi pourront germer et ce, malgré les difficultés courantes de la vie quotidienne. Ce climat familial procure des points repère et génère un sentiment d'appartenance.

FANTASME SEXUEL

Un fantasme est une représentation imaginaire traduisant des désirs plus ou moins conscients. Le fantasme sexuel est le produit de l'imagination de quelqu'un qui arrive à l'excitation sexuelle par ce moyen. Il y a des gens chez qui le fantasme sexuel se passe uniquement au niveau des pensées. Ils peuvent en parler et même ironiser le sujet, par exemple, s'imaginer faire l'amour à trois, s'imaginer faire du VOYEURISME dans un camp de nudisme, etc. Ce genre de fantasme, s'il ne porte pas à conséquence, pourra, à l'occasion, mettre de la fantaisie dans la vie sexuelle d'un couple.

Cependant, le côté nocif de recourir à ce genre d'excitation régulièrement consiste à ce que cela devienne le préalable au plaisir uniquement, non à l'amour de son ou de sa partenaire. Donc, ceci l'éloigne de sa réalité. Les pensées maintiennent la personne dans un monde imaginaire et non dans son moment présent.

D'autres personnes ont des fantasmes plus concrets, comme faire certaines choses ou porter certains vêtements. Exemple : le conjoint qui demande à son épouse de s'exhiber dans des vêtements très sexy qui évoqueraient, par exemple, une courtisane parce que l'idée de faire l'amour avec ce genre de fille l'excite. Ce genre de fantasme signifie qu'être avec sa partenaire n'est pas suffisant pour l'exciter sexuellement. Cela l'empêche de véritablement *fusionner* avec la personne. Dans une SEXUALITÉ saine et satisfaisante, la relation sexuelle sert à exprimer l'amour que les deux partenaires ont l'un pour l'autre. On peut parler d'acte d'amour qui permet aux deux personnes de fusionner dans l'amour. Or, certaines personnes réalisent leurs fantasmes et se retrouvent déçues et désillusionnées et gardent un goût amer de leur aventure parce qu'il y avait absence d'AMOUR véritable. Voilà l'importance d'en parler ouvertement et honnêtement avec l'être aimé, ce qui s'avère, par conséquent, une expérience très bénéfique.

FATIGUE

Sensation désagréable qui accompagne la difficulté à effectuer des efforts physiques ou intellectuels. Il est normal et humain de souffrir de fatigue physique, émotionnelle ou mentale suite à un effort soutenu ou lorsqu'une personne n'a pas su respecter ses LIMITES. Pour remédier à cette fatigue, la personne a besoin d'un repos de quelques heures ou de quelques jours suite à un effort très soutenu. En état de repos, le corps sait exactement tout ce qu'il doit faire pour revenir à son état naturel.

Cependant, lorsqu'une personne se sent souvent fatiguée et que son état perdure jour après jour, même des mois, il y a trois causes très fréquentes à cet état. La première étant qu'elle entretient trop de pensées de peurs et d'inquiétude. En effet, ce genre de personne vit trop dans son passé non résolu ou non accepté ou dans l'inquiétude pour le futur. Elle est rarement dans son instant présent. Elle se crée un grand stress mental qui mine sa réserve d'ÉNERGIE.

La deuxième cause de grande fatigue se retrouve chez quelqu'un qui entretient une grande RANCUNE ou de la HAINE. C'est souvent une personne à caractère OBSESSIONNEL. La troisième cause se trouve chez les personnes qui se croient RESPONSABLES du bonheur de leurs proches. Elles veulent trop arranger leur vie. Pour vérifier si tu fais partie de cette catégorie, te sens-tu fatigué lorsque tu termines une rencontre ou un appel téléphonique avec une personne qui te raconte ses problèmes ? Si oui, tu veux trop pour l'autre. Tu crois que tu dois l'aider à tout prix et, surtout, que tu as la solution pour tout le monde, ce qui est impossible.

Une personne en état de grande fatigue a intérêt à se rebrancher sur son MOMENT PRÉSENT afin de se centrer sur ses BESOINS et sur ce qu'elle veut vraiment. S'observer et porter une attention particulière sur ses pensées les plus fréquentes sont nécessaires. À quoi ou à qui sont-elles reliées ? Des moments de détente, de méditation ou même d'exercice physique sont très recommandés pour aider à lâcher prise et à entendre des réponses intérieures. Moins DRAMATISER la moindre contrariété et voir le bon côté de la vie représentent aussi des moyens excellents pour retrouver son énergie.

Il est bon de se rappeler que fatigue ne coïncide pas nécessairement avec besoin de SOMMEIL. La personne qui a sommeil doit dormir. Celle qui est fatiguée doit se reposer. Se reposer n'est pas nécessairement synonyme d'oisiveté. Le fait de t'occuper à des activités agréables ou qui te passionnent peut très bien te reposer. Deviens plus conscient de ce qui te repose et lorsque tu sentiras une fatigue, tu sauras quoi faire.

FAUSSE HUMILITÉ

Se référer à **HUMILITÉ**

FAUX MAÎTRE

Se référer à **MAÎTRE (faux)**

F

FÉMININ (principe)

Le principe féminin chez l'humain, appelé « **anima** » par le psychanalyste Carl Jung, représente sa partie psychologique féminine. Que notre corps physique soit féminin ou masculin, nous possédons tous des principes féminin et masculin, c'est-à-dire des énergies féminine et masculine. Le principe féminin reçoit l'énergie créatrice universelle et le masculin l'exprime dans le monde par l'action. Nous démontrons ainsi le processus de la création.

Voici les caractéristiques du principe féminin, c'est-à-dire les circonstances où il est à l'œuvre dans notre vie : lorsque nous sommes attentifs à notre intuition, à nos sentiments (pour ce faire, nous trouver dans un état passif plutôt que dans l'action et l'analyse); quand nous nous intériorisons, nous méditons, nous observons; lorsque nous désirons, visualisons et décidons pourquoi une action serait souhaitable; quand nous sommes sensibles à notre entourage; lorsque nous sommes spontanés; quand nous recherchons la beauté; lorsque nous exprimons de la douceur; quand nous avons une vue d'ensemble, que nous voyons le tout avant les détails; lorsque nous faisons plus d'une chose à la fois; quand nous pouvons être bien, même dans le désordre, l'ambiguïté; lorsque nous changeons d'idée facilement parce que nous voyons quelque chose de mieux; quand nous travaillons bien en équipe; lorsque nous sommes un soutien affectif et aidons à réunir les gens.

Pour créer sa vie lui-même, l'humain doit utiliser ses deux principes d'une façon harmonieuse. Celui qui favorise son principe féminin en refusant au principe masculin la possibilité de prendre sa place ne peut pas se sentir bien. Il y aura un déséquilibre dans sa vie. Par exemple, celui qui désire quelque chose et qui n'écoute pas la partie rationnelle de son principe masculin qui sait comment et quand passer à l'action, voudra que son désir se réalise trop rapidement et prendra souvent une mauvaise direction pour lui.

Il a été observé que la personne qui n'accepte pas sa mère aura plus de difficulté à accueillir son principe féminin. (Il en est ainsi pour le père et le principe masculin). Cette non-ACCEPTATION nous empêche de bien vivre toutes les caractéristiques de notre principe féminin. Soit que nous évitons de les exprimer, soit que lorsque nous les exprimons, nous nous sentons coupables ou nous vivons de la peur.

F

Pour savoir à quel point tu acceptes et tu vis bien ton principe féminin, tu n'as qu'à vérifier ta façon de vivre et d'exprimer chacune des caractéristiques de ce principe. Après avoir vérifié ta façon de vivre les caractéristiques du principe MASCULIN, tu te rendras compte pourquoi il est important de pouvoir passer de l'un à l'autre en acceptant l'utilité des différentes attitudes et comportements selon les circonstances. Voilà qui s'appelle vivre l'harmonie en soi !

FERMETÉ

Qualité chez une personne que rien n'ébranle, qui est consistante. Détermination, persistance et résolution sont des synonymes. Qualité d'une personne qui a de l'autorité sans brutalité. Cette dernière description, davantage reliée à l'approche avec les gens, représente un comportement basé sur l'INTELLIGENCE, le bon sens et non sur une peur qui est le poteau de la rigidité. Dans la fermeté, on est capable de dire *non* mais on peut aussi dire *oui*, car aucune peur n'est à la base de la décision. Tandis que dans la RIGIDITÉ, c'est toujours *non* par peur de perdre le CONTRÔLE de la situation. La personne ferme ne se laisse pas influencer par les autres; elle demeure en contact avec son besoin et prend en considération ceux des autres.

Agir avec fermeté exige d'être BRANCHÉS à ce que nous voulons, d'être confiants, sûrs de nous. Cela requiert une certaine DISCIPLINE dans l'action. Avoir de la fermeté aide à aller jusqu'au bout de nos désirs, c'est-à-dire d'être persévérants et à nous illustrer dans quelque chose d'important pour nous. Avoir de la fermeté s'avère donc une qualité importante puisqu'elle permet de connecter avec notre pouvoir de créer, notre puissance, sans pour autant rechercher le pouvoir ou contrôler les autres.

FIDÉLITÉ

F

Qualité de quelqu'un qui est fidèle, c'est-à-dire constant dans ses sentiments, ses affections ou ses habitudes. Nous abordons principalement la fidélité sexuelle au niveau du couple dans ce guide, car ce terme de fidélité ou d'infidélité est plus utilisé dans ce contexte. Cependant, **l'humain ne peut être fidèle qu'à lui-même, c'est-à-dire fidèle aux besoins de son être.** Il est impossible pour un humain de s'engager ou de promettre à quelqu'un d'ÊTRE quoi que ce soit, incluant « être fidèle ». Un couple peut se promettre l'un à l'autre l'exclusivité sexuelle, mais il est important de se rappeler qu'**un ENGAGEMENT n'est jamais pour la vie. L'humain a toujours le choix de se désengager.**

Les couples ont intérêt à arrêter de croire que, parce qu'ils s'aiment un jour, automatiquement le même genre d'amour continuera toute leur vie. S'ils se donnent le droit tous les deux de rester toujours fidèles à eux-mêmes, ils auront beaucoup plus de possibilité de vivre une relation intime qui s'améliorera avec le temps plutôt que de se détériorer à cause d'un amour possessif rempli d'ATTENTES au sujet de la fidélité de l'autre.

FIERTÉ

Sentiment de satisfaction légitime de soi. La fierté est avant tout un état d'être et peut se rapporter à plusieurs domaines, autant par rapport au *avoir*, au *faire* ou au *être*, par exemple, la fierté de posséder une maison coquette, d'être fier du quartier, du pays où l'on habite, de la compagnie où l'on travaille, être fier de ses enfants, de sa personne et des autres aussi. On peut aussi être fier de ses qualités, de ses capacités, d'une prise de conscience, etc. En fait, tout ce qui s'apparente au domaine extérieur ainsi que les comportements et l'attitude de soi et des autres. L'antonyme est la HONTE.

La fierté, c'est tout ce qui touche une fibre en soi, qui rehausse l'ESTIME DE SOI et notre VALEUR PERSONNELLE et ce, à différents degrés. Lorsque nous sommes contents parce que nous venons d'accomplir un acte faisant appel à notre créativité, notre courage, notre détermination et notre persévérance, nous pouvons être fiers de nous. La fierté n'enlève rien à personne en autant qu'elle n'abaisse personne, ce qui serait une forme d'ORGUEIL. Bien au contraire, c'est un élément absolument essentiel à notre équilibre parce qu'il aide à fortifier l'estime et l'AMOUR DE SOI.

F

FIXATION

Se référer à **OBSESSION**

FOI

Confiance absolue que l'on met en quelqu'un ou en quelque chose ou en une force quelconque. Dans le domaine spirituel, avoir la foi signifie posséder une confiance inébranlable dans notre pouvoir créateur, c'est-à-dire notre DIEU INTÉRIEUR. C'est savoir que cette énergie divine régit tout ce qui vit. Nous faisons souvent des actes de foi sans même en être conscients. Par exemple, lorsque nous faisons un potager, nous avons la certitude qu'après avoir semé les graines de légumes naîtront, peu de temps, après de vrais légumes, les mêmes que ceux apparaissant sur l'emballage. Nous avons la foi inébranlable que rien d'autre ne peut être manifesté que ce que nous avons semé. La foi se retrouve dans le monde spirituel, tandis que la CONFIANCE découle du monde psychologique, c'est-à-dire de nos dimensions émotionnelle et mentale. **Avoir la foi, c'est aussi savoir qu'il nous arrive tout ce dont nous avons besoin au moment où nous en avons besoin.**

Nous n'avons pas à bousculer les étapes ou à les contrôler. Nous posons les actions que nous croyons nécessaires tout en LÂCHANT PRISE parce que nous savons que l'énergie divine s'occupe de tout. Revenons à l'exemple du potager : après avoir semé les graines, nous ne vérifierons pas constamment s'il y a du changement. Nous laissons le temps faire son œuvre. Nous avons fait l'action de semer, d'en prendre soin et nous savons qu'un bon matin, les graines germeront selon leur nature. Nous ne déterrons pas les graines pour voir si elles sont en train de germer. Aussi, il y a certaines graines dont le temps de germination est plus long que d'autres. Il en est de même pour les humains. Le plus important est de savoir que nous verrons tous la lumière un jour.

F

Sache que la foi et la peur possèdent en puissance le même pouvoir créatif, même si elles diffèrent de par leur vibration. **La foi représente la croyance absolue que ce que tu veux va se manifester et la peur est la croyance, souvent inconsciente, que ce que tu veux ne se manifestera pas.** La foi, c'est une conviction qui ne laisse aucune place à l'inquiétude car tu sais au plus profond de toi que tout ce qui t'arrive fait partie de tes besoins et du plan divin.

Observe ce que tu récoltes et tu sauras si tu as vraiment la foi. Si tu récoltes le contraire de ce que tu veux, tu reçois par le fait même un avertissement que tes peurs s'avèrent plus fortes que ta foi. La foi absolue en ta puissance intérieure permet d'ACCEPTER que parfois tes désirs ne répondent pas nécessairement aux besoins de ton être et, lorsque cette situation se présente, ton Dieu intérieur attire ce qu'il y a de mieux pour toi.

Voilà pourquoi tu dois toujours garder cette confiance absolue qu'il t'arrivera essentiellement ce qu'il y a de mieux, pas nécessairement toujours ce que tu désires. Dans la vie, tout est relié : tes attitudes, tes désirs, tes actions et celles des autres humains. L'Univers agence le tout. Par conséquent, continue de faire des actes de foi aussi souvent que possible. Aie foi en la vie, foi en ton prochain, en toi-même, en ta VALEUR, en tes talents et en tes possibilités. Ainsi, tu développeras cette confiance absolue en ton immense puissance qu'est le Divin en toi. Souviens-toi que tout ce qui arrive dans la vie fait partie d'un plan d'ensemble, donc, des expériences que chacun, à son rythme, a besoin de vivre et de comprendre pour s'élever toujours de plus en plus vers sa lumière, vers la vraie conscience, vers la liberté de l'être.

FORCE

Se référer à **PUISSANCE**

FORME-PENSÉE

Se référer à **ÉLÉMENTAL**

FROIDEUR

Absence de sensibilité, de l'indifférence. Une personne froide se définit comme celle qui utilise un comportement froid pour cacher sa sensibilité, son émotivité et sa vulnérabilité. Elle se coupe de sa sensibilité pour ne pas ressentir qu'elle vit une douleur, une blessure, croyant ainsi moins souffrir.

Voici le profil d'une personne qui affiche une froideur excessive : elle ne semble pas s'intéresser aux autres, semble porter des œillères, souvent dotée d'un regard austère, d'un ton de voix sec et autoritaire et peut même paraître hautaine. Elle ne manifeste aucune émotivité, semble fermée dans ses paroles et attitudes. Cette personne préfère garder ses distances, au risque de passer pour une personne froide. Ainsi, elle évite de se laisser toucher psychologiquement. Elle arrive à se faire ACCROIRE que rien ne la touche; voilà pourquoi elle projette cette apparence de froideur. C'est une personne qui souffre d'injustice et qui est PERFECTIONNISTE. Plus la personne se montre froide et plus cela dénote que sa BLESSURE d'INJUSTICE s'avère importante. Elle agit ainsi parce qu'elle ne connaît pas d'autres façons de se comporter et de panser ses blessures.

Si tu te vois dans ce profil et que tu voudrais transformer ce comportement, il est important de reconnaître que si tu persistes à agir ainsi, tu ne feras qu'entretenir ta blessure d'injustice qui continuera à prendre de l'ampleur, ce qui t'empêche d'être toi-même. Tu trouveras à travers ce guide plusieurs outils qui pourront t'aider à découvrir cette facette de ta PERSONNALITÉ, ce qui se cache derrière cette attitude. Tu réaliseras que la froideur que tu utilises comme moyen de protection n'est, en réalité, qu'une illusion car derrière toute personne froide se cache quelqu'un de très sensible et chaleureux.

FRUSTRATION

F

Émotion d'insatisfaction face à une attente. La source principale de frustration est le fait de trop vouloir contrôler les gens et les situations autour de nous. Toute frustration accumulée génère nécessairement de la colère contre les autres et contre nous-même. Pour mieux gérer la frustration, se reporter aux thèmes ATTENTE et ENGAGEMENT.

FUITE

Le fait de s'éloigner en toute hâte pour échapper à quelqu'un ou à quelque chose considéré comme menaçant. En réalité, celui qui agit ainsi croit s'écarter de quelque chose d'extérieur à lui mais il ne s'en éloigne pas, car il fuit une partie de lui-même non acceptée. Il s'est lui-même attiré la situation ou la personne extérieure qu'il tente de fuir pour lui rappeler ce qu'il doit apprendre à ACCEPTER en lui. Voilà pourquoi le même genre de situation ou de personne se manifeste de nouveau dans sa vie. Même s'il se sauve de l'autre côté de la planète, il n'y échappera pas; ce ne sera que partie remise puisque ce qu'il veut fuir se trouve en lui.

Aussi, plus une personne rejette une partie d'elle, plus celle-ci devient forte dans son AURA. Ce qui se dégage d'elle est comme un aimant qui attire vers elle ce qu'elle veut rejeter et fuir à tout prix. Par exemple, une personne qui s'attire souvent des gens violents ou des situations de violence dans sa vie. Elle ne peut tolérer la violence et elle fuit à chaque occasion. En réalité, elle fuit la violence en elle qu'elle ne veut pas voir, sentir, reconnaître et surtout accepter.

Cependant, il se peut qu'une personne veuille s'éloigner d'une situation ou d'une personne et que cette action ne constitue pas une fuite. Elle décide plutôt de s'orienter vers quelque chose de mieux ou de nouveau pour elle par AMOUR pour elle, dans un but d'évolution. On reconnaît que c'est une fuite lorsque la décision est basée sur une PEUR[4].

FUSIONNEL

Se dit d'une relation affective dans laquelle l'individu ne parvient pas à se différencier de l'autre. Une personne fusionnelle, autant homme que femme, se définit par un état d'être très PSYCHIQUE, c'est-à-dire trop ouvert au niveau du plexus solaire. Voilà pourquoi la personne fusionnelle capte facilement les vibrations des autres. Elle devient, malgré elle, ouverte aux humeurs, aux émotions et aux sentiments de ses proches et de tout ce qui se passe autour d'elle. En somme, elle possède une grande SENSIBILITÉ mal gérée.

Par exemple, si quelqu'un auprès d'elle vit une angoisse, elle se laissera facilement déranger et envahir par cette angoisse. Elle est touchée émotionnellement, car elle entre dans le champ d'énergie de la personne, dans son problème. Puis, tout à coup, elle ressent le désir de vouloir l'aider et à faire quelque chose pour celle-ci car elle ne pourra être bien si l'autre ne l'est pas. . Lorsqu'elle fusionne ainsi, elle ne peut maîtriser ses propres ÉMOTIONS, donc demeurer objective. Elle pourra même se sentir coupable si elle est impuissante à aider l'autre. À force de vivre continuellement de telles situations, jour après jour, elle a l'impression qu'elle ne vit plus sa propre vie, qu'elle expérimente davantage les problèmes des autres. Ce désir de fusion, c'est-à-dire le désir de vouloir s'occuper des gens autour d'elle, finit par engendrer beaucoup d'inquiétude, d'anxiété, de peur pouvant mener jusqu'à l'AGORAPHOBIE.

Les personnes fusionnelles sont très souvent les aînés de famille qui, dès leur jeune âge, devaient ou se sentaient obligés de s'occuper des plus jeunes et devaient être raisonnables. Elles se croyaient responsables du bonheur et du malheur des autres et se CULPABILISAIENT facile-

---

4   Pour plus de détails, il est suggéré de lire le livre "Les 5 blessures qui empêchent d'être soi-même"

ment. Certaines personnes ont dû, dès leur jeune âge, prendre soin d'un parent qui était soit malade, dépressif ou impuissant à remplir son rôle de parent. Les personnes fusionnelles ont donc joué le rôle de la mère durant leur jeunesse et elles n'ont pu vraiment la vivre comme enfant ou adolescent. Il est donc normal et humain qu'elles en veulent, même inconsciemment, à leur mère de cette situation. C'est pourquoi elles ont besoin de faire la paix intérieure avec leur mère, c'est-à-dire effectuer les étapes du PARDON véritable.

F

Il est essentiel d'apprendre la vraie notion de RESPONSABILITÉ et de l'appliquer dans sa vie. Ainsi, cette personne pourra de plus en plus fermer mentalement la porte aux problèmes des autres et décider de leur rendre service quand bon lui semblera. Elle aidera pour le plaisir de le faire et non pour arrêter sa propre souffrance causée par la fusion.

FUSIONNER

Amener ou ramener à l'unité. Faire de plusieurs éléments une seule et même chose. Ces dernières années, il a beaucoup été question de fusion dans les entreprises, les villes, les systèmes bancaires, monétaires, etc., ce qui dénote la tendance à vouloir **réunir les forces d'unités diverses pour créer une seule entité, dans le but de simplifier, d'unifier.**

Dans le domaine de l'être, fusionner signifie unir les forces de notre dimension matérielle, qui inclut les plans physique, émotionnel et mental ainsi que nos principes FÉMININ et MASCULIN, pour ne faire qu'*UN*. Cette unification rend possible le contact et la fusion éventuelle avec notre dimension SPIRITUELLE.

Au début des temps sur la terre, chaque ÂME faisait partie intégrante du TOUT avant que la séparation des sexes n'existe. Notre véritable état ou nature est « pur esprit ». Au fil de nos incarnations, nous avons perdu de vue cet aspect de nous-même et avons oublié que DIEU est toujours présent en nous ainsi que partout autour de nous. Cependant, notre âme, qui n'a jamais été séparée du TOUT (l'UNIVERS), n'aspire qu'à retourner à cette unité initiale, à cette fusion. Le moyen par excellence pour reprendre contact avec notre nature spirituelle consiste à vivre toutes nos expériences dans l'AMOUR véritable, sans interférence mentale issue de notre EGO. Ceci est en fait notre seule RAISON D'ÊTRE.

Chaque fois que nous éprouvons un sentiment de plénitude, nous ressentons le plaisir de cette unification qui s'avère un avant-goût de la sensation de la fusion totale avec Dieu. Par exemple, quand tu es en amour – l'amour véritable sans attentes, inconditionnel –, tu vis ce sentiment de plénitude. Tu te sens libre, en paix, comme si soulevé et porté par une énergie douce et réconfortante tout en étant puissante et dynamisante.

F

Un moyen comme la MÉDITATION permet d'unifier le corps et l'esprit ainsi que de développer la capacité d'observer nos pensées de façon neutre ou impartiale. Ce procédé contribue à éveiller l'observateur en soi, aspect dont nous avons besoin pour mieux nous connaître et pour trouver nos réponses. L'acte sexuel de deux êtres qui s'aiment inconditionnellement est un autre moyen pour ressentir cette fusion, cet état de plénitude que nous désirons tous vivre. Notre âme, ayant déjà connu cet état de bien-être total, nous incite à le recréer dans notre vie quotidienne à la mesure de nos moyens du moment. Nous sommes tous immanquablement attirés par cette grande fusion et en apprentissage quant à la façon de la générer dans notre monde matériel actuel. Ceci explique pourquoi autant de personnes deviennent FUSIONNELLES. Elles recherchent la fusion au mauvais endroit en tentant de fusionner avec d'autres personnes plutôt qu'avec leur DIEU INTÉRIEUR.

Plus nous faisons preuve d'AMOUR véritable, sous toutes ses formes, dans une attitude d'ouverture et d'ACCEPTATION, plus nous fusionnons et plus nous éprouvons cette plénitude de façon constante. **La fusion de l'âme et de l'esprit représente le plus grand plaisir atteignable au plan spirituel.**

GAÏA (Terre)

Divinité personnifiant la Terre mère. « GAÏA », qui signifie en grec ancien, terre nourricière, symbolise notre mère, tout comme le cosmos personnifie notre père; le soleil qui est lumière représente DIEU sur notre planète. Selon les recherches scientifiques, les savants estiment que la terre s'est formée il y a de cela 4,6 milliards d'années. Nous savons qu'elle prend environ un an à faire le tour du soleil. Notre soleil avec ses planètes font partie d'une galaxie, la Voie Lactée. Dans cette immensité, on dit qu'il y a un grand soleil central autour duquel beaucoup de systèmes solaires semblables au nôtre se retrouvent. Il est dit que ça demande 26 000 ans à toutes ces galaxies pour faire le tour de ce grand soleil central. Ensuite, ce grand soleil central ferait lui-même le tour d'un autre plus grand soleil et ainsi de suite. Il est impossible pour notre intellect humain de comprendre l'immensité de cette grande création divine et, surtout, d'accepter qu'il n'y a pas de début ni de fin. La compréhension du monde ABSOLU se situe au-delà de nos capacités intellectuelles limitées.

G

Ce thème est abordé dans cet ouvrage principalement pour sensibiliser les gens à prendre conscience du fait que la Terre, appelée *Gaïa*, est une entité matérielle vivante et doit être considérée comme un être vivant. Elle a une âme, un cœur, des poumons, des centres d'énergie et même son karma. Elle dégage aussi sa propre aura qui varie selon son état.

Comme les humains, la Terre est en constante évolution et connaît une poussée de croissance au commencement de chaque nouvelle ère. Comme nous débutons l'ÈRE DU VERSEAU, la Terre et ses habitants ont une occasion privilégiée de bâtir un monde nouveau axé sur les grandes LOIS divines créées pour nos besoins au tout début de l'histoire humaine. Beaucoup de PROPHÈTES sont venus sur la Terre pour nous remémorer ces grandes vérités afin que l'humain évolue vers d'autres champs de conscience et qu'il redevienne un jour pur esprit.

En tant qu'humains, nous savons que nous recevons la vie de notre mère et de notre père biologiques qui, en général, sont présents et pourvoient à nos besoins de base. Parallèlement, la Terre *Gaïa* nous nourrit de son énergie et de celle du cosmos. On peut la considérer comme une bonne maman tolérante et patiente qui, malgré tout ce que nous lui infligeons parfois, continue de nous nourrir, de nous entretenir, d'être là pour nous guider et pour nous aider à survivre. Puisque les humains et autres règnes (animal, végétal et minéral) sont des cellules vivantes de cette immense entité vivante, puisque tout ce qui vit a besoin de l'énergie divine et d'amour pour s'épanouir, quand nous refusons de nous sensibiliser au sort de notre planète, c'est comme si nous refusions de nous sensibiliser à nos propres BESOINS : nous vivons de sérieuses difficultés et il y a toujours un prix à payer à les ignorer. Souvenons-nous qu'au niveau de l'énergie, nous sommes tous inter reliés.

Sur cette planète, tout ce qui vit est l'expression de Dieu et doit évoluer selon les grandes LOIS gérées par l'INTELLIGENCE. Le moyen par excellence pour y arriver est l'AMOUR. Nous savons que lorsque nous nous trouvons dans l'amour véritable, tout devient plus facile et nous vivons en toute quiétude. Mais quand nous agissons à l'encontre des lois divines, un mal-être survient et nous en ressentons les conséquences dans nos corps physique, émotionnel et mental (malaise, maladie, manque d'énergie…) dès que notre LIMITE est atteinte. Comme tout ce qui est matériel, la terre a aussi ses limites.

Depuis très longtemps, nous constatons que l'humain endommage la terre (déchets, pollution…) et la détruit physiquement (destruction des forêts, explosion d'engins nucléaires, etc.). La terre souffre. Malgré tout cela, la plus importante destruction visible par une couche grise et brunâtre (l'AURA) entourant la terre, est l'énergie de colère, de haine, de vengeance, d'abus de pouvoir et de possessivité. Toutes ces pensées de destruction et ces états d'être contraires à l'amour véritable finissent par la détruire car elle est rendue à sa limite. Elle étouffe et tente de se dégager en augmentant l'activité volcanique, par des inondations et autres phénomènes météorologiques tels que décrits dans certaines PROPHÉTIES. C'est comme lorsque nous entretenons trop de pensées non bénéfiques (colère, rancune, haine) et que des maladies finissent par se déclarer, tout cela dans le but de nous secouer et de nous ramener à l'amour.

Or, toute action destructive que nous infligeons à la terre, y compris les guerres entre les peuples, indique la souffrance et la destruction que nous nous infligeons. Voilà pourquoi nous devons nous sensibiliser davantage à l'amour, à l'entraide et à l'ÉCOLOGIE. Plus nous vivrons selon la nature des êtres et des choses, plus la planète sera saine et plus nous serons heureux de vivre et en santé. Voilà une raison intelligente pour laquelle nous devons la traiter avec RESPECT et considération.

G

En résumé, il est urgent de prendre conscience que nous formons un tout, que chaque être humain représente une cellule vivante qui influence une autre cellule vivante, notre planète. Avec l'avènement de l'ère du Verseau, nous sommes très privilégiés de recevoir des énergies spéciales qui nous aident personnellement et collectivement à revivifier la Terre, à la purifier et par le fait même, à nous purifier pour que nous redevenions un jour des ÊTRES DE LUMIÈRE, comme des soleils, des dieux créateurs conscients de qui nous sommes véritablement.

Rappelons-nous que tout ce que nous faisons dans le moment influence ce qui adviendra des générations suivantes. De plus, lorsque nous reviendrons dans des incarnations futures, nous aurons à assumer les conséquences de ce que nous imposons actuellement à notre planète. Heureusement qu'il existe un fort mouvement écologique depuis quelques années qui nous éveille au besoin pressant de mieux nous occuper de notre planète. Cela nous aidera à vivre sur une planète plus saine et agréable lors de nos prochaines incarnations.

GÊNE

Se référer à **TIMIDITÉ**

GÉNÉROSITÉ

Disposition à donner sans compter ou à donner plus qu'on est tenu de le faire. On dit d'une personne généreuse qu'elle a un grand cœur, qu'elle donne sans attentes. Il est naturel pour l'humain d'être généreux et nous aspirons tous à le devenir dans tous les domaines. En effet, quand on fait allusion à la générosité, ce n'est pas uniquement DONNER des objets ou de l'argent. Chaque être humain démontre de façon différente sa générosité. Outre le fait de donner de l'argent, certains offrent de rendre service, plusieurs préfèrent s'impliquer dans une cause humanitaire. Pour d'autres encore, être généreux signifie donner du temps ou des conseils appropriés lorsqu'ils sont demandés, de réconforter leurs semblables par l'écoute empathique et des paroles apaisantes et encourageantes.

Par contre, il est important de savoir que « donner » ne signifie pas nécessairement « être généreux ». Certaines personnes donnent beaucoup et se considèrent comme généreuses alors que leurs dons sont faits avec attentes de marques de reconnaissance. Pour que le geste se classe dans la catégorie générosité, les dons doivent être faits sans aucune ATTENTE. La plus grande générosité à développer est celle du cœur, ce qui implique d'être capable de compassion pour tous ceux qui souffrent, y compris pour soi-même. En résumé, tout ce que donne une personne généreuse est fait en toute sincérité, avec son cœur et toujours sans attentes. Le vieil adage qui dit que *plus on donne et plus on reçoit* reste très vrai. La générosité représente une qualité de cœur qui nous aide énormément au niveau de l'abondance.

GOUROU

Maître spirituel hindou. Maître à penser; inspirateur spirituel. Quelqu'un qui dégage beaucoup de charisme et de magnétisme. Certains ont un tel MAGNÉTISME qu'ils semblent hypnotiser les gens. En général, un gourou est conscient de sa capacité d'attirer les gens vers lui et s'en sert dans le dessein de partager ses connaissances, ses façons de penser, ses CROYANCES et son savoir.

Un gourou doit utiliser sa puissance intérieure ou son pouvoir de persuasion dans le but de guider, d'amener les gens à devenir conscients de leur propre PUISSANCE intérieure. Nous savons qu'un gourou se trouve dans sa puissance plutôt que dans son EGO lorsque, suite à sa retraite de la vie publique ou à son décès, les personnes, sympathisant à l'organisation ou au mouvement, l'admireront pour l'énergie et l'amour inconditionnel qu'il dégageait, comme Jésus savait le faire. Les enseignements de celui-ci continuent toujours de se propager 2000 ans après sa venue sur terre.

Cependant, le mot gourou est très souvent associé à quelqu'un qui utilise plutôt son pouvoir dans un but de DOMINATION et de CONTRÔLE. Un moyen pour reconnaître si un gourou s'avère bénéfique pour soi consiste à observer si les gens qui le suivent le font par choix conscient plutôt que par peur, c'est-à-dire si le fait d'adhérer à ses croyances les aide à entrer en contact avec leur propre puissance intérieure et à créer leur propre vie. Si, au contraire, la majorité des adeptes semblent affligés, étant dirigés et dominés par la peur, ce sera un signe que le gourou utilise davantage son magnétisme dans un but d'asservissement et de dictature. Une telle motivation n'est bénéfique pour personne. Le mouvement finira par s'éteindre de lui-même lorsque le gourou ne sera plus en charge.

Cependant, nous ne sommes pas ici pour juger qui que ce soit dans ce monde. Il en revient à chacun de nous de vivre nos propres expériences, de choisir et de décider de faire ce qui nous semble le plus intelligent et surtout d'écouter notre INTUITION, notre grand Guide intérieur. Quel que soit notre choix, celui-ci nous aide toujours à devenir conscients de ce que nous voulons ou ne voulons pas. Si tu fais partie de ceux qui veulent suivre la voie d'un gourou, souviens-toi que sa plus grande utilité doit être de te rappeler que tu as en toi tout ce que tu ADMIRES en lui et qu'il est là pour t'inspirer et t'aider à reprendre ton pouvoir et non pour lui donner ton pouvoir.

GRATITUDE

Se référer à **RECONNAISSANCE**

GUIDE DE L'AU-DELÀ

Entité plus évoluée qui a déjà expérimenté la vie sur la terre et qui veut aider les humains à accomplir leur PLAN DE VIE. Ce sont des actes gratuits qui contribuent à sa propre évolution. Quand l'âme se retrouve dans le monde ASTRAL, entre deux vies, les guides collaborent avec celle-ci pour faire le bilan de sa dernière vie terrestre. Ils la guident dans ses prochains choix d'expérience de vie en vue de la libérer d'un KARMA accumulé. Ainsi, le guide aide l'âme à décider de son plan de vie, c'est-à-dire ce qui lui sera le plus nécessaire et bénéfique lors de son retour sur la planète Terre. Il aide à choisir les PARENTS, l'environnement et tout ce qui est requis pour pouvoir vivre certaines expériences indispensables à son évolution spirituelle.

En plus de notre « ange gardien » qui nous est assigné pour toutes nos vies, tout au long de chaque vie, plusieurs guides sont présents pour nous aider selon le besoin du moment. Par exemple, nous avons des guides différents qui contribuent à nous aider dans certaines études, certains métiers, les arts, les situations difficiles, etc. Par télépathie, ils nous transmettent des messages spécifiques qui facilitent notre apprentissage en nous fournissant de bons conseils. Ils ne nous imposent jamais rien et ne nous font pas peur. Ils suggèrent mais sans attentes car ils savent que c'est toujours à nous, grâce à notre LIBRE ARBITRE, notre pouvoir de décision, qui avons le dernier mot.

Les guides de l'au-delà agissent également pour notre protection. Ils peuvent intervenir quand nous sommes en danger. Par exemple, s'il nous arrive de nous assoupir au volant de notre voiture, nous pourrons avoir l'impression que quelqu'un nous a donné une petite poussée pour nous réveiller et nous ressaisir. Les guides s'avèrent surtout utiles lorsque nous perdons contact avec notre INTUITION, avec la partie de nous qui connaît toutes les réponses.

Alors, comment te mettre en contact avec tes guides lorsque tu as besoin d'aide ? En leur parlant tout simplement. Tu peux leur demander de te soutenir et de t'épauler dans quelque domaine que ce soit. Les guides peuvent te contacter à travers tes RÊVES et la MÉDITATION. Cependant, il ne faut pas forcer et exiger des preuves tangibles et des réponses claires ou immédiates de leur part. Aie confiance qu'ils sont toujours présents et rappelle-toi surtout que ton plus grand Guide consiste en ton Dieu intérieur. Suis ton intuition et dis merci pour les réponses ou l'aide obtenues, même si tu ne sais pas si cela provient de tes guides ou de ta propre PUISSANCE intérieure.

G

GUIDE INTÉRIEUR

Se référer à **DIEU INTÉRIEUR**

GUIDER

Éclairer quelqu'un dans le choix d'une certaine direction. On guide une personne lorsqu'on lui fournit une direction, une ligne de conduite en croyant que c'est ce qui est préférable pour cette personne et pour son entourage immédiat. Un vrai guide n'impose jamais ses idées. Il suggère tout simplement. Il peut espérer que l'autre personne suivra ses directives ou conseils mais il est prêt à accepter que l'autre choisisse autrement. Il sait que l'autre aura à assumer les conséquences de ses choix. Si tu guides quelqu'un et que tu insistes pour qu'il suive tes conseils, tu ne feras plus de la « guidance » mais du contrôle. Reporte-toi aux thèmes CONTRÔLE et DIRIGER pour connaître la différence entre les deux.

Guider peut aussi vouloir dire fournir une aide généreuse occasionnelle à quelqu'un aux prises avec la difficulté de faire des choix. Guider devient, à ce moment-là, un don et cela doit aussi être fait sans attentes.

HABILETÉ

Qualité de ce qui est fait avec adresse, avec intelligence. Aptitude à accomplir des choses avec facilité. Tous les humains naissent avec des habiletés innées. Cela démontre qu'ils sont devenus habiles par la pratique dans d'autres vies. Nous pouvons tous développer d'autres habiletés, nous améliorer, sans nécessairement devenir un expert dans le domaine. Il suffit de porter un intérêt particulier et de s'instruire dans un secteur qui nous intéresse ou que nous souhaitons développer. Cependant, sachons reconnaître nos capacités, nos talents et nos limites.

HABITUDE

H

Manière usuelle, machinale, routinière d'agir, de se comporter. En général, répétition d'un acte quelconque. Souvent, on désire conserver une habitude quand celle-ci nous procure du plaisir ou de la satisfaction. C'est pour cette raison qu'on recherche de nouveau à y avoir recours. Cependant, il y a une nuance entre une habitude et une dépendance. Pour vérifier si une habitude constitue une dépendance, se reporter au thème DÉPENDANCE.

Toutefois, il peut y avoir un inconvénient à vivre avec trop d'habitudes : la vie devient trop routinière, monotone, il te manque du piquant et cela se reflète dans tes états d'être. Il est donc suggéré de noter pendant une semaine toutes les habitudes que tu remarques. Ajoute le « pour » et le « contre » de chaque habitude. Décide lesquelles sont encore intelligentes ou profitables pour toi. Une bonne habitude vivifie et procure de l'énergie. Sache qu'il n'y a ni bien ni mal dans une habitude, ni dans quoi que ce soit d'ailleurs. Il s'agit simplement d'en être conscient et de décider, soit de continuer à faire la même chose si cela t'apporte de la joie, soit d'expérimenter du nouveau si tes habitudes ne t'apportent plus ce que tu désires. Le plus important est que ton habitude découle d'une décision consciente. Une habitude n'est pas nocive en elle-même tant qu'elle n'entrave pas le besoin d'expérimenter du nouveau, donc d'évoluer.

D'autre part, une habitude peut être fortement ancrée chez les personnes qui ont de la difficulté à expérimenter du nouveau, car elle leur procure un certain sentiment de sécurité. Même si parfois elles ressentent un mal-être et savent qu'un changement leur ferait le plus grand bien, elles préféreront demeurer confinées dans leurs vieilles habitudes, plutôt que de risquer une nouvelle EXPÉRIENCE et de vivre plus agréablement. Par exemple, quelqu'un veut demeurer au même endroit par sécurité car il connaît l'environnement par cœur : il se sentira donc en sécurité. Parfois, nous sommes tellement ancrés dans nos habitudes que nous ne pensons même pas qu'il puisse être possible de vivre autre chose de plus dynamisant ou nous ne nous interrogeons même pas si ça correspond encore à ce dont nous avons besoin.

H

Voici d'autres domaines dans la vie courante où il est parfois difficile de changer nos habitudes. Par exemple, celui qui a l'habitude de se coiffer toujours de la même façon, de s'habiller dans le même style de vêtements, de manger toujours à la même heure, au même endroit à table et le même genre de nourriture, de faire les mêmes activités, de fréquenter les mêmes restaurants, de rencontrer les mêmes personnes et discuter des mêmes sujets, etc. La vie est là pour nous ouvrir à la nouveauté et demeurer dans nos habitudes nous ferme à plein de possibilités.

Changer certaines habitudes de temps à autre nous offre l'opportunité d'observer ce qui se passe d'un autre point de vue ou d'un angle totalement différent. Si tu te vois comme une personne avec beaucoup d'habitudes, il est suggéré de commencer par de petits changements. Voici une question pour t'aider : « Quelle est la pire chose qui pourrait arriver si je faisais ce changement ? Et si ce pire arrivait, serais-je capable de le gérer ? » Même si tu crains les conséquences possibles, tu peux choisir de RISQUER, surtout si l'idée de pouvoir faire ce changement t'apporte de la joie, du bonheur.

HAINE

Vive hostilité qui porte à souhaiter ou à faire du mal à quelqu'un et à s'en réjouir. Aversion pour quelqu'un. On sait tous que l'amour apporte le bonheur, la joie de vivre, l'harmonie, la tranquillité d'esprit, la santé, la liberté et la paix intérieure. Ces simples mots ont à eux seuls un grand pouvoir d'apaisement. L'amour possède en plus un énorme pouvoir de guérison. Inversement, la haine représente ce qui est de plus destructeur pour l'être humain. Car, au lieu de guérir comme l'amour, toute haine emprisonne et détruit son créateur. De plus, elle est la cause de nombreuses maladies importantes. La haine s'avère donc une énergie extrêmement puissante, aussi puissante que l'amour mais elle engendre des effets totalement contraires à ceux procurés par l'AMOUR véritable.

En général, la haine est une conséquence d'un grand amour déçu. Ça prend beaucoup d'amour pour haïr. Une personne indifférente ne peut pas haïr. La haine provient d'ATTENTES non réalistes envers une personne ou un groupe de personnes qui devraient, selon nous, nous aimer ou montrer leur amour, différemment.

Tous les humains vivent de la RANCUNE, à différents degrés, un jour ou l'autre dans leur vie. Pour que la rancune devienne de la haine, il faut que l'humain se sente blessé au plus profond de lui, dans son être. La haine découle donc du sentiment de rejet ou d'abandon. Plus une personne souffre d'une grande BLESSURE de REJET ou d'ABANDON, plus elle a la capacité de développer de la haine. Elle n'est pas une personne méchante, mais plutôt DÉCENTRÉE et très souffrante et ce, depuis longtemps, depuis sa petite enfance.

Si tu te reconnais dans ce sentiment de haine, c'est-à-dire que tu en veux à quelqu'un au point de lui souhaiter du malheur, sache que ce sentiment s'est développé très jeune envers le parent du même sexe que la personne que tu hais. Il est très souvent difficile, voire impossible, de nous avouer que nous avons haï un de nos parents. Il est humain de vouloir nier quelque chose qui fait très mal et que nous considérons inacceptable. Par contre, l'étape d'en devenir conscient et de le reconnaître s'avère absolument nécessaire. Ensuite, nous pouvons passer à l'étape de revivre la douleur associée à la blessure qui est tout à fait légitime pour tout être humain. Il peut y avoir une période de révolte où nous trouvons que la vie est injuste, pour finalement arriver à effectuer les étapes du PARDON et nous réconcilier avec nous-même et les autres. Ainsi, toute l'énergie utilisée à haïr servira à créer une vie heureuse, libre et paisible. Heureusement, grâce à notre grand pouvoir créateur et décisionnel, il existe toujours un moyen pour transformer ce pouvoir destructeur en pouvoir constructif et libérateur et pour découvrir les grandes richesses que notre cœur a à offrir.

HARCÈLEMENT SEXUEL

Se référer à **AGRESSION À CARACTÈRE SEXUEL**

HARMONIE

H

Accord de sentiments, d'idées entre plusieurs personnes. Entente, paix, union sont des synonymes. Vivre en harmonie, n'est-ce pas le souhait légitime de tout être humain ? Une personne en harmonie est en paix avec elle-même et avec toute la création divine. Elle est équilibrée dans ses choix de vie et elle vit surtout en accord avec les besoins de son ÊTRE plutôt que ceux de son EGO. Toute personne heureuse et en harmonie ne peut que faire rejaillir autour d'elle la même énergie. Il émane d'elle une aura de lumière que tous ressentent en sa présence.

Pour être heureux et vivre pleinement, une personne doit vivre en harmonie avec sa dimension matérielle, c'est-à-dire que ses corps physique, émotionnel et mental soient à l'écoute de ses besoins. Elle oriente son mental vers les besoins de son être plutôt que de se laisser guider par ses croyances mentales. Elle se permet et elle accorde aux autres le droit de vivre toutes sortes d'expériences sans jugement ni culpabilité en ramenant tout vers l'amour. Elle favorise ainsi le respect, la compréhension, la compassion et la tolérance des différences.

Les jours où cette harmonie s'avère difficile à atteindre ou à maintenir, tu peux t'aider en prenant quelques instants pour affirmer la vérité suivante : « Que la paix et l'harmonie règnent en moi, autour de moi et à travers toute la création divine. » Tout en répétant cette affirmation, tu peux te visualiser en train de baigner dans ta propre lumière. Faire cet exercice le matin au réveil t'assure une journée tout à fait différente.

Rien ne t'empêche de te voir constamment baigner dans ta lumière. Par exemple, quand tu arrives quelque part, vois ta lumière remplir les lieux, la pièce où tu entres, comme un grand faisceau rayonnant qui t'ouvre la voie et illumine tous les endroits où tu te présentes. Fais en sorte que cette lumière embrasse toutes les personnes avec qui tu entres en contact. Faire cet exercice pendant plusieurs mois ne peut que t'apporter de belles transformations dans ta vie. C'est une bonne habitude à prendre.

HASARD

Se référer à **CHANCE**

H

HÉRÉDITÉ

Qui se transmet par voie de reproduction, des parents aux descendants (caractères, maladie). Historique familial. La question de l'hérédité en terme de connaissance de soi signifie transmettre de génération en génération les mêmes valeurs, les mêmes façons de penser, les mêmes attitudes, comportements, habitudes ainsi que les mêmes croyances mentales que nos ancêtres.

Selon les apparences, tout porte à croire que nous héritons de nos parents ce qui nous habite. Voilà la perception matérielle, humaine de la vie. La perception du point de vue spirituel s'avère tout autre : nous n'héritons rien de nos parents. Nous les avons plutôt choisis à cause de nos similitudes avec eux. C'est d'ailleurs ce qui attire une âme dans l'invisible vers ses futurs PARENTS avant la naissance. Nous choisissons donc nos parents pour redevenir conscients de notre RAISON D'ÊTRE sur terre. Nous devons continuer à revenir tant et aussi longtemps que toutes nos expériences ne seront pas vécues dans l'acceptation.

Prenons l'exemple d'une mère de famille aux prises avec un problème héréditaire de diabète ou d'un cancer du sein. Sa mère et sa grand-mère ont souffert de la même maladie. Il est certain que cette dame avait au départ les mêmes attitudes, souvent les mêmes comportements que sa mère et ce, même si elle a tenté de se comporter de façon différente, d'où l'expression « telle mère, telle fille » et « tel père, tel fils ». Elle semble avoir hérité des mêmes croyances mentales et de la même maladie que sa mère mais, en réalité, elle a été attirée dans cette famille pour devenir consciente de ce qu'elle a à régler. Se reporter à la LOI D'ATTRACTION pour comprendre ce principe.

Tu as sûrement remarqué que les enfants n'héritent pas tous des mêmes maladies ou comportements que leurs parents. Pour reprendre le même exemple, s'il y a trois filles dans cette famille, il se pourra qu'une seule souffre de diabète ou de cancer du sein. Tout dépend du travail intérieur et des changements qui se font chez les trois. Il se peut que les deux autres aient vite compris, même inconsciemment, ce qu'elles avaient à régler. Il se peut aussi qu'elles aient eu autre chose à régler, par exemple, des croyances venant de la famille du père.

Cela dépend donc des BLESSURES que nous sommes venus résoudre sur cette terre et qui sont différentes pour chacun d'entre nous. Toutefois, on retrouve des familles entières de diabétiques, d'autres, fragiles aux problèmes cardiaques, de foie, de dépression, d'autres encore sont susceptibles de développer des cancers. Cela se produit chez les familles qui s'avèrent plus FUSIONNELLES. Aussitôt que l'un d'entre eux en devient conscient et fait un travail intérieur d'acceptation et de PARDON, il aide, par le fait même, les autres membres de sa famille à se dégager afin que cesse de se perpétuer la roue de l'hérédité.

Pour arriver à transcender l'hérédité, nous devons d'abord accepter que nous sommes les créateurs et seuls RESPONSABLES de notre vie au niveau de l'*être*. Ensuite, nous devons réviser nos CROYANCES MENTALES et nos valeurs et choisir de faire abstraction de toutes celles qui nous nuisent ou qui ne nous sont plus utiles.

Par ailleurs, il est très encourageant de constater que rien ne demeure permanent dans ce monde matériel qu'est le nôtre et qu'il y a toujours une possibilité d'améliorer notre condition de vie. Tout peut changer. Personne sur cette terre n'est obligé d'hériter les aspects nuisibles ou les maladies de la famille. Nous avons toujours le choix de décider de passer à autre chose. Nous devons, par contre, toujours commencer par l'étape numéro un, soit celle de l'ACCEPTATION. Pour des informations complètes en ce qui concerne les malaises et les maladies du point de vue métaphysique, il est suggéré de se référer au livre *Ton corps dit : Aime-toi !*

HOMOSEXUALITÉ

Tendance à éprouver une attirance sexuelle pour les individus de son propre sexe. L'homosexualité fut à travers les siècles, d'abord un vice, ensuite un crime, puis un péché et enfin, une maladie mentale. Ce n'est que depuis peu qu'on ne la qualifie plus de maladie mentale. L'homosexualité a toujours existé depuis le début des temps autant chez les humains que chez certains animaux. Elle est d'abord et avant tout un choix de notre ÂME de vivre une expérience pour parvenir un jour à l'acceptation totale. Nous sommes sur terre pour vivre toutes sortes d'expériences sans aucun jugement.

H

Il peut y avoir différents facteurs qui incitent à l'homosexualité. En voici quelques-uns :

- Ne pas accepter le sexe choisi avant de naître. Vouloir être du sexe opposé;

- Avoir été très déçu du parent du même sexe et ne pas vouloir lui ressembler en rien (se reporter au COMPLEXE D'ŒDIPE);

- Être trop attaché au parent du sexe opposé et vouloir le protéger;

- Avoir vécu un abus sexuel étant jeune qui perturbe le choix sexuel.

Les personnes qui vivent une relation homosexuelle sont très souvent créatives et passionnées. Elles ont fréquemment des âmes d'artiste et dégagent cette frénésie, parfois inconsciente, de vivre à plein toutes leurs expériences. Elles ont une nature hyperémotive et dramatique. Même si l'homosexualité n'apparaît pas comme un choix conscient chez la personne, cette expérience fait partie d'un travail que l'âme doit faire, en général, sur sa BLESSURE de REJET.

En dépit de plusieurs mouvements gais, l'homosexuel est encore fréquemment rejeté par sa famille, amis, compagnons de travail et surtout par lui-même. Selon le degré d'acceptation de la personne, il est possible qu'elle se crée des moments troublants et difficiles à vivre émotionnellement et ce, pas uniquement avec elle-même mais aussi avec sa famille et son entourage. Mais comme pour toute expérience, il est essentiel de l'utiliser pour grandir spirituellement et surtout pour apprendre l'ACCEPTATION et la TOLÉRANCE pour soi et pour les autres.

H

D'autre part, les gens qui deviennent intolérants ou qui se sentent mal à l'aise quand ils entrent en contact avec des personnes homosexuelles ou qui sont en réaction et qui se montrent incapables d'accepter ce choix de vie chez les autres ont, eux aussi, une expérience de rejet à surmonter. Par exemple, quand la famille n'accepte pas l'homosexualité d'un de ses membres, c'est, en général, causé par la crainte de se faire juger et rejeter par les autres à cause de la culpabilité ressentie par une mère protectrice ou un père autoritaire. Ces derniers croient avoir fait quelque chose de « pas correct » ou de répréhensible.

Si l'homosexualité te semble difficile à accepter, il est suggéré de vérifier ce qui te dérange le plus chez une personne homosexuelle et de faire un processus d'acceptation par le moyen du MIROIR. Se peut-il que tu ne veuilles pas accepter ta propre tendance que tu refoules au plus profond de toi ? N'oublie pas que tant qu'une expérience n'est pas vécue dans l'acceptation, nous devons revenir sur terre pour la vivre. Accepter sa propre tendance homosexuelle ne veut pas nécessairement dire que nous devons la vivre réellement, mais ça consiste plutôt à accepter qu'il y a une attirance et que nous nous acceptons sans nous juger de « pervers » ou de « pas normal » et que ce genre de tendance ou d'attirance fait partie d'être humain. Après quoi, nous pouvons décider consciemment de la vivre ou non.

Dans tout cheminement personnel, il importe de toujours nous rappeler que nous sommes tous ici pour la seule, unique et même RAISON D'ÊTRE, celle de se connaître et de s'accepter tels que nous sommes à travers toutes les expériences vécues; sachons que le moyen le plus efficace de nous connaître consiste à développer l'AMOUR véritable à travers les gens qui nous entourent.

HONNÊTETÉ

Se référer à **INTÉGRITÉ**

HONTE

H

Sentiment pénible de son humiliation face à autrui. La honte, c'est se sentir contraire à la dignité, à l'honneur. Ce sentiment provient de très loin dans notre enfance et peut être exprimé de façon différente chez les personnes qui en souffrent. Certains individus vivent de la honte par rapport à eux-mêmes, honte de ce qu'ils pensent, de ce qu'ils font, de ce qu'ils disent, de ce qu'ils ressentent ou encore de ce qu'ils croient qu'ils sont. D'autres ont honte de leur corps ou des fonctions naturelles de leur corps. En fait, ils ont honte d'eux-mêmes. De telles personnes sont portées à se juger sévèrement, à s'abaisser, et à se diminuer au niveau de leur « ÊTRE », au niveau du « JE SUIS ».

On peut aussi avoir honte de nos proches. Un parent peut avoir honte de la façon dont son enfant se coiffe, se vêt ou se comporte en milieu familial, avec ses amis ou en société. Ce parent peut avoir fait honte à l'enfant devant ses camarades ou dans le cercle familial. Dans les deux cas, un pareil sentiment dévalorisant provoque de la culpabilité chez le parent et chez l'enfant. Les deux personnes s'accusent en se disant : « Je ne suis pas correct d'avoir agi de la sorte ou d'être ainsi. » et elles veulent se cacher ou dissimuler l'objet de leur honte.

On reconnaît la honte par le fait qu'on veut cacher la situation ou la personne faisant l'objet de la honte. Peu importe la nature ou le degré de honte qui t'habite, sache que chaque fois que tu veux cacher quelque chose ou quelqu'un, tu n'es pas toi-même. En refusant d'être toi-même, d'être vrai et naturel, cela t'éloigne de ton être, t'enlève de l'énergie et peut te rendre malade. Les problèmes de peau, par exemple, se révèlent très fréquents chez les personnes qui souffrent de honte. Plus tu as honte, moins tu t'acceptes et plus tu fais des pirouettes pour *être* une meilleure personne et tout ça au détriment de tes besoins véritables.

Pour découvrir ton degré de honte, fais une liste de ce que tu caches aux autres, que ce soit au niveau de tes pensées, de tes désirs, de ce que tu ressens ou de tes actions. Sache que tous les humains vivent un certain degré de honte. **Il n'y a donc pas de honte à avoir honte.** Comme le contraire de la honte est la FIERTÉ, en développant davantage l'AMOUR et l'ESTIME DE SOI, tu arriveras un jour à être simplement fier de ce que tu es et tu te permettras de redevenir toi-même.

Pour transformer cet état de honte, un moyen concret consiste à prendre des RISQUES et à recourir à des comportements différents de ceux déjà utilisés. Par exemple, si une personne a honte de parler d'elle et de sa famille, elle devra prendre le risque de se confier aux autres tout en observant comment elle se sentira. Se dire : « Quelle est la pire chose qui pourrait arriver si je disais ceci ou cela, en somme, si j'étais simplement moi-même ? » Toujours se rappeler que c'est une partie en soi qui dit que c'est honteux et que cette partie se base sur quelque chose du passé qui n'est plus valable aujourd'hui. Nous devons décider *MAINTENANT* ce que nous voulons croire et ÊTRE.

HUMILIATION

Se sentir humilié veut dire se sentir abaissé, honteux, mortifié, vexé, dégradé. Dans cet ouvrage, l'humiliation est considérée comme une des cinq BLESSURES DE L'ÂME. La personne qui se sent facilement humiliée représente celle qui s'abaisse elle-même au même degré qu'elle se croit humiliée par les autres. Par conséquent, elle croit que si elle s'occupe beaucoup des autres et qu'elle devient très dévouée, elle sera considérée au lieu d'être abaissée. Elle en prend donc beaucoup sur son dos. Elle se croit aussi INDIGNE de recevoir des compliments ou des faveurs, ne se croyant pas à la hauteur des attentes des autres. Elle est même prête à prendre le blâme pour quelque chose qui appartient à quelqu'un d'autre. Elle se compare souvent à mieux qu'elle et croit que les autres font de même. Elle s'attire des situations pour avoir HONTE d'elle-même ou de ses proches, par exemple, avoir honte de son corps et de ses pulsions sexuelles.

Cette personne est la première à se tourner en dérision. Elle rit d'elle-même avant que les autres ne le fassent. Comme elle ne reconnaît pas sa vraie VALEUR, elle croit devoir souffrir pour se racheter de ne pas être à la hauteur. C'est donc une personne qui, même connaissant son besoin, va s'arranger pour ne pas pouvoir le combler. La personne souffrant de la blessure d'humiliation fait vivre de l'humiliation aux autres, tout autant qu'à elle-même. Elle s'arrange pour devenir indispensable à ses proches et ne réalise pas, qu'en faisant tout pour eux, elle les abaisse et les humilie. Ça peut aussi être fait par un regard, une remarque, un geste, etc.

Il importe donc de reconnaître ce fait si tu te vois comme une personne qui se sent humiliée, abaissée souvent. L'ACCEPTATION du fait qu'il t'arrive d'humilier les autres lorsque tu souffres ou que tu es rendu à ta limite contribuera à la guérison de ce sentiment d'humiliation ou BLESSURE DE L'ÂME.[5]

H

HUMILITÉ

Ce mot est utilisé de plusieurs façons. La plupart des gens croient qu'être humble signifie s'abaisser, faire ressortir ses faiblesses. Dans cet ouvrage, cette définition caractérise la *fausse humilité* qui s'avère une forme d'orgueil lorsque la motivation de s'abaisser consiste à se faire remonter ou reconnaître par les autres. Il y en a d'autres qui s'abaissent continuellement et qui refusent d'accepter leurs talents et qualités. Ça ne constitue pas de l'humilité, mais plutôt un très grand manque d'ESTIME d'eux-mêmes, de leur VALEUR PERSONNELLE.

---

5 Pour plus de détails, il est suggéré de lire le livre "Les 5 blessures qui empêchent d'être soi-même".

Cet ouvrage veut surtout définir l'humilité comme étant le contraire de l'orgueil. Dans l'humilité, il n'y a pas de sentiment en « plus » ou en « moins ». C'est simplement reconnaître nos insuffisances, nos faiblesses ainsi que nos talents, nos aptitudes et nos succès et ce, sans se sentir inférieurs ou supérieurs aux autres. C'est accueillir les compliments quand les autres reconnaissent nos talents et nos gentillesses. Celui qui répond à un compliment en disant : « Ce n'est rien du tout, je n'ai aucun mérite, la plupart des gens sont capables de faire ceci, cela… », fait preuve de **fausse humilité**.

La personne humble accepte que parfois les autres ne soient pas aussi connaisseurs qu'elle et elle n'essaie pas d'exposer ses connaissances s'ils ne lui demandent pas. Elle accepte que d'autres puissent faire des erreurs, des oublis, et elle ne profite pas de ces erreurs pour les reprendre et les faire sentir inadéquats, à moins que ces erreurs affectent directement leur vie et provoquent des conséquences nuisibles.

Pour développer l'humilité, lorsque nous savons que nous avons réussi dans un domaine en particulier et que nous sommes fiers de nous, au lieu de nous en vanter à tout le monde en vue de quérir des compliments, gardons ce sentiment pour nous. Disons simplement merci intérieurement tout en gardant contact avec la partie divine en nous qui nous a guidés. Souvenons-nous aussi que la marge est souvent bien mince entre l'ORGUEIL, la FIERTÉ et la fausse humilité.

Plus nous faisons des actes d'humilité de tous genres, par exemple avouer nos erreurs, nos peurs, nos oublis, revenir sur notre parole, pardonner ou complimenter honnêtement les gens autour de nous, plus les gens se sentent bien à notre contact et plus nos relations s'améliorent. Chaque acte d'humilité est une ouverture du cœur, générateur de la grande énergie divine qui revitalise le corps entier. Cette énergie augmente en puissance et influence directement notre santé et la qualité de notre sang. Tout le monde en ressort gagnant, en commençant par nous-même.

IDÉAL

Modèle de perfection absolue qui répond aux exigences esthétiques, morales ou intellectuelles de quelqu'un, d'un groupe; conforme à l'idée qu'on se fait de la perfection; qui n'existe que dans la pensée et non dans le réel. Le contraire est la *réalité*. Le mot « idéal » est utilisé de maintes façons et interprété de plusieurs manières. Lorsqu'il fait référence à des critères qualificatifs en rapport à des personnes, du style « j'ai trouvé la personne idéale pour faire ceci, c'est le genre idéal pour cela », on pourrait aussi bien le remplacer par *apte, qualifié, doué, adéquat, habile*. Dans ce thème, il sera abordé sous l'angle d'idéaliser quelqu'un ou quelque chose.

Le mot « idéal » est fréquemment utilisé par les personnes idéalistes qui s'avèrent, en général, de grands PERFECTIONNISTES qui manquent de réalisme. Le perfectionniste veut toujours atteindre la perfection. Il a l'esprit critique, exige trop de lui-même et devient un éternel insatisfait. Il veut que tout soit parfait, sans défaut, sans faille. Il idéalise tout ce qu'il touche. Il est aussi porté à idéaliser les personnes qu'il admire en les mettant sur un piédestal. Cette attitude engendre beaucoup de déception lorsqu'il s'aperçoit que la réalité est toute autre. Or, il est impossible, voire irréaliste, d'atteindre l'idéal de perfection que le perfectionniste se crée lui-même.

Il est tout à fait naturel de rechercher à devenir meilleur de jour en jour. Cependant, il est préférable de commencer à utiliser des termes plus adéquats. Par exemple, au lieu de dire : « Voici l'attitude idéale à adopter; l'idéal est de faire ceci, cela; la solution idéale, l'emplacement idéal », ce qui incite peut-être à trop vouloir forcer les choses, à agir au-delà de nos LIMITES ou à avoir trop d'ATTENTES, il serait plus approprié d'affirmer : « L'attitude souhaitable, envisageable, bénéfique ou par excellence. » Ces qualificatifs nous incitent à viser l'excellence, c'est-à-dire à nous dépasser sans cesse tout en nous rappelant que la perfection n'existe pas dans le monde MATÉRIEL. Elle n'existe qu'au niveau de l'être. Cette nouvelle formulation contribue également à nous donner le droit d'être là où nous sommes, à nous accepter dans nos limites pour ainsi arriver un jour à un dépassement de plus en plus grand.

Si tu te vois comme une personne qui utilise souvent le mot idéal, ou qui a tendance à idéaliser des situations ou des personnes, deviens conscient des occasions où tu utilises ou que tu penses au mot « idéal ». Donne-toi la permission d'être plus souple envers toi-même et les autres. Sois rassuré, ta grande recherche de perfection sera toujours présente en toi. Même en étant plus souple, ta nature fera que tu te dépasseras encore, mais d'une façon moins rigide et exigeante pour toi. Tu pourras ainsi être heureux dans ton quotidien plutôt que de croire que le bonheur n'est possible qu'au moment où tu atteindras ton idéal.

I ## IDÉE

Vue plus ou moins originale que l'intelligence élabore dans le domaine de la connaissance, de l'action ou de la création artistique. En d'autres termes, une idée est une sorte d'intuition qui surgit spontanément à l'esprit sans qu'on y ait d'abord pensé et qui n'est pas encore analysée. Les idées, surtout celles qui persistent, méritent que nous leur donnions suite. Nous savons que rien n'est concrétisé sans qu'il n'y ait eu d'abord une idée. Aussi, puisque les idées proviennent de notre Source intérieure, elles doivent être prises en considération car elles peuvent nous aider à réaliser certains de nos désirs ou servir d'inspiration à d'autres personnes ou même apporter une aide précieuse à l'évolution de la société.

Prenons l'exemple de la création de ce livre. Il a d'abord été inspiré par une idée. Comme elle avait été reçue par deux personnes, les auteurs du présent ouvrage, et qu'elle continuait à persister, après quelques années, elle a porté ses fruits et est devenue l'ouvrage que voici.

Tout le monde possède de bonnes idées. Par contre, cela ne veut pas nécessairement dire que toutes les idées qui surgissent spontanément doivent toujours être concrétisées sur-le-champ. Parfois, une idée demande réflexion et une certaine période de temps. D'autres fois, il est préférable d'agir plus rapidement. Quand vient le bon moment de passer à l'action, une personne le ressent très fort à l'intérieur d'elle-même et d'autres idées viennent appuyer la première quant aux moyens pour sa matérialisation.

Nous devons être prudents car, aussitôt qu'une idée surgit, notre EGO veut souvent prendre le dessus et décider si elle s'avère bonne ou non pour nous. Il est normal de vouloir analyser une idée mais l'analyse doit servir à déterminer le « comment » et le « quand ». Si ton mental prend le dessus avec ses peurs, ce sera signe que ton ego veut décider. La solution dans une telle situation consiste à vérifier comment tu te sentirais à l'idée que cette idée se manifeste un jour (*si toutes les circonstances étaient parfaites…* reporte-toi au thème DÉSIR). Si tu te sens bien, ce sera le signe t'indiquant que tu dois concrétiser cette idée un jour. Il est même recommandé de noter tes idées car elles se veulent tellement spontanées, imprévisibles et souvent hors contexte qu'on les oublie facilement. Respecter ses idées devient un excellent moyen de développer son INTUITION et son DISCERNEMENT.

ILLIMITÉ

Se référer à **LIMITE**

IMAGE DE SOI

Se référer à **ESTIME DE SOI**

IMAGINATION

Faculté que possède le mental de se représenter des images ou d'évoquer des images d'objets déjà perçus. L'imagination représente un des grands pouvoirs de l'humain pour l'aider à créer ou à inventer. Une personne peut être inspirée d'une idée et, par la suite, se servir de son imagination pour la visualiser de toutes les façons possibles, la créer en pensées et la sentir pour ensuite la matérialiser dans le monde physique. Personne ni aucune puissance dans ce monde ne peuvent nous enlever le grand pouvoir d'imaginer ce que nous voulons. Les gens peuvent tenter de nous faire croire toutes sortes de choses à partir de leur propre imagination et expériences de vie, mais nous seuls avons le pouvoir d'imaginer ce que nous voulons en faire, soit leur donner suite et en tirer avantage ou imaginer tout à fait le contraire ou autre chose de différent.

Notre pouvoir d'imagination est immense, bien au-delà de ce que nous croyons. Tout le monde, sans exception, possède ce très grand potentiel. Combiné au SENTI, l'imagination devient un outil puissant de MANIFESTATION. De ce fait, toute personne devrait préférablement s'en servir pour se créer une vie magnifique selon ses désirs et ses besoins plutôt que de se créer toutes sortes de peurs et de situations désagréables. Malheureusement, nous l'utilisons trop souvent pour nous nuire au lieu de nous aider. Par exemple, au lieu de nous valoriser et de nous estimer, nous nous imaginons souvent n'importe quoi, que les autres parlent de nous, qu'ils nous dénigrent ou qu'ils veulent nous faire du tort. Des scénarios de la sorte n'aident jamais personne. Au contraire, ils nous éloignent de ce que nous voulons véritablement.

Quand notre imagination déborde et que ce que nous imaginons nous rend tristes et malheureux, nous seuls avons le pouvoir de renverser cette image en nous imaginant des situations de bonheur. Rappelons-nous que nous sommes les seuls maîtres de notre existence. Nous sommes le créateur, le concepteur, le réalisateur et même l'acteur principal de notre réalité. **Peux-tu t'imaginer un seul instant ce que serait ta vie si ton imagination ne servait qu'à des fins utiles, salutaires et profitables pour tout le monde ?**

IMITER

Chercher à reproduire, copier; faire comme quelqu'un. Agir d'une façon qui appartient à quelqu'un d'autre, soit à une personne que nous idéalisons ou tout simplement pour se moquer ou pour faire rire. Imiter est le contraire de créer, c'est-à-dire que cela ne vient pas de soi. Cette attitude peut s'avérer bénéfique pour un certain temps, comme point de départ, quand on ADMIRE quelqu'un, ce qui peut nous aider à développer nos propres talents, mais c'est à chacun de nous de poursuivre notre propre courant, de suivre notre propre route et de prendre notre envol.

En utilisant nos talents, en faisant quelque chose qui vient de nous, nous donnons vie à notre propre créativité, à notre INDIVIDUALITÉ.

IMPASSIBILITÉ

Se référer à **INDIFFÉRENCE**

IMPATIENCE

Se référer à **PATIENCE**

IMPOLITESSE

Se référer à **POLITESSE**

IMPUISSANCE

Se référer à **PUISSANCE**

IMPULSION

Force, penchant qui pousse à agir; force première qui propulse hors d'un état latent ou amorphe et qui tend à mettre en mouvement. Une impulsion est une poussée, un peu comme si on recevait un coup de pied : cela fait un choc. Elle peut venir de soi ou de l'extérieur, soit par l'INFLUENCE d'une parole, d'un geste, d'un livre, d'un stage ou d'un acte quelconque. En général, les gens impulsifs ne réfléchissent pas. Si tu te vois comme tel, il sera important de demeurer alerte lors de tes impulsions. Proviennent-elles de ton intuition ? des besoins de ton être ? Sont-elles influencées par des peurs, des manques ? Être impulsif peut être bénéfique ou non. Tout dépend de la motivation et des conséquences. Tu le sauras par ta façon de te sentir selon les résultats.

INCESTE

Activité à *caractère sexuel* impliquant un enfant et un adulte, ce dernier ayant un lien de responsabilité, de parenté ou familial. « Caractère sexuel » signifie que l'inceste peut être vécu par des touchers, des regards, de la masturbation et, moins fréquemment, l'acte sexuel complet. L'inceste s'avère un sujet encore tabou fort complexe et peut être une expérience douloureuse pour les personnes concernées. Étant donné que l'inceste est vécu dans 80 à 85 % des cas entre père et fille, c'est de ce fait dont il sera question ici. Au lieu de diminuer, les cas d'inceste ne cessent d'augmenter.

Pour être capables de comprendre certains comportements, nous devons porter un regard au-delà des apparences et des actes physiques, c'est-à-dire **accepter le fait que nous sommes tous des âmes qui viennent sur terre pour régler certaines blessures en tant qu'humains et que nous sommes attirés, de façon vibratoire, vers un tel genre de personne pour effectuer notre processus d'ACCEPTATION en tant qu'expérience sur cette planète.**

Du point de vue psychologique, on dit que l'inceste provient, en général, d'un COMPLEXE D'ŒDIPE non complété, c'est-à-dire une attirance entre le père et la fille. Examinons d'abord ce qui se passe chez un *homme incestueux*. Dès son enfance, cet enfant a senti un manque d'attention et d'affection de la part de ses parents et une absence d'éducation sexuelle. Il y a de fortes probabilités qu'il ait vécu, lui aussi, des AGRESSIONS SEXUELLES dans sa jeunesse, de sorte qu'il a mélangé affection, tendresse et sexualité. Par conséquent, il est devenu et demeuré déséquilibré au plan affectif et immature au plan sexuel.

Comme sa plus grande souffrance a été causée par le manque d'affection, surtout de sa mère, qu'il percevait comme étant plutôt froide, il s'est par la suite senti victime des femmes en général. Par exemple, il a pu se sentir manipulé par une grande sœur, une tante, une grand-mère, une enseignante, car il se sentait impuissant face à elles. Il les craignait, il avait peu d'estime de lui-même et il était incapable de se prendre en main. Inconsciemment, cet enfant en lui qui a souffert et qui veut se venger des femmes existe encore.

Tout au long de sa vie d'adulte, cet homme éprouve des difficultés à communiquer car il craint le rejet. En somme, il se sent dévalorisé, rejeté dans son être. Il continue de se sentir ainsi rejeté et dominé par sa conjointe même si elle ne se montre pas dominatrice. Se croyant contrôlé par elle et incompétent dans son rôle de père, il a l'impression de n'avoir aucun pouvoir de décision dans sa propre famille. Avec sa façon de penser, il devient donc le parent qui semble le perdant dans le couple. Pour étouffer sa souffrance, il a tendance à s'évader dans l'alcool, la drogue ou d'autres DÉPENDANCES. Il peut démontrer une attitude autoritaire, surtout s'il se trouve en état d'ébriété, pour se faire accroire qu'il est « puissant ». Il se montre plutôt timide et réservé lorsqu'il est abstinent.

Quand il commet l'inceste, il a l'impression d'avoir le pouvoir, le contrôle sur quelqu'un, ce qui lui donne une sensation temporaire d'importance et de puissance. C'est une façon (inconsciente en général) de se venger de sa femme, et même de sa mère, en abusant de sa fille. Ce type de père, ayant une forte attirance vers sa fille, ne peut se contrôler. Même s'il se dit chaque fois que c'est la dernière, il s'en trouvera incapable, comme l'alcoolique qui dit que ce sera son dernier verre. Pourtant, cet homme aime sa fille et ne lui veut pas de mal.

L'incestueux devient rarement violent. Il utilisera plutôt des moyens de persuasion ou de chantage. Tout au fond de lui, cet homme aimerait pouvoir se confier à quelqu'un mais il en est incapable. Il se sent honteux, coupable, indigne, incompris et dépassé par les événements. S'il est pris en défaut, sa première réaction sera généralement de nier ou de rejeter le blâme sur les autres, sur sa fille ou sur les circonstances.

En ce qui concerne la *fille qui subit l'inceste*, comme il est dit plus haut, elle aura été attirée, en tant qu'âme, vers un homme qui possède ce genre de comportement et de blessure, en grande partie parce qu'ils ont les mêmes choses à régler dans le but de parvenir un jour à dépasser cette expérience difficile. En général, cette BLESSURE se traduira par celles du REJET, de la TRAHISON ou de l'HUMILIATION. Ainsi, la fillette se retrouve avec les mêmes carences affectives que son père. Nous savons que, déjà très jeune, alors que le complexe d'Œdipe se développe, la petite fille recherche beaucoup l'attention et l'affection de son père. Il y a une forte attirance naturelle qui s'installe entre les deux et l'enfant s'amuse à séduire son père par toutes sortes de moyens. Cette phase est vécue par tous les enfants avec leur parent du sexe opposé mais à des degrés différents. L'enfant ne recherche pas une aventure sexuelle, il veut surtout de l'affection. [Sachons qu'un adulte équilibré et mature sexuellement ne profitera pas de cette phase de l'enfance tout à fait naturelle pour tout être humain. Si un père équilibré se sent attiré physiquement vers sa fille, il saura maîtriser ses pulsions et même en parler à sa conjointe ou à quelqu'un d'autre.]

En général, la petite fille en veut à sa mère de ne pas voir ce qui se passe. Même si la mère fait semblant de ne rien voir, l'enfant saura qu'elle le sait. D'ailleurs, la majorité des épouses d'incestueux ont aussi vécu l'inceste dans leur jeunesse. La mère pourra avoir peur des conséquences si elle rapporte la situation aux autorités. On sait que très souvent le père est emprisonné, ce qui peut créer plein de difficultés à la mère et à la famille. De plus, l'enfant lui en voudra d'avoir brisé les liens familiaux puisqu'au fond d'elle-même, elle aime son père. Or, l'enfant vit cette situation très difficilement, car elle est tiraillée par plusieurs sentiments. Une partie de cette petite fille aime recevoir l'affection du père, même si le genre d'attention ne correspond pas à ce qu'elle veut vraiment. De plus, au plan psychologique, un enfant est porté à choisir pour le parent qu'il considère comme le perdant dans le couple. Une autre partie en elle a honte et se sent coupable face à sa mère. La partie qui aime recevoir l'affection du père semble la plus difficile à accepter, à reconnaître.

Voici maintenant le ***portrait type de l'enfant qui vit de l'inceste***. Cette description pourra aider à établir la véracité d'une situation s'il y a des doutes face à un enfant. La fillette se sent souvent fatiguée, souffre de douleurs au ventre ou parfois a des vomissements, refuse de manger, a peur de s'endormir, veut dormir tout habillée, fait pipi au lit, fait des cauchemars la nuit, est plutôt triste à l'école, éprouve des difficultés à se concentrer, a des troubles d'apprentissage, perd sa créativité, ne joue plus, se replie sur elle-même, s'isole… Un appel au secours est envoyé lorsque la mère s'apprête à sortir et que l'enfant lui dit par exemple : « Je veux aller avec toi, ne me laisse pas seule avec papa. » Cependant, il n'est pas dit que si la fillette possède un ou deux des indices cités plus haut qu'elle vit nécessairement de l'inceste. Mais si plusieurs d'entre eux sont présents de façon régulière, ce pourra être un signe que l'enfant subit l'inceste.

La petite fille peut refuser de parler, souvent par peur ou par honte de ce qui arrive car le père peut l'avoir menacée ou intimidée de différentes façons. C'est pourquoi nous devons procéder délicatement car, au fil des années, elle a pu développer une carapace et beaucoup de honte et de culpabilité. L'important consiste à faire parler l'enfant sans que cela ressemble à un interrogatoire en règle. On peut lui dire par exemple : « J'ai remarqué que tu n'es plus comme avant, est-ce que tu veux me parler de ce qui se passe ? » L'enfant niera peut-être sur le coup, mais on doit revenir plus tard en lui disant par exemple : « Tu sais ma chérie, j'ai l'impression que quelqu'un te fait des choses que tu n'aimes pas, est-ce possible ? Je veux simplement te dire que ça arrive à tout le monde d'avoir des choses difficiles à dire : on a honte parfois de certaines choses qui nous font souffrir. » Puis, sans insister, demeurer alerte, c'est-à-dire observer ses comportements, ses paroles et ses agissements.

Maintenant, comment peut-on définir une *femme attirée par un homme incestueux* ? Tout comme l'homme et l'enfant, cette femme a également un grand déséquilibre au niveau affectif. Comme elle vit les mêmes craintes que son conjoint, elle a peur et se sent soumise face à l'autorité. Dépendante de lui, elle a de la difficulté à prendre des décisions et hésitera même à quitter le foyer. Même si elle sent intérieurement qu'il se passe quelque chose entre sa fille et son conjoint, elle préférera ne pas le voir, ne pas le savoir plutôt que de devoir affronter la vérité, étouffant ainsi sa souffrance profonde et sa culpabilité. Également, il y a de grandes possibilités que cette femme ait vécu des abus sexuels dans son enfance. Elle a donc beaucoup de difficulté à protéger sa fille parce qu'elle-même, étant jeune, n'a pas été protégée et ne sait pas quoi faire. En plus, cette situation peut réveiller des souvenirs très douloureux que la mère veut à tout prix oublier. Par conséquent, si l'enfant essaie d'en parler à sa mère, en général, celle-ci pourra nier ou

I

ignorer l'enfant ou même l'accuser en disant : « Cesse d'agacer ton père aussi. C'est sûrement de ta faute, avec la façon dont tu t'habilles et te comportes. » Plus la mère nie la situation, plus cela indique sa grande peur et sa souffrance personnelle.

On peut remarquer qu'il y a beaucoup de liens entre les trois personnes. Pour expliquer ce phénomène et surmonter de telles expériences, ces gens doivent accepter l'idée que, du point de vue spirituel, rien n'est laissé au hasard. Dans la vie, tout est relié. Ils doivent accepter qu'en tant qu'âmes, ils ont des choses en commun à régler et qu'ils se retrouvent justement ensemble pour pouvoir s'aider mutuellement. **Reconnaître et accepter qu'on attire toujours à soi les personnes dont on a besoin pour notre évolution est quelque chose de très difficile à faire.** Lorsque l'humain accepte sa totale responsabilité dans tout ce qui lui arrive, il devient beaucoup plus facile pour lui de faire son processus d'acceptation et de pardon et de se libérer de tout traumatisme.

Il est fortement recommandé pour les personnes concernées d'aller chercher de l'aide psychologique, sans oublier de faire un travail intérieur profond en prenant leur RESPONSABILITÉ. Le moyen par excellence consiste à ce que les parents et l'enfant puissent en discuter ensemble ouvertement, sans rejeter la faute sur qui que ce soit et agir plutôt avec compassion, c'est-à-dire en étant capables de sentir la souffrance de l'autre et en prenant chacun sa responsabilité. Ce genre d'ouverture, c'est-à-dire de vision avec les yeux du cœur, permet de changer complètement la perception de l'incident.

Lorsque chacun des trois est capable de sentir et de connaître les souffrances vécues et qu'ils vivent encore, un grand travail de PARDON et de RÉCONCILIATION se fait. De plus, chacun doit se donner le droit d'avoir agi ainsi en considérant que leurs peurs et leurs faiblesses prenaient le dessus. En fin de compte, ils ont à se donner le droit d'être humains. Le pardon véritable représente le moyen par excellence pour que la roue du KARMA s'arrête, ce qui permettra de prendre une nouvelle direction d'amour et de bonheur et de transformer sa vie pour le mieux.

INCONSCIENT

Se référer à **SUBCONSCIENT**

INCONSCIENT COLLECTIF

Se référer à **CONSCIENCE COLLECTIVE**

INDÉPENDANCE

Se référer à **AUTONOMIE**

INDIFFÉRENCE

I

Une personne indifférente est celle qui n'éprouve aucun sentiment, aucun intérêt particulier pour quelqu'un ou quelque chose; quelqu'un qui ne vibre pas, ou qui n'est pas touché par les autres; ce qui se passe ne fait aucune différence dans sa vie. En fait, elle ne porte aucune attention dans les choses ou les personnes qui ne l'intéressent pas. Par exemple, si quelqu'un lui parle de sport et que ça n'éveille aucune curiosité, aucun intérêt en elle, elle n'arrivera même pas à porter attention, encore moins à avoir une opinion.

Il ne faut pas confondre impassibilité et indifférence. La personne impassible semble n'éprouver aucune émotion, aucun sentiment ou aucun trouble, parce qu'elle réussit à bien se CONTRÔLER pour ne pas montrer ce qu'elle vit. L'indifférent, tant qu'à lui, est désintéressé et il refuse de prendre part à ce qui se passe.

Par contre, il est bon de savoir qu'il se cache différents états d'être derrière l'indifférence. Prenons l'exemple de quatre personnes qui se retrouvent dans un groupe. L'une d'entre elles raconte une situation qu'elle vit difficilement et ça lui fait vivre beaucoup d'émotions. Les trois autres peuvent paraître indifférentes. L'une utilise l'indifférence comme moyen pour cacher sa vulnérabilité. Son apparente indifférence l'aide à éviter d'entrer en contact avec sa sensibilité, son émotivité et ses propres blessures. L'autre peut aussi sembler indifférente vu qu'elle ne projette aucune réaction émotive alors, qu'en réalité, elle est simplement en train d'écouter attentivement, d'une oreille empathique et objective. Tandis que la troisième personne n'écoute pas vraiment la conversation. Elle est en quelque sorte débranchée car ce qui est partagé ou la personne qui parle ne l'intéresse pas.

L'indifférence des autres est, pour la plupart du temps, mal vécue. Nous avons l'impression de ne pas être importants, sans intérêt, nuls et surtout de ne pas être aimés. Plusieurs personnes préfèrent subir la colère ou la rancune de quelqu'un d'autre plutôt que de vivre son indifférence. Ceux qui souffrent le plus de l'indifférence des autres souffrent de REJET ou d'ABANDON. Souvenons-nous que nous avons tous le droit de décider que quelqu'un ou quelque chose ne nous intéresse pas. Cela ne veut pas nécessairement dire que nous n'aimons pas la personne ni la chose, mais plutôt que nous faisons un choix et qu'il ne représente qu'un choix. Et surtout, rappelons-nous que derrière l'indifférence se cache souvent une personne sensible et vulnérable.

INDIGNE

Qui inspire le mépris; honteux. Qui n'est pas à la hauteur; qui ne mérite pas. Une personne qui se qualifie d'indigne s'abaisse facilement, croyant être un déshonneur pour quelqu'un d'autre. Elle se croit indigne de sa fonction, soit au travail ou dans sa fonction de parent, de conjoint ou d'enfant. Ceux qui s'accusent le plus d'être indignes souffrent d'HUMILIATION. Or, si quelqu'un d'autre te juge d'être indigne de quelqu'un ou de quelque chose, rappelle-toi que les autres reflètent toujours l'écho de tes pensées. Ils sont là pour attirer ton attention sur ce que tu penses de toi-même. Ils veulent te montrer que tu as perdu contact avec la réalité de qui tu es véritablement, de ta nature divine. Tu as intérêt à développer plus d'AMOUR et d'ESTIME DE TOI. Ainsi, les autres te traiteront avec amour et respect et reconnaîtront ta VALEUR.

INDIVIDUALITÉ

Le dictionnaire définit ce terme ainsi : ce qui constitue l'être humain; originalité propre à une personne. L'individualité est ce qui exprime notre « **JE SUIS** » sur cette planète. Ce que je suis se veut indivisible. Donc, au niveau de l'être, l'individualité est déjà présente. Pour reprendre contact avec elle, nous devons rester nous-même en toute circonstance, sans essayer d'emprunter des moyens quelconques pour tenter de devenir ce que nous croyons que les autres s'attendent de nous. Cette dernière attitude développe plutôt la PERSONNALITÉ que l'individualité.

Les jeunes d'aujourd'hui, au grand désespoir des parents parfois, arborent clairement, à travers leur façon de s'habiller, de se coiffer et de se comporter, leur grand besoin de vivre leur individualité. Chez ces jeunes, c'est leur façon particulière de s'afficher et d'exprimer leurs idées en proclamant : « Au secours, je ne veux pas entrer dans le moule des adultes. Je veux simplement être moi-même. » Par contre, tant qu'ils sont en réaction, cela signifie qu'ils ne savent pas encore vraiment qui ils sont. Ils se cherchent encore.

Plus nous prenons CONSCIENCE de notre propre individualité, en apprenant à mieux nous connaître et en écoutant nos vrais BESOINS, plus nous nous permettons d'être nous-même. Lorsque notre voie se clarifie, il devient de plus en plus facile de reconnaître et de développer tout notre potentiel.

INFIDÉLITÉ

Se référer à **FIDÉLITÉ**

INFLUENCE

Ensemble des changements que la vie sociale ou les relations avec autrui produisent sur les individus ou les groupes, qu'ils en soient ou non conscients; une action qu'exerce une chose, un phénomène, une situation sur quelqu'un ou quelque chose. En d'autres mots, une influence représente tout ce qui nous entoure, ce que nous pouvons voir, entendre, toucher, sentir et ressentir, que ce soit dans le monde MATÉRIEL visible ou invisible, comme les ÉLÉMENTAUX qui nous influencent par les vibrations de la pensée. En somme, une influence correspond à tout ce qui peut nous inciter à agir d'une façon ou d'une autre dans quelque domaine que ce soit. Elle peut être bénéfique ou non, selon qu'elle nous aide à avoir une meilleure qualité de vie ou non.

L'influence première et la plus grande fut celle de nos parents, de notre famille et de notre éducation. À l'époque de notre enfance, nous nous montrions encore très manipulables et nous croyions que tout ce qui nous entourait était pure vérité et nécessaire pour nous. Puis, d'autres influences sont venues s'ajouter. Par exemple : les amis, les religions, la mode, l'astrologie, les médiums, Internet, la radio, etc. Le média de la télévision a une influence considérable par le contenu véhiculé, comme les messages publicitaires de tous genres, les films de violence, de sexe, les émissions de divertissement, éducatives et culturelles, les nouvelles, la météo, etc.

L'influence, c'est aussi tout ce qui a le pouvoir de nous faire changer d'idée ou de décider de nos comportements, alors que nous pourrions avoir une attitude totalement différente.

Nous sommes le plus souvent influencés par nos CROYANCES, nos VALEURS, notre notion de BIEN/MAL. Chaque croyance, chaque pensée, que nous en soyons conscients ou non, influencent notre comportement, ce qui entraîne des résultats qui ne sont pas toujours en accord avec nos choix de vie. Ces résultats provoquent des réactions qui influencent nos décisions et ces décisions influencent nos désirs et la façon dont nous nous comportons. C'est une roue qui tourne sans fin. Tout cela a évidemment des répercussions dans notre vie qui peuvent s'avérer désagréables ou agréables. Rappelons-nous que, depuis notre tendre enfance, nous agissons sous l'influence de tout ce qui nous entoure. En devenant conscients de ceci, nous pouvons faire quelque chose. Comment savoir si une influence est bonne pour nous ? En observant les résultats dans notre vie. Si nous sommes heureux, en paix et maîtres de notre vie, voilà une indication des bénéfices de ces influences dans le moment.

Devenons plus alertes car ce que nous entendons peut aussi nous aider, nous influencer à faire des choix ou à changer nos habitudes pour le mieux. Cependant, c'est à nous seul qu'incombe la décision finale. Acceptons que, pour le moment, nous sommes tous influencés et influençables à des différents degrés tant que nous ne serons pas totalement conscients. Rappelons-nous que nous sommes conscients en moyenne entre 10 et 20 % de tout ce qui se passe en nous. Nous nous laissons donc influencer, malgré nous, de différentes façons et, surtout, par notre EGO qui dirige notre vie la plupart du temps. Nous arriverons à moins nous laisser influencer par ce qui nous éloigne de notre plan de vie lorsque nous deviendrons plus maîtres de notre existence. Nous ferons nos propres choix, nous prendrons nos propres décisions selon nos besoins. Laissons-nous plutôt être influencé en permanence par notre DIEU INTÉRIEUR qui connaît tout ce dont nous avons besoin pour être heureux.

I

INJUSTICE

Un manque d'appréciation, de reconnaissance et de respect des droits et du mérite de chacun. **Le sentiment d'injustice provient d'un jugement lié à notre système de valeurs et à notre façon personnelle de percevoir une situation, basée sur une expérience déjà vécue.** Quand on parle d'injustice, on fait référence à certaines lois : les lois humaines, aux injustices sociales de notre système mais aussi à nos propres lois, c'est-à-dire celles que nous avons nous-même créées suite à certaines de nos CROYANCES, à nos ATTENTES et à nos BLESSURES intérieures. D'abord, observons les lois humaines. Au départ, ces lois avaient été créées pour faciliter l'harmonie entre les gens. Cependant, on doit reconnaître que ces mêmes lois causes des injustices car elles ne peuvent prendre en considération tout ce qui motive chaque individu.

Puisque l'injustice est basée sur la notion mentale du BIEN et MAL de l'être humain, il ne peut donc exister aucune justice véritable car

ce qui semble paraître une justice parfaite pour une personne peut représenter une injustice pour quelqu'un d'autre.

Voici un exemple pour bien illustrer cet énoncé. Il y a trois filles dans une même famille. Leur mère est décédée. Toutes sont majeures et ont de bons emplois. Deux d'entre elles vivent en couple. Le père décède à son tour et lègue la moitié de ses biens à sa fille qui vit seule et l'autre moitié est partagée en deux, soit le quart pour chacune des deux autres filles. Ces dernières en sont sidérées et croient vivre une grande injustice. Mais s'agit-il véritablement d'une injustice ?

Tout dépend du point de vue d'où on se place par rapport à cette situation. Les trois filles peuvent concevoir la situation comme juste ou injuste, dépendant de la perception de chacune d'elles et de leurs blessures. Les deux filles qui ont hérité du quart seulement peuvent trouver injuste cette situation, car elles s'attendaient de recevoir le tiers de l'héritage. Tandis que celle qui a hérité de la moitié peut estimer la situation tout à fait juste du fait qu'elle se trouve seule à subvenir à ses besoins. Par contre, si elle se place dans les souliers de ses sœurs, elle pourra également trouver la situation injuste du fait qu'elle en ait été avantagée. Les deux sœurs pourraient aussi percevoir la situation comme étant juste du fait qu'elles ont plus de facilité financièrement et, par conséquent, très bien accepter la décision de leur père.

Les mésententes ou les difficultés entre les humains et tout ce qui découle d'une apparence d'injustice proviennent du fait que nous nourrissons énormément d'attentes envers les autres, en souhaitant qu'ils comprennent notre point de vue, plutôt que d'accepter le point de vue de l'autre. Une injustice n'est rien d'autre qu'une perception différente d'un événement et la non-ACCEPTATION d'une décision prise par une autre personne.

Il est certain que le père, qui aimait ses trois filles, avait établi son testament pour des raisons personnelles qui se voulaient pour lui tout à fait légitimes, en fonction de ses propres VALEURS et de ses croyances et il était persuadé dans son cœur d'agir le plus justement possible. Par ailleurs, il aurait pu donner ses biens à une œuvre de charité. Qui peut se permettre de décider pour lui ce qu'il devrait faire avec *SON* argent ? Voilà pourquoi il est si difficile de décider ce qui est juste ou non.

Nous venons de voir un exemple « d'injustice » dans une situation où deux personnes ont reçu moins que prévu. Par contre, il est important de réaliser que beaucoup de personnes qui souffrent d'injustice ont peur d'en avoir plus que les autres. Elles s'arrangent donc pour bloquer leur succès ou pour perdre ce qu'elles croient avoir en trop. Le fait de croire à la justice ou à l'injustice crée beaucoup de problèmes, d'émotions et de graves dommages au niveau de l'être. Pour remédier à cette situation, nous devons regarder cette façon de penser du point de vue spirituel.

Dans le monde spirituel, au niveau de l'être, il n'y a que de la justice divine. Il est donc impossible de subir quelque injustice que ce soit parce que notre Dieu intérieur sait exactement les expériences que nous avons besoin de vivre pour apprendre les leçons de vie qui nous permettront de retourner à la lumière.

Pour arriver à accepter cette justice divine, nous devons accepter que la LOI DE CAUSE À EFFET reste immuable, c'est-à-dire que nous récoltons toujours ce que nous avons semé. Même si nous ne nous souvenons pas ce que nous avons semé et quand, cette loi s'applique à tous. La justice n'est pas quelque chose que tu expérimentes après avoir agi d'une certaine façon mais bien parce que tu as agi de cette façon. En résumé, il est beaucoup plus sage d'accepter que seule la justice divine existe. Il devient ainsi beaucoup plus facile de LÂCHER PRISE rapidement.[6]

INQUIÉTUDE

Trouble, état pénible causé par la crainte, l'appréhension d'un danger. Dans la vie, il arrive parfois qu'on vive des périodes d'inquiétude et d'INSÉCURITÉ. Or, même si nous croyons utile de nous inquiéter pour

---

6   Pour plus de détails, il est suggéré de lire le livre "Les 5 blessures qui empêchent d'être soi-même".

arriver à nos fins, la raison est que nous n'avons pas encore appris à faire totalement confiance à l'Univers et à notre puissance intérieure. Nous entretenons des DOUTES et nous ne sommes pas prêts à LÂCHER PRISE et croire que l'UNIVERS s'occupe toujours de nous et de nos besoins.

Si tu te retrouves dans ceux qui s'inquiètent souvent, voici un moyen qui pourra contribuer à voir clair face aux inquiétudes dans ta vie de tous les jours. Prends une feuille de papier et inscris toutes les inquiétudes et les insécurités que tu vis dans le moment : celles par rapport à tes proches, à ton travail, à l'argent, à la santé et face à toi-même. Puis, écris comment tu te sens face à toutes ces inquiétudes, quels ont été tes comportements et ce que tu as fait jusqu'à maintenant par rapport à celles-ci. Fais ton BILAN DE VIE.

Ensuite, écris toutes les qualités, les talents et les possibilités que tu as, ainsi que ceux des autres qui pourraient t'aider. Si tu as de la difficulté à identifier tes qualités ou tes talents, vérifie avec tes proches; ils t'en trouveront sûrement. Puis, prends le temps d'examiner si tes inquiétudes sont bien fondées.

Le but de cet exercice consiste à supprimer le côté dramatique des situations puisque les peurs ne sont généralement jamais justifiées. Aussi, demande-toi si le fait de t'inquiéter pour quelque chose ou pour quelqu'un a déjà réglé une situation ou t'a apporté du réconfort et du bien-être. Nous savons fort bien que le fait de nous inquiéter nous enlève toute notre joie de vivre, le goût et l'intérêt de poursuivre des buts, en plus de nous décentrer, ce qui empêche notre SUPERCONSCIENCE de communiquer avec nous et de nous aider à trouver des solutions. Le jour viendra où nous serons assurés que la vraie quiétude, celle qui conduit à la paix intérieure, se trouve au plus profond de nous. À ce moment, nous saurons toujours exactement ce que nous devons faire au moment où nous en aurons besoin.

INSATISFACTION

État de quelqu'un de mécontent, qui n'a pas ce qu'il souhaite. Lorsqu'une personne est insatisfaite, cela démontre qu'elle recherche ce qu'elle croit qui lui manque. Elle se montre incapable d'apprécier toutes les belles choses qu'elle possède déjà ou les gens qui forment son entourage, ou les opportunités qui se présentent à elle. Il est malheureux de constater qu'une personne généralement insatisfaite ne voit hélas trop souvent que le côté pessimiste ou défaitiste de toute situation. Ce genre de personne s'avère souvent de nature perfectionniste et s'en demande beaucoup trop, donc elle est trop exigeante avec elle-même et avec les autres. De ce fait, elle nourrit des ATTENTES difficiles, voire impossibles à satisfaire.

D'autre part, les éternels insatisfaits se rejettent beaucoup. Ils ont de la difficulté à s'estimer et à voir du beau en eux et autour d'eux. Par conséquent, ils critiquent tout constamment. Ils ont un besoin urgent de développer l'ACCEPTATION, l'AMOUR et l'ESTIME DE SOI. Aussi, il est possible que ces personnes aient étouffé leur petit ENFANT INTÉRIEUR et, par le fait même, réprimé leurs désirs et ce, depuis très longtemps.

Si tu te reconnais comme une personne insatisfaite, tu auras intérêt à faire certaines transformations dans tes attitudes, tes comportements et ta façon de percevoir la vie. Le prix à payer à continuer de vivre ainsi est souvent beaucoup trop élevé. En travaillant sur le REJET de toi-même, tu découvriras ta VALEUR PERSONNELLE et tu constateras que le fait d'apprécier tout ce qui t'entoure t'apportera beaucoup plus de joie dans ta vie. Si tu te vois plus insatisfait des autres que de toi-même, tu devras être plus attentif quant à ton désir de tout CONTRÔLER.

INSÉCURITÉ

Manque de sécurité. Une personne éprouvant de l'insécurité vit plusieurs peurs en même temps concernant surtout l'avenir. Tout ceci dé-

coule d'un grand manque de confiance en soi et en la vie. Se référer à
SÉCURITÉ.

INSENSIBLE

Qui ne veut rien sentir. Se référer à FROIDEUR et SENSIBILITÉ.

INSOMNIE

Impossibilité ou difficulté à s'endormir ou à dormir suffisamment et
paisiblement. Toutes sortes de raisons existent pour expliquer
l'insomnie. Une des causes principales est l'intellect qui travaille beaucoup trop au lieu de se reposer. À la longue, la personne devient envahie
par son mental et n'arrive plus à le calmer et à se centrer afin de retrouver la paix nécessaire pour s'endormir. Ceci indique qu'elle a de la difficulté à vivre son MOMENT PRÉSENT, soit parce qu'elle est trop
préoccupée ou obsédée par une situation qui lui cause du souci ou encore parce qu'elle vit du remord ou du RESSENTIMENT.

D'autre part, il est suggéré de ne pas toujours se coucher à la même
heure selon une habitude acquise. Tu dois auparavant vérifier si tu as
vraiment sommeil. Si tu ressens surtout de la fatigue, cela indique que tu
as besoin de repos plutôt que de sommeil. Trouve une activité que tu
considères comme reposante. La lecture, entre autres, peut être très reposante pour certaines personnes et peut même conduire au sommeil.
Pour d'autres, marcher pour se détendre ou prendre un bain en se laissant imprégner d'une musique douce. Une personne est prête à dormir
quand elle sent une lourdeur au niveau des yeux et qu'ils se ferment
d'eux-mêmes. Il est temps alors de se mettre au lit.

Un autre moyen recommandé avant de t'endormir consiste à prendre
conscience et à observer le rythme de ta RESPIRATION, c'est-à-dire
suivre le mouvement calme de l'inspiration et de l'expiration en prenant
quelques instants pour relâcher toutes les tensions de ton corps et pour
évacuer tes pensées de la journée. Rien ne t'empêche de prendre quelques instants de plus pour t'imprégner d'un sentiment de paix et
d'amour profond pour toi et tous les humains. Ainsi, ton corps et ton être

entier s'apaiseront et ton sommeil sera davantage réparateur et bienfaisant.

Si, malgré ces suggestions, tu es incapable de dormir certains soirs, plutôt que de tourner en rond, de stresser davantage en comptant les heures, il sera préférable de te lever et de faire quelque chose que tu aimes, de préférence quelque chose de physique mais pas trop exigeant. En somme, toute activité douce qui t'aide à décrocher de ton mental et à retrouver la quiétude d'un bon SOMMEIL réparateur.

INSOUCIANCE

État ou caractère de quelqu'un qui ne se préoccupe pas, ne s'inquiète pas ou ne se soucie pas de quelque chose; dire ou faire des choses sans se préoccuper des conséquences. Il est habituel et normal d'associer l'insouciance aux enfants parce qu'ils n'ont pas de souci, ni de responsabilités matérielles. Chez l'adulte, il y a différentes façons de démontrer de l'insouciance. Exemple : parler en mal de quelqu'un, lui faire du tort, ne pas être vrai, etc., sans se soucier ni réfléchir aux conséquences des actes. Une personne insouciante peut aussi être celle qui, même si elle est consciente des conséquences qu'une attitude ou une action peut entraîner, refuse d'y penser ou de s'en inquiéter. Elle ne veut pas avoir à y faire face.

D'autre part, l'insouciance peut prendre la forme d'une personne qui, ayant une confiance absolue en quelqu'un ou en la vie, n'a nul besoin de se poser des questions sur les conséquences possibles. Par exemple, une personne qui connaît et agit selon les LOIS de l'AMOUR véritable sait qu'elle n'a pas à se soucier de quoi que ce soit. Elle sait qu'il ne peut que lui arriver des choses bénéfiques, ce dont elle a vraiment besoin pour son évolution. Cette forme d'insouciance est consciente et basée sur la FOI, contrairement à l'insouciance inconsciente qui se manifeste par un manque de maturité et une irresponsabilité face aux conséquences des actions commises, ce qui est davantage une fuite.

L'insouciance peut amener à la **négligence** qui se reflète par un manque de soin, d'application, d'attention. Par exemple, quelqu'un à son travail qui, par négligence, prend des risques et, suite à des moments d'insouciance, d'inattention ou à une fausse manœuvre, peut se blesser gravement ou même se tuer. La négligence au niveau de l'être consiste à rester ignorant des lois spirituelles.

Cette insouciance et négligence peuvent mener à la **nonchalance**. La nonchalance se définit par le caractère de quelqu'un qui manque d'ardeur, de vivacité, de soin par insouciance, par indifférence. « Se laisser aller » est un synonyme. Ce genre de personne refoule ses désirs et ses besoins, bien souvent sans en être consciente.

Toutes ces formes de *laisser aller* au niveau de l'être ne se retrouvent pas dans l'ordre des choses, ni dans le plan divin qui consiste en la recherche naturelle et constante de l'amélioration de l'être. Les personnes insouciantes de leurs actes, de leurs paroles et de leurs actions, d'après la LOI DE CAUSE À EFFET, devront en subir les conséquences un jour, qu'elles en soient conscientes ou non. Voilà l'importance de CONSCIENTISER. Le devoir de se prendre en main incombe à chacun des humains.

INSTABILITÉ

État de quelqu'un qui change constamment d'état affectif, de comportement; qui manque d'équilibre, de constance. Quelqu'un d'instable est généralement INSATISFAIT dans beaucoup de domaines (travail, loisirs, relations, etc.). Ce genre de personne peut même passer pour quelqu'un de capricieux ou d'irresponsable. En fait, cet individu se cherche, il n'a pas de BUTS précis directement reliés à ce qu'il veut ou à ses besoins. Une telle personne aura même de la difficulté à prendre des ENGAGEMENTS si elle ne sait jamais quoi faire et sur quel pied danser.

L'instabilité peut aussi être causée par de l'INSÉCURITÉ matérielle découlant de l'insécurité intérieure (pensées, sentiments, état d'âme, etc.). Plus une personne se révèle émotive, plus elle est portée à l'instabilité, notamment dans ses relations, car elle se trouve souvent dans le doute, la peur et l'incertitude. Si tu te vois comme étant quelqu'un d'instable, tu as grand intérêt à apprendre à te connaître, à t'aimer, à découvrir tes besoins, tes « je veux », ta VALEUR en tant qu'être, tes qualités, tes talents et ton grand potentiel intérieur.

Cependant, il est important de réaliser que nous vivons de plus en plus dans un monde instable avec l'arrivée de l'ÈRE DU VERSEAU. Cette instabilité est bien vécue par ceux qui ont une certaine stabilité intérieure, c'est-à-dire ceux qui acceptent les nombreux changements actuels avec confiance d'un avenir meilleur. Ceux qui éprouvent de l'insécurité vivent l'instabilité actuelle avec PEUR et INQUIÉTUDE. Être quelqu'un de stable ne signifie pas nécessairement ne jamais vivre de changements. Cela signifie plutôt être capable d'avoir une direction dans la vie, d'être serein et de garder contact avec ses besoins, même si nous vivons des périodes d'instabilité.

I

INTÉGRITÉ

État d'une personne intègre, c'est-à-dire d'une honnêteté stricte, absolue et surtout incorruptible. On peut dire d'une personne intègre quelle reste fidèle à ses idées, à ses principes, à ses engagements et à ses valeurs. En somme, c'est une personne honnête et fidèle à elle-même. Elle ne se laisse nullement influencer par quiconque ou ce que pense la masse.

L'intégrité se situe plus au niveau de l'*être* tandis que l'honnêteté concerne davantage le *avoir* et le *faire*. La personne honnête suit davantage les valeurs apprises tandis que la personne intègre reste plus en contact avec ses propres valeurs. En général, cette personne suit son chemin vers ce qu'elle croit être le meilleur pour elle-même et fait la même chose pour aider son prochain si elle est de nature altruiste. Être VRAIE, authentique, fiable, loyale et sincère font partie de ses qualités, ce qui fait que les gens se sentent en confiance auprès d'elle. Elle dégage beaucoup de respect et de considération. Plus une personne apprend à être elle-même, à se RESPECTER ainsi que les autres, plus elle devient intègre et se sent libre de toute contrainte.

INTELLECT

Faculté de forger et de saisir des concepts. L'intellect, souvent appelé « mental inférieur » chez l'être humain, est notre faculté de mémoriser des connaissances, d'analyser, de raisonner et d'organiser. L'intellect n'est formé que de mémoire et utilise l'énergie du CORPS MENTAL pour fonctionner. L'intellect humain ne peut connaître les vrais besoins de l'être. Il a été créé pour être au service de l'ÊTRE. Malheureusement, au fil du temps, l'humain a oublié l'utilité de son intellect et l'a employé plutôt pour développer un EGO démesuré qui a pris le pouvoir sur lui, sur la plupart des décisions dans sa vie.

Dans cet ouvrage, une nette différence est faire entre l'intellect et l'INTELLIGENCE. Il est important de devenir conscient de ce qui te dirige : ton intellect ou ton intelligence ? L'intellect, n'étant que de la mémoire, est toujours relié au passé, il ne peut donc tenir compte de ce qui constitue tes besoins du moment, tandis que l'intelligence ne se manifeste que dans le MOMENT PRÉSENT. Lorsque tu utilises ton intellect, c'est-à-dire les mémoires du passé pour être au service des besoins de ton être, ta dimension mentale est bien équilibrée. Sinon, il contribue à donner plus de puissance à ton ego. Bien que notre intellect soit un outil d'apprentissage et un point de référence hors pair, nous devons davantage nous référer à notre intelligence, de façon à diminuer le pouvoir laissé à l'intellect.

INTELLIGENCE

Le dictionnaire décrit l'intelligence comme une faculté de connaître, de comprendre, de s'adapter facilement. Appelée aussi « mental supérieur », l'intelligence correspond à la partie en nous branchée directement à la Source Divine, à la Connaissance et à ce qui s'avère bon pour nous. L'intelligence se manifeste toujours dans le moment présent. Elle représente donc la faculté de savoir ce que nous devons faire et dire au moment voulu, au besoin. Une personne intelligente est généralement de nature spontanée, elle a confiance en elle et fait confiance à son DIEU INTÉRIEUR, à son INTUITION. Elle a la capacité de synthétiser et elle utilise son discernement pour agir en fonction de ce qu'il y a de mieux pour elle. Elle sait que pour que ce soit intelligent, ce qu'elle possède, pense ou fait doit se montrer UTILE. Elle est surtout consciente des conséquences, de la LOI DE CAUSE À EFFET.

Il est remarquable de constater que les enfants NOUVEAUX utilisent beaucoup plus leur intelligence que leur intellect. Ils refusent de se servir de leur intellect (apprendre quelque chose) si ce n'est pas intelligent, c'est-à-dire utile pour eux. Ils agissent d'une façon non intelligente lorsqu'ils se retrouvent en réaction à des adultes non intelligents et trop souvent dans leur EGO.

Prenons l'exemple de l'alimentation : une personne « intellectuente » (dirigée par son intellect) va manger ses trois repas par jour, tel qu'appris dans son enfance. La personne intelligente ne se nourrira que lorsque son corps aura besoin de nourriture. Elle vit donc son moment présent. Tous les humains sont doués d'intelligence, mais hélas la plupart privilégient leur intellect à la place. L'intelligence se développe avec la conscience et la CONSCIENCE se développe avec l'EXPÉRIENCE. Aussi, une personne intelligente ne vit pas de CULPABILITÉ. Elle apprend plutôt que, lorsque ce qu'elle vient de faire lui apporte des conséquences nuisibles, cela n'était pas intelligent et utile pour elle. Elle verra par elle-même l'intérêt de vivre une expérience différente la prochaine fois. Ainsi, plus tu utiliseras ton intelligence pour diriger ta vie, moins tu te sentiras coupable et plus tu deviendras RESPONSABLE et en HARMONIE. Voici une petite pensée : « L'intelligence chez l'humain rejaillit lorsqu'il cesse de s'acharner à vouloir tout comprendre intellectuellement. »

INTENTION

Dessein délibéré d'accomplir tel acte ou de prononcer telle parole. En général, tous nos actes et nos paroles sont dictés par une intention quelconque. Cependant, la plupart des gens posent des actions dans l'intention d'être aimés plutôt que d'avoir simplement l'intention d'aimer ou d'être eux-mêmes. Prenons l'exemple de deux sœurs qui rendent service à leur frère. La première agit avec l'intention de rendre service, simplement par amour pour lui, sans attentes, tandis que l'autre le fait avec l'intention d'être aimée, par peur de se faire rejeter si elle refuse d'aider ou avec l'espoir que son frère lui soit reconnaissant. Cette dernière se retrouve donc en ATTENTE de reconnaissance ou d'un service en retour.

Le mot « intention » est directement lié à la LOI DE CAUSE À EFFET qui, sur cette planète, est gérée par l'INTELLIGENCE. Nous récoltons toujours en fonction de notre intention ou de notre motivation. Une personne qui agit avec une intention pure et sincère récoltera le même genre d'intention venant des autres, même si les actions se révèlent différentes. Pour revenir à l'exemple précité, en dépit du fait que les deux sœurs apportent la même aide, elles récolteront des effets différents. La première recevra de l'aide par amour, peu importe de qui ou de quelque façon cet amour se manifestera, tandis que l'autre récoltera un service qui lui sera prodigué par peur ou par obligation, ainsi qu'avec des attentes envers elle. Voilà pourquoi certaines personnes vivent sans cesse des ÉMOTIONS, parce qu'elles ne changent pas leur intention. Devenons donc plus vigilants et conscients de nos intentions derrière toute action et toute parole. Ne dit-on pas : « C'est l'intention qui compte ? » Nous pouvons donc conclure que l'intention représente le germe de toute récolte.

D'autre part, le mot « intention » est parfois utilisé pour exprimer un désir profond ou une envie de faire quelque chose mais qui est remis à plus tard, à « un jour ». Par exemple, quelqu'un a l'intention un jour de changer de travail, de mieux s'alimenter à un moment donné, d'arrêter de fumer dans un certain temps, de dire « je t'aime » à ses proches un de ces jours, etc. Si c'est ton cas, souviens-toi que l'intention reflète déjà un pas vers l'action, mais vérifie ce qui t'empêche de passer à l'action : la PEUR ou la PRUDENCE ? De plus, souviens-toi qu'il y a des intentions conscientes et inconscientes. Ta difficulté à passer à l'action peut provenir d'une intention inconsciente qui s'avère plus forte que ton intention consciente. Voilà pourquoi la première gagne à ton insu.

Prenons l'exemple d'un médecin qui a l'intention de s'acheter une ferme et d'arrêter la pratique de la médecine. C'est ce qu'il désire faire de tout son cœur. Pleins d'obstacles se présentent qui l'empêchent d'y arriver. Lorsqu'il regarde au plus profond de lui, il s'apercevra que son intention de faire plaisir à son épouse et à ses parents est plus forte que son intention de se faire plaisir à lui-même. En réalité, c'est la peur de leur déplaire et d'être jugé qui domine. Il est donc important et urgent de devenir conscients de nos véritables intentions puisque ça nous évitera de vivre le stress et l'anxiété que causent deux intentions qui s'opposent.

INTIMITÉ

I

Caractère de ce qui est contenu au plus profond d'un être. L'intimité entre deux personnes correspond à donner la possibilité à l'autre de te connaître pleinement et d'être une source de changement et d'amélioration pour toi. Une vraie relation intime se réalise, peu importe avec qui, lorsque deux personnes sont capables de se confier, de se révéler d'une façon intime, de partager leurs secrets, sans avoir peur d'être jugé par l'autre.

Dans l'intimité, nous n'avons pas besoin de censurer car nous avons CONFIANCE que l'autre peut nous écouter véritablement avec son cœur. L'intimité va bien au-delà du fait d'avoir une relation sexuelle avec quelqu'un. Deux personnes peuvent devenir très intimes sans qu'il n'y ait de relations sexuelles, comme deux grands amis et, inversement, quelqu'un peut avoir des relations sexuelles sans vivre aucune intimité. De plus, l'intimité véritable se révèle impossible sans ENGAGEMENT.

Les principaux facteurs qui empêchent une vraie relation intime et profonde de s'épanouir à l'intérieur du couple sont l'orgueil, les dépendances, la possession sous forme de jalousie et une relation de pouvoir découlant d'un COMPLEXE D'ŒDIPE non résolu ou complété.

Comment arriver à vivre cet état d'intimité profonde et durable dans un COUPLE ou en amitié ? En apprenant à aimer, à accepter l'autre et soi-même; en se donnant l'espace nécessaire et le droit d'être ce que nous sommes maintenant, tout en sachant que tout est temporaire; en exprimant ses désirs et en se donnant des conseils sans ATTENTES; en apprenant à s'engager dans son cœur et à établir une relation de complicité avec l'autre; en apprenant à ÉCOUTER et à COMMUNIQUER; en reconnaissant également que nous grandissons à travers nos différences. Bref, une relation merveilleuse dans un couple existe lorsqu'il y a une intimité profonde ainsi qu'une sexualité harmonieuse.

INTOLÉRANCE

I

Attitude hostile ou agressive à l'égard de ce qui nous déplaît dans les opinions, les croyances ou les attitudes d'autrui. On pourrait rajouter que l'intolérance équivaut à une forte RÉACTION à ce qui nous DÉRANGE en rapport à certaines de nos valeurs et surtout à ce que nous avons appris. L'EGO prend toujours le dessus dans les moments d'intolérance. Elle correspond, la plupart du temps à un grand signe d'ignorance. Or, la personne intolérante a de la difficulté à s'ajuster à la nouveauté, à ce qui est considéré comme marginal ou contraire aux normes de la société dans laquelle elle vit. Par exemple : intolérance aux homosexuels, aux gens de race, culture ou religion différente, aux alcooliques, aux gens qui se plaignent, qui sont dépendants… En résumé, tout ce qui déclenche une réaction de « pas correct », « pas normal » à nos yeux, souvent sans réflexion préalable, amène une attitude d'intolérance. Cette réaction est causée par un jugement de valeur.

Les personnes intolérantes désirent généralement avoir le CONTRÔLE sur ceux qui les entourent. Par conséquent, elles éprouvent beaucoup de difficulté à remarquer les beaux côtés des gens et des situations et les qualités des personnes qu'elles prennent en grippe. Elles finissent par souffrir d'une telle attitude car elles agissent contrairement à l'amour véritable qui se définit par l'ACCEPTATION. Elles auraient intérêt à devenir conscientes de l'intolérance qu'elles vivent envers elles-mêmes puisque nous jugeons toujours les autres selon les valeurs que nous entretenons pour nous-même.

D'autre part, dans une situation où une personne dit : « Je ne peux plus tolérer ou supporter telle personne ou telle situation », cela signifie qu'elle a atteint sa limite parce qu'elle s'est trop contrôlée. Elle doit devenir plus attentive à ses vrais besoins et passer à l'action pour les manifester. Voilà un bon moyen pour devenir plus tolérant, c'est-à-dire se montrer plus flexible envers soi-même et se permettre de vivre du nouveau pour répondre à ses propres besoins. De plus, il est sage d'accepter que lorsqu'une situation nous fait vivre de l'intolérance, nous manquons en général de connaissances à ce sujet.

INTRANSIGEANCE

Se référer à **RIGIDITÉ**

INTROSPECTION

Observation de ses états de conscience et de sa vie intérieure; analyse de ses sentiments, de ses motivations. Faire une introspection consiste en un moment d'arrêt, de calme, un moyen de voir clair pour mieux sentir ce qui se passe en soi.

Des moments d'introspection sont nécessaires et même essentiels quand nous voulons retrouver la paix, le calme et l'harmonie en nous, être à l'écoute de nos vrais besoins, faire face à nos difficultés pour y trouver des solutions. Faire une RÉTROSPECTIVE de notre journée avant de s'endormir pour le soir est très recommandé pour mieux nous OBSERVER et être en mesure d'effectuer les changements adéquats et nécessaires ou faire des ajustements dans notre vie. Il en va de notre bien-être intérieur.

INTROVERTI

Qui est tourné vers son moi, son monde intérieur. Propension ou repliement sur soi-même. Une personne de nature introvertie ne parle pas beaucoup et elle est portée à se refermer. Peu démonstrative, elle préfère garder ses émotions et ses sentiments en elle plutôt que de les partager ou les extérioriser et ce, même si elle vit des choses difficiles. Les personnes TIMIDES se révèlent souvent à caractère introverti. C'est pourquoi elles n'aiment pas trop se mêler aux gens et se dévoiler. Cependant, certaines deviennent introverties quand elles se retrouvent en groupe et extraverties lorsqu'elles rencontrent une seule personne.

Il n'y a ni bien ni mal à être introverti. Il importe par contre de ne pas refouler ce que nous vivons. Une personne introvertie peut plus facilement gérer ses émotions, ses peurs, ses frustrations par elle-même qu'une personne EXTRAVERTIE qui a beaucoup plus besoin d'en parler. Si l'introverti arrive à faire son processus d'acceptation par lui-même, son attitude introvertie ne lui nuira pas. Par contre, s'il refoule, avale et accumule des émotions et, même de la rancune, ce trait de caractère lui nuira davantage.

Un introverti ne peut se transformer en extraverti; l'inverse est aussi vrai. Par contre, un introverti pourra graduellement apprendre à exprimer ce qu'il vit, s'il veut y arriver. Il lui est même recommandé d'agir ainsi surtout pour les situations difficilement vécues. C'est rassurant d'avoir quelqu'un à qui parler puisque la perception que l'autre a de la situation peut l'aider à trouver ses solutions plus rapidement. Une personne introvertie vit autant de sentiments qu'une autre personne. Il ne faut donc pas croire qu'elle est FROIDE ou INDIFFÉRENTE. Elle s'avère tout simplement différente et toute différence doit être acceptée avant qu'il puisse y avoir une quelconque TRANSFORMATION.

INTUITION

Certitude, connaissance claire, directe, immédiate de la vérité sans recourir au raisonnement. L'intuition est une inspiration divine qui provient de notre SUPERCONSCIENCE, notre DIEU INTÉRIEUR. L'intuition se trouve bien au-delà des cinq sens. On l'appelle le sixième sens. Elle n'est pas gérée par nos corps émotionnel et mental : c'est un SAVOIR instantané. C'est pourquoi il est difficile de la différencier d'une activité mentale pour celui qui n'est pas habitué à l'écouter.

L'intuition se manifeste de plusieurs façons : une impression d'entendre une petite voix intérieure ou une image qui surgit spontanément; une idée inattendue qui nous vient droit de l'esprit et qui nous semble géniale ou encore la sensation de vouloir soudainement faire telle chose plutôt qu'une autre sans pouvoir l'expliquer. Cette information s'avère toujours utile pour le présent et peut nous inspirer pour le futur. Elle ne crée aucune inquiétude. Au contraire, elle est là pour nous guider, pour nous servir dans notre créativité, notre survie, notre questionnement. Elle peut même devenir un lien entre notre ÂME et nos GUIDES DE L'AU-DELÀ.

Quand tu écoutes ton intuition, tu es centré et branché à ta source intérieure. Tu te sens imprégné d'une force et d'une confiance immenses. Un surcroît d'énergie émerge en toi et tu as la sensation que tout est possible. Tu te trouves dans ta certitude, plus ouvert et disposé à tenter de nouvelles expériences parce qu'elles te semblent géniales. Tu te sens inspiré et appuyé par la certitude de poser la bonne action sans comprendre nécessairement pourquoi tu insistes à agir ainsi. Tu restes confiant même si tu ne sais pas où te mènera cette nouvelle idée.

Par contre, rien ne t'empêche d'utiliser ton INTELLECT, tes connaissances, pour mener à bien ce que ton intuition t'inspire. Avoir une excellente idée ne signifie pas nécessairement que cette dernière doit être manifestée sur-le-champ. Ton intuition doit aussi se laisser aider par ta partie rationnelle. Ainsi, tu harmonises tes principes MASCULIN et FÉMININ en toi.

Cependant, si ton EGO prend le dessus, il analysera ton intuition et décidera que ton idée n'est pas valable : tu bloqueras ton intuition. Quand tu refuses de la suivre, tu vis donc le contraire de ce qui serait bon pour toi, ce qui se traduit par une baisse manifeste d'énergie, une sensation d'inconfort et d'impuissance. Tu as l'impression de végéter plutôt que d'avancer vers tes buts. Hélas, la plupart des humains ne sont pas encore habitués à se laisser guider spontanément par leur intuition. Combien de fois as-tu dit : « J'aurais dû suivre ma première idée, mon intuition, et agir de telle façon » et t'en vouloir par la suite ? L'humain est encore trop accroché à ses anciens schèmes de pensées qui lui dictent sa conduite : ça devient donc difficile de distinguer la voix de ton intuition parmi toutes les autres (mentales) qui veulent s'exprimer et obtenir gain de cause. Par exemple : la voix de nos craintes, de nos doutes, de notre perception du bien et du mal, en plus de celle manifestée par nos CROYANCES et nos VALEURS. Voilà pourquoi il devient important de nous réhabituer à écouter notre intuition.

Souviens-toi que tout ce qui te vient spontanément représente le fruit de ton intuition. Il est normal et humain de vouloir analyser cette intuition par la suite, mais reste alerte à ce que cette analyse se fasse dans le but de savoir le « quand » et le « comment » plutôt que de rejeter l'idée apportée par ton intuition. Le jour où tu ne questionneras plus ce que tu penses, ressens ou vois et que tu observeras le tout en sachant que ça vient de ton être, tu pourras dire que tu es conscient de ton intuition. De plus, tu sauras la reconnaître lorsque ce qui vient te met en contact avec ton pouvoir et ne crée aucune inquiétude ou peur. L'intuition ne peut jamais nuire. En fait, lorsqu'on est branché à notre intuition, on ne peut jamais se tromper car on est BRANCHÉ à la vision globale du Tout.

IRRITATION

Se référer à **NERVOSITÉ**

ISOLEMENT

Se référer à **SOLITUDE**

JALOUSIE

Sentiment d'inquiétude douloureux que fait naître le désir de possession exclusive de la personne aimée; inquiétude qu'inspire la crainte de partager un avantage ou un bien ou de le perdre au profit d'autrui. Nous éprouvons de la jalousie lorsque nous croyons qu'une personne ou un objet nous appartient. La POSSESSIVITÉ engendre la jalousie, tandis que l'ENVIE se manifeste lorsque nous convoitons les possessions (une personne ou un objet) d'une autre personne. La jalousie s'avère toujours destructive, c'est une maladie du plan affectif, tandis que l'envie peut être constructive. Il est courant pour l'humain d'être plus ou moins jaloux. Cela dérive de notre degré d'amour possessif, de dépendance et de manque d'ESTIME DE SOI. Une jalousie exagérée peut devenir une émotion très étouffante pour la personne qui en souffre, de même que pour celle qui partage sa vie.

J-K

La jalousie devient un véritable problème et même un cauchemar lorsqu'une personne épie les moindres faits et gestes de l'être qu'elle dit aimer, jusqu'à le tourmenter partout où il va. Si cela évolue en jalousie maladive, elle pourra même en devenir OBSÉDÉE et la situation risquera de dégénérer en violence. À ce stade, elle est entrée dans l'étape extrême, c'est-à-dire celle où elle n'est plus elle-même puisqu'elle s'est laissée complètement manipuler par ses peurs et ses angoisses. Les crimes passionnels font partie de ce genre de situations malheureuses. Il devient alors nécessaire et même urgent de se faire aider.

En général, le problème de la jalousie se situe d'abord au niveau du manque de CONFIANCE et de COMMUNICATION profonde. La personne se trouve dans une phase où il lui est particulièrement difficile de voir ses belles qualités et ce qu'il y a de beau en elle. Elle vit trop en fonction de l'être aimé. Elle doit reprendre contact avec sa capacité d'être AUTONOME au lieu de demeurer une grande DÉPENDANTE.

Si tu te considères une personne jalouse, comme première étape très importante, il est essentiel de t'ACCEPTER dans ta jalousie en reconnaissant que ta souffrance reflète une partie de toi qui est décentrée, qui a une peur bleue de perdre l'être aimé.

Si tu es jaloux d'un poste que quelqu'un d'autre a obtenu, étant convaincu qu'il te revenait, accepte l'idée que la situation te dérange pour attirer ton attention sur le fait que tu as besoin de t'estimer davantage plutôt que de dépendre d'un poste pour être heureux. Relève ce qui est bon en toi. Ressors tes belles qualités de cœur, telles que la générosité, la capacité d'écouter, celle de rendre service, la passion qui t'anime, etc. En somme, fais ton BILAN DE VIE. Lorsque tu seras capable de simplement observer tes moments de jalousie et d'en parler aux autres, jusqu'à en rire même, ce sera signe que tu es sur la voie de la guérison et du bonheur et que tu es en train d'acquérir plus de confiance et d'estime en toi. Tu reconnaîtras enfin ta VALEUR personnelle et spirituelle. Le fait de pratiquer graduellement le DÉTACHEMENT représente aussi un excellent moyen.

J-K

JE SUIS

Dérivé du verbe être, ce concept fait référence à l'ÊTRE en nous. Le « Je suis » est relié directement à l'énergie créatrice la plus puissante qui soit : DIEU, le Verbe. De par sa vibration très puissante, ces deux mots ont une très grande influence dans notre vie. Dès qu'une personne dit *Je suis*, elle met son pouvoir créatif en mouvement car elle affirme ainsi être l'expression de Dieu, qui est pure énergie créatrice.

Sans nous en rendre compte, nous pouvons aisément répéter ces mots des centaines de fois durant une journée. Par exemple, quelqu'un qui dira : « Je suis heureux d'être ici, je suis bien dans ma peau, je suis chanceux... » ces paroles accentuent son bonheur de vivre. Mais hélas, beaucoup de gens répètent des mots machinalement dans un sens non bénéfique pour eux. Par exemple, quand ils disent : « Je suis stupide, je suis peureux, je suis nul, je suis pauvre, je suis gros, je suis incapable, je suis un alcoolique… », ces paroles accentuent inconsciemment cette attitude car le fait d'affirmer *Je suis*, signifie qu'ils s'identifient à cet état d'être. Cela indique qu'ils utilisent leur force créatrice pour continuer d'alimenter cet état, alors que ce n'est pas ce qu'ils veulent sincèrement au plus profond d'eux-mêmes. C'est ça le grand pouvoir créateur de la PAROLE. Il devient beaucoup plus sage et salutaire de dire à la place : « Je rencontre actuellement un problème de…, je l'ACCEPTE présentement, mais je sais que je vais m'en sortir un jour. » Cela aide à devenir conscient et à demeurer observateur de la situation, c'est-à-dire réaliser que nous ne sommes pas toujours ce que nous affirmons. Au contraire, nous vivons cet état parce que nous avons oublié qui nous sommes véritablement ainsi que le grand pouvoir de créer notre vie telle que nous la voulons. Devenons donc conscients de tous les *Je suis* que nous affirmons afin de s'en tenir aux **JE SUIS** qui représentent la vérité pour nous.

JEÛNE

J-K

Privation volontaire de toute nourriture. Le jeûne a pour fonction première d'aider à éliminer rapidement et en profondeur les matières toxiques des cellules du corps, cause de beaucoup de maladies. Un jeûne aide aussi à reposer le système digestif qui, bien souvent, travaille beaucoup trop. Les personnes qui jeûnent en ayant comme motivation une perte de poids se retrouvent souvent déçues. En effet, aussitôt qu'elles reprennent leurs habitudes alimentaires normales, le poids perdu revient. Aider notre corps à se nettoyer et à se régénérer doit représenter notre motivation pour jeûner. Ensuite, faisons confiance au fait que notre corps a l'intelligence nécessaire pour savoir quand perdre du POIDS.

Si nous faisons des périodes de jeûne régulièrement, ainsi que des RESPIRATIONS conscientes tout en profitant de la nature, du grand air, du soleil et de l'eau pure, nous aurons de moins en moins besoin de nourriture, car notre corps apprendra à se « ré-énergiser » grâce à ces éléments de la nature. Plus nous devenons CONSCIENTS, plus nous recherchons à recourir à ces formes d'énergie. Nous nous retrouverons, par conséquent, en meilleure forme physique, émotionnelle et mentale. Cependant, il est fort peu recommandé de faire un jeûne total, intégral. Il est préférable de manger légèrement ou de boire des jus complets de légumes ou de fruits afin de ne pas arrêter les fonctions digestives. Ceci permet de ne pas affecter tous les autres systèmes du corps physique, étant tous reliés les uns aux autres. De plus, il est recommandé d'être suivi par quelqu'un de compétent dans le domaine du jeûne.

JEUNESSE

Dans cet ouvrage, nous ne parlons pas de la jeunesse qui correspond au temps entre l'enfance et la maturité, mais plutôt de l'ensemble des caractères propres à la jeunesse qui peuvent demeurer présents jusque dans la VIEILLESSE. Quand on dit de quelqu'un : « Je suis étonné de voir combien cette personne demeure jeune, elle semble même rajeunir plutôt que de vieillir », on ne parle pas nécessairement de l'âge ou du corps physique de cette personne, mais plutôt de ce qui se dégage d'elle. Peu importe son âge, on sent qu'elle possède le dynamisme, l'énergie et la joie de vivre d'une jeune personne. Néanmoins, démontrer ces caractéristiques typiques de la jeunesse ne signifie pas de s'habiller comme eux, ni de tenir des propos et leur langage particulier, ni de faire les mêmes activités qu'eux car de telles attitudes dénotent plutôt une façade pour ceux qui refusent de vieillir. De plus, sachant que les goûts changent, nous ne sommes donc pas tenus de faire les mêmes choses qu'à l'âge de 20 ans.

Cependant, une personne « jeune » qui avance en âge possède toujours la même spontanéité et l'enthousiasme d'un jeune, ce qui met de la vie dans son quotidien. Elle a encore des buts et sait ce qu'elle veut. Elle continue de créer dans la joie et dans l'amour de la vie. Bien sûr, son corps peut avoir vieilli mais il est suffisamment en forme pour aller vers ce qu'elle désire accomplir.

Incidemment, certaines études démontrent que, dans le moment, l'humain est programmé pour vivre entre 100 et 125 ans. Nous savons que les cellules humaines meurent et se renouvellent sans cesse au cours de notre vie. Par contre, quand on prend de l'âge, les nouvelles cellules sont moins nombreuses et de moindre qualité. Plusieurs facteurs en affectent leur fonctionnement. Notre état d'être les affecte particulièrement. Nous ne pouvons pas dissocier le corps physique de notre corps émotionnel et de notre corps mental, ces trois corps ayant un lien direct entre eux; c'est ce qu'on appelle envisager la santé de l'être humain dans son ensemble, dans sa globalité. Cet ouvrage contient beaucoup de moyens pour conserver sa jeunesse, en particulier ceux qui expliquent comment écouter les besoins de son CORPS PHYSIQUE, son CORPS ÉMOTIONNEL et son CORPS MENTAL.

En résumé, avoir la sensation d'être vivant, avoir la passion qui nous anime, bouger, créer de façon à répondre aux BESOINS de notre être constituent tous des caractéristiques d'une personne jeune. S'assurer que nos actions et nos buts, de même que nos pensées et tout ce que nous vivons et ce que nous ressentons concordent toujours avec ce que nous voulons être. Même si le corps physique s'use, processus tout à fait naturel pour tout ce qui est matériel, cela ne signifie pas que les organes ne sont pas en forme, comme les intestins, le foie, le cœur et les poumons. Même si nous avons parfois abusé dans le passé, avec des soins et une bonne attitude mentale et spirituelle, notre corps pourra retrouver la forme et l'énergie nécessaires pour être en santé et jeune beaucoup plus longtemps. En s'usant, le corps devient seulement plus lent. Il n'est pas obligé d'être malade.

Il importe de mettre de la vie aux années au lieu de se satisfaire d'ajouter des années à sa vie. Ainsi, en accumulant des années d'expériences et de sagesse, nous devenons un modèle pour les autres. En somme, si nous vivons toujours dans l'amour, c'est-à-dire dans l'ACCEPTATION et l'émerveillement, nous expérimenterons la joie, l'harmonie et le bonheur de vivre longtemps. Pour terminer, voici un petit texte.

« RESTER JEUNE »

La jeunesse n'est pas une période de la vie, elle est un état d'esprit, un effet de la volonté, une qualité de l'imagination, une intensité émotive, une victoire du courage sur la timidité, du goût de l'aventure sur l'amour du confort.

On ne devient pas vieux pour avoir vécu un certain nombre d'années : on devient vieux parce qu'on a déserté son idéal. Les

---

années rident la peau; renoncer à son idéal ride l'âme. Les préoccupations, les doutes, les craintes et les désespoirs sont les ennemis qui, lentement, nous font pencher vers la terre et devenir poussière avant la mort.

Jeune est celui qui s'étonne et s'émerveille. Il demande, comme l'enfant insatiable : Et après ? Il défie les événements et trouve de la joie au jeu de la vie.

Vous êtes aussi jeune que votre foi. Aussi vieux que votre doute. Aussi jeune que votre confiance en vous-même. Aussi jeune que votre espoir. Aussi vieux que votre abattement.

Vous resterez jeune tant que vous resterez réceptif. Réceptif à ce qui est beau, bon et grand. Réceptif aux messages de la nature, de l'homme et de l'infini.

Si un jour, votre cœur allait être mordu par le pessimisme et rongé par le cynisme, puisse Dieu avoir pitié de votre âme de vieillard.

Extrait du discours du Général Mac Arthur
aux étudiants de l'école Militaire, en 1962.

JOIE DE VIVRE

La joie est un sentiment exaltant de bonheur et de plénitude. La joie de vivre consiste en un état d'être, un état intérieur de l'être humain; cette flamme qui fait qu'on aime la vie et qu'on a hâte à quelque chose, à commencer une nouvelle journée; c'est être joyeux. Cet élément très important qu'est la joie de vivre nous fournit un regain essentiel d'énergie et de vitalité nécessaires à maintenir l'intérêt dans la poursuite de nos buts.

Il ne faut pas confondre joie de vivre avec PLAISIR. L'antonyme de « joie de vivre » est tristesse, ennui, tandis que le contraire de « plaisir » est affliction, douleur. Une personne peut conserver sa joie de vivre même s'il lui arrive quelque chose de déplaisant ou de douloureux. Comment ? En se concentrant sur le bon côté de l'événement et, surtout, en continuant d'observer tout ce qui lui arrive de plaisant, malgré certains OBSTACLES dans sa vie. Ceux-ci sont naturels pour tous les humains. Les personnes ayant perdu contact avec cette joie de vivre ont très souvent étouffé leur ENFANT INTÉRIEUR. Sachons qu'il n'est jamais trop tard pour recouvrer l'énergie que possède une personne qui se trouve bien dans sa peau. La joie de vivre s'acquiert aussi par la connaissance de soi, de ses BESOINS et de sa RAISON D'ÊTRE.

Comment raviver cette flamme du bonheur de vivre et mettre plus de joie dans ton quotidien ? D'abord, accepte et apprécie chaque nouvelle journée qui commence comme un cadeau précieux qui t'est offert gratuitement. Apprécie tout ce que tu vois, même ce qui te semble bien simple. Trouve ce qui est beau et bon dans la vie. Crée de nouveaux BUTS, fais-toi de nouveaux amis; entoure-toi de personnes qui rayonnent l'enthousiasme, la joie de vivre et demande-leur leur secret. Fais ce que tu aimes le plus souvent possible et aime davantage ce que tu fais, surtout certaines OBLIGATIONS. Aussi, dans toutes les actions ou situations, il est important de ne pas DRAMATISER, car cela affecte la joie de vivre et le désir de s'améliorer.

J-K

Nous avons tous intérêt à retrouver cette joie de vivre comme lorsque nous étions enfants. L'enfant se révèle de nature joyeuse, spontanée, enthousiaste et il aime le monde, sans distinction, sans discrimination, sans jugement. Donc, retrouvons-nous souvent avec les enfants et découvrons ce qui fait leur joie de vivre car ils représentent les meilleurs professeurs pour enseigner la façon de vivre le MOMENT PRÉSENT. Ils ne s'inquiètent nullement pour l'avenir car ils font CONFIANCE à tout ce qui les entoure. Tu sais que tu te trouves dans ta joie de vivre lorsque tu peux être heureux du bonheur des autres, de leurs victoires, de leur réussite. La joie se veut l'antidote de la JALOUSIE et de l'ENVIE.

JUGEMENT

Opinion favorable ou défavorable qu'on porte ou qu'on exprime sur quelqu'un ou quelque chose. Dans cet ouvrage, une différence est faite entre observation, discernement et jugement. Être OBSERVATEUR signifie constater l'état d'être de quelqu'un ou une situation sans jugement de bien ou de mal. La personne reconnue pour son DISCERNEMENT utilise son mental pour déterminer ce qui l'avantage le plus. Tandis que le JUGEMENT fait référence à une notion mentale. Il est établi en fonction du système de valeurs et, surtout, des croyances propres à chaque individu. Tout jugement, que ce soit sur quelqu'un d'autre ou sur soi-même ou sur une situation reflète toujours ce que nous tenons pour vrai dans le moment.

Si tu te retrouves souvent dans le jugement défavorable, il y aura lieu de dire que tu exiges beaucoup de toi-même, donc des autres aussi. Certaines personnes sont plus conscientes de se juger souvent et d'autres, de juger les autres. Souviens-toi que tu juges toujours les autres en fonction des jugements de toi-même et vice versa. Il n'y a que la CONSCIENCE qui diffère. Il y a un dicton qui dit : « Ce que tu condamnes va te condamner et ce que tu juges, tu le deviens. »

Imaginons que tu juges de paresseuse une personne qui ose se reposer au besoin. Cela indique que tu te juges aussi de paresseux lorsque tu oses te reposer, alors que tes tâches ne sont pas terminées. La conscience du jugement peut devenir alors très bénéfique dans le sens qu'il permet de devenir conscient de tes CROYANCES qui t'empêchent d'être toi-même. Lorsqu'une personne te juge, tu peux aussi en être reconnaissant, car même si ce jugement est défavorable, il reflétera ce que tu penses de toi, ce que tu crois.

En général, nous attirons un jugement de la part de quelqu'un d'autre pour attirer notre attention sur une de nos croyances que nous ne voulons pas voir. Il est vrai que ça demande de l'HUMILITÉ pour bien accepter des jugements négatifs de la part des autres. Les jugements favorables sont beaucoup plus faciles à accepter en général, bien que

J-K

certaines personnes qui se rejettent beaucoup puissent avoir de la difficulté à accepter un jugement favorable venant des autres. Si c'est ton cas, souviens-toi que le jugement de l'autre te reflétera quelque chose qui t'appartient. L'outil qu'est l'approche du MIROIR est excellent pour en devenir conscient.

JUSTICE

Se référer à **INJUSTICE**

KARMA

Un mot SANSKRIT qui exprime le dogme central de la religion hindouiste, selon lequel la destinée de tout être vivant est déterminée par la totalité de ses actions de ses vies antérieures. Qu'une personne croit ou non au principe de la RÉINCARNATION, en général, tout le monde sait au plus profond de lui qu'il récolte ce qu'il sème. Toutes nos pensées et nos intentions derrière ce que nous faisons produisent un effet boomerang qui nous revient dans cette vie ou dans une prochaine existence. Chaque INTENTION et action déterminent les événements de notre futur.

J-K

Le mot « karma » signifie œuvre, action et non punition. Nous entendons de plus en plus des remarques comme : « Je ne sais pas ce que j'ai fait de mal par le passé pour qu'une telle situation m'arrive. Ça doit être mon karma. » On ressent une lourdeur à entendre ces paroles, comme un fardeau porté sur les épaules et elles suggèrent un sens plutôt péjoratif. Les gens qui utilisent le mot karma ainsi ne savent pas qu'en réalité il est intimement lié à la LOI DE CAUSE À EFFET. Donc, il n'a rien de négatif en lui-même et ne découle pas de la moralité. L'Univers ne juge pas. Au contraire, il est extrêmement juste. Dans chaque existence humaine, le karma représente une rétribution ou le paiement d'une dette.

Le karma existe pour enseigner la RESPONSABILITÉ à l'humanité. Tant qu'une cause n'a pas eu son effet, un déséquilibre énergétique persiste. Le karma permet donc à l'énergie de retrouver son équilibre.

Une bonne partie de ce que nous appelons « notre karma » a déjà été choisi avant de naître. Dans le monde de l'âme, nous savons exactement ce que notre âme a besoin de vivre dans le monde matériel pour arriver à ne connaître que des expériences vécues dans l'amour, c'est-à-dire dans l'ACCEPTATION totale. Il n'en tient qu'à chacun de nous de décider combien de temps et de vies nous mettrons pour y arriver. Tant qu'il y aura déséquilibre, nous devrons nous réincarner. L'équilibre ne se produit qu'au moment où nous prenons notre responsabilité et que nous comprenons avec notre INTELLIGENCE plutôt qu'avec notre INTELLECT.

En résumé, le karma correspond au bilan d'expérimentation de chacun. Chaque famille possède aussi son karma ainsi que chaque peuple, chaque race, chaque religion, chaque pays et, enfin, la planète Terre (GAÏA) en tant qu'entité vivante. Puisque l'Univers forme un tout, nous sommes par conséquent tous reliés les uns aux autres par cette CONSCIENCE COLLECTIVE. Voilà pourquoi il est important de s'aimer et de s'entraider en tant qu'être humain et de vivre non seulement de plus en plus dans l'AMOUR mais aussi dans l'intelligence.

J-K

LÂCHER PRISE

Lâcher équivaut à l'action de laisser aller, abandonner, cesser de retenir. Dans la dimension spirituelle, lâcher prise correspond à la capacité de remettre toute sa confiance en l'Univers en sachant qu'il nous arrive toujours ce dont nous avons besoin, pas nécessairement selon nos désirs; on arrête de vouloir contrôler. On pose des actions tout en continuant d'être bien, même si les résultats ne reflètent pas ce que nous escomptons. En réalité, **lâcher prise, c'est agir sans être attaché au résultat.**

Prenons l'exemple d'une personne qui désire se trouver un travail dans un domaine où elle se pense habile et à l'endroit qui lui semble idéal pour elle. Lâcher prise consiste à avoir l'attitude suivante : elle fait toutes les actions qu'elle connaît et qu'elle juge nécessaires pour obtenir cet emploi, puis elle se dit : « J'ai fait tout ce qui était humainement possible de faire dans les circonstances et au meilleur de ma connaissance; maintenant, à la grâce de Dieu ! » Cette personne ne s'inquiète nullement à savoir si elle aura cet emploi ou non, car elle s'en remet à l'Univers. Elle sait que si elle n'obtient pas cet emploi, il y aura quelque chose de mieux pour elle. Comme tu peux le constater, il faut lâcher prise pour entretenir notre FOI, et plus nous avons foi, plus il est facile de lâcher prise.

Idéalement, nous devrions utiliser cette attitude dans tous les domaines de notre vie. Mais malheureusement, il n'en est pas ainsi. La partie CONTRÔLANTE en nous nous empêche de lâcher prise. Cette partie croit que si nous faisons confiance à Dieu ou à qui que ce soit d'autre, nous deviendrons des « lâcheurs », et les autres auront le dessus sur nous. Cette voix intérieure, appelée CROYANCE ou ÉLÉMENTAL, s'acharne donc à nous empêcher de lâcher prise, croyant sincèrement qu'elle nous aide ainsi.

À chaque moment où tu t'impatientes, où tu manques de tolérance ou tu t'obstines à obtenir ce que tu avais décidé, sache que ce n'est plus toi qui diriges ta vie. Prends une bonne inspiration, retiens-la quelques secondes et en expirant, dis avec force : « Je lâche prise, je m'ouvre à l'imprévu et je garde la *certitude* que je pourrai y faire face. Mon Dieu intérieur ne veut que ce qui est mieux pour moi. »

En faisant confiance à notre DIEU INTÉRIEUR, nous acceptons d'avance que les résultats puissent être différents de ceux que nous avons envisagés. Puisque désirer est humain, nous devons continuer de désirer tout en nous plaçant dans la position de recevoir ce que la vie nous offre. Nous devenons ainsi ouverts à de nouvelles opportunités. Si tu t'acharnes à rechercher un certain résultat ou un IDÉAL, cela pourra dégénérer en OBSESSION et tu deviendras en quelque sorte prisonnier de tes peurs et de tes limites. De plus, le fait de lâcher prise t'aide à être plus calme, moins stressé, donc en meilleure santé physique et psychologique et capable de demeurer JEUNE plus longtemps.

LIBERTÉ

L

Possibilité d'être, d'agir, de penser, de s'exprimer selon ses propres choix, sans contrainte. Malheureusement, chaque être humain a sa définition de la liberté, selon son vécu et ce qu'il a appris. Dans cet ouvrage, nous nous en tenons au sens spirituel de la liberté, c'est-à-dire en tant qu'état d'être. Être libre consiste à se sentir libre de toute contrainte physique, émotionnelle et mentale : libre de s'exprimer, de penser, de choisir, de croire en ce que l'on veut, de changer nos croyances; en fait, libre de créer sa vie selon ses choix. La véritable liberté est illimitée.

Cependant, il importe de te rappeler que la vraie liberté se vit dans l'INTELLIGENCE. Si tu décides de faire ce que tu veux, quand tu veux, sans prendre en considération ton environnement, il pourra y avoir des conséquences désagréables et même désastreuses. Ce genre de conséquences peut alors te créer des CONTRAINTES qui brimeront ta liberté.

Par ailleurs, une personne peut vivre une relation de couple, avoir des enfants, une carrière bien remplie, être très engagée socialement et, malgré tout, se sentir libre à l'intérieur d'elle-même : libre d'expression, d'action, de ses choix, de croire ce qui lui semble juste et bon pour elle et même de changer ses croyances et, surtout, libre de réagir dans l'amour ou dans la peur. Si tu ne te sens pas libre à cause de certaines contraintes que tu as créées ou que tu as permis de se manifester dans ta vie, tu auras alors besoin de te libérer de ces contraintes pour ensuite te sentir libre. Le moyen par excellence pour t'en libérer consiste à ACCEPTER la RESPONSABILITÉ de ces contraintes. Dès cet instant, les solutions te viendront pour t'en libérer et tu commenceras tout de suite à te sentir plus libre.

Il est important de faire la différence entre « être libre » et « être libéré ». Ce dernier consiste à s'affranchir d'une contrainte, d'une oppression qui réside plus dans le domaine physique et psychologique (monde matériel), tandis qu'être libre représente un état intérieur, une manière d'être bien et serein à l'idée d'être soi-même (monde spirituel).

En somme, **la vraie liberté consiste simplement à être capable de vivre l'expérience d'être soi-même.** Quand tu es toi-même en reconnaissant tes peurs, tes limites, tes talents, etc., tu te centres; tu sais ce que tu dois faire et ce qui s'avère bon pour toi. Tu connaîtras cette vraie liberté lorsque tu te laisseras guider par ton seul et grand Guide Intérieur. Aussi, une personne libre sait qu'elle détient tous les pouvoirs propres à l'être humain, entre autres celui de créer sa propre vie et de faire des choix conscients. Elle sait également qu'elle est apte à réaliser ses désirs les plus chers. Une personne libre ne vit plus en attente des autres pour être bien. Voici une affirmation qui peut t'aider à reprendre contact avec qui tu es véritablement : « Je possède en moi tous les moyens d'être libre et je les utilise pleinement pour mon épanouissement personnel. » Plus tu deviens conscient que tu es le seul maître de ta vie, plus tu te rapproches du vrai sens de la liberté, l'unique chemin vers l'AUTONOMIE véritable.

L

LIBRE ARBITRE

Faculté de choisir, d'agir, de déterminer à sa guise. Le libre arbitre représente un autre très grand pouvoir qu'a reçu l'être humain sur cette terre. Il symbolise le plus grand cadeau qu'a reçu l'humain puisque nous sommes la seule espèce vivante sur cette planète à posséder ce grand pouvoir de choisir. Le libre arbitre n'existe que dans le monde

MATÉRIEL, c'est-à-dire dans notre monde physique, émotionnel et mental. Dans le monde SPIRITUEL, nous n'avons pas le choix d'évoluer ou non puisque nous sommes tous appelés à retourner vers la lumière, vers notre essence divine et redevenir un jour pur ESPRIT.

Tout au long de notre vie, nous bénéficions ainsi du choix de vivre soit dans l'amour ou dans la peur, la liberté ou la contrainte, la paix ou l'inquiétude, l'indulgence ou l'intolérance, la lumière ou la noirceur, de dire oui ou de dire non. En somme, nous avons le pouvoir de choisir de nous ouvrir ou de nous fermer au bonheur. Le choix demeure toujours uniquement entre nos mains.

Par conséquent, le libre arbitre peut être utilisé comme un outil extraordinaire ou il peut devenir une malédiction pour certains. Il faut se souvenir que le libre arbitre entraîne une très grande RESPONSABILITÉ. Comme tout choix ou tout ce que nous faisons a inévitablement des répercussions ou des conséquences, il devient donc important de faire des choix CONSCIENTS à la fois éclairés et responsables. Ainsi, si nous n'aimons pas certains résultats dans notre vie, nous aurons toujours le pouvoir de choisir d'autres possibilités plus adéquates qui nous faciliteront la vie. Plus nous utilisons notre pouvoir de choisir consciemment en étant centrés, c'est-à-dire par amour pour soi et non par peur de, plus nous nous libérerons et plus nous reprendrons contact avec nos vraies FORCES.

LIMITE

Un point que ne peuvent dépasser les possibilités physiques, émotionnelles ou mentales. Tous les humains ont des limites et elles s'avèrent distinctes d'une personne à l'autre. Nous naissons tous avec des limites, que ce soit au niveau physique, émotionnel ou mental; elles font partie de notre monde MATÉRIEL humain. Nous avons graduellement créé nos propres limites selon nos croyances mentales, nos peurs et nos expériences de vie présentes et passées. Une limite représente une barrière que nous avons placée consciemment ou non.

Les limites diffèrent selon les réserves d'ÉNERGIE de chaque individu. Par exemple, au **plan physique**, une personne peut avoir plus de force ou d'endurance physique qu'une autre. Au **plan émotionnel**, certains peuvent en prendre plus que d'autres avant de craquer ou de perdre le contrôle. Une personne avec peu de force émotionnelle est souvent appelée une hyperémotive ou peut souffrir de SENSIBLERIE. Au **plan mental**, la limite s'exprime par la capacité plus ou moins grande de faire un travail mental d'analyse ou de mémorisation. Certaines personnes ont beaucoup plus d'endurance que d'autres à ce niveau.

Tu reconnais tes limites lorsque tu vis un sentiment d'impuissance, d'incapacité ou d'incompétence face à une situation ou à une difficulté quelconque. Si tu continues à forcer, tu risqueras de craquer. Craquer signifie se rendre malade ou perdre le contrôle. Comment savoir lorsque tu es vraiment arrivé à ta limite et qu'il est temps de LÂCHER PRISE, de DÉCROCHER ou d'ABANDONNER ou, au contraire, si tu peux insister et aller un plus loin ?

L

Pour commencer, tu dois accepter l'idée que tu es un être plus ou moins limité selon les domaines. Si l'envie de continuer, de pousser pour arriver à un résultat te demande un trop gros effort ou que la seule idée de continuer te stresse beaucoup, voilà le signe qu'il est temps d'accepter cette limite et d'arrêter. Cette ACCEPTATION a l'avantage marqué de te préparer à repousser les frontières de tes limites – tes barrières – lors d'une prochaine expérience dans ce domaine.

Tout ce qui fait partie du domaine matériel sur cette terre peut se transformer. Il est donc encourageant de savoir que tes limites peuvent également être repoussées, c'est-à-dire que tes barrières s'éloignent de toi. Tu sais fort bien qu'il est possible de devenir de plus en plus excellent dans le plan physique (on le constate chez les athlètes); il en est de même dans les plans émotionnel et mental. En t'observant bien, tu constateras que tes limites dans certains domaines sont moins prononcées qu'avant. Tu as su élargir le champ de tes possibilités. S'il y a des secteurs où tes limites sont encore très présentes, tu auras avantage à t'accepter davantage.

Il est bon cependant de te rappeler que le corps physique s'use avec le temps et qu'il est naturel et humain que tu ne puisses pas toujours pratiquer les mêmes activités qu'à tes 20 ans, que tu te sentes plus limité. Par contre, dans les domaines émotionnel et mental, l'humain qui sait bien se CENTRER a de moins en moins de limites avec l'âge.

Si tu es du genre à avoir de la difficulté à accepter les **limites des autres**, cela indiquera que tu ne te permets pas d'en avoir certaines avec toi-même. En conclusion, le **plus important consiste d'abord à nous donner le droit d'avoir des limites en sachant qu'elles sont temporaires et que ces barrières peuvent s'élargir selon notre degré de conscience et d'acceptation. Nous permettrons ainsi aux autres d'avoir des limites et nous les accepterons plus facilement.**

L

LOI D'ATTRACTION

Une attraction signifie une force magnétique en vertu de laquelle un corps est attiré par un autre, une force qui tend à attirer les êtres vers quelqu'un ou vers quelque chose. La loi d'attraction représente la grande loi qui régit notre système planétaire ainsi que tout l'univers. La gravitation, que Newton fut le premier à prouver son existence et faire une loi physique, fait partie de la loi d'attraction. Nous savons que tout ce qui est physique est automatiquement attiré vers le sol. Il est facile d'accepter que notre corps physique, fait de matière tangible et ayant une certaine pesanteur, soit attiré automatiquement vers le sol.

Il en est de même de nos corps subtils (émotionnel et mental) qui font également partie du monde MATÉRIEL. Ils ont aussi un grand pouvoir d'attraction. Ces CORPS SUBTILS reflètent ce qui se passe au niveau de l'âme. Nous sommes tous attirés de façon magnétique vers ce que nous avons besoin pour accomplir notre PLAN DE VIE, aidant ainsi notre âme à retourner vers la lumière. Elle est attirée naturellement vers la lumière, c'est-à-dire vers la paix, l'amour, tout comme une plante se tourne naturellement vers la lumière du soleil pour s'épanouir.

Lorsque nous entretenons des pensées, des croyances et des sentiments qui nous éloignent de notre lumière, notre âme souffre car, étant attirée d'un côté, nous la tirons vers un autre. Grâce à la loi d'attraction, nous nous attirons donc les événements et les personnes dont nous avons besoin pour devenir *conscients* de ce qui se passe à l'intérieur de nous *inconsciemment*.

C'est ce qui explique pourquoi une personne s'attire un conjoint alcoolique, violent, indifférent ou avec une attitude de son père ou de son ex-conjoint qui la dérangeait alors que ce comportement représente la dernière chose qu'elle veuille consciemment. Cela lui reflète une attitude qu'elle ne veut pas voir et dont elle a besoin de devenir consciente pour se libérer. Parfois, nous le disons intuitivement : « Je ne sais pas pourquoi je me suis attiré ce conjoint, cette situation, etc. » ou « Je ne sais pas pourquoi, mais cette personne m'attire ou je me sens attiré vers elle. » Tout cela veut dire que nous sommes attirés par ce qui est semblable à nous, c'est-à-dire vers les gens ayant les mêmes choses que nous à régler. Ce qui se dégage de chacun agit comme un aimant qui attire un autre aimant qui RÉSONNE avec le nôtre.

L

Cette loi d'attraction reste toute aussi vraie pour les pensées et les sentiments d'amour que nous entretenons. Nous attirons à nous des gens avec le même genre d'attitude intérieure. Tant que nous croyons que les autres sont responsables des situations que nous n'aimons pas, rien ne change. Dès l'instant où nous commençons à regarder ce qu'il y a en nous qui attire telle situation dans notre vie, nous cherchons au bon endroit et nous mettons toutes les chances de notre côté pour trouver la réponse et transformer le problème en opportunité. Sachons que tant qu'une situation n'est pas réglée, c'est-à-dire vécue dans l'acceptation, dans le non jugement, dans l'amour, nous nous attirerons les gens et les circonstances pour arriver à le faire.

Cette attraction débute dès la conception où nous sommes attirés de façon magnétique vers les parents et l'environnement qui nous seront nécessaires pour arriver à compléter nos expériences terrestres selon les grandes LOIS de l'AMOUR universel. Tant que nous aurons des choses à régler, tant que nous n'aurons pas atteint l'état christique, l'état de pur ESPRIT, nous serons assujettis à cette loi sur le plan matériel et attirés de nouveau vers une nouvelle incarnation. La loi d'attraction stipule donc qu'il n'y a rien qui ne nous parvienne sans qu'il y ait quelque chose en nous qui l'ait attiré, que ce soit par nos pensées, nos sentiments, nos croyances, nos paroles, nos actions ou nos réactions.

LOI DE CAUSE À EFFET

Une cause est ce qui produit un effet, détermine un phénomène, ce par quoi quelque chose existe, prend naissance. La loi de cause à effet, aussi appelée « loi du retour », « du boomerang », « action/réaction », « KARMA » ou connue par le dicton « on récolte ce que l'on sème », est une loi cosmique universelle, une règle immuable qui se gère d'elle-même. Elle appartient aux mondes MATÉRIEL et SPIRITUEL de l'humain et elle est reliée à notre CORPS CAUSAL ou INTELLIGENCE. Cette loi nous aide à devenir conscients de toutes nos créations. Personne, sans exception, ne peut contourner cette loi et tout le monde y est assujetti, que nous la connaissions ou non et que nous l'acceptions ou non. Peu importe la race ou le statut social d'un individu, jeune ou vieux, riche, pauvre ou mendiant, instruit ou ignorant, cette loi existe pour tous et affecte tout ce qui vit au sein de notre univers. Chaque fois que nous actionnons cette loi par nos pensées, nos paroles et actions, nous en subissons les conséquences.

La loi de cause à effet se définit par une succession logique de réactions qui s'enchaînent et qui ne s'arrêtent jamais. Chaque incident de notre vie résulte d'une cause et, selon notre façon de réagir suite à cet incident et de notre intention ou de notre MOTIVATION, cela met en mouvement de l'énergie qui crée une autre cause qui produira un autre effet et ainsi de suite. Bref, toute pensée, toute parole et toute action semées consciemment ou inconsciemment nous reviendront.

Tout ce que nous vivons maintenant représente donc l'effet de causes mentales et d'actions physiques mises en mouvement hier, il y a un an, vingt ans ou même dans une autre vie. À cause de notre grande inconscience (rappelons-nous que nous sommes conscients environ qu'entre 10 et 15 %), il est difficile de connaître exactement l'origine de chaque incident dans notre monde extérieur. Cependant, nous ne sommes pas tenus de savoir où, quand et comment ces événements ont généré une cause. Le seul fait de reconnaître et d'accepter toute récolte fait de nous des êtres responsables et CONSCIENTS du grand pouvoir de créer notre propre vie.

C'est aussi en regard de cette loi que l'humain se RÉINCARNE et ce, afin qu'il devienne conscient de tous les choix et expériences qu'il doit vivre en rapport à son PLAN DE VIE. Voilà pourquoi nous accumulons parfois des situations que nous croyons ne pas être bénéfiques, bien que nous vivions aussi des événements qui remplissent notre vie de joie, de réussite et de bonheur. Il est dit que nous récoltons ce qui existe derrière une action, c'est-à-dire ce qui motive nos actes, l'INTENTION, et non l'acte lui-même. Comme nous devons arriver un jour à vivre chaque expérience dans l'ACCEPTATION, nous récoltons tout ce que nous avons semé pour devenir conscients de l'intention de nos actions, à savoir si elles sont motivées par l'amour, donc vécues dans l'acceptation, ou déterminées par la peur, donc expérimentées dans la non-acceptation.

L

Prenons l'exemple d'une personne qui vole pour sa survie et s'accepte dans ce choix. Lorsqu'elle se fait voler à son tour (pas nécessairement la même chose), si elle éprouve de la compassion pour le voleur et accepte que celui-ci devait croire que voler représentait la seule option à ce moment-là, cette expérience lui permettra de confirmer qu'elle s'était acceptée véritablement. Par contre, si cette personne n'accepte pas de se faire voler et en veut au voleur, cela indiquera qu'elle ne s'était pas acceptée dans le fait d'avoir volé. Elle devra donc continuer à vivre des expériences de voler et se faire voler jusqu'à ce que ce soit vécu dans l'acceptation, qui est une forme d'AMOUR véritable.

Plusieurs d'entre nous doivent parfois vivre de telles expériences pendant plusieurs vies afin d'y arriver. Voilà pourquoi nous récoltons certains effets sans savoir d'où ça vient ou que nous accusons les autres de certains faits, ne sachant pas consciemment que nous avons déjà agi ainsi sans nous accepter. Lorsqu'une expérience est vécue dans l'acceptation, nous devenons conscients de ce qui est bon et intelligent pour nous. **La loi de cause à effet est absolument indispensable pour réussir à vivre dans l'intelligence et de façon RESPONSABLE. Ces trois concepts sont intimement liés afin d'atteindre le degré de SPIRITUALITÉ que nous recherchons tous.**

Pour évaluer ce que tu as semé, regarde ta récolte. Es-tu pleinement heureux, en harmonie et en santé dans ta vie présentement ? Si oui, ton attitude, ce que tu sèmes, est bénéfique pour toi. Sinon, ton attitude et tes actions sont dirigées par ton ego, c'est-à-dire par tes croyances, tes peurs, tes culpabilités et non par ton cœur; c'est pourquoi tu ne peux t'accepter. Deviens conscient que cette grande loi t'aide à devenir MAÎTRE de ta propre destinée au lieu de croire que tu es victime de la MALCHANCE et à la merci des autres ou des circonstances de la vie et que tu ne peux rien y faire. Tu récoltes aujourd'hui ce que tu as semé auparavant. Demain, tu récolteras ce que tu sèmes aujourd'hui. Ton avenir dépend de ton MOMENT PRÉSENT. Voilà l'importance de réaliser que **nous créons à chaque instant de notre vie.**

Souvenons-nous que cette loi de cause à effet a été établie pour nous faire réaliser que nous sommes de grands créateurs, et non dans le dessein de punir qui que ce soit. Quand une personne réalise qu'elle s'est créé une situation difficile, elle peut se raviser en disant : « Je viens de réaliser que cette expérience ne m'est pas très bénéfique puisqu'elle me cause davantage de problèmes que de bonheur; je *choisis* et *décide* dès à présent d'agir de façon différente et de manière intelligente puisque je veux obtenir des résultats différents. » Cette personne ne s'accuse ni n'accuse personne d'autre. Elle décide simplement de transformer son attitude et son comportement car elle reconnaît être la seule responsable et capable de transformer quelque chose dans sa vie. Elle se crée ainsi une vie beaucoup plus agréable et bénéfique en fonction de ce qu'elle veut. **La loi de cause à effet est la loi spirituelle de la justice divine.**

En conclusion, il est important de se souvenir que tout effet se retrouve dans la cause comme une rose réside dans la graine. Il s'agit de semer pour récolter. Plus nous décidons que nous voulons récolter du bonheur, du bien-être et plus nous le semons. Pour finir, voici une réflexion : « Quoi qu'il puisse paraître, quoi qu'il puisse arriver, il n'y a pas de fatalité, ni de chance, ni même d'injustice : tous les événements sont liés les uns aux autres par cette grande loi de cause à effet. »

LOIS (grandes)

De grandes lois ont été établies dans notre monde pour gérer toutes les formes de vie : les lois *physiques*, *psychiques, cosmiques* et *spirituelles*. Toutes ces lois sont universelles dans le sens qu'elles s'appliquent à la totalité des hommes et de notre univers. Quand le terme « loi » est utilisé, cela implique qu'une règle impérative a été imposée à l'homme et que ce que la loi dit se produira, qu'il y croit ou non.

L

Prenons l'exemple de quelques **lois physiques** : quand on sème des carottes, on récoltera des carottes; quand on boit du poison, le corps physique sera empoisonné. Quand on a très chaud, le corps transpirera; le cœur battra plus vite suite à une peur soudaine, etc. Une **loi psychique** concerne davantage le domaine psychologique, c'est-à-dire les plans émotionnel et mental où les manifestations sont plus subtiles. Voici quelques exemples : une personne vit de la colère et une AURA de colère se dégagera d'elle. Ceux qui l'entourent pourront la sentir même si elle tente de la refouler. Pendant le sommeil, qu'une personne y croit ou non, elle rêvera. Une personne qui rit de bon cœur deviendra contagieuse et son entourage ne pourra s'empêcher de rire avec elle.

Les **lois cosmiques** concernent tout ce qui vient du cosmos. Par exemple, la loi de gravité, phénomène par lequel tout objet ou personne est attiré vers la terre (que nous y croyions ou non); les marées qui vont et viennent régulièrement; la terre qui tourne sans cesse sur son axe et autour du soleil et ainsi de suite.

Les **lois spirituelles** sont beaucoup plus subtiles. Elles concernent en particulier l'être humain et sa RAISON D'ÊTRE sur cette planète. Voici certaines des lois spirituelles : la LOI DE CAUSE À EFFET, la loi de la RESPONSABILITÉ, la loi de l'AMOUR VÉRITABLE, la loi du PARDON, la loi de la RÉINCARNATION, etc. Ce livre contient de multiples exemples relatifs aux lois spirituelles.

Les lois physiques, ainsi que toutes celles établies par les humains, peuvent être ignorées, non écoutées ou refusées sauf qu'il y a toujours un prix à payer, une conséquence. Par contre, le prix à payer à faire fi des lois spirituelles est beaucoup plus important et amène des conséquences plus sérieuses pour l'humain. Nous avons tous grand intérêt à devenir conscients de ces conséquences si nous voulons atteindre notre raison d'être sur cette terre un jour.

L

MAGNÉTISME

Attrait puissant et mystérieux exercé par quelqu'un sur son entourage. Charme et fascination représentent des synonymes. Le magnétisme correspond à ce qui se dégage d'une personne, ce qui attire, tel un aimant. Grâce à l'énergie de notre CORPS ASTRAL, nous possédons cette partie magnétique en nous.

Le magnétisme équivaut également à la partie en nous capable d'attirer des choses au moment où nous les voulons. Ton magnétisme se trouve à l'œuvre lorsque tu désires quelque chose et qu'il se manifeste sur-le-champ. Ceux qui ont des DONS de voyance ou de guérison, comme arrêter le sang, enlever une douleur, etc., utilisent leur énergie magnétique. Plus une personne est dans l'amour véritable, plus elle a du magnétisme qui contribue à se simplifier la vie ou à aider les autres.

Certains ont un magnétisme naturel et c'est une des raisons pourquoi plusieurs personnes sont naturellement attirées vers eux. Tout le monde a cette faculté, mais développée à des degrés différents. Les personnes avec beaucoup de magnétisme sont en contact avec leur SENSUALITÉ et leur SENSIBILITÉ. Elles dégagent généralement une grande CONFIANCE en elles-mêmes et ont une bonne capacité d'écoute des autres. Si tu te reconnais comme une personne magnétique, il est recommandé d'être prudent dans la façon d'utiliser ce magnétisme. Ce dernier est mal utilisé lorsque tu en PROFITES pour MANIPULER ton entourage ou pour séduire les personnes de l'autre sexe. En général, la SÉDUCTION a des effets nuisibles pour celui qui l'utilise. Comme toute énergie, le magnétisme n'est ni bien ni mauvais; la façon dont nous l'utilisons le rend bénéfique ou non.

M

MAÎTRE (faux)

Plusieurs définitions du dictionnaire sont rattachées au mot « maître », en voici seulement quelques-unes : quelqu'un qui commande, domine, exerce une autorité; personne qui enseigne, qui a pouvoir et autorité sur quelqu'un. Un faux maître est donc toute personne devant qui tu t'inclines soit par crainte, par adoration ou par admiration aveugle. Ce genre de faux maître peut se retrouver chez tes proches : ton conjoint, ton enfant, parent, collègue de travail, patron ou toute figure d'autorité que tu crains ou devant qui tu te sens inférieur. Ça peut être quelqu'un de très instruit, de plus riche, plus reconnu, plus connaissant, qui a un titre, etc.

Un faux maître peut aussi être quelque chose ou une situation qui t'INFLUENCE et qui finit par mener ta vie. Voici plusieurs exemples : les nouvelles et informations reçues par Internet, la télé ou les journaux et diverses lectures, l'astrologie, la voyance, les superstitions, les religions qui imposent des dogmes, les médecines douces et traditionnelles, la médication, la maladie, la mode, la compulsion dans le travail, le jeu, le sexe, la nourriture, etc. Les biens que l'on possède et l'argent symbolisent des faux maîtres très répandus. Et enfin, les plus subtils des faux maîtres qui dirigent le plus l'humain à son insu sont l'orgueil, les peurs, les culpabilités, les dépendances et les croyances mentales.

M

En somme, **les faux maîtres représentent tout ce qui nous empêche de faire des choix conscients, d'être nous-mêmes et d'être libres et heureux. Sachons que lorsque nous ne prenons plus nos décisions, nous nous laissons influencer par toutes sortes de situations à l'encontre de nos besoins.** Par conséquent, tous ces faux maîtres, par leur influence ou selon l'importance qu'on leur accorde, ont un impact très puissant et finissent inconsciemment par diriger notre vie. Il est donc fortement suggéré que tu prennes du temps pour vérifier les personnes ainsi que les choses et situations qui dirigent le plus ta vie dans le moment. Cette prise de conscience est impérative si tu veux atteindre la MAÎTRISE de ta vie un jour.

MAÎTRISE DE SOI

Qualité d'une personne qui est le seul maître de ses actions, de ses réactions et de ses décisions. Au plan matériel, on parle de maîtrise lorsqu'on parle de quelqu'un qui a atteint la maîtrise ou un certain degré de perfection avancé dans un domaine en particulier. Par exemple, un maître nageur, maître coiffeur, maître électricien, maître plombier, maître cuisinier, etc. **Au plan spirituel, la maîtrise ne signifie pas être parfait, faire tout à la perfection ou tout contrôler; elle correspond plutôt au fait de prendre ses propres décisions d'une façon consciente et responsable, que cette décision réponde ou non à son besoin.**

Une personne dans la maîtrise de sa vie se révèle d'un naturel calme et sait conserver son sang-froid, même dans les situations embarrassantes. Une telle personne dégage un charisme certain et on sent généralement une vive admiration pour elle. Cela ne signifie pas qu'elle sait tout et que rien de fâcheux ne lui arrive mais, lorsqu'elle s'aperçoit avoir commis une faute ou qu'elle s'estime insatisfaite du déroulement d'une situation, elle est capable de ne pas dramatiser et se permet même d'en rire. Elle se trouve alors maître de la situation. Elle concentre ses énergies pour agir efficacement, plutôt que de réagir de façon émotive, que ce soit en présence d'autres personnes ou avec elle-même.

Prenons l'exemple d'un maître serveur dans un restaurant. Il accomplit son travail de façon professionnelle, c'est-à-dire avec le plus d'égards possibles envers les clients. Même s'il lui arrive d'être maladroit et de renverser malencontreusement un plat, il aura la capacité de maîtriser la situation par son tact et saura quoi faire pour rendre l'incident le moins désagréable possible. Il est capable de mettre à l'aise le client par des paroles reflétant son degré de maîtrise. Il nettoie le dégât de façon magistrale et cette mésaventure lui attire des félicitations pour son calme et sa maîtrise totale.

M

Plusieurs personnes se méprennent sur la signification de la maîtrise et du CONTRÔLE. Le contrôle indique une retenue de soi ou de quelqu'un d'autre. Il est motivé par la peur, tandis que la personne maître d'elle-même reste centrée. Il n'y a aucune peur derrière son attitude et son comportement. Elle prend sa RESPONSABILITÉ. Par contre, cela ne veut pas nécessairement dire que cette personne écoute toujours ses besoins. Prenons l'exemple de celui qui mange tout en sachant qu'il n'a pas faim. Il est conscient de ne pas écouter ses besoins et se trouve prêt à assumer les conséquences de son choix. **Un maître sait donc ce qu'il**

fait et pourquoi il le fait. Il est donc maître de la situation. Par ailleurs, celui qui se contrôle se priverait de manger par peur d'engraisser par exemple, c'est la peur qui motive son choix.

Avec l'évolution de l'humain, celui-ci arrivera un jour au stade de Grand Maître, c'est-à-dire qu'il maîtrisera sa vie tout en écoutant de plus en plus ses besoins. Il arrivera même à l'étape de maîtriser la matière, comme Jésus lorsqu'il eut atteint l'état christique, autre terme utilisé pour désigner la Grande Maîtrise.

MAL

Se référer à **BIEN**

MAL DE VIVRE

Se référer à **JOIE DE VIVRE**

M

MALADIE

Altération organique ou fonctionnelle du corps. Dégradation de la santé. Toute maladie ou malaise physique se veut un blocage d'énergie dans le corps physique. Cette maladie symbolise l'expression physique d'un blocage émotionnel et mental. Elle se manifeste pour attirer l'attention de la personne qui n'est pas consciente ou qui ne veut pas devenir consciente d'une façon de penser et de ressentir non bénéfique pour elle. La souffrance physique représente le dernier moyen que la vie utilise pour que l'humain réagisse et devienne conscient de ses blocages psychologiques. Elle est éprouvée au même degré que la souffrance intérieure ressentie à ne pas écouter ses besoins puisqu'elle reflète ce qui se passe en nous.

Lorsque le corps nous parle par le biais de malaises ou de maladies, il nous indique que nous sommes rendus à notre LIMITE. En d'autres mots, l'âme ne peut plus prendre l'attitude mentale que nous entretenons. Cette attitude est contraire à notre PLAN DE VIE.

Notre corps fonctionne donc comme un baromètre nous indiquant nos désirs réprimés à cause de notre façon de penser, c'est-à-dire nos croyances. Plus une personne a de DÉSIRS réprimés, plus elle souffre. Par conséquent, plus les maladies sont graves ou violentes, plus fort est le message, donc plus ancrées sont les CROYANCES MENTALES. Nous savons ainsi qu'il est urgent de découvrir nos croyances non bénéfiques derrière nos PEURS qui, elles, bloquent nos désirs de se manifester.

Les réserves d'ÉNERGIE d'une personne sont un facteur qui influence l'apparition de la maladie dans son corps physique. Plus grande est sa réserve d'énergie et plus son corps prendra de temps avant d'atteindre sa limite, donc de devenir malade. C'est ce qui explique pourquoi certaines personnes s'avèrent plus malades que d'autres, ou malades plus jeunes que d'autres. Étant donné que la maladie est un autre outil de conscientisation pour se connaître, elle s'installera chez tous les êtres humains, sans exception, peu importe l'âge, le statut social ou la race d'un individu.

Or, puisqu'il devient pénible de fonctionner harmonieusement avec des douleurs, pourquoi ne pas utiliser notre corps physique pour tenter de comprendre ses messages ? Si nous reconnaissons que nous sommes des êtres entièrement RESPONSABLES de notre vie, nous accepterons que nous créons nos propres maladies par notre attitude. Nous devons accepter aussi que nous avons le pouvoir de renverser le processus et d'en guérir. Nous réaliserons ainsi combien nous sommes des êtres créateurs, donc susceptibles de créer l'effet contraire de la maladie qui est la santé, l'état naturel de tout être humain. Nous découvrirons ainsi une autre facette de notre grande force intérieure qui se situe bien au-delà de tout ce que nous pouvons imaginer.

La MÉTAPHYSIQUE représente un outil extraordinaire qui peut t'aider à découvrir la cause d'une maladie en te demandant à quoi sert la partie du corps souffrante, en faisant un lien avec ta vie, puis en faisant ton processus intérieur d'AMOUR DE SOI. Le domaine des malaises et

M

des maladies demeure fort complexe. Aussi, pour connaître plus en profondeur leur signification métaphysique, il est suggéré de te référer au livre **Ton corps dit : Aime-toi !** Ce volume te renseignera sur plus de 500 malaises et maladies et sera susceptible de t'aider à découvrir la cause profonde et précise d'un blocage d'énergie.

MALADIE CONGÉNITALE

Maladie présente à la naissance, même si elle ne se développe que plus tard. Elle se crée pendant la vie intra-utérine. Du point de vue MÉTAPHYSIQUE, cette maladie ou malformation indique que l'âme de la personne qui s'incarne ramène quelque chose, une blessure de l'âme par exemple, qu'elle n'avait pas réglée dans une vie précédente.

Pour l'âme, chaque incarnation peut être comparée à une journée dans la vie d'une personne. Par exemple, si une personne se blesse et qu'elle ne se rétablit pas complètement la journée même, elle se réveillera le lendemain avec cette blessure qu'elle devra continuer à soigner. Il en est ainsi d'incarnation en incarnation. Très souvent, la personne souffrant d'un problème congénital accepte mieux sa situation que celles qui l'entourent. Elle comprendra son message en découvrant ce que sa maladie l'empêche de faire et d'être en rapport à une CROYANCE non bénéfique pour elle. Il est important pour les parents de cette personne de ne pas se sentir coupables de ce choix fait par l'enfant à l'état fœtal ou avant même de naître.

MALAISE PHYSIQUE

Se référer à **MALADIE**

MALCHANCE

Se référer à **CHANCE**

MALÉDICTION

Se référer à **KARMA**

MALHEUR

Se référer à **DIFFICULTÉ**

MANIFESTATION (loi de)

Une manifestation se définit comme l'action d'exprimer, de faire apparaître, de manifester sa volonté. Comme nous nous trouvons sur terre pour expérimenter DIEU dans la matière et ce, à travers toutes sortes d'expériences en vue de reconnaître notre essence divine, nous pouvons, grâce à notre grand pouvoir de créer, manifester nos plus grands désirs.

Ce pouvoir de manifestation nous aide donc à devenir conscients de notre PUISSANCE divine. De plus, il nous aide à nous différencier de toutes les autres formes de vie sur cette planète. Seul l'humain possède ce pouvoir. Pour appliquer la loi de manifestation, nous devons utiliser nos trois corps, soit les corps mental, émotionnel et physique.

Voici les étapes suggérées pour manifester tes désirs dans le monde physique en utilisant la loi de la manifestation.

1) Tu utilises ton **corps mental** en pensant à ce que tu veux et en visualisant clairement le résultat, comme si c'était déjà accompli. Tu penses aux moyens que tu crois ou estimes qui seraient les plus appropriés pour faire arriver ce que tu veux. Le fait de planifier et de t'organiser ainsi que l'analyse des conséquences possibles de la manifestation de ton désir implique aussi ton corps mental.

2) Ensuite, tu te sers de ton **corps émotionnel** pour observer en toi comment tu te sens face à ce résultat. Si tu te sens bien et que tu es prêt à assumer les conséquences possibles, il ne te restera plus qu'à passer à l'étape suivante, le corps physique.

3) Tu utilises ton **corps physique** pour passer à l'action suite à ta planification mentale. Tu ne dois pas t'inquiéter de faire ou non la

M

bonne action. Quelles que soient les actions entreprises, dans la mesure où tu as comme motivation la réalisation de ton désir, elles seront bénéfiques pour ton BUT.

La loi de la manifestation s'apparente à toutes les lois immuables. Elle fonctionne immanquablement si aucune interférence mentale n'est créée par une CROYANCE plus forte que le désir à combler. Comme toute manifestation résulte de notre intention, si tu ne manifestes pas ce que tu veux, cela t'aidera à devenir conscient qu'au plus profond de toi, des PEURS se montrent plus fortes que tes DÉSIRS.

De plus, cette loi fonctionne même si le désir convoité ne répond pas à un BESOIN de l'être. Il est donc recommandé, si tu veux l'utiliser à bon escient, de t'assurer que ce que tu veux t'aide à ÊTRE quelque chose qui te fait sentir bien. D'autre part, LÂCHER PRISE du résultat en ressentant à l'intérieur de toi que tout ce qui surviendra de cette manifestation ne peut qu'être bénéfique s'avère une étape avantageuse. Tu peux également affirmer : « Ceci ou quelque chose de mieux se manifeste dans ma vie pour le plus grand bien de toutes les personnes concernées. » Cette affirmation permet de conditionner ton corps mental en reliant tes pensées à ta partie divine ou spirituelle, partie qui fait totalement confiance à l'UNIVERS.

MANIPULATION

Manipuler correspond à vouloir contrôler à sa guise, amener quelqu'un par voie détournée à faire ce que l'on veut. Si la manipulation prend le sens de vouloir CONTRÔLER ou avoir le POUVOIR sur les autres, il est suggéré de se reporter à ces thèmes afin de découvrir certains aspects inconscients concernant ce genre de manipulation.

Par contre, une personne qui se sent, se croit ou se laisse facilement manipuler, croit ne pas avoir de pouvoir sur sa propre vie et a de la difficulté à communiquer ses désirs et à faire ses demandes. Prenons l'exemple d'une personne qui, à son travail, sent que ses collègues la manipulent et profitent d'elle en lui faisant faire des choses contre son gré. En réalité, cette personne se laisse manipuler. Les autres vont toujours aussi loin avec nous que ce que nous leur permettons de faire.

Si tu te laisses facilement manipuler, tu dois observer ce qui se passe en toi et te demander : « Qu'est-ce qui fait que je me se laisse manipuler. Ai-je peur de déplaire aux autres, de me faire rejeter, de ne pas être aimée ou être abandonnée ? » De plus, tu as intérêt à travailler sur tes BLESSURES intérieures et à faire l'exercice du MIROIR, souvent très révélateur.

Cependant, il se peut que la manipulation soit utilisée de façon constructive, c'est-à-dire lorsqu'on argumente. On peut la qualifier de constructive quand elle est pratiquée sur une base de « gagnant-gagnant » et non par pouvoir ou pour le plaisir de gagner sur l'autre. Le cas cité précédemment refléterait le modèle « perdant-gagnant ». Une personne convaincue d'avoir une bonne idée, qui la soumet aux autres en déployant tous ses atouts et tous les arguments possibles dans le but de la faire valoir, représente une manipulation très favorable et peut même aider beaucoup de personnes à long terme. Pourvu qu'elle ne force pas pour vouloir gagner à tout prix, cette manipulation s'avère constructive.

M

MANQUE (sentiment de)

Manquer de quelque chose; ne pas avoir ou ne pas disposer en quantité suffisante de quelque chose. Éprouver un sentiment de manque, de quelque nature que ce soit – amour, affection, attention, argent, bien matériel, temps, connaissance, compliment, liberté, paix, volonté, etc. – dépend des croyances d'une personne. Elle entretient plusieurs CROYANCES mentales qui l'empêchent d'avoir ce qu'elle veut et elle est probablement inconsciente du fait qu'elle doit semer avant de récolter. Elle n'applique pas la LOI DE CAUSE À EFFET.

Si tu vis un sentiment de manque dans un domaine quelconque, pour trouver la croyance qui te bloque, demande-toi ce que ce manque *t'empêche d'être* dans la vie et, si tu en avais, cela *t'aiderait à ÊTRE quoi ?* La réponse à ces deux questions t'indique ce que tu veux être (ton besoin) dans la vie mais tu entretiens une croyance (une façon de penser) à l'effet que si tu oses être ce que tu veux, il pourra t'arriver quelque chose de désagréable. Cette façon de penser provoque donc le manque. Tu as choisi le manque plutôt que d'être ce que tu veux être. En appliquant les lois de l'ABONDANCE, tu as de fortes chances de remédier à cette situation. Il est très important de reconnaître le BESOIN de l'être comme un besoin légitime, sinon on se laisse facilement influencer ou manipuler par notre mental et toutes nos croyances.

MANTRA

Mot SANSKRIT qui signifie « instrument de la pensée ». Dans l'hindouisme et le bouddhisme, un mantra consiste en une syllabe ou phrase sacrée dotée d'un pouvoir spirituel. En d'autres termes, un mantra est formé d'un mot répété qui a pour fonction d'occuper le conscient, de sorte que l'intellect n'entrave pas notre moment présent par des pensées envahissantes. Le but consiste donc à rester dans l'OBSERVATION. Un mantra est surtout utilisé lors de MÉDITATION. Quel que soit le mantra choisi, ce dernier doit aider à renforcer la conscience de notre nature divine, par exemple « Je suis Dieu, Je suis l'Amour, Je suis la Paix, Je suis l'Abondance, Je suis l'Harmonie… »

MASCULIN (principe)

Le principe masculin chez l'humain, appelé « **animus** » par le psychanalyste Carl Jung, représente sa partie psychologique masculine. Que notre corps physique soit féminin ou masculin, nous possédons tous en nous un principe masculin et un principe féminin. Le principe féminin reçoit l'énergie créatrice universelle et le masculin l'exprime dans le monde par l'action. Nous démontrons ainsi le processus de la création.

Voici les caractéristiques du principe masculin, c'est-à-dire les circonstances où il est à l'œuvre dans notre vie : lorsque nous passons à l'action; quand nous donnons; lorsque nous analysons, organisons, réfléchissons, utilisons notre mémoire; quand nous exprimons de la force, de la persévérance, du courage; lorsque nous fournissons un soutien matériel; quand nous portons attention aux faits, aux détails; lorsque nous recherchons l'ordre, la précision, la clarté, le concret; quand nous

M

voulons connaître; lorsque nous voulons être seuls pour réfléchir ou faire une tâche.

Pour créer sa vie lui-même, l'humain doit utiliser ses deux principes d'une façon harmonieuse. Celui qui favorise son principe masculin au détriment de son principe féminin ne peut se sentir bien. Il y aura un déséquilibre dans sa vie. Par exemple, celui qui réfléchit trop et qui n'écoute pas l'intuition de son principe féminin passera à côté de plusieurs expériences importantes dans sa vie.

Il a été observé qu'une personne n'acceptant pas son père aura plus de difficulté à accepter son principe masculin (il en est ainsi pour la mère et le principe féminin). Cette non-ACCEPTATION nous empêche de bien vivre toutes les caractéristiques de notre principe masculin. Soit que nous évitons de les exprimer ou lorsque nous les extériorisons, nous nous sentons coupables ou nous vivons de la peur.

Pour savoir à quel point tu acceptes et tu vis bien ton principe masculin, tu n'as qu'à vérifier ta façon de vivre et d'exprimer chacune des caractéristiques de ce principe. Après avoir examiné ta manière d'expérimenter celles du principe FÉMININ, tu te rendras compte de l'importance de vivre successivement avec les deux et de l'utilité des différentes attitudes et comportements selon les circonstances. Ta partie masculine ne résistera plus à ton intuition féminine puisqu'elle n'aura plus peur de perdre son identité. Au lieu de vouloir te séparer de ta partie féminine, elle acceptera la fusion. Ta partie féminine reprendra contact avec sa puissance et sa capacité de prendre des décisions et elle ne résistera plus au côté pratique, rationnel de sa partie masculine. Voilà ce qui s'appelle vivre l'harmonie en soi !

M

MASOCHISTE

Comportement de quelqu'un qui semble trouver du plaisir à souffrir, qui recherche la douleur et l'humiliation. Cette personne semble trouver de la satisfaction à se faire du mal, soit au point de vue physique ou psychologique, en plus de laisser les autres la faire souffrir. Être masochiste consiste également à agir de façon contraire à ses besoins, de manière à se faire souffrir et, même si la personne le sait, elle continue quand même à agir de la même façon. Par exemple, priver notre corps des besoins essentiels qui le maintiennent en santé, nous forcer ou nous contraindre à faire des choses qui nous rendent mal à l'aise, malades, fatigués, pour éviter de nous sentir coupables ou par peur de ne pas être aimés.

Il y des gens qui sont presque en permanence dans leur comportement masochiste. On dit d'eux qu'ils se dévouent corps et âme pour les autres jusqu'à s'oublier complètement, qu'ils sont des êtres raisonnables, aimants. Ils se sentent facilement coupables et responsables du bonheur et du malheur de tout le monde et ils souffrent beaucoup, même s'ils en sont inconscients. Ils croient qu'ils auront droit au bonheur et au plaisir que lorsque les autres seront heureux. Comme cela est impossible, ils se retrouvent dans un cercle vicieux de souffrance. Ce genre de personne souffre souvent de la BLESSURE d'HUMILIATION.

M

Nous nous faisons souffrir inutilement chaque fois que nous nous sentons coupables, que nous n'écoutons pas nos vrais besoins et que nous refusons de faire confiance à la vie.

La majorité des humains ont longtemps cru qu'il fallait souffrir pour être heureux : souffrir pour mériter ceci, cela, souffrir pour être beau/belle, pour être en forme, souffrir pour les autres et même pour gagner son CIEL. La plupart de ces façons de penser et attitudes proviennent de notre éducation, de ce que nous avons appris et décidé de croire dans le passé. Toutes ces attitudes de souffrance ne s'avèrent bénéfiques pour personne et doivent disparaître. Elles appartiennent au passé. Sachons que nous nous trouvons sur terre pour être heureux et non pour souffrir. Dans le passé, la souffrance représentait le moyen ultime pour apprendre et pour devenir conscient. Nous devons maintenant transformer les moyens pour y arriver. C'est à chacun de nous qu'incombe la RESPONSABILITÉ de son propre bonheur, de savoir ce qui est bon pour soi et de décider d'apprendre sans toujours se faire mal. Cette partie masochiste en soi refera surface tant et aussi longtemps qu'on y croira et qu'on ne sera pas conscient et convaincu qu'il est inutile de se faire souffrir pour obtenir ce qu'on veut.

Certains se font souffrir en se créant des maladies ou des problèmes, en étant malheureux et en ne faisant rien pour s'en sortir pour avoir de l'attention. Ils se punissent eux-mêmes en devenant VICTIMES chroniques ou pessimistes. Une personne masochiste a de la difficulté à accueillir ce qui lui arrive de bénéfique dans sa vie. Elle ne croit pas possible d'être heureuse tout le temps. Mais pourquoi pas !?! Même dans les obstacles ou les situations parfois plus difficiles, il y a toujours un côté positif, un côté constructif à considérer qui nous aident à nous dépasser, à être en contact avec notre puissance intérieure.

Comment transformer une attitude masochiste pour parvenir à être heureux et ressentir du PLAISIR dans sa vie ? D'abord, en prenant conscience que tu es sur la terre pour **être** heureux, pour ta propre évolution et non pour vouloir à tout prix rendre les autres heureux. Aussi, en cessant de croire au mérite. Il est plus sage de croire à la grande LOI DE CAUSE À EFFET. Tu agiras par CONSCIENCE des conséquences de ce qui s'avère bénéfique et intelligent pour toi plutôt que par peur ou culpabilité. Commence à prendre contact avec tes propres désirs, tes propres besoins. Fais une liste de ce qui te ferait vraiment plaisir maintenant, permets-toi d'y goûter à chaque instant et toujours un peu plus à chaque jour. Peu à peu, tes plaisirs se multiplieront et tu retrouveras ta joie de vivre au lieu de te faire souffrir inutilement.

M

Le plaisir se retrouve dans tout : vois la récompense dans ton travail, dans tout ce qui t'entoure, incluant les gens qui partagent ta vie. Si tu as peur d'être jugé ou de devenir égoïste en te faisant plaisir, il est urgent pour toi de vérifier ce que le mot ÉGOÏSME signifie véritablement. Apprends à t'AIMER, à t'ACCEPTER.[7]

---

[7]   Pour plus de détails, il est suggéré de lire le livre "Les 5 blessures qui empêchent d'être soi-même".

MASQUE

Se référer à **MÉCANISME DE DÉFENSE**

MATÉRIEL MONDE

Dans ce livre, nous abordons la dimension du monde matériel visible et invisible dans son rapport au monde SPIRITUEL. Le monde au plan matériel est vaste. Il compte d'abord les règnes humain, animal, végétal et minéral. Il comprend nos corps physique et psychique (émotionnel et mental), l'EGO et tout ce qui a un rapport avec les sens (le toucher, l'ouïe, le goût, l'odorat, la vue), la musique, les parfums, les éléments de la nature, etc. L'ÂME et le monde ASTRAL font aussi partie du monde matériel invisible, même si leur densité est moindre que le corps matériel tangible.

M

L'expression « tout ce qui est en haut est comme ce qui est en bas » représente bien cette partie visible et invisible du plan matériel. Par exemple, lorsque quelqu'un désire ardemment une chose par la visualisation seulement et qu'un autre passe à l'action pour réaliser son désir, les deux vivent la même chose : l'un vit son désir dans le monde matériel psychique, c'est-à-dire le monde matériel invisible et l'autre l'expérimente dans le monde matériel physique. La différence ? Le résultat tangible de l'expérience.

En réalité, **nous sommes poussés naturellement vers la manifestation de nos désirs car c'est le seul moyen pour vérifier si cette expérience s'avère INTELLIGENTE ou non pour nous et si elle est vécue dans l'ACCEPTATION.** Lorsque c'est le cas, nous n'avons plus à revenir pour vivre un tel événement. Nous pouvons passer à d'autres expériences. La terre, étant une planète matérielle, nous permet d'expérimenter DIEU à travers le matérialisme. Manifester quelque chose nous permet de penser (mental), de sentir (émotionnel) et d'agir (physique), activant ainsi les trois dimensions qui contribuent à mettre toutes les chances de notre côté pour manifester DIEU dans le plan matériel.

Par contre, le monde matériel s'avère un monde limité, c'est-à-dire que nous avons tous des LIMITES aux plans physique, émotionnel et mental. Cependant, chaque être humain crée ses propres limites selon ses croyances, ses expériences et sa volonté. La seule chose qui nous amène au monde spirituel est l'amour universel de tout ce qui existe, ce qui signifie l'acceptation de toutes nos expériences terrestres. Comme tout est temporaire, nous pouvons repousser sans cesse les frontières de nos limites à mesure que nous devenons plus conscients, que nous connaissons les grandes LOIS de l'AMOUR et que nous nous rebranchons à l'énergie divine. Les limites finissent par s'atténuer d'elles-mêmes faisant place à une plus grande ouverture au monde spirituel, un univers sans limite. Nous connaîtrons cet état illimité quand le monde matériel arrêtera de diriger notre vie, quand nous saurons au plus profond de nous que nous sommes DIEU voulant expérimenter le monde matériel.

MÉCANISME DE DÉFENSE

Tous les êtres humains ont recours à des mécanismes de défense qu'on appelle parfois des masques ou des personnalités. C'est une façon pour les humains de se protéger et de cacher leur vulnérabilité, que ce soit en mentant, en déformant la vérité, en se justifiant ou en accusant quelqu'un. En fin de compte, chaque fois que l'ORGUEIL ou les PEURS s'emparent de nous et que nous ne sommes pas nous-même, un mécanisme de défense prend la relève pour nous aider. Son unique utilité ? Celle d'assurer notre survie pour nous empêcher de trop souffrir.

En vertu de la personnalité propre à chaque individu et des BLESSURES reliées à son PLAN DE VIE, les mécanismes de défense utilisés diffèrent pour chacun. Ils se développent généralement suite à une souffrance émotionnelle. Il est rare de nous rappeler à quel moment précis nous avons décidé de recourir à une telle ligne de conduite, mais il est certain que cela provient de notre tendre enfance et parfois même de nos vies antérieures. Étant jeunes, nous avons vécu maintes expériences douloureuses ou jugées inacceptables parce que nous ne comprenions pas le comportement et les croyances des adultes. Nous avons

M

donc décidé que nous devions nous protéger pour ne pas revivre ces expériences.

C'est au moment de prendre une décision que nous adoptons tel mécanisme de défense pour tel genre de douleur. Voilà pourquoi l'humain développe au fil des années plusieurs moyens pour se protéger. Il peut choisir de se taire plutôt que de se faire réprimander quand il donne son opinion, de bouder quand il est déçu, de crier, d'accuser les autres quand il vit de l'injustice. La liste des mécanismes de défense est très longue.

Mais vient un jour où le mécanisme de défense utilisé cause lui-même plus de souffrance que le fait d'être soi-même. Ainsi, il nous nuit davantage qu'il ne nous aide. Nous n'en pouvons plus et nous étouffons tout ce que nous voudrions être. À partir de ce moment, la plupart des gens décident d'entreprendre une démarche personnelle et tentent de découvrir ce qui ne va pas dans leur vie et dans leurs relations.

M

Il faut retenir que chaque fois que nous vivons une situation où nous ne sommes pas nous-même, nos CROYANCES nous envahissent et agissent à notre place en étant convaincues de nous aider. Nous devons réaliser que nous ne sommes plus l'enfant de jadis. Nous avons évolué et, grâce à la nouvelle CONSCIENCE et à la perception différente de la vie, nous n'avons plus besoin de tous ces comportements qui nous empêchent d'être nous-même et de vivre de nouvelles expériences. Sachons également que cela exige énormément d'ÉNERGIE d'être toujours quelqu'un d'autre plutôt que d'être soi-même. Le fait de continuer à utiliser ces mécanismes de défense contribue à alimenter nos blessures, nous empêchant ainsi de les guérir. Nous nous créons en plus une PERSONNALITÉ très différente de notre INDIVIDUALITÉ. Ces mécanismes de défense peuvent être comparés à un masque que nous portons et que nous enlevons au besoin lorsque nous ne nous sentons pas menacés.

Le moyen par excellence pour arrêter d'utiliser ces mécanismes de défense est de devenir conscient de tes blessures et de décider de t'occuper de leur guérison. Pour effectuer une recherche plus en profondeur et en savoir davantage sur les cinq principales blessures de l'âme reliées à tes masques, comment bien les identifier, savoir d'où elles proviennent, connaître la personnalité type reliée à chacune d'entre elles ainsi que les nombreux outils pertinents pour t'aider à mieux gérer ta vie et découvrir tes forces, il est suggéré de lire le livre ***Les 5 blessures qui empêchent d'être soi-même.***

MÉCHANT

Quelqu'un est considéré comme « méchant » quand il fait délibérément du mal ou cherche à en faire, le plus souvent de façon ouverte et agressive. Cette définition représente la vision matérielle de la méchanceté, c'est-à-dire la vision humaine d'une personne dite méchante. Cependant, si la race humaine veut évoluer et surtout s'améliorer, elle doit appréhender ce mot du point de vue spirituel, c'est-à-dire s'ouvrir au fait qu'une personne méchante est une personne souffrante, DÉCENTRÉE qui n'est plus elle-même. Elle est envahie par les parties en elles qui souffrent et qui ne connaissent pas d'autre façon de se défendre. Plus nous aurons de la COMPASSION pour nos parties dites « méchantes » ainsi que celles des autres, plus notre planète redeviendra un paradis terrestre.

M

MÉDECINE

Ensemble des connaissances et des moyens mis en œuvre pour la prévention, la guérison ou le soulagement des maladies, blessures ou infirmités. Il existe une médecine allopathique, qui utilise des moyens et des produits non naturels et la médecine homéopathique, qui elle n'adopte que des moyens et des produits naturels. Toutes les sortes de médecine ont leur utilité et il n'en tient qu'à chacun de décider laquelle répond le plus à ses besoins. Une personne peut, par exemple, utiliser la médecine de l'âme pour aller à la cause profonde de son mal tout en se faisant aider par une autre médecine pour calmer sa douleur physique. D'ailleurs, de plus en plus de personnes combinent différentes approches. La médecine de l'âme, quant à elle, utilise comme moyen la MÉTAPHYSIQUE qui considère que la guérison du corps physique commence par la guérison de l'âme.

Nous espérons tous que le jour n'est pas loin où chacun de nous aura la liberté totale de choisir le genre de médecine qui lui convient et ce, partout dans le monde.

MÉDITATION

Attitude qui consiste à s'absorber dans une réflexion profonde sur un sujet particulier, à UNIFIER son corps et son esprit, à se retrouver en état d'observation en cessant le bavardage intérieur qui nous empêche d'être dans notre MOMENT PRÉSENT. Par exemple, une personne peut décider d'aller marcher pour méditer sur un sujet, pour bien réfléchir sur tous les aspects d'une situation. Le fait de méditer nous amène à être dans notre moment présent, c'est-à-dire à ne pas nous laisser distraire par autre chose. D'un autre côté, si la même personne décide de faire une marche méditative, son attention sera alors portée sur la nature et non sur un sujet particulier. Dans cet ouvrage, nous avons choisi de considérer la méditation en tant qu'état méditatif plutôt que comme réflexion.

Il y a plusieurs méthodes de méditation. Différents ouvrages et même des stages existent pour enseigner ces méthodes. Nous devons adopter celle qui nous convient le mieux et avec laquelle nous nous sentons le plus à l'aise. N'importe laquelle est valable si elle crée en nous un silence intérieur et nous aide à cesser de penser. Il est suggéré de méditer au moins trente minutes par jour, de préférence le matin au lever du soleil, moment où l'énergie est particulièrement propice au silence intérieur.

Méditer consiste à s'asseoir de sorte que la colonne vertébrale soit droite afin de favoriser la circulation libre de l'énergie. Une personne peut ajouter une musique douce ou non. Donc, on ferme les yeux, on prend quelques respirations lentes et profondes tout en visualisant qu'une lumière blanche et brillante illumine son corps, comme un petit soleil, en commençant par le cœur, puis en laissant cette lumière se propager partout dans son corps. On devient conscient d'être là, *ici et maintenant*. On prend conscience des respirations, de sentir l'air entrer et sortir des poumons. Si des pensées viennent s'interposer, on les laissera simplement flotter. Si des bruits se font entendre, on en deviendra conscient, mais on ne fera que les observer sans chercher à savoir d'où ils proviennent. On ressent cet état de calme intérieur, de bien-être et de paix. Un MANTRA peut être répété afin de tenir la conscience en alerte, ce qui évite le mental de prendre le dessus.

Il n'y a pas de bonne ou de mauvaise méditation. Il n'y a que des expériences différentes. Le but de la méditation consiste à nous rappeler l'importance de vivre en état méditatif, c'est-à-dire être entièrement absorbé et OBSERVATEUR de notre moment présent. Par exemple, lors d'une marche méditative, tu deviens conscient de tout ce qui t'entoure : conscient d'observer la nature, d'entendre tes propres pas toucher le sol, de sentir le vent léger caresser ton visage, d'humer l'air frais, le parfum des fleurs; en somme, tu ne penses à rien d'autre. Tu peux te retrouver en état méditatif sans en être conscient, par exemple, chaque fois où tu es bien absorbé par une tâche, un sport, ou toute activité. Souviens-toi comment tu te sens bien dans ces moments. Il n'y a aucune inquiétude mentale et le temps semble s'arrêter pour toi. Nous voulons arriver un jour à ne vivre que dans cet état méditatif.

M

Les bienfaits de la méditation sont multiples et immenses. Elle se révèle avant tout un excellent moyen d'entrer en contact avec ta lumière intérieure. De plus, elle aide à développer ta concentration et ta capacité d'observation. Elle sert de temps d'arrêt et de détente. La méditation s'avère également bénéfique pour trouver des réponses puisqu'elles sont toutes à l'intérieur de toi. Elles arrivent souvent dans les heures qui suivent la méditation. Il n'est pas recommandé de méditer le soir à cause d'une trop grande activité mentale, mais plutôt de faire une DÉTENTE. De plus, il est fortement recommandé de faire une RÉTROSPECTIVE de sa journée avant de se coucher.

MÉDIUMNITÉ

Faculté qu'une personne appelée « médium » possède de communiquer avec les esprits ou de servir d'intermédiaire entre le monde des vivants et celui des esprits. Certaines personnes ont, en effet, la capacité de lire dans le corps de désir (corps émotionnel) des gens et peuvent en quelque sorte prédire leur avenir. Une personne doit être très PSYCHIQUE pour être médium. Sachant qu'une personne psychique fusionne facilement avec les corps émotionnel et mental des autres, il est fortement suggéré d'être vigilant si tu acceptes de te faire faire une lecture par un médium. Celui-ci ne se branche pas nécessairement à tes besoins mais plutôt à tes désirs. En plus, il se branche à toutes tes émotions et tes peurs. Il y a une différence avec un CLAIRVOYANT qui se connecte plutôt aux besoins de l'être d'une façon objective.

La curiosité naturelle de l'être humain est telle qu'il devient habituel pour plusieurs personnes d'être attirées vers des médiums, car il existe quelque chose à la fois mystique, mystérieux et intrigant que de se faire décrire des passages de notre vie passée ou de se faire prédire l'avenir. Mais, comme nous sommes des humains, nous restons des êtres vulnérables et parfois influençables et ce, même si nous disons que cela ne nous INFLUENCE pas.

M

Si l'expérience t'attire beaucoup, il sera sage de développer ton discernement. La première chose consiste à vérifier comment tu te sens au contact du médium. Si spontanément tu te sens bien, ce sera signe que cette personne a quelque chose de bon pour toi qui peut t'aider dans ton plan de vie. Par contre, quand tu ne te sens pas bien ou si tu as le moindre doute, tu reçois le signal que cette personne ne représente pas ce dont tu as besoin dans le moment.

Tu dois aussi demeurer vigilant et ne pas prendre pour acquis ou comme étant la pure vérité tout ce qu'un médium raconte et semble connaître de toi. Car, même si ses prédictions paraissent coïncider avec ce qui se passe dans ta vie actuelle et avec tes désirs, il n'en demeure pas moins que ce médium est influencé par ce qui se dégage de toi au moment où tu te trouves à ses côtés. Il peut aussi te parler à travers ses propres peurs ou toutes autres émotions en lui qui ne sont pas réglées, et que ta présence fait RÉSONNER en lui.

Pour ceux qui font un travail de développement personnel, il est particulièrement important de s'en rappeler. En effet, au fur et à mesure que nous devenons conscients de nos peurs et croyances et que nous prenons de nouvelles décisions, ce qui se dégage de nous change. Nous pourrions aller voir le même médium trois mois plus tard et, à cause de nos changements intérieurs, il nous prédirait un tout autre avenir.

Il est donc très sage de nous servir de notre discernement et d'y aller avec prudence. Viendra un jour où ce genre de personne ne nous attirera plus. Nous saurons que nous sommes les seuls MAÎTRES de notre vie puisque nous serons connectés en permanence à notre source divine. Nous aurons alors la certitude que nous créons véritablement notre vie telle que nous la voulons.

MÉFIANCE

Se référer à **CONFIANCE** et **PRUDENCE**

M

MÉMOIRE

Faculté de conserver et de se rappeler des choses passées et ce qui s'y trouve associé. Aptitude à se souvenir. Le vieux cliché disant que *la mémoire est une faculté qui oublie* est parfois vrai. Mais, ne dit-on pas également des personnes dotées d'une bonne mémoire que *cette personne a une mémoire d'éléphant* ? Comment se fait-il que certaines gens semblent posséder plus de mémoire que d'autres et surtout comment peut-on arriver à la développer ?

Il y a différentes sortes de mémoire : la *mémoire mentale*, l'*émotionnelle*, *la physique*, la *cellulaire*, la *génétique* et l'*inconsciente*.

D'abord, la **mémoire mentale** représente ce qu'on a appris intellectuellement par toutes sortes de sources n'ayant pas eu d'impact émotif en rapport avec une expérience quelconque. Par exemple, les connaissances acquises à travers les livres de tous genres, comme l'histoire, les langues parlées et écrites, les mathématiques, etc.

La **mémoire émotionnelle** est celle qui se souvient des sentiments et des émotions associés aux événements qui ont touché une corde sensible de notre être. Malheureusement, l'humain étant beaucoup plus influencé par sa mémoire émotionnelle que par les autres, il n'enregistre pas les faits tels qu'ils sont, mais plutôt son *ressenti* face aux événements. Il ne peut donc être objectif lorsqu'il se rappelle des incidents du passé quand il se fie seulement à sa mémoire émotionnelle. Voilà pourquoi nous avons une si grande mémoire quand nous nous souvenons des faits et gestes posés par les autres qui nous ont blessés.

La **mémoire physique** s'avère celle qui enregistre toutes les sensations physiques vécues depuis notre conception. Par exemple, la sensation d'une brûlure ne peut être mémorisée tant qu'elle n'est pas vécue. Lorsqu'une senteur ou un certain paysage te rappelle un souvenir, ta mémoire physique se trouve à l'œuvre. Il est plus facile d'être objectif et réaliste avec les mémoires mentale et physique.

M

La **mémoire cellulaire** correspond aux informations enregistrées dans nos cellules au niveau de l'ÂME. Elle contient donc tout ce qui a été vécu durant nos multiples vies. Lorsque tu as la certitude de « déjà vu » quand tu arrives dans un nouveau pays, c'est ta mémoire cellulaire qui s'est activée. Elle permet également de parler une nouvelle langue facilement après deux ou trois semaines de contact avec celle-ci. Les anciennes mémoires cellulaires refont surface.

La **mémoire génétique**, qu'on pourrait aussi appeler « héritage génétique » reflète celle qui nous habite, en général d'une façon inconsciente, et qui provient de tous les événements passés de nos deux familles génétiques. Il y a très souvent des événements vécus par sentiment de loyauté familiale qui ont un lien avec cette mémoire. Par exemple, quelqu'un recherchera la justice à tout prix à cause d'une grave injustice vécue par un aïeul, même s'il n'en est pas au courant.

Et enfin, la **mémoire inconsciente**, aussi appelée SUBCONSCIENT. Un outil important pour aider à développer ta mémoire consiste avant tout à être capable de vivre ton MOMENT PRÉSENT, à porter une attention particulière à tout ce qui t'entoure. C'est l'outil primordial pour te rappeler de tout ce que tu enregistres dans tes mémoires. Donc, observe davantage ce que tu perçois autour de toi, porte une réelle attention à ce que tu entends, à ce que tu vois, à ce que tu lis, à ce que tu fais et à ce que tu ressens. Quand tu es vraiment dans ton instant présent, tu élargis considérablement les limites de ta mémoire mentale.

En plus, ce qui aide à te souvenir de ce qui est important pour toi, c'est d'avoir de la PASSION pour ce que tu fais. Mets de l'intensité dans ce qui t'intéresse. Par exemple, si une personne s'intéresse aux langues étrangères et préfère l'espagnol à l'anglais, il lui sera plus facile de mémoriser l'espagnol si on la compare à une autre personne qui l'étudie par obligation. Utilise cette même attitude dans tous les autres domaines. Si tu veux te rappeler des gens, par exemple, intéresse-toi à eux, porte attention aux sujets discutés et à ce qu'ils vivent. Tu garderas ainsi en *mémoire active* les éléments importants d'un événement ou d'une conversation, en plus des ressentis vécus.

Par contre, il est important d'utiliser ta mémoire seulement pour tes besoins. Elle doit t'être UTILE à quelque chose. Si tu veux tout mémoriser pour épater les autres, ou si tu es motivé par la peur ou si tu ne veux te rappeler que des choses désagréables dans ta vie, cela deviendra un abus de ta mémoire et, à la longue, elle peut flancher et même disparaître, comme dans le cas de l'Alzheimer. Il est recommandé d'aider ta mémoire en notant le plus possible lorsque cela t'est possible. L'expression *le plus petit crayon est souvent mieux qu'une grande mémoire* nous rappelle cette bonne habitude.

Aussi, porte attention aux paroles que tu prononces. Dis-tu souvent : « Je n'arrive jamais à me souvenir de ceci, de cela. », « Eh ! que je n'ai donc pas de mémoire ! » ou « Plus je vieillis, plus je perds la mémoire ? » N'oublie pas que la PAROLE crée et ce qui est cru et ressenti en nous se manifeste.

M

MÉMOIRE AKACHIQUE

Ce mot SANSKRIT signifie « mémoire universelle ». Cette mémoire se situe dans le monde ASTRAL et certains humains ont la capacité d'y accéder. Dans cette mémoire, tout est enregistré, c'est-à-dire tout ce qui s'est passé sur cette planète dans les moindres détails. Comme toute capacité doit être utilisée pour le bien de l'humanité, celle-ci doit aussi être utilisée à bon escient et non pour augmenter l'EGO.

MENTAL INFÉRIEUR

Se référer à **INTELLECT**

MENTAL SUPÉRIEUR

Se référer à **INTELLIGENCE**

M

MENTIR

Tromper par de fausses apparences ou représentations, donner pour vrai ce qu'on sait être faux ou nier ce qu'on sait être vrai. Au plan spirituel, mentir équivaut à ne pas être cohérent entre ce que nous pensons, ressentons, disons ou faisons, ce qui sous-entend que lorsqu'une personne décide de dire quelque chose, ça ne doit pas contredire ce qu'elle pense et ce qu'elle ressent.

Au niveau de la conscience, un mensonge peut être perçu comme un MÉCANISME DE DÉFENSE. Une personne qui ment croit se soustraire à des conséquences fâcheuses qu'elle ne se sent pas prête à affronter. Elle peut avoir développé ce penchant depuis sa jeunesse par survie ou pour se protéger et cette attitude peut être devenue une habitude, une façon normale pour elle de s'exprimer.

Bien qu'en général le désir sincère de tous soit de se conformer à la vérité – besoin essentiel du corps mental de l'être humain –, toute personne qui se cache sous le masque du mensonge ou qui déforme la vérité signifie qu'elle se laisse manipuler par une partie à l'intérieur d'elle-même qui a peur d'être découverte : elle a peur d'être elle-même. Cette crainte domine son désir de dire la vérité. Comme nous voulons tous un jour arriver à redevenir nous-mêmes, authentiques, sincères et TRANSPARENTS, nous devons commencer par être capables de regarder en face nos PEURS.

Il importe de te souvenir que ce principe reste le même en ce qui concerne les autres. Ainsi, lorsque tu te trouves en présence d'une personne en train de mentir, place-toi dans ses souliers à ce moment précis et sens que cette personne vit de la crainte et qu'elle ment pour se protéger, car ses LIMITES l'empêchent d'être vraie et de se dévoiler. En réalité, elle n'est pas une menteuse, mais plutôt peureuse à ce moment-là. C'est une excellente façon de développer de la compassion pour tes semblables qui ont cette tendance ainsi que pour toi-même lorsque tu as tellement peur que tu crois que la seule solution est le mensonge.

De plus, il faut réaliser que la décision d'utiliser le mensonge comme moyen de protection demeure très courant et humain et que chaque fois qu'on ment, on se ment à soi-même puisqu'on n'est pas nous-même. Par conséquent, lorsqu'il t'arrive de mentir à l'occasion, prends simplement conscience de tes peurs et de tes limites à ce moment-là sans te juger et rappelle-toi qu'il est humain d'avoir des peurs et des limites. Voilà le moyen par excellence pour gérer l'habitude de mentir et pour arriver à utiliser de moins en moins ce mécanisme de défense. De plus, il est bon de devenir plus conscient de ce que signifie être vraiment VRAI, expression bien expliquée dans cet ouvrage.

M

MESSAGE DE L'AU-DELÀ

Se référer à **MÉDIUMNITÉ**

MÉTAPHYSIQUE

Le mot « métaphysique » est utilisé de plusieurs façons mais, dans cet ouvrage, nous le définissons comme Aristote, c'est-à-dire « ce qui vient après le physique ». Il désigne la métaphysique comme une discipline qui a pour objet l'étude de l'ÊTRE dans sa globalité.

Faire de la métaphysique consiste à observer ce qui se passe dans sa vie et à être capable de faire des liens entre ce qui se passe au plan physique et ce qui advient au plan psychologique. C'est une façon simple et rapide d'aller à la cause profonde des événements bouleversants qui surviennent dans notre vie pour en détecter les blocages émotionnels et mentaux. Cela exige de l'OBSERVATION au niveau du SENTI, un minimum de connaissance pour savoir comment faire des liens et de faire confiance à son corps, à son INTUITION et à son DIEU INTÉRIEUR.

La métaphysique peut être utilisée dans tous les domaines de notre vie. Par exemple, si tu as mal aux jambes et que cette douleur t'empêche d'aller à la vitesse que tu veux, faire le lien signifiera que ce mal t'indique que ta façon de penser t'empêche d'aller à la vitesse que tu veux. La métaphysique veut que, chaque fois que tu vis une difficulté ou une douleur dans ta vie, il y a un lien avec une de tes façons de penser qui te fait mal. Quand ça va bien, un lien existe entre tes pensées et tes croyances qui sont bénéfiques pour toi. En métaphysique, on sait qu'il n'y a jamais de HASARD et que tout peut nous aider à devenir conscients au niveau de l'être : les paroles prononcées, les vêtements portés, ta façon de conduire une auto, de t'alimenter, tes maladies, tes accidents, ce que tu attires à toi, la morphologie de ton corps, ta gestuelle, etc.

La métaphysique sert à démontrer le fait que les malaises et maladies ne sont pas seulement d'ordre physique, comme une blessure suite à un accident, une indigestion, etc. Le contraire équivaudrait à dissocier la personne de ses deux autres corps. Notre enveloppe matérielle est composée de trois CORPS et nous devons tenir compte des trois, peu importe l'événement qui survient. Par exemple, quelqu'un qui vit une peur soudaine, la réaction de son corps physique est automatique : son cœur bat plus vite, sa respiration s'accélère, etc.

Toutefois, avoir recours à la métaphysique est plus difficile pour les gens qui dissocient le monde physique de ce qu'ils vivent intérieurement. Ils éprouvent donc une certaine résistance à accepter cette approche et à aller à la source de leur problème. Ces gens préfèrent rejeter la faute sur une cause extérieure. C'est beaucoup plus long de guérir une maladie, par exemple, si le travail ne se fait qu'au plan physique. En plus, le même problème risque de revenir plus tard ou sous une autre forme de maladie. Tandis que si la personne fait, par la même occasion, un travail au niveau de l'âme et accepte sa totale RESPONSABILITÉ, c'est-à-dire qu'elle reconnaît que la situation physique est là pour attirer son attention sur une attitude intérieure non bénéfique pour elle, elle inversera le processus de création de la maladie et déclenchera le processus de guérison. Elle mettra toutes les chances de son côté pour guérir beaucoup plus vite et pour que la maladie ne revienne plus. Plus nous sommes alertes, plus il devient facile de faire des liens rapidement. Cela devient une seconde nature.

En résumé, la métaphysique consiste à utiliser notre dimension physique pour devenir conscient de ce qui se passe au-delà du plan physique, soit aux plans émotionnel et mental. Elle demande d'écouter la sagesse de notre corps, de demeurer alerte à tous les signaux et événements qui surviennent dans notre vie. Elle recommande de relier tout ce qui se passe dans notre monde physique et de le transposer au niveau de l'être pour apprendre à devenir maître de notre vie. Lorsque nous changeons d'attitude, que nous acceptons que ce sont nos propres créations, les malaises ou les maladies disparaissent et les situations désagréables deviennent de plus en plus claires et faciles à gérer. Nous y trouvons même du plaisir à faire le décodage car nous apprenons sans cesse à mieux nous connaître et à reconnaître notre pouvoir de créer, donc à mieux gérer notre vie. Un jour, nous aurons le réflexe de SAVOIR tout de suite, à l'instant même où un incident arrive, ce que notre Dieu intérieur veut nous transmettre comme message.

M

MÉTEMPSYCOSE

Théorie qui dit que l'âme peut se réincarner non seulement dans un corps humain mais dans celui d'un animal ou dans un végétal. Cette théorie est plutôt répandue dans le monde oriental, principalement chez les hindous. Toute théorie doit être acceptée comme vérité pour soi seulement si elle nous aide à nous sentir mieux ou à éliminer des peurs. La croyance en elle-même ne s'avère ni bien, ni mal; elle existe pour aider les humains à développer leur DISCERNEMENT.

MIRACLE

Selon le dictionnaire, un miracle est un phénomène interprété comme résultant d'une intervention divine; chose étonnante qui se produit contre toute attente. Autre interprétation : événement qualifié d'inusité que les hommes n'arrivent pas à expliquer. Aussi, nous pouvons appeler un miracle, un processus tout à fait naturel qui, au lieu de prendre des années, se produit d'une façon spontanée, par exemple la guérison d'une maladie grave.

Pourquoi les miracles se produisent-ils chez certaines personnes et non chez d'autres ? Il y a autant de raisons qu'il y a de personnes, que d'états d'être et de croyances. Prenons l'exemple d'une personne qui souffre d'une maladie considérée comme incurable par la médecine. Elle sait que le mot « incurable » signifie que la MÉDECINE qui lui est offerte n'a pas encore trouvé de « cure » pour cette maladie. Comme elle ne peut plus considérer l'extérieur comme ressource susceptible de pouvoir la sauver, elle ne peut donc compter que sur elle-même et son DIEU INTÉRIEUR comme dernières ressources. Ce genre de situation représente souvent ce dont une personne a besoin pour comprendre des choses et pour prendre contact avec sa PUISSANCE intérieure si elle veut guérir.

Pour qu'un miracle se produise dans quelque domaine que ce soit, il doit y avoir une certitude intérieure très forte quant au résultat escompté. Le désir de vivre ne doit pas être motivé par la peur de la

M

mort du corps physique. Il doit n'y avoir aucun doute, si minime soit-il; c'est ce qu'on appelle la FOI.

Nous devons savoir aussi que tous les humains ont cette capacité de manifester des miracles, au lieu de croire que seulement des grands MAÎTRES, comme Jésus, en sont capables. D'ailleurs, nous pouvons constater que les différents médias d'information parlent de plus en plus de miracles et ce, partout dans le monde. Un jour, lorsque nous serons plus conscients, le mot « miracle » ne fera plus partie de notre vocabulaire car nous saurons, hors de tout doute, que c'est simplement la manifestation de l'état naturel des choses pour l'être humain.

MIROIR (approche du)

Au plan matériel, un miroir sert à refléter l'image des personnes et des choses. Quoi de plus identique à soi que le reflet de sa propre image ? Bien sûr, il s'agit ici du miroir de l'âme. L'approche du miroir représente l'outil indispensable pour toute personne qui désire apprendre efficacement à mieux se connaître. Elle sert à devenir conscient du degré d'acceptation face à soi-même. Elle enseigne que les aspects en soi sont reflétés à travers les autres. Ainsi, ce que nous **admirons** ou ce qui nous **dérange** chez les autres reflète ce qui se passe à l'intérieur de nous. Cette approche est très menaçante pour l'EGO qui croit que les autres se montrent plus fautifs ou meilleurs que nous.

La plus grande utilité de cette approche consiste à nous aider à découvrir les parties en nous qui sont acceptées ou non. Comme l'humain aura à revenir sur cette planète tant et aussi longtemps qu'il n'aura pas accepté toutes ses parties humaines, cette approche est donc d'une grande importance pour l'évolution humaine. Voilà pourquoi elle s'avère si difficile pour l'ego qui sait qu'il disparaîtra au moment où l'humain sera CONSCIENT et vivra l'ACCEPTATION totale.

En acceptant l'idée que tous les autres représentent nos miroirs, nous utilisons cette approche chaque fois que l'attitude ou le comportement des autres nous dérange. Par contre, il faut se souvenir que **l'approche du miroir, étant spirituelle, ne peut que refléter notre « ÊTRE ».** Si,

M

par exemple, tu es dérangé par une personne qui vit des colères facilement, tu devras te demander : « Je l'accuse d'*être* quoi ? » Si ta réponse est : « Je l'accuse d'être intolérante », cette personne se trouvera donc dans ta vie pour te refléter ta partie intolérante que tu n'acceptes pas, au même degré que tu n'acceptes pas l'intolérance de l'autre. Cette partie est qualifiée d'inacceptable par tes CROYANCES MENTALES et par ton système de valeurs.

En général, quand nous n'acceptons pas des parties en nous, nous avons peur de ne pas être aimés. Tu évites donc d'être toi-même en interdisant à cette partie en toi de se laisser aller de temps en temps comme elle le désire. Ainsi, en te retenant continuellement, il peut arriver que tu perdes le contrôle un jour et que tu bascules dans l'autre extrême. En effet, lorsqu'une partie en nous est non acceptée, nous réussissons à nous contrôler pendant un certain temps, mais vient un jour où nous ne pouvons plus le faire. Voilà pourquoi les contraires s'attirent souvent. Ils ont besoin l'un de l'autre en vue d'apprendre à se connaître, c'est-à-dire à s'accepter totalement dans ce qu'ils sont. Ils arriveront ainsi à l'AMOUR inconditionnel.

M

S'il t'arrive d'accuser quelqu'un d'être d'une certaine façon et qu'il te soit impossible d'admettre que tu puisses être ainsi parfois, il est suggéré de vérifier avec ceux qui te connaissent bien s'ils te considèrent être ainsi de temps à autre. Il est habituel et humain de ne pas voir ou d'admettre les parties en nous que nous n'acceptons pas.

Cette approche du miroir s'applique également à tous ceux que nous admirons. Admirer quelqu'un signifie lui trouver des qualités, des attributs, des talents **que nous ne croyons pas posséder.** C'est considérer avec plaisir ce que nous jugeons « supérieur » et nous voir à la place de l'autre. Il peut même y avoir une petite pointe d'envie car cela touche une fibre en nous. C'est pourquoi nous apprécions tant ces qualités chez l'autre. Si, par exemple, tu admires quelqu'un parce qu'il est bien organisé, cela indiquera que tu n'acceptes pas ta partie organisée. Si tu la rejettes, elle réveillera, elle aussi, une peur de ne pas être aimé, tout autant que les parties dérangeantes. Tu as peur de quoi si tu osais être organisé ?

Ainsi, tout ce que tu *admires* chez un autre représente des qualités en toi que tu ne reconnais pas, et ce qui te *dérange* correspond aux défauts que tu n'admets pas. **S'aimer inconditionnellement, c'est s'accepter dans TOUT.** Dans le monde spirituel, il n'existe pas de qualités, ni de défauts; il n'y a que des êtres vivant différentes expériences sur cette planète.

D'autre part, quand tu te sens bien avec une personne, qu'il n'y a ni admiration, ni dérangement, ni comparaison en mieux ou en moins, cela indique que cette personne te reflète les parties en toi que tu acceptes. Ça explique pourquoi une certaine attitude dérange une personne et non une autre. En conclusion, plus une personne te dérange, plus l'Univers t'envoie un message que tu as besoin de t'accepter. Le fait de ne pas t'accepter te perturbe dans ton plan de vie au même degré que l'autre te dérange. Cependant, il importe de te rappeler que cette approche ne s'applique qu'à soi. Tu ne dois jamais décider que tu es le miroir de l'autre car cela devient de l'ORGUEIL. Tu n'utilises cette approche qu'avec les autres face à toi.

M

Sachons que nous sommes sur terre d'abord pour nous-même, pour notre propre épanouissement personnel et laissons les autres se découvrir par leurs propres moyens. Cela s'appelle du RESPECT et ça nous aide à ouvrir notre cœur pour apprendre l'acceptation et la tolérance. Imaginons ainsi que tout ce qui nous entoure et tous les gens reflètent des miroirs. Grâce à cette approche, nous nous étonnerons de découvrir combien nous avons d'aspects ignorés de nous-même cachés sous le couvert de multiples personnalités. Nous découvrirons de plus lesquels de ces aspects sont acceptés ou non.

Un troisième avantage à cette approche est de développer de la COMPASSION pour soi et pour les autres en reconnaissant que les comportements inacceptables représentent souvent une expression de nos limites. Nous pouvons donc faire les transformations nécessaires pour améliorer notre être et nos relations avec les autres. Apprendre à nous découvrir et à nous accepter dans tous les aspects de notre être se révèle le moyen idéal pour converger vers notre individualité, notre première raison d'être.

MODÈLE

Personne représentant idéalement une catégorie, une qualité; ce qui sert ou doit servir d'imitation. Nos premiers modèles en tant qu'être humain ont été nos PARENTS ou tous ceux qui les ont remplacés dans notre enfance. Nous avons choisi ces modèles avant de naître en fonction des besoins de notre ÂME, de notre PLAN DE VIE. Notre modèle premier est le parent du même sexe. Déjà très jeune, nous l'observons pour apprendre à « être » dans ce contexte de vie. (Se référer à COMPLEXE D'ŒDIPE). C'est pourquoi il est tout à fait normal d'avoir utilisé et même encore d'adopter parfois, malgré nous, certaines de ses attitudes, de ses comportements et même de ses croyances.

M

Le parent du même sexe est donc notre modèle pour *aimer*, donner de l'amour. Le parent du sexe opposé, pour sa part, correspond à notre modèle pour *être aimé*, pour recevoir de l'amour. Si tu n'as pas accepté la façon d'être de l'un ou l'autre de tes parents, il sera fort probable que tu aies rejeté ce modèle et que tu aies tout mis en œuvre pour être différent de lui, voire le contraire. Ou bien es-tu le genre de personne qui, étant tellement fidèle et loyal envers tes parents, soit devenue leur copie identique ? Imiter ou s'efforcer d'être le contraire de nos modèles reflètent des attitudes qui entravent le développement de notre INDIVIDUALITÉ.

Nous devons donc commencer par accepter les modèles que nous avons choisis, les remercier de nous aider à découvrir ce que nous voulons exactement pour nous afin de devenir ce que nous voulons être. C'est ainsi que chaque génération dépasse la précédente.

Prenons l'exemple d'un jeune garçon qui a choisi un père soumis. S'il en veut à son père et décide de ne pas être soumis comme lui, il développera une personnalité CONTRÔLANTE et peut-être agressive au cours des années. Plus il se trouvera en RÉACTION, plus il essaiera de ne pas être comme son père et plus il deviendra comme lui en prenant de l'âge. Tandis que s'il accepte son père tel quel, même s'il n'est pas d'accord, et qu'il le remercie de lui montrer les désavantages d'être trop soumis, il deviendra lui-même, c'est-à-dire parfois soumis et parfois non soumis, selon son CHOIX, et il se sentira bien dans les deux comportements.

Comme nous sommes sur terre pour dépasser la génération précédente, non pas dans le sens de se croire mieux qu'elle, mais dans la CONSCIENCE de l'être qui se veut le RESPECT et l'ACCEPTATION de toutes nos expériences et aussi de nos limites, nous devons réagir et adopter des comportements différents afin de ne pas répéter perpétuellement les mêmes schémas que nos ancêtres. La force en nous qui nous y invite est nulle autre que celle de la sagesse et du désir de redevenir libres et nous-même.

MOMENT PRÉSENT

M

Toutes les expressions suivantes signifient vivre son moment présent : « ici et maintenant », « être un avec », « état méditatif », « être conscient ». Vivre son moment présent implique d'être en contact avec ce qui se passe dans le moment sans s'inquiéter du passé ni du futur. C'est simplement observer, profiter de l'instant qui passe. Nous nous laissons dire que le moment le plus précieux se révèle celui qui est vécu dans l'instant présent, *ici et maintenant*, que le passé est révolu, qu'on n'y peut rien et qu'il est inutile de s'en faire pour le futur alors que nul ne le connaît. Pourtant, même si cela paraît très simple, ce n'est pas facile pour autant car nos pensées omniprésentes, souvent empreintes d'inquiétudes, empêchent cet état de plénitude.

Les malaises, l'anxiété, la tension, le stress, l'inquiétude sont tous des états causés par des préoccupations en relation avec un événement possible dans le futur. La culpabilité, les regrets, les rancunes, l'amertume, la tristesse sont des états causés par un retour inutile sur des événements passés. Dans un cas comme dans l'autre, nous ne vivons pas notre moment présent et il devient donc impossible de contacter nos vrais besoins. Il est urgent de sortir de ce PASSÉ ou de ce futur pour arriver à vivre notre moment présent et pour ressentir la joie d'être, de vivre cet instant présent. Il n'y a que le *ici et maintenant* qui peut guérir toute situation.

D'autre part, si tu es du genre à remettre à plus tard pour commencer quelque chose, souviens-toi que *maintenant* est tout ce qui compte. Lorsque nous vivons notre moment présent, nos croyances n'entravent pas notre conscience. Voilà donc des moments favorables où notre SUPERCONSCIENCE peut nous transmettre des messages et des idées nouvelles reliées à ce dont nous avons vraiment besoin. De tels moments sont privilégiés et c'est pourquoi nous avons intérêt à nous garder le plus souvent possible dans une telle disposition. Il se peut que ce qui se passe dans le moment ne reflète pas notre préférence ou que ça nous apparaisse même comme désagréable. Mais le fait de demeurer OBSERVATEUR de ce moment permet d'en profiter pleinement car toute expérience a sa raison d'être. Il n'y a pas de HASARD. Il n'y a que des expériences qui contribuent à nous faire grandir. Il n'y a donc que des bienfaits à tous points de vue à vivre son moment présent. Au point de vue physique, les cellules de notre corps se renouvellent avec plus de force, de vitalité et sont donc en meilleure santé. On peut affirmer qu'elles contribuent à nous garder jeunes plus longtemps.

M

Comment développer cette faculté de vivre son moment présent ? Entre autres, par la MÉDITATION et les états méditatifs, moments où nous sommes vraiment centrés; en étant conscients de ce que nous vivons, de ce que nous faisons à la seconde même, de ce que nous disons à l'instant même et de ce que nous ressentons présentement en nous; en se demandant si nous avons vraiment des problèmes dans le moment, si nous DRAMATISONS ou si ce n'est pas plutôt des situations qu'il nous reste à trouver une solution.

De plus, nous devons décider d'être plus alertes et conscients aussi souvent que possible et, lors de notre RÉTROSPECTIVE à la fin de la journée, nous demander combien de minutes ou d'heures nous étions réellement dans notre moment présent aujourd'hui. C'est ainsi que nous y parviendrons graduellement.

MONDE ASTRAL

Se référer à **ASTRAL (monde)**

MONDE MATÉRIEL

Se référer à **MATÉRIEL (monde)**

MONDE SPIRITUEL

Se référer à **SPIRITUEL (monde)**

MORT

Selon le dictionnaire, la mort signifie la cessation complète et définitive de la vie physique. Elle représente le cycle naturel de tout ce qui vit sur la planète. Chez l'humain, la mort se définit par un arrêt des fonctions du corps physique; ce n'est nullement la vie qui meurt, car celle-ci n'arrête jamais. La médecine considère la mort comme un échec; les proches du décédé la considèrent comme étant un drame, un malheur, un désastre ou même une tragédie. L'âme la définit comme un soulagement. En réalité, la mort ne s'avère jamais une fin mais toujours une continuation dans un autre monde. Au lieu d'une porte qui se ferme, c'en est une qui s'ouvre.

M

Prenons l'exemple d'un arbre ou d'un animal qui meurt. L'énergie de ces derniers ne meurt pas, elle continue plutôt à alimenter le sol : elle devient de l'humus bel et bien vivant. Celui qui comprend que la chute des fleurs du pommier ne représente pas un événement triste mais plutôt une indication que le pommier s'apprête à produire des pommes, celui-ci comprend la vie et le principe de la mort. Il est impossible de détruire la vie. Il en est ainsi de l'humain. Son corps physique se dissout, alimente la terre tandis que son ÂME retourne dans le monde de l'âme, sa vraie résidence dans le monde ASTRAL, pour se préparer à de nouvelles expériences. Voilà pourquoi il est dit que l'âme reste immortelle.

On doit donc considérer la naissance et la mort comme un passage d'une conscience à une autre, non pas comme un commencement ou une fin. Il n'en demeure pas moins qu'il est humain de vivre de la TRISTESSE ou des peurs lorsqu'un être cher décède. La douleur provient de l'insécurité reliée à l'inconnu et du degré d'ATTACHEMENT à cette personne. Dans ces moments, il est légitime de ressentir un vide ou un sentiment de manque, d'impuissance, de colère, d'injustice ou parfois même d'abandon relié à cette insécurité. Sachons toutefois que personne ne possède personne. Ceux qui sont très affectés par la mort d'un proche ont à apprendre le détachement. Le message est encore plus fort lorsqu'il s'agit de la perte d'un enfant.

Pour la personne décédée, peu importe l'âge et la façon dont la mort se présente, c'est le signe que cette personne avait complété son cheminement dans le contexte qui lui était propre. Si sa mort n'est pas acceptée par les personnes qui l'entourent, cela indiquera généralement que la personne décédée n'acceptait pas sa propre mort. L'ACCEPTATION devient absolument nécessaire pour que tous, autant le défunt que les vivants, puissent passer à de nouvelles expériences. Si tu réalises que tu as de la difficulté à accepter la mort de ceux qui te sont chers ou que tu as peur de la mort, tu éprouveras sûrement de la résistance à accepter les CHANGEMENTS dans ta vie. Aussi, quand une personne se libère de la peur de la mort, elle se libère également de plusieurs autres peurs.

La vie consiste en une continuelle RÉSURRECTION. Nous mourons sans cesse à quelque chose pour renaître à autre chose, comme nos cellules meurent et renaissent. Pour avoir plus de facilité à accepter la mort, il suffit de parler à une personne qui a vécu l'expérience de mort apparente. La plupart de ces personnes affirment qu'ils pénètrent dans une lumière éclatante remplie d'un amour infini et qu'ils s'y sentent très bien. Ils n'ont plus peur de mourir après une telle expérience. Il est rassurant de savoir que celle-ci représente un moment glorieux, une très belle expérience pour l'âme qui retourne chez elle.

MOTIVATION

Action des forces (conscientes ou inconscientes) qui déterminent le comportement, sans aucune considération morale. Cette motivation nous incite à agir et fait en sorte que nous obtenions un résultat plutôt qu'un autre. Par exemple, si tu cherches un travail et si tu es motivé par la peur de manquer d'argent, tu accepteras n'importe quoi et le résultat ne sera peut-être pas en fonction de tes besoins. Si tu es motivé, d'autre part, par ce que tu apprendras et par le développement de ton potentiel, de tes talents, les résultats différeront. Tu trouveras un travail qui t'aidera à être plus heureux et tu acquerras certainement plus de confiance en toi. Voilà d'excellentes motivations.

Par conséquent, il est fondamental de vérifier notre motivation derrière tout comportement et ce, peu importe ce que nous faisons ou ce que nous disons et dans quel domaine. Voici un autre exemple : une personne s'apprête à aider quelqu'un qui lui a réclamé de l'aide. Si la personne accepte, étant motivée par la peur de ne pas être aimée si elle refusait, elle ne sera pas heureuse dans son choix. Par contre, si son intention ou sa motivation consiste simplement à rendre service, sans attentes, et qu'elle le fait simplement pour le plaisir d'aider quelqu'un en donnant de son temps, elle sera alors heureuse. De toute façon, la récolte est toujours en fonction de la motivation. Se référer au thème LOI DE CAUSE À EFFET.

Il est important de se souvenir que la force derrière la motivation a aussi un grand pouvoir d'ATTRACTION. Si tu es motivé par la peur, tu attireras l'objet de cette peur éventuellement. Voilà pourquoi il est si important de vérifier ce qui te motive en tout temps.

M

MOUTON NOIR

Personne qui, dans une famille ou dans un groupe, est perçue comme étant gênante et indésirable. Elle est tenue plus ou moins à l'écart et très rejetée. En général, la décision de désigner un membre de la famille comme étant le mouton noir est prise par les autres membres de cette famille. Le problème principal se définit par sa marginalité et une trop grande différence entre elle et les autres. Elle refuse les normes que les autres veulent lui imposer. Cette personne, déjà comme enfant, veut seulement être elle-même et refuse d'adopter une personnalité autre que la sienne simplement pour faire plaisir ou pour être comme tout le monde. Généralement, elle correspond à un enfant NOUVEAU mais non ajusté. Elle se révolte contre tous les systèmes.

Si tu es considéré comme un mouton noir, prends-le comme un compliment. La société a besoin de ces « moutons noirs » pour faire évoluer la planète. Tu n'as qu'à apprendre à t'AJUSTER aux autres humains et tu pourras ainsi mieux aider l'évolution planétaire. Autrement, si tu continues à résister et à trop réagir aux autres, tu risqueras d'oublier qui tu es vraiment, tes RÉACTIONS te faisant déborder et aller trop loin.

MYSTIQUE (expérience)

Se référer à **EXPÉRIENCE MYSTIQUE**

M

NAÏVETÉ

Simplicité d'une personne qui manifeste naturellement ses idées, ses sentiments. Excès de confiance, de crédulité. La naïveté représente la tendance chez certaines personnes à croire promptement ce qui est dit, sans discernement, sans vérifier l'intelligence des propos. Il arrive de considérer certaines personnes, les enfants en particulier, comme étant naïves, surtout lorsqu'elles sont encore très jeunes. Cela démontre leur état naturel encore pur.

La naïveté va de pair avec la confiance absolue en quelqu'un ou en quelque chose. Plus une personne se révèle naïve, moins elle DOUTE des autres. Une personne naïve et sincère sera portée à penser et à croire que tout le monde est comme elle, c'est-à-dire sincère. Cependant, vécue excessivement, elle peut se laisser manipuler sans s'en apercevoir. Si tu te considères comme une personne naïve, il est recommandé de ne pas tomber dans l'autre extrême, c'est-à-dire te méfier de tout le monde. Quand tu t'aperçois que tu te fais avoir et MANIPULER par les autres, et étant donné que le contraire de la naïveté correspond à l'incrédulité et le doute, il est mieux de te permettre d'être naïf tout en développant plus de DISCERNEMENT, ce qui t'aidera à savoir quand faire CONFIANCE spontanément ou non.

N

NATUREL

Qui appartient à la nature d'un être, d'une chose; à l'état pur. Qui n'est pas altéré, modifié, falsifié. Le naturel équivaut à tout ce qui existe et qui a conservé son rôle selon les grandes LOIS de la création, tout ce qui se révèle en harmonie avec la nature. Le naturel se retrouve dans tous les plans. Exemples : un arbre pousse naturellement dans un lieu qui lui convient; les quenouilles, dans des trous d'eau; les cactus, dans des endroits secs, etc., car ce dont chaque espèce a besoin pour une bonne santé et pour se reproduire se retrouve dans ces endroits, dans leur habitat naturel. De même, les animaux se reproduisent seulement si le climat s'avère propice pour eux et la nourriture, abondante : les plus forts survivent, ce qui a pour effet de maintenir un équilibre dans la nature. Tout ceci a été créé avec INTELLIGENCE et HARMONIE selon le plan divin. Et c'est ainsi que la nature évolue.

Il en est de même pour l'être humain. Quelqu'un de naturel cherche à évoluer selon sa nature profonde, selon son essence, ce qui lui garantit une bonne santé dans tous les plans. Puisque la nature de l'être humain consiste à évoluer à travers de nouvelles expériences, une telle personne est prête au changement dans sa vie et ne le craint nullement. Même dans son mode de vie quotidien, elle n'évolue pas toujours dans la permanence. Par exemple, elle pourra modifier sa façon de s'habiller, de se coiffer, de se nourrir et d'agir comme bon lui semble si elle sent qu'il est plus UTILE et intelligent pour elle d'agir ainsi.

Plus une personne devient naturelle, moins elle cherche à être NORMALE. Par exemple, elle aura tendance à manger au moment où son corps ressent la faim, à se reposer quand elle est fatiguée, à dormir quand elle a sommeil, à s'exprimer quand elle en éprouve le besoin, etc. En somme, elle fera tout ce qui est conforme à son INDIVIDUALITÉ et à ses vrais BESOINS plutôt que d'être normale et d'écouter les normes des autres. En résumé, une personne naturelle sait joindre l'utile à l'agréable. Elle utilise ses trois corps matériels (physique, émotionnel et mental) dans l'harmonie et dans l'intelligence conjointement avec la nature. Une telle personne sait que dans l'ordre des choses, elle doit évoluer, conscientiser et reprendre contact avec sa nature propre, sa nature divine. Elle sait, au plus profond d'elle-même, que le naturel pour l'être humain consiste à vivre dans l'harmonie, l'intelligence, la beauté, la santé, le bonheur, l'amour et la prospérité. Tout autre état d'être contraire à l'amour véritable est causé par l'oubli de sa nature divine.

NÉGATIVISME

État de quelqu'un qui se borne à refuser, à contredire sans proposer d'éléments constructifs. En général, une personne négative se révèle souvent **pessimiste**, c'est-à-dire qu'elle est portée à voir le mauvais côté des situations. Elle éprouve des difficultés à voir les aspects positifs. Elle peut souffrir aussi de **défaitisme**, c'est-à-dire ne pas croire à la victoire, au succès. Nous savons tous par expérience qu'il apparaît plus salutaire et favorable d'être positif et optimiste que négatif et pessimiste. Cependant, il peut y avoir des périodes où tu te retrouves, sans raison apparente, empreint d'une attitude négative ou pessimiste. Durant ces étapes passagères, il est fort probable que tu exagères les faits et situations qui te semblent défavorables ou encore que tu broies du noir sans pouvoir t'arrêter.

Dans ces moments, il est suggéré d'observer simplement ce qui se passe en toi sans analyser et surtout sans te juger ni te critiquer. Des PEURS inconscientes en sont simplement la cause. Découvre-les en toi et accepte-toi en tant qu'humain avec des peurs. Par contre, souviens-toi qu'elles se manifestent de façon temporaire. Il n'en tient qu'à toi de *décider* si tu veux les entretenir ou non.

Un moyen simple de retrouver une attitude POSITIVE consiste à prendre quelques minutes chaque jour pour remercier l'Univers et pour observer ce qui existe de beau autour de toi. Observe cette belle nature, tous les atouts que tu possèdes, les gens que tu aimes et qui t'aiment. Toute cette énergie fortifiante aura un impact salutaire sur ton attitude et, bien souvent, il n'en faudra pas davantage pour te rebrancher à l'essentiel. Par contre, si tu te vois comme une personne négative en permanence, il sera important de faire un exercice de PARDON avec le parent que tu as jugé de négatif, pessimiste ou défaitiste; voici le moyen le plus rapide et le plus efficace pour la transformation souhaitée.

N

NÉGLIGENCE

Se référer à **INSOUCIANCE**

NÉGOCIATION

Action de discuter des choses communes entre des parties en vue d'un accord. Une négociation sert à être conciliant dans un but d'arriver à un compromis et d'obtenir une certaine satisfaction commune sur différents rapports. Par exemple, négociation au niveau monétaire (augmentation de salaire), partage des tâches (vie de couple et familiale), structural (heure d'entrée pour enfants) et ainsi de suite.

La négociation sert aussi d'occasion pour faire valoir son point de vue tout en s'ouvrant à celui de l'autre. Ainsi, nous avons tous le sentiment d'être gagnants et d'apprendre mutuellement pour mieux grandir. Dans une négociation intelligente, les parties ne se sentent pas bafouées ou écrasées; elles expriment librement leur besoin respectif pour mieux concilier et elles se sentent respectées. Une négociation sans respect s'appelle plutôt une obstination ou de l'entêtement. Ça devient de la MANIPULATION lorsqu'une des parties cherche à CONTRÔLER l'autre.

Avec l'avènement de l'ÈRE DU VERSEAU, nous constatons la grande facilité qu'a la nouvelle génération à négocier d'une façon INTELLIGENTE. Cette génération est là pour nous rappeler que la négociation peut être utilisée pour manifester nos besoins. Elle s'avère surtout utile pour ceux qui sont conscients de leurs talents et capacités dans un certain domaine. Avec cette nouvelle époque, les promotions au travail seront davantage basées sur la connaissance des compétences plutôt que sur les années de service ou l'âge d'une personne. La négociation permet donc qu'un humain soit reconnu à sa juste VALEUR. De plus, n'oublions pas que la négociation peut s'utiliser avec soi-même. Nous pouvons négocier avec des parties en nous face à un DILEMME ou un CONFLIT intérieur ou quand nous vivons deux désirs contradictoires. Un moyen très recommandé et efficace pour ce genre de négociation est le DIALOGUE INTÉRIEUR.

NERVOSITÉ

État permanent ou momentané d'irritation ou d'inquiétude. La nervosité représente un état qui provient davantage de l'intérieur d'une personne que de l'extérieur et qui peut s'avérer difficile à maîtriser. Le STRESS, quant à lui, découle la plupart du temps de situations provenant de l'extérieur. La nervosité, ainsi que le stress, nous indiquent notre degré de TOLÉRANCE et nos LIMITES face à nous-même. Il convient mieux de dire que nous avons des moments de nervosité plutôt que d'affirmer que nous sommes des personnes nerveuses.

La façon d'exprimer la nervosité se vit différemment pour chaque individu. Cela dépend de la personnalité mais aussi des expériences de vie de chacun. Il y a certaines personnes à « tempérament nerveux ». Elles ont de la difficulté à demeurer assises, au calme. Elles doivent bouger constamment. Très souvent, leur nervosité dérange plus les autres qu'elles-mêmes. Elles sont généralement des personnes vigoureuses, pleines de force, actives et très rapides. Elles doivent bouger afin de brûler ce trop plein d'énergie. Si tu te reconnais dans ce tempérament, tu devras t'accepter ainsi et accepter que les autres ont moins d'énergie et ne peuvent absolument pas te comprendre. Avec les années, tu apprendras tout doucement à devenir plus calme pour permettre à ton corps physique de ne pas trop s'user.

Pour la plupart des gens, la nervosité s'installe pour maintes raisons, souvent suite à une situation qui leur semble impossible à gérer ou suite à une grande irritation. La cause de cette nervosité correspond souvent au manque de lâcher prise dans une situation qu'ils voudraient CONTRÔLER. Afin de retrouver le CALME intérieur, le moyen par excellence, consiste à appliquer les notions du LÂCHER PRISE. De plus, rien ne t'empêche de répéter les affirmations suivantes : « Je suis calme. Je suis de plus en plus calme. Je suis la paix. Je suis l'harmonie. Je suis l'amour. Je suis la sagesse. Je suis confiant... », tout en prenant de bonnes RESPIRATIONS.

N

NON-ATTACHEMENT

Se référer à **ATTACHEMENT**

NONCHALANCE

Se référer à **INSOUCIANCE**

NORMAL

Désigne ce qui est conforme à une moyenne considérée comme le plus fréquent, qui se produit selon l'habitude. La normalité, d'une part, est basée sur des normes, des structures, des coutumes, des lois établies par des humains que la majorité des gens acceptent par rapport à la race, la religion, la communauté et le pays, mais aussi en rapport à chaque système de valeurs et de croyances individuel. Depuis très longtemps, la société essaie de nous diriger selon sa notion de normal ou de pas normal au lieu de laisser libre court au NATUREL.

Donc, la normalité équivaut à ce qui est véhiculé majoritairement comme étant le mieux ou le plus adapté aux humains. Ce qui s'avérait normal auparavant ne l'est plus nécessairement aujourd'hui grâce à la CONSCIENCE, à l'individualité et aux besoins différents de chacun. Nous savons donc que rien n'est uniformément normal en ce bas monde, car ce qui apparaît normal pour une personne ne l'est pas nécessairement pour une autre. De même que ce qui s'avérait normal pour quelqu'un peut ne plus l'être maintenant.

Prenons l'exemple d'une personne qui croyait depuis longtemps qu'il était normal de manger trois repas par jour. Mais après avoir appris plusieurs notions et vécue certaines expériences, elle peut décider qu'il est maintenant plus naturel de se nourrir lorsqu'elle a faim. Cette nouvelle attitude transforme sa façon de se nourrir. Il devient donc préférable que chacun suive son rythme naturel. Au lieu de dire : « Il est normal de… », il est plus sage de dire : « Il est plus naturel pour moi de…. » ou « Il est plus avantageux ou bénéfique pour moi de… »

Tant et aussi longtemps que nous voulons vivre d'une façon normale, nous empêchons notre vraie nature de se manifester, car suivre les normes établies par certains humains ne répond pas nécessairement à nos besoins.

NOURRITURE

Se référer à **ALIMENTATION**

NOUVEAU (tempérament)

Une personne à tempérament nouveau aspire à la nouveauté, veut vivre sans cesse de nouvelles expériences. Chaque fois qu'une nouvelle ère débute, il y a toujours ce mouvement de changement vers le renouveau. Comme nous débutons l'ÈRE DU VERSEAU, il est normal et humain qu'il y ait autant de différence et d'incompréhension entre la nouvelle et les anciennes générations. Beaucoup d'ajustements sont nécessaires et ce, dans tous les domaines.

La nouvelle génération, souvent appelée par des noms différents tels *enfants nouveaux, enfants Teflon, enfants Indigo ou enfants du Verseau*, a des besoins très précis qui se font sentir de plus en plus et deviennent plus urgents à mesure que les années avancent. Les voici en ordre d'importance : 1) le RESPECT; 2) la COMMUNICATION; 3) l'AFFECTION; 4) la SÉCURITÉ. Ces mêmes besoins chez les personnes à caractère traditionnel, qui faisaient partie de l'ÈRE DES POISSONS, se retrouvent dans l'ordre inverse que voici : 1) la sécurité; 2) l'affection; 3) la communication; 4) le respect.

Pour bien fonctionner dans la vie d'aujourd'hui, les gens à caractère nouveau ont constamment besoin d'apprendre des choses nouvelles et de faire usage de leur créativité. Ils sont aussi très cohérents dans leur façon de communiquer et de faire les choses. Ils savent ce qu'ils veulent, ils pensent vite, ils agissent vite, ils disent les choses telles qu'elles sont, sans détour, telles qu'ils les sentent à l'intérieur d'eux-mêmes. Ils sont intelligents, généralement spontanés et très autodidactes. En résumé, la personne à tempérament nouveau veut vivre sa vie en se basant sur l'INTELLIGENCE plutôt que laisser son INTELLECT la diriger.

En ce qui concerne les ENFANTS nouveaux, ils veulent être instruits. Ils refusent d'être éduqués par les adultes selon les valeurs traditionnelles apprises dans le passé et qui, pour la plupart, ne sont plus utiles pour la race nouvelle. Ils ont besoin de modèles d'adultes cohérents, vrais, transparents, des modèles qui savent se respecter et les respecter. Ces enfants ne se laissent pas culpabiliser facilement par les autres. Ils savent ce qu'ils veulent. Ils se trouvent beaucoup plus en contact avec leurs besoins, autant dans le domaine physique que psychologique. D'ailleurs, les enfants nouveaux ont une grande force psychologique. C'est ce qui explique pourquoi les adultes trop traditionnels se retrouvent très démunis face à un enfant nouveau.

Pour suivre le courant de l'ère du Verseau et faire la transition du tempérament traditionnel au tempérament nouveau, nous devons tendre de plus en plus vers le NATUREL au lieu du NORMAL, ce qui signifie agir selon la nature des choses, selon ce dont nous avons besoin au fur et à mesure. Le normal consiste à agir selon les normes, selon l'apprentissage acquis dans le passé. Le normal reste relatif, car ce qui l'est pour une personne ne l'est pas nécessairement pour l'autre.

La plupart des adultes ont en eux une partie traditionnelle et une partie nouvelle, mais à différents degrés. La partie nouvelle en nous est attirée vers une démarche intérieure et elle veut vivre de nouvelles expériences pour être toujours de mieux en mieux, de plus en plus libre. Quand nous résistons, notre partie traditionnelle est à l'œuvre; elle vit de l'insécurité et a peur de trop changer si nous faisons une démarche intérieure. L'important consiste à ACCEPTER cette partie en ne perdant pas de vue ce que nous voulons être. Graduellement, la transition se fera. Donc, il importe de s'observer dans sa vie de tous les jours. Si nous sommes heureux, si la vie se révèle agréable, rien ne nous obligera à changer notre façon de vivre. Mais si notre manière d'agir ne nous apporte plus les résultats souhaités, si nous ne sommes plus heureux, ça ne sera plus intelligent de continuer à utiliser les mêmes attitudes et comportements que par le passé puisque nous en payons finalement le prix.

Avec les années, ceux qui résisteront aux choses nouvelles auront plus de difficulté à faire face aux CHANGEMENTS, tandis que les gens plus flexibles auront plus de facilité à s'ajuster. Pour vivre une belle relation avec les autres, nous devons être capables de nous AJUSTER, de savoir que nous avons tous des motivations différentes pour agir, de nous comporter, de même que des besoins différents. En dehors de notre foyer, observons-nous et ayons plus de compassion pour les gens

à caractère plus traditionnel en percevant leurs peurs et surtout leur insécurité. Apprenons à accepter nos différences. Voilà qui s'appelle avoir
de la tolérance, de la compassion, composantes essentielles du respect.
Cette attitude contribue au développement de l'AMOUR véritable.

N

OBÉISSANCE

Personne qui se soumet à la volonté de quelqu'un, à un règlement. Se conformer, se plier aux ordres reçus. Écouter et exécuter les consignes dictées par quelqu'un, souvent une figure d'autorité, dont le but est de ramener l'ordre ou d'appliquer une discipline rigide, sans égard pour le point de vue des autres.

L'obéissance ne requiert aucune créativité; elle n'apporte donc pas de solution véritable. Elle représente une réponse à la volonté de quelqu'un d'autre; tandis que créer reflète un choix venant de soi. Une personne peut obéir par peur d'être punie, molestée ou encore d'une façon robotique, comme les soldats. Une personne pourra aussi obéir par croyance, si elle n'a pas encore développé son individualité. Dans ce cas, elle ne se pose pas de question pour savoir pourquoi elle obéit ou si c'est INTELLIGENT de le faire. Elle n'utilise pas son DISCERNEMENT.

Voilà pourquoi la génération NOUVELLE se trouve souvent en RÉACTION face à l'obéissance stricte et aveugle. Ces jeunes qualifient cette attitude de manque de RESPECT et de considération pour ce qu'ils sont. Les seules lois auxquelles nous devons obéir, c'est-à-dire observer pour garder l'harmonie, sont les LOIS spirituelles qui incluent la grande loi de l'AMOUR véritable. Si tu choisis d'obéir à quiconque ou à quoi que ce soit, assure-toi que ce sera bien ton choix et que ce dernier s'avérera intelligent pour toi et les personnes concernées, s'il y a lieu.

O

OBÉSITÉ

Se référer à **POIDS**

OBJECTIF (être)

Qui existe indépendamment de la pensée. Se dit de quelqu'un dont les jugements ne sont altérés par aucune préférence d'ordre personnel ou collectif. En d'autres termes, être objectif se définit par la capacité de quelqu'un d'analyser impartialement une situation, un fait, une personne, sans colorer l'observation par quoi que ce soit, comme les émotions, les peurs, les valeurs et les croyances très subjectives. Par exemple, une personne objective peut écouter véritablement, sans aucun jugement de valeur, lui permettant ainsi d'être très présente à ce que l'autre lui dit. Demeurer objectif aide donc beaucoup en relation d'aide car c'est une forme d'EMPATHIE.

Le contraire d'être objectif, c'est être « subjectif ». Une personne subjective écoute à travers ses propres filtres et fait souvent des suggestions dans sa façon de parler et dans les questions qu'elle pose aux autres. Elle saute aux conclusions trop rapidement, interrompt fréquemment ou décide pour les autres avant d'avoir vérifié. Elle croit souvent pouvoir AIDER LES AUTRES sans avoir vérifié si ceux-ci veulent se faire aider par elle. Le seul moment où il devient utile d'être subjectif, c'est lorsqu'une autre personne nous demande ce que nous ferions à sa place. En conclusion, il est fortement recommandé de devenir de plus en plus objectifs si nous voulons mieux ÉCOUTER et ainsi améliorer nos relations. De plus, c'est un excellent moyen pour vivre moins d'ÉMOTIONS et pour conserver notre énergie.

O

OBJECTIF (un)

Se référer à **BUT**

OBLIGATION

Ce qui contraint une personne à donner, à faire ou à ne pas faire quelque chose. Une obligation est parfois imposée selon des lois humaines, ou on se l'impose ou on s'oblige à faire quelque chose suite à une promesse ou à une entente avec quelqu'un ou avec soi-même. Dans une obligation, il y a généralement de la peur ou de la culpabilité, ce qui causera de la souffrance si elle n'est pas observée. Tandis que dans un ENGAGEMENT, il peut y avoir ajustement ou désengagement.

Lorsque nous nous sentons obligés à quelque chose suite à une pression de quelqu'un d'autre, cela cache, soit de la culpabilité ou une peur de passer pour égoïstes, soit la peur de ne pas être aimés, donc rejetés ou abandonnés. Par exemple, nous obliger à aller à certains endroits alors que nous n'en avons pas le goût, tels que des funérailles, des noces, une fête de famille; nous obliger à faire un cadeau, à donner, à partager contre notre gré, etc. En réalité, il est important de réaliser que nous nous obligeons toujours nous-même, que personne au monde ne peut nous obliger à quoi que ce soit lorsque nous devenons maîtres de notre vie. Quand la pression vient de nous plutôt que de l'extérieur, comme nous obliger à aller travailler, à faire de l'exercice tous les jours, à effectuer certaines tâches, à tout finir avant de nous permettre un repos ou de nous amuser, cela indique en général de la peur. Il importe donc de vérifier ce qui MOTIVE notre sentiment d'obligation et de vérifier si ça nous aide à être mieux dans notre peau. Aussitôt que l'obligation est motivée par une peur de quelque chose ou de quelqu'un, tu peux être assuré qu'elle ne répond pas à un de tes BESOINS véritables.

OBSERVER

Constater, considérer avec attention afin de connaître. Constater ce qui est, sans jugement de valeur; percevoir à travers nos cinq sens ce qui existe autour de nous ou en nous. Si, par exemple, on voit un parent frapper son enfant, observer cette situation consistera à constater ce qui se passe sans accusation, sans jugement du parent, que nous soyons d'accord ou non.

Être observateur, c'est devenir vraiment attentif, présent à ce qui se passe. Étant donné que l'EGO n'est pas à l'œuvre durant ces moments, nous ne sommes pas influencés par quoi que ce soit. Nous pouvons donc rester objectifs et savoir ce qui s'avère utile et bon pour nous et trouver des solutions. La véritable observation se fait dans les trois plans : physique, émotionnel et mental. Lors d'une colère, par exemple, on peut observer où cette colère se place dans notre corps, les sentiments et les émotions que nous vivons ainsi que ce qui se passe au niveau de nos pensées. On peut comparer ceci à être placé en haut d'un escalier et observer ce qui se passe plus bas. Aussitôt que nous devenons observateurs de nous-même ou d'une situation extérieure, nous redevenons

O

CENTRÉS, le moyen par excellence pour reprendre la MAÎTRISE de soi et de la situation.

Observer semble tout simple mais il est très difficile pour l'humain de s'arrêter de penser, ne serait-ce que quelques minutes pour simplement observer, car l'ego a pris tellement de pouvoir au fil des années que nous n'arrivons plus à nous abandonner et à LÂCHER PRISE. La pratique de la MÉDITATION représente un excellent outil pour développer notre capacité d'observer.

OBSESSION

Idée fixe, mot qui obsède, sentiment, image de quelque chose ou de quelqu'un s'imposant à l'esprit de façon répétée et impossible à chasser. Pensée omniprésente et envahissante que rien ne peut arriver à détourner de notre esprit, accompagnée d'états émotifs pénibles. On l'appelle aussi une fixation sur quelque chose ou quelqu'un. Elle peut se retrouver dans n'importe quel domaine et à divers degrés. Par exemple, une pensée obsessionnelle de se faire attaquer, voler, trahir, rejeter, humilier, abandonner ou encore une obsession de la minceur, de la nourriture, de l'alcool, de la beauté, de la perfection, de la maladie, de la santé, du manque, de l'accumulation des biens ou d'argent, du sexe, etc.

L'obsession correspond à l'effet à long terme de quelqu'un qui se laisse diriger par de grandes PEURS parfois inconscientes. Il devient semblable à un canal ouvert qui attire à lui un ÉLÉMENTAL qui se greffe à la peur derrière l'obsession. Une personne devient ainsi de plus en plus obsédée. Plusieurs élémentaux peuvent même se greffer sur une même peur. Par exemple, une personne peut éprouver une peur obsessionnelle d'être contaminée par des microbes et deviendra maniaque de la propreté.

Une autre peut être obsédée par son conjoint qui l'a laissée et pensera à lui tous les jours. Elle peut même être tourmentée au point d'en avoir de la difficulté à dormir et ira jusqu'à épier ses moindres faits et gestes. Toute obsession mine considérablement le CORPS D'ÉNERGIE qui ne peut plus alimenter convenablement les corps physique, émotionnel et mental. Une personne obsédée devient donc de plus en plus fatiguée et perd la maîtrise de ses CORPS ÉMOTIONNEL et MENTAL.

Après 20 ans d'observation et de recherche avec des clients d'*Écoute ton corps* souffrant de fixations ou de peurs obsessionnelles, il a été constaté que pour en arriver à un tel état, une personne vivait un grand désespoir de ne pas être aimé et ce, depuis son enfance. Elle utilise l'objet de son obsession pour se cacher ce désespoir. Elle croit que lorsque ce qui l'obsède se réalisera, elle sera aimée. Ce désespoir est plus souvent relié aux BLESSURES de REJET et d'INJUSTICE. Il est donc normal qu'elle entretienne une certaine RANCUNE ou HAINE face au parent avec qui elle se sentait rejetée ou abandonnée. Si elle vivait ce grand désespoir avec les deux parents, l'obsession est plus prononcée. Le moyen par excellence qui apporte le meilleur résultat consiste à découvrir cette rancune et à faire les étapes du PARDON.

Si tu te vois comme une personne à caractère obsessionnel, il sera important de réaliser que cette obsession est en réalité une très grande forme-pensée – ou élémental – qui a pris le contrôle de ta vie et qui a sa propre volonté de vivre. Elle est devenue habituée de te contrôler. Tu dois donc puiser dans ta puissance intérieure chaque fois qu'elle se manifeste et lui dire avec force que tu veux maintenant diriger ta propre vie et que, même si elle croit t'aider, tu as décidé de te prendre en main et de vivre sans elle. Tu dois décider, de plus, de croire que tu es une personne aimable et ce que tu as décidé de croire étant jeune n'a plus lieu d'être pour toi aujourd'hui. Aussi, reconnais ton grand pouvoir de création et utilise-le pour te faire arriver ce qui t'aide à vivre l'harmonie, donc ce qui est bénéfique pour toi.

Quand elle revient avec force, il se peut que tu aies besoin de lui dire à haute voix : « Non, je t'ordonne de me quitter et de me laisser vivre ma vie. » Par contre, il est impératif de faire les étapes du pardon pour te libérer complètement. Une aide personnelle extérieure est aussi très conseillée. L'affirmation suivante peut également être répétée très souvent : « Je suis le seul maître de ma vie et je *décide* de laisser pénétrer en moi que des pensées bénéfiques, salutaires et apaisantes qui m'orientent vers l'amour et la paix intérieure. »

OBSTACLE

Ce qui empêche d'avancer; ce qui retarde une action, une progression. Difficulté, empêchement. Un obstacle, appelé parfois épreuve, problème ou difficulté, est un peu comme une barrière qui nous oblige à nous arrêter, à faire le point sur une situation et déterminer où nous sommes rendus dans notre apprentissage. Tout au long de notre cheminement, nous avons besoin d'obstacles, sinon comment saurions-nous où nous nous situons dans notre évolution ? Certains obstacles ont d'ailleurs été planifiés avant de naître, dans notre PLAN DE VIE avec l'aide de nos GUIDES, dans le but de découvrir nos forces et de nous dépasser en tant qu'être. D'autres obstacles sont provoqués par nos peurs et d'autres encore peuvent surgir pour nous indiquer que la voie ou le moyen choisi pour arriver à un but n'est pas nécessairement le bon.

Aucun obstacle n'arrive dans la vie d'une personne par HASARD. Aucune situation n'est sans issue. Il y a toujours une solution à tout. L'important consiste à demeurer OBSERVATEUR et objectif et surtout à éviter de blâmer qui que ce soit, incluant soi-même. Car accuser équivaut à faire du surplace. Nous restons pris dans l'engrenage du problème et il s'accentue au lieu de se régler. Tandis que si nous portons notre attention sur la solution, en envisageant les issues possibles dans le moment, nous demeurerons CENTRÉS et ouverts à l'éventualité que tout se règle beaucoup plus facilement et rapidement.

En réalité, chaque obstacle qui nous arrive dans la vie n'en est pas un. Il représente plutôt un tremplin pour nous aider à aller plus loin, plus haut. Avec chaque problème, chaque difficulté vient aussi la solution et la force nécessaires pour y faire face.

Pour savoir si cet obstacle indique un changement pour toi, vérifie si le choix que tu avais fait l'avait été par peur ou par amour pour toi. Si ton choix était motivé par la PEUR, l'obstacle que tu t'attires te démontre que tu dois faire un autre choix fondé sur l'AMOUR. L'important consiste à demeurer en contact avec ce que tu veux au lieu de ce que tu ne veux pas.

Donc, quoi qu'il t'arrive, si tu demeures centré, objectif, si tu écoutes ton intuition, tu trouveras toujours les ressources nécessaires pour faire face à n'importe quel obstacle. Fais confiance à ton Dieu intérieur, reste joyeux, serein et optimiste. Continue à faire des actions qui t'aideront dans tes futures réalisations. Voilà l'attitude gagnante ! Plus les obstacles semblent gros, plus la vie te parle de façon drastique. Aussi, en acceptant que nous créons notre vie, en nous RESPONSABILISANT, nous acceptons plus facilement les obstacles qui surviennent tout au cours de notre existence. Nous sommes disposés à monter une marche de plus dans l'évolution de notre être.

OBSTINATION

Une personne obstinée s'attache avec énergie à sa façon de penser, à ses croyances. Elle reste convaincue d'avoir raison. Il est vrai que chacun a droit à son opinion. Il est normal et même souhaitable pour chaque être humain d'avoir des opinions différentes. Cela démontre notre individualité et aussi notre degré d'influence face aux autres et aux événements qui nous entourent.

O

Les opinions diffèrent en raison de la perception de chaque individu par rapport à ce qu'il a déjà vécu et ce qu'il doit apprendre dans un contexte donné. Lorsque tu te vois dans un contexte d'obstination, il est important de vérifier ce qui te motive. En général, lorsqu'une personne a une opinion différente des autres, sans vivre de peurs, elle accepte assez facilement cette différence sans s'obstiner. Quand l'obstination prend le dessus, il y a en général une ou plusieurs PEURS qui te motivent. Demande-toi alors : « Que pourrait-il m'arriver si je donnais le droit à l'autre de différer de moi ? » Ainsi, tu ne laisseras pas l'ORGUEIL t'envahir et tu découvriras une CROYANCE non bénéfique. Un excellent moyen de terminer une obstination avec une autre personne quand les deux sont assurés d'avoir raison est de dire : « Pouvons-nous être d'accord pour accepter que, dans le moment, nous ne sommes pas d'accord à ce sujet ? »

OMBRE

C'est une zone sombre créée par un corps opaque qui intercepte les rayons d'une source lumineuse; obscurité, absence de lumière dans une zone. Dans le domaine du travail sur soi, le psychanalyste C.G. Jung a élaboré ce concept pour représenter tout ce que l'humain ne veut pas voir ni reconnaître en lui-même, tout ce que son système de CROYANCES considère être inacceptable et rejetable. Repoussant ainsi en dehors de nous-même nos peurs et nos imperfections, nous créons une zone d'ombrage qui s'avère un grand danger pour nous, puisque par la LOI D'ATTRACTION, elle attire à nous ce que nous pensions éviter par le rejet. Souviens-toi : ce que tu fuis te poursuit ! Grâce à la loi d'attraction, tu as la possibilité de devenir conscient des parties ombragées en toi et, au fur et à mesure que tu les accepteras, elles diminueront et la lumière occupera toute la place.

ONIROLOGIE

Se référer à **RÊVE ONIRIQUE**

OPINION

Se référer à **OBSTINATION**

OPTIMISME

Se référer à **POSITIVISME**

ORGANISATION

Dans un premier temps, une organisation se définit comme un groupement, une association qui se propose des buts déterminés. C'est un ensemble d'individus, s'associant dans un but commun où chacun joue un rôle précis dans le groupe. Dans une organisation bien structurée, chacun est à sa place selon ses compétences et il n'y a pas d'infériorité ou de supériorité car chacun peut être créatif. Tous les membres savent qu'ils forment un tout qui devient une force et que ce n'est pas chacun pour soi.

Quand on y regarde bien, le corps humain représente le plus bel exemple d'organisation parfaite et intelligente. Si une partie du corps ne se trouve pas en harmonie avec les autres parties, tout le corps s'en ressentira et l'individu en souffrira. Ceci veut dire que si chaque individu était à sa vraie place et savait s'AJUSTER au fonctionnement d'une organisation, le monde vivrait une plus grande harmonie.

L'action d'organiser, de structurer, de planifier en vue d'un bon fonctionnement représente un autre aspect d'une organisation. Avoir de l'organisation s'avère un excellent moyen de structurer sa vie et d'atteindre ses objectifs. Il y en a qui n'ont aucun sens de l'organisation, n'ayant pas eu de modèle étant jeunes, mais c'est une discipline qui peut s'acquérir. Pour être capables de nous organiser, il est important de savoir d'abord ce que nous voulons dans la vie et de connaître nos PRIORITÉS. Par exemple, quelqu'un qui aime plusieurs sports ou loisirs doit faire des choix et décider ceux qui lui semblent les plus importants pour lui en fonction de ses besoins et obligations de tous genres. Organiser sa vie, ses loisirs, ses vacances, son travail, sa vie personnelle et familiale se veut un bon moyen de donner plus de sens à sa vie et de la vivre pleinement.

Sans organisation, on passe à côté de beaucoup de réalisations importantes pour soi. Le chaos ou le vide intérieur apparaissent également. Le temps s'écoule et il est trop tard pour retourner en arrière. Un outil fort précieux pour mieux organiser son temps est un agenda. Aussitôt que nous notons quelque chose, nous donnons l'ordre à notre SUBCONSCIENT, relié à notre SUPERCONSCIENCE, de planifier le temps nécessaire pour mieux y arriver. En plus, planifier et écrire nous aident à devenir plus conscients de ce que nous envisageons de faire; ça nous évite des pertes de temps et d'avoir à recourir sans cesse à notre mémoire.

Certains croient que le fait d'être bien organisés représente un obstacle à la spontanéité. Ils se croient contraints à faire tout ce qui est noté. Si tu te vois ainsi, tu auras intérêt à devenir plus flexible en apprenant à planifier et à te donner le droit de changer d'idée en planifiant à nouveau. Le plus grand avantage d'une bonne organisation est de te permettre de mieux vivre ton MOMENT PRÉSENT. Pendant que tu t'occupes à une activité, tu ne t'inquiètes pas d'oublier quelque chose d'important puisque tout est bien noté et planifié.

Aussi il existe des gens doués pour organiser plein de choses pour les autres mais qui n'ont plus de temps pour eux. On appelle ceci *se faire organiser.* Ils sont incapables d'organiser leur propre vie car ils se sentiraient coupables d'écouter leurs propres besoins. Voilà un indice de quelqu'un qui ne contacte pas ses propres BESOINS et qui se croit RESPONSABLE des autres.

ORGUEIL

Opinion avantageuse le plus souvent exagérée qu'on a de sa valeur personnelle aux dépens de la considération d'autrui. Estime excessive de sa propre valeur. L'orgueil est un sujet complexe pouvant être défini et manifesté de plusieurs manières. D'abord, l'orgueil fait partie de l'EGO, cette partie en nous qui inclut nos multiples PERSONNALITÉS créées à un moment où l'autre de notre existence pour nous inciter à prendre notre place et nous aider à moins souffrir. L'orgueil est présent lorsque nous voulons, non seulement avoir raison, mais gagner sur l'autre afin que celui-ci devienne perdant. Il y a généralement de l'orgueil quand une conversation dégénère en OBSTINATION. Certaines personnes ne se considèrent pas comme orgueilleuses mais accusent les autres de l'être. Si c'est ton cas, cela signifiera que ton orgueil est aussi fort que celui de l'autre même si tu ne t'obstines pas ouvertement. Le fait de penser que tu as raison et que l'autre a tort représente tout autant de l'orgueil que le fait de le dire.

L'orgueil affecte les relations personnelles et sociales sans parler des problèmes physiques qui y sont rattachés. Il est dit que l'orgueil est considéré comme étant le plus grand fléau sur la terre car il représente la source de toutes les guerres et les rancunes entre les humains puisqu'il durcit le cœur en nous empêchant d'aimer nos semblables. Paradoxalement, l'orgueil provient également de la partie PERFECTIONNISTE de l'être humain, cette partie en nous qui aspire toujours à être parfait.

L'orgueil découle toujours de la peur consciente ou inconsciente de ne pas être aimé. Le grand orgueilleux ne veut pas admettre qu'il éprouve des peurs qui peuvent être, entre autres, celles d'être incompris, jugé, rejeté, de perdre la face, de ne pas être à la hauteur… et toutes celles où l'orgueilleux sent un besoin compulsif de se comparer aux autres. En somme, il symbolise un grand manque de CONFIANCE EN SOI. C'est pour cette raison qu'il se compare en mieux aux autres. Il recherche ainsi à être estimé par son entourage. Ce manque de confiance fait en sorte qu'il est incapable d'avoir de l'estime pour lui-même, de se faire des compliments, en somme de s'aimer. Voilà d'où provient son besoin de l'extérieur, c'est-à-dire sa recherche de l'amour des autres pour être heureux. Il devient de ce fait et à son insu quelqu'un de DÉPENDANT.

Par ce comportement, l'orgueilleux veut toujours avoir raison au détriment des autres. Il ne tolère pas de se sentir inférieur ou soumis à qui que ce soit et c'est pourquoi il tente de se montrer mieux que les autres. En bout de ligne, il parvient à se faire ACCROIRE qu'il est mieux que les autres, plus connaissant ou encore plus évolué. Il se justifie rapidement, qu'il ait raison ou tort, voire même avant que quelqu'un le remette en question.

Au moment où elle se manifeste, notre partie orgueilleuse nous envahit complètement et voilà que nous nous retrouvons totalement DÉCENTRÉS. Nous sommes incapables d'être objectifs et d'accepter simplement les situations telles qu'elles se présentent. Plus ce comportement orgueilleux est maintenu, entretenu, plus il prend du pouvoir, ce qui engendre continuellement la peur de pas être aimé ou d'être rejeté. Plus cette PEUR est alimentée et plus elle devient forte. Voilà le cercle vicieux de l'orgueil. C'est ce qui fait que plus une personne a un comportement orgueilleux, plus elle se fait rejeter par les autres qui ne veulent plus de sa compagnie.

Pour contrer l'orgueil, nous devons d'abord reconnaître et avouer notre peur du REJET. Avec cette perception, nous serons en mesure de l'identifier aussi chez les autres lorsqu'ils manifesteront un comportement similaire. Nous ressentirons leur grande souffrance à l'idée de ne pas être aimés, ce qui nous aidera à avoir de la compassion pour eux. Nous toucherons leur cœur et nous serons capables de les aider plutôt que de les critiquer. Viendra un jour où nous percevrons les individus d'un œil tout à fait différent en reconnaissant que chaque être humain a sa propre vérité et que la vérité d'une personne est aussi valable que celle d'une autre. Accepte dans ton for intérieur que l'autre puisse avoir raison mais que ta vérité vaut autant que la sienne. Tu peux lui dire : « J'accepte ton point de vue même s'il diffère du mien et même si je ne comprends pas. J'accepte que ce point de vue soit important pour toi. » Ainsi tout le monde est gagnant et personne n'a l'impression d'être perdant ou soumis. Nous voulons tous arriver un jour à vivre l'HUMILITÉ et la FIERTÉ sans laisser l'orgueil prendre le dessus. Le LÂCHER PRISE est aussi une très grande assistance lorsque l'orgueil veut nous envahir.

O

PAIX INTÉRIEURE

Tranquillité, sérénité de l'esprit; état de l'âme qui n'est troublée par aucun conflit. N'est-ce pas le souhait de tous de vivre en paix ? La paix intérieure se manifeste par un état de bien-être et de bonheur. Nous nous sentons sereins et aucune circonstance ne vient troubler cette sérénité. Nous savons que nous sommes en paix quand nous évitons de nous inquiéter inutilement, sachant que nous sommes capables de composer avec chaque événement qui se présente sur notre route. Être en paix signifie aussi faire CONFIANCE à la vie. Personne ne peut nous enlever cet état de bien-être ni nous la donner.

Une vie paisible ne veut pas nécessairement dire une existence sans OBSTACLES. C'est plutôt une vie où les événements ou les situations désagréables sont vécus avec sérénité, avec une paix intérieure. Ils n'ont donc pas d'emprise sur notre qualité de vie. La paix intérieure peut être vécue même si les situations présentes ne nous rendent pas heureux. Le BONHEUR est plutôt relié aux situations agréables dans notre vie. En outre, le fait de nourrir cette paix intérieure, de jouir du bonheur de vivre, d'être en amour avec l'Univers et d'accepter chaque événement qui se présente comme une ouverture de conscience permet à notre système immunitaire ainsi que notre capacité d'auto-guérison de fonctionner de façon harmonieuse.

Nous acquérons cette paix intérieure lorsque nous vivons notre MOMENT PRÉSENT et faisons confiance à l'UNIVERS et à notre DIEU INTÉRIEUR, nous permettant ainsi de LÂCHER PRISE. De plus, il est impossible de connaître la paix intérieure sans prendre notre RESPONSABILITÉ. Commençons donc à faire tout notre possible pour vivre dans la paix à l'extérieur de nous, dans notre quotidien, ce qui indiquera notre volonté de vivre en paix à l'intérieur de nous. Lorsque les humains vivront davantage dans la paix intérieure, ils arriveront enfin à vivre dans un monde paisible, sans guerre, ni violence, ni conflits.

P

PANIQUE

Terreur subite et violente, incontrôlable, généralement irraisonnée qui trouble l'esprit. Une **attaque de panique** se définit par une crise d'angoisse aiguë, en particulier au cours d'une névrose d'angoisse. Une **peur panique** se manifeste par une peur soudaine, irraisonnée. Un **moment de panique** se caractérise par un instant où une personne ne peut réfléchir, car son cerveau est complètement coupé de sa capacité de raisonner de façon rationnelle. La personne ne pense qu'à sa survie. Il arrive fréquemment que des gens paniquent alors que leur survie ne se trouve pas en jeu. Elles croient fortement ne pas pouvoir faire face à ce qui se passe, alors que ce n'est pas vrai. Par exemple, paniquer au moment de parler en public et avoir la sensation de se retrouver dans un trou noir où on ne voit plus rien et où on ne peut plus réfléchir. Ce genre de situation se retrouve plus souvent chez ceux qui souffrent de la BLESSURE de REJET.

La panique s'avère quelque chose très difficile à maîtriser. Elle agit un peu comme un barrage qui, lorsqu'il cède sous la pression de l'eau ne peut arrêter celle-ci de couler. La personne sent comme une force l'envahir, une perte de contrôle suit et la maintient sur place sans être capable de réagir ou, à l'inverse, peut la contraindre à fuir. En état de panique, une personne semble oublier ce qui lui arrive et craint ce qui va arriver. La même chose lorsque la panique s'empare d'un groupe : l'instinct de survie prend le dessus et il devient pratiquement impossible de revenir à la raison et au calme sur-le-champ. Nous arriverons à maîtriser nos états de panique en apprenant à prendre CONSCIENCE et à maîtriser nos PEURS profondes, très souvent inconscientes et irréelles.

PARADIS

Se référer à **CIEL**

P

PARAÎTRE

Avoir l'apparence de; se faire remarquer par une apparence avanta-geuse; sembler, avoir l'air. Le paraître se définit par une contenance physique ou psychologique que l'EGO d'une personne cherche à affi-cher pour donner bonne impression dans le but de camoufler une PEUR, ce qui fausse la réalité. Lorsqu'une personne cherche surtout à plaire par son élégance, son goût de la toilette, cela s'appelle de la co-quetterie. Tandis que vouloir bien paraître peut se retrouver dans tous les domaines et chez tous les types de personnes, par exemple, vouloir paraître plus beau ou plus riche en s'habillant et en se coiffant en consé-quence; vouloir paraître plus instruit, plus connaissant en présence de personnes que nous qualifions de supérieures à nous; vouloir paraître en forme, en santé et de bonne humeur alors qu'à l'intérieur de nous, nous vivons la situation contraire, etc.

Le paraître est relié à la PERSONNALITÉ de quelqu'un, non à son INDIVIDUALITÉ. Quand nous voulons paraître autre chose de ce que nous sommes réellement, nous adoptons une personnalité incohérente à ce que nous sommes. Sachons que vouloir paraître autre chose que ce que nous vivons intérieurement demande énormément d'énergie. Quand une personne agit ainsi devant quantité de gens à tous les jours, elle se stresse et se vide d'ÉNERGIE car elle s'en demande beaucoup.

Sachons de toute façon qu'il devient plus difficile de leurrer les autres puisque les gens deviennent de plus en plus CLAIRVOYANTS. Vu que notre RAISON D'ÊTRE consiste à redevenir nous-même, n'est-il pas plus sage de commencer à devenir plus TRANSPARENT ? Cela exige de développer de la CONFIANCE et de l'ESTIME DE SOI. Bref, il suffit d'être soi-même.

PARANORMAL

Se dit de tous les phénomènes ou les aptitudes humaines ne semblant pas s'inscrire dans le cadre des lois scientifiques actuellement établies. Il existe beaucoup de phénomènes considérés surnaturels ou illusoires bien qu'un nombre croissant de ces phénomènes soient reconnus et acceptés comme des capacités naturelles de l'être humain, telles que la CLAIRVOYANCE et la télépathie. Tant que la science considérera que l'être humain n'est composé que d'un corps physique, il sera difficile de prouver scientifiquement que ces phénomènes sont naturels pour de plus en plus d'humains. Heureusement, de nombreux scientifiques, notamment les parapsychologues, se penchent maintenant sur les possibilités immenses de l'être humain, à savoir celles se situant au-delà des manifestations physiques.

C'est chose reconnue que maints inventeurs trouvent dans la nature l'inspiration pour leurs inventions. Certaines d'entre elles ont révolutionné notre mode de vie durant le siècle précédent : l'avion, la télévision, le téléphone et l'ordinateur en sont des exemples marquants. Au fur et à mesure que l'humain évolue et développe son niveau de conscience, il crée des technologies qui se rapprochent de plus en plus des phénomènes dits « paranormaux ». Ce qui apparaissait anormal le devient !

Lorsque nous aurons une foi inébranlable en notre grande puissance intérieure, nous aurons moins besoin des machines pour tout faire à notre place. Par exemple, le téléphone remplace pour l'instant notre faculté télépathique. Les innombrables inventions actuelles nous rappellent nos capacités sans limites.

P

PARAPSYCHOLOGIE

Se référer à PARANORMAL

PARDON

Don par amour. Renoncer à garder rancune envers quelqu'un, à vouloir se venger. Pouvoir guérisseur de l'âme et du corps de l'être humain puisqu'il a l'aptitude de développer l'amour pour soi-même, ce qui a pour effet de transformer le cœur et le sang dans notre corps physique. En effet, l'amour a le pouvoir de recréer des cellules en santé, c'est-à-dire des cellules qui fonctionnent selon le plan divin qui est la santé. Pour certains qui voient dans le pardon un geste de faiblesse, il représente en réalité un grand geste de sagesse et d'amour de soi. Dans cet ouvrage, le terme « pardon » est utilisé pour soi-même, c'est-à-dire le pardon de soi et lorsqu'il est question de pardon des autres, le mot « réconciliation » est employé. Se pardonner et se réconcilier ne deviennent possibles qu'avec l'ACCEPTATION inconditionnelle de soi et de l'autre, car le pardon n'est nécessaire que lorsqu'il y a eu une accusation, donc une non-acceptation de quelqu'un ou de soi.

Le pardon et la réconciliation sont nécessaires chaque fois que nous vivons une ÉMOTION. L'étape première pour y arriver est l'utilisation de l'approche du MIROIR. Après avoir réalisé que l'autre personne t'accuse de la même chose dont tu l'accuses, tu pourras passer à l'étape de la réconciliation. Lorsque tu peux bien sentir ce que tu vis, ainsi qu'accepter et sentir que cette personne vit les mêmes PEURS et la même BLESSURE que toi dans cette situation difficile, tu es en train de te réconcilier avec l'autre. Tu peux même vivre de la COMPASSION. En te plaçant dans la peau de l'autre, tu pourras sentir, malgré ta propre souffrance, à quel point l'autre avait atteint ses propres limites et qu'elle souffrait également.

Cependant, le vrai pardon vient avec l'étape suivante qui est de se pardonner. Plusieurs personnes croient que, parce qu'elles se sont réconciliées avec quelqu'un, tout est réglé. Ce n'est pas le cas. Comment le savoir ? Lorsque la même situation se répète avec la même personne ou avec une autre et que les mêmes émotions et peurs remontent, ceci indique que le pardon de soi n'est pas complété.

P

Cette étape du pardon de soi, si importante, peut se produire seulement au moment où tu t'acceptes dans le fait d'avoir contribué à la souffrance de l'autre sans te juger ni te condamner ou te culpabiliser. De plus, tu dois t'autoriser d'en avoir voulu, d'avoir accusé, critiqué, peut-être même calomnié l'autre en reconnaissant que la partie souffrante en toi avait pris le dessus sur toi. Voilà le vrai pardon de soi : se permettre d'être humain. Permettre l'autre à être humain contribue à la réconciliation.

Lorsqu'une personne éprouve des difficultés à pardonner, c'est parce qu'une blessure est présente depuis le très jeune âge. Elle est toujours causée par une croyance générant un sentiment de rejet, d'abandon ou d'injustice. Quand tu te pardonnes, tu te libères, car sans pardon, tu restes toujours prisonnier de tes blessures. Refuser de te pardonner consiste à se limiter.

De plus, il est fortement suggéré de rencontrer l'autre personne – seul à seul – pour lui partager ce que tu as vécu avec elle et pour vérifier de quoi cette personne t'a accusé. En lui partageant tes peurs et ta blessure activée par elle, cela lui permettra de découvrir ses propres sentiments, ses peurs et sa blessure. Cette rencontre doit être faite sans attentes. Elle doit avoir pour but premier de vérifier si la réconciliation et le pardon de soi sont vraiment faits. Sinon, tu auras peur de rencontrer l'autre, peur de sa réaction, ce qui signifie que tu lui en veux encore ou, plus que probable, que tu t'en veuilles. De plus, cette rencontre ne doit jamais être basée sur le désir que l'autre te pardonne ou te demande pardon. Toi seul – ton DIEU INTÉRIEUR – peux te pardonner. Personne ne peut le faire pour une autre personne.

Pour savoir si tu t'es réellement pardonné, il ne devra subsister aucune trace d'animosité. Si tu sens soudain remonter en toi une pulsion d'agressivité ou de colère, la démarche n'aura pas été complétée. Un test consiste à pouvoir visualiser l'autre sans ressentir aucun agacement, sans aucune amertume tout en conservant la paix intérieure. Aussi, il importe de réaliser que ce n'est pas ton être qui en veut, car ton être est parfait, mais une partie de toi qui souffre. Tu peux donc parler à cette partie souffrante.

Une étape additionnelle peut être ajoutée et elle permet d'aller beaucoup plus en profondeur dans le pardon : celle de faire le lien avec le parent du même sexe que la personne avec qui tu as vécu ta réconciliation. Sache que ce dont tu l'as accusé et ta blessure sont une répétition d'un incident vécu avec ce parent dans ta jeunesse. Il est fort possible que les circonstances aient été différentes mais l'accusation et la blessure restent les mêmes. Pour arriver à rompre ce lien avec ce parent et devenir enfin toi-même, tu dois accepter qu'il ou la personne qui le représentait, a fait de son mieux et au meilleur de ses connaissances. Il t'a aimé du mieux qu'il pouvait. Il ne pouvait t'en donner plus car il ne connaissait que cette seule forme d'amour.

Lorsqu'il y a une non-acceptation de soi et qu'il n'y a pas d'autres personnes impliquées, l'acceptation véritable représente ce qui est nécessaire pour le pardon de soi. Le pardon permet de se défaire de la rancune et de la haine et de retrouver le bonheur, la santé et la paix intérieure. Puisque l'énergie du pardon a un pouvoir exceptionnel pour la guérison du corps et de l'âme, il est donc essentiel de devenir conscients de nos RANCUNES.

PARENT

Père ou mère biologique ou adoptif. Toute personne avec laquelle on a un lien de parenté, soit par le sang ou par alliance. Pour nous aider à mieux comprendre le rôle de parent, on doit d'abord savoir que, sur cette terre, tout ce qui vit est régi par la LOI D'ATTRACTION. Nous sommes donc comme des aimants. **L'être humain est attiré automatiquement en tant qu'âme par l'environnement dont il aura besoin pour vivre et régler certaines expériences qui n'ont pas encore été totalement vécues et acceptées, dans le but d'apprendre à s'aimer et s'épanouir à travers elles.** Grâce à l'existence de cette loi, on peut affirmer que nous avons choisi nos parents pour vivre ces expériences et pour guérir certaines blessures émotionnelles reliées à nos vies passées.

Ainsi, avant de naître, l'ÂME sait exactement ce qu'elle veut venir apprendre en tant qu'être humain et c'est pourquoi elle est attirée de façon vibratoire et magnétique vers l'environnement dont elle aura besoin, en particulier ses parents. De ce fait, les grandes lignes majeures sont déjà choisies d'avance, telles que la race et la morphologie du corps, le pays, l'environnement et le contexte spécifique dans lequel cette âme aura à évoluer. Elle choisit donc tout ce qui lui est nécessaire pour évoluer dans chaque vie et son choix le plus important est celui des parents biologiques et, dans certains cas, adoptifs par la suite.

P

Pourquoi les parents sont-ils si importants ? Parce qu'ils symbolisent les premiers MODÈLES pour un enfant en tant qu'être humain. Ils sont là pour le guider, lui prodiguer l'amour et les soins nécessaires, en fait, ils subviennent à ses besoins physiques, psychologiques et intellectuels de base. Ils le font au meilleur de leurs connaissances et de leur conscience jusqu'à l'âge où habituellement un enfant est en mesure de se prendre en charge. Hélas, plusieurs personnes choisissent de devenir parents pour les mauvaises raisons. Voici quelques-unes d'entre elles :

• Vouloir donner à leur enfant ce qu'elles n'ont pas reçu étant jeunes;

• Pour retenir le conjoint;

• Pour faire plaisir à leurs propres parents;

• Parce qu'elles croient anormal de ne pas avoir d'enfant;

• Pour avoir de l'aide à la maison ou financièrement;

• Pour ne pas paraître égoïste aux yeux des autres et de la société;

• Par ennui;

• Pour avoir quelqu'un à dominer.

P

La seule raison valable de vouloir avoir un enfant consiste à donner l'occasion à une âme de se réincarner et d'utiliser la présence de cet enfant pour se connaître davantage et d'évoluer grâce à lui. Être parent ne signifie pas de devoir accéder à tous les désirs ou caprices d'un enfant, mais plutôt d'être en mesure de l'assister dans ses besoins de base. Tout surplus fourni à l'enfant doit être considéré comme un don plutôt que d'être motivé par un sentiment d'obligation, par culpabilité ou par peur de ne pas être aimé.

Être parent représente donc une très grande opportunité pour apprendre le DON DE SOI et ce qu'est l'amour inconditionnel sous toutes ses formes.

C'est un grand défi et ce rôle requiert énormément d'amour, de respect, de compréhension, d'ouverture d'esprit et de LÂCHER PRISE en plus de nous placer face à nous-même et à nos propres lacunes. Mais les avantages spirituels compensent grandement toutes les difficultés rencontrées puisque les enfants nous procurent, entre autres choses, la chance inouïe d'apprendre à nous respecter ainsi qu'à respecter le point de vue des plus jeunes qui, somme toute, sont un prolongement de nous-même. Ce rôle nous permet également d'apprendre à nous exprimer et à faire nos demandes clairement et, bien sûr, à ouvrir notre cœur.

Pour vivre ton rôle de parent dans l'harmonie, il est impératif de bien appliquer les notions de RESPONSABILITÉ de part et d'autre et de développer l'ÉCOUTE et le RESPECT de toi et de ton enfant. De plus, il est sage de te rappeler que tout enfant existe pour t'aider à devenir conscient de ce qui n'est pas réglé avec tes propres parents, c'est-à-dire ce qui n'a pas été vécu dans l'ACCEPTATION. Si ton enfant te dérange souvent, l'approche du MIROIR est très utile. Le fait d'être reconnaissant pour ce que tu apprends en tant que parent, grâce à ton enfant, aidera ce dernier à te dépasser, c'est-à-dire à ne pas avoir à vivre la même chose que toi. C'est ainsi que les parents peuvent contribuer à l'évolution de la race humaine sur cette planète.

P

Si le parent, au contraire, insiste pour que son enfant agisse et entretienne les mêmes croyances que lui, il empêchera son enfant, ainsi que l'humanité de progresser. Si c'est ton cas, tu pourras en devenir conscient par la RÉSISTANCE ou l'attitude réactive de ton ENFANT. Celui-ci adopte ce genre d'attitude seulement avec des parents limitatifs, POSSESSIFS ou trop FUSIONNELS. Il n'y a qu'une chose dont tu dois te souvenir en tant que parent : la grande opportunité que tu reçois pour apprendre l'AMOUR inconditionnel.

PAROLE (pouvoir de la)

Faculté de s'exprimer oralement, propre à l'être humain seulement; capacité de communiquer la pensée ou le ressenti par des mots. L'énergie de la parole équivaut à un autre très grand pouvoir créateur de l'humain.

Par exemple, quand une personne dit : « Je suis toujours fatiguée. Je n'arriverai jamais, encore une fois, à faire tout ce que je veux faire dans ma journée », elle met tout de suite en mouvement le résultat qu'elle ne désire pas. Même si on sent chez cette personne un grand désir de vouloir accomplir beaucoup de choses dans sa journée, on sentira également qu'elle ne croit pas que cela puisse être possible. Ce qu'elle croit et ressent se dégagent dans ses paroles. Comme nous manifestons dans notre monde matériel ce que nous croyons, elle est sûre de créer de la fatigue et de l'incapacité.

Voilà l'importance de porter une attention particulière aux choix des mots prononcés. Le terme utilisé crée une image de ce mot à l'intérieur de soi. Le SUBCONSCIENT, ne comprenant que les images, se met donc tout de suite à l'œuvre pour manifester ce qu'il vient de recevoir. Au lieu de dire : « J'en ai assez d'être malade », il est plus sage de déclarer : « Je veux vivre dans un corps en santé à partir de maintenant. » Ce faisant, tu utilises un des grands pouvoirs de l'humain, le pouvoir de la parole, d'une façon bénéfique pour toi, plutôt que nuisible.

L'énergie de la parole est donc extrêmement puissante. **Comme toute parole se révèle créatrice, elle devrait, en tout temps, être prononcée que pour aider ses semblables ou pour améliorer sa propre vie.** Toute autre motivation susceptible de nuire à qui que ce soit, incluant soi-même, s'avère une perte d'énergie gaspillée inutilement. Voilà une prise de conscience qui nous ramène à l'essentiel.

PARTAGE

Fait de partager, d'avoir quelque chose en commun avec quelqu'un et de prendre part à quelque chose. Personnes qui mettent certaines idées, objets, pensées en commun dans un but d'entraide. Le partage s'avère quelque chose de très important qui nous aide à ouvrir notre cœur aux autres, à fraterniser, à devenir plus conscients de ce que nous sommes et de ce que nous vivons.

Partager se fait dans tous les domaines : partager des idées, des connaissances, des victoires, des événements heureux, mais aussi partager nos peines, nos peurs, nos angoisses. Dans un partage, il doit y avoir échange et se faire dans les deux sens – donner/recevoir – d'une façon objective. Plusieurs croient qu'ils partagent alors qu'ils se plaignent ou accusent l'autre. Partager signifie donc raconter ce qui se passe, que ce soit heureux ou non, dans le but de laisser savoir à l'autre nos états d'être ou de vouloir un conseil de l'autre. Savoir partager est nécessaire pour bien communiquer et développer la CONFIANCE EN SOI.

Le partage correspond aussi à un besoin de rendre service, de donner, comme partager des objets et des biens. Il y en a qui ne veulent jamais partager. Ils se ferment ainsi à l'état d'ABONDANCE et de PROSPÉRITÉ car plus nous donnons et plus nous recevons.

PASSÉ

Temps révolu, un ensemble de souvenirs. Ce qu'il faut surtout savoir, c'est que ce que l'humain considère comme son passé ne représente, en réalité, que ce qu'il a retenu dans sa mémoire. Comme la MÉMOIRE correspond à un produit du corps mental, cela signifie que tout ce qui est enregistré est influencé par notre état physique, émotionnel et mental au moment de l'incident. Nous enregistrons ces données dans notre mémoire à travers notre perception, c'est-à-dire nos filtres, nos CROYANCES. Donc, il est très rare que le passé enregistré décrive la réalité; avoir une fixation sur son passé, c'est resté accroché à une illusion.

Une personne qui se sent constamment perturbée par son passé et surtout, lorsque cela l'empêche de vivre sereinement son moment présent a avantage à savoir qu'il est possible de recréer la perception de son passé. À titre d'exemple, voici le cas d'un homme qui a cru longtemps que ses parents avaient été sévères, pas assez compréhensifs, qu'ils ne s'étaient pas assez occupé de lui ou intéressé à ses besoins comme il l'aurait voulu. Les années ont passé et cet homme a vécu avec ce sentiment d'injustice, et peut-être même de rejet ou d'abandon, jusqu'à leur en vouloir profondément. Il ressentait alors de la tristesse et à cause de sa perception, leurs défauts primaient davantage sur leurs qualités de parents qu'il croyait responsables de sa souffrance.

P

Une fois devenu adulte et, suite à un certain cheminement dans la conscience et peut-être même après être devenu parent à son tour, il commença à percevoir la situation d'un tout nouvel angle. Son statut de parent lui permettait dorénavant de se placer dans les souliers de ses parents et de reconnaître qu'ils avaient tenu leur rôle du mieux qu'ils avaient pu, compte tenu des circonstances et de leurs propres limites. Il s'aperçut qu'il n'était pas facile pour un PARENT de toujours plaire à leurs enfants. Soudainement, des images, des situations et des sentiments tout à fait différents surgirent de sa mémoire pour lui rappeler combien ses parents avaient été meilleurs parents qu'il avait cru et surtout qu'ils avaient fait de leur mieux. Il réalisera que ses parents s'en seraient peut-être voulu d'avoir agir différemment de leurs valeurs car ils croyaient bien faire. Emmuré dans ses blessures, sa douleur l'avait empêché de se rappeler que ses parents l'aimaient plus qu'il ne voulait le croire et qu'ils n'avaient pu qu'agir selon ce qu'ils avaient appris de leurs propres parents. Leur attitude indiquait le seul genre d'amour qu'ils savaient lui prodiguer.

Lorsque l'on vit des doutes face à l'amour de ses parents ou devant toute situation du passé qui a causé quelque blessure émotionnelle que ce soit, il devient très important de reconstituer ce passé en prenant en considération les nouvelles perceptions acquises en tant qu'adulte. La nouvelle réalité se veut à ce moment totalement différente de celle perçue uniquement à travers les filtres de nos anciennes blessures. Voilà l'importance de ne jamais rester accroché à une perception car on risque de se fermer au bonheur, en plus d'exclure toute possibilité de régler nos propres blessures.

Un moyen pour faciliter les prises de conscience consiste à prendre le temps d'écrire ton passé. Cela peut s'avérer une expérience très constructive et libératrice. Vérifie ton état d'être lors des étapes ayant le plus marqué ta jeunesse. En te pratiquant à mieux percevoir ton passé, tu seras en mesure de mieux sentir ta vie actuelle.

On peut comparer une personne qui regrette son passé ou qui croit avoir vécu une injustice à quelqu'un qui monte un escalier en empilant chaque marche sur ses épaules. À mesure qu'il monte, le poids augmente et devient si lourd qu'il finit par CRAQUER un jour. La seule réalité se trouve dans le MOMENT PRÉSENT. Tout ce qui est appelé passé ou futur peut donc être changé selon notre façon de vivre chaque instant. En réalité, le passé n'est qu'une mémoire, changée par notre perception, d'un autre moment présent et le futur est une perception mentale d'un autre moment présent.

PASSION DANS L'ACTION

Grande énergie créatrice qui donne un sens, de la sensibilité et de l'enthousiasme à tout ce que l'on entreprend et qui nous aide à atteindre un but. La passion a été attribuée à l'être humain pour vivre intensément l'objet de ses désirs. Elle symbolise le feu qui le pousse à exprimer ce qu'il est vraiment. Lorsqu'on dit de quelqu'un qu'il est un grand passionné de la musique, du grand air, de la voile, de la pêche, des voyages, des arts ou pour son métier, on peut sentir qu'il vibre lorsqu'il en parle ou lorsqu'il est dans le feu de l'action. Cette personne vit pleinement et intensément son moment présent.

Par contre, une passion mal gérée peut devenir non bénéfique. C'est le genre de passion qui se transforme en une fixation au point que celui qui la vit manque de jugement ou de discernement, par exemple, la passion du jeu. Voilà la raison pour laquelle le mot passion signifie aussi souffrance. La personne obsédée par l'objet de sa passion, au point d'oublier tout le reste va finir par en souffrir beaucoup.

Lorsqu'une personne sait bien gérer le degré de passion qu'elle met dans ce qu'elle fait, dans ce qu'elle dit et dans ce qu'elle ressent, ses chances de réussite et de bonheur augmentent. La passion se développe en conservant notre ENTHOUSIASME d'enfant dans la réalisation de nos désirs. Apprendre quelque chose de nouveau, à tous les jours si possible, active la passion et la passion donne du POUVOIR.

P

En effet, la passion est une des plus grandes formes d'énergie que nous pouvons générer dans notre corps. Elle nous aide à vivre intensément et à réaliser nos désirs. Si tu manques de passion pour atteindre un but, cherche une source de MOTIVATION. Par exemple, lors d'un programme de conditionnement physique, si tu veux développer et conserver ta passion, trouve un plaisir dans l'exercice; rappelle-toi quand tu étais jeune et retrouve le plaisir que tu éprouvais à jouer. Toutes les passions sont bénéfiques en autant qu'elles nous rapprochent de notre vraie nature, c'est-à-dire des BESOINS de notre être.

PASSION DANS LA RELATION DE COUPLE

Affectivité, sensibilité ou émotion puissante et continue qui domine parfois même la raison et l'entendement. Malheureusement, l'humain méprend la passion pour de l'amour. Ces deux sentiments diffèrent totalement.

Une relation de couple où existe une grande passion est généralement basée sur la DÉPENDANCE et le désir d'être aimé. C'est pourquoi, une personne dite très passionnée pour l'être aimé ne semble heureuse qu'en présence de ce dernier. On constate couramment que les gens qui recherchent la passion sont portés à s'attirer des relations difficiles. Par exemple, la personne de qui l'autre est passionné n'est pas libre, garde ses distances ou a une grande peur de s'engager. Ce genre de passion n'est pas de l'amour véritable parce que la personne passionnée ne sera heureuse que si son conjoint se sent heureux avec elle. Si son conjoint veut aller jouer au golf avec ses copains, par exemple, elle ne pourra accepter qu'il soit heureux ainsi sans elle. Elle peut lui faire une scène de JALOUSIE ou, si elle ne dit rien, elle deviendra très malheureuse à l'attendre.

Il est normal et humain de vivre un certain degré de passion au début d'une relation. C'est le désir de SÉDUIRE et de se laisser séduire, une approche purement sensuelle et sexuelle qui l'engendre. Cependant, c'est lorsque cette passion commence à s'estomper que l'amour véritable a une chance de se développer. Nous devons savoir que ce genre de passion représente une illusion d'amour. Comme toute illusion, elle ne dure qu'un certain temps, d'où la nécessité que celle-ci soit continuellement alimentée par la présence et l'attention continuelles de l'être aimé ou encore par une nouvelle passion. L'énergie de la passion dans un couple devient quelquefois si intense que, sans maîtrise, elle peut détruire leur union. Par exemple, une femme qui vit en couple et ressent, malgré l'amour qu'elle porte à son conjoint, une très forte attirance pour quelqu'un d'autre parce qu'elle s'ennuie de la partie passionnelle de la relation.

Toute personne disposée à découvrir en quoi consiste le véritable et grand amour à travers sa relation de couple se donne une chance de vivre un bonheur beaucoup plus grand, profond et durable que l'illusion de bonheur vécue dans la passion. **Aimer véritablement ne signifie pas aimer l'autre pour ce qu'il nous rapporte ou vouloir être aimé. Le vrai et grand amour correspond à partager, donner pour le plaisir de donner à l'autre sans attendre rien en retour.**

PATIENCE

Aptitude à supporter avec constance certains désagréments de l'existence; qualité dont une personne a besoin pour persévérer dans une activité ou un travail de longue haleine sans se décourager; capacité d'attendre que les choses se transforment d'elles-mêmes quand on sait qu'on a fait tout ce qu'on pouvait. La personne impatiente veut que tout se passe à l'instant même, que tous ses désirs se manifestent tout de suite, sans tenir compte des autres. Nous constatons qu'il existe des personnes plus patientes que d'autres. Nous sommes tous dotés de cette qualité, bien qu'elle soit exprimée dans des domaines parfois totalement différents. Cela explique pourquoi nous nous croyons parfois démunis de cette qualité puisque nous oublions de vérifier dans quels domaines nous le sommes.

P

Si tu ne trouves aucun domaine où prédomine chez toi la patience, un moyen d'en devenir conscient consistera à demander aux autres en quelles circonstances ils te considèrent patient. Si tu admires ce trait de caractère chez quelqu'un d'autre, c'est que tu le possèdes. Pour t'aider à exprimer cette qualité, il est suggéré d'appliquer les notions du MIROIR. Par contre, comme une médaille a toujours deux côtés, la patience peut devenir un défaut, c'est-à-dire qu'elle peut aussi bien être non bénéfique pour toi. Dans quelles circonstances ? Lorsque tu es patient au point de vivre dans la SOUMISSION ou de laisser les autres PROFITER de toi sans oser t'AFFIRMER.

Il importe donc de vérifier si tes moments de patience sont motivés par un LÂCHER PRISE de ta part ou par de la PEUR. Une fois devenu conscient, tu seras en mesure de décider du meilleur moment pour toi d'être patient ou non. L'impatience peut tout aussi bien s'avérer une qualité qu'un défaut. Tout dépend des circonstances et de tes besoins.

PAUVRETÉ

État de quelqu'un qui manque de ressources matérielles ou morales, de moyens ou d'argent. Dans cet ouvrage, une différence est faite entre pauvreté, qui est le contraire de prospérité, et le manque, qui est le contraire de l'abondance. La pauvreté consiste en un *état d'être* tandis que le manque correspond aux niveaux du *avoir* et du *faire*. Elle représente l'état d'une personne qui n'est généralement pas consciente qu'elle croit au MANQUE et qui a surtout peur de manquer de quelque chose. La pauvreté n'a donc rien à voir avec le compte en banque ou l'ampleur des possessions matérielles d'une personne. Quelqu'un pourra posséder une immense fortune personnelle mais demeurer pauvre intérieurement s'il a toujours cette crainte consciente ou inconsciente de perdre ses biens.

Un état de pauvreté peut également se retrouver chez les personnes qui croient qu'il n'est pas spirituel de posséder beaucoup d'argent ou de biens matériels. Pour contrer cet état de pauvreté, le moyen par excellence consiste à devenir conscient de tes CROYANCES et de tes PEURS et de mettre en application les lois de la PROSPÉRITÉ.

P

PÉCHÉ

Acte conscient et volontaire que quelqu'un fait et qui est interdit par l'église. Anciennement, le mot « péché » a été inventé et institué par les RELIGIONS dans l'intention et le but d'aider les gens à reconnaître le principe du BIEN et du MAL. Quand les gens faisaient ce qui était considéré comme « bien », ils pouvaient se considérer de bonnes personnes et croire qu'ils iraient au CIEL. Mais quand ils agissaient contrairement à ces principes et faisaient des actions considérées comme « mal », ils commettaient un péché. Un sentiment de HONTE s'ensuivait, ce qui causait beaucoup de souffrance et de culpabilité de même que la peur d'aller en ENFER.

Par le passé, et encore de nos jours dans plusieurs pays, les religions sont très influentes et elles favorisent un système de croyances basées sur ces principes bien/mal. Croire au péché demeure encore présent chez les personnes qui adhèrent à la punition. Sachons que l'INTELLECT décide de croire que quelque chose est bien ou non. Il est temps de réviser notre système de croyances et de changer cette perception, à savoir qu'il n'y a pas de péché, ni de mal, il n'y a que des expériences à vivre. **S'il y avait un péché sur cette terre, ce serait bien celui de nous laisser diriger par les croyances des autres et de nous empêcher d'être nous-même.** Plus les gens deviendront CONSCIENTS de qui ils sont, moins ils croiront au péché. Ils arriveront à ne vivre que des expériences INTELLIGENTES et ÉCOLOGIQUES.

P

PEINE

Se référer à **TRISTESSE**

PENSÉE OBSESSIONNELLE

Se référer à **OBSESSION**

PENSÉE (pouvoir de la)

Voici quelques définitions tirées du dictionnaire : expression d'une idée; activité de l'esprit, psychique, rationnelle; ce que quelqu'un pense, sent, veut et qui affecte la conscience. En d'autres termes, la pensée représente une source d'énergie extrêmement puissante, un autre grand pouvoir créateur de l'être humain. Le pouvoir de la pensée s'avère immense et, tout comme celui de la PAROLE, il peut influencer considérablement notre vie. Toutes nos pensées, quelles qu'elles soient, créent des images, émettent une vibration et prennent une forme qui est projetée dans le monde invisible. Ces formes-pensées, aussi appelées ÉLÉMENTAUX, flottent autour de nous et agissent comme des aimants, ce qui contribue à attirer à nous l'objet de nos pensées, que ce soient des désirs ou des peurs. Nous pouvons donc, grâce à ce pouvoir, manifester nos plus grands DÉSIRS ou hélas nos plus grandes PEURS.

Plus tu penses et ressens ce que tu désires, plus tes désirs pourront se matérialiser. À force de nourrir ce que tu veux créer en pensées positives et bénéfiques, tu finis par choisir consciemment les bonnes actions à poser et attirer les personnes dont tu auras besoin pour matérialiser tes désirs.

Par contre, si tu entretiens des pensées de peur et d'inquiétude, souviens-toi que le pouvoir de ta pensée reste tout aussi efficace. Ces formes-pensées attirent à toi l'objet de tes peurs. Il importe donc de devenir le plus conscient possible de tes pensées, car même celles inconscientes ont tout autant de pouvoir. Cette manifestation est appelée le pouvoir du SUBCONSCIENT.

L'être humain est conscient entre 10 et 20 % de ce qu'il pense. Tu es la seule personne RESPONSABLE d'utiliser le pouvoir de ta pensée à bon escient. Même si nous ne vivons pas encore dans la SUPERCONSCIENCE, mais si, au moins, nous prenons le temps de nous assurer que nos pensées conscientes vont dans le sens de nos besoins, voilà déjà une nette amélioration vers une vie meilleure.

PERCEPTION

Se référer à **PASSÉ**

PERFECTIONNISME

Recherche excessive de la perfection. Une personne perfectionniste se définit par l'état de quelqu'un qui recherche continuellement la perfection en toute chose, principalement au niveau du faire. Attribut de quelqu'un ayant un « pousseur » très fort à l'intérieur de lui-même. Les listes des choses à faire qu'il s'impose ne sont jamais complétées ou accomplies à son goût. De plus, il manque souvent de temps car il se révise sans cesse. Une telle personne se valorise davantage par ce qu'elle *fait* (jamais assez parfait selon ses critères de perfection) et non en rapport à ce qu'elle *est*.

De ce fait, cette personne est portée à s'en faire beaucoup trop pour des détails qui, à la longue, font qu'elle se critique, devient rigide et très exigeante avec elle-même et, bien sûr, avec les autres. Elle oublie très souvent de se féliciter, à moins d'avoir accompli un exploit extraordinaire, mais encore ! En somme, elle se révèle une personne trop idéaliste, ce qui fait d'elle un être perpétuellement insatisfait. Par conséquent, elle illustre le genre de personne qui entretient plusieurs craintes, dont celle de ne pas être à la hauteur, celle d'être critiquée ou rejetée, ce qui cache la peur de ne pas être aimée.

En effet, elle croit que si elle fait tout à la perfection, elle sera plus aimée au lieu d'être rejetée. Une personne perfectionniste doit apprendre que la perfection reste inatteignable dans le monde MATÉRIEL. Nous pouvons le constater chaque jour dans plusieurs domaines. Par exemple, de grands athlètes qui se croient à l'apogée de leur discipline et, malgré tout, dépassent sans cesse leurs propres limites et battent des records incroyables. Mais voilà que d'autres athlètes les surpassent et ça ne finit jamais.

P

La perfection appartient au monde SPIRITUEL. Nous devons tous réaliser que l'humain est déjà parfait. Il ne rate jamais puisqu'il est déjà parfait, il n'a qu'à apprendre à vivre davantage dans l'ACCEPTATION, l'AMOUR et l'INTELLIGENCE. Le problème de l'humain c'est qu'il a oublié sa perfection divine et il la recherche plutôt dans son monde matériel. Il confond donc ce qu'il fait et ce qu'il est. Il identifie son être à ce qu'il « fait ». S'il croit qu'il « fait parfaitement », il « sera parfait ». Voici une des plus grandes erreurs de l'humain qui, malheureusement, l'éloigne de sa RAISON D'ÊTRE. Il aurait grand intérêt à vérifier le prix à payer, à savoir ce qu'il lui en coûte en temps, en santé et en énergie à rechercher sans cesse la performance pour tenter d'atteindre un IDÉAL de perfection qui reste purement inatteignable. Pendant tout ce temps, il néglige ses vrais besoins.

Rechercher la perfection signifie « ne pas vouloir refaire la même erreur ». Rechercher l'excellence c'est utiliser nos erreurs pour s'améliorer. Rien ne nous empêche de vouloir bien faire et de viser l'excellence mais pour cela, nous devons nous aimer, nous accepter, même si nous ne répondons pas aux critères de perfection exigés par nous ou par les autres. Un bon moyen d'acceptation consiste à te poser souvent la question suivante : « Ai-je fait mon possible et au meilleur de ma connaissance ? » Que la réponse soit oui ou non, accepte-toi dans cette situation.

Quand une personne parvient à s'accepter véritablement, elle possède l'outil idéal pour devenir de plus en plus excellente sans toutefois forcer les choses ni vouloir performer à tout prix. Elle devient centrée et une personne centrée s'accepte en dépit de ses faiblesses ou de ses inaptitudes, car elle est consciente que la perfection existe seulement au niveau de l'être, non dans le monde matériel.

PERFORMANCE

Se référé à **PERFECTIONNISME**

PERSÉVÉRANCE

Qualité ou action de quelqu'un qui demeure ferme et résolu dans une décision, une action entreprise; constance, ténacité. État d'une personne qui, malgré des obstacles, continue à travailler et à poser des actions pour atteindre un BUT. La persévérance s'avère une qualité essentielle pour une personne qui veut atteindre ses buts. Elle représente le catalyseur qui nous aide à aller de l'avant jusqu'au bout de nos désirs, de nos rêves. Derrière la persévérance, il y a la conviction et l'assurance que nous y arriverons. Quelqu'un de vraiment persévérant ne renonce pas à son but, sans en devenir obsédé pour autant. Il continue de poser des actions malgré certaines embûches, difficultés ou imprévus et se permet de laisser tomber lorsqu'il s'aperçoit que son but ne répond plus à ses besoins ou lorsqu'il reconnaît qu'il a atteint ses limites. Sans persévérance, il devient difficile d'arriver à ce que nous voulons. C'est comme si nous faisions du surplace ou, pire encore, nous rebroussions chemin.

Comment arriver à développer de la persévérance ? D'abord, en étant en contact avec tes BESOINS, c'est-à-dire savoir ce que tu veux réellement et ce que tu crois être bon pour toi. Ensuite, assure-toi que tes buts répondent à tes besoins. Dès qu'une difficulté arrive, rappelle-toi de demeurer en contact avec ce que tu veux, tes besoins. Demande-toi si abandonner un but, un projet va t'amener vers ce que tu veux vraiment. Si la réponse est non, continue vers ce que tu veux en trouvant d'autres moyens ou demande de l'aide au besoin. Ainsi, tu feras preuve de persévérance mais aussi de souplesse. Développer de la persévérance nous aide à accroître la CONFIANCE, l'ESTIME DE SOI et la FIERTÉ d'atteindre nos objectifs et nous permet d'exercer notre DISCIPLINE.

P

PERSONNALITÉ

Ensemble des comportements, aptitudes et motivations dont l'unité et la permanence constituent la singularité de chacun; aspect sous lequel une personne se considère ou est considérée par les autres. La personnalité reflète ce qui se passe chez une personne physiquement, « émotionnellement » et mentalement. C'est la partie humaine de l'être. On l'appelle aussi le « petit moi », tandis que le « vrai *MOI* » équivaut à l'INDIVIDUALITÉ d'une personne.

En réalité, une personne a plusieurs personnalités. Elles sont créées à partir de ses CROYANCES et de ses PEURS. Nous choisissons une famille qui RÉSONNE avec notre plan de vie et, dès notre enfance, nous sommes façonnés par l'influence de notre famille et de l'éducation reçue. Nous développons des personnalités dont nous croyons avoir besoin pour moins souffrir. Toutes ces personnalités deviennent notre EGO. Tant et aussi longtemps que nous vivons des BLESSURES, nous continuons à entretenir ces personnalités. Nous pouvons en conclure que c'est notre personnalité qui vit des émotions et des peurs et non notre ÊTRE.

Chaque trait de personnalité renferme son opposé. Voilà pourquoi une personne se retrouve dépensière et économe, sévère et douce, ordonnée et traîneuse, travaillante et paresseuse, optimiste et pessimiste, etc. Par exemple, une personne peut projeter ou exhiber une image sérieuse et réservée devant certaines personnes et une image plutôt désinvolte devant d'autres. Celle qui ment par crainte d'être jugée et celle qui est franche quand elle se sent en confiance et non jugée. Une autre encore peut décider de bien PARAÎTRE, d'être joyeuse, en forme, heureuse et optimiste à son travail alors que dans l'intimité, elle change et devient maussade, pessimiste et victime.

Il arrive fréquemment que nous refusions une des facettes d'une personnalité car nous avons appris qu'elle était inacceptable. Pour découvrir notre individualité, il importe donc d'ACCEPTER les deux facettes plutôt que seulement une et ce, sans aucun JUGEMENT de valeur. Peu après, nous arriverons à choisir le comportement qui nous convient à chaque moment pour laisser émerger notre vrai *MOI*. Pour ce faire, nous ne devons plus être limités par les perceptions de nos cinq sens mais plutôt devenir plus conscients de nos états d'âme et des BESOINS de notre être intérieur.

PERTE

Le fait de perdre, d'être privé, séparé de la présence de quelqu'un ou de quelque chose. Quand une personne vit une grande perte matérielle ou la perte d'une personne, en général, elle éprouve un sentiment de frustration, d'impuissance, d'injustice et de peur pouvant mener parfois jusqu'à la colère.

Si tu te considères comme une personne ayant de la difficulté à perdre, les pertes que tu subis se manifesteront pour attirer ton attention sur le fait que tu dois apprendre le détachement. Tes difficultés sont-elles reliées à la perte de biens matériels, d'un emploi, d'un titre ou à la perte d'une personne chère ? Quel que soit l'objet de tes difficultés, souviens-toi que, sur cette terre, rien ne nous appartient réellement. Tout est mis à notre disposition pour nous permettre de vivre des expériences à travers tout ce qui nous entoure. Quand une personne consent à accepter ce point de vue, toutes les situations de perte lui paraîtront beaucoup moins dramatiques.

Une différence doit être faite entre le détachement et le renoncement. Celui-ci se définit par le fait d'abandonner, de renoncer à quelque chose ou à quelqu'un. Le détachement signifie plutôt le non-attachement aux biens ou aux personnes. Auparavant, durant l'ÈRE DES POISSONS que nous venons de quitter, il était bien vu et même recommandé par diverses religions de renoncer aux biens matériels. Maintenant, avec l'ÈRE DU VERSEAU, il est plutôt recommandé de vivre l'expérience d'en avoir autant que nous le désirons mais sans y être attaché.

P

Être détaché signifie donc que nous avons le droit de posséder quantité de richesses matérielles, beaucoup d'argent, une grande famille, mais sans y être attachés, c'est-à-dire ne pas dépendre de ces biens ou de ces personnes pour notre bonheur. Si pour une raison quelconque, tu perds certains de tes biens ou certaines personnes proches, tu seras capable de t'AJUSTER et d'expérimenter cette situation avec une paix d'esprit plutôt que de la vivre avec colère en criant à l'injustice.

Donc, plus nous sommes entourés de biens et de personnes, plus nous sommes susceptibles d'en perdre, ce qui nous donne l'occasion de vérifier notre capacité de détachement. **Le détachement consiste donc en l'aptitude chez toute personne d'être heureuse en dépit de certains manques ou pertes.** Le côté positif d'une perte est de redécouvrir nos forces. Nous n'avons qu'à observer l'attitude gagnante des gens qui ont vécu et surmonté d'énormes pertes. Ces personnes ont su découvrir un potentiel énorme de courage et de forces intérieures qu'elles n'auraient jamais cru jusque-là possible.

En résumé, si pour quelque raison que ce soit, tu perds ou tu dois renoncer à quelque chose ou à quelqu'un à qui tu tiens beaucoup, tu devras reconnaître que l'UNIVERS, qui connaît tes besoins mieux que toi, sait que tu es maintenant prêt à passer à d'autres étapes de ta vie. Accepte cette situation comme étant un passage vers quelque chose de nouveau en te posant la question suivante : « Comment puis-je ressortir gagnant de cette situation ? Qu'est-ce que cette perte m'apprend ? Cela m'aide à *être* quoi ? » Avec cette attitude positive et gagnante, tu remarqueras, peu de temps après, des changements bénéfiques et inattendus se produire dans ta vie.

PESSIMISME

Se référer à **NÉGATIVISME**

PEUR

Sentiment ou émotion de forte inquiétude qui accompagne la prise de conscience d'un danger réel ou imaginé, d'une menace. État de crainte dans une situation précise. La peur est un sentiment nécessaire à l'humain pour l'aider à faire face à un danger réel. Par exemple, en psychologie, on dit qu'il y a deux peurs normales chez tous les humains : la peur du vide et celle de tomber. Il est normal d'avoir peur lorsqu'il y a un danger véritable. Ces peurs sont des **peurs réelles**. Par exemple, une automobile dont le conducteur a perdu le contrôle qui fonce droit sur nous ou encore lorsque nous sommes véritablement assaillis ou attaqués. Nous savons instinctivement que nous devons réagir rapidement pour éviter de nous faire blesser ou tuer.

Il y a infiniment plus de peurs irréelles, c'est-à-dire là où il n'y a pas de danger réel pour notre vie. Parmi ces **peurs irréelles**, il y a des **peurs physiques** comme la PEUR D'UN ANIMAL, de la maladie, de mourir, de prendre l'avion, de voyager seul, d'aller dans certains endroits, des orages, de la noirceur, etc.; des **peurs émotionnelles** et **mentales** comme la peur de se faire juger, de se faire critiquer, de s'exprimer, d'être vrai, de faire ses demandes, de pardonner, de parler en public, peur du rejet, de l'abandon, etc. **Toutes ces peurs irréelles sont provoquées par la mémoire d'un événement passé, vécu par soi ou par d'autres, qui active notre imagination dans le moment présent. Ces peurs nous empêchent d'être nous-même et de vivre pleinement nos expériences.** Elles sont alimentées et entretenues par nos CROYANCES MENTALES.

Or, sachons qu'une peur réelle ou irréelle déclenche les mêmes processus physiologiques dans notre corps physique. Ainsi, en cas de danger véritable, le corps, étant équipé pour y faire face par son intelligence et sa perfection, fournit la force et l'énergie nécessaires pour nous faire réagir et affronter efficacement la situation. Dès qu'il y a un danger réel, le CERVEAU commande à nos glandes surrénales de se mettre à l'œuvre et de produire l'adrénaline nécessaire pour aller chercher le glucose dans nos réserves stocké sous forme de graisse dans nos muscles, apportant ainsi l'énergie nécessaire pour que tous nos systèmes soient accélérés. La pensée devient très rapide, le cœur bat plus vite, les poumons absorbent plus d'oxygène. Nous avons donc plus de force physique et d'agilité pour pouvoir faire face au danger.

P

Quand nous vivons une peur irréelle, il se produit dans notre corps exactement les mêmes effets physiologiques car notre cerveau ne fait pas la différence entre réel et irréel. Il répond au message de peur qu'il reçoit. Le corps se met donc en branle pour activer tous ses systèmes, ce qui les use beaucoup et souvent prématurément. De plus, l'adrénaline produite par les glandes surrénales, n'étant pas utilisée pour quelque chose de physique, empoisonne notre système.

Comme l'humain vit généralement beaucoup de peurs irréelles à chaque jour, il est facile d'imaginer pourquoi il devient si fatigué à la fin d'une journée. Souviens-toi que nous sommes conscients en moyenne de 10 % de ce qui se passe en nous. Même nos peurs irréelles inconscientes (90 %) produisent les mêmes réactions en nous. Il est alors très important de devenir le plus rapidement possible CONSCIENT de tes croyances qui continuent d'entretenir tes peurs et de les transformer car toi seul peux le faire.

Une peur ignorée devient de plus en plus puissante avec les années. Outre ses effets destructeurs sur la santé, les peurs irréelles empêchent de vivre certaines expériences et de profiter pleinement de la vie. Par exemple, une personne qui a envie de sortir, de partir en vacances ou de voyager mais qui a peur de s'éloigner de chez elle, au cas où il arriverait quelque chose de fâcheux, comme se faire voler, passer au feu, risquer de tomber malade, etc., ces peurs freinent son désir de vivre de nouvelles expériences. Elle finit par se convaincre qu'elle se trouve mieux chez elle car elle s'y croit plus en sécurité et plus confortable. Ses peurs irréelles ont gagné une fois de plus. Étant alimentées de la sorte, elles deviennent toujours plus puissantes et finissent par l'envahir au point que la personne les laisse toujours décider pour elle et ce, au détriment de ses vrais BESOINS.

L'avantage de devenir conscient de tes peurs est que chaque peur découverte t'aide à devenir conscient d'un DÉSIR non manifesté. Pose-toi la question suivante : « Le fait d'avoir peur de… *empêche quoi* dans ma vie (*avoir, faire* et *être*) ? » La réponse à cette question s'avère très importante car elle t'aide à découvrir ce que tu veux *avoir, faire* et *être* qui fait partie de ton plan de vie. Chaque fois que tu laisses une peur t'empêcher d'être ce dont tu as besoin, tu retardes ton évolution et une grande déception à ton égard s'installe. Tu sais au plus profond de toi que tu es la seule personne RESPONSABLE d'accomplir ou non ton

PLAN DE VIE. Si tu ne le fais pas dans cette vie, tu devras revenir pour le faire. Voilà un CHOIX important pour toi.

Lorsque tu décides de surmonter une certaine peur, tu peux t'aider physiquement en posant des actions différentes de celles que tu faisais lorsque la peur décidait pour toi. C'est un excellent moyen pour t'apercevoir que ce que tu as cru jusqu'à maintenant ne s'avère pas nécessairement toujours vrai. Faire une action à la fois, si minime soit-elle au quotidien et de façon continue, t'aidera à acquérir une nouvelle confiance en toi. Félicite-toi pour chaque victoire gagnée sur tes peurs tout en étant patient et indulgent pour celles qui se montrent plus tenaces. Plus les peurs se révèlent subtiles, c'est-à-dire celles qui concernent davantage l'être, surtout celles associées aux cinq BLESSURES, plus elles demandent de la patience et de la persévérance pour arriver à les surmonter.

Ne sois pas surpris de t'apercevoir que plus tu deviens conscient, plus tu découvres des peurs. Sois heureux de ces découvertes car elles t'aident à évoluer. Sache qu'elles ne représentent nullement de nouvelles peurs, mais plutôt des peurs inconscientes qui refont surface. Elles étaient toujours là, enfouies tout au fond de l'inconscient, et elles ont surgi pour te faire réaliser que tu es maintenant prêt à y faire face et à les surmonter. L'ACCEPTATION de chaque peur s'avère très importante comme première étape pour qu'il y ait TRANSFORMATION. La peur, par elle-même, ne veut pas te nuire. Au contraire, elle est le moyen, utilisé par la croyance qui l'alimente, pour te protéger en te faisant peur.

Si, malgré toutes les actions entreprises, les peurs résistent, persistent et te rongent intérieurement, n'hésite pas à avoir recours à une forme d'aide personnelle. Il est primordial de ne pas demeurer sur ta soif de vivre de nouvelles expériences et de te réaliser pleinement pour enfin être libre et heureux. Voici en terminant une petite réflexion : « Si nous fuyons nos peurs, elles nous rattraperont. Si nous les contrôlons, elles nous résisteront. Si nous les ignorons, elles nous envahiront et si nous les accueillons et les apprivoisons, nous les maîtriserons. »

P

PEUR D'UN ANIMAL

Les animaux sont sur la terre pour nous aider à apprendre à aimer à travers eux. Ils sentent la vibration d'amour, de peur ou d'indifférence que l'humain projette. Une personne peut donc s'instruire à leur contact. Avoir peur d'un animal, surtout domestique, représente une peur irréelle et injustifiée à moins qu'il ne devienne violent et saute sur une personne dans le but de l'attaquer. Dans ce cas, il y a donc une **peur réelle**. Tout animal, domestique ou non, attaque un humain seulement lorsqu'il ressent la peur ou la violence chez cet humain. Il attaque par instinct de survie, avant d'être attaqué, ou encore s'il est atteint d'une maladie comme la rage.

La peur dont il est question dans cette section reflète celle vécue à la vue ou à la pensée d'un animal. Ce genre de peur psychologique, que la cause soit connue ou non, peut aider une personne à découvrir un aspect inconnu ou inconscient d'elle-même. Si tu as peur d'un animal quelconque, les serpents par exemple, voici un exercice intéressant qui t'aidera à te connaître davantage à travers cette peur.

Pose-toi cette question : « Que représente pour moi un serpent ou qu'est-ce que sa présence me fait vivre ? » Note tous les qualificatifs qui viennent suite à cette question. La réponse peut être sournois, agressif, sinueux, hypocrite… Tu apprends à travers cette réponse que tu as peur des personnes qui correspondent à ces qualificatifs. Tu en as peur parce que tu n'acceptes pas ces qualificatifs en toi, tu essaies de les éviter le plus possible. Mais, puisque la LOI D'ATTRACTION est toujours en action, voilà pourquoi tu te retrouves en présence des animaux ou des personnes qui représentent ces qualificatifs. Après cette découverte, il ne te reste qu'à appliquer les notions du MIROIR pour t'aider à te délivrer de cette peur. Tu peux faire le même exercice avec les animaux que tu aimes beaucoup en te référant à l'approche du miroir.

PHOBIE

Angoisse ou anxiété éprouvée devant certains objets, actes, situations ou idées. Crainte déraisonnée et incontrôlable déclenchée par quelqu'un, ou une situation. En d'autres mots, **une phobie est une PEUR exagérée et entretenue qui a pris beaucoup d'ampleur et est devenue chronique.** Une phobie peut avoir été développée dès le jeune âge suite à une CROYANCE très forte ou suite à un traumatisme quelconque.

Les phobies concernent en général une chose spécifique, par exemple les chiens, les chats, les araignées, la noirceur, la solitude, l'avion, les grands espaces. La phobie la plus répandue est l'AGORAPHOBIE qui est traitée à part dans cet ouvrage. Une phobie est donc entretenue par un ÉLÉMENTAL souvent de la taille de la personne concernée. Cette personne a une IMAGINATION débordante. Voilà pourquoi il est si difficile pour elle de reprendre le dessus, c'est-à-dire de maîtriser cette grande peur. De plus, une personne phobique se montre souvent obsessionnelle. Elle a grand intérêt à décider dès maintenant de s'occuper de ses peurs et OBSESSIONS avant d'être vidée complètement de son énergie. De plus, il est fortement recommandé de se faire aider par une personne professionnelle.

P

PHYSIQUE

Se référer à **CORPS PHYSIQUE**

PITIÉ

Sentiment qui rend sensible aux souffrances, aux malheurs d'autrui. En d'autres termes, avoir pitié consiste à souhaiter que les souffrances d'autrui soient soulagées, à les plaindre tout en espérant que cette situation ne nous arrive pas. Chez plusieurs personnes, la pitié enclenche une réaction émotive qui contraint à vouloir aider ceux qui semblent souffrants, sinon elles se sentiraient coupables. Dans la pitié, les sentiments et les émotions tiennent la première place, tandis que dans la compassion, l'objectivité prévaut.

D'autre part, avoir de la pitié pour une personne implique de croire qu'elle est incapable de s'en sortir toute seule. Ce sentiment n'aide vraiment personne à se prendre en main, car la pitié fait souvent sentir l'autre inférieur. Pour vérifier, nous n'avons qu'à demander à un handicapé comment il se sent et s'il aime qu'on le prenne en pitié. La plupart diront non.

Les personnes portées à avoir pitié des autres sont en général trop FUSIONNELLES et vulnérables à devenir des VICTIMES. Quand deux personnes se prennent en pitié l'une et l'autre, il y a peu de chance qu'elles trouvent des solutions qui puissent vraiment les aider. Cela ne fait que les enliser davantage dans leur énergie de victime. Pour se sortir facilement de cette habitude d'avoir pitié, le moyen le plus efficace consiste à appliquer la notion de RESPONSABILITÉ, plutôt que de passer à l'autre extrémité, c'est-à-dire devenir impitoyable. Nous arrivons ainsi à avoir de la COMPASSION et de l'EMPATHIE pour les gens qui semblent défavorisés dans un domaine et à les encourager en même temps à se prendre en main.

P

PLAISIR

Sensation agréable liée à la satisfaction d'un désir, d'un besoin matériel, émotionnel ou mental. Chaque être humain aspire à avoir du plaisir dans la vie, à être capable de se faire plaisir spontanément. *Faire plaisir* et *se faire plaisir*, voilà deux sentiments intimement liés qui apportent beaucoup de bonheur, de satisfaction et de joie de vivre. C'est une marque d'AMOUR pour soi et pour les autres, car le vrai plaisir est dénué d'attentes et de peurs.

Il y a plusieurs façons de se faire plaisir; chacun la trouve selon son besoin du moment. Mille et un petits riens peuvent nous faire éprouver cette sensation. Tellement de choses à la portée de la main ne coûtent rien et peuvent apporter énormément de plaisir. Par exemple, il y a le plaisir d'observer la nature, un magnifique lever de soleil, le sourire d'un enfant, le plaisir d'écouter une agréable mélodie, celui de recevoir ou d'offrir une fleur, un présent, une parole gentille, un regard sincère qui émet tout l'amour qu'une personne éprouve pour nous. Le plaisir de se retrouver entre amis, de converser avec les personnes que nous aimons, de partager un bon repas, d'échanger de bons sentiments ou simplement de se retrouver avec soi-même. Aussi, le fait de s'asseoir pendant quelques minutes et de ne rien faire sans se sentir coupable en dépit d'une longue liste de choses à faire peut être une source de plaisir. Le travail peut également s'avérer une source de satisfaction et de plaisir.

Certains avouent aimer faire plaisir aux autres sans savoir se faire plaisir à eux-mêmes. Sachons que **notre attitude envers les autres reflète toujours notre attitude avec nous-même.** Si tu t'identifies à cela, ça signifie que tu ne crois pas mériter de te faire plaisir et que tu auras de la difficulté à le faire sans te sentir coupable ou sans te justifier. Voilà l'attitude d'une personne souffrant de la BLESSURE d'INJUSTICE. Lorsque tu crois faire plaisir aux autres, observe ta MOTIVATION et tu découvriras qu'elle est basée sur la peur de ne pas être aimé ou d'être injuste. Ça ne représente donc pas le véritable plaisir dont il est question dans cet ouvrage. Se faire plaisir et faire plaisir peut être comparé à la capacité de DONNER sans attentes.

P

Pour développer la capacité de te faire plaisir, il est suggéré de noter, à la fin de chaque journée, tous les plaisirs qui ont réchauffé ton cœur, surtout ceux que tu as toi-même provoqués ou créés. S'il t'est difficile de te faire plaisir, un bon moyen pour transformer cette habitude consistera à te poser la question suivante en début de journée : « Si je ne dérangeais personne dans le moment, si j'avais tout le temps et l'énergie nécessaires, qu'est-ce qui me ferait vraiment plaisir aujourd'hui ? » Sois alerte à la réponse, puis fais ce que tu peux pour combler ce désir. Un autre moyen consiste à te demander : « Si quelqu'un d'autre voulait me faire plaisir, qu'est-ce que je lui suggérerais de faire ? »

Aussi, rappelle-toi que se faire plaisir ne signifie pas de vouloir agir au détriment des besoins des autres. Te faire plaisir représente un bon moyen de t'aimer de plus en plus, de développer ton AUTONOMIE; les actions que tu poses en ce sens t'aident à ne plus attendre que les autres le fassent pour toi. Plus tu apprendras à te faire plaisir, plus il deviendra facile de faire véritablement plaisir aux autres et plus tu accepteras que les autres ont aussi besoin de se faire plaisir. De plus, tu arriveras à découvrir que le plus grand plaisir que tu puisses te faire, c'est celui d'être ce que tu veux vraiment être.

PLAN DE VIE

Selon le dictionnaire, un plan est considéré comme un ensemble de dispositions comportant une suite ordonnée d'opérations destinées à atteindre un but. En ce qui concerne le plan de vie d'un être humain, c'est un peu comme un plan de carrière choisi par une personne en vue d'atteindre un but et de le réaliser. Par exemple, lorsque quelqu'un détermine son plan de carrière, il sait ce qu'il veut au départ. Il trace donc une certaine ligne de conduite pour y arriver en faisant les actions qu'il juge appropriées. Par contre, tout au long de sa carrière, il ne pourra jamais savoir exactement ce qui en découlera et comment il réagira suite aux décisions, situations, personnes et événements auxquels il aura à faire face.

Le plan de vie de l'humain ressemble un peu à ceci. Au niveau spirituel, nous devons reconnaître que nous sommes tous des êtres uniques. Ainsi, chacun de nous vient au monde avec un plan de vie différent. Il est défini avant même notre naissance en fonction de ce que nous devons apprendre pour évoluer vers d'autres plans de conscience. C'est pourquoi notre plan de vie est régi en relation étroite avec notre SUPERCONSCIENCE et nos GUIDES qui savent exactement ce dont notre ÂME a besoin, de même que les expériences que nous aurons à vivre pour évoluer. Tout au long de notre incarnation, nous aurons besoin de nous attirer un nombre important de personnes ainsi que toutes sortes de circonstances pour arriver à réaliser notre plan de vie.

Or, comme nous revenons sur terre pour régler certaines BLESSURES DE L'ÂME, tant que nous n'aurons pas réglé toutes nos blessures et vécu toutes nos expériences dans l'ACCEPTATION, nous aurons à revenir jusqu'à ce que nous redevenions des Êtres de lumière, c'est-à-dire des humains qui peuvent tout vivre dans l'AMOUR inconditionnel.

Ainsi, ces choix sont faits avant de naître. Par exemple, nous avons d'abord choisi d'être un homme ou une femme, de naître dans tel pays, d'évoluer dans un environnement précis, choisi notre nom, prénom, date de naissance, notre famille, nos parents, les personnes qui partageront notre vie, d'avoir un ou plusieurs enfants ou de ne pas en avoir, d'avoir un handicap ou non, etc. Dans un même plan de vie, il peut y avoir également des incidents majeurs qui seront impossibles de contourner, ce qu'on appelle le DESTIN.

Nous avons tous la même RAISON D'ÊTRE sur cette terre mais le ou les moyens pour y arriver diffèrent à cause de nos plans de vie distincts. Un excellent moyen pour découvrir ton plan de vie consiste à regarder ce qui s'avère très facile et très difficile à vivre pour toi. Ce qui se montre facile fait partie de tes choix dans cette vie pour t'aider et ce qui se révèle difficile fait partie de ce que tu as choisi de venir régler dans cette vie. On peut conclure que ce qui est facile pour toi devrait être utilisé pour gérer ce qui s'avère plus difficile.

PLANIFICATION

Se référer à **ORGANISATION**

P

PLEURER

Verser des larmes sous l'effet d'une émotion ou d'une sensibilité. Réaction naturelle chez l'humain due à une incapacité de gérer l'état de sensibilité ou l'émotion qui l'accompagne. Dans ce livre, nous faisons une distinction entre pleurer suite à une ÉMOTION, que l'on dit **pleurer avec sa tête**, et **pleurer avec son cœur** qui fait allusion à une grande SENSIBILITÉ.

Pleurer par émotion se reflète chez une personne dont les larmes coulent souvent à travers de gros sanglots, suite à une souffrance due à une situation difficile à accepter. La personne laisse son mental la diriger et s'apitoie souvent sur son sort en entretenant ses peurs et ses culpabilités. Elle s'accuse ou accuse quelqu'un d'autre. Elle se situe dans la non-ACCEPTATION d'une expérience. Pleurer par émotion nous vide de notre énergie.

Certains pleurent par SENSIBLERIE, par exemple les personnes trop FUSIONNELLES. Elles pleurent avec ou pour les autres qui racontent leurs problèmes en pleurant. Elles se sentent RESPONSABLES du bonheur ou du malheur des autres. D'autres pleurent pour laisser croire qu'ils sont sensibles, compatissants. Tous ces cas indiquent qu'ils ont dépassé leur limite émotionnelle. Tandis que **pleurer par sensibilité** se manifeste par des larmes qui montent aux yeux spontanément, au lieu de gros sanglots.

En réalité, les larmes ont été créées pour nous permettre de libérer un trop-plein émotionnel. C'est une soupape de sécurité pour ne pas étouffer. Lorsque l'énergie du cœur ouvre subitement suite à un grand sentiment de joie ou de compassion pour soi ou pour un autre, cela crée une ouverture des CHAKRAS « cardiaque » et « frontal ». Les larmes aident à gérer cette forte activité énergétique. Une personne doit simplement observer ce qui se passe en elle tout en laissant les larmes couler. Nous devons apprendre à laisser libre cours à notre sensibilité et ne pas retenir nos larmes. Ceux qui ne pleurent jamais, que ce soit par peur de montrer leur VULNÉRABILITÉ ou parce qu'ils ont bloqué leur sensibilité, finissent par perdre le contrôle un jour dans un domaine de leur vie.

Souvenons-nous qu'il est tout à fait normal, naturel et humain de pleurer, puisque ce n'est qu'une manifestation d'un sentiment vécu. Il est plus sage de se donner le droit de pleurer et de demeurer OBSERVATEUR de ce que nous ressentons. Par conséquent, nos limites s'élargiront ainsi que notre capacité à gérer nos sentiments.

POIDS (problème de)

Le thème du poids est développé ici dans le but de se connaître à travers son poids plutôt que de ne pas l'accepter, de le rejeter. Tout ce qui concerne les problèmes de poids demeure un domaine fort complexe.

D'abord, parce que le corps physique se voit et qu'il est palpable et que chacun a sa propre perception du sujet. Par conséquent, le poids représente un aspect significatif que nous pouvons utiliser comme élément spécial de développement personnel.

Dans notre société, peu nombreuses sont les personnes qui ne se sont jamais souciées de leur poids. Un problème de poids ne se retrouve donc pas uniquement chez les personnes qui affichent (selon la norme) un surplus de poids. Il touche plusieurs catégories de gens. D'abord, ceux qui mangent trop et engraissent, ceux qui surveillent constamment leur ligne et qui maintiennent un « poids santé » ou d'autres qui affirment ne pas s'en préoccuper mais qu'on devine par leur attitude qu'ils ne sont pas indifférents à ce phénomène. En somme, cela concerne à peu près tout le monde, surtout en Occident. Il est dommage de constater à quel point l'humain peut se créer des problèmes là où il n'y en a pas.

Le surplus de poids peut devenir, par contre, un véritable problème chez la personne où cet excédent affecte sa santé d'une façon précise, comme cela se produit davantage chez les personnes obèses. L'obésité est identifiée comme telle lorsqu'il y a excédent de poids de plus de 25 % du poids estimé normal selon le sexe, l'âge, la grandeur et l'ossature d'une personne. Ceux qui croient avoir un problème de poids, sans être déclarés obèses, sont influencés par ce qu'ils entendent et ce qu'ils voient à la télévision, dans les revues de tous genres (mode, santé, critères de beauté, etc.) et surtout par les CROYANCES familiales et culturelles. De ce fait, le problème de poids est principalement relié à l'apparence, à ce que les autres peuvent dire ou penser de nous. Si tu te vois ainsi, voici une question pour toi : « Si tu savais qu'aucune autre personne ne pouvait te voir ou si tu restais seul chez toi ou sur une île, aurais-tu le même problème ? » Tu dois avouer que le problème se situe beaucoup au niveau de ce que tu penses que les autres pensent de toi.

Le poids demeure aussi très relatif. Ça explique pourquoi certaines personnes très minces se considèrent comme grosses, ce qui se retrouve surtout chez les anorexiques. D'autres qui ont de belles rondeurs s'habillent très sexy et admirent leur corps. Elles ne le trouvent pas trop

P

gros, loin de là, elles l'affichent pour que tout le monde le voit. **Ce n'est donc pas le poids qui devient le problème, mais plutôt la non-acceptation de soi-même et ce, pour diverses raisons.** Donc, prenons conscience que le problème ne correspond pas au poids mais beaucoup plus dans le « PARAÎTRE » : la partie artificielle chez une personne refait ainsi surface.

Le problème découle d'abord de la pensée, par exemple, croire que nous serons plus heureux et plus beaux si nous sommes plus minces, ayant donc plus de chance d'être plus aimés, plus acceptés, etc. En somme, nous restons constamment en compétition avec nous-même, ce qui reflète une non-acceptation.

Même si une personne atteint son poids idéal en contrôlant continuellement son alimentation, elle ne s'acceptera pas davantage. Maigrir uniquement pour bien paraître ou pour rentrer dans ses vêtements l'empêche d'aller à la source de ses problèmes et de régler définitivement une BLESSURE. Elle va continuellement avoir peur d'engraisser. Il est donc beaucoup plus salutaire de travailler sur la blessure et l'ACCEPTATION plutôt que de suivre constamment des régimes amaigrissants et de focaliser sur son poids.

Les personnes ayant véritablement un surplus de poids veulent, pour la plupart, être perçues comme des personnes au grand cœur, sensibles, altruistes et généreuses. On retrouve donc assez souvent chez elles les comportements suivants :

- **Être capable d'en prendre.** Ces personnes en font beaucoup pour les autres, souvent plus que demandé. Elles agissent ainsi généralement pour rechercher l'amour des autres ou pour cacher un sentiment de honte. *Je suis capable d'en prendre* semble l'attitude qui ressort de ces personnes et c'est pourquoi elles prennent du poids pour devenir encore plus solides afin d'en prendre beaucoup sur leur dos.

- **Écouter davantage les besoins des autres avant les leurs.** Cette attitude fait en sorte qu'elles dépassent souvent leurs limites. Elles ne penseront même pas à se demander si ça leur plaît vraiment d'aider.

Elles ne réalisent pas qu'elles agissent par peur de se sentir coupables plutôt que par amour pour elles. Elles retiennent et refoulent donc leurs désirs et ne se permettent pas *d'être, faire* et *avoir* ce qu'elles veulent.

- **Ne pas pouvoir dire non.** Elles veulent tellement faire plaisir qu'il devient difficile pour elles de dire non. Elles laissent les autres PROFITER d'elles et leur poids *profite* en conséquence. De plus, elles croient que leur poids servira de tampon pour créer une distance avec les autres, espérant ainsi être moins sollicitées.

- **Avoir de la difficulté à recevoir.** Quand on leur offre quelque chose, elles ont l'impression de prendre et se sentent mal à l'aise, en dette face aux autres. Elles se croient obligées de donner en retour. Il n'y a donc pas d'équilibre entre ce qu'elles donnent et ce qu'elles reçoivent. Un manque à combler est donc créé. Elles comblent ce vide par de la nourriture dont leur corps n'a pas besoin. Sachons qu'on doit avoir autant de plaisir à RECEVOIR qu'à DONNER, sans culpabilité, sans honte.

- **Utiliser son poids pour prendre sa place.** « Importance » représente une des définitions du mot poids. En effet, quand nous disons : « Je vais donner du poids à cette demande », cela veut dire « donner de l'importance à ». Lorsqu'une personne ne se considère pas comme assez importante, elle utilise souvent son poids pour y parvenir, mais d'une façon inconsciente. C'est un moyen pour elle de prendre sa place car elle ne sait pas le faire autrement.

P

Le genre de personne décrite plus haut est souvent appelée MASOCHISTE. Si tu te retrouves dans ce genre-là, tu devras *décider* ce que tu veux vraiment. Tu as le droit d'avoir tout le poids désiré. S'il t'aide davantage qu'il ne te nuit, pourquoi pas ! Voilà le point le plus important. Vérifie tous les aspects bénéfiques et non bénéfiques pour toi dans le fait d'avoir des kilos en trop et prends la décision qui te convient. En plus, souviens-toi que ce n'est pas ce que tu manges qui fait une différence mais ton état d'esprit au moment où tu t'alimentes.

Pour vérifier si ton problème de poids a été influencé par quelqu'un de particulier, tu peux te demander *À qui tu veux ressembler ou à qui tu ne veux pas ressembler dans ta famille*. Pour trouver la cause plus profonde, vérifie ce que ce problème t'*empêche d'être* dans ta vie, en quoi il te *dérange* le plus. La réponse à ces questions te donne une indication de ce que tu veux être, bien que ton système de croyances ne te le permet pas.

L'essentiel consiste à arrêter de croire qu'une personne est aimée en fonction de son poids. Cette pensée illustre une des croyances les plus inutiles entretenues par la race humaine. Sachons que d'innombrables humains ont besoin de ce surplus de poids pour leur donner l'occasion d'apprendre l'acceptation qui est une composante de l'AMOUR inconditionnel.

Nous aspirons tous à être capables de voir notre propre beauté et à percevoir celle chez tous les autres humains. Les personnes corpulentes se révèlent généralement des gens très vivants, avenants, accueillants, dotés d'un beau visage souriant, plein de tendresse et de charme. Permettons-nous de les complimenter sur ces beaux aspects. Cela nous aidera à y voir notre propre reflet et à nous accepter tels que nous sommes.

P

Ce qui peut t'aider à t'accepter est de prendre conscience que si tu mourais demain matin, est-ce que quelques ou beaucoup de kilos de plus feraient une différence ? La différence pour ton âme se situe au niveau du degré d'acceptation face à toi-même. Tes kilos en trop retourneront tout simplement à la terre tandis que ton ÂME, qui est immortelle, aura acquis une belle victoire en ayant appris à t'aimer, t'accepter, même si ton corps ne répondait pas aux normes établies par les humains.

POISSONS (ère des)

Se référer à **ÈRE DU VERSEAU**

POLITESSE

Ensemble et respect des règles de courtoisie, de savoir-vivre qui régissent le comportement. Ces règles sont créées par les humains, donc elles diffèrent d'une famille à l'autre, d'une culture à l'autre. La politesse fait aussi appel au civisme, dans le sens du respect pour les aînés et les personnes diminuées physiquement ou mentalement. Par exemple, dans un endroit public, quelqu'un cède sa place à une personne âgée ou à un handicapé. La politesse fait aussi référence à une façon d'agir, de parler pour être plaisant, agréable face aux autres ou elle peut s'exprimer par hypocrisie dans un but de redevance. Exemples : ouvrir la porte à quelqu'un, faire signe de passer, complimenter, etc., ou encore quelqu'un t'invite à un dîner et tu l'invites à ton tour pour lui remettre la politesse, etc.

Depuis déjà très longtemps sur cette planète, les règles de politesse sont enseignées par les parents et les éducateurs : on nous a appris à sourire et à dire merci à quelqu'un qui nous donnait quelque chose, des vêtements, des jouets, des objets et ce, même si nous ne voulions pas de ces articles; à embrasser les oncles et les tantes, même quand cela ne nous plaisait pas. La motivation des adultes, bien que l'intention ait été bonne et honorable, consistait surtout à nous faire passer pour quelqu'un de bien élevé. Cette façon de faire devient de moins en moins valable avec la NOUVELLE génération car les jeunes sont de plus en plus vrais, ouverts et authentiques. Ils savent ce qu'ils veulent et n'hésitent pas à refuser ce qu'ils ne veulent pas. Voilà pourquoi ils sont parfois qualifiés d'impolis. D'un autre côté, ils considèrent souvent les personnes polies comme étant hypocrites. En général, il veulent simplement être VRAIS et NATURELS, et ce qu'ils reçoivent, entendent, perçoivent et ressentent ne s'avèrent pas cohérent pour eux. Ils savent différencier le vrai du faux. Le vrai sens du RESPECT est essentiellement l'attitude par excellence en tout temps. Les adultes ont grand intérêt à réviser leur notion de politesse en observant la nouvelle génération.

P

POSITIVISME

Qui fait preuve de réalisme, de sens pratique; qui a un effet favorable, bon, heureux, bénéfique. Une personne de nature positive a un attrait particulier qui joue en sa faveur. Cette personne sait que quoi qu'il arrive de désagréable pour elle ou pour son entourage, elle réussira toujours à faire rejaillir le côté positif et bénéfique d'une situation en sachant comment la DÉDRAMATISER. Ce processus permet de percevoir le bon côté des situations difficiles ou désagréables. Une telle personne parvient plus aisément à être présente à ce qu'elle fait. On a l'impression que tout lui vient plus facilement et il en est ainsi justement parce qu'elle reste positive. Le contraire équivaut à avoir une attitude NÉGATIVE, défaitiste.

Cependant, sachons qu'il n'y a ni bien ni mal d'être positif ou négatif, puisqu'ils représentent simplement des états d'être. Le plus important consiste à se demander quelle attitude s'avère la plus INTELLIGENTE pour soi. Si le fait d'être négatif ou pessimiste ne t'apporte pas ce que tu veux dans la vie, deviens conscient que ce genre d'attitude ne s'avère plus bénéfique pour toi. Il en est de même dans le fait d'être positif. Se peut-il que ton positivisme te fasse devenir trop optimiste, au point de ne pas voir la RÉALITÉ ? Se montrer réaliste ne signifie pas être positif ou négatif, mais plutôt faire face à ce qui est.

Cependant, on reconnaît qu'on a tous intérêt à demeurer le plus positif possible. Pour y arriver, des livres à caractère positif et optimiste de même que des ateliers de développement personnel existent. Écouter des films qui nous inspirent la JOIE DE VIVRE représente un bon moyen ainsi que s'entourer de personnes joyeuses, enthousiastes et dynamiques.

Quand nous savons vraiment ce que nous voulons, que nous conservons une attitude positive, que nous passons à l'action en ACCEPTANT les événements au fur et à mesure qu'ils se présentent, nous créons naturellement une ouverture spéciale favorable au bonheur et au succès. Les réussites se succèdent et nous aident à conserver une attitude positive.

En plus, nous devenons un modèle et un rayon de soleil pour les gens qui nous entourent. Voilà un autre point positif à considérer. Une personne peut également créer des AFFIRMATIONS MENTALES positives qui l'aideront à demeurer dans cet état d'enthousiasme, de joie et de gaieté. Être positif se révèle énergisant et vivifiant.

POSSESSION

Dans ce contexte, le mot « possession » fait état d'une personne possédée, dominée par une puissance occulte, une force démoniaque. Avant qu'une personne ne devienne possédée par une ENTITÉ du monde ASTRAL, elle a d'abord été envahie par une OBSESSION qu'elle a elle-même créée (ÉLÉMENTAL). Cette idée fixe qui contient un certain type d'énergie finit par attirer une âme désincarnée du bas astral dont le niveau vibratoire est similaire à celui de la personne. L'âme désincarnée prend momentanément possession du corps de la personne dans le dessein de venir se venger sur le plan terrestre.

Cela explique le phénomène d'un individu qui entend des voix l'incitant à vouloir tuer une personne et qui finit par passer à l'acte sans pouvoir en mesurer les conséquences. Une fois le geste accompli et en présence des faits, il réalise l'ampleur de la situation tout en étant incapable d'expliquer ce qui lui est arrivé, ou bien il est totalement décroché de la réalité. Il semble même indifférent et perdu.

Toute cette aventure paraît mystérieuse et dramatique selon la vision humaine. Cependant, toute personne possédée vit une haine incontrôlée causée par une énorme BLESSURE de jeunesse. La personne qui commet un tel geste, aussi cruel que cela puisse paraître aux yeux de plusieurs, n'est pas méchante mais plutôt un humain complètement DÉCENTRÉ et souffrant intérieurement au niveau de l'âme.

Sans être d'accord avec les faits et gestes d'une telle personne, on doit réaliser que tout sur cette terre n'est qu'expérience. En dépit de sa gravité, l'acte perpétué aura un impact capital, autant dans la vie du criminel que dans celle des personnes concernées et les autres qui le jugent. En effet, tous ont une leçon spécifique à en retirer. Par contre, cela ne si-

P

gnifie pas de rester indifférents, mais d'utiliser tout ce qui nous entoure pour apprendre à aimer, à avoir de la COMPASSION pour ces grands souffrants.

Le moyen par excellence pour aider une personne possédée se révèle l'AMOUR inconditionnel. Une personne très qualifiée est requise pour travailler avec un possédé car il a réussi à se créer une énorme carapace pour essayer de souffrir moins. Il n'est pas évident pour lui d'arriver au PARDON véritable parce que sa souffrance est tellement grande. Pour le moment, les soins psychiatriques sont souvent le seul recours pour ces personnes qui ne savent absolument pas ce qu'elles font lorsqu'elles sont envahies par une entité.

Rappelons-nous qu'une entité du bas astral ne peut pas « posséder » n'importe qui. Il faut qu'une grande haine obsessionnelle soit entretenue pendant longtemps avant que cela ne puisse se produire. Voici une autre bonne raison de vouloir se libérer de toute RANCUNE ou HAINE.

POSSESSIVITÉ

P

Être possessif consiste à éprouver un besoin de possession, de domination visant à l'appropriation; chercher à garder pour soi. On peut se révéler possessif aussi bien dans le domaine matériel qu'humain. Le degré de possessivité matérielle indique le degré de possessivité face à une personne. Quelqu'un qui se montre très possessif de ses biens ou d'une personne vit un grand manque de CONFIANCE en lui, en les autres et en la vie et alimente sa DÉPENDANCE AFFECTIVE.

Nous devons savoir que les biens et les personnes qui nous entourent ne nous appartiennent pas. Ils sont là pour nous aider au moment où nous en avons besoin et nous devons accepter de les laisser passer dans notre vie. Bien qu'il soit parfois légitime de ressentir un vide ou encore un sentiment de manque ou d'injustice, ils font partie de notre vie pour nous aider dans notre évolution personnelle à devenir des êtres plus heureux et confiants mais non dépendants. Cette perception nous permet de vivre toute situation de façon beaucoup moins dramatique lorsque, peu importe la raison, ce que nous croyions posséder nous file entre les doigts.

Si une personne persiste à vivre dans cette attitude de possessivité tout au long de sa vie, ce comportement risquera de la rendre amère, inquiète et malheureuse, attitude qui minera son ÉNERGIE et enfreindra son bonheur et sa liberté. Cette peur de perdre devient synonyme de contrôle et d'esclavage, qui reflète le contraire de la LIBERTÉ.

POUVOIR DE CHOISIR

Se référer à **LIBRE ARBITRE**

POUVOIR (être dans son)

Possibilité, capacité d'être en mesure de faire quelque chose, d'accomplir une action, de produire un effet. Le pouvoir est une énergie, une force avant tout. **Avec la CONSCIENCE, nous avons été dotés d'un nombre impressionnant de pouvoirs dont celui de décider et de créer complètement notre vie.** Nous en avons aussi d'autres, tels que le pouvoir de penser, de choisir, de désirer, de visualiser, de sentir, d'agir, de prier, d'apprendre, de parler pour mieux communiquer, de rire, de s'amuser et bien d'autres encore. Tous ces pouvoirs, avec l'aide de notre PUISSANCE intérieure, nous permettent de nous réaliser pleinement en transformant pour le mieux les choses qui nous tiennent à cœur et ce, dans le but ultime d'apprendre à aimer et à reconnaître qui nous sommes véritablement. Plus nous contactons notre puissance intérieure, plus nous utilisons nos pouvoirs de façon INTELLIGENTE, et plus nous choisissons des choses qui nous aident au niveau de l'être.

Par contre, le pouvoir peut aussi être perçu dans le sens de vouloir l'exercer sur la vie des autres en cherchant à les CONTRÔLER. Cet abus de pouvoir devient alors une énergie de DOMINATION qui établit un rapport de force où il y a un gagnant et un perdant. Sachons que gagner dans ce sens ne représente qu'une illusion. Toute personne véritablement dans son pouvoir devient tellement forte et en maîtrise qu'il ne lui vient même pas à l'idée d'exercer son pouvoir sur quelqu'un d'autre.

P

Ainsi, moins une personne est en contact avec son véritable pouvoir, celui de créer sa vie selon ses besoins, plus elle se retrouve dans une énergie de VICTIME et rejette le blâme sur les autres puisqu'elle ne croit pas avoir le pouvoir de maîtriser sa vie, ou inversement, elle essaie d'avoir le pouvoir sur les autres et de les dominer. Il devient donc urgent pour l'humain de réaliser tout son potentiel grâce à ses multiples pouvoirs afin de se créer une vie magnifique et extraordinaire. Ainsi, il acceptera que tous ceux qui l'entourent peuvent en faire autant et il utilisera son pouvoir dans quelque chose de créatif et non sur quelqu'un. Cette attitude procure un sentiment de liberté et de paix intérieure.

PRÉDICTION

Se référer à **PROPHÉTIE**

PRÉFÉRENCE

Jugement ou sentiment par lequel on place une personne, une chose au-dessus des autres; considération. Choix entre plusieurs situations, attitude de quelqu'un en rapport à ses goûts, ses attirances, ses vibrations et ses expériences. En d'autres mots, la préférence de chacun, c'est savoir ce que nous aimons le mieux, un choix que nous préférons, même s'il n'est pas réalisé maintenant.

Au plus profond de nous, nous connaissons nos préférences. Nous voulons atteindre l'état de bien-être en tout, autant dans le avoir, le faire que dans le être. En somme, nous aspirons au bonheur et à la maîtrise. Exemples : être capable d'aimer sans attentes, être plus patient, plus calme, plus confiant, etc. Pour d'autres, leur préférence correspond à être capable de cesser de fumer, de maigrir, de maîtriser des peurs, de toujours bien s'alimenter, de faire plus d'argent, etc. Mais, malgré tous les efforts et la meilleure volonté au monde, pourquoi est-ce si difficile d'arriver à notre préférence ?

La raison principale est que nous nous laissons manipuler par notre mental, c'est-à-dire nos CROYANCES non bénéfiques, nos mémoires,

P

nos sens, nos petites voix de peur, d'accusation, de culpabilité et nos di-lemmes intérieurs. Toutes ces petites voix intérieures finissent par nous convaincre que nous n'avons pas le droit ou que nous ne méritons pas ce que nous préférons. Nous ne dirigeons plus notre vie à ce moment-là. Nous sommes manipulés trop facilement par l'EGO qui est devenu notre maître.

Le jour où nous nous aimerons véritablement, nous nous permettrons de vivre en fonction de nos préférences. L'important est de toujours les garder en tête et de savoir que nous pouvons y arriver en le décidant et en adoptant une attitude d'acceptation et d'indulgence tout en nous res-pectant dans nos LIMITES. Cette ACCEPTATION crée une ouverture spéciale pour trouver des solutions adéquates et permanentes en rapport à ce que nous voulons. Aussi, il importe de nous donner le droit de ne pas toujours y arriver au moment voulu et de donner le temps à la nature et à notre propre nature de faire son œuvre.

PRÉMONITION

Se référer à **INTUITION**

PRÉSENT

Se référer à **MOMENT PRÉSENT**

P

PRÉSOMPTION

Opinion fondée sur la vraisemblance; ce qui n'est que probable; hypo-thèse. Supposition, conclusion faite à partir de la logique, d'analyse in-tellectuelle, sans preuve à l'appui. C'est quelque chose que nous pensons vraisemblable selon toute évidence, mais dont nous ne sommes pas certains à 100 %. Il existe une marge d'incertitude, ce que nous ap-pelons parfois le bénéfice du doute.

Une présomption est généralement perçue à travers nos filtres, nos croyances et nos expériences de vie. Par exemple, lorsque quelqu'un dit : « Je présume que c'est cela qu'elle a voulu dire ou qu'elle aurait voulu faire. », ce n'est pas nécessairement l'exactitude ou la vérité. Si nous donnons suite à cette présomption, sans vérifier, les probabilités de faire fausse route ou d'accuser quelqu'un à tort sont réelles, ce qui mettra tout le monde dans l'embarras, y compris nous-même.

Un autre exemple au plan spirituel : certains présument qu'une personne qui donne quelque chose ou qui rend service récoltera le même service. Ce n'est pas toujours vrai. Tout dépend de l'intention ou de la motivation derrière tout agissement. Faire des présomptions dans tous les domaines, *sans vérifier* auprès de sources sûres ou des personnes concernées, cause souvent des malentendus et des conflits. **Présumer de soi** signifie avoir une trop bonne opinion de soi, ne pas être réaliste, être présomptueux; par exemple, présumer de ses forces ou de ses talents. L'antonyme de la présomption est la modestie.

PRESSENTIMENT

Se référer à INTUITION

PRÉSUMER

Se référer à **PRÉSOMPTION**

PRIÈRE

Suite de formules, parfois d'attitudes, exprimant un mouvement de l'âme tendant à une communication spirituelle avec DIEU ou avec une autre divinité pour exprimer une demande, une action de grâce. Elle représente un excellent moyen d'entrer en communication avec la puissance de l'énergie divine présente en chacun de nous. Elle n'est pas uniquement une récitation de paroles prononcées à travers des messages retrouvés dans différentes lignes de pensée ou encore des affirmations mentales. Nous prions lorsque nous désirons quelque chose pour nous-même ou pour quelqu'un d'autre et quand nous remercions. En somme, prier consiste à demander de l'aide et, surtout, demander d'accepter de ne pas regretter ce que nous ne recevrons pas. **C'est rendre grâce pour tout ce que nous avons.** En réalité, les prières de remerciements, de gratitude ont plus de résultats que celles des demandes. Ainsi, nous acceptons que la réponse à notre prière diffère de ce que nous nous attendions.

Quand on fait nos demandes, on doit toujours invoquer le *pouvoir* de la prière plutôt que sa *force* afin d'éviter de forcer pour vouloir obtenir un certain résultat à tout prix. Il est dit que lorsqu'on force pour obtenir quelque chose, on n'est pas en contact avec nos BESOINS mais plutôt avec nos PEURS. Il est dommage de constater que la majorité des gens décident de prier quand ils ont peur pour eux ou pour les autres. En de telles occasions, reconnaissons que si nous recourons à la prière, c'est parce que nous ne sommes pas assez en contact avec notre PUISSANCE intérieure. Il devient donc sage d'ajouter dans nos prières que nous désirons ce qu'il y a de mieux pour nous, pour les autres et l'harmonie universelle.

Étant donné que la pensée crée – phénomène naturel chez l'être humain –, toute personne a le pouvoir de manifester ses désirs, mais qui sait si ses désirs concordent avec l'harmonie universelle ? Par exemple, si tu pries pour obtenir la guérison d'une personne que tu aimes, même si cette demande s'avère honorable, qui sait si cette personne n'a pas besoin d'apprendre par elle-même à travers sa maladie un élément essentiel pour son évolution personnelle ? Sois donc attentif à ton intention lorsque tu décides de prier pour quelqu'un d'autre. Serait-ce par peur pour toi s'il lui arrivait quelque chose de fâcheux ? Pour contrôler sa vie ? Ou est-ce pour répondre au besoin de l'autre qui t'en a fait la demande ?

P

Le monde actuel correspond au résultat de la totalité des prières chez les humains. Or, souvent nous sommes inconscients que nos désirs ne sont pas en harmonie avec la planète. Par exemple, plusieurs désirent la paix et l'harmonie dans le monde alors qu'ils ont de la difficulté à les maintenir en eux, avec leurs proches et leur entourage. D'autres personnes tuent les animaux pour se vêtir de leurs fourrures ou de leurs peaux; certains les mangent, ce qui entraîne d'autres humains à les tuer. Cela crée une forme de violence et de disharmonie générale.

Ainsi, nos comportements, nos attitudes, nos pensées et nos prières vont souvent à l'encontre de l'harmonie générale. Par contre, cela ne signifie pas de cesser de prier ni de faire nos demandes. Au contraire ! Il importe d'entretenir des désirs et de faire nos demandes tout en rendant grâce pour cette vie dont on jouit aujourd'hui en prenant en considération tout ce qui nous entoure. Aussi, à travers nos prières, ayons la sagesse de prendre le temps de penser à l'harmonie universelle.

Quand nous visualisons nos demandes en priant avec ferveur et FOI et que nous imaginons le résultat désiré tout en faisant confiance, c'est-à-dire LÂCHER PRISE sur l'obtention d'un résultat précis, nous sommes certains d'obtenir uniquement ce qui s'avère bénéfique pour l'évolution de notre âme et pour l'ensemble de toute la création. **Prier consiste à se connecter avec la grande puissance, la source divine universelle.** Aussi, quand nous prions, nous savons intérieurement que nous ne sommes jamais seuls.

PRINCIPE FÉMININ

Se référer à **FÉMININ**

PRINCIPE MASCULIN

Se référer à **MASCULIN**

PRIORITÉ

Qualité de ce qui vient, de ce qui passe en premier, en raison de son importance. Importance que quelqu'un porte pour une chose, une personne ou un événement selon son point de vue, ses goûts, ses besoins et ses valeurs. Ce que nous croyons plus urgent, selon notre échelle de valeurs ou en importance pour nous. Les priorités diffèrent évidemment pour chacun.

Voici un exemple concret : supposons que des gens se rendent à une formation en soirée. Chaque personne s'affaire à différentes choses de dernière minute. Pour l'une, sa priorité consiste à prendre une bouchée, l'autre, de se reposer; une troisième, de soigner son apparence, etc. La même chose s'applique dans tous les domaines. Nous savons tous que les priorités pour une personne sont rarement les mêmes que pour quelqu'un d'autre, de même qu'elles changent pour nous-même. Cela dépend de l'urgence qu'on y accorde à un moment précis ainsi que de nos PRÉFÉRENCES, de notre personnalité et de nos besoins.

En ce qui concerne les tâches à accomplir, il va de soi qu'avant de définir nos priorités, nous devons avoir fait une liste de ce qu'il y a à effectuer. Il est préférable que cette liste soit écrite au lieu de la garder dans sa mémoire. Une fois toutes les tâches inscrites, il est facile de noter l'ordre dans lequel nous voulons procéder. Le point à ressortir consiste à vérifier si ce que tu considères prioritaire est motivé par un désir, un besoin, une peur ou par autre chose. Suite à cette prise de conscience, il deviendra plus facile de mieux gérer ta vie ou tes priorités. En réalité, une priorité doit être établie en fonction de l'urgence de la situation et des conséquences néfastes si tu ne passes pas à l'action le plus rapidement possible, de même qu'en fonction de tes BESOINS et non de tes PEURS.

PROBLÈME

Se référer à **DIFFICULTÉ**

PROFITER

Procurer ou tirer un avantage matériel ou moral de quelqu'un ou de quelque chose; servir, être utile à. Ce mot est un dérivé de *profit* qui signifie tirer profit d'une situation ou saisir une occasion pour profiter de ses avantages. Exemples : profiter d'une bonne santé, d'un temps libre, de l'abondance, d'une présence, d'une occasion; cela est vraiment bénéfique quand nous avons une bonne intention et que tout le monde se trouve gagnant. « Profiter » est cependant couramment utilisé dans un sens péjoratif, par exemple, profiter d'une situation au détriment des autres en se servant de l'incrédulité de certaines personnes plus vulnérables; profiter d'une personne serviable, profiter de l'ignorance des gens

P

dans un but de cupidité; d'autres plus rusés profitent de la rareté d'un produit pour en faire remonter les prix dans le dessein de s'en mettre plein les poches.

Comment faire la part des choses ? Il suffit de devenir CONSCIENTS de nos INTENTIONS. Rappelons-nous qu'avec la LOI DE CAUSE À EFFET, tout nous revient. Si nous profitons des autres à leur détriment, nous pourrons être assurés de la récolte un jour.

PROJECTION MENTALE

Former l'idée que l'on a en vue de la matérialiser. Créer des images grâce à l'IMAGINATION. Le mot le dit bien : projeter mentalement une image, c'est la concevoir dans sa tête, grâce au corps mental, pour ensuite la projeter, c'est-à-dire lui donner forme dans la matière. La projection mentale peut se faire d'une façon consciente, quand nous avons un désir précis, conscient ou de manière inconsciente sans but recherché. Par exemple, quand nous pensons ou parlons de quelqu'un, l'autre personne reçoit, à son insu, de façon vibratoire le message par son corps mental. Toute projection mentale ou idée précise est une forme-pensée (ÉLÉMENTAL) dans l'invisible qui flotte au-dessus de la personne qui fait la projection et qui s'étend jusqu'à l'autre personne vers qui cet élémental est projeté. Tout cela se fait naturellement sans que nous ayons à y penser.

P

Hélas, nous utilisons souvent la projection mentale à notre insu, c'est-à-dire que lorsque nous renions nos peurs et nos intentions, nous les projetons souvent sur les autres. Nous déformons la réalité et sautons aux conclusions en interprétant les sentiments et les intentions des autres, sans vérifier avec eux. Ce genre de projection s'avère très dommageable pour les relations. Aussi, nous projetons sur les autres ce que nous ne voulons pas voir de nous-même. (Se reporter au thème du MIROIR).

La projection mentale peut se montrer très utile pour communiquer avec quelqu'un avec qui il t'est difficile de le faire en personne, que ce soit pour exprimer ce que tu vis ou pour faire une demande. En le faisant par projection mentale, en détente par exemple, tel un film dans ta tête, tu agis en pensée exactement comme si la personne était près de toi. Tu lui parles et tu peux même ressentir en toi ce qui se passe. La personne reçoit d'ores et déjà un premier contact avec toi dans l'invisible. Il est plus facile par la suite de rencontrer cette personne et de lui exprimer ce que tu as à lui dire. L'autre sera plus disposé à te recevoir et n'en sera même pas surpris.

La projection mentale est aussi très utile quand nous voulons aider des gens qui vivent des difficultés, en les imaginant baignant dans leur lumière. Cela les aide à reprendre contact avec leur propre lumière intérieure.

PROMESSE

Se référer à **ENGAGEMENT**

PROPHÈTE ET FAUX PROPHÈTE

Un prophète est quelqu'un qui prédit, qui enseigne, qui prépare à des événements futurs. Individu qui voit des choses distantes de la réalité de l'humain. Certains prophètes sont des êtres très évolués. Ayant des dispositions visionnaires, leur mission consiste à venir enseigner de nouvelles vérités ou RÉVÉLATIONS afin d'aider l'évolution de la planète. Certains les appellent des MAÎTRES, GOUROUS, évangélistes ou avatars, comme Jésus l'a été à son époque. Depuis le début des temps, les prophètes ont annoncé quantités de PROPHÉTIES. Ils se basent sur ce qu'ils observent sur la terre d'après certains signes précurseurs qui leur sont évidents ainsi que sur leur vision intérieure. Il y a toujours plus de prophètes au début d'une nouvelle ÈRE.

P

Les **faux prophètes** sont aussi appelés des imposteurs. Ils utilisent leur charisme, leur pouvoir de persuasion et leurs DONS PSYCHIQUES pour prédire l'avenir des gens ainsi que les événements futurs sur la planète. Celui-ci est davantage dirigé par son EGO, ce qui le différencie d'un vrai prophète. Il cherche à épater son entourage afin d'être reconnu et, surtout, pour la sensation de POUVOIR que cela lui procure. Ses prophéties provoquent plus de peurs que de bien-être.

PROPHÉTIE

Prédiction d'un événement; ce qui est annoncé par des personnes qui prétendent connaître l'avenir; expression d'une conjecture sur des événements à venir. Le mot « prophétie » est davantage utilisé pour relater des prédictions d'ordre spirituel ou planétaire. Dans le langage quotidien, le mot « prédiction » est plus usité. Par exemple, un médecin qui annonce à un homme victime d'une cirrhose du foie que, s'il persiste dans ses habitudes, à savoir de consommer trop d'alcool, il ne lui reste que peu de temps à vivre. Basé sur des signaux imminents, il peut prédire l'issue fatale.

Les prophéties annoncées par les PROPHÈTES sont également basées sur des hypothèses. La différence entre un prophète et un médecin ? Tous deux constatent l'état actuel des choses : le médecin dans le corps physique, et le prophète, dans le monde ASTRAL. Cependant, personne en ce bas monde ne peut prédire avec exactitude l'avenir d'une autre personne, de même que personne ne peut prévoir l'avenir de la planète avec certitude. Ainsi, toute prédiction ou prophétie pourra être prise en considération uniquement si elle contribue à nous éclairer et à améliorer notre être.

Reprenons l'exemple du médecin et son patient. Si, suite à cette prédiction, cet homme décide de se prendre en main, de transformer son attitude, sa façon de penser, de s'alimenter adéquatement et de s'ouvrir spirituellement, les cellules malades de son corps seront remplacées par des cellules saines et la probabilité qu'il déjoue complètement la prédiction et qu'il vive encore de nombreuses années sera d'autant plus grande.

Depuis très longtemps, et plus intensément avec l'avènement de l'ÈRE DU VERSEAU, beaucoup de prophéties sont dévoilées, autant constructives que destructives. Le but visé des prophéties consiste à aider l'humain à devenir plus conscient de ce qui se passe sur la planète et à l'inciter à se reprendre en main afin qu'il contacte à nouveau l'être créateur en lui. Le monde physique exprime et reflète ce qui se passe dans les autres plans. À l'instar de cet homme qui avait consommé trop d'alcool et qui s'était rendu très malade parce qu'il s'était éloigné pendant trop longtemps de son DIEU INTÉRIEUR, nous avons oublié qui nous sommes véritablement. Nous avons oublié de nous aimer véritablement.

Trop souvent, nous détruisons plus que nous aimons. Il a été prédit, depuis une centaine d'années, que les humains vivraient des choses difficiles pour les secouer, ce qui les forcerait à reprendre contact avec leur PUISSANCE intérieure, leur essence divine et à développer plus de solidarité. Nous le remarquons lors de grands sinistres : les gens sont portés à se serrer les coudes, à s'entraider et aussi à prendre conscience qu'ils étaient trop possessifs, trop attachés à leurs biens matériels. Beaucoup de personnes ont vu leur vie basculer et se transformer dans l'espace parfois de quelques heures. Cela nous oblige à prendre conscience que ce n'est pas l'EGO ni la matière qui doivent diriger notre vie, mais qu'il importe d'utiliser la matière, à savoir tout ce qui se passe dans notre monde MATÉRIEL, pour devenir plus SPIRITUELS.

La planète Terre « GAÏA » réagit de la même façon que notre corps physique. Plus nous nous éloignons de l'amour véritable et plus le corps souffre. Il en est ainsi pour notre planète qui souffre beaucoup et qui réagit de plus en plus fortement. Elle s'exprime à travers des changements atmosphériques soudains, des inondations, des volcans en irruption dans le fond des océans et sur la terre, des tremblements de terre, des tornades, qui balaient tout sur leur passage, le réchauffement de la planète qui bouleverse les façons de vivre de l'ensemble de ses habitants, etc.

P

Comment se préparer face à ces prophéties qui se manifestent dans le moment ? D'abord, sachons que nous avons tous le choix de réagir dans l'AMOUR, la FOI ou la PEUR. Une personne doit s'intérioriser, faire un examen objectif en se disant par exemple : « Si je perdais tout mon argent, tous mes biens matériels et même des êtres chers, serais-je capable d'y faire face sans sombrer dans la panique ou la dépression ? » Il importe de réaliser que nous avons tous à l'intérieur de nous ce dont nous avons besoin pour gérer quoiqu'il puisse arriver dans la vie. En conservant cette attitude, nous évitons de nous laisser envahir par la peur et l'insécurité. Quand la panique s'installe, nous devenons impuissants à réagir calmement, objectivement et à trouver des solutions. Notre foi en la Vie nous aide à garder CONFIANCE pour trouver des moyens efficaces tout en demeurant PRUDENTS. L'important est d'être préparé spirituellement, c'est-à-dire plus nous vivons dans l'amour, la paix, le partage, le détachement et la quiétude d'esprit, moins nous expérimentons la peur et l'angoisse.

Il est dit dans les prophéties que la plus grande urgence consiste à se libérer de tout ce qui découle des sentiments de peur et de CULPABILITÉ et de tout ce qui est associé au bas astral (désir de vengeance, haine, obsession, possessivité, violence, crime, guerre). Tous ces états et sentiments doivent disparaître pour faire place à un monde où régneront l'amour véritable, la foi, le partage et le pardon, ce qui nous ramènera vers la lumière. En étant constamment dans la lumière, nous saurons quoi faire, au bon moment. Nous saurons que nous devons passer de l'égoïsme au service des autres, de la critique à l'acceptation inconditionnelle, de la peur à la foi, de la dépendance à l'autonomie, de la culpabilité à la responsabilité, de la rancune au pardon, de l'état de victime à la gratitude, de la compulsion physique à l'écoute de nos vrais besoins. Et enfin, nous devons passer de l'intellect à l'intelligence et utiliser le monde matériel pour nous ouvrir au monde spirituel. C'est ainsi que nous nous rapprocherons d'un monde merveilleux, rempli d'amour, soit le monde spirituel.

PROSPÉRITÉ

État heureux de succès, de réussite, une augmentation des richesses ou une situation favorable d'une personne. **Au plan spirituel, la prospérité correspond à l'état de quelqu'un qui sait au plus profond de lui-même qu'il aura toujours ce dont il a besoin au moment où il en a besoin. La prospérité reflète la croyance fondamentale en notre**

pouvoir créateur. Une personne prospère ne vit pas nécessairement dans l'ABONDANCE qui signifie posséder en quantité supérieure à ses besoins. Elle ne s'inquiète pas inutilement pour l'avenir. Par exemple, quelqu'un en affaires qui prend des risques importants se sent bien même dans l'éventualité de déboires financiers. Également, il ne s'identifie nullement à ses biens matériels mais plutôt à sa capacité de les combler. Il sait qu'il aura toujours en lui ce qu'il faut pour se redresser financièrement et démarrer à nouveau si besoin est. En général, il se fie à son INTUITION et se laisse rarement influencer. On sent chez une telle personne qu'elle demeure confiante en tout.

On peut retrouver l'état de PAUVRETÉ – le contraire de prospérité – chez une personne qui possède beaucoup d'argent et de biens matériels. Si elle s'inquiète continuellement et a peur d'en manquer ou de perdre ce qu'elle possède déjà, elle vivra en état de manque, synonyme de pauvreté intérieure. Si quelqu'un ne vit pas dans la crainte de manquer de l'essentiel, il possède une attitude prospère et ce, en dépit de vivre ou non dans l'abondance matérielle. Mais sachons que cette personne a tout ce qu'il faut en elle pour matérialiser cette abondance.

Le pouvoir créatif illimité de l'être humain lui confère la capacité de manifester l'objet de la plupart de ses DÉSIRS. Pour acquérir cet état de prospérité, la première attitude à adopter consiste à penser, à dire et à ressentir que tu es riche et prospère intérieurement au lieu de nourrir en pensée toute forme de peur de perdre ou encore de croire intérieurement que tu es né pour rester pauvre.

P

Il suffit de te centrer sur ce que tu veux en utilisant tout ton potentiel, tes talents, ta créativité et tes ressources intérieures tout en renforçant ta FOI, la CONFIANCE en toi, en les autres et en la vie. Donne et reçois avec plaisir en croyant que tu y as droit. Assure-toi que chaque chose que tu possèdes t'est UTILE. Sinon, donne-les car le fait de garder quelque chose d'inutile dénote une peur, ce qui te coupe de la prospérité. Un autre moyen consiste à t'entourer de personnes qui dégagent cet état de prospérité et qui t'inspirent avec leur attitude gagnante. Voici une affirmation à répéter qui peut t'aider à t'imprégner de cet état de prospérité : « Je crois en moi et en la grande richesse divine qui coule à travers mon être et dans laquelle je baigne. J'y puise tout ce dont j'ai besoin partout et toujours. » Vivre en état de prospérité signifie vivre et ressentir la PAIX et la SÉCURITÉ intérieures.

PRUDENCE

Attitude d'esprit d'une personne qui, réfléchissant aux conséquences de ses actes, prend ses dispositions pour éviter des erreurs, des malheurs possibles et tout ce qui peut se révéler source de dommage; agir de façon réfléchie afin de se protéger pour éviter des conséquences désagréables ou de souffrir, parfois basée sur des expériences vécues ou douloureuses. Vigilance et prévention sont des synonymes.

La marge se veut parfois très mince entre la prudence et la peur. La prudence est le fait de penser à la situation de façon objective, sans inquiétude, ni peur, ni angoisse. Une personne prudente réfléchit pour éviter des problèmes quelconques ou des situations embarrassantes par amour pour elle. Tandis qu'une personne qui a peur se montre excessivement prudente, réfléchit trop, devient inquiète et doute constamment. Elle commence à s'imaginer toutes sortes de scénarios et voilà que l'imagination déborde. Nous savons que les peurs créent du stress, nous font vieillir prématurément et nous empêchent d'être dans notre moment présent et de vivre de belles expériences.

Aussi, certains croient qu'« être prudent » signifie « être méfiant ». Nous pouvons être prudents sans pour autant être méfiants dans tout. Il y a des gens qui doutent de tout le monde, qui ont constamment peur de se faire avoir. La méfiance est le contraire de la confiance. Elle ne peut être justifiée que lorsque nous avons vécu une expérience désagréable et que nous voulons éviter de la revivre. Supposons que tu as fait confiance à un voisin en lui prêtant un outil et qu'il a été difficile de le récupérer. Pire encore : la situation s'est produite à maintes reprises. Voilà qu'il est justifié, dans cette circonstance, de te méfier de lui à l'avenir car tu as vécu toi-même l'expérience. Cette méfiance devient de la prudence qui t'aidera à avoir un ENGAGEMENT beaucoup plus précis s'il veut encore t'emprunter quelque chose. Or, si tu te méfies de

P

ce voisin simplement parce que tu n'aimes pas son allure ou par ouï-dire de certains faits à son sujet, cette méfiance ne sera pas justifiée. Tu ne peux PRÉSUMER sans avoir vécu une expérience pour justifier ta méfiance.

Faire confiance à notre INTUITION représente le moyen par excellence pour nous guider dans toutes les circonstances. Une intuition nous incite à la prudence tandis que la peur nous entraîne à poser des actions qui dépassent la simple prudence. Par exemple, une personne sort de sa résidence ou de sa voiture : quelqu'un de prudent verrouillera sa porte et s'éloignera tranquillement, tandis que quelqu'un qui a peur verrouillera sa porte, vérifiera deux à trois reprises avant de s'éloigner et peut-être même retournera sur ses pas pour se rassurer; une autre regardera trois fois de chaque côté de la rue avant de la traverser, etc.

Il peut arriver que nous soyons prudents et que, malgré tout, il nous arrive des situations désagréables ou douloureuses. Sachons que l'Univers envoie cette expérience pour nous aider à être en contact avec nos forces intérieures et que nous sommes capables de la gérer. Aussi, rappelons-nous que nous ne pouvons tout contrôler. En ce qui concerne les enfants, les guider et les inciter à la prudence est bénéfique car, en général, ils se montrent moins prudents, se fiant que leurs parents vont payer pour les conséquences, tandis que les adultes, eux, paient pour eux-mêmes. Le fait d'apprendre, dès le jeune âge, la différence entre la prudence et la peur s'avère un grand privilège, de même que la notion de RESPONSABILITÉ.

PSYCHISME

Concerne l'esprit, la pensée. On utilise surtout ce mot pour désigner le contact avec le monde astral, le monde des désincarnés. Une personne très psychique capte facilement ce qui se passe dans le monde astral – plans émotionnel et mental – aussi appelé le monde des pensées et des désirs. Puisqu'elle a la capacité de lire dans les pensées, elle canalise aussi les peurs et les émotions des autres qui vivent les mêmes peurs qu'elle. Capter les émotions de quiconque signifie « embarquer » inconsciemment dans leurs problèmes. Une personne psychique se montre généralement FUSIONNELLE. Elle se fait un plaisir et même un devoir de s'occuper du bonheur des autres en jouant le rôle d'intermédiaire. C'est pourquoi on l'appelle parfois MÉDIUM. Quand elle sent les autres malheureux, la personne psychique s'estime malheureuse et désire absolument les rendre heureux, ce qui la place dans l'impossibilité d'être en état d'observation.

Si tu te retrouves souvent dans ce genre de situations, tu as intérêt à fermer mentalement tes portes aux problèmes des autres. Ton corps te dit qu'il est urgent d'agir ainsi, surtout lorsque tu vis des ANGOISSES. Un moyen concret pour y arriver consiste à visualiser deux grosses portes en béton au niveau du plexus solaire qui se ferment, puis de prendre des respirations profondes. Une fois centré, il devient plus facile de devenir OBSERVATEUR de l'autre et de demeurer plus objectif face à ses difficultés. Une personne psychique a les éléments nécessaires pour devenir clairvoyante, grâce à sa grande sensibilité qu'elle n'a pas encore appris à maîtriser. Se référer à CLAIRVOYANCE pour comprendre la différence. Cependant, il est essentiel d'apprendre la notion de RESPONSABILITÉ pour transformer ce psychisme en clairvoyance.

Concernant les dons psychiques, nul n'est obligé de rechercher à les développer par toutes sortes de moyens extérieurs, par exemple, apprendre à voir les auras, lire dans une boule de cristal, l'écriture automatique ou devenir médium, car ces disciplines ne peuvent pas véritablement aider notre être à s'épanouir. Apprendre et se servir des dons psychiques prédisposent davantage au développement de l'EGO. Il est plus sage de développer plutôt notre potentiel intérieur en demeurant connecté à notre partie divine. Ainsi, plusieurs dons extrasensoriels, dont la clairvoyance, se développeront d'eux-mêmes. Ceux-ci s'avèrent beaucoup plus puissants et bénéfiques pour nous prêter main forte et pour aider les personnes qui entrent avec notre énergie que les dons acquis par les connaissances intellectuelles.

Il est regrettable de constater que la plupart des gens croient qu'une personne possédant des dons psychiques est une personne plus spirituelle que celles qui n'en ont pas. Le psychisme vient du monde ASTRAL tandis que la spiritualité vient du monde SPIRITUEL. Le psychisme n'a rien à voir avec la SPIRITUALITÉ.

PUDEUR

Ayant trait à la sexualité, la pudeur est un sentiment de gêne qu'une personne éprouve à faire ou à envisager des choses de nature sexuelle ou à se montrer nue. Cette gêne la porte à devenir réservée. En général, la pudeur s'éveille chez un enfant ou un adolescent en même temps que sa force sexuelle. Elle est donc nécessaire pour protéger l'humain, c'est-à-dire le freiner dans ses pulsions sexuelles, ce qui le distingue d'un animal. Si la pudeur disparaît chez quelqu'un, il ne sera plus maître de lui-même.

La pudeur reflète un critère de sa valeur spirituelle. On a voulu l'abolir sur cette planète, mais on s'aperçoit de plus en plus que les conséquences sont dommageables. Les humains ont de la difficulté à vivre leur SEXUALITÉ de façon harmonieuse et respectueuse. Il est temps pour nous tous de nous rappeler que la pudeur se veut un sentiment à conserver sans toutefois la vivre de façon exagérée. Cependant, pour s'avérer bénéfique, elle doit être exprimée avec respect, par amour pour soi et non par peur de quelque chose ou de quelqu'un.

PUISSANCE

P

Caractère de ce qui exerce une grande influence sur quelqu'un. Efficacité, force. Du point de vue spirituel, ce mot est utilisé pour désigner notre grande puissance intérieure, DIEU, notre grand pouvoir de créer, notre force intérieure. La puissance divine est aussi cette force qui dirige les univers et qui contribue à harmoniser le tout grâce aux grandes lois universelles.

La puissance chez l'humain se reconnaît par cette force innée, cette énergie chez un être qui fait que rien ne peut l'abattre. S'il tombe, il se relèvera avec encore plus d'ardeur, plus de force. Quand nous nous trouvons en contact avec notre puissance divine, nous ne nous laissons pas ébranler ou influencer facilement. L'énergie circule librement et nous sentons qu'une présence en soi existe en permanence et qu'elle nous aide et nous guide quoi qu'il arrive. Nous nous sentons solides car nous avons la certitude de toujours nous en sortir et que nous ne sommes jamais seuls.

Nous pouvons exprimer notre puissance de plusieurs façons. D'abord :

1) par la CONSCIENCE, en devenant toujours plus conscients de qui nous sommes véritablement;

2) en exprimant notre ENTHOUSIASME;

3) en ayant la FOI en nous et en l'Univers. Quand nous disons : « Que ta volonté soit faite » ou « À la grâce de Dieu », nous nous abandonnons entre les mains du Divin, cette puissance, cette force intérieure qui existe bien au-delà du monde physique;

4) par notre FORCE intérieure qui nous aide à élargir nos limites. Nous l'exprimons par des actes de courage. Notre force intérieure se transmute en force physique pour parer aux urgences;

5) par notre capacité d'être SAGE, ce qui inclut la modération et la prudence;

6) par le SAVOIR; plus nous sommes en contact avec notre puissance intérieure, plus nous savons les choses car nous sommes en contact permanent avec notre INTUITION;

7) par la VOLONTÉ qui est une manifestation découlant d'une décision conforme à une intention.

Toutes ces différentes façons d'exprimer notre puissance nous aident à nous renforcer et à nous faciliter la vie. Nous n'avons qu'à vouloir quelque chose et nos corps mental et émotionnel se mettent au service de notre être. Nous réalisons ainsi toute notre force, notre puissance de manifestation, nous aidant à toujours aller vers ce qui s'avère le mieux pour nous, en puisant dans la grande puissance universelle pour créer.

Nous pouvons sentir notre puissance émerger en nous lorsque, confrontés à une épreuve, nous décidons de nous en sortir. Nous sommes capables de faire face à beaucoup d'événements avec force, courage et détermination. Notre force intérieure nous aide à être forts dans notre monde matériel, ce qui nous confère une force mentale, une force émotionnelle et une force physique. Cela nous aide à reprendre contact avec notre puissance qui est le fondement même de l'être.

La force représente aussi un moyen pour savoir si ce que nous faisons, disons, sentons, pensons ou désirons est bénéfique pour nous, c'est-à-dire si ça répond à un besoin de notre être. Est-ce que ça nous donne de la force ou si ça nous mine ? Si ça nous affaiblit, cela indiquera que nous nous trouvons dans la PEUR et non dans l'AMOUR DE SOI. La force équivaut donc à un bon outil de DISCERNEMENT.

La puissance se définit comme quelque chose que nous sentons en nous, qui est au-delà du physique, tandis que le pouvoir se caractérise par quelque chose qui s'exprime et se manifeste extérieurement (par exemple, le pouvoir de parler, de rire, etc.). De même, nous pouvons sentir la puissance de l'océan qui, combinée à la puissance des vents produit des vagues énormes.

En résumé, quand une personne est en contact avec sa puissance, elle n'a plus besoin de rien prouver ni de rechercher le POUVOIR. À l'inverse, quand elle n'est pas en contact avec sa puissance divine, elle tente d'avoir le pouvoir sur les autres, essayant de se donner de la force à travers eux ou elle devient soumise. Les grands orgueilleux peuvent croire que cela les nourrit et leur donne de l'énergie mais ce n'est qu'une illusion puisqu'ils doivent toujours recommencer.

P

Il est dit que l'être humain représente la plus grande puissance sur cette planète puisque nous sommes la plus haute expression divine qui existe sur cette terre. Puisque nous pouvons reconnaître que nous sommes des dieux créateurs venus expérimenter DIEU dans la matière, nous créons donc ce monde et nous en sommes les maîtres et les gardiens. En devenant conscients, en utilisant les grandes LOIS de l'amour et notre puissance intérieure, nous parviendrons à vivre la vie que nous désirons.

PUR ESPRIT

Se référer à **ESPRIT**

PURGATOIRE

Se référer à **CIEL**

RAISON D'ÊTRE

Ce qui justifie l'existence, une raison de vivre. Quand quelqu'un cherche sa raison d'être, le pourquoi de son incarnation sur cette terre, il a généralement perdu contact avec qui il est véritablement. En tant qu'être, nous sommes tous égaux, créés à l'image de Dieu, donc nous sommes tous des dieux créateurs. **Nous avons tous la même raison d'être, soit celle de nous rappeler que nous sommes des êtres divins.** Voici le seul moyen pour redevenir pur ESPRIT, c'est-à-dire Être de lumière.

Comment y arriver sur une planète aussi matérialiste que la nôtre ?

1) En vivant chaque expérience physique, émotionnelle et mentale dans l'OBSERVATION et l'ACCEPTATION.

2) En se souvenant que DIEU s'expérimente à travers tout ce qui vit.

3) En permettant à l'INTELLIGENCE de diriger notre vie.

Si tu ne peux répondre à la question : « Qu'est-ce que je fais sur cette terre, quelle est ma raison d'être ici ? », tu passes probablement la grande partie de ta vie à faire des choses qui n'ont rien à voir avec ton PLAN DE VIE. Ainsi, nous pouvons vivre toutes sortes d'expériences, en les reconnaissant comme telles afin de nous aider à faire le tri parmi celles-ci pour arriver à ne vivre que des expériences intelligentes, c'est-à-dire exemptes de peurs et de culpabilités, ce qui nous permet de demeurer centrés. Lorsque l'humain parviendra à vivre toutes ses expériences terrestres dans l'observation, sans aucun jugement de BIEN ou de MAL – fondement même de l'EGO –, il saura qu'il est Dieu en train de s'expérimenter.

R

RANCUNE

Souvenir, ressentiment tenace que l'on garde d'une offense, d'une injustice, d'un préjudice accompagné d'hostilité et parfois d'un désir de vengeance. Dans une rancune, un sentiment d'amertume est d'abord nourri puis dégénère en rancune. La plupart des rancunes se forment au sein des familles. Par exemple, lorsqu'il est question d'héritage où chaque membre croit avoir droit à sa part ou dans des situations de préférence où elle émerge pour des peccadilles entre frères et sœurs, entre conjoints ou ex-conjoints, collègues de travail, amis ou entre voisins, etc. **La source d'une rancune provient de la douleur vécue suite à une grande DÉCEPTION causée par nos attentes. Nous en voulons à la personne que nous accusons de nous avoir fait souffrir.**

Chaque fois que nous nous enfermons dans la rancune ou le ressentiment, nous créons un ENFER en nous. Personne ne peut se sentir heureuse et en paix lorsqu'elle est habitée par de telles pensées. Elle devient DÉCENTRÉE et sa vie s'en ressent à plusieurs niveaux. Ses relations se détériorent car une personne rancunière devient de plus en plus agressive. Une rancune entretenue et non pardonnée peut se transformer en haine et détruire la personne qui l'entretient. Elle se sent de plus en plus rongée de l'intérieur et finit par se créer de nombreuses maladies physiques, en particulier, le cancer. Si une rancune devient une OBSESSION ou encore de la HAINE, il sera urgent d'y voir avant qu'elle ne génère des pensées de VENGEANCE.

Pour arriver à cesser d'en vouloir à une personne, nous devons d'abord prendre conscience que nos ATTENTES nous amènent à vivre ces rancunes. Nous devons reconnaître qu'il est tout à fait humain d'en vouloir à quelqu'un que nous croyons responsable de notre souffrance. Nous devons accepter que nous avons tous des perceptions différentes de la vie selon notre personnalité, selon notre plan de vie et selon les BLESSURES qui nous habitent depuis notre naissance. D'ailleurs, ce sont nos blessures réactivées par une certaine situation qui nous font réagir de la sorte. Le fait d'être en RÉACTION nous empêche de voir la situation dans sa vraie réalité. Nous la percevons à travers nos filtres. Il devient impératif de changer notre vision en reconnaissant que nous sommes tous aussi parfaits que nous puissions l'être à chaque instant de notre vie et que cette perfection n'est pas toujours exprimée selon nos attentes.

R

Cependant, certains ne sont pas CONSCIENTS de leurs rancunes puisqu'ils ne réalisent même pas qu'ils en veulent à quelqu'un ou à eux-mêmes. En général, ce sont des personnes remplies d'amour mais qui ne « sentent » pas ce qui se passe en eux. Par conséquent, ils refoulent leurs émotions, sans s'en apercevoir, souvent par peur de passer pour de mauvaises personnes car leurs croyances ne leur permettraient jamais cette faille, ou par crainte de trop souffrir. Mais ce qui ne s'exprime pas s'imprime ! Un bon moyen pour les découvrir consiste à observer les attitudes qui te DÉRANGENT chez les autres, c'est-à-dire celles qui te portent à les critiquer, surtout tes proches. Commence par les critiques qui reviennent fréquemment. Elles cachent des rancunes non conscientes. Vérifie de quoi tu les accuses intérieurement ou ouvertement. Cet exercice est excellent pour accélérer la découverte de tes rancunes, afin de pouvoir t'en libérer.

Pour nous délivrer complètement d'une rancune, nous devons communiquer avec les personnes concernées en mettant notre ORGUEIL de côté et en utilisant les étapes du PARDON. En pardonnant, nous nous libérons de toute rancune, faisant place à la paix intérieure et au bonheur, générateurs de la santé et de l'abondance en tout.

RÉACTION

Se référer à **RÉSISTANCE**

RÉALITÉ

Se référer à **IDÉAL**

RECEVOIR

Laisser entrer, recueillir, accueillir. Recevoir se définit par l'attitude d'une personne en contact avec l'énergie divine coulant à travers elle. C'est la caractéristique de quelqu'un qui connaît le vrai sens du mot DONNER et ce, peu importe le domaine (cadeau, argent, bien, compli-

R

ment, conseil…). Pour savoir recevoir, il est essentiel de savoir donner et vice versa. Ces deux attitudes sont intimement liées.

Si tu as de la difficulté à recevoir, probablement que tu vis la BLESSURE d'INJUSTICE. Soit que tu te crois obligé de donner en retour la même chose, le même service ou la même valeur pour être juste, soit que tu crois injuste de trop recevoir et d'en avoir plus que tes proches, soit que tu ne crois pas mériter ce qui vient vers toi. Cette attitude intérieure te crée un malaise et t'empêche de recevoir et d'être en contact avec le bonheur ou la joie que l'autre a de donner. De plus, si tu crois que tu dois toujours donner en retour, cela t'empêchera de devenir un véritable donneur car tu t'attendras que l'autre te donne en retour.

D'autres catégories de gens ont l'impression de prendre, au lieu de se donner la permission de recevoir, simplement avec plaisir. Ils se sentent mal à l'aise et forcés de donner, souvent même plus qu'ils ont reçu. On doit avoir du plaisir autant à recevoir qu'à donner, sans CULPABILITÉ, sans HONTE.

Il importe donc de savoir accepter, c'est-à-dire de remercier pour toute générosité venant de quelqu'un d'autre, même si ce que nous recevons ne nous convient pas. Nous pouvons montrer notre appréciation du geste de l'autre tout en étant VRAI. Savoir recevoir permet à l'énergie de circuler, ce qui contribue à développer un équilibre entre le donner et le recevoir. Alors, soyons généreux avec nous-même en nous donnant le droit d'aimer recevoir.

De plus, recevoir avec plaisir représente la meilleure façon de laisser couler l'énergie d'abondance de part et d'autre, autant du donneur que du receveur. Quelqu'un qui veut apprendre à recevoir doit garder en tête que tout ce qu'il reçoit provient de la source divine intarissable et qu'il y en aura toujours en abondance. Plus une personne donne, plus elle reçoit. C'est une loi immuable. Quand nous savons recevoir et donner, nous sommes en train de développer une attitude de PROSPÉRITÉ qui ouvre aussi la porte à l'ABONDANCE.

RÉCONCILIATION

Se référer à **PARDON**

RECONNAISSANCE

Sentiment qui incite à se considérer comme redevable envers la personne de qui on a reçu un bienfait. Il est normal et humain de manifester de la reconnaissance aux gens qui nous aident ou qui nous apportent du bien-être, du bonheur ou des biens quelconques. Être reconnaissant aide à exprimer notre joie, notre approbation et notre satisfaction. Les marques de reconnaissance ont le don de toucher directement le cœur des gens.

Nous avons tous intérêt à devenir de plus en plus reconnaissants plutôt que de prendre ce qui passe pour acquis : reconnaissants face aux efforts de nos parents, même s'ils ne répondaient pas toujours à nos attentes; face au soleil qui se pointe au rendez-vous à tous les jours; le sourire d'un passant dans la rue, etc.

La reconnaissance, c'est manifester notre gratitude envers la Vie; reconnaître toutes les RICHESSES en nous et autour de nous; savoir reconnaître les cadeaux de la vie. Soyons donc plus vigilants et reconnaissants pour ce que nous avons au lieu d'agir en VICTIMES et de nous concentrer sur ce qui nous MANQUE. Compter chaque jour toutes nos bénédictions et dire merci à l'Univers pour mille et une petites choses nous aideront à reconnaître toutes ces richesses et à nous accomplir pleinement dans tous les domaines. Ainsi, nous ne chercherons plus à tant recevoir de gratitude venant de l'extérieur. Lorsque nous attendons sans cesse la reconnaissance des autres, nous ne nous révélons pas assez reconnaissants envers nous-même pour ce qui nous entoure. Nous pouvons aimer recevoir de la reconnaissance des autres, sans pour autant vivre d'émotions lorsqu'ils oublient de le faire. Souvenons-nous que la meilleure récolte vient à ceux qui sèment tout en LÂCHANT PRISE.

R

RÉINCARNATION

Se réincarner signifie revivre sous une nouvelle forme corporelle. La réincarnation est la croyance du fait de renaître de nouveau sur le plan terrestre. Elle se définit donc par une continuité, une suite des vies précédentes. La réincarnation est intimement liée à la loi du KARMA (LOI DE CAUSE À EFFET) qui s'associe au principe de la justice divine. Elle fournit l'opportunité à tout être humain de revivre les expériences non acceptées ou celles qu'il ne s'était pas permis de vivre, par peur ou par culpabilité. Ainsi, tant que nous avons des désirs non satisfaits et inconscients, des regrets, peu importe sous quelle forme, nous devons nous réincarner pour les exprimer et les expérimenter dans l'ACCEPTATION.

La réincarnation peut aussi être appelée une RÉSURRECTION matérielle. Ceux qui croient qu'il n'existe qu'une forme de résurrection, à savoir la résurrection au ciel de toutes les âmes pour un jugement dernier, ont de la difficulté à croire à la réincarnation, puisqu'elle implique que nous ressuscitons plusieurs fois, que nous passons du ciel (monde ASTRAL) à la terre. Dans un sens, les deux versions sont valides. L'âme n'a qu'une vie bien qu'elle prenne des centaines, voire des milliers de formes humaines afin de redevenir lumière, c'est-à-dire FUSIONNER avec l'esprit pur. Lorsque toutes les âmes sur cette terre auront atteint cet état, il y aura résurrection totale de celles-ci et elles n'auront plus à revenir s'incarner sur terre. Notre planète passera à un autre niveau d'évolution. Elle sera influencée par la lumière de toutes ses âmes.

Il y a aussi une autre théorie concernant la réincarnation : celle à l'effet que nous vivons toutes nos vies passées, présente et futures en même temps. C'est comme si on regardait plusieurs films sur différents écrans de télévision en même temps. L'intellect humain peut difficilement comprendre une telle théorie car elle est du domaine de l'ABSOLU. Le plus important consiste à croire en quelque chose et ce, uniquement si ça t'aide à vivre en paix plutôt que dans la peur.

R

Combien existe-t-il encore aujourd'hui de personnes qui ont peur de mourir parce qu'elles croient qu'elles iront en enfer à cause d'une faute grave qu'elles ne se pardonnent pas ? Plusieurs RELIGIONS continuent à croire en un DIEU punitif, sinon de notre vivant, du moins après la mort physique. Continuer d'entretenir ces croyances ne peut qu'apporter stress et peurs. Le fait d'avoir confiance que la vie ne cesse jamais et que nous pouvons tous apprendre à travers nos « supposées fautes ou PÉCHÉS » d'une incarnation à l'autre enlève ce genre de stress et, surtout, la peur de la MORT. De plus, la réincarnation nous aide à sentir et à savoir que la JUSTICE divine existe. Autrement, on pourrait croire que la vie est injuste lorsqu'on regarde la vie difficile de certains. Cette croyance nous aide également au niveau de la RESPONSABILITÉ et de la décision de prendre totalement notre vie en main. Il est bon de nous rappeler que chaque incarnation nous rapproche davantage de notre raison d'être, du Dieu en nous.

REJET

Action de rejeter, d'expulser, de repousser ou de refuser la présence de quelqu'un. Le sentiment de rejet représente une blessure profonde principalement reliée au manque d'estime de soi. La personne qui en souffre est blessée dans son être, dans son droit d'exister. Elle croit presque toujours qu'elle vaut peu ou pas grand-chose et, inconsciemment, cette attitude l'amène à se rejeter, pour finir ensuite par être rejetée des autres. Une personne qui vit du rejet n'est pas en contact avec sa véritable nature, avec l'être spécial qu'elle est. Puisqu'elle est incapable de reconnaître sa vraie valeur, ses comportements sont davantage dictés par le désir d'être aimée, attitude contraire à l'AMOUR véritable qui consiste à s'aimer et non vouloir être aimé pour se considérer aimable.

Ce rejet provient d'une blessure présente dès la naissance. Il correspond à l'une des cinq principales BLESSURES DE L'ÂME et à celle qui fait le plus mal car elle affecte directement le « JE SUIS ». Dès le jeune âge, on peut reconnaître une âme qui revient sur terre pour gérer cette blessure par son corps d'enfant plus petit que la normale et par son attitude. L'enfant veut disparaître, se faire petit dans un coin et essaie le plus pos-

R

sible de ne pas déranger. Il passe le plus clair de son temps parti en astral (dans la lune), dans son monde.

Cette blessure de rejet est activée par le parent et les personnes du même sexe. En grandissant, la personne qui se sent rejetée fait des pirouettes pour être aimée mais, étant souvent gauche pour le faire (à cause de sa grande peur d'être rejetée), elle se retrouve fréquemment dans des situations de rejet. Prenons l'exemple d'une femme qui se trouve parmi un groupe d'autres femmes. Elle cherche à se faire aimer et accepter. Elle se mêle donc à leur conversation et cherche à être intéressante en exhibant sa fierté d'avoir cessé de fumer. Mais la perception de certaines d'entre elles les porte à croire qu'elle se pense supérieure aux autres. Certaines femmes la remettent à sa place, soit par un regard ou par une parole qui en dit long sur ce qu'elles pensent de sa soi-disant vantardise. Cette dame se sent mal à l'aise, mise à l'écart ou rejetée sans vraiment réaliser ce qui vient d'arriver et ce qui en est la cause. Elle décide donc à son tour de les rejeter en se retirant du groupe. On appelle ce processus « le syndrome du rejet ».

Une autre personne aurait pu vivre la même situation et ne pas se sentir rejetée pour autant. Cela dépend de la blessure différente pour chaque être humain et des leçons que chacun doit en retirer. Les gens qui souffrent de rejet passent souvent pour orgueilleux, donnant l'impression qu'ils veulent avoir raison ou qu'ils se croient supérieurs. Il arrive fréquemment que l'ORGUEIL prenne le dessus en eux afin de ne pas sentir le peu d'amour et d'estime qu'ils ont pour eux-mêmes. Ces personnes adoptent un comportement de supériorité quand, en réalité, au plus profond d'elles-mêmes, elles éprouvent un profond sentiment d'infériorité et vivent une grande souffrance.

Si tu te reconnais dans cette blessure de rejet, tu devras apprendre à t'aimer véritablement pour ce que tu es en tant qu'être spécial, en développant davantage l'ESTIME DE SOI. Si tu as de la difficulté à te valoriser, tu pourras avouer ta démarche à des personnes proches et demander leur aide. Partage-leur ta difficulté à reconnaître ta VALEUR et demande-leur de te rappeler tes qualités, tes talents et tes capacités.

De plus, prête attention à toute forme d'orgueil et demande aux autres de te le faire savoir lorsque l'orgueil t'envahit. Peu à peu, tu découvriras que tu ne recherches plus autant l'amour des autres. Ceci t'indiquera que tu te trouves sur la voie de la guérison.[8]

RELAXATION

Se référer à **DÉTENTE**

RELIGION

Se référer à **CROYANCE RELIGIEUSE**

RENIEMENT

Action de renier, renoncer ou désavouer. Refuser de reconnaître comme sien. Abandonner en désavouant. Le reniement, causé par une peur ou suite à une blessure, signifie feindre, refuser ou décider de ne plus reconnaître. Par exemple, une personne renie ses enfants, ses parents, sa famille ou quelqu'un qui lui a fait vivre une grande souffrance. En réalité, elle ne renie pas les gens; elle essaie plutôt d'étouffer ou d'occulter l'objet de sa SOUFFRANCE, occasionnée par ses BLESSURES.

Un autre aspect au reniement, davantage relié à ses croyances, se reconnaît dans l'attitude d'une personne qui croit devoir renier les choses matérielles, comme l'argent ou la sexualité, pour s'élever vers la spiritualité. Autrement dit, elle veut croire que l'aspect matériel n'est pas important, bien qu'elle en profite pleinement dès qu'elle en a l'occasion. Ce genre de reniement peut l'aider à se RÉSIGNER temporairement et même lui apporter un certain réconfort mais, au fond d'elle-même, il signale un refoulement de DÉSIRS profonds inconscients non comblés. Une quelconque insatisfaction face aux biens matériels demeure. Soit qu'elle s'en prive ou quand elle s'en procure ou en

R

---

8   Pour plus de détails, il est suggéré de lire le livre "Les 5 blessures qui empêchent d'être soi-même".

obtient, elle s'arrange pour les perdre peu de temps après en les donnant ou en les perdant à cause de son sentiment de CULPABILITÉ, souvent inconscient. Puis, elle recommencera.

Certaines personnes sont des spécialistes dans le reniement de leurs propres problèmes ainsi que ceux de leurs proches. Elles refusent de reconnaître un aspect d'une réalité extérieure en se comportant comme si ce n'était pas là. Par exemple, Madame partage à son conjoint qu'elle se pose des questions sur leur vie de couple qu'elle trouve de plus en plus insatisfaisante et il lui dit : « Mais non chérie, tu es seulement en réaction au fait que, dernièrement, je m'absente souvent; ne t'en fais pas, tout va s'arranger. » Il renie le problème de son épouse et se fait ACCROIRE que tout va bien; il ne veut pas en parler car cela l'obligerait à faire une mise au point sur ses propres peurs. Voilà le genre de personne qui renie, en plus, ses propres problèmes.

Or, ce n'est pas parce que nous renions ou faisons semblant ou croyons qu'un comportement ne nous dérange pas que la situation se règle. La même chose se produit quand il s'agit de renier les aspects de nous parce que nous refusons de les ACCEPTER. Dans tous les domaines, il est beaucoup plus sage de faire face à ce que nous nous efforçons de renier afin d'en devenir conscients. Par la suite, il devient plus facile de gérer la situation et d'apprendre à s'élever grâce à elle.

R

RENONCEMENT

Se référer à **PERTE** et **ATTACHEMENT**

REPOS

Se référer à **SOMMEIL**

RÉSIGNER (se)

Se soumettre sans protestation à quelque chose de pénible, de désagréable. Adopter une attitude de soumission; s'incliner. En d'autres termes, se résigner se définit comme une façon plutôt amorphe, parfois teintée d'amertume, de prendre les choses comme elles sont, non par choix, ni compréhension ni acceptation, mais plutôt par incapacité ou impuissance à pouvoir les changer. Quand on se résigne, on subit, tandis que lorsqu'on accepte, on choisit.

Une personne qui se résigne croit habituellement qu'il n'y a plus rien à faire. Elle entretient l'attitude intérieure suivante : « Il faut bien se résigner, c'est la vie. Je ne suis pas d'accord, mais il n'y a rien d'autre à faire. À quoi bon lutter ! » La personne abdique en quelque sorte car elle croit avoir atteint le point de non-retour. Il lui devient même impensable d'envisager ou d'espérer des solutions car elle se croit perdue d'avance. Par exemple, quelqu'un qui se résigne face à une maladie grave n'aura plus l'envie ni l'intérêt d'en chercher la cause et d'aller à la source et d'en guérir.

Se résigner est l'attitude de quelqu'un qui croit que la situation dépend de l'extérieur, tel un verdict prononcé contre lui et qu'il n'y peut rien. Tandis que le sentiment d'ACCEPTATION provient de l'intérieur de nous. Il donne lieu à une grande sérénité et nous aide à puiser en nous les forces nécessaires pour faire face à toute éventualité et pour demeurer optimiste. L'énergie qui circule ainsi en nous est tout à fait différente car nous sommes en contact avec notre source divine, celle qui sait ce qui est bon pour nous. Enfin, rappelons-nous qu'aucune situation n'est jamais perdue d'avance. Il est bien dit que chaque PROBLÈME ou obstacle qui survient dans notre vie est accompagné de sa solution. Ceux qui s'enlisent dans le problème ne trouvent pas la solution. Ceux qui cherchent la solution la trouvent.

R

RÉSISTANCE

Fait de résister, de s'opposer à quelqu'un, à une autorité. La résistance se caractérise par un genre de combat ou une attitude rigoureuse de quelqu'un suite à une non-acceptation d'une expérience (peur, maladie, événement, etc.). La résistance est la cause première qui fait que nous n'obtenons pas les résultats désirés. As-tu déjà entendu l'expression *plus on résiste, plus ça persiste* ? Si oui, tu as peut-être une petite idée de ce que le mot « résistance » veut dire. Dans ce livre, nous abordons la résistance dans le sens de vouloir forcer les choses, qui est le contraire de LÂCHER PRISE.

La résistance est comme une bataille menée entre deux parties qui veulent avoir raison bien que les deux en ressortent perdantes à la fin. Ces parties peuvent être deux personnes entre elles ou deux parties en nous. La résistance peut s'exprimer de différentes façons :

- Résister à l'autorité, aux conseils ou aux idées de quelqu'un d'autre. On refuse de voir le point de vue de l'autre, de l'accepter, de l'accueillir quand on n'est pas d'accord. Pendant ce temps, l'orgueil gonfle, la situation persiste et s'envenime.

- Résister au changement dans un domaine (travail, milieu familial, social). Au lieu de rechercher ce qui est bénéfique ou d'aller vérifier ses peurs, une personne persiste dans ses habitudes ou continue de tout critiquer et vit de la colère, de l'injustice, de la peine, de l'angoisse ou de la frustration.

- S'impatienter ou refuser de s'accepter tel qu'on est dans le moment (poids, apparence, attitude, comportement).

En somme, résister, c'est refuser d'accueillir une partie de soi qui a vraiment besoin de vivre une expérience spécifique, un peu comme si nous refusions le droit à un enfant d'être un enfant. Il a le droit de vivre ses expériences et de ne pas toujours répondre aux attentes des autres.

De plus, souvenons-nous que ce que nous ne voulons pas voir en nous, ce à quoi nous résistons, prend de plus en plus d'ampleur car nous ne pouvons maîtriser ce que nous déclarons ne pas être là. Exemple : « Je ne suis pas en colère », « Je ne suis pas fatigué ». Nous devons plutôt apprendre à OBSERVER, à vérifier comment nous nous sentons pour mieux accepter, nous plaçant ainsi en maîtrise de la situation.

L'ACCEPTATION, c'est-à-dire accepter, même si nous ne sommes pas d'accord, même ce qui nous semble inacceptable, représente donc le moyen le plus efficace pour lâcher prise, pour arrêter de résister et pour vivre de nouvelles expériences. Cela ne signifie pas d'abdiquer, de nous soumettre ou de nous RÉSIGNER. Que ce soit en rapport avec les autres ou avec nous-même, quand nous offrons de la résistance à vouloir changer un comportement ou à nous adapter à une nouvelle situation, il est important d'aller voir ce que nous voulons vraiment ou ce qui nous DÉRANGE. Une fois accepté, tout se met en branle et des solutions apparaissent, de sorte que toutes les parties sont gagnantes. Nous devons vraiment en faire l'expérience pour le savoir.

RÉSONANCE

Effet ou état de ce qui se répercute dans l'esprit, le cœur. Une résonance peut être comparée à un écho, une réverbération en nous. Cela indique que nous avons des choses en commun, que nous sommes sur la même longueur d'ondes dans un domaine en particulier. La résonance entre deux êtres est gérée par la LOI D'ATTRACTION. Lorsque nous sommes affectés par une autre personne, par une situation ou un événement extérieur, c'est nécessairement parce que cette personne ou situation a résonné en nous. Et nous ne pouvons être en résonance avec quelqu'un d'autre que lorsque nous vivons les mêmes sentiments ou émotions dans notre vie.

La résonance est un phénomène qui se passe aux niveaux intellectuel et émotionnel. Par exemple, tu regardes un film où tu vois un enfant être battu par son père. Cette scène t'affecte beaucoup, c'est-à-dire qu'elle résonne avec toi. Cela ne veut pas dire que tu as été battu par ton père mais plutôt que tu as vécu le même genre de sentiment, tel l'injustice par exemple. Cette scène éveille en toi des souvenirs émotionnels. Lorsqu'on se sent bien, à l'aise avec une personne, qu'on la trouve sympathique et qu'on est attiré vers elle plutôt qu'une autre, c'est aussi de la résonance.

R

RESPECT

Sentiment qui porte à traiter quelqu'un ou quelque chose avec de grands égards, avec considération. Cependant, d'autres interprétations de ce mot, entre autres, celle inspirant la crainte de l'opinion d'autrui, ont davantage marqué notre éducation. Nous devons respecter notre prochain et, surtout, les figures d'autorité. Par contre, cette forme de respect a omis de prendre en considération la nature de la personne elle-même et articulant davantage autour de la notion de BIEN/MAL, surtout quand les adultes faisant figures d'autorité profitaient de leur pouvoir. Ils exigeaient le respect total qui, en réalité, signifiait pour eux l'OBÉISSANCE aveugle. Voilà pourquoi il y a beaucoup de révolte chez les enfants NOUVEAUX car ceux-ci savent qu'aucune personne ne peut exiger le respect, elle ne peut que le mériter. Et elle le mérite en étant une personne respectable, c'est-à-dire qui se respecte d'abord.

Bien sûr, le respect sous forme d'AUTORITÉ est valable et important pour maintenir l'ordre, la paix et une certaine harmonie au sein d'une communauté. On a toutefois négligé de nous enseigner le respect de soi, c'est-à-dire le respect de sa propre individualité qui est la base du grand respect universel. **Le respect de soi est la capacité d'être soi-même, de connaître ses vrais besoins et de ne pas s'en laisser détourner parce que quelqu'un d'autre n'est pas d'accord. C'est faire respecter son ESPACE VITAL.** Le respect est intimement lié à l'AMOUR INCONDITIONNEL DE SOI ET DES AUTRES.

Le meilleur moyen pour vérifier ton degré de respect face à toi-même consiste à être attentif au degré de respect que les autres te portent. Tu récoltes des autres l'équivalent du respect que tu as pour toi. De plus, comme on traite les autres de la même façon qu'on se traite, il est aussi recommandé de vérifier avec tes proches s'ils se sentent respectés de toi. Respectes-tu leurs besoins ? leurs différences ? leur espace vital ? leurs choix dans la vie ? La réponse à ces questions t'indiquera ton degré de respect face aux autres, ainsi que face à toi-même. En développant le respect de toi, ton amour grandira de plus en plus.

RESPIRATION

L'action de laisser pénétrer et expulser l'air de nos poumons. Respirer symbolise la vie qu'on laisse pénétrer en soi. Bien respirer et de façon consciente, c'est encore mieux. Vu que la respiration représente une fonction physiologique naturelle de l'être humain, on ne réalise pas assez son importance. Une forme d'énergie contenue dans l'air, nommée le *prana* constitue un genre de nourriture dont le corps physique, ainsi que les corps subtils ont besoin. Devenir conscients de cette fonction et de cette énergie en respirant correctement nous amènera naturellement à avoir moins besoin de nourriture matérielle. Prendre le temps de bien respirer nous permet également des moments de calme, de détente.

Il y a plusieurs techniques de respiration. En voici une très simple qui contribue énormément à recouvrer le calme et la maîtrise. Pour ce faire, tu dois respirer le plus profondément possible, mais sans forcer, en ressentant l'air entrer graduellement dans tes poumons. D'abord, le ventre se gonfle doucement, les côtes se dilatent, puis la poitrine, ensuite les épaules se soulèvent. Inspire ainsi en comptant quatre secondes, retiens pour quatre secondes, expire pour huit secondes, pause de quatre secondes et recommence à inspirer, etc. Augmente graduellement le temps d'inspiration et d'expiration tout en demeurant confortable. Il est suggéré de faire cet exercice consciemment pendant cinq à dix minutes, deux fois par jour et d'observer les changements dans ton attitude et tes comportements.

L'expiration doit durer plus longtemps que l'inspiration lorsque tu es stressé ou quand tu as besoin de te calmer rapidement. D'autre part, l'inspiration doit durer plus longtemps que l'expiration lorsque tu veux te garder éveillé. Pendant que tu sens l'air frais entrer dans tes poumons, prends conscience qu'il purifie ton sang et nourrit tous tes corps à mesure que le sang transporte ce *prana* en toi. Tu peux être en contact avec ta respiration à tout moment du jour, en activité ou non. Il en va de ta santé et de ton bien-être intérieur.

R

RESPONSABILITÉ

Une ***personne responsable*** est décrite comme quelqu'un qui doit répondre de ses actes ou des personnes dont il a la charge. ***Prendre ses responsabilités*** signifie agir, se décider en acceptant d'assumer toutes les conséquences de ses actions. En rapport avec la responsabilité civile reliée à un système judiciaire, certaines lois préconisent qu'un parent est responsable des actions et dommages causés par ses enfants mineurs.

Cela implique donc que le parent doit assumer les conséquences matérielles des actions de son enfant jusqu'à l'âge décidé par chaque pays.

Par contre, au plan spirituel, c'est-à-dire au niveau du « être », chaque humain, enfant ou adulte doit assumer les conséquences de ses décisions et de ses réactions. **Nous sommes tous responsables à 100 % de notre façon de réagir à toute situation qui se présente au cours de notre vie.** Une personne consciente qui accepte d'assumer toutes les conséquences de ses actes, de ses pensées, de ses paroles, de ses décisions et de ses réactions devient un être totalement responsable. Une telle personne sait que chaque événement, agréable ou non, est là pour l'instruire et aider son âme à évoluer.

Cette notion spirituelle de la responsabilité, c'est-à-dire accepter que chaque personne est responsable à 100 %, comporte deux aspects à la responsabilité. Le premier : nous ne pouvons CULPABILISER personne d'autre pour ce qui nous arrive, c'est-à-dire nous ne devons pas croire que les autres doivent assumer les conséquences de nos décisions ou réactions. Le deuxième : nous ne pouvons pas nous culpabiliser pour les décisions des autres et, surtout, celles de nos proches, c'est-à-dire nous ne devons pas croire que nous devons assumer les conséquences de leurs décisions ou réactions.

R Pour être véritablement responsables, nous devons appliquer ces deux aspects dans notre quotidien. Voici un exemple du premier aspect : supposons que ton conjoint t'accuse injustement, que tu réagisses avec colère qui dégénère en une grosse dispute et que tu en deviennes malade pendant une semaine. Ton conjoint n'est pas responsable de ce qui t'arrive. Ta réaction à son accusation a provoqué les événements désagréables qui ont suivi. L'humain a toujours plusieurs choix de réactions ou d'actions dans la vie.

Voici un exemple du deuxième aspect : tu viens d'apprendre que ton adolescent se drogue. Tu n'es pas responsable de son choix ni de sa décision. Tu deviens responsable seulement de ta propre réaction face à son choix. Lui seul se trouve responsable de toutes les conséquences de son choix. Si tu as à assumer certaines conséquences physiques ou matérielles parce qu'il n'est pas encore majeur, tout se fera plus sereinement si tu ne vis pas de culpabilité et si tu sais faire RESPECTER ton ESPACE.

Autre exemple : le cas de plusieurs personnes impliquées dans un accident de la route. Que les personnes soient civilement tenues responsables ou non ne change rien au principe spirituel de la responsabilité de l'être qui se situe dans la façon de réagir aux divers événements. Voilà qui fait toute la différence. Ainsi, tous les gens impliqués dans l'accident ont quelque chose à apprendre, une leçon particulière à en tirer. Certains se hâteront de rejeter le blâme sur les autres; plusieurs se sentiront impuissants et vivront de grosses émotions, surtout si des blessures physiques s'ajoutent au drame.

Tandis que quelqu'un de responsable sait que la présence de toutes les personnes impliquées dans l'accident n'est pas le fruit du hasard. Il sait que quelque chose en chacun d'eux a attiré l'événement qui vient d'arriver en vue d'apprendre une leçon de vie. De ce fait, il lui sera plus facile d'observer objectivement la situation en se disant ceci : « Ce n'est pas pour rien que cet accident vient de m'arriver; aussi, quelle leçon dois-je en retirer ? » Il n'est pas dit qu'il ne vivra aucune émotion mais il évitera de DRAMATISER et de s'inquiéter inutilement. Il retrouvera plus rapidement son calme, ce qui aura pour effet de le centrer et des solutions surgiront. Il sera même en mesure d'offrir du support et d'aider les autres.

R

Être responsable, c'est être conscient que tout ce qui nous arrive fait partie de notre propre création, et résulte de notre grand pouvoir de créer.

Devenir quelqu'un de responsable nous permet d'OBSERVER la vie sans jugement en vue de mieux la maîtriser. **L'élément essentiel pour une personne désirant de véritables transformations dans sa vie consiste d'abord à accepter qu'elle est la seule responsable à 100 % de tout ce qui la compose.** Sans quoi, il subsistera toujours un doute et il lui sera impossible d'obtenir des résultats qui feront une différence dans l'amélioration de sa qualité de vie. Elle croira toujours qu'il y a un infime pourcentage dont elle n'est pas responsable, ce qui restreindra son bonheur et sa liberté. Une personne irresponsable, c'est-à-dire qui n'applique pas cette notion de responsabilité, vit automatiquement de la culpabilité et risque de croire qu'elle est une VICTIME de la vie.

Or, une personne qui se croit victime d'une injustice, d'une maladie, d'un accident, d'un manque d'argent, d'une séparation ou quoi que ce soit de désagréable dans sa vie, peut reprendre rapidement les rennes de sa vie si elle est prête à prendre sa totale responsabilité. Une personne responsable sait qu'elle crée entièrement sa vie, même si tout ne va pas toujours à son goût; elle sait que son attitude intérieure et ses croyances en sont les causes. Elle ne blâme personne, ni elle-même, et sait qu'elle reste la seule qui puisse faire quelque chose pour remédier à cette situation.

Habituellement, quand une personne en a assez de vivre difficilement avec les conséquences de ses choix, elle décide alors de faire des transformations et de devenir quelqu'un de responsable. Grâce à la notion de responsabilité, l'humain finit par faire des choix de plus en plus CONSCIENTS et INTELLIGENTS pour lui. Il est aussi essentiel de bien faire la différence entre la responsabilité et l'ENGAGEMENT. Celui-ci se situe dans le domaine matériel (dans le avoir et le faire), tandis que la responsabilité se situe au niveau de l'être.

En ce qui concerne les jeunes enfants, quand il leur arrive quelque chose de particulièrement pénible, par exemple, une maladie, une infirmité, une tragédie, une injustice…, la plupart d'entre nous ont tendance à les prendre en pitié, à les surprotéger et, parfois même, à endosser le blâme ou la responsabilité. Mais nous devons savoir que ce n'est pas parce qu'ils sont petits et semblent vulnérables qu'ils ne sont pas responsables. On doit plutôt reconnaître que du point de vue spirituel, l'âme qui habite ce corps d'enfant est comme les autres et que, malgré une expérience parfois douloureuse, cette dernière est importante pour son évolution. Cela nous évite de nous apitoyer trop sur son sort et aussi, ce qui est encore plus important, d'en faire une victime. On doit plutôt l'écouter, avoir de la compassion tout en l'aidant à découvrir ce qu'il peut apprendre grâce à cette expérience. **Le plus bel héritage qu'un parent puisse donner à son enfant consiste à lui apprendre cette notion de responsabilité.** Sa vie d'adulte en sera complètement transformée.

En devenant responsable, les situations difficiles te paraîtront beaucoup plus faciles et tu vivras moins d'inquiétudes, de contraintes et d'émotions, car tu accepteras toutes tes expériences en sachant que tu as toujours le choix de prendre de nouvelles décisions. Cependant, quand tu sentiras le pouvoir et la libération que la responsabilité procure, tu devras faire montre de compassion et de respect pour les personnes qui n'ont pas encore pris conscience de cette grande loi et qui se croient être des victimes de la vie. Il est paradoxal de dire, mais tout de même vrai, que d'être responsable entraîne une grande responsabilité et, en même temps, une énorme libération. Le fait de devenir un exemple de personne responsable, c'est-à-dire quelqu'un qui ne s'accuse pas pour ce qui arrive aux autres ou n'accuse plus les autres ou les circonstances de la vie pour ce qui lui arrive, représente un modèle incitant les autres à vivre la paix intérieure que procure la responsabilité.

RESSENTIMENT

Se référer à **RANCUNE**

R

RESSENTIR

Se référer à **SENTIR**

RÉSURRECTION

Le fait de ressusciter, de revenir à la vie. La vie en soi est une continuelle résurrection. Au niveau physiologique, nous savons tous qu'à chaque jour, il y a plusieurs de nos cellules qui meurent tandis que d'autres renaissent dans un processus de résurrection perpétuelle, ce qui fait partie du cycle naturel de tout ce qui vit. Il en est ainsi de notre corps. À la fin de chaque vie, notre corps de matière se dissout, retourne à la matière tandis que notre âme retourne dans le monde de l'ÂME. Cette même âme revient encore et encore dans d'autres corps et dans d'autres contextes jusqu'à la totale ACCEPTATION de toutes ses expériences terrestres, ce qui est la base du principe de la RÉINCARNATION. Lorsque nous quittons le monde ASTRAL, nous vivons une renaissance sur la terre et, lorsque nous quittons la terre, nous expérimentons une renaissance dans le monde astral. Enfin, quand la totale acceptation de toutes nos expériences est atteinte, l'âme ressuscite dans le monde spirituel et elle peut choisir de ne plus revenir sur terre.

Du point de vue psychologique, le mot « résurrection » est utilisé dans le sens que nous mourons sans cesse à quelque chose pour renaître à autre chose. Certaines personnes disent qu'elles ont ressuscité après avoir surmonté une épreuve particulièrement difficile pour elles, par exemple, un divorce, une perte d'emploi, une faillite, un accident, une infirmité, un deuil ou une maladie. Ces gens ont l'impression de renaître à quelque chose de merveilleux pour eux car ils ont découvert des grandes forces en eux. Cela leur a fourni l'occasion de repartir à neuf, de se créer une nouvelle vie et d'apprécier ce que cette expérience leur a enseigné.

RÉTROSPECTION

R

Action de remonter dans le passé; capacité de voir défiler une portion de son vécu, un peu comme si on voyait dérouler le film de sa vie. Une rétrospection est un retour d'événements passés, par la pensée, afin de faire des prises de conscience et de réaliser ce qui pourrait être changé en vue d'être amélioré. Ainsi, il est plus facile de se situer face à certains épisodes de sa vie et d'y apporter des modifications. Cela évite aussi d'accumuler trop longtemps des états d'êtres non bénéfiques.

Il est fortement recommandé de faire une rétrospection à la fin de chaque journée. Une rétrospection est aussi importante qu'une MÉDITATION le matin. Pour ce faire, tu peux te créer un journal quotidien où il te sera facile de suivre au fur et à mesure ton vécu ou tu peux te détendre et réviser mentalement tout ce qui s'est passé pendant la journée en commençant par le moment où tu débutes ta rétrospection jusqu'au lever. Prends le temps de t'intérioriser sur les points marquants de ta journée sans toutefois t'arrêter sur les menus détails, sauf s'ils t'ont fait vivre quelque chose de particulier. Tu peux demander à ton Dieu intérieur de te guider sur ce que tu as besoin de savoir aujourd'hui. As-tu vécu quelque chose de particulier avec quelqu'un ou avec toi-même (peur, émotion, rancune, angoisse) ? Si oui, avec qui ? As-tu été capable de régler tes différends ? Si non, comment t'es-tu senti ? Y a-t-il des points à améliorer ? Es-tu fier de ta journée ? Si oui, félicite-toi et prends note de tes progrès et comment te créer de belles journées. Écris sans te censurer ou révise tout ce qui monte et prends la décision de régler tout différend au fur et à mesure qu'il se présente.

Une rétrospection s'avère utile quand elle est objective car elle contribue à nous faire avancer dans la vie. Ces quelques minutes auront des bienfaits étonnants. La rétrospection sert surtout à nous situer face à nous-même, autant dans les situations où tout va bien que dans les moments plus difficiles. Ainsi, nous mettons le doigt sur les raisons pour lesquelles nous nous attirons des situations bénéfiques ou non.

RÉUSSIR

Avoir du succès. Obtenir un bon résultat. La plupart des gens veulent « **réussir dans la vie** » alors qu'ils devraient plutôt viser à « **réussir leur vie** ». **Réussir dans la vie** est davantage relié à tout ce qui concerne le monde physique, comme nos réussites personnelles et professionnelles en rapport à notre travail, notre famille, nos activités, nos désirs, nos buts, nos ambitions. Certains associent la réussite à la quantité de diplômes, de succès, d'honneurs, de gloire, d'argent et de biens matériels. Bref, c'est souvent basé sur des critères établis par l'humain ou justifiés par une nature trop PERFECTIONNISTE. Si tu es le type de personne qui ne cherche qu'à réussir au plan physique, tu t'organises pour gonfler ton EGO, en plus de te créer beaucoup de pression et de stress inutilement. Cette recherche de réussite est généralement motivée par la volonté de prouver quelque chose aux autres ou à soi-même ou vouloir

R

être le meilleur soit par ORGUEIL, pour se faire aimer ou pour faire plaisir aux autres, etc.

Il est donc beaucoup plus sage de décider de **réussir sa vie**, qui est relié à tout ce qui concerne le plan SPIRITUEL, donc en rapport à notre être, notre individualité. Ce processus nous aide à prendre conscience de notre RAISON D'ÊTRE et à évoluer vers elle. Cela inclut nos victoires qui touchent nos états d'être et nos vrais BESOINS, à savoir toutes les actions que nous estimons nécessaires pour améliorer notre être; être capable d'aimer, de nous accepter, ainsi que les autres, de nous estimer, que si nous réussissions ou non dans le plan matériel; être bien autant dans nos défaites ou nos imperfections que dans nos réussites.

Même si réussir notre vie fait appel à la dimension spirituelle, cela ne veut pas dire de négliger l'aspect matériel. Nous devons continuer à vouloir que nos désirs et nos rêves se réalisent dans la mesure où les moyens utilisés nous aident à faire évoluer notre âme.

Pour vérifier à quel degré tu crois réussir ta vie, pose-toi la question suivante : « Si je me trouvais à la fin de ma vie, serais-je vraiment fier de mes réussites dans tous les domaines ? Ai-je sincèrement cherché à m'améliorer, à faire de mon mieux, à m'accepter ainsi que les autres, à répandre toujours plus d'amour ? » Si la réponse est oui, si tu le ressens très fort à l'intérieur de toi et que tu continues à faire de ton mieux chaque jour, tu n'auras pas à te soucier puisque tu sais déjà, à l'intérieur de toi, que tu as réussi ta vie en tant qu'être humain. Ton attitude fera en sorte que tu laisseras derrière toi un chemin bordé d'AMOUR.

RÊVE (désir)

Construction imaginaire destinée à échapper au réel, à satisfaire un désir; projet trop beau pour se réaliser. Un rêve ou grand désir reflète quelque chose que certaines personnes souhaitent ardemment au plus profond d'elles-mêmes, mais qu'elles croient impossible à réaliser. Elles peuvent en parler fréquemment tout en ne faisant aucun effort pour tenter quoi que ce soit.

Pourtant, quantité de témoignages ont été recueillis sur des réalisations de rêve, à prime abord impossibles mais qui, à force de courage, de détermination, d'attitude positive, de discipline et d'actions continues, ont pu se réaliser. Tout accomplissement, petit ou grand, a débuté par un rêve, avant de devenir un sentiment ardent de vouloir réaliser quelque chose d'important à nos yeux.

Un rêve entretenu peut devenir réalité quand une personne y croit sincèrement, quand elle décide d'en faire un BUT et consent à fournir les efforts et l'énergie nécessaires à sa réalisation. Cette énergie se retrouve à travers les quatre sphères du pouvoir de la MANIFESTATION.

RÊVE (pendant le sommeil)

Suite de phénomènes psychiques, d'images en particulier, se produisant pendant le sommeil et pouvant être partiellement mémorisés. Comme outil de connaissance de soi, les rêves oniriques se révèlent très précieux car ils ont un lien avec les désirs ou besoins inconscients de notre être. Les rêves représentent des messages que notre SUPERCONSCIENCE utilise pour attirer notre attention sur nos états d'âme en rapport à ce que nous vivons dans le présent. Ces messages peuvent se montrer aussi comme des leçons de vie pour apprendre à mieux nous connaître et nous aider à devenir conscients de peurs profondément enfouies en nous.

Il est normal de considérer certains rêves désagréables ou cauchemars comme n'étant pas importants en cherchant à les oublier, en refusant de leur prêter la moindre attention. Cependant, sache que chaque rêve a sa raison d'être et n'est pas du tout le fruit du HASARD. Par conséquent, le rêve correspond à une extension de ce qui est vécu à l'état d'éveil mais très souvent refoulé. Les rêves servent de soupape de sécurité et aident ainsi à exprimer des peurs et des émotions refoulées.

À travers les rêves, nous nous libérons en partie de nos angoisses. Le fait de rêver souvent la même chose peut démontrer une OBSESSION. Cela indique que la personne vit beaucoup d'angoisse à l'état éveillé

R

mais qu'elle n'en est pas consciente ou ne veut pas le voir. Le fait de nous en rappeler au réveil nous aide à devenir plus conscients de l'urgence d'y faire face. **Quand un même rêve persiste et revient souvent, il a un message très important et urgent à te dévoiler.** Ton Dieu intérieur sait exactement quels éléments peuvent toucher ton être, aussi bien en rapport avec tes désirs qu'avec tes peurs (qui sont aussi des désirs non comblés).

En réalité, le rêve représente ce qui se passe dans nos plans émotionnel et mental au moment du rêve. Pendant que le corps physique se repose, les deux autres corps (émotionnel et mental) restent toujours actifs. Étant des corps plus subtils, il devient plus difficile d'être conscients de ce qui se passe à ce niveau. Nos rêves sont donc là pour nous aider à en prendre conscience. Tous les humains (et même certains animaux) rêvent à chaque nuit. Certains se souviennent davantage de leurs rêves que d'autres.

Pour t'en souvenir, comme tu fais plusieurs rêves en une nuit, fais la demande avant de t'endormir de te rappeler du rêve le plus important pour commencer. Dépose du papier et un crayon près de ton lit pour être prêt à noter le rêve dont tu te souviendras. Au réveil, révise mentalement ton rêve en ne bougeant pas. Ensuite, note-le sur papier en continuant à rester immobile le plus possible. Un magnétophone pourrait aussi faire l'affaire.

R

Le plus important consiste à noter les sentiments vécus à chaque scène. Par après, en relisant ton rêve, sois très attentif aux mots utilisés pour en décrire les différents aspects. Ces termes, ainsi que les sentiments, deviendront très révélateurs pour toi puisqu'ils te permettront de faire le lien avec une situation vécue de façon inconsciente dans le moment. Si ce sont des sentiments de peur, ils attirent ton attention sur une situation ou une personne qui te fait peur dans le moment. Si ce sont des sentiments de joie ou de soulagement, ils t'indiquent une belle victoire que tu viens de vivre. Surtout, ne t'attache pas aux objets ou aux personnes du rêve, ils ne représentent que des symboles utilisés par ton subconscient. C'est ce qu'ils représentent qui compte.

Les buts des rêves consistent à nous aider à découvrir des peurs ou des désirs inconscients ainsi qu'à attirer notre attention sur des problèmes non résolus ou sur une belle victoire non consciente. Une personne peut également faire des demandes à travers ses rêves. Par exemple, lorsque tu veux une réponse ou un choix éclairé dans un domaine en particulier qui touche ton être, avant de t'endormir, centre-toi sur ce que tu veux et demande un signe qui te dirigera vers ce qui s'avérera bénéfique pour toi. N'hésite pas à recourir à cet élément de connaissance de soi fort utile qui peut t'aider à mieux te connaître et à cheminer vers la conscience de tes besoins.

RÉVÉLATION

Le thème de la « révélation » n'est pas abordé ici dans le sens de se révéler ou de se CONFIER, mais plutôt dans le sens suivant : information qui apporte des éléments nouveaux, qui permet d'éclaircir une question obscure et qui peut avoir un effet; phénomène par lequel des vérités cachées sont révélées aux hommes d'une manière surnaturelle; ce qui apparaît brusquement comme une connaissance nouvelle, un principe d'explication. En d'autres termes, une révélation est une compréhension nouvelle et soudaine que nous entendons pour la première fois, et qui ne fait pas partie de notre éducation sociale, scolaire, familiale ou religieuse.

Quantités de révélations ont été rapportées depuis longtemps par des PROPHÈTES, appelés parfois des Êtres de lumière. Cependant, nous en recevons beaucoup par la voie de notre INTUITION ainsi que par nos GUIDES ou à travers nos RÊVES. Par exemple, une personne peut, après une période de sommeil, se réveiller avec une connaissance précise et savoir que c'est vrai sans pouvoir l'expliquer ou le prouver. De plus, on sait que quantité d'inventions ont été révélées aux humains pendant leur sommeil. Il y a toujours plus de révélations sur cette planète lorsque débute une nouvelle époque ou ère. D'ailleurs, cette période d'environ cinquante ans entre deux époques est appelée le *temps des révélations* ou *apocalypse*.

R

De nos jours, avec l'avènement de l'ère du Verseau, nous vivons cette période de grandes révélations et nous pouvons constater que tout est beaucoup plus accessible pour que nous prenions conscience et que nous améliorions notre vie. Quantité de livres, d'ateliers et même d'émissions de radio et de télévision dévoilent et révèlent des choses qui n'étaient pas permises de savoir auparavant. Ces révélations remettent complètement en question notre éducation familiale, religieuse et culturelle et peuvent se montrer très troublantes. Certains ont l'impression que leur fondation va s'écrouler. C'est une réaction normale et humaine. Toutefois, il est important de ne pas demeurer dans la peur, mais plutôt de faire CONFIANCE aux nouveautés.

Toutes ces attitudes, ces nouvelles façons de penser, d'agir et de réagir doivent être expérimentées pour bien les placer à l'intérieur de nous et ce, pour bien sentir que cela nous aide véritablement. Toutes ces révélations aident à faire la transition entre l'ÈRE DES POISSONS et celle de l'ÈRE DU VERSEAU qui est une époque de grande ouverture sur le monde de l'INTELLIGENCE et de la SPIRITUALITÉ. Nous n'avons plus d'excuses pour rester insensibles, inconscients et ignorants car nous avons beaucoup d'aide dans le moment sur la planète.

Soyons donc plus vigilants puisque des révélations importantes peuvent nous arriver à n'importe quel moment du jour et peuvent changer notre vie radicalement. Par contre, il est important d'utiliser ces révélations à bon escient pour améliorer notre qualité de vie. Et surtout, ne pas avoir peur de nous ajuster à la nouveauté et de faire des CHANGEMENTS dans notre vie.

RÉVOLTE

Sentiment violent d'indignation, de réprobation. Se révolter, c'est exprimer son indignation, sa colère; se dresser, entrer en lutte contre le pouvoir ou l'autorité établie. Une révolte se caractérise donc par une réaction ou une explosion d'agressivité et de colère. Elle ressort d'une grande sensibilité blessée et représente, en somme, l'expression extérieure de ce qui se passe intérieurement. Elle provient des BLESSURES intérieures, d'une accumulation de plusieurs déceptions et attentes dans lesquelles une personne s'est contrôlée au point d'être rendue à ses LIMITES.

Il est normal et humain qu'une personne révoltée en veuille à la ou aux personnes qu'elle accuse de sa douleur. Elle peut ignorer le motif réel de sa révolte pendant longtemps parce qu'elle ne veut pas creuser trop loin, de peur de toucher à sa blessure très douloureuse. Y a-t-il un bon côté à la révolte ? Elle devient tellement pénible à vivre que la personne finit par décider de regarder d'où elle provient, ce qui l'aidera éventuellement à se transformer. Le mauvais côté de la révolte ? La personne n'est pas elle-même pendant toute la durée que ce sentiment violent l'habite. Elle se montre trop en RÉACTION et n'a pas le discernement nécessaire pour redevenir elle-même. Il y a aussi le danger de devenir VICTIME à force de croire que les autres sont RESPONSABLES de son malheur.

Si tu te reconnais comme personne révoltée, sache que cela indique ta grande SENSIBILITÉ et ta recherche d'AMOUR véritable. Donne-toi du temps pour apprendre à t'aimer, ce qui t'aidera à ne plus attendre pour l'amour des autres. Rappelle-toi que la plus grande déception que tu éprouves lorsque tu es révolté est face à toi-même, face à ton cœur qui cherche seulement à vivre dans l'amour. Une fois que ton cœur deviendra plus ouvert, il te sera plus facile de te RÉCONCILIER avec ceux que tu accusais de provoquer ta révolte, ta souffrance.

R

RICHESSE

Abondance de biens; fortune; qualité de ce qui est précieux. Bref, la richesse s'évalue par ce qui est considéré comme précieux pour une personne. Le mot « richesse » a plusieurs interprétations et son sens est relatif d'une personne à l'autre. Être riche pour une personne peut se révéler très différent pour une autre. Pour certains, la santé semble être le bien le plus précieux. Combien de gens riches atteints d'une maladie grave ou impotents n'hésiteraient pas une seconde à donner leur immense fortune pour recouvrer la santé ?

Il est tout à fait légitime pour des personnes à statut pauvre ou de classe moyenne de souhaiter devenir riche un jour afin de se procurer tout le confort rêvé et une ABONDANCE matérielle. Pourtant, ce sont souvent ces mêmes personnes qui, à cause de leur attitude mentale, refusent inconsciemment la richesse. Comment cela est-il possible ? À cause de leurs CROYANCES mentales qui leur nuisent. En effet, plusieurs croient qu'il s'avère plus difficile pour une personne riche d'être heureuse et nous savons qu'être heureux représente le besoin le plus recherché par l'être humain.

Il est vrai qu'il peut apparaître difficile d'être heureux pour une personne riche, mais seulement si son statut de riche lui fait vivre beaucoup d'émotions et de peurs. Par exemple, la peur de perdre son argent ou de faire de mauvais placements; peur de passer pour quelqu'un de malhonnête, ayant appris étant jeune que seuls les gens malhonnêtes réussissent à devenir riches; peur d'être harcelée ou qu'on profite d'elle au point de faire semblant de ne pas avoir d'argent; peur de combler ses désirs par crainte de passer pour une personne gaspilleuse; peur de se sentir coupable en pensant à tous ceux qui en manquent ou qui en ont moins; peur d'être jugée injuste, égoïste et sans cœur si elle ne veut pas en donner à ses proches; peur de perdre sa famille et ses amis à cause de son statut de riche… En somme, c'est la grande peur d'être mise de côté, abandonnée, rejetée, donc de ne plus être aimée.

R

Certains croient que la richesse appartient seulement à une minorité de gens CHANCEUX. Voilà pourquoi plusieurs envient les personnes riches matériellement et continuent ainsi d'entretenir une attitude de pauvreté. D'autres croient qu'ils ne le méritent pas et qu'il serait INJUSTE ou non SPIRITUEL d'être riches. Il est donc très important d'en devenir conscient, et de développer l'état de PROSPÉRITÉ pour se sortir de toutes ces croyances. Toutes ces peurs et croyances s'appliquent à la richesse dans tous les domaines : la richesse de cœur, la richesse d'idées, la richesse de talents, de dons naturels, la richesse en connaissances, etc. Sachons que nous possédons tout à l'intérieur de nous pour être capables de gérer tous nos états d'être ainsi que toute richesse matérielle.

Souvenons-nous que **la richesse matérielle n'aura de vraie valeur que si elle contribue à faire grandir notre être.**

RIGIDITÉ

Une personne rigide est celle qui manque de souplesse, qui se montre d'une grande sévérité et qui se refuse aux compromis, aux concessions. Elle vérifie rarement ce qu'elle ressent. N'étant pas en contact avec sa sensibilité, elle devient très exigeante, PERFECTIONNISTE et très CRITIQUE. Elle se trouve dans la performance plutôt que dans l'écoute de ses besoins. En conséquence, cette personne est portée à dépasser ses limites, ce qui lui cause beaucoup de tensions et de stress inutilement.

Être rigide envers soi consiste donc à se comporter de manière inflexible et intransigeante et s'obliger à des choses dont on n'a pas le goût, en raison d'une décision prise antérieurement. Par exemple, une personne qui s'impose une série de tâches à l'avance et, quand vient le moment de les exécuter, s'y oblige malgré le fait qu'elle n'est pas disposée ou n'en a plus envie. Une telle personne ne se donne pas le droit de prendre quelques instants pour réévaluer sa décision. Elle n'y pense même pas.

Aussi quelqu'un de rigide est souvent ancré dans ses habitudes, refusant d'expérimenter quelque chose de nouveau, autant dans ses idées que dans ses comportements. Cette attitude finit par influencer plusieurs domaines de sa vie. Par exemple, certaines personnes deviennent très strictes lorsqu'elles décident de suivre une diète; d'autres éduquent leurs enfants de façon sévère, tandis que plusieurs sont incapables de percevoir la vie autrement que de la manière dont ils l'ont apprise.

R

De plus, aucune ERREUR n'est permise à la personne rigide. Mais comme « l'erreur » fait partie d'être un humain, la personne rigide vit des déceptions, des frustrations, s'autocritique puis finit par se juger très sévèrement et souvent même par se rejeter. La personne rigide se situe dans le contrôle plutôt que dans la MAÎTRISE. Elle y parvient très bien jusqu'au jour où, ayant dépassé ses limites, elle perd le contrôle de ses larmes, de sa colère, de sa vessie, de ses paroles ou dans son alimentation ou dans l'alcool, etc. Alors, plus rien n'ira et elle finira par se sentir dépassée par les événements.

Si tu te vois comme personne rigide, prends conscience que ce sont d'abord tes aspirations reliées à ton grand désir de vouloir « tout réussir » parfaitement qui dominent sur tes propres besoins. De plus, tu es trop idéaliste, perfectionniste. La notion de BIEN/MAL est très ancrée. Le comportement rigide se rapporte davantage à soi-même, mais il est fréquent que nous finissions par exiger des autres autant que nous exigeons de nous-même. Si la rigidité est vécue davantage avec les autres, cela deviendra du CONTRÔLE.

Une personne qui désire transformer ce comportement doit, d'abord et avant tout, s'accepter telle qu'elle est présentement tout en cherchant à s'améliorer. Elle doit réaliser que cette rigidité provient de la blessure d'INJUSTICE. Elle a besoin d'apprendre à être plus souple, plus flexible dans tout : mouvements, paroles, gestes, regards, pensées, croyances… Aussi, quand tu prends des décisions, tu dois te permettre de les réévaluer, quitte à les remplacer par d'autres en tenant davantage compte de tes propres besoins. Te demander : « Est-ce nécessaire de tant m'en demander ? Je vais faire ce que je peux, et pour le reste, à la grâce de Dieu ! » Aussi, faire davantage CONFIANCE à la vie et aux autres en apprenant à DÉLÉGUER. Avec le temps, tu sauras être DISCIPLINÉ sans rigidité.[9]

R

RIGUEUR

Se référer à **FERMETÉ**

RIRE

S'amuser, se divertir, prendre du bon temps; défoulement. Quel privilège pour nous les humains d'être les seules créatures sur cette terre avec

---

9   Pour plus de détails, il est suggéré de lire le livre Les 5 blessures qui empêchent d'être soi-même.

le pouvoir de rire. Nous avons tous entendu parler que le rire possède des bienfaits extraordinaires, autant physiques, psychologiques que thérapeutiques. En voici quelques-uns : le rire dilate la rate et aide ainsi dans la lutte contre les infections. La rate participe à l'épuration du sang et constitue un important réservoir de sang. Puisqu'en MÉTAPHYSIQUE, le sang représente la joie de vivre, nous pouvons présumer que le rire permet d'accumuler une réserve de joie de vivre pour les moments plus difficiles. Le rire tonifie le système immunitaire; il permet ainsi de faire face à divers microbes et plusieurs maladies.

De plus, le rire augmente la sécrétion des endorphines produites par le cerveau. Cela permet de contrer la douleur et, par conséquent, d'éliminer les somnifères. Il aide à diminuer les symptômes de la nervosité, de l'anxiété et du stress. Il favorise la détente physique et mentale. Rire aux éclats permet de mieux respirer et digérer. Il a ainsi un pouvoir de guérison extraordinaire. Plusieurs médecins utilisent la thérapie par le rire pour aider leurs patients à guérir. De plus, après avoir ri, il est prouvé que les gens sont plus imaginatifs, plus créatifs, optimistes et de meilleure humeur.

Comment provoquer des situations pour rire ? D'abord, prendre la vie moins au sérieux et développer ton sens de l'humour. Jouer un tour à quelqu'un, non dans le but de le ridiculiser, mais pour t'amuser et rire ensemble. As-tu déjà essayé de faire rire quelqu'un qui est en colère ? Ce moyen s'avère très rapide et efficace. Après quelques instants, la colère s'apaise et la situation est vite DÉDRAMATISÉE. Quelqu'un qui est souvent seul a grand intérêt à s'entourer de gens et de choses qui font rire, tels que films comiques, choses drôles et amusantes à lire, personnes respirant la joie de vivre. Aussi, retrouvons-nous avec des enfants qui rient spontanément, sans retenue. Lorsque nous étions enfants, nous avions cette facilité de rire, puis en grandissant, nous avons accepté de croire que la vie était quelque chose de sérieux. Voilà pourquoi nous avons plus de difficulté à rire de façon spontanée.

Par contre, si le rire est utilisé pour rire des autres ou pour cacher ta tristesse, il ne créera pas tous ces effets bénéfiques. Sois donc attentif à ton

INTENTION lorsque tu ris. Si c'est pour abaisser ou ridiculiser une autre personne, il ne pourra être bénéfique pour toi. Si tu fais semblant de rire ou si tu te forces pour faire rire les autres dans l'intention de cacher ta tristesse ou une honte, ce genre de rire t'enlèvera de l'énergie plutôt que de t'en donner.

Le plus important cependant est de rire de soi. Être capable de rire de ses façons d'être, de ses échecs, de ses déceptions, de ses réactions, même de ses peurs. Nous savons, de toute façon, que nous en rirons tôt ou tard, alors pourquoi ne pas en rire dès maintenant ! Le rire est important, très puissant et énergisant et il peut contribuer à nous guérir, de même qu'à dédramatiser, donc à harmoniser notre énergie. Rire contribue à nous rendre plus joyeux, plus dynamiques, plus vivants et à nous garder JEUNES plus longtemps.

RISQUER

S'exposer, entreprendre quelque chose qui comporte des risques; hasarder à dire ou à faire quelque chose de nouveau. Les risques font partie de l'apprentissage de tout être humain. Une personne qui ne prend jamais de risques au-delà de sa zone de confort n'a qu'un mince pouvoir de réalisation personnelle. Toutes les expériences nouvelles, peu importe lesquelles, comportent toujours une certaine part de risques. Souvent, on a des désirs qui comportent des risques mais les doutes et les peurs prennent le dessus et finissent par étouffer ces désirs. Le mot risque devient donc associé parfois une peur, tantôt à un désir ou encore à une nouvelle expérience.

Derrière tout désir se trouve un grand besoin de l'âme d'évoluer à travers toutes sortes d'expériences qui nous poussent à agir et à prendre certains risques. Voilà pourquoi nous recherchons constamment des expériences nouvelles et des nouveaux défis. Cela fait partie de la nature profonde et innée de l'être humain.

Risquer consiste à oser passer à l'action sans connaître toutes les conséquences de notre décision. Par exemple, lorsque quelqu'un décide de vivre en couple ou d'avoir des enfants, en général, son grand désir d'être heureux à travers une vie familiale primera sur les risques que cette union pourra engendrer (des joies, du bonheur mais aussi des imprévus parsemés de difficultés). Personne n'est toutefois capable d'en mesurer exactement les conséquences à long terme car bien peu de gens choisiraient ce genre de vie.

La même chose se retrouve dans tous les autres domaines. Par exemple, si quelqu'un prend le risque de changer de travail ou de fonction dans son emploi, de voyager seul vers de nouvelles destinations ou encore de déménager en une ville étrangère, tous ces CHANGEMENTS qui peuvent s'avérer excitants au départ risqueront quand même d'ébranler sa vie, sa sécurité et de changer inévitablement ses habitudes. Le grand avantage de tous ces risques se caractérise par l'opportunité de découvrir un potentiel en soi inconnu jusqu'au moment où on doit l'utiliser. En ayant CONFIANCE EN LA VIE et en notre grand POUVOIR, on se sent de plus en plus capable de prendre des risques.

Il existe d'autres formes de risques beaucoup plus subtils qui touchent *l'être* de la personne tels que risquer d'exprimer ses idées, ses sentiments, ses émotions, de s'affirmer, de parler devant un auditoire, de demander de l'aide au besoin, une augmentation de salaire… Ces opportunités nous aident aussi à grandir et à surmonter nos peurs. Risquer de se faire dire non, de faire rire de soi, de déplaire ou encore de vivre du rejet représente de belles victoires pour l'humain.

R

Par contre, décider de prendre un risque ne veut pas nécessairement dire que nous ne devons pas en évaluer les conséquences possibles. Le risque devient encore plus grand lorsque nous décidons de passer à l'action après avoir pris du temps pour réfléchir aux conséquences et que celles-ci présentent certaines difficultés pour nous. Nous risquons dans ce cas, en sachant au plus profond de nous, que nous pourrions faire face aux pires conséquences si elles se produisaient. D'un autre côté, nous ne devons pas réfléchir trop longtemps car il y a de fortes chances que nous décidions de ne rien risquer en donnant trop de temps à nos peurs de prendre le dessus sur nos désirs.

Les risques mettent du piquant dans la vie d'une personne. Voici une question qui t'aidera énormément à dédramatiser et à te centrer quand tu auras le goût de risquer et que tu voudras expérimenter quelque chose de nouveau et d'excitant dans ta vie bien que certaines PEURS soient présentes : « Quelle est la pire chose qui pourrait arriver si je risquais ceci ou cela ? Et si ce pire se produisait, comment pourrais-je le gérer ? » Ensuite, vérifie honnêtement ce qui se passe à l'intérieur de toi. La pire chose se situe bien souvent dans ta tête alors que tes CROYANCES ou tes craintes ont pris le dessus sur tes DÉSIRS profonds. Cependant, en personne RESPONSABLE, sois toujours prêt à assumer les conséquences de tes choix et de tes décisions quelles qu'elles soient.

Plus nous gagnons de la confiance en nous, plus nous avons le goût de prendre des risques; plus nous prenons des risques, plus nous gagnons de la confiance et de l'estime de nous et, bien sûr, nous nous ouvrons à la possibilité de réaliser de plus grandes victoires.

R

SAGESSE

Qualité de quelqu'un qui fait preuve d'un jugement droit, sûr, averti dans ses décisions, ses actions. Cette personne a généralement une bonne dose d'expériences de la vie et de connaissances. Par contre, les connaissances ne suffisent pas. On doit y ajouter la capacité de sentir aussi bien pour soi que pour les autres, sans préjugés ou sans idées préconçues. Ayant une bonne vue d'ensemble, la personne sage connaît et maîtrise remarquablement ses décisions et ce dont elle parle. Elle s'offre généreusement de les partager avec les autres sans rechercher la gloire et sans vouloir les convaincre. Elle dégage une AURA particulière en plus d'être une source d'inspiration. Tous se sentent bien auprès d'une telle personne.

La sagesse se définit également par le résultat de l'apprentissage de la conscience de l'être humain. Une personne qui a atteint la sagesse devient une personne CENTRÉE, à l'écoute des besoins des autres mais aussi de ses propres BESOINS. Elle demeure d'un naturel calme, serein et confiant. Elle est en paix avec elle-même et avec son entourage. On dit aussi que la sagesse correspond à la compréhension ou au raisonnement avec le cœur, c'est donc relier son cœur avec son mental. Voilà l'ultime souhait de tous les êtres humains qui désirent acquérir la paix intérieure et la sérénité.

SAGESSE DIVINE

Se référer à **DIEU INTÉRIEUR**

S

SANSKRIT ou SANSCRIT

Langue indo-aryenne qui fut la langue sacrée et littéraire de l'Inde ancienne. Langue indo-européenne; langue classique de la civilisation brahmanique de l'Inde. Elle est considérée comme une des plus anciennes langues au monde. Quelques exemples de mots en sanscrit : chakra (centre d'énergie), mantra (mot inspirant répété), prana (énergie vitale subtile).

SATAN

Le dictionnaire définit le mot « Satan » comme le Prince des démons. Esprit malin. Incarnation suprême du mal dans la tradition judéo-chrétienne. En réalité, Satan ne correspond pas à un personnage. On a voulu l'humaniser comme on a fait avec DIEU. C'est une énergie, une force satanique ou tyrannique qui représente la peur, la noirceur ainsi que le doute. Le mot Satan, de même que les mots diable, démon, péché et mal, font tous partie du vocabulaire depuis très longtemps. Ils ont été inventés à un certain moment de l'évolution par les dirigeants de plusieurs religions dont le but consistait à obtenir un certain contrôle. Par la suite, ils ont été acceptés par l'humain au fur et à mesure qu'il a développé ses croyances mentales et religieuses. Ils ont entretenu la notion de BIEN/MAL chez l'humain. En somme, Satan représente une énergie de noirceur; c'est l'absence de lumière, c'est-à-dire tout ce qui nous éloigne de notre DIEU INTÉRIEUR, de notre énergie d'amour et de lumière. L'énergie satanique correspond à l'opposé de l'énergie divine.

Tant qu'au mot « démon », il est associé à la peur ou à la méfiance, ce qui est tout à fait le contraire de l'amour, de la paix et de la confiance. En général, nous l'associons surtout à « tourment », faisant référence à nos dualités, à nos démons intérieurs, au démon du midi, etc. C'est une forme-pensée (ÉLÉMENTAL) qui nous empêche d'être nous-même, des petites voix qui nous assaillent et nous incitent à agir ou à adopter tel comportement contre notre gré, nos principes, nos préférences et notre volonté de vivre nos expériences dans la joie. En réalité, toutes nos CROYANCES non bénéfiques, nos peurs, nos obsessions, tout ce qui nous fait souffrir représentent des petits, moyens ou gros démons intérieurs. Plus il y a perte de maîtrise de soi, plus le démon qui nous contrôle se montre puissant et fort.

Alors, au lieu de vouloir combattre Satan, la noirceur, tout ce que nous avons à faire est d'y mettre de la lumière, c'est-à-dire de l'énergie divine ou d'AMOUR, énergie plus puissante. Prends l'exemple suivant : si tu ouvres la porte d'une pièce éclairée, c'est la lumière qui rejaillit à l'extérieur et non pas la noirceur qui entre dans la pièce, n'est-ce pas ?

Enfin, souvenons-nous que tout ce qui se révèle satanique n'équivaut pas à une réalité, mais plutôt à une absence de lumière. Une absence ne peut pas être guérie par une autre absence. **Elle ne peut être guérie que par une présence.**

SATISFACTION

Contentement, plaisir qui résulte de l'accomplissement de ce qu'on attend, de ce qu'on désire ou de ce qu'on juge souhaitable. **La satisfaction représente le sentiment d'accomplir quelque chose dont on est fier et qui nous apporte du bonheur. Au point de vue spirituel, la satisfaction se résume au bonheur d'être et de vivre ce que « JE SUIS ».** Dans cette perspective, une personne apprécie davantage la vie plutôt que de rechercher sans cesse ce qui lui manque. Cela ne signifie pas qu'une personne satisfaite n'a plus de désirs et ne recherche plus l'amélioration de son être et de sa qualité de vie. Mais, puisqu'elle reste satisfaite et heureuse dans son moment présent, elle s'ouvre beaucoup plus à RECEVOIR ce que la vie veut lui offrir.

Prenons comme exemple la demeure d'une personne. Elle peut être satisfaite, avoir du plaisir et du bonheur d'y vivre, tout en se permettant de nourrir le désir d'améliorer ses conditions. Par exemple, souhaiter un logement plus vaste ou plus luxueux qui répond mieux à ses besoins ou encore faire l'achat d'une maison. Bien sûr, elle pourrait simplement se dire : « Je suis satisfaite ici et je décide d'y demeurer le reste de mes jours. » Mais, elle peut être satisfaite tout en ayant le désir de faire des changements dans sa vie et d'en améliorer le confort. Aussi, son choix n'est pas motivé par une attitude DÉRANGEANTE. Elle nourrit donc son désir tout en conservant son attitude intérieure d'être heureuse là où elle se trouve présentement. Confiante en la vie, elle continue de faire les actions qu'elle estime nécessaires tout en sachant que la vie se charge toujours de lui apporter tout ce dont elle a besoin. Cette attitude fait qu'elle ne s'impatiente pas ni ne s'inquiète inutilement.

Inversement, quand une personne se révèle constamment insatisfaite dans tout, en dépit des événements favorables qui surviennent dans sa vie et même si elle obtient tout ce qu'elle désire, elle trouvera toujours

S

matière à critiquer. Il y a continuellement un détail justifiant à son insa-tisfaction, ce qui lui fait vivre quantité de frustrations, d'émotions re-liées à trop d'ATTENTES. Le parallèle avec sa vie met en lumière un manque profond d'AMOUR d'elle-même, un manque de confiance et de conscience. Une telle personne ne peut donc être heureuse nulle part car elle recherche à l'extérieur ce qui lui manque à l'intérieur d'elle-même, soit la satisfaction d'être elle-même et bien dans sa peau. Ce genre de personne souffre souvent d'INJUSTICE, c'est-à-dire qu'elle a de la difficulté à accepter la belle personne qu'elle est déjà. Pour atteindre ce sentiment de satisfaction, une personne doit dévelop-per davantage une attitude réceptive, confiante et d'amour à tous les ni-veaux. Elle doit apprendre à voir ses nombreuses qualités et les bons côtés de ce qui lui arrive. Voilà une attitude gagnante !

SAVOIR

L'ensemble de connaissances acquises au contact de la réalité dans l'expérience quotidienne. Le « savoir » est beaucoup plus profond que la « connaissance ». Cette dernière tient davantage du plan mental tandis que le savoir se situe plus au niveau spirituel. Depuis Socrate qui affir-mait : « Je sais que je ne sais rien », on a conféré au savoir un statut diffé-rent de la connaissance. Même le philosophe Descartes disait que l'accès au savoir n'est possible que par le doute méthodique de toutes nos CONNAISSANCES.

Plus une personne entretient des CROYANCES et moins elle se situe dans le savoir. Un jour, lorsque l'humain arrivera à ne plus avoir d'EGO, donc de système de croyances, il se trouvera dans le savoir to-tal. **Savoir, c'est être dans sa certitude même si on ne le comprend pas intellectuellement.** S'ouvrir à son INTUITION aide beaucoup à développer le savoir, donc, à être dans sa certitude.

SECTE

Groupe dans lequel le ou les dirigeants pratiquent une manipulation sur les membres du groupe. Les sectes ont toujours existé sur cette planète pour satisfaire l'énorme EGO d'un GOUROU et pour donner un sentiment d'appartenance aux personnes en manque affectif. Il y a des sectes « douces » et des sectes « dures ». Plus il y a atteinte aux droits de la personne ainsi qu'à sa dignité et à sa liberté, plus la secte est considérée comme « dure ». Cette dernière utilise la manipulation de différentes façons :

- **Physique** : par une alimentation carencée, un manque de sommeil et un travail intensif;

- **Psychique** : par une altération de la personnalité et aucun droit à la critique ni à une opinion; par un empêchement de connaissances extérieures à la secte;

- **Relationnelle** : par un encouragement à la rupture et à l'éloignement de la famille; par une interdiction de participer à la vie sociale et culturelle de leur milieu.

Une secte considérée comme « douce » est souvent appelée une RELIGION et, dans ce genre de secte, il est facile pour un adepte d'en sortir quand il le veut. Alors que dans une secte « dure », il est presque impossible de s'en échapper, car l'adepte n'a plus de revenus et a souvent même donné toutes ses économies à la secte. De plus, ses anciens amis n'existent plus, les liens familiaux ont été coupés et, surtout, la peur des châtiments du gourou est très forte.

La personne qui se laisse convaincre d'adhérer à une secte et d'endurer par la suite des souffrances en croyant que c'est le seul moyen pour atteindre le bonheur ou l'illumination représente le genre de personne qui, au plus profond d'elle-même, veut améliorer sa vie. Par contre, si la secte choisie la fait plus souffrir qu'avant son adhésion, cette personne devra se rendre à l'évidence que le moyen choisi pour atteindre le bonheur n'est pas INTELLIGENT pour elle.

Le moyen par excellence pour savoir si une secte – ou une religion – est bénéfique pour soi consiste à vérifier si leurs enseignements provoquent de la peur ou non. Un enseignement bénéfique se révèle celui qui nous aide à réduire nos peurs dans tous les domaines et à être plus heureux. Lorsqu'une personne décide de sortir d'une secte quelconque, elle doit reconnaître les bénéfices de son expérience, tels que apprendre à s'affirmer, développer son discernement, son AUTONOMIE et, ainsi, devenir plus consciente de ses besoins.

SÉCURITÉ

État d'esprit confiant et tranquille de celui qui se croit à l'abri du danger; qui est rassuré. La sécurité est un sentiment qui provient davantage de l'intérieur de soi. Hélas, la plupart des gens croient que la sécurité vient de l'extérieur. Nous avons cru longtemps que les aspects matériels comme avoir de l'argent, un emploi stable et une relation durable étaient synonymes de sécurité.

Avec l'éveil de la conscience chez l'humain, ce genre de sécurité n'apaise plus l'intérieur d'une personne car tout cela ne s'avère que fausse sécurité. La vraie sécurité est davantage reliée au niveau du *être* qu'à ceux du *faire* et du *avoir*. La sécurité intérieure apporte une tranquillité d'esprit. Or, une personne qui économise et entasse de l'argent pour ses vieux jours, en se privant aujourd'hui, ne peut se sentir en sécurité car elle vit dans la peur de perdre ses avoirs ou craint d'en manquer.

Que ce soit au niveau de la sécurité financière, matérielle ou affective, tant qu'une personne ne sait pas au plus profond d'elle-même que tout ce qui lui arrive correspond à ses besoins et à des expériences indispensables à son évolution, elle vivra toujours une insatisfaction quelconque, ce qui représente une forme d'insécurité. Elle aura beau posséder toutes les richesses matérielles et la meilleure sécurité d'emploi ou de vieillesse, s'entourer de ses plus fidèles amis et vivre une relation de couple stable, il y aura toujours un vide en elle et quelque chose manquera à son bonheur.

La vraie sécurité, c'est savoir fondamentalement que quoi qu'il arrive, une personne possède en elle tout ce qu'il faut pour manifester ce qu'elle désire et transformer pour le mieux ce qu'elle ne veut pas en prenant en considération ses véritables BESOINS. Par conséquent, cette personne reste confiante car elle sait qu'il y a toujours une solution à tout.

SÉDUCTION

Séduire c'est convaincre quelqu'un en le persuadant ou en le touchant avec l'intention de créer l'illusion, en employant tous les moyens de plaire; conquérir. Attirer de façon puissante; charmer. En d'autres termes, c'est le fait d'impressionner ou encore de s'imposer à quelqu'un, d'attirer à soi par un charme irrésistible. Certains séduisent naturellement, sans but précis, par leur charisme, leur voix, leur regard, une parole, etc. La séduction peut être une réaction instinctive et naturelle chez l'humain, tout comme chez certains animaux dans un but de procréation. C'est aussi en quelque sorte une première approche, un préliminaire pour arriver à ses fins, ce qui est synonyme d'avoir des ATTENTES.

La séduction est un phénomène qui peut commencer très jeune, dès l'enfance, lorsque l'enfant vit son COMPLEXE D'ŒDIPE. La petite fille ou le petit garçon cherche par tous les moyens à séduire son parent du sexe opposé dans le but d'être remarqué et d'obtenir des faveurs ou de l'affection de ce parent. L'enfant recherche une forme d'attention.

Nous sommes habitués d'attribuer à la séduction une connotation sexuelle. Cependant, on l'utilise pour plusieurs raisons, à savoir : obtenir des faveurs, sexuelles ou autres, décrocher un poste, de l'avancement, recevoir un titre, etc. en utilisant des paroles, des regards, des écrits, des gestes provocateurs… enfin toutes sortes de manigances pour obtenir ce que l'on veut. Certains utilisent même des moyens détournés au détriment de leur intégrité. Par exemple, présenter de faux arguments, faire ACCROIRE et vouloir PARAÎTRE mieux que ce qu'ils sont, chercher à en mettre plein la vue à des gens qu'ils ne connaissent pas dans le but d'être remarqués, d'impressionner ou d'être acceptés et aimés.

Nous avons tous en nous une partie qui cherche à séduire quand nous voulons obtenir des faveurs, bien qu'à des degrés différents. Certains ont même un très grand pouvoir de séduction; on le retrouve beaucoup chez les personnes à caractère contrôlant. Cela peut sembler du

S

CONTRÔLE ou de la MANIPULATION. La séduction est un moyen rarement bénéfique, voire jamais, pour arriver à ses buts. La personne qui a CONFIANCE en elle, qui s'ESTIME ne sent pas le besoin d'utiliser ce moyen.

Si tu te vois comme une personne qui se plaît à séduire, regarde ce qui te MOTIVE : l'amour de toi et des autres ou la peur de quelque chose ? Deviens conscient que tu es une personne spéciale et que les autres peuvent te reconnaître et te supporter sans avoir à utiliser la séduction.

SENS DE LA VIE

Se référer à **RAISON D'ÊTRE**

SENSIBILITÉ

Être sensible équivaut à être capable de ressentir profondément les impressions, les sentiments. Cette sensibilité peut être très utile comme très dommageable. Tout dépend comment elle est utilisée. Elle s'avère en quelque sorte nuisible lorsqu'une personne vit une ÉMOTION ou de la SENSIBLERIE. Elle se montre très utile cependant pour SENTIR et RESSENTIR.

Les personnes dites *hypersensibles*, c'est-à-dire d'une sensibilité extrême, ont intérêt à être plus attentives à bien savoir gérer leur sensibilité. Si elle est mal gérée, elles perdront beaucoup d'énergie et se créeront plus rapidement des maladies.

Nous aspirons tous à devenir ou à demeurer des êtres sensibles, ce qui devient indispensable pour développer l'intuition et être centrés. Lorsque nous agissons en fonction de ce que nous ressentons au plus profond de nous-même, nous avons plus de chance d'effectuer la bonne chose au bon moment.

SENSIBLERIE

Sensibilité exagérée et déplacée au point d'en être ridicule. On voit cette attitude chez des personnes qui DRAMATISENT beaucoup et qui pleurent facilement. Par exemple, une personne qui n'arrête pas de PLEURER pour quelque chose qui est considéré comme banal par son entourage. En général, ce genre de personne s'en fait pour un rien, autant pour elle-même que pour les autres, ou encore elle veut passer pour quelqu'un de très sensible et tendre aux yeux des autres. Cette attitude la vide beaucoup de son énergie.

Si tu te vois ainsi, tu auras grand intérêt à apprendre à SENTIR de façon harmonieuse. Cette sensiblerie représente une hypersensibilité mal gérée. Une fois celle-ci bien gérée, tu auras la possibilité de devenir une personne CLAIRVOYANTE.

SENSUALITÉ

Aptitude à goûter les plaisirs des sens, à être réceptif aux sensations physiques. Une personne sensuelle a généralement un MAGNÉTISME bien développé. La sensualité ne s'applique pas qu'au seul plan sexuel comme certains le croient : elle est présente dans tous les domaines de la vie. Que ce soit goûter aux plaisirs de la nourriture, la sensation d'un tissu sur la peau, la caresse du vent, la chaleur du soleil ou la vue d'un beau paysage, une personne sensuelle prend le temps de ressentir les sensations perçues par ses cinq sens.

S

Un moyen pour développer ta sensualité consiste à devenir conscient dans ton quotidien de ce que tu perçois à travers tes cinq sens, c'est-à-dire devenir conscient de ce que tu entends, de ce que tu goûtes, de ce que tu vois, de ce que tu touches et de ce que tu sens au niveau de l'odorat. Tu peux ainsi être en contact avec tout ce qui t'entoure à tout moment, par exemple, lors d'une promenade dans la nature ou pendant un repas. Le fait d'être attentif aux odeurs, aux couleurs, à la texture, aux goûts peut t'apporter un plaisir additionnel à ta routine quotidienne.

D'ailleurs, il est reconnu que les personnes sensuelles ont beaucoup plus de plaisir, de joie et d'enthousiasme face à la vie.

SENTIMENT

Se référer à **SENTIR**

SENTIR

Capacité d'utiliser sa sensibilité pour observer ce qui se passe à l'intérieur de soi. **Lorsque nous demeurons dans l'observation, ce que nous ressentons est considéré un « sentiment » et lorsque nous nous trouvons dans le jugement, l'accusation, ça devient une « ÉMOTION ».** Un sentiment ne s'avère ni bien, ni mal, bien que la plupart des humains continuent à croire qu'un sentiment peut être positif ou négatif. Il est là simplement, cela fait partie d'être humain.

Il faut bien faire la différence entre « **sentir** » et « **ressentir** ». La capacité de sentir se passe dans tout notre être, tandis que ressentir relève d'une impression ou d'une sensation. Ressentir correspond à éprouver vivement l'effet d'une situation ou d'une personne extérieure. En réalité, c'est une réaction affective qu'on ne veut pas trop toucher ni sentir. Par exemple, lorsqu'une personne sent de la tristesse, elle l'exprime en disant : « Je me sens triste ». Lorsqu'elle la ressent, elle déclarera : « Je ressens de la tristesse ». Le ressenti, d'où découle le RESSENTIMENT, n'est pas nécessairement le même que le senti. Si on demande à la personne qui ressent de la tristesse comment elle se sent, elle pourra répondre : « Je me sens abandonnée ».

Bien qu'ils ne soient ni recherchés, ni anticipés, des centaines de sentiments se manifestent en nous quotidiennement. Ils viennent toucher une fibre importante de notre être. Ils peuvent surgir suite à un étonnement, une surprise ou encore en réaction à une émotion. Parfois, nos réactions nous font souffrir tels que les sentiments de honte, d'abandon, de peine, de culpabilité, d'injustice, d'humiliation, de rejet, de trahison, etc. ou nous apportent du bonheur et de la plénitude comme les sentiments de joie, de gaieté, de satisfaction, de paix et de bien-être.

Cependant, la plupart des humains s'empêchent de sentir véritablement, c'est-à-dire qu'ils « mettent le couvercle » sur leur sensibilité, par peur de souffrir. Plus une personne se montre sensible et plus elle devient apte à devenir RIGIDE pour ne pas sentir. Pourtant, apprendre à sentir représente un des meilleurs moyens pour revenir dans la conscience de nos besoins. Une personne qui désire devenir maître de sa vie doit être en contact avec sa capacité de sentir. Comment faire pour la développer ? Comme dans n'importe quel autre domaine : par la pratique.

Que ce soit dans un moment agréable, désagréable ou difficile, prends le temps de t'intérioriser en te demandant souvent : « Comment est-ce que je me sens ? Que se passe-t-il en moi présentement ? » Laisse venir ce qui vient en mettant des mots sur chaque sentiment. Demeure OBSERVATEUR de ce qui se passe en te rappelant qu'il est normal et humain d'avoir des sentiments que tu considères comme positifs ou négatifs.

En réalité, il n'existe pas de sentiment négatif ou positif, mais l'humain l'interprète ainsi en le rejetant ou en l'acceptant. Notre résistance à un sentiment nous fait souffrir. Refouler ou contrôler tes sentiments ne représente pas l'attitude à adopter. Il est préférable de vérifier comment tu te sens en rapport à une situation face à toi-même ou face aux autres et utilises l'approche du MIROIR. Ainsi, tu découvriras peu à peu des parties inconscientes en toi qui étaient jusque-là trop difficiles à atteindre. Pour compléter cette INTROSPECTION, écrire spontanément et te relire lorsque la paix est revenue en toi constitue une bonne idée.

S

Sentir aide à comprendre avec le cœur plutôt qu'avec l'intellect seulement. De plus, cette capacité devient essentielle pour bien utiliser la loi de la MANIFESTATION. Ainsi, plus tu développes ta sensibilité et plus tu manifesteras ce que ton être a véritablement besoin.

SÉPARATION DE COUPLE

Se référer à **COUPLE (séparation / divorce)**

SÉRÉNITÉ

Se référer à : **PAIX INTÉRIEURE**

SEXUALITÉ

Ensemble recouvrant le plaisir lié au fonctionnement de l'appareil génital et le plaisir immédiatement sexuel; moyen de communication par le biais d'une connexion corporelle. Du point de vue spirituel, l'acte sexuel est l'expression ou la manifestation physique de la grande fusion de l'âme et de l'esprit, c'est-à-dire des principes FÉMININ et MASCULIN en soi, représentés par l'homme et la femme dans notre monde matériel terrestre. L'orgasme, étant le plaisir physique le plus intense éprouvé par l'humain, symbolise le grand bonheur qui sera vécu lors de cette grande fusion à laquelle l'âme aspire.

Au tout début des temps sur la terre, chaque ÂME faisait partie du tout avant qu'il n'y ait séparation. C'est pourquoi nous sommes attirés par cette grande fusion, par cette unification, ce que nous étions au départ : PUR ESPRIT. Par conséquent, la fusion de l'âme et de l'esprit représente le plus grand plaisir atteignable au plan spirituel.

L'énergie sexuelle se révèle une énergie créatrice extrêmement puissante chez l'être humain, puisque par l'acte sexuel une personne peut créer le corps physique d'un enfant. Quand cette énergie est utilisée dans l'amour, la complicité, l'acceptation, l'harmonie et le partage, elle devient symbolique de notre grand pouvoir de créer tout ce dont nous avons besoin dans notre vie. La sexualité peut donc être un moyen pour vérifier notre capacité de créer notre vie telle que nous la voulons. La personne qui vit une vie sexuelle très harmonieuse crée sa vie d'une façon harmonieuse et selon ses besoins.

La sexualité est aussi symbolique de notre capacité de nous permettre du plaisir dans la vie. Si tu n'éprouves pas de plaisir sexuel, soit par manque de désir ou de sensations, impuissance ou incapacité d'atteindre un orgasme, il y aura un lien avec certaines CROYANCES ou CULPABILITÉS que tu alimentes à l'effet que tu ne mérites pas de te faire plaisir. De plus, la façon de vivre sa sexualité est aussi symbolique de sa capacité à lâcher prise, à s'abandonner au sexe opposé. Les personnes souffrant de la BLESSURE de TRAHISON ont souvent de la difficulté à s'abandonner à l'autre, ce qui a pour effet de les empêcher de vivre harmonieusement leur sexualité.

Donc, l'acte sexuel en lui-même est quelque chose de naturel et de spirituel quand il est accompli dans l'AMOUR. Quelqu'un qui croit que la sexualité représente quelque chose de bestial, de péché ou d'inutile ou encore qui ne s'accepte pas totalement dans sa sexualité à cause de peurs ou de culpabilités sexuelles, risquera de vivre des insatisfactions ou développer des malaises ou maladies reliés aux organes génitaux à cause de blocages sexuels. Pour ceux qui se contrôlent ou retiennent trop leurs pulsions pour d'autres facteurs psychologiques, il y a risque d'un refoulement qui peut provoquer une OBSESSION, pouvant mener jusqu'à l'AGRESSION SEXUELLE chez des personnes immatures sexuellement.

D'autre part, une personne qui ne vit que pour le sexe peut devenir désabusée de la vie car elle tente de combler un vide affectif. Les gens cherchent très souvent dans le sexe une compensation à quelque chose qui leur manque. La sexualité ne doit pas être utilisée pour se nourrir affectivement. Vouloir trop de sexe au détriment de l'autre peut donc dénoter une DÉPENDANCE plus qu'un besoin réel. Cette attitude peut aussi provoquer des maladies ou problèmes aux organes génitaux.

Par ailleurs, bien des personnes en démarche spirituelle croient que l'abstinence sexuelle (la chasteté) les aidera à atteindre un niveau de spiritualité supérieur, voire l'illumination, et ce, que la personne vive seule ou en couple. Pour plusieurs, le contraire se produit puisqu'ils se contrôlent. Ceci les oblige à combattre leurs pulsions sexuelles qui sont naturelles et ce combat épuise leur énergie. L'abstinence sexuelle doit être décidée seulement après qu'une harmonie sexuelle soit atteinte, c'est-à-dire après qu'une personne ait pu vivre sa sexualité en toute conscience, sans aucune notion de bien/mal, sans culpabilité. Lorsqu'une personne prend la décision de vivre un certain temps de manière chaste, elle doit le faire par amour pour elle et non en RÉACTION à quelqu'un ou à quelque chose. Ça ne doit jamais être forcé. En réalité, la véritable chasteté correspond à la pureté des pensées. C'est une qualité spirituelle et non physique.

Or, pour arriver à une sexualité harmonieuse dans un couple, le moyen par excellence s'avère la COMMUNICATION. Quand la vraie communication est établie, quand chacun se confie et exprime véritablement ce qu'il vit, sans crainte d'être jugé, ridiculisé ou rejeté, la communication sexuelle est grandement améliorée. Un autre moyen pour devenir conscient si ta sexualité est bien vécue consiste à prendre le temps de vérifier, lors de chaque acte sexuel, si une peur quelconque te motive. Si tel est le cas, tu sauras que ta façon de gérer ta sexualité n'est pas harmonieuse. Il en est ainsi pour les fois où tu refuses un acte sexuel. Est-ce par peur ou par amour pour toi ? Toutes les peurs reliées à la sexualité sont souvent causées par un COMPLEXE D'ŒDIPE non résolu. Par conséquent, il est important de prendre la RESPONSABILITÉ de tes insatisfaction au lieu de mettre la faute sur l'autre.

Rappelons-nous qu'une relation sexuelle est une expérience très énergisante et enrichissante lorsqu'elle est vécue dans l'amour, le don de soi et le respect mutuel. C'est un des moyens que l'humain utilise pour communiquer, fusionner, se donner de l'amour et du plaisir. Cette situation démontre une sexualité épanouie. L'union sexuelle est la fusion de deux êtres qui s'aiment au moment de l'union. Dans notre monde matériel, la fusion sexuelle représente donc un avant-goût de la grande fusion spirituelle de l'âme et de l'esprit, but ultime de notre être. Faire l'amour par amour permet à notre être d'éprouver une grande plénitude, une grande joie intérieure. C'est la raison pour laquelle vivre l'acte sexuel dans cette condition revêt tant d'importance.

SIMPLICITÉ

Caractère de ce qui est facile à comprendre, à utiliser, à percevoir, à dire, à apprendre; ce qui n'est pas détourné, alourdi ou voilé par l'intellect qui aime compliquer les choses; il n'y a pas de superflu qui encombre l'esprit. La simplicité reflète aussi la qualité d'une personne INTELLIGENTE et TRANSPARENTE. Une personne simple agit selon ses sentiments, sans affectation, sans calcul, sans recherche. Son sens contraire est la complication.

La simplicité se retrouve dans tous les domaines. Cependant, elle n'a rien à voir avec l'instruction ni les connaissances. Une personne peut être très instruite et demeurer simple dans sa façon d'être, de s'exprimer, d'agir et de réagir. Tandis qu'une autre avec peu d'instruction peut malgré tout se compliquer la vie.

En général, nous sommes à l'aise avec les gens simples. Pourquoi ? D'abord, parce que tout semble plus facile avec eux et, deuxièmement, parce qu'il est plus facile d'être naturel avec eux. Communiquer avec ces gens s'avère un plaisir, car il est facile de les suivre, de les comprendre. Quand une explication est simple, elle demande beaucoup moins de travail intellectuel pour la comprendre, permettant ainsi de mieux sentir.

Cependant, ce qui est simple ne se montre pas nécessairement toujours facile à appliquer. Prenons les grandes LOIS de l'AMOUR qui sont pourtant très simples mais combien difficiles à mettre en application dans notre vie quand nous laissons notre EGO nous diriger plutôt que notre INTUITION, notre DIEU INTÉRIEUR.

Comment vivre dans la simplicité ? Observons l'attitude des gens simples, de même que celles des jeunes enfants qui sont naturellement des êtres simples, intuitifs, phase juste avant qu'ils ne soient trop influencés par des croyances et des peurs. LÂCHONS PRISE au lieu de vouloir contrôler tous nos comportements. Arrêtons de désirer plein de choses contraires à nos besoins et aux lois naturelles. Par conséquent, nous réaliserons qu'il devient beaucoup plus simple et facile de faire confiance à notre intuition et à nos capacités. Le grand cadeau est que plus une personne vit dans la simplicité, plus elle demeure réceptive et ouverte à vouloir vivre de nouvelles expériences et plus elle devient une personne LIBRE. Tandis que celle qui se complique tout reste figée dans ce

S

qu'elle connaît et ce qu'elle a appris; il n'y a pas de place pour du nouveau. Rappelons-nous ceci : « Les gens ne sont grands et illustres que lorsqu'ils sont simples. »

SINCÉRITÉ

Se référer à **VRAI**

SOLITUDE

État d'une personne qui se sent seule, qui a peu de contact avec autrui, qui se trouve isolée, retirée du monde ou de la société. Il faut faire la différence avec *l'isolement* qui se définit par l'état d'une personne qui vit séparée des autres, qui se met à l'écart par choix ou non, par exemple, lorsqu'on choisit d'isoler une personne contagieuse.

En général, tout le monde éprouve un certain besoin d'isolement. Lorsqu'il est voulu, choisi, il est généralement bien vécu. Par contre, lorsqu'une personne parle de solitude et qu'on perçoit de la tristesse chez elle, elle ne la vit pas dans l'acceptation et la paix intérieure. Si tu t'isoles souvent, il deviendra donc important de te demander si c'est vraiment ton choix. En sentant ce qui se passe en toi, tu pourras savoir si tu agis par peur ou non. Si tu te comportes par peur, il y aura un sentiment de solitude dans ton isolement. De plus, il a été reconnu qu'une personne souffrant de solitude est portée à manger, à boire ou à travailler plus que d'habitude, ce qui mène à un comportement destructeur. Voilà un autre moyen pour devenir conscient de ce que tu vis.

Si tu souffres fréquemment de solitude, que tu vives seul ou en société, il est fort probable que tu souffres de REJET ou d'ABANDON. En travaillant sur la BLESSURE qui t'appartient, tu parviendras à mieux gérer cette solitude.

SOMMEIL

Envie de dormir. État de repos dans lequel une personne est inconsciente de ce qui se passe autour d'elle et en elle. Dans le sommeil, le

S

corps physique est détendu tandis que le CORPS ASTRAL – émotionnel et mental – en profite pour aller se « ré-énergiser » grâce au CORPS D'ÉNERGIE qui est relié à ces trois corps. Ça peut se comparer à un téléphone cellulaire qui est placé au repos sur un chargeur pour le « ré-énergiser ».

Cependant, si quelqu'un s'endort en entretenant des pensées de peur, de culpabilité, de rancune, de haine, donc beaucoup d'activité mentale et émotionnelle, ces pensées et émotions continueront d'être présentes, même en état de sommeil et elles utiliseront sa réserve d'énergie. Son corps d'énergie ne peut donc pas fournir d'énergie à son corps physique. Cette personne peut se sentir fatiguée au réveil, malgré de nombreuses heures passées au lit et elle aura davantage sommeil la journée suivante. Aussitôt que nous sentons nos yeux devenir lourds, c'est un avertissement que le corps physique a besoin d'énergie. Il est donc sage de faire une sieste le jour dès que nous sentons cette sensation de sommeil. Rappelons-nous qu'une sieste ne dure que quelques minutes et non des heures; entre 15 et 30 minutes par jour en début d'après-midi est très bénéfique. Cela permet de finir la journée d'une façon plus calme et avec une vigueur renouvelée.

Souvenons-nous qu'écouter son corps signifie « manger lorsque nous avons faim », « se reposer lorsque nous sommes fatigués » et « dormir lorsque nous avons sommeil ». Se reposer signifie faire une activité qui ne demande aucun effort physique ou intellectuel. Par exemple, un bon bain à la chandelle, écouter une musique agréable, visionner un film apaisant ou faire une lecture divertissante, etc. Il est aussi suggéré de se reposer un moment avant de se coucher pour la nuit. Ainsi le sommeil qui suit ce genre d'activité reposante est beaucoup plus réparateur.

D'autre part, lorsqu'une personne croit souvent avoir sommeil et veut dormir souvent ou trop longtemps, cela peut être une façon inconsciente de vouloir s'évader. Soit qu'elle n'aime pas sa vie actuelle ou n'est pas consciente de ses vrais besoins ou n'a pas vraiment de buts dans la vie qui la tiennent « éveillée ». Inversement, quand une personne fait ce qu'elle aime, qu'elle a des BUTS concrets et réalistes et pose des

S

actions pour les réaliser, automatiquement son corps s'« énergise » de lui-même.

En résumé, un travail physique au-delà de nos limites ou des activités émotionnelles et mentales non bénéfiques pour soi minent notre batterie naturelle – notre corps d'énergie. Et quand on affaiblit notre batterie naturelle, on vit d'une façon contraire à l'AMOUR DE SOI. Cela explique pourquoi certaines personnes ont une meilleure réserve d'énergie que d'autres, ayant besoin ainsi de moins de sommeil.

Comment arriver à avoir un sommeil réparateur ? D'abord, en vivant davantage dans notre moment présent, en étant plus conscients de ce que nous vivons et de ce que nous ressentons et en réglant nos difficultés et conflits au fur et à mesure que des ÉMOTIONS se présentent. Aussi, en découvrant nos désirs et nos besoins et ce qui nous empêche d'y accéder. Tout cela dans une attitude d'ACCEPTATION et d'indulgence pour soi. Une RÉTROSPECTION avant de se coucher pour dormir est aussi très recommandée.

SOUCI

Se référer à **DIFFICULTÉ**

SOUFFRANCE ÉMOTIONNELLE

Souffrir, au point de vue émotionnel, consiste à éprouver un mal-être profond, une douleur intérieure. La souffrance émotionnelle est aussi décrite comme la résistance à une sensation ou à un changement et comme l'incapacité de vivre une nouvelle expérience qui ne répond pas à nos ATTENTES. Dans notre monde, la souffrance représente un des moyens efficaces permettant à l'humain de devenir conscient de ce qui se passe à l'intérieur de lui.

Nous avons quotidiennement des dizaines de situations susceptibles de nous faire vivre de la souffrance émotionnelle. Par exemple, lorsque nous résistons à ACCEPTER une situation ou une personne; quand nous refusons de nous accepter; lorsque nous avons des attentes;

lorsque nos désirs ne sont pas satisfaits; quand nous nous sentons coupables; lorsque nous nous déprécions ou nous nous jugeons; quand nous vivons des contraintes, des rancunes, des peurs; lorsque nous croyons avoir vécu un échec ou une injustice; quand nous sommes éprouvés par une tragédie; lors de tout changement radical, quand nous nous sentons impuissants face aux choix des autres, etc. En fin de compte, nous expérimentons de la souffrance émotionnelle quand nous endurons ce que nous n'aimons pas. **Nous souffrons chaque fois que nous refusons d'accepter les événements tels qu'il se présentent. Nous nous retrouvons par le fait même DÉCENTRÉS.**

Lorsqu'une personne souffre, elle vit emprisonnée dans ses peurs et sa douleur l'empêche d'être à l'écoute de sa voix intérieure. Elle cherche à contrôler les événements au lieu de s'abandonner à l'Univers, geste qui démontre qu'elle sait qu'une solution existe quoiqu'il arrive. Cependant, le côté bénéfique de la souffrance consiste à ce que la personne décide de faire quelque chose et de se prendre en main une fois ses limites atteintes. Comme nous avons toujours le choix d'être VICTIME ou RESPONSABLE, nous pouvons décider d'agir de façon bénéfique et salutaire ou de réagir de façon à DRAMATISER tout ce qui nous arrive et ainsi à souffrir davantage.

La souffrance ne s'avère pas intelligente puisqu'elle va à contre-courant de notre nature. Elle nous indique que nous avons oublié DIEU en nous. L'état naturel de l'être humain se définit par la paix intérieure et le bonheur de vivre. Si une personne est prête à fournir les efforts nécessaires pour reconstruire son bonheur, l'Univers se chargera de la placer en situation de RECEVOIR ce dont elle a besoin pour réaliser ses plus grands désirs. Ses difficultés et ses souffrances se transformeront en force pour elle-même, dont elle jouira jour après jour. Rappelons-nous que ce n'est pas ce que nous vivons qui nous fait souffrir mais la RÉACTION émotive à ce que nous vivons, souvent à cause de nos BLESSURES non guéries.

SOUFFRANCE PHYSIQUE

Se référer à **MALADIE et ACCIDENT**

SOUMISSION

Le fait de se soumettre, de se conformer à une autorité ou à une personne très influente par rapport à laquelle nous nous sentons inférieurs. La personne soumise est placée dans un état de dépendance, dans l'obligation d'obéir à une loi ou au choix de quelqu'un d'autre. Elle donne, par le fait même, son pouvoir à cette autre personne. Elle se sent assujettie c'est-à-dire sous l'emprise d'une certaine autorité et subit sa vie au lieu de décider elle-même de ses actes.

Être soumis consiste donc à agir selon ce que les autres décident pour nous parce que nous sommes contraints par une peur ou nous croyons ne pas avoir le choix, nous retrouvant ainsi dans un état de dépendance. Par contre, il faut bien différencier la soumission et l'acceptation décrite dans cet ouvrage.

Paradoxalement, certaines personnes sont soumises et cette situation paraît leur convenir car elles échappent ainsi à l'obligation d'avoir à décider quoi que ce soit. Si tu te reconnais dans ceci, ta condition ne représente pas de la soumission mais plutôt de la MANIPULATION qui te permet d'arriver à tes fins. Quand la soumission est vécue par peur, la personne soumise ne peut pas être bien et heureuse à vivre ainsi car elle va à l'encontre des lois spirituelles qui assurent notre bonheur grâce à notre POUVOIR de CHOISIR.

S

Si une personne se sent mal dans une situation de soumission, elle devra décider, et elle seule peut le faire dès maintenant, de reprendre son pouvoir. Si tu te vois comme personne soumise, la première étape sera l'ACCEPTATION, c'est-à-dire reconnaître et te donner le droit d'avoir fait ce choix, même si ce n'était pas un choix conscient. Ensuite, découvre tes PEURS et ce qui se cache derrière cette attitude de soumission. Demande-toi si tu veux toujours continuer à les entretenir, étant la personne que tu es aujourd'hui. Prends ton COURAGE à deux mains et commence à affirmer ce que tu veux vraiment pour toi dans cette vie. Tu y as droit mais personne d'autre ne peut le faire pour toi.

Souviens-toi que tant et aussi longtemps que tu ne prendras pas ta place, quelqu'un d'autre l'occupera pour toi, ce qui te fera vivre, en plus, de l'impuissance, de la frustration et de la colère. De plus, toute personne qui PROFITE d'une personne soumise correspond toujours à quelqu'un qui n'est pas dans son pouvoir et qui est tout autant rempli de peurs. Il a besoin de croire qu'il a du pouvoir sur quelqu'un d'autre pour se rassurer à propos de son propre pouvoir. Une personne CENTRÉE, dans son pouvoir, n'essaie jamais d'avoir le pouvoir sur une autre personne. Graduellement, tu reprendras ta place et tu seras de plus en plus confiant en tes possibilités et en ta force. Tout cela fait partie d'apprendre à s'aimer. Par conséquent, de telles attitudes responsables t'aideront à redevenir maître de ta vie.

SPIRITISME

Aussi appelé spiritualisme, le spiritisme consiste en une doctrine fondée sur l'existence, les manifestations et les enseignements des esprits, surtout des esprits humains (entités astrales) désincarnés. En France, le fondateur de cette doctrine fut Alan Kardec (1804-1869) et devint un pionnier dans les enseignements sur la RÉINCARNATION. Chaque doctrine apportée par l'humain doit être utilisée seulement si elle nous aide à comprendre davantage la vie et à rendre notre existence plus agréable. Si elle éveille des peurs, il est plus sage de ne pas y adhérer.

SPIRITUALISME

S

Se référer à **SPIRITISME**

SPIRITUALITÉ

Comme étant de l'ordre de l'esprit, relatif au domaine de l'intelligence, de l'âme, de la morale. Ne pas confondre la spiritualité avec les CROYANCES RELIGIEUSES. Ça ne relève pas non plus du domaine du PSYCHISME ou de la MÉDIUMNITÉ. Par contre, une personne peut être médium ou pratiquer une religion tout en étant une personne spirituelle.

La spiritualité correspond à la capacité de contacter l'esprit divin en chacun de nous ainsi qu'en tout ce qui vit dans le monde de la MATIÈRE. C'est savoir profondément que tout ce qui vit est une manifestation de DIEU représentée sous différentes formes. Sur cette planète, l'humain a choisi de manifester l'énergie de Dieu à travers un corps physique, émotionnel et mental en vivant diverses expériences de prises de conscience. Le rôle de la spiritualité dans notre monde consiste à reprendre contact avec qui nous sommes véritablement, c'est-à-dire des ÊTRES DE LUMIÈRE.

Une personne spirituelle est capable d'observer tout ce qui l'entoure comme étant la perfection divine. Elle est ouverte aux autres, s'abstient de tout jugement et aime aider son prochain. Elle reconnaît ainsi la beauté chez tous les êtres humains et dans tout ce qui existe, incluant les autres plans terrestres, tels les plans animal, végétal et minéral. Par conséquent, une personne spirituelle accepte que tout ce qu'elle voit autour d'elle, dans tous les plans, est le MIROIR d'elle-même. Elle vérifie sa capacité de s'accepter, de reconnaître sa divinité, par sa façon réagir et de traiter tout ce qui l'entoure. Elle reconnaît ses forces mais aussi ses limites en se dirigeant de plus en plus vers sa lumière intérieure.

Pour développer sa spiritualité, une personne doit être capable de voir, d'entendre et de sentir Dieu, cette énergie divine, partout. Elle doit savoir qu'elle demeure entièrement RESPONSABLE de sa vie et qu'elle la crée à chaque instant. Elle sait aussi qu'elle fait partie d'un tout et accepte les situations telles qu'elles se présentent et les humains tels qu'ils sont dans leur façon d'être et d'agir. Au lieu de juger et d'accuser les autres, elle utilise leurs expériences pour l'aider à s'accepter et à découvrir ce qu'elle ne veut pas pour elle-même et par conséquent, à choisir ce qu'elle veut.

Être spirituel consiste également à LÂCHER PRISE en ayant CONFIANCE EN LA VIE au lieu de s'inquiéter de ce qui pourrait arriver de désagréable; à savoir que notre Dieu intérieur peut gérer toute situation que nous attirons à nous. En somme, être spirituel correspond à croire en la présence de Dieu en nous, en notre grande PUISSANCE intérieure et à chercher toujours à nous dépasser.

SPIRITUEL (monde)

Dans cet ouvrage, l'expression « monde spirituel » est utilisée en comparaison avec le monde MATÉRIEL. Il représente un plan de conscience considérablement plus évolué, qu'on appelle parfois le septième ciel. Ce monde peut aussi être appelé le ciel du monde ASTRAL, comme ce dernier est le ciel du monde MATÉRIEL. À ce niveau de conscience vivent les âmes devenues pur esprit, c'est-à-dire celles qui ont atteint l'état CHRISTIQUE. C'est un monde de conscience où n'existe que l'amour inconditionnel.

STABILITÉ

Se référer à **INSTABILITÉ**

STRESS

Ensemble de perturbations biologiques et psychiques provoquées par une agression quelconque : il provoque une tension nerveuse. Le stress peut provenir de l'environnement d'une personne ou découler des peurs provoquées par ses pensées. Il est assez difficile, voire impossible, de ne pas subir les effets du stress au quotidien car cette énergie se retrouve omniprésente autour de nous. Le stress dans nos vies est reconnu comme une des plus grandes causes de malaises, de maladies ou encore de difficultés de tous genres et il occasionne en plus un nombre impressionnant de cas d'absentéisme au travail.

S

Plusieurs types de personnes ont tendance à se causer beaucoup de stress. Par exemple, certains grands PERFECTIONNISTES qui s'en demandent beaucoup trop ou ceux qui veulent aller trop vite ou qui désirent dépasser leurs limites, souvent pour vouloir performer, bien PARAÎTRE de façon à dissimuler certains points faibles ou lacunes. Le stress se retrouve aussi chez ceux qui nourrissent beaucoup d'ATTENTES et ceux qui cherchent à CONTRÔLER les autres, les situations ou à se contrôler. Tout cela exige beaucoup d'ÉNERGIE du corps physique et voilà pourquoi la soupape saute lorsqu'une personne arrive à sa LIMITE.

En somme, **le stress dépend de la sensibilité et de la capacité émotive de chacun à gérer son moment présent ainsi que les changements à effectuer et de ses propres limites par rapport à ces changements.** Le jour où l'humain saura et sentira que tout ce qui lui arrive s'avère important pour son évolution, il ne sentira plus autant de stress. Il se servira de cette énergie de façon beaucoup plus constructive, salutaire et même dynamisante.

D'autre part, il y a une catégorie de gens qui ne croient exister que par l'intensité du stress qu'ils se créent. Ils aiment se créer des obligations au lieu de se reposer, bien souvent pour se faire ACCROIRE, ainsi qu'aux autres, qu'ils sont occupés et importants. Ils se sentent obligés de toujours être affairés, de se consacrer à des sports, des activités sociales qui peuvent devenir contraignantes à la longue. Certains veulent tout savoir et être au courant de tout, même s'ils n'en ont pas le goût, de peur de manquer quelque chose ou de se sentir dépassés et ce, bien souvent, au détriment de leurs propres besoins. Pour plusieurs personnes, il y a aussi le fait de prendre la vie beaucoup trop au sérieux ou le refus de l'accepter telle qu'elle se présente.

Pour conserver un certain équilibre et diminuer le stress, il est essentiel d'identifier le BESOIN et la MOTIVATION derrière tout agissement. Tout motif autre que celui de vouloir améliorer son être par l'acceptation peut devenir une source de stress. L'idéal consiste à demeurer CENTRÉ le plus possible. En période de stress, il est impératif de bien respirer, de DÉDRAMATISER et de se rappeler que la vie ressemble à une pièce de théâtre. Elle n'a pas à être prise tant au sérieux. Quand tu n'aimes pas la pièce de théâtre que tu as créée, tu possèdes le pouvoir d'en produire une autre plus amusante. Tu n'as qu'à reprendre contact avec ton POUVOIR de CHOISIR.

SUBCONSCIENT

Le subconscient est l'endroit où se trouve tout ce qui est enregistré par l'humain à travers ses sens et ce, à son insu, dans un état subliminal, c'est-à-dire un état inférieur à l'état de CONSCIENCE. Le subconscient représente une banque d'informations de notre vie passée et présente, contenant toutes les informations qui ont un lien pertinent avec notre vie actuelle mais qui s'avèrent non conscientes. Le subconscient équivaut donc à ce qui est enregistré par notre INTELLECT sans en être conscient. **L'inconscient**, tant qu'à lui correspond à ce qui n'est pas encore enregistré par notre intellect.

Prenons l'exemple de quelqu'un qui s'est brûlé étant très jeune mais qui ne s'en rappelle pas. Cette expérience est donc enregistrée dans son subconscient. Sans savoir pourquoi, lorsqu'il se trouve en contact avec une sensation vécue lors de cette expérience, un de ses cinq sens est éveillé et il ressent de la peur ou de l'inconfort. Par contre, une personne qui n'a jamais connu l'expérience d'une brûlure en est inconsciente.

À notre insu, tout ce qui est enregistré dans notre subconscient dirige notre vie alors que nous croyons la diriger nous-même. Cela explique pourquoi il nous arrive très souvent ce dont nous avons peur. Il importe donc de placer dans notre intellect des images que nous voulons et les sensations reliées à celles-ci parce que le subconscient répète sans cesse les images les plus récentes. Par exemple, si tu t'endors le soir en ayant pensé à ta peur d'être fatigué en te levant le lendemain, cette image se répétera toute la nuit et tu te réveilleras fatigué.

Autre d'exemple : quelqu'un veut s'acheter une maison mais se laisse influencer par une personne qui lui reflète ses peurs. Le subconscient retenant surtout la dernière pensée, celle-ci l'amène à croire qu'il serait préférable de ne pas l'acheter. Puisque le subconscient ne comprend ni le passé ni le futur, il croit que la dernière croyance enregistrée est celle qui aide la personne et il continue ainsi de l'alimenter. Donc, quand tu n'obtiens pas ce que tu veux ou que tu vis des peurs sans trop savoir

S

pourquoi, prends contact avec ce que tu ressens et fais le nécessaire pour accéder à tes désirs. C'est ainsi que tu parviendras à te dépasser.

Sache que toi seul es le maître de ton subconscient et demeure assuré que lorsque tu n'obtiens pas ce que tu désires, tu reçois le message que tu entretiens dans ton subconscient des images contraires à ce que tu veux. L'idéal consiste à indiquer à ton subconscient exactement ce que tu veux en adoptant une attitude et des pensées favorables et bénéfiques pour toi, tout en faisant confiance à ta SUPERCONSCIENCE; ton subconscient captera ces nouvelles pensées. Ce dernier est incapable de faire la différence entre ce qui est bénéfique ou non pour toi. Il agit comme un ordinateur; il répond à ce que tu programmes. Si tu crées une programmation contraire à tes besoins, il y répondra, que ce soit bénéfique ou non pour toi. Voilà la raison principale pourquoi il est si urgent de devenir conscient de tes vrais BESOINS.

SUBLIMINAL

Se référer à **SUBCONSCIENT**

SUICIDE

Action de se détruire, de causer volontairement sa propre mort. Le suicide représente une forme de séparation soudaine, la plupart du temps imprévue, qui engendre énormément d'émotions, surtout pour l'entourage immédiat. Qu'une personne vive auprès de quelqu'un à tendance suicidaire ou qu'elle-même y ait déjà songé, la question du suicide s'avère toujours un sujet délicat à aborder. Pourtant, devant l'ampleur des conséquences d'un tel geste, il est impératif d'en parler sans toutefois DRAMATISER outre mesure. Une personne qui envisage cette alternative ne trouve, de toute évidence, aucune autre solution à ses difficultés ou à son mal de vivre ou encore elle croit que le suicide représente la seule solution envisageable. Elle espère que cela réglera définitivement ses problèmes ou allégera ses souffrances. C'est en quelque sorte une forme de fuite, puisque la personne évite ainsi de prendre la responsabilité de sa propre vie.

On doit quand même porter une attention étroite lorsqu'une personne parle de suicide mais sans toutefois se laisser manipuler. Un moyen recommandé pour savoir si la personne y pense sérieusement ou ne fait qu'en parler pour attirer l'attention consiste à lui poser, sans préambule, les questions que voici : Pourquoi veux-tu en finir avec la vie ? Sais-tu ce qui arrivera dans le monde de l'âme si tu meurs ? As-tu décidé quand ? As-tu décidé du lieu ? Quel moyen envisages-tu pour y arriver ? Selon ses réponses, on se trouve plus en mesure de savoir si la personne est sérieuse et vraiment déterminée ou non. Si elle connaît les réponses aux trois dernières questions, on saura qu'elle y pense sérieusement. Il est indiqué de lui dire clairement qu'elle a le choix d'accepter ce qu'elle vit et de tenter de trouver des solutions ou de ne pas accepter et d'en finir. De toute façon, dans les deux cas, il y aura des conséquences pour elle. Il est bon de lui rappeler qu'elle aura à revenir dans une autre vie pour terminer ce qui n'est pas complété.

De plus, il est suggéré de faire parler la personne de ce qu'elle vit et de ce qu'elle ressent en ayant une conversation profonde et sincère afin qu'elle ressente de l'amour et de la compréhension et non du jugement ou de l'indifférence. Lui parler de la notion de RESPONSABILITÉ est aussi très recommandé. Elle doit savoir et sentir qu'elle seule assumera les conséquences. Par la suite, si elle dit qu'elle est capable d'assumer les conséquences de son choix et si, néanmoins, elle accomplit son geste, nous devrons accepter que l'idée de continuer à vivre sur cette terre se situait au-delà de ses limites. Nul n'a le droit de juger les choix de vie de quiconque, car nul n'appartient à une autre personne.

S

N'oublions pas qu'il est impossible de connaître les raisons réelles d'un suicide. Il se peut que ce choix fasse partie d'un plan d'ensemble pour toutes les personnes concernées, souvent pour apprendre à se déculpabiliser ou encore pour apprivoiser le DÉTACHEMENT et la MORT. Cela concerne toutes les personnes qui ont de la difficulté à accepter le suicide de quelqu'un d'autre.

Par contre, les tentatives de suicide à répétition, sans que la personne n'en meure servent davantage à attirer l'attention ou à se faire prendre en charge, comme les VICTIMES par exemple. Ces gestes indiquent un manque profond d'amour de soi, donc de DÉPENDANCE des autres, plutôt qu'une volonté de mettre définitivement fin à ses jours. Cette personne pourrait trouver un moyen plus constructif pour avoir de l'attention.

Il devient important d'arrêter de considérer un suicide comme quelque chose de MAL. Nous devons réaliser qu'un très grand nombre de personnes se suicident lentement, à petit feu, par la cigarette, l'alcool, la drogue, les médicaments, l'alimentation, la haine, les obsessions… Il semble que plus le suicide est lent, plus il est accepté par la société. Lorsqu'il se révèle rapide, on le juge mal et inacceptable. Voilà un bon exemple d'illogisme humain. Souvenons-nous que l'AMOUR véritable consiste à accepter une situation même si nous ne sommes pas d'accord avec celle-ci.

SUPERCONSCIENCE

Se référer à **DIEU INTÉRIEUR**

SYMPATHIE

Se référer à **EMPATHIE**

S

TALENT

Un talent ou un **don** se caractérise par une aptitude particulière pour quelque chose, une occupation, un métier ou une forme d'art avec lequel une personne a une très grande facilité ou habileté à s'exécuter alors que d'autres ont besoin de l'apprendre par l'entraînement. Il reflète en quelque sorte un prolongement de nous-même. Un talent correspond aussi à un attribut que possède naturellement une personne dans des domaines qui touchent la sensibilité humaine (compassion, écoute). On dit de ces personnes qu'elles sont douées et qu'elles se distinguent parmi les autres.

Un don est reconnu généralement chez les personnes qui manifestent très tôt leurs talents naturels, il suscite l'admiration des autres. Un don est considéré comme un cadeau hors de l'ordinaire issu d'une vie précédente. On le reconnaît très bien chez les prodiges comme Beethoven qui composait de la musique dès l'âge de cinq ans ou encore chez les grands artistes, inventeurs ou personnages de renom qui se sont particulièrement illustrés, dont plusieurs ont marqué notre évolution.

Les talents proviennent de l'être de la personne. Ils sont des acquis de vies antérieures et font de nous des êtres uniques et différents. Les talents se retrouvent dans tous les secteurs et tout le monde en possède plusieurs. On en retrouve dans le domaine artistique, tels que la musique, la coiffure, le bricolage, l'art culinaire, la décoration, le chant, la comédie, l'écriture... Des personnes peuvent exceller dans des secteurs reliés à la communication, tels que : l'art oratoire, l'enseignement, l'animation, conteur, rassembleur de foule... Certains encore ont le grand talent d'apprendre tout facilement, d'analyser, de comprendre, de synthétiser, le talent des affaires ou encore celui d'écouter, d'apaiser les gens, de les faire rire, etc.

T

Cependant, certaines personnes nient leurs talents, n'y croient pas ou ne savent pas les reconnaître. Elle n'ont donc pas appris à les développer. Si une personne a de la difficulté à reconnaître ses talents ou veut découvrir ses talents cachés, elle pourra demander aux autres qui la connaissent bien de définir ses forces, ses aptitudes et ce en quoi elle a de la facilité et de l'habileté, puis apprendre à les exploiter. Des talents inutilisés risquent de s'atténuer et, consciemment ou non, la vie de la personne en sera affectée. Nous pouvons également découvrir nos talents à travers ce que nous admirons chez les gens et ce que nous croyons ne pas être. En effet, ce que nous admirons d'une façon particulière chez les autres reflète des attributs que nous possédons à l'intérieur de nous. Ce moyen de découvrir nos talents est expliqué sous la rubrique MIROIR.

Par contre, on ne doit pas utiliser ses talents pour se comparer aux autres et se croire mieux qu'eux. Cela ne contribue qu'à développer un gros EGO et les autres s'éloignent de nous, affectant ainsi nos relations. **Les talents exprimés dans cette vie nous sont nécessaires pour réaliser notre PLAN DE VIE choisi avant de naître.** Souvenons-nous aussi que chaque talent a été appris et développé dans d'autres vies. Par conséquent, il n'y a aucune INJUSTICE à avoir plus de talents qu'une autre personne ou d'avoir des talents différents.

Il est donc très important, en premier lieu, de les reconnaître, d'avoir de la gratitude pour ses talents actuels puis de continuer à les développer. Ainsi, quand on apprend à mieux se connaître, on découvre nos forces et on a davantage le goût de les exploiter. Plus on développe nos talents, plus on découvre nos grandes possibilités et plus on augmente notre estime et notre confiance en soi. Les talents nous aident à repousser nos limites et ajoutent de la joie à notre vie, élément essentiel au bonheur. En faisant bon usage de nos talents et en les utilisant pour servir l'humanité, nous connaîtrons des transformations extraordinaires bien au-delà de ce que nous pouvons imaginer.

TELLURIQUE

Se référer à **CORPS D'ÉNERGIE**

TEMPS

Durée ou espace entre deux mouvements, deux actions ou deux pensées. Le temps se révèle particulier à définir, puisqu'il s'avère relatif pour chaque individu. Dans cet ouvrage, il sera défini et qualifié en tant qu'énergie, dans le but de devenir conscient de son impact dans notre vie.

D'abord, faisons un bref retour en arrière jusqu'à l'enfance. Le très jeune enfant ne se soucie guère du temps qui passe. Pour lui, étant donné qu'il vit son moment présent, il a tout le temps devant lui pour faire ce qu'il aime. Si personne ne lui dit de se dépêcher, il prendra tout son temps pour effectuer ce qu'il a envie de faire. Puis, il se fait dire par les plus âgés qu'il doit se dépêcher de ranger ses jouets, de se laver, de se brosser les dents, de s'habiller, de manger, et même se dépêcher de dire ce qu'il a à dire. On lui déclare qu'il n'a plus le temps de faire ceci et cela, que papa et maman sont trop occupés dans le moment et n'ont pas le temps de s'amuser avec lui, etc. En somme, il doit se plier aux exigences des adultes qui ont des horaires de plus en plus chargés. Il est en train d'apprendre que le temps représente une contrainte et qu'il nous empêche d'être et de faire ce que nous voulons.

Ainsi donc, au lieu de nous offrir de grandes possibilités de vivre pleinement et librement notre vie, le temps, perçu de cette façon, est devenu pour plusieurs d'entre nous une source additionnelle de contraintes et de stress. Nous devons donc changer notre perception ou conception que nous en avons ou, en d'autres mots, notre *conscience* du temps.

On nous a appris à diviser le temps. En effet, nous devions prendre du temps pour travailler, pour étudier, pour s'occuper de la famille, pour les tâches journalières; et d'autres périodes de temps étaient allouées pour s'amuser, se distraire, se reposer, avoir une vie sociale, etc. Avec l'avènement de l'ÈRE DU VERSEAU, ère de la spiritualité et de l'individualité, le temps doit être unifié plutôt que divisé. **Tout, absolument tout** ce que nous faisons, doit être fait dans le but d'améliorer notre *être*, notre « JE SUIS » pour être heureux. Grâce à cette nouvelle vision du temps, tout ce que nous faisons devient par le fait même du temps pour nous.

T

Par exemple, le temps consacré à notre travail doit être en fonction de ce que nous apprenons pour améliorer notre être et non uniquement en fonction du salaire et de la sécurité d'emploi. En quoi notre travail nous aide-t-il au niveau de l'évolution de notre âme ? S'il nous aide à développer nos talents, notre créativité, nos rapports avec les gens, la confiance en nous et en les autres, nous serons toujours très bien là où nous nous trouvons. Les heures deviendront beaucoup plus agréables et excitantes, car nous saurons que nous nous améliorons sans cesse dans le but d'être de plus en plus heureux chaque jour. Et quand nous sommes heureux dans ce que nous faisons, nous pouvons affirmer que c'est du temps pour nous. En plus, cela aura un impact important sur nos semblables car cette énergie de bien-être rejaillira partout autour de nous.

Un autre exemple : quand nous aidons quelqu'un par pur plaisir, sans attentes, cela signifie que nous nous faisons plaisir en rendant service. Voilà qui représente encore du temps pour nous, pour le plaisir que cela nous procure. Même si nous le faisons pour éviter de nous sentir coupables, nous agissons encore pour nous, pour combler l'illusion de nous sentir mieux. En partant de ce principe, nous devons prendre conscience que tout ce que nous faisons représente du temps pour nous. Quelle différence n'est-ce pas avec la personne qui dit que lorsqu'elle a fini de travailler, de s'occuper de sa famille et de ses tâches journalières, il ne lui reste plus de temps pour elle ? Elle se sent envahie par les autres ou les événements qui lui semblent de plus en plus contraignants et stressants. Cette façon de se sentir empiète sur son bien-être, sa joie de vivre et, bien sûr, nuit à sa santé.

Il y a évidemment des tâches et des occupations que nous aimons moins, n'ayant pas tous les mêmes intérêts, mais cela ne devrait représenter qu'un faible pourcentage de notre temps. La majeure partie de notre temps devrait être utilisée pour accomplir ce qui nous apporte du bonheur et de la joie de vivre et devenir conscient que cela nous aide à améliorer notre être et notre qualité de vie. Si ce n'est pas ton cas, tu devras apprendre à déléguer ou à mieux choisir tes occupations selon tes besoins et non selon ce que tu crois être ton devoir. Il se peut aussi que tu sois trop PERFECTIONNISTE et que tu souhaites tout contrôler pour que tout soit fait à ton goût. Tu le fais donc pour toi.

L'outil le plus utile pour mieux gérer ou ORGANISER son temps consiste à tout écrire dans un agenda pour avoir une vue d'ensemble. En plus, il est suggéré de rédiger une liste des tâches à faire et en quoi elles contribuent à ton bien-être, à tous les jours. Il n'en tient qu'à toi de décider par la suite celles que tu veux garder pour toi et celles que tu délégueras ou reporteras à un autre jour quand tu réalises que tu en as trop.

Par contre, si tu te retrouves parmi les personnes qui aiment PARAÎTRE très occupées, souvent dans le but de te donner de l'importance, et que tu ne t'accordes aucun temps de repos et de sorties, deviens conscient que tu l'as choisi et que tu peux toujours changer cette situation. Qu'est-ce qui te rapporte le plus ? Te donner de l'importance en étant occupé et en vivant du STRESS ou te donner du temps de loisirs et de REPOS ? Néanmoins, nous savons que ce qui fait du bien à une personne peut sembler une perte de temps totale pour quelqu'un d'autre. Cela dépend des priorités, des intérêts et des valeurs de chaque individu.

Par exemple, si tu prends beaucoup de temps pour travailler, pour étudier, suivre un stage, flâner, pour un loisir ou une activité qui te plaît et qui te rend heureux, en dépit du fait que cela puisse paraître déséquilibré aux yeux des autres, si tu te sens bien ainsi et que cette attitude ne te cause aucun problème dans ton milieu familial, de travail ou pour toi-même, voilà un comportement idéal pour toi. Toutefois, si cela t'occasionne des difficultés ou du stress, tu devras te remettre en question et redéfinir tes priorités et découvrir ce qui te comblerait tout en planifiant mieux ton temps. Par contre, il ne faut pas oublier que si quelqu'un d'autre essaie de te CULPABILISER dans ta façon de gérer ton temps, cela signifiera que tu te sens coupable. En te permettant de gérer ton temps à ta guise, les autres te le permettront.

T

Dans un autre ordre d'idées, voici un moyen pour devenir conscient du phénomène du temps en rapport à nos besoins. Il s'agit de remarquer les innombrables expressions courantes que nous utilisons en rapport avec le temps. Les voici : « je n'ai pas le temps », « ce n'est qu'une question de temps », « je manque de temps », « gaspiller son temps », « gagner du temps », « perdre du temps », « le temps, c'est de l'argent », « j'ai besoin de temps pour moi », « échanger du temps », « donner du temps », « le temps est précieux », « courir après le temps »… Et si nous changions le mot *« temps »* par le mot *« vie »* ?

Par exemple, l'expression « je perds mon temps » peut vouloir dire : « je perds ma vie », « avec le temps, les choses vont s'arranger » égale « avec la vie, les choses vont s'arranger », « je passe mon temps à travailler » correspond à « je passe ma vie à travailler », « les temps sont durs » égale « la vie est dure », « que pourrais-je faire pour tuer le temps ? » équivaut à « que pourrais-je faire pour tuer la vie ? ». Ainsi, il est recommandé de faire le bilan de notre journée en prenant conscience de ce que nous avons appris sur nous-même tout en réalisant les moments qui nous ont rendus heureux.

Bref, changer notre conscience du temps signifie devenir conscients du temps par rapport à notre attitude, nos comportements et même nos paroles. Nous devons réaliser que le temps est fourni à tous de façon égale, impartiale et gratuit. Tout le monde a le même temps à sa disposition et chaque minute qui s'écoule, chaque instant, représente un moment privilégié pour chacun de nous. Nous pouvons en disposer comme bon nous semble et de la façon qui nous apparaît le plus UTILE. Donc, tout ce que nous faisons de notre temps, à la minute actuelle, contribue à créer et à préparer notre demain, notre avenir.

Aussi, comme tout porte à conséquence, aucun temps ne devrait être accordé à des pensées, des paroles ou des comportements qui peuvent nuire à quelqu'un ou encore nuire à soi-même. Le temps doit plutôt être utilisé pour voir tout ce qu'il y a de beau et de bon en chacun, pour être fier de ce que nous sommes et pour remercier pour tout ce que nous avons eu le temps de faire, au lieu de ne prêter attention qu'à ce qui n'a pas été fait. Le moyen par excellence pour que notre temps soit de mieux en mieux utilisé consiste à le vivre dans le MOMENT PRÉSENT. Ainsi, nous devenons maîtres de notre temps et nous développons de plus en plus la faculté de l'étirer à notre convenance. Souvenons-nous surtout que le passé et le futur n'existent pas. Le passé ne reviendra plus et lorsque le futur arrivera, il s'appellera le présent.

TERRE (planète)

Se référer à **GAÏA**

TIMIDITÉ

La timidité est une sorte de gêne, une force incontrôlable qui se manifeste notamment par un manque d'aisance et d'assurance dans nos rapports avec les autres. Lorsque la personne timide est seule, elle ne vit pas ce genre de contrainte; elle se révèle au contraire pleine d'assurance. Mais, quand elle entre en contact avec des gens peu familiers ou qu'elle se retrouve en société, elle se sent gauche, embarrassée et manque de confiance en elle. La personne timide s'avère très sensible et elle se préoccupe trop de l'effet qu'elle peut produire sur les autres.

Le degré ou l'intensité de la timidité varie pour chaque personne et se retrouve dans différents domaines. Par exemple, dans un restaurant, une personne très timide peut être mal à l'aise du seul fait de commander son repas. Elle choisira ce qui est simple et rapide à dire ou encore la même chose que son voisin de peur d'attirer l'attention et les regards des autres. De plus, certaines personnes sont timides dans un domaine alors qu'elles ne le semblent pas du tout dans d'autres. Par exemple, une personne sûre d'elle dans l'ensemble peut être trop timide pour danser seule avec son conjoint devant une foule, malgré le fait qu'elle sache très bien danser.

Pour certains, la timidité s'empare d'eux de façon intense lorsqu'il s'agit de partager une opinion devant un groupe de plusieurs personnes. L'extrême timide semblera perdre tous ses moyens. Ressentant tous les

T

regards rivés sur lui, son visage s'empourpre, il gesticule maladroitement, ses mains deviennent moites, sa voix tremble et monte, sa bouche et ses lèvres deviennent sèches et on peut lire la nervosité dans son regard. Cette situation se produit même s'il est très bien préparé et maîtrise parfaitement sa matière, ce qui le met hors de lui intérieurement. Sa première réaction est souvent de fuir ou de couper court à la conversation, car la timidité se retrouve en particulier chez les personnes qui ont la BLESSURE de REJET.

La timidité empêche donc une personne d'être spontanée, naturelle, de dire ce qu'elle a à dire. En plus, puisqu'elle se croit souvent jugée dans sa façon d'être, elle se compare continuellement à d'autres et cette attitude fait en sorte qu'elle se refuse le droit d'échouer. Le cas échéant, elle devient spécialiste dans « l'art d'amplifier un soi-disant échec ». En somme, **la personne timide s'en demande beaucoup trop en cherchant à projeter une image parfaite d'elle-même. À la moindre faille, elle se dévalorise, se sous-estime, puis cherche à s'isoler et se renferme peu à peu sur elle-même.** Elle entretient ainsi sa blessure.

Il est donc tout à fait normal et humain pour la personne timide de vivre de l'agressivité, même si celle-ci reste bien enfouie. Tant qu'elle étouffe cette agressivité pour montrer une image inoffensive, elle ne pourra jamais être elle-même. La personne timide doit avant tout accepter cette agressivité car, depuis son tout jeune âge, elle est repliée sur elle-même, refoulant ses désirs et ses peurs, ayant cru ne pas avoir reçu l'espace nécessaire pour s'épanouir librement ou même le droit d'exister.

T

Si tu te vois comme une personne timide, sache que la timidité n'est pas un état permanent pour celui qui a le désir sincère de vouloir se transformer. Tu dois d'abord prendre conscience de la trop grande importance que tu accordes à l'effet que tu produis sur les autres et décider, dès à présent, de faire les actions nécessaires pour redevenir toi-même et vivre librement ta vraie nature. Souviens-toi qu'à cause de ta blessure de rejet, tu en es là aujourd'hui et, qu'au fur et à mesure que tu guériras cette blessure, ta timidité se transformera en assurance. De plus, il est impératif de ne pas en vouloir à tes parents car ils ont fait au meilleur de leurs connaissances. Tu dois plutôt avoir de la COMPASSION pour eux et reconnaître qu'ils souffrent eux-mêmes de rejet, surtout ton parent du même sexe, même si cette souffrance est exprimée différemment de la tienne.

Quelques actions physiques peuvent aider à vaincre la timidité. Les quatre éléments les plus importants sont le *regard*, la *voix*, la *poignée de main* et la *respiration*. D'abord, pour développer et assurer un **regard** vif et sincère, il est suggéré, par exemple, de t'installer devant un miroir et de te pratiquer à faire des sourires ou toutes sortes d'expressions du visage. Simule regarder une personne droit dans les yeux avec confiance et assurance. Aussi, retrouve-toi dans une pièce obscure et garde les yeux ouverts, sans ciller, le plus longtemps possible, puis reviens dans une pièce plus éclairée. Également, lis une page complète sans ciller. Ces exercices aident à développer plus d'intensité et de vivacité dans le regard, ce qui assure une plus grande confiance.

Concernant la **voix**, une bonne suggestion consiste à t'enregistrer au fil d'une conversation téléphonique et de te réécouter par la suite. D'autre part, pour aider à développer une **poignée de main** ferme et confiante fais une boule avec du papier journal et serre-la dans ta main. Cela solidifie les muscles à ce niveau et aide à développer une poignée de main plus vigoureuse et chaleureuse. En ce qui concerne la **respiration**, il est suggéré d'y être attentif plusieurs fois par jour pour apprendre à respirer plus profondément. L'importance de la RESPIRATION est bien expliquée dans cet ouvrage. D'autres moyens pour développer plus de confiance et d'assurance sont, par exemple, les cours de théâtre, de danse, de chant ou toutes autres formations ou activités qui exigent de se retrouver au sein d'une équipe et d'un groupe.

T

Tous les exercices corporels et respiratoires, ainsi que rencontrer des gens, aident énormément une personne de nature introvertie à s'ouvrir aux autres et à vaincre sa timidité. Quand on fait des actions au point de vue physique, cela se répercute immédiatement aux plans émotionnel et mental. Il importe de s'observer chaque fois qu'on se sent mal à l'aise pour rester en contact avec soi-même et pour demeurer alerte à tout ce que l'on vit.

Pour réaliser notre désir de nous améliorer, il n'y a aucune autre alternative que de transformer notre attitude et de poser des actions vers ce que nous voulons. La grande sensibilité d'un timide face à l'effet qu'il produit sur les autres a ses bienfaits. En effet, le jour où il gérera bien cet aspect, cette sensibilité lui permettra de très bien percevoir les besoins des autres. Il peut ainsi devenir un très bon thérapeute ou représentant car, au lieu de vouloir trop performer, il sera sensible aux besoins des autres.

TOLÉRANCE

Une personne tolérante est celle qui respecte la liberté d'autrui, sa manière de penser, d'agir et ses opinions. Elle permet aux autres d'avoir des idées, des attitudes et des comportements différents des siens sans pour autant être d'accord ou avoir la même opinion. La tolérance, c'est aussi reconnaître que quelque chose nous dérange mais décider de passer outre certaines de nos croyances ou valeurs lorsque la situation concerne l'autre personne. C'est faire preuve de flexibilité, d'indulgence et de souplesse.

Il y a des domaines où nous nous montrons plus tolérants que d'autres : nos valeurs et nos limites en déterminent la cause. Par exemple, dans un foyer où il y a des règlements préétablis avec les enfants, le parent est considéré comme tolérant lorsqu'il permet quand même certaines incartades. Il choisit alors de fermer les yeux sur certains règlements.

Cependant, tolérer ne signifie pas endurer, ce qui devient plutôt de la SOUMISSION, ni laisser entrer quelqu'un dans son ESPACE VITAL. En somme, la tolérance se veut l'attribut contraire de la RIGIDITÉ et du CONTRÔLE. Pour apprendre à développer la tolérance envers quelqu'un d'autre, on doit s'ouvrir aux autres, ouvrir notre cœur, élargir notre esprit, se mettre à la place des autres et regarder objectivement leur point de vue en admettant que toute personne a autant le droit que nous d'avoir des idées, des opinions, des attitudes et des comportements différents, voire tout à fait contraires aux nôtres.

La tolérance est une qualité de cœur au même titre que la patience, la compassion et le respect. Une personne capable de tolérance avec elle-même et avec son prochain se rapproche intimement de cet attribut ultime qu'est l'AMOUR véritable, l'ACCEPTATION inconditionnelle, source suprême de grand bonheur.

TRAHISON

Cesser d'être fidèle à quelqu'un ou à une cause, abandonner, livrer quelqu'un. Trahir peut aussi vouloir dire manquer à une promesse, à un engagement. La trahison faite à une personne engendre des sentiments blessants et humiliants car cela vient toucher une ou plusieurs blessures extrêmement sensibles de notre âme. Il y a plusieurs façons pour une personne de se sentir trahie. D'abord, dès l'enfance par un parent, un frère ou sœur, un grand-parent ou un éducateur qui n'a pas tenu une promesse ou un engagement et ce, même si l'enfant est en très bas âge; dans une relation de couple où l'engagement face à l'exclusivité sexuelle n'a pas été tenu; en amitié où la confiance mutuelle régnait et que l'un des amis a dévoilé un secret qu'il devait garder, etc.

Plus une personne a mis sa confiance absolue en quelqu'un d'autre ou en une cause particulièrement chère, plus le sentiment de trahison risquera d'être important, surtout quand cette personne se croit loyale, dévouée, fidèle à sa parole, à ses promesses ou à ses engagements.

La trahison provient, de prime abord, de nos ATTENTES en rapport à certains de nos désirs, mais aussi de la partie contrôlante en nous. La personne qui se sent trahie facilement s'attend, en général, à ce que les autres réagissent selon son point de vue et ses valeurs sans vérifier ou tenir compte des circonstances, de leur motivation, de leur propre individualité qui inclut leurs limites. Ainsi, elle souhaite inconsciemment CONTRÔLER leur vie par rapport à ses attentes, ses désirs et son système de croyances, ce qui représente une forme inconsciente d'ÉGOÏSME. Elle devient de plus en plus contrôlante avec les autres.

T

Pour plusieurs personnes, quand la confiance est anéantie, la méfiance s'éveille aussitôt. Comme rien n'est laissé au hasard, si tu te crois souvent trahi, c'est-à-dire tu crois que les autres ne te font pas confiance, te mentent ou ne respectent pas leur parole ou que tu les accuses d'être irresponsables, vérifie si tu es, en tout point, une personne loyale, dévouée, fidèle à sa parole, à ses promesses et à ses engagements face aux autres et surtout face à toi-même. Souviens-toi que nous traitons les autres de la même façon que nous nous traitons. Car, toute attitude qui nous fait réagir reflète précisément ce qui se passe en nous mais que nous ne voulons pas voir. Les autres deviennent nos MIROIRS.

Dans la vie, il n'y a pas de véritable trahison, il y a seulement des gens qui expriment leurs limites en rapport avec leurs propres blessures, leurs peurs, leurs croyances. Si une personne se croit souvent trahie de quelque façon que ce soit, elle a intérêt à devenir consciente que la trahison fait partie des BLESSURES qu'elle aura à dépasser dans sa vie présente.[10]

TRANSFORMATION

Passage d'un état à un autre. Amélioration, changement, modification sont quelques synonymes. La transformation dont il est question dans cet ouvrage concerne l'« être » de la personne. Voici quelques exemples de transformation : quelqu'un de très possessif et prisonnier de ses peurs devient une personne libre en transformant son attitude et sa perception de ce qu'est vivre et laisser vivre; une personne qui se rejette, ne voyant d'elle que ses défauts, mais qui parvient à s'aimer en apprenant à mieux se connaître et à s'accepter; un homme ou une femme qui se croit victime, donc qui subit sa vie et, grâce à la transformation de son attitude et à la connaissance des lois universelles, apprend à mieux la maîtriser et à créer son bonheur selon ses besoins.

---

10   Pour plus de détails, il est suggéré de lire le livre "Les 5 blessures qui empêchent d'être soi-même".

Ces transformations extraordinaires sont possibles pour tous ceux ayant un désir sincère de fournir les efforts nécessaires pour actualiser leur droit d'exister et d'être heureux. Comment se fait-il que certaines personnes éprouvent des difficultés à se transformer ? D'abord, le mot « transformation » fait souvent peur à l'humain parce qu'il est souvent synonyme d'« inconnu » et, qui dit inconnu, dit insécurité, instabilité.

Il est dit qu'en général l'humain préfère sa stabilité, même si l'ensemble de ce qu'il vit se révèle difficile et même intolérable. Il aime mieux demeurer stable dans son infortune que de prendre le risque de se transformer par peur de ce qui pourrait lui arriver. C'est pourquoi il arrive fréquemment qu'une personne vive une situation difficile, un moment de crise, pour lui laisser savoir qu'il est temps de progresser, de se transformer. Par après, malgré certains moments difficiles durant la phase de transformation, rares sont les personnes qui affirment qu'elles retourneraient en arrière. On reconnaît donc qu'il est naturel pour l'humain de passer par différentes étapes de transformation.

Aussi, une transformation ne signifie pas destruction. Chez plusieurs personnes, l'état actuel de la planète (GAÏA) peut effrayer car tout change à une telle vitesse qu'elles ont l'impression que ce qu'elles ont construit depuis longtemps est en train de s'écrouler, que tout devient provisoire. Ce n'est qu'une peur, une illusion de l'ego. La réalité est toute autre. On n'a qu'à observer la nature. Le papillon s'avère un excellent exemple de transformation. Il va jusqu'à modifier totalement son apparence pour ainsi voler vers d'autres horizons, vivre d'autres expériences. Bien sûr, nous ne sommes pas des papillons mais la nature existe pour nous montrer que la transformation fait partie intégrante de notre vie et qu'elle est un passage à quelque chose de nouveau, un autre état.

T

Il est tout à fait naturel et même impératif de se transformer pour poursuivre notre évolution spirituelle. Nous n'avons qu'à nous observer par rapport aux années précédentes et voir toutes les transformations qui sont survenues autour de nous durant ces années. Certaines personnes ont parfois l'impression d'avoir vécu plus d'une vie tellement il y a eu de transformations remarquables dans leur existence.

Le moyen par excellence qui amène une transformation durable et profitable sans souffrir ni devoir nous contrôler consiste à nous donner le droit d'être tels que nous sommes actuellement sans nous juger, ni nous critiquer et à avoir de la compassion pour nous.

Par exemple, lorsque quelqu'un ne s'accepte pas lorsqu'il vit une colère, une dépendance, une peur ou une croyance quelconque ou se rejette parce que son corps physique n'est pas à son goût, cette attitude de non-acceptation le retient prisonnier de ce comportement. L'EGO croit que pour arriver à changer quoi que ce soit, nous devons rejeter, repousser ce qui est indésirable. L'ego ne sait pas que plus nous rejetons quelque chose et plus ce qui est rejeté revient en force. Ceci explique pourquoi une personne qui n'accepte pas son corps, le trouvant trop gros par exemple, n'arrive pas à le transformer selon ses désirs ou l'autre qui n'accepte pas un de ses comportements qu'il juge inacceptable, continue malgré lui d'agir ainsi.

Nous devons donc nous accepter en premier lieu tel que nous sommes avant de vouloir nous transformer. C'est donner le droit à un comportement ou à une situation d'être là parce que nous l'avons créé, même si c'est de façon inconsciente. Chaque situation a quelque chose à nous apporter pour nous faire grandir. Remercier pour son UTILITÉ ce qui semble indésirable nous dirige vers la transformation puisque le fait de vivre l'expérience de ce que nous ne souhaitons pas pour nous, à cause des conséquences désagréables, nous aide à déterminer ce que nous voulons.

Cependant, demeurons conscients que notre DIEU INTÉRIEUR sait exactement ce dont nous avons besoin. Il se peut que la transformation nous amène vers le contraire de ce que nous souhaitions. Nous devons faire CONFIANCE et LÂCHER PRISE. Suite aux effets miraculeux de l'ACCEPTATION inconditionnelle, la transformation, commence à se faire sentir graduellement. C'est donc en se donnant le droit d'avoir des limites, des faiblesses et des peurs dans les différents domaines de notre vie que s'amorcera le processus d'une véritable transformation. Il est cependant préférable de faire des actions concrètes au niveau de nos attitudes et comportements vers ce que nous voulons pour accélérer ce processus de transformation. On doit, en ce sens, être alerte et avoir le désir sincère de vouloir se transformer pour se donner une meilleure qualité de vie.

TRANSPARENCE

Qualité de ce qui peut être vu et connu de tous. Sans dissimulation. Quand on parle de personnes transparentes, on fait référence à des êtres d'une grande pureté dans leurs pensées, leurs paroles, leurs sentiments et leurs actions. Ce sont des gens humbles, VRAIS et authentiques. Nous avons l'impression de lire en eux, de sentir et de connaître leurs réactions aux niveaux physique, émotionnel et mental. Ils dégagent une grande confiance en ce qu'ils sont et en leurs capacités. Être transparent correspond à ce que nous aspirons tous car c'est la LIBERTÉ totale de l'être.

Certains semblent transparents, du fait qu'ils se montrent incapables de cacher leurs sentiments et leurs émotions. Ce sont plutôt des personnes spontanées et emportées par ce qu'elles vivent. Cette transparence n'est pas consciente ni voulue. Pour atteindre cet état d'être qu'est la vraie transparence, il est d'abord essentiel d'en devenir conscient et d'avoir un haut niveau d'ACCEPTATION et d'AMOUR DE SOI. Être transparent d'une façon consciente et volontaire consiste à accepter que les autres voient tout de nous, à n'avoir rien à cacher, ce qui démontre une absence de CULPABILITÉ et de HONTE.

T

TRAVAIL (aimer son)

Ceux qui n'aiment pas leur emploi sont en général ceux qui ne travaillent que pour le salaire et les avantages sociaux ou qui font un métier imposé par leurs parents ou par loyauté familiale (exemple : une famille de médecins) ou ceux qui vivent des difficultés au travail. Si tu te vois dans l'une de ces situations, il sera urgent que tu apprennes à gérer tes

DIFFICULTÉS en te rappelant que tu les as attirées à toi pour devenir plus conscient et te connaître davantage. Si tu exerces un métier qui t'a été imposé, il sera grand temps que tu apprennes à t'AFFIRMER. Quels sont tes intérêts, tes talents, tes préférences ? Aussi, pose-toi la question : « Si l'argent ne t'intéressait pas, quel type de travail te ferait bondir de ton lit tous les matins ? »

Malheureusement, plusieurs ignorent ou ne croient pas possible de faire ce qu'ils aiment, c'est-à-dire utiliser leurs TALENTS innés pour gagner leur vie. Prenons l'exemple d'un homme qui a comme hobby la restauration de vieux meubles. Il retire beaucoup de plaisir et de satisfaction à les voir reprendre vie et beauté. Il pratique ce hobby pour son plaisir et celui de ses amis. Il ne lui vient pas à l'idée de gagner sa vie à faire ce métier car il trouve injuste de prendre l'argent des autres pour effectuer quelque chose qui lui vient aussi facilement et qui lui apporte autant de plaisir. Ce genre d'homme a besoin de travailler sa BLESSURE d'INJUSTICE, ce qui lui permettra d'œuvrer dans la bonne humeur, plutôt que de se forcer à exercer un métier qui ne lui convient pas.

Il est très important d'aimer son travail, qu'il soit rémunérateur ou pour notre bien-être personnel. Sinon, tout devient lourd et les journées sont longues. Il y a aussi le risque de devenir de plus en plus déprimé. Pour aimer notre profession, nous devons nous rappeler que nous travaillons toujours pour nous, qu'il y a toujours quelque chose à aller y chercher. Il est suggéré de faire une INTROSPECTION régulièrement pour se demander ce que ce travail nous permet d'ÊTRE. Notre attitude intérieure peut se transformer pour arriver à aimer davantage ce que nous faisons. Quelqu'un de nature joviale peut, par exemple, décider d'être le rayon de soleil ou le boute-en-train de toute une équipe ! Les gens apprécieront sa compagnie et l'atmosphère sera beaucoup plus détendue et joyeuse. Aussi, pourquoi ne pas décider de pratiquer la patience, la tolérance, l'acceptation ? Tout sur notre route peut servir à nous élever vers la conscience de notre être quand nous savons y trouver un besoin et un intérêt particulier. Par conséquent, les difficultés s'amenuisent, faisant place à des solutions.

Il se peut qu'un jour, tu te retrouves dans une situation où tu n'aimes plus ton travail et, surtout, que tu sais au plus profond de toi que tu es prêt pour une nouvelle expérience, mais qu'il est hors de question d'envisager autre chose pour l'instant. En attendant de passer à autre chose, tente d'y trouver au moins un aspect intéressant et agréable qui t'aidera à être plus heureux maintenant. Regarde les aspects positifs, constructifs et créatifs qui t'apportent de l'énergie, car il y a toujours quelque chose que nous pouvons transformer ou améliorer dans notre attitude, notre comportement ou encore dans notre façon d'envisager notre travail.

Un bon moyen pour développer de l'intérêt dans notre travail consiste à faire comme si nous devenions notre propre patron. Lorsqu'une personne travaille à son compte, son intérêt et sa satisfaction personnelles sont de rechercher sans cesse l'amélioration et le succès de son entreprise, ce qui est beaucoup plus énergisant que d'effectuer un travail routinier uniquement pour le salaire. De toute façon, une personne est toujours gagnante à s'appliquer, à faire de son mieux car cette attitude fait jaillir de nouvelles idées et de nouvelles perspectives susceptibles de déboucher sur un futur travail plus adapté à ses besoins.

Or, rappelle-toi que si tu quittes un travail pour te sauver d'une situation problématique, cette dernière ne sera pas réglée pour autant. Tu risques de retrouver la même situation à travers un autre contexte auquel tu devras faire face un jour. Cependant, si c'est rendu au-delà de tes limites de vivre cette situation parce que tu as attendu trop longtemps pour y remédier et que tu en deviens conscient, changer de travail pourra s'avérer une solution à envisager temporairement. Tu respectes ainsi tes limites en reconnaissant que lorsque tu seras confronté plus tard à ce même genre de situation, tu seras plus en mesure d'y faire face.

Avant de vouloir changer quoi que ce soit dans notre vie, il est essentiel d'être bien là où nous nous trouvons. Comment s'en assurer ? En suivant les étapes de l'ACCEPTATION. Suite à cette

T

acceptation, les transformations et les changements bénéfiques se feront d'eux-mêmes.

Le travail représente la plus grande activité consciente dans une journée; il est donc de la plus haute importance d'apprendre à l'aimer et consentir à vouloir s'améliorer. Donc, apprendre à aimer son travail, à avoir du plaisir et à s'épanouir à travers celui-ci se veut le moyen par excellence pour faciliter un changement de travail, si nous en sentons le besoin. Ce changement doit être motivé par le besoin d'avoir d'autres défis, d'autres réalisations de nous-même. Le milieu de travail, peu importe lequel, se révèle une source de très grande satisfaction personnelle à plusieurs niveaux. Aussi, il est reconnu que les personnes qui éprouvent du plaisir à leur travail sont davantage ouvertes à tout ce qui crée l'abondance et le bonheur.

TRAVAIL (avoir un)

Il y a de nombreuses définitions associées au mot travail. En voici quelques-unes : activité appliquée à la production et à la création; effort que l'on doit soutenir pour faire quelque chose; exercice d'une activité professionnelle, régulière et rémunérée; action de gagner sa vie. Or, pour plusieurs personnes, un travail est perçu comme une activité, souvent laborieuse, auquel elles doivent se soumettre pour gagner leur vie. Les expressions courantes que voici en témoignent : *il faut bien travailler pour gagner sa vie; j'ai besoin de travailler pour garder mon équilibre; si on veut s'acheter ce que l'on désire, on devra travailler dur*. Ces expressions donnent l'impression que l'action de travailler devient une forme de compensation ou encore quelque chose d'ardu, de difficile et de désagréable.

Pourtant, de nombreuses personnes, même celles qui sont à l'aise financièrement ou même très riches, ont ce besoin de travailler et l'ambition du gain n'est pas toujours leur motivation première. Il s'agit de personnes qui ont une véritable passion pour ce qu'elles font et qui reconnaissent tout ce qu'elles apprennent. Voilà pourquoi elles travaillent avec fougue et ardeur car, à travers leur travail, intuitivement, elles puisent dans leurs ressources intérieures illimitées l'énergie et les connaissances nécessaires pour toujours se dépasser. Tout cela leur procure beaucoup de bonheur, de vitalité et de satisfaction personnelle. Ces personnes savent que le travail représente un besoin fondamental pour l'humain car il leur permet de se découvrir et de se dépasser, bien au-delà de ce qu'il leur arriverait si elles ne travaillaient jamais.

Auparavant, les gens s'identifiaient à ce qu'ils faisaient. On disait d'eux qu'ils étaient médecins, mécaniciens, agriculteurs, comptables, enseignants ou autres et ils œuvraient généralement au sein de cette seule fonction toute leur vie durant. Avec l'ÈRE DU VERSEAU, qui apporte de nombreux changements et revirements dans plusieurs domaines, nous sommes appelés à modifier notre perception face au travail. On se rend compte maintenant que les personnes qui poursuivent le même genre de travail toute leur vie sont de plus en plus rares, à moins qu'elles ne soient nées pour une vocation particulière ou que le travail choisi leur fournisse la possibilité d'être sans cesse créatif et de faire valoir leur potentiel et leurs talents.

Il est donc normal pour qui que ce soit d'aspirer à changer souvent de métier ou de fonction. Ce changement, cependant, doit être motivé par amour pour soi, pour aller vers mieux, plutôt que par peur de quelqu'un ou de quelque chose vécu au travail. De nos jours, avec tous les moyens et les ouvertures mis à notre disposition, nous avons la possibilité de devenir de plus en plus connaisseurs et ce, dans plusieurs domaines, ce qui nous porte à vouloir expérimenter du nouveau.

Tout travail, peu importe sous quelle forme (manuel, intellectuel, physique, artistique, scientifique, relationnel ou autres), devrait avoir pour motivation première de nous enrichir au niveau de notre être. Voilà l'attitude par excellence susceptible de nous ouvrir les portes d'un travail à la mesure de notre potentiel, de nos talents et de notre individualité.

T

Si tu fais partie de ceux qui veulent se trouver du travail parce que tu es sans emploi dans le moment, sache qu'il y en aura toujours pour ceux qui désirent se réaliser pleinement. Ton travail premier consiste donc à t'en trouver un. Chaque matin, à tous les jours, tu t'habilles et tu quittes ta demeure comme si tu avais un emploi régulier. Ta fonction consiste à aller voir une entreprise après l'autre et de leur dire : « Je veux du travail » et de remplir les formulaires requis. Tu n'as rien d'autre à faire. Il ne te reste qu'à LÂCHER PRISE et de t'en remettre à ta grande PUISSANCE intérieure qui sait exactement ce dont tu as besoin.

Il importe de te rappeler que ceux qui ne veulent pas te parler ou accepter ta candidature ne sont pas en train de te rejeter mais plutôt d'exprimer leurs besoins. Tu continues tes démarches jusqu'à ce que quelqu'un t'offre un emploi, même si cette offre s'avère surprenante ou ne correspond pas à tes attentes. Sache que cette expérience te sera nécessaire pour ton plan divin. C'est pourquoi tu dois accepter ce qui passe car le divin en toi te guide.

Tu peux également demander à l'Univers un travail qui te procurera bonheur et satisfaction, dans lequel tu t'épanouiras et tu seras utile à la société. Tu peux, de plus, faire des affirmations mentales, telles que « Je me trouve le travail idéal dans lequel je m'épanouis en tant qu'être. » Surtout, évite de t'inquiéter car ton DIEU INTÉRIEUR sait ce qui est bon pour toi et te guidera vers ce dont tu as vraiment besoin. L'important est de consentir à bouger de l'énergie par des actions et une attitude gagnante et de faire confiance à la vie.

Suite à ces actions, il est même possible que tu te retrouves devant plusieurs possibilités et que tu aies à choisir. Mais, peu importe dans quel domaine s'arrêtera ce choix, tu ne te trompes jamais. Tu ne vis que des expériences additionnelles qui t'enrichiront toujours pour te diriger vers d'autres expérimentations. Si tu prends le temps de vérifier tes vrais BESOINS, cela peut faciliter tes choix.

Or, une personne qui fait des démarches pour trouver un travail ou qui souhaite ouvrir un commerce et que cela ne se manifeste pas peut se poser la question suivante : « Suis-je bien sûr que c'est ce que je veux faire maintenant ? Quelle est ma vraie motivation ? Qu'est-ce que je veux apprendre sur moi-même avec cette expérience ? » Se rappeler qu'on ne doit jamais travailler pour l'argent que cela nous rapporte, puisque notre but devrait s'orienter dans le fait de vouloir grandir, de développer notre créativité, de découvrir toutes nos capacités et d'avoir la possibilité de se dépasser sans cesse. L'argent devient alors une récolte, une récompense pour nos efforts.

TRISTESSE

État affectif pénible, calme et durable qui envahit la conscience par de la douleur et de l'insatisfaction. Cet état crée un malaise dont on ne connaît pas véritablement la cause et qui empêche de vraiment jouir de la vie. Ce sentiment se prolonge quand la personne qui en souffre n'a pas encore envisagé ou trouvé de solution. La personne peut être restée accrochée à une situation vécue douloureusement d'un passé récent ou lointain ou cette tristesse peut provenir d'une accumulation de contrariétés, d'inquiétudes ou de désillusions. Dans la tristesse, il y a souvent de l'ennui, sous forme de dépendance d'une autre personne.

Les gens qui souffrent le plus de tristesse se sentent ABANDONNÉS facilement et souvent. Voilà pourquoi la tristesse est souvent associée à un moment qui favorise la nostalgie, par exemple au cours de la période des fêtes ou de grands rassemblements familiaux. Quelqu'un qui est triste se sent seul, démuni et impuissant. Il perçoit davantage le côté sombre de la vie plutôt que le beau côté de toute chose. Il DÉPRIME facilement. En somme, il est temporairement décentré. Si une personne vit des périodes de tristesse, elle devra prendre conscience qu'elle est dans son passé au lieu d'être centré sur le MOMENT PRÉSENT, ici et maintenant. Elle aura aussi à transformer sa DÉPENDANCE AFFECTIVE en AUTONOMIE.

Un autre aspect intéressant à considérer qui explique pourquoi il peut être normal chez certaines personnes d'éprouver parfois de la tristesse, sans en connaître la raison, est que notre âme a la nostalgie de sa vraie demeure, le monde ASTRAL. Tel un émigré qui quitte à contrecœur sa terre natale dans le but d'améliorer ses conditions de vie, celui-ci garde tout de même en son cœur un souvenir nostalgique de l'endroit où il est né et l'espoir d'y retourner un jour. La terre représente pour nous une

T

école où nous sommes de passage et sur laquelle nous apprenons à vivre des expériences dans l'ACCEPTATION inconditionnelle et à nous connaître à travers elles. Par exemple, si nous vivons 80 ans, nous aurons été 80 ans dans une école en train d'apprendre. Quand nous vivons ces moments passagers de tristesse, prenons le temps de nous arrêter pour observer et SENTIR ce qui se passe en nous. En nous donnant le droit d'être ainsi, il sera plus facile de nous rebrancher avec notre RAISON D'ÊTRE.

Une autre forme intense de tristesse, liée à la mort ou à la fin de quelque chose, est appelée un **chagrin**. Il consiste en une souffrance qui engendre de la tristesse suite à un événement précis. Il est normal et humain de vivre du chagrin et un sentiment de vide intérieur quand un événement nous dépassant émotionnellement nous cause de la douleur. Il est même important de se laisser aller totalement à notre chagrin sans essayer d'en finir au plus vite. On se donne ainsi le droit de vivre ce chagrin dans l'acceptation. Cependant, il s'avère très malsain de rester accroché indéfiniment à la situation qui nous a chagriné. On doit plutôt tenter d'en comprendre le ou les messages afin de se centrer. En général, ce genre d'expérience est là pour nous aider à apprendre le DÉTACHEMENT et l'autonomie.

Il y a aussi de la tristesse dans la peine, mais nous parlons de **peine** lorsque nous vivons un événement dont la cause est connue et nous chagrine. Elle est une expression de notre VULNÉRABILITÉ alors que nous avons peur de paraître vulnérables. On retrouve ce sentiment derrière toutes les ÉMOTIONS vécues. La peine est ressentie lorsque nous n'avons pas su accepter une personne ou une situation. Au plus profond de nous, nous savons que notre âme aspire à vivre toutes les situations dans l'AMOUR VÉRITABLE.

Plus une personne vit de la *tristesse*, du *chagrin* ou de la *peine*, plus elle a grand intérêt à tenter de découvrir les messages que la vie lui envoie, à savoir, apprendre à s'accepter et à accepter tous les événements qui surviennent comme étant des éléments essentiels d'éveil de sa conscience. Elle doit devenir OBSERVATRICE plutôt que

VICTIME de la vie, voir le beau côté des gens et des choses, s'émerveiller davantage, dire merci pour tout ce qui arrive, avoir et nourrir des BUTS pour demain plutôt que de vivre dans le passé.

T

UNIFIER

Se référer à **FUSIONNER**

UNIVERS

L'ensemble des mondes et de leur contenu. Quand nous parlons de l'Univers, nous pensons à la vie, à l'énergie première. L'Univers, c'est ce qui forme le *TOUT*. Ce terme est souvent employé pour désigner l'ensemble de la création. Il représente le DIEU universel qui s'exprime à travers tout ce qui vit. L'Univers signifie donc : Union, Réunification, Fusion. Nous sommes tous reliés à la même source qui nous *UNIT VERS* un même but, soit celui de retourner à la Lumière. Par conséquent, tout ce que nous faisons individuellement se répercute collectivement. Nous sommes tous réunis par la même RAISON D'ÊTRE, celle de reprendre contact avec notre puissance intérieure, notre énergie divine, notre vraie nature et le moyen par excellence pour y parvenir est l'AMOUR véritable.

L'Univers, c'est savoir qu'il y a toujours une puissance qui s'occupe de tout ce qui existe, une puissance qui sait tout, qui gère, qui organise le tout selon les grandes LOIS universelles. Par exemple, quand nous disons : « Je remets cela dans les mains de l'Univers », nous voulons dire que nous avons la FOI totale en cette grande puissance divine qui connaît notre plan de vie et qui sait parfaitement ce qui est bon pour nous.

UTILITÉ

U

Caractère, qualité de quelque chose ou de quelqu'un qui sert à quelque chose. L'utilité se détermine par la fonction d'un objet, d'une personne ou de quoi que ce soit qui nous permet de rendre notre vie plus facile, plus agréable ou constructive. Par exemple, l'utilité des expériences terrestres consiste à faire progresser l'âme; la végétation s'avère utile sur la planète pour oxygéner, embellir, nourrir et harmoniser la nature; un conjoint est utile pour apprendre à nous connaître à travers lui, etc.

Lise Bourbeau & Micheline St-Jacques

L'utilité constitue un des critères importants de l'INTELLIGENCE. Elle peut se retrouver dans tous les domaines de notre vie, autant aux plans physique, émotionnel, mental que spirituel.

Commençons d'abord par le **plan physique**. En général, nous nous procurons des choses pour nous simplifier la vie et pour la rendre plus agréable et confortable. C'est tout à fait légitime, logique et naturel. Cependant, est-ce que tu t'es arrêté dernièrement pour vérifier si tout ce que tu possèdes t'est encore utile ? Par exemple, des vieux outils, meubles et appareils qui ne servent plus, vaisselle et boîtes de conserve en trop dans le fond des armoires, vêtements trop petits, trop grands ou démodés qui encombrent tes placards, etc. T'assures-tu que ce que tu achètes est utile pour toi ? Et ce que tu fais, manges ou bois, est-ce utile ou non pour la santé de ton corps ?

Combien de personnes accumulent sans cesse, prétextant qu'elles ont manqué de tout dans leur jeunesse. Elles se croient encore obligées d'empiler par crainte d'en manquer de nouveau et ce, en dépit du fait que nous vivions dans un pays d'abondance. **Que tu en sois conscient ou non, tout ce qui ne circule pas et qui encombre ta vie dans le moment a des effets nuisibles et indique que tu es aussi encombré dans tes pensées et tes émotions, ce qui s'avère tout à fait inutile pour toi et qui gruge ton énergie.** Comme nous vivons à une époque où l'intelligence doit nous diriger, assure-toi que tout ce que tu possèdes soit utile.

Lorsque tu découvres des choses ou des comportements inutiles, souviens-toi que le fait de vouloir garder quelque chose d'inutile dénote une peur, ce qui te coupe de l'abondance. On ne doit pas laisser la matière stagnante puisque c'est contre nature. Cela prend la place de quelque chose d'autre de vraiment utile. Si tu ne peux trouver une utilité à quelque chose maintenant, il sera plus sage de t'en défaire. Vends-les, donne-les à quelqu'un qui en a besoin ou mets-les au recyclage, sinon jette-les. Ainsi, tu apprendras à DONNER et tu donneras l'opportunité à quelqu'un d'apprendre à RECEVOIR et à s'ouvrir à l'ABONDANCE.

Il en est de même aux **plans émotionnel et mental**. Prends conscience de tes CROYANCES. Fais le bilan de celles entretenues depuis toujours et qui ne t'apportent plus le résultat désiré. Sache qu'elles te nuisent au lieu d'être utiles. Ne conserve que celles qui t'aident à évoluer vers ce que tu veux être. La même chose au niveau de tes PEURS. Une peur peut t'être utile pour t'aider à découvrir une croyance inconsciente. Elle peut aussi contribuer à découvrir un DÉSIR inconscient puisque derrière toute peur se cache un désir non comblé. Le fait d'être conscient du désir t'aide à savoir vers quoi orienter tes pensées et tes actions. Toutes tes peurs t'ont été utiles au moment où tu les as créées par le passé en te protégeant d'un danger réel ou d'une situation appréhendée. Cependant, continuer de les entretenir te nuit maintenant plus qu'elles ne t'aident car elles t'empêchent d'évoluer vers ce que tu veux, donc d'être heureux.

Il en est ainsi pour tous tes états d'être. Tout ce qui te fait sentir mal, tels que culpabilité, ressentiment, rancunes, etc., tous ces sentiments de mal-être intérieur ne pourront t'être utiles que s'ils t'aident à prendre conscience du besoin de revenir à l'amour véritable. Sinon, ces énergies te nuisent considérablement et t'empêchent d'aimer et d'accéder au bonheur et à la paix intérieure.

Au **plan spirituel**, l'utilité consiste à reconnaître que tout ce qui nous entoure, en particulier les gens que nous côtoyons, s'avère utile pour nous aider à évoluer et conscientiser grâce à ce qu'ils représentent pour nous. Réalisons qu'ils nous aident autant dans le domaine matériel que spirituel. Reconnaître leur utilité nous incite à les apprécier davantage et à leur exprimer notre gratitude. Cela peut les aider également à mieux se découvrir et à mieux s'apprécier. Voilà l'intelligence de l'utilité.

U

VALEUR PERSONNELLE ou VALORISATION DE SOI

Ce par quoi une personne est digne d'estime dans différents plans (moral, intellectuel, physique, etc.); mérite. Comment peut-on déterminer sa propre valeur personnelle ? D'abord, par les résultats dans notre vie, à savoir tout ce qui nous aide à *être* heureux, confiant, en paix, en harmonie et à nous épanouir librement, et aussi par l'estime que l'on se porte soi-même.

Pourquoi certaines personnes ont-elles de la difficulté à reconnaître leur valeur personnelle ? Parce qu'en général elles se valorisent par rapport à leurs résultats dans le « faire » plutôt que dans le « être ». Cette attitude est devenue courante car nous avons tous été influencés par notre éducation, notre religion, notre famille, nos amis et la société.

À l'adolescence, peu nombreuses sont les personnes qui ont été validées par leurs PARENTS, c'est-à-dire qu'elles ont été véritablement reconnues pour leur valeur, en tant qu'êtres, avec un potentiel immense et qui ont été appuyées et aidées à découvrir leur force intérieure. Nous devons reconnaître que nos parents, n'ayant pas été eux-mêmes validés, ne pouvaient le savoir. Par conséquent, comment pouvaient-ils le faire avec nous ? Cette VALIDATION est essentielle à notre développement et stabilité intérieurs. L'absence de validation a affecté défavorablement notre façon de penser, d'agir, de réagir et de nous percevoir tels que nous sommes vraiment.

Au fil du temps, la plupart d'entre nous sont devenus incapables de se valoriser pour ce qu'ils sont véritablement. Nous mettons plus l'accent sur nos faiblesses plutôt que sur nos forces susceptibles de rehausser notre valeur personnelle. Cette attitude alimente notre manque de confiance et nous finissons par prendre l'habitude de nous mesurer aux autres en nous comparant en moins. Nous oublions de prendre en considération tout ce que nous avons réalisé par le passé et tout ce que nous avons acquis comme connaissance, expérience et sagesse au prix d'efforts et d'actions soutenus grâce à notre courage et à notre détermi-

V

nation. En somme, nous nous déprécions davantage que nous nous apprécions, ce qui est contraire à l'AMOUR DE SOI.

Comment arrivons-nous à reconnaître et à rehausser notre valeur personnelle ? Premièrement, en prenant la décision que nous n'avons plus à continuer d'entretenir le même schéma que notre parent du même sexe, par loyauté familiale souvent inconsciente. Ensuite, en devenant plus conscients de qui nous sommes véritablement et en développant l'ESTIME de nous. Voici un exemple : tu sais que tu possèdes les aptitudes nécessaires à l'obtention d'un travail dont tu rêves depuis longtemps, mais malgré cela, tu manques de confiance en toi car tu crains de ne pas être à la hauteur des attentes des autres et d'être rejeté. Le fait d'anticiper cette situation démontre que tu te rejettes toi-même car tu manques d'estime de toi. En étant incapable de t'estimer, tu perds CONFIANCE EN TOI, tu te dévalorises et te rejettes. Avec ce genre d'attitude, comment veux-tu que les autres aient confiance en toi et reconnaissent ta valeur ? *Tout doit commencer de l'intérieur de toi.*

Voilà pourquoi il est si urgent de devenir conscient, d'apprendre à te connaître véritablement et à t'aimer. Quand tu t'affirmes, sois plus conscient de ta valeur, de tes talents et de tes qualités. Ressens-les vraiment en toi comme une force, une puissance, sans crainte que ce soit de l'ORGUEIL. Aussi, tu comprendras mieux les autres quand ils s'affirmeront. Vérifie quelles PEURS t'empêchent d'y accéder (peur de ne pas être à la hauteur de tes attentes ou de celles des autres, peur de commettre des erreurs, d'être jugé, critiqué, rejeté, etc.) Il te restera ensuite à découvrir les CROYANCES que tu alimentes et qui sont associées à ces peurs.

Pour devenir plus conscient de ta valeur reliée à tes besoins, pose-toi la question suivante : « Est-ce que tout ce que je fais, toutes mes occupations présentes ont de la valeur pour moi ? Est-ce que cela me remplit et me valorise ? Si non, qu'est-ce qui m'aiderait à mieux m'épanouir et à *être* plus heureux présentement ? » Pose-toi ces questions dans tous les domaines de ta vie : travail, famille, amis, loisirs, projets… Dès l'instant où tu le *décides* et tu le places en toi, que tu sais vraiment ce que tu veux, ce que tu vaux et que tu as la *certitude* de ce que tu veux *être*, toute cette belle énergie te remplira intérieurement et, à partir de cette minute même, les choses commenceront à changer véritablement pour toi. Tu seras attiré vers des situations qui t'aideront à poser les actions nécessaires pour parvenir à tes buts, à réaliser tes rêves et ta RAISON D'ÊTRE. Rappelle-toi qu'en transformant ton attitude et en posant des actions concrètes, tu parviendras à découvrir ta vraie valeur. Faire le BILAN DE TA VIE peut t'aider également à entrer en contact avec tes forces.

VALEURS (système de)

Ce qui est énoncé, établi ou affirmé comme s'avérant vrai, beau, bien, selon des critères personnels ou sociaux et qui, par la suite, sert de référence et de principe moral. En d'autres termes, une valeur représente l'importance attribuée à ce que l'on a décidé de croire et ce, depuis notre conception. Un système de valeurs représente l'ensemble de nos croyances et de nos certitudes et détermine nos attitudes, nos choix et nos actions. Si nous ne décidons pas en fonction de nos valeurs, il sera fort probable que nous nous sentions COUPABLES.

Nos valeurs proviennent de multiples sources; d'abord, de l'INFLUENCE de nos parents, de nos familles, puis de nos éducateurs, de la religion, du contexte social et de nombreux systèmes établis par les humains qui gèrent notre monde.

Dans la société actuelle, nombreuses sont les personnes qui accordent beaucoup d'importance aux valeurs matérielles, morales ou traditionnelles, par exemple une importance solennelle aux événements tels que mariages, baptêmes, fiançailles, faire des hautes études parce qu'il en est ainsi de génération en génération, atteindre un certain statut social, l'apparence physique, les convenances, la politesse, les traditions, etc. Le problème ne consiste pas dans le fait d'honorer ces valeurs, mais plutôt d'ignorer ou de faire totalement fi des valeurs spirituelles, telles que le respect, l'intégrité, la compassion, l'acceptation et l'amour véritable. Voilà pourquoi, au fil du temps, l'humain a perdu de vue sa propre réalité spirituelle et qu'il éprouve autant de difficulté à être à l'écoute de ses vrais BESOINS.

V

Pourtant, nous savons que nous avons tous des besoins particuliers et des expériences différentes à vivre. Cela tient compte du cheminement individuel (PLAN DE VIE) que chaque être humain doit poursuivre. Ainsi, ce qui se montre bénéfique et salutaire pour une personne ne l'est pas nécessairement pour une autre qui vivrait une situation similaire. C'est pourquoi, en dépit d'avoir eu la même influence et la même éducation, certains membres d'une famille peuvent avoir décidé de croire en des valeurs totalement différentes.

Il n'y a cependant ni bien ni mal à croire en certaines valeurs. Il importe plutôt de prendre conscience que certaines valeurs, méthodes, habitudes et principes trop rigides, sévères ou exagérés chez une personne risquent de limiter ses désirs et ses expériences, en plus de lui occasionner des combats intérieurs fréquents et de vivre dans la DUALITÉ. Or, **ce qui nuit ou fait souffrir est relié la plupart du temps à notre système de valeurs, basé sur des croyances qui ne nous conviennent plus puisque nous avons évolué. Il est donc impératif de réviser périodiquement notre système de valeurs en tenant compte de nos besoins actuels, de nos goûts et de nos limites.**

Pour ce faire, nous devons vérifier à l'intérieur de nous comment nous nous sentons lorsque nous disons, faisons, pensons et décidons de croire à une valeur quelconque, en nous posant les questions suivantes : « Mes valeurs actuelles répondent-elles bien à mes désirs, mes besoins, mes buts et mes aspirations ? Viennent-elles des autres ou de mon être profond ? Me rendent-elles heureux ? Me font-elles vivre des contraintes, des frustrations, des émotions ou de la culpabilité ? » Par contre, il n'est pas dit de tout chambarder du jour au lendemain, mais plutôt de se situer par rapport à certaines de nos valeurs actuelles et d'observer si celles-ci nous apportent le bonheur escompté. Ensuite, il suffit d'utiliser notre discernement et décider de ne conserver que les valeurs qui nous sont encore UTILES, qui nous rendent heureux, celles qui répondent à nos véritables besoins. Ne les gardons pas uniquement pour faire plaisir aux autres ou encore pour masquer nos peurs.

V

Si une personne se sent bien avec ses valeurs actuelles et que celles-ci lui apportent les résultats désirés, il s'avérera utile pour elle de les conserver. Mais si la personne se sent attirée vers quelque chose de nouveau ou de différent, elle devra suivre son intuition en prenant le RISQUE de changer certaines valeurs et de poursuivre son cheminement à travers d'autres expériences. Et même si ce qu'elle fait va à l'encontre de ce qu'elle a appris et qu'elle décide tout de même de suivre son intuition, elle ne se trompera pas puisqu'elle sait qu'elle apprendra à travers ces nouvelles expériences.

Il est donc souhaitable pour tout être humain d'établir son propre système de valeurs qui devient, par conséquent, son propre code d'éthique personnel plutôt que de continuer à utiliser les valeurs acquises depuis son tout jeune âge. Plus nous apprenons à mieux nous connaître, plus nous écoutons nos propres besoins, plus nous apprenons à gérer nos états d'être, moins nous nous laisserons influencer. Avec la SAGESSE, nous devenons de plus en plus conscients de ce qui se veut bénéfique pour nous, nous aidant ainsi à développer un meilleur DISCERNEMENT. Car, tout au fond de nous, au cœur même de nos cellules, nous possédons la vraie connaissance de toute chose. C'est donc en nous qu'il faut cultiver les valeurs précieuses à nos yeux. Nous aurons alors acquis les valeurs essentielles, les valeurs spirituelles telles que l'intégrité, le respect, la simplicité, l'amour véritable, la responsabilité, etc. Voilà le moyen par excellence pour arriver à nous valoriser comme il se doit. Par conséquent, l'être humain arrêtera de se valoriser en se basant sur les expériences du passé et le fera à partir de ce qu'il est maintenant. N'est-il pas vrai que ce que tu as fait par le passé n'est rien comparé à ce qui s'en vient ?

VALIDATION

V

Marque de reconnaissance profonde et d'approbation dans le but de toucher le cœur et l'être d'une personne. Elle agit comme un sceau d'approbation. Elle a pour effet de nous sentir appuyé, encouragé et accepté dans notre façon d'être, dans nos choix et dans nos décisions. La validation doit être faite par le parent du même sexe ou une personne ayant tenu le rôle de PARENT. L'idéal est d'être validé à l'adolescence par notre parent du même sexe. Par contre, il n'est jamais trop tard pour se reprendre si ça n'a pas été fait. L'adulte pourra être validé par une personne du même sexe qu'il admire beaucoup, si son parent n'est plus là pour le faire ou ne connaît pas cette démarche importante pour notre développement.

La façon de valider consiste d'abord à :

1) être à l'affût d'un moment où la personne est particulièrement fière d'elle, donc un **moment de fierté**;

2) se **retrouver seul** dans une pièce avec la personne;

3) établir un **contact chaleureux**, exemple : tenir la main pour une fille, et légère pression de la main sur l'épaule pour le garçon;

4) avoir un **regard direct** et droit dans les yeux;

5) utiliser des **paroles sincères** qui viennent du cœur en sentant cette vibration traverser l'être des deux personnes, puis lui exprimer à quel point il ou elle est un être extraordinaire, important, doté de qualités et de talents qui font de lui ou d'elle une personne unique et spéciale, de sorte que la personne sente la totale acceptation de son parent.

Par exemple, une mère avec sa fille adolescente qui a fourni de grands efforts et fière d'avoir réussi un examen difficile peut lui dire : « Marie, je suis particulièrement fière de toi. J'ai pleine confiance en toi et en tes capacités. Je sais que tu es quelqu'un de spécial, que tu as de belles qualités et de grands talents, que tu feras ton chemin et que tu iras loin dans la vie. »

Au pire aller, une personne peut se valider elle-même. Il n'est jamais trop tard lorsqu'il s'agit d'ESTIME DE SOI. Il suffit de suivre les étapes plus haut et de se parler à haute voix en se regardant dans le miroir. **Cependant, pour que la marque de la validation soit indélébile, per-**

manente, elle doit être faite avec beaucoup de sincérité, de senti et de profondeur, au point même d'en avoir les larmes aux yeux.

VENGEANCE

Action ayant pour intention de faire du tort, de blesser quelqu'un pour le châtier d'une injure ou d'un dommage quelconque. Par exemple, lorsque quelqu'un blesse une autre personne physiquement ou psychologiquement dans l'intention de se venger, de lui faire mal. Une vengeance représente une énergie créatrice très puissante et destructive provenant d'une blessure émotionnelle profonde. Une personne pense à se venger seulement lorsqu'elle souffre beaucoup, suite à s'être sentie humiliée, trahie, rejetée, abandonnée ou avoir subi une injustice quelconque. Elle accuse l'autre d'être RESPONSABLE de son malheur. **Ce n'est pas une personne méchante, seulement une grande souffrante qui n'en peut plus de souffrir.**

Or, même si une personne a été profondément blessée par quelqu'un, que celui-ci ait voulu délibérément ou non lui faire du tort, nous savons tous, intuitivement, que vouloir nous venger n'est jamais la bonne solution. Nous ne pouvons jouir pleinement du bonheur de vivre et s'imprégner de pensées bénéfiques lorsque nous cultivons des pensées de vengeance. De plus, la vengeance engendre la vengeance. Les personnes désirant se venger oublient la LOI DE CAUSE À EFFET qui stipule que l'on récolte ce qu'on sème. Si elles avaient la moindre idée des effets que la vengeance provoque, elles s'empresseraient de pardonner et ce, peu importe l'offense commise. Elles changeraient ainsi leur KARMA.

D'autre part, toute idée de vengeance entretenue chez une personne, même si celle-ci ne passe pas à l'acte physiquement, a un effet destructeur tout aussi important. Cette destruction se retourne contre celle qui entretient ces pensées de vengeance et ses effets les plus courants sont la perte d'énergie et les maladies violentes.

Si tu entretiens certaines pensées de vengeance, il importera, en premier, de te donner le droit de souffrir. Accepte qu'il est normal et hu-

V

main de vouloir faire souffrir lorsque nous souffrons trop. En deuxième lieu, sache que la personne envers qui tu entretiens ce désir de vengeance souffre tout autant que toi de la même BLESSURE. Lorsque tu décideras que tu veux vivre dans la paix plutôt que dans la haine, il ne te restera plus qu'à faire les étapes du PARDON pour en arriver à une réconciliation avec toi-même et avec l'autre personne. Sache que ton cœur n'aspire qu'à ce moment. Toi seul peux prendre cette décision et c'est la personne la plus ouverte et intelligente qui amorce le processus de réconciliation. Souviens-toi que même si cela te demande des efforts et de passer par-dessus ton ORGUEIL, tu le feras pour *toi seulement* et les bénéfices seront très grands pour toi et ton entourage.

VÉRITÉ

Caractère de ce qui se veut vrai selon un principe, connu ou non, d'une personne. Un principe de vérité en est un lorsqu'il est prouvé scientifiquement ou universellement. *Scientifiquement,* il est prouvé que nous sommes tous des êtres uniques. Les tests d'*ADN*, porteur de l'information génétique, le démontrent. *Universellement,* il est reconnu que la haine entretenue par des pensées ou des actes de vengeance rongent intérieurement une personne au point de nuire à sa tranquillité de corps et d'esprit et même de la rendre très malade. Ceci représente une vérité issue de la LOI cosmique universelle. Qu'une personne y croit ou non, ces principes de vérité existent et ils ont des répercussions.

Par contre, la vérité propre à chaque individu se révèle relative, puisqu'elle reflète une conception mentale de l'humain. Cette conception de la vérité est construite selon les perceptions, valeurs et croyances de chacun. **La vérité devient telle que nous la créons quand nous décidons de croire en quelque chose.** Par conséquent, puisque les CROYANCES changent au fil de l'évolution d'une personne, la vérité se transforme en fonction du développement de chaque individu puisqu'elle s'ajuste à son évolution. Chaque expérience nouvelle devient un nouvel apprentissage, qui modifie son système de croyances et qui s'avère, par conséquent, sa nouvelle vérité.

V

En général, l'EGO de chacun est convaincu de détenir la vérité et veut l'imposer aux autres. Ainsi, au lieu de vouloir changer les autres, les manipuler ou les contrôler, il devient plus sage de les accepter tels qu'ils sont dans leur vérité. Les communications se montreront beaucoup plus saines, agréables et constructives car tous se sentiront respectés. Si une personne croit détenir la vérité, qu'elle la vive intensément si elle lui est bénéfique. Elle peut même décider de la répandre, mais tout en se rappelant que les autres n'ont pas à adhérer à sa vérité. Seul notre DIEU INTÉRIEUR détient la vérité essentielle pour nous. Il sait exactement ce qui nous est nécessaire. Cela ne nous empêche pas toutefois d'écouter ou d'apprendre avec d'autres personnes. Ces dernières peuvent nous aider à nous éveiller. Cependant, on doit utiliser notre discernement et vérifier en nous si on se sent bien avec quelque chose de nouveau avant d'y croire et d'en faire notre vérité.

VÉRITÉ (personne vraie)

Se référer à **VRAI**

VERSEAU

Se référer à **ÈRE DU VERSEAU**

VICTIME

Quelqu'un est considéré comme victime lorsqu'il se croit abusé d'autrui ou d'un système; il souffre d'une oppression quelconque, de certains événements ou des conséquences de ses propres agissements. Le moyen par excellence pour découvrir si une personne se croit victime consistera à vérifier sa capacité de se plaindre, de façon régulière ou permanente, d'une situation ou d'un manque quelconque. En d'autres termes, c'est l'état de quelqu'un qui vit un sentiment d'impuissance face à un domaine qui lui échappe. Par exemple, victime d'un manque de temps, d'argent, de santé, d'amour, de compréhension, d'attention, de succès, etc. Cette personne dégage une énergie de *pauvre moi,* d'impuissance et cherche à attirer la pitié. « Pauvre elle ou pauvre lui, ce n'est pas drôle

V

son cas, je ne voudrais pas me voir à sa place » caractérise la pensée que les autres sont portés à se dire à son égard. On sent chez une telle personne qu'elle se complaît à se plaindre de ses problèmes dans l'espoir d'attirer l'attention.

Tu penses peut-être qu'il y a une multitude de personnes victimes sur cette planète et que ce n'est pas de leur faute, qu'elles n'ont pas demandé ce genre de situation parfois effroyable ? Sache que selon la loi de la RESPONSABILITÉ, rien n'arrive à quelqu'un par HASARD. **Une personne ne devient pas victime de la vie ou de quelqu'un parce qu'il lui arrive plein de malheurs. Au contraire ! Ce genre de vie se manifeste *SEULEMENT* chez une personne qui croit au départ qu'elle n'est pas chanceuse.** Voilà pourquoi elle s'attire des « malchances », pour devenir consciente de cette croyance.

Il est vrai que certains « se plaignent le ventre plein » et qu'aux yeux des autres, ils ne semblent pas victimes de la vie. Mais que ce soit réel ou non, ce genre de personne vit cet état difficilement car elle se croit sincèrement victime. Voici le portrait type d'une personne qui se trouve très souvent dans sa conscience victime :

- Elle se plaint de ce qui lui manque;

- Elle parle très peu des choses du présent; elle décrit plutôt des événements reliés à son passé qui la troublent toujours ou, encore, elle s'inquiète pour le futur;

- Elle a l'impression de ne pas être comprise;

- Elle écoute peu ce que les autres racontent et s'empresse de tout ramener à elle;

- Elle croit au hasard et à la CHANCE mais, selon elle, elle en est presque toujours dépourvue;

- Elle affirme que ce qui lui arrive est la faute des autres, de l'HÉRÉDITÉ, ou de l'historique familial ou des circonstances; elle rejette donc le blâme sur autrui au lieu de prendre sa responsabilité;

- Elle veut paraître une personne faible pour attirer l'attention;

- Elle refuse ou ignore les conseils et les solutions qui lui sont suggérés en trouvant diverses excuses pourquoi elle ne réussit pas à avoir ou faire ce qu'elle veut dans la vie;

- Elle attend beaucoup des autres, de la société et de la vie.

Le côté victime de quelqu'un peut provenir de l'époque de sa jeunesse, soit de l'influence des parents ou des personnes proches qui se sentaient eux-mêmes victimes, soit d'une impression de vivre de l'INJUSTICE. Le fait de se plaindre rapportait à la personne un cadeau, celui d'avoir de l'attention. Puis, au long de sa vie, elle a développé l'habitude de rechercher l'attention en ayant des problèmes. Il se peut également que, durant dans sa jeunesse, elle ait vécu dans l'isolement une situation désagréable ou douloureuse qui l'a fait beaucoup souffrir sans qu'elle n'ait obtenu l'attention désirée. Donc, elle continue de rechercher auprès des autres cette attention qui lui a tant fait défaut. Les solutions et le bonheur sont considérés comme dangereux parce qu'ils signifient pour elle la solitude. Elle croit que les autres ne s'occuperont plus d'elle si tout va bien. Sa croyance est plus forte que son désir conscient que tout aille bien.

Par conséquent, son attitude fait en sorte qu'elle s'attire des situations et des événements de plus en plus fréquents et dramatiques qui lui rappellent sans cesse qu'elle est victime de la vie. Mais à la longue, son entourage finit pas se lasser d'entendre ses problèmes car ils sentent au fond qu'elle évite de chercher des solutions qui l'obligeraient à se prendre en main, ce qui risquerait de la priver d'attention.

Paradoxalement, celles qui démontrent très souvent de grandes qualités altruistes refusent d'accepter leur partie victime. Elles font tout pour aider les autres et ce, dans le domaine même où elles se retrouvent victimes. Par exemple, si une personne se plaint souvent de manquer de temps, elle deviendra spécialiste à trouver des solutions pour gagner du temps en partageant avec les autres les moyens qu'elle connaît pour y arriver. Cependant, dans sa vie, elle s'attire de plus en plus de situations qui lui font manquer de temps. Soit qu'elle se crée des horaires trop

V

chargés, a de la difficulté à dire non, à déléguer, soit qu'elle soit du genre trop perfectionniste. Ces situations sont là pour l'aider à devenir plus consciente de son propre état de victime et même à se dépasser.

La même chose dans le cas de personnes victimes de maladies. Ces gens, en général, connaissent tous les bons médecins et spécialistes susceptibles de bien soigner et se font un plaisir de les référer aux personnes qui en ont besoin. Elles-mêmes continuent, néanmoins, de rester victimes de leurs maladies, de souffrir et de développer d'autres maladies nouvelles de plus en plus graves et rares, toujours dans le but d'attirer l'attention, ce qui les confine sans cesse dans leur état de victime. Elles reconnaissent toutefois qu'elles finissent toujours par s'en sortir et plusieurs se font même une gloire de raconter à qui veut bien l'entendre.

Une personne qui semble victime des circonstances de la vie ne l'est pas en réalité. Elle fait la victime parce qu'elle n'est pas du tout en contact avec son grand pouvoir de créer sa vie elle-même et avec les lois de l'amour qui stipulent que l'être humain est complet en lui-même. Plus une personne entretient sa partie victime, moins elle est disposée à vouloir se faire aider et refuse systématiquement de prendre conseil de qui que ce soit. Elle finit par abdiquer et se laisser aller pour finalement devenir une victime chronique. Rendue à ce point, elle n'a plus l'énergie pour vouloir se sauver ou sauver les autres.

On doit savoir qu'une personne se considère soit victime ou maître de sa vie. Quand on dit que quelqu'un est victime de la vie, cela laisse entendre que la personne n'a plus de pouvoir sur sa propre vie, que celle-ci est entre les mains des autres. Ce constat nous aide à réaliser combien il est important de devenir conscient de nos états de victime car, si on les ignore, il deviendra totalement impossible de pouvoir même penser à faire quelque chose pour maîtriser notre propre vie.

En général, tous les humains ont une partie victime mais à des degrés d'importance différents et de façon plus ou moins consciente. Pour découvrir à quel degré tu te trouves dans ta partie victime, vérifie le domaine où tu éprouves une « impression de manque » et que tu te plains de ce manque, soit en paroles, en pensées ou encore lorsque tu critiques ces aspects chez les autres. En plus, tu peux vérifier auprès de ton entourage car, la plupart du temps, te plaindre devient tellement une habitude qu'il est fort possible de ne pas t'en rendre compte toi-même.

Voici un autre point important à considérer : le fait qu'une personne qui se plaint souvent, par exemple de ne pas avoir assez d'argent, est le meilleur moyen pour ne pas en avoir plus à cause de la grande quantité d'énergie concentrée sur le MANQUE. Elle doit plutôt adopter des comportements contraires. Par exemple, avoir de la RECONNAISSANCE sans arrêt pour mille et une petites choses tout au long de la journée. Dire merci constitue l'attitude par excellence pour transformer l'énergie de manque en énergie d'abondance en tout.

Lorsque tu as découvert le ou les domaines où tu te sens victime, un moyen très rapide pour transformer cette attitude de victime en attitude de gagnant consiste à demander aux gens qui te côtoient de t'observer dès l'instant où tu te plains de quelque chose. Suggère-leur de te dire de façon un peu ironique mais avec compassion : « Pauvre toi, ce n'est pas drôle ton cas, comme la vie est injuste envers toi… » Après très peu de temps, tu t'en apercevras toi-même et tu seras la première personne à te dire : « Pauvre moi ! », ce qui te fera sourire. Il se peut que tu éprouves de la difficulté au début à te faire remettre face à toi-même par tes proches mais souviens-toi que c'est ton EGO seulement qui n'aime pas leur intervention.

Cependant, il est essentiel de ne pas tenter de te contrôler pour ne plus te plaindre car le but consiste plutôt à en devenir conscient et à t'accepter. Tu parviendras peu à peu à dédramatiser toute situation et à trouver toi-même tes propres solutions. Au lieu de parler et de penser à tes problèmes, tu en viendras à discuter et à réfléchir aux solutions de plus en plus souvent. Tu te serviras de ton énergie pour te diriger vers ce que tu veux plutôt que l'utiliser pour te plaindre. Tu découvriras qu'**il est beaucoup plus agréable et énergisant d'attirer l'attention des au-**

V

tres en créant ta vie telle que tu la veux plutôt qu'en n'ayant pas ce que tu veux.

VIEILLESSE

Dernière période de la vie humaine, ce temps qui succède à la maturité et qui est caractérisé par un ralentissement ou un affaiblissement des activités biologiques; le fait d'être vieux. La vieillesse peut aussi constituer un phénomène social. Dans certains pays, elle reflète une maturité d'esprit et de sagesse et c'est auprès de personnes âgées que tous prennent conseil. Leur sagesse fait l'objet de grande confiance et de grande déférence.

Pour vivre sereinement tout passage de la vie, une personne doit reconnaître chaque étape comme étant importante, même essentielle, dans son cheminement de vie sur la terre. Donc, n'ayons pas peur de vieillir et acceptons que cela fait partie d'un cycle de vie, du processus naturel de l'humain et que le corps physique et ses fonctions changent, de même que les désirs, les besoins et ce, jusqu'à un âge très avancé. Nous devons nous AJUSTER à ce rythme plus lent en nous créant un mode de vie différent et des activités spécifiques à cette autre tranche de vie. Autrement dit, acceptons d'aller à notre propre rythme.

Nous devons aussi accepter que certains de nos proches décèdent avant nous sans penser sans cesse « À quand mon tour ? » Il est plus sage d'accepter les PERTES et les CHANGEMENTS qui s'opèrent autour de nous et en nous et d'y trouver un certain équilibre. Aussi, nous devons tous apprendre le DÉTACHEMENT un jour ou l'autre. Ceux qui n'acceptent pas de prendre de l'âge, entre autres, l'usure de leur corps, peuvent trop s'en demander et se retrouver malades parce qu'ils n'ont pas su respecter leurs nouvelles LIMITES.

Donc, il ne s'agit pas de se battre contre la vieillesse mais plutôt de s'ajuster aux nouvelles réalités du corps et de l'intellect. Reconnaître qu'en devenant moins actifs sur le plan physique, il reste plus de temps pour notre bien-être intérieur, pour mettre en pratique notre sagesse acquise au prix d'efforts et d'expériences; pour rester en contact avec le plaisir de vivre en savourant chaque instant; pour continuer de toujours apprendre sans nécessairement vouloir tout apprendre mais garder une bonne motivation; pour s'ouvrir et s'intéresser aux nouveautés; pour s'émerveiller devant les créations des autres, en somme à la vie autour de soi.

Vivre et vieillir en sagesse consistent aussi à garder son cœur d'enfant en se rapprochant d'eux. Voilà pourquoi les gens âgés sont naturellement attirés vers les enfants et les enfants vers eux. Une personne âgée a beaucoup à donner, à raconter. Elle a quelque chose de très spécial à offrir, de même que chaque génération a quelque chose à contribuer. Observons davantage et regardons ce que chacun apporte aux autres. Même si la vieillesse représente une étape très avancée de la vie d'une personne, cette dernière pourra conserver une attitude intérieure JEUNE et sereine. En réalité, la perception de la vieillesse se veut très relative. Nous avons surtout l'âge de notre cœur.

VIOL

Se référer à **AGRESSION À CARACTÈRE SEXUEL**

VIOLENCE PHYSIQUE

Traitement blessant infligé au corps physique; subir le caractère de quelqu'un qui est emporté, agressif et brutal par des actes infligeant des blessures physiques. On peut aussi dire que la violence est une explosion d'énergie mal dirigée. La violence physique manifestée aux autres reflète la souffrance intérieure que vit un être humain. Voilà pourquoi la personne manifeste physiquement ce qu'elle ressent intérieurement. Quand une personne agit ainsi, son tourment intérieur est si intense qu'elle a atteint sa limite au point de vue émotionnel. Elle flanche et s'emprisonne ainsi dans un personnage brutal. Plus une personne devient violente, plus son âme souffre et crie au secours. Une de ses BLESSURES a été réactivée trop souvent.

Sous le couvert d'actes répréhensibles, ces personnes dites violentes ne sont pas réellement des personnes méchantes, mais plutôt des êtres

V

souffrants, DÉCENTRÉS et empreints de grandes peurs. On dit souvent que la violence engendre la violence. À titre d'exemple, prenons le cas d'un homme battu par son père durant sa jeunesse. Si le fils en a beaucoup souffert et en a voulu à son père, il aura tendance, lui aussi, à agir malgré lui de la même façon, c'est-à-dire à perdre le contrôle de temps à autre et battre son propre fils lorsqu'il deviendra père à son tour. Par contre, dès l'instant où cet homme sera capable de pardonner à son père, en éprouvant de la compassion pour lui, c'est-à-dire compatir pour la partie de lui qui était blessée et qui souffrait au point d'en perdre le contrôle, il sera capable de se pardonner également à lui-même d'avoir agi de la même façon. Par la suite, en réussissant à se pardonner d'avoir vécu de la rancune envers son père, le pardon véritable sera complété et les actes de violence cesseront. C'est ainsi qu'on arrête de perpétuer les mêmes comportements de génération en génération, arrêtant par le fait même la roue du KARMA.

Comme la violence attire la violence et puisque nous vivons dans un monde géré par la LOI D'ATTRACTION, souvenons-nous qu'il doit nécessairement émaner de la violence d'une personne qui s'attire de la violence. Même si cette personne n'exprime aucune violence et qu'elle paraît même très douce, il y a de la violence retenue ou inconsciente en elle qui finira par exploser un jour. Tous les humains ont des LIMITES. Ils ne peuvent se contrôler indéfiniment. D'ailleurs, c'est la raison principale pour laquelle l'humain s'attire de la violence pour devenir conscient de sa propre violence intérieure qu'il doit apprendre à gérer.

Quand on ressent de la violence à l'intérieur de soi, on doit reconnaître ses peurs et ses limites tout en prenant conscience de la source de celle-ci. Pour aider à contacter cette partie violente en soi, il est suggéré de se reporter à l'exercice du DIALOGUE INTÉRIEUR. De plus, il est bon de se rappeler que les personnes qui en arrivent à la violence physique se retiennent trop, soit parce qu'elles sont trop RIGIDES ou cherchent trop à se CONTRÔLER. Elles finissent par perdre le contrôle. Il faut surtout éviter de s'en vouloir en sachant qu'il est humain d'avoir des limites, des faiblesses et des peurs et parfois de perdre le contrôle. Nous devons passer par l'étape de l'ACCEPTATION avant de pouvoir faire les étapes du PARDON véritable. Souvenons-nous que l'humain n'est ni mauvais ni méchant. Quand il apparaît ainsi, c'est parce qu'il est souffrant et ignorant des lois de l'AMOUR.

Au point de vue MÉTAPHYSIQUE, la violence est caractérisée par la force de vie en chacun de nous. Cette force de vie, extrêmement puissante chez l'être humain, n'est hélas pas toujours gérée de façon favorable et elle est présente pour nous aider à nous réaliser pleinement. Alors, quand nous sentons monter la colère en nous, au lieu de réagir de façon brutale et violente, puis de nous accuser et de nous critiquer, ayons le réflexe de nous rappeler notre grande force de vie intérieure. Souvenons-nous que nous pouvons utiliser cette force pour créer des choses fantastiques dans notre vie. Puis, décidons de l'utiliser en la transmutant en énergie créatrice, par exemple, monter un projet qui nous tient particulièrement à cœur tout en observant la rapidité avec laquelle il se concrétise ou encore nous appliquer à une forme d'art quelconque. Toute cette force de vie est ainsi libérée et utilisée à d'autres fins plus constructives, d'utiles et salutaires. Cette façon plus « écologique » d'utiliser notre force intérieure nous aide à développer le RESPECT de nous et des autres.

VIOLENCE VERBALE et PSYCHOLOGIQUE

La violence est considérée comme psychologique lorsqu'elle provient de tout comportement agressif, emporté, autre que physique. Cette violence peut se manifester par des paroles agressives, des regards qui veulent tuer, des punitions extrêmement sévères et injustes, un rejet brutal. En somme, tous les moyens utilisés dans le but de nuire, d'intimider, de diminuer une autre personne et de la dévaloriser jusqu'à ce qu'elle soit à la merci de l'autre deviennent de la violence psychologique. Une personne victime de ce genre de violence se sent attaquée jusqu'au tréfonds d'elle-même. Elle peut se sentir tellement rejetée qu'elle se croit inutile, nulle, insignifiante et sans intérêt pour personne. Quelqu'un qui subit ce genre de violence est davantage brisé dans son être plutôt que dans son corps physique. Ce type de violence, beaucoup plus subtil que la violence physique, cause des blessures

V

d'ordre émotif beaucoup plus importantes et très considérables pour une personne vulnérable psychologiquement.

Bien que ce genre de violence puisse sembler procurer temporairement une illusion de pouvoir et de puissance à quelqu'un, son comportement fait preuve, tout au contraire, de grande faiblesse. Voilà pourquoi il jette son dévolu sur une personne plus vulnérable que lui. De plus, cela explique pourquoi autant d'adultes expriment leur violence sur des enfants parce qu'ils les croient beaucoup plus faibles qu'eux, ce qui n'est pas le cas. Un enfant peut avoir une force psychologique beaucoup plus grande qu'un adulte. D'ailleurs, on s'en rend compte avec les enfants NOUVEAUX.

La violence verbale et psychologique s'apparente à ce qui est décrit pour la violence physique. Les causes restant sensiblement les mêmes, ce n'est que l'effet de la manifestation qui diffère. Il est donc suggéré de se reporter au sujet de la VIOLENCE PHYSIQUE pour compléter ce volet.

VIVRE

Profiter de chaque instant de son existence, jouir du MOMENT PRÉSENT. Mener sa vie à sa guise; se libérer des contraintes imposées. Vivre véritablement signifie vivre différentes expériences dans l'ACCEPTATION et la joie tout en gardant son cœur JEUNE. En résumé, c'est mettre en pratique ce qui est suggéré dans cet ouvrage. Voici une prière suggérée pour manifester la Vie en nous et autour de nous et contacter notre vrai pouvoir intérieur. On peut répéter cette phrase plusieurs fois afin de bien l'intégrer. « J'aime la Vie. J'aime être en Vie. Vu que tout est dans la Vie et que la Vie est en moi maintenant, je prie pour pouvoir aimer la Vie davantage, la sentir plus en moi et ainsi atteindre toute chose qui peut avoir besoin de plus de Vie et d'Amour. Je prie pour être *UN* avec la Vie et l'Amour. »

V

VOL

Action de soustraire ce qui appartient à autrui d'une façon frauduleuse ou non; s'approprier ce qui n'est pas en droit de nous appartenir. En somme, un vol se caractérise par l'effet de se faire enlever ce qu'on croit nous appartenir, ou d'enlever à quelqu'un ce qui lui appartient et que nous voulons pour nous. Le vol ne se produit pas seulement dans le domaine des biens, des objets, de l'argent, etc. Il peut se produire de façon plus subtile comme en témoigne l'exemple suivant : quelqu'un est à son travail et perd son temps au lieu de mettre ses talents et ses ressources au service de cette entreprise pour lesquels il est payé selon les engagements pris. Même si elle ne se rend pas compte que c'est une forme de vol, elle aura tout de même à subir les conséquences de ses actes et ses comportements.

Toute action posée porte toujours à conséquence. Il est donc fondamental, en tant que personne RESPONSABLE, de vérifier si nous sommes prêt à assumer les conséquences d'un vol, c'est-à-dire de vérifier comment nous vivrons le fait d'être volé à notre tour un jour. La loi de cause à effet représente la justice à l'œuvre, et cette justice divine agit de la même manière pour tout le monde, sans exception.

Il semble que voler représente un phénomène courant chez les enfants. Certains peuvent le faire par défi pour voir jusqu'où ils peuvent aller. D'autres agiront ainsi pour se venger de quelqu'un, de quelque chose ou de la société, signe extérieur d'une révolte intérieure face au manque de respect et d'intégrité qu'ils vivent à la maison, à l'école ou ailleurs. Voilà une bonne occasion pour nous, adultes, d'agir en toute intégrité et ainsi instruire par l'exemple. C'est notre rôle dans la société.

Aussi, il importe d'enseigner à ces enfants la LOI DE CAUSE À EFFET. Ils apprendront ainsi qu'un jour, la pareille leur sera rendue et ils auront à assumer les conséquences de leurs actions. Par exemple, si l'enfant est confronté à la justice, quelles seront les conséquences ? En parler ouvertement avec l'enfant l'aidera à discerner ce qu'il vit au plus profond de lui et à trouver ses propres solutions. L'approche la moins

V

efficace avec eux consiste à leur faire la morale ou à les menacer. Cependant, les parents doivent s'accepter dans leurs limites et en faire part à leur enfant. Être fermes et nous RESPECTER se veulent le meilleur exemple que nous puissions leur donner.

Pour la personne victime de vol, il importe d'entamer une démarche intérieure profonde pour découvrir ce qui se cache en elle qui lui attire ce genre d'expérience. Être victime d'un vol peut revêtir un message très différent d'une personne à l'autre. Si ça t'arrive, tu devras te demander ce qui te DÉRANGE le plus dans le fait d'être volé et de faire ton processus comme dans n'importe quel autre domaine. Est-ce le fait que ton intimité soit empiétée, violée ? la perte d'argent ? la perte d'objets d'une grande valeur sentimentale ?

De plus, il se peut que tu te fasses voler quelque chose qui te cause plus d'ennuis que de paix intérieure. Par exemple, plusieurs personnes se font voler leurs cartes de crédit parce qu'elles leur causent plus de soucis et de peurs qu'autres choses. D'autres se font voler leurs biens parce qu'ils se sentent coupables d'en posséder trop ou de mal les utiliser ou d'y être trop attachés.

Chaque personne se veut unique et vit ce genre d'expérience tout à fait différemment. Cela dépend de la perception, de la personnalité et des messages qu'une personne doit en retirer ainsi que du degré d'acceptation et de conscience. Il se peut que tu aies à apprendre le DÉTACHEMENT ou à devenir CONSCIENT qu'il t'arrive à l'occasion de prendre ce qui ne t'appartient pas ou que, toi aussi, tu te permets parfois d'entrer dans l'intimité des autres, etc. Il ne s'agit pas ici de faire le procès de quiconque mais bien de reconnaître que l'Univers nous envoie toujours et uniquement les éléments dans le monde physique nécessaires pour devenir conscients de ce que nous vivons intérieurement.

Par ailleurs, nous devons savoir que rien ne nous appartient réellement. Tout sur cette terre nous est fourni pour vivre des expériences et pour apprendre à travers elles. Donc, nous n'avons pas besoin de voler pour obtenir ce dont nous avons besoin. Il s'agit d'utiliser notre grand POUVOIR de créer notre propre vie. De plus, nous devons apprendre le détachement lorsque certains objets ne s'avèrent plus UTILES pour nous ou ne répondent plus à nos besoins ou que ces objets nous causent plus d'inquiétude et de peurs que de bien-être.

VOLONTÉ

Disposition mentale ou acte de la personne qui veut. Faculté de déterminer certains actes et de les accomplir conformément à une intention. Énergie reliée à la décision ferme de passer à l'action vers la réalisation d'un désir. L'expression *« je veux »* dégage beaucoup d'énergie de MANIFESTATION, qui provient du CHAKRA laryngé, situé au niveau de la gorge, tandis que *« je désire »* provient du chakra du plexus solaire. La volonté ne représente pas un talent inné, mais plutôt une faculté que nous devons développer. Les enfants disent facilement *« Je veux »* et utilisent tous les moyens de persuasion à leur disposition pour y arriver. Lorsqu'un enfant est réprimandé ou découragé à formuler ses *« je veux »*, il aura plus de difficulté à développer sa volonté plus tard. Voilà pourquoi certaines personnes semblent posséder plus de volonté que d'autres. On dit cependant que le vouloir sincère dénote déjà le commencement de l'action.

Il existe aussi des domaines et des circonstances où il est plus facile d'avoir de la volonté. **La volonté de réussir quelque chose s'ajuste donc en fonction de notre motivation à atteindre un but.** Toutefois, il arrive qu'on développe soudainement une ferme volonté de changement suite à un événement de force majeure ou d'importance capitale. À titre d'exemple, prenons le cas d'un homme à qui son médecin apprend que s'il ne cesse pas de fumer immédiatement, il sera susceptible très bientôt de développer un cancer du poumon. Sa MOTIVATION devient exclusivement basée sur la volonté de vivre. Bien que cet homme ait tenté des dizaines de fois auparavant de cesser de fumer, sans résultat, cette fois-ci il y arrive assez facilement car il se sent acculé au pied du mur.

V

Il est bien important, par contre, de s'assurer que tout acte volontaire soit motivé par AMOUR pour soi et non par PEUR, car si une peur nous motive, elle se manifestera même si nous faisons des actions qui semblent aller dans le sens contraire de la peur. Par exemple, si l'homme décidait d'arrêter de fumer par peur de mourir, il s'attirerait ce dont il a peur car son énergie serait focalisée sur la peur de mourir. Le SUBCONSCIENT travaille ainsi. Sa volonté doit être plutôt dirigée vers son grand désir de vivre en visualisant pourquoi et par quels moyens il peut parvenir à continuer de vivre.

Nous savons tous par expérience que la volonté ne se développe pas simplement en disant : « Bon maintenant, à partir d'aujourd'hui, je décide d'avoir de la volonté et je serai capable de tenir jusqu'au bout. » Certains seront capables d'y arriver, tandis que d'autres flancheront au moindre obstacle ou se laisseront facilement influencer et ce, même s'ils ont un très grand désir et un but précis accompagnés d'une bonne motivation. Les sens ou les peurs prennent très souvent le dessus sur nos désirs. Des désirs tels que vouloir maigrir, cesser de fumer, modérer la consommation d'alcool, ou se défaire d'un état d'être comme la jalousie, l'impatience ou changer une habitude s'évaporent comme vapeur au soleil lorsque nos peurs et souffrance intérieures sont plus intenses que l'ardeur de nos désirs.

Comment donc parvenir à développer de la volonté pour atteindre un but légitime qui te tient particulièrement à cœur, en excluant le fait que ta vie soit en danger ? D'abord, recherche une MOTIVATION profonde et sincère qui t'aidera à t'améliorer en tant « qu'être », et non uniquement pour paraître ou pour performer, puis décide d'en faire un BUT. En quoi chaque but t'aidera-t-il à ÊTRE ? En quoi cela améliorera-t-il ta qualité de vie et participera-t-il à te rendre plus heureux ? Voilà trois questions essentielles auxquelles tu dois répondre avec le plus de « être » possible. Ensuite, commence par te DISCIPLINER en posant de petites actions régulièrement qui deviendront de petits actes de volonté. Avec des efforts soutenus, tu seras étonné et fier de réaliser que tu atteins des objectifs toujours de plus en plus importants.

Par ailleurs, il demeure essentiel de te donner le droit de manquer de volonté à l'occasion, c'est-à-dire de t'accepter dans les jours où il est plus difficile de te discipliner. Par contre, quand tu flanches trop souvent, il est suggéré de faire une INTROSPECTION et de te demander si tu veux vraiment atteindre ce but ou s'il est motivé par la peur. Comme la volonté se veut une faculté qui s'acquiert, n'oublie pas de noter toutes les occasions où tu en as eu plutôt que de noter seulement celles où tu en manqué. Ainsi, ta volonté se développera de plus en plus au fil des années car tu sauras de mieux en mieux affirmer tous tes « je veux ».

VOULOIR

Se référer à **DÉSIR** et **BESOIN**

VOYANCE

On parle de voyance lorsqu'une personne lit le passé et prédit l'avenir par divers moyens. En effet, un voyant utilise des moyens comme des feuilles de thé, une boule de cristal, les lignes de la main, l'horoscope, les cartes, etc., qui servent de support pour donner plus de crédibilité à ses prédictions. Qu'est-ce qui démarque un clairvoyant d'un voyant ? Ce dernier fait des prédictions, telles que : « Dites à votre mari de faire attention en auto, il peut avoir un accident dans les trois prochains mois. » ou « Vous gagnerez une somme d'argent d'ici deux mois. » Lorsque quelqu'un s'exprime ainsi, c'est de la voyance. Un vrai clairvoyant ne dit jamais de telles choses. À l'aide de questions, il t'aide plutôt à découvrir tes vrais besoins, te permettant ainsi à te sentir davantage dans ton pouvoir. Suite à une rencontre avec un voyant, il arrive fréquemment qu'une personne en ressorte troublée et inquiète pour son avenir. Il est donc conseillé d'être prudent lorsque tu rencontres des gens qui prétendent te parler de ton passé ou de ton avenir.

V

Assure-toi que les gens que tu rencontres connaissent bien la science qu'ils pratiquent plutôt que de faire de la simple voyance. Par exemple, il existe une grande différence entre la science de l'astrologie et une prédiction basée sur l'horoscope; entre la science de la chirologie et une prédiction basée sur la chiromancie.

VOYEURISME

Se référer à **AGRESSION À CARACTÈRE SEXUEL**

VRAI (être)

Quelqu'un qui se comporte avec franchise, qui est d'une sincérité totale, absolue; être conforme à sa réalité, à ce qu'il est. Personne authentique, c'est-à-dire franche, honnête, sincère et transparente; elle ne dissimule aucune arrière-pensée. Cependant, on ne doit pas confondre avec une personne spontanée qui ne pense pas ou n'analyse pas d'avance avant de dire ou de faire quelque chose. La définition spirituelle d'être vrai : *penser*, *dire*, *faire* et *ressentir* la même chose. En effet, ce qu'une personne dit et fait est en conformité avec ce qu'elle pense et ressent.

Être vrai représente le premier besoin du corps mental de l'être humain. Cela se révèle donc d'une importance capitale pour aider notre être à se développer. En outre, le dicton voulant que *toute vérité n'est pas bonne à dire* signifie qu'une personne n'est pas obligée d'exprimer tout ce qu'elle pense et ressent à tout moment. Par contre, lorsqu'elle décide de parler ou que quelqu'un lui demande ce qu'elle pense de telle situation, elle doit être vraie, c'est-à-dire elle doit exprimer ce qu'elle pense et ressent sincèrement au fond d'elle-même.

Être vrai s'applique non seulement avec les autres mais aussi avec soi-même. Une personne doit être vraie dans l'ensemble de ses actions, de ses comportements et de ses attitudes reliés à ses propres besoins. À titre d'exemple, une personne désire changer de travail et ne pose pas les actions en fonction de ce besoin à cause de ses peurs et de ce qu'elle ressent. Cette personne n'est donc pas vraie avec elle-même.

Ce qui nous empêche d'être vrai avec nous-même ou avec les autres est que nous agissons la plupart du temps sous l'emprise de nos peurs : la peur de blesser, d'indigner, de se faire juger, humilier, de paraître faible ou vulnérable aux yeux des autres, etc. Par exemple, si quelqu'un te demande de l'aide et que tu ne veux vraiment pas le faire, tu devras l'informer de ton refus. Si quelqu'un te demande si tu es d'accord avec son opinion ou si tu aimes son achat, tu devras aussi exprimer ta vérité au risque de déplaire. Celui-ci sera davantage porté à te faire confiance par la suite et à prendre en considération tes opinions.

Bien qu'elles soient justifiées aux yeux des humains, ces peurs irréelles nous empêchent de vivre heureux, de communiquer véritablement et de réaliser nos plus grands désirs. **Nous pouvons devenir conscients de notre capacité à être vrai avec nous-même en observant notre capacité à être vrai avec les autres. L'un reflète l'autre.** Voilà pourquoi les gens qui nous entourent se montrent d'une si grande UTILITÉ. Un grand avantage à être vrai est le grand respect que nous obtenons des membres de notre entourage qui savent qu'ils peuvent compter sur nous pour dire la vérité, même si elle ne leur plaît pas toujours.

Comment arriver un jour à être vrai avec nous-même et avec les autres ? Tout d'abord, prenons conscience des peurs qui nous motivent à ne pas être vrai et de nous donner le droit d'avoir ces peurs, c'est-à-dire d'être humain. Cette ACCEPTATION nous aidera par la suite à être capable de les avouer et d'affirmer la vérité par la suite. Devenir vrai s'avère un processus graduel qui exige beaucoup d'observation. Au début, nous nous apercevons que nous n'avons pas été vrais après le fait accompli. Ensuite, nous nous en apercevons pendant le fait, pour enfin nous en apercevoir avant de passer à l'action. Quel que soit le moment où nous en devenons conscients, nous pouvons toujours revenir sur notre décision en osant nous avouer nos propres peurs et de les révéler à l'autre.

Or, avec l'ÈRE DU VERSEAU, on ne peut plus se passer d'être vrai. Une énergie de plus en plus forte est dirigée vers la terre et demande aux humains d'apprendre à être vrais. On dit que les personnes qui ne veulent pas être vraies deviendront très malades, malheureuses et remplies d'émotions. Cette énergie développe également beaucoup le CHAKRA laryngé, centre de l'expression et de la créativité. Plus nous apprendrons à être vrais, plus nous aurons de meilleures COMMUNICATIONS et

V

serons capables de faire nos demandes. Par conséquent, cela aura un impact positif sur nos relations intimes, sexuelles, familiales et sociales et dans notre créativité. Nous serons capables de créer davantage notre vie telle que nous la voulons, sans être à la merci des besoins et des désirs des autres.

Voici cinq étapes qui mènent à être véritablement vrai :

1) Sois vrai avec toi-même;

2) Dis-toi la vérité face à l'autre;

3) Sois vrai à ton sujet avec l'autre;

4) Dis la vérité au sujet de quelqu'un à quelqu'un d'autre;

5) Dis la vérité à tous à propos de tout.

Être vrai développe énormément le COURAGE et la CONFIANCE EN SOI ainsi que la TRANSPARENCE. Cela élimine beaucoup de contraintes et conduit à un sentiment de LIBERTÉ. L'énergie circule librement puisqu'elle n'est pas bloquée par des contraintes de toutes sortes, dont celles de rechercher à bien PARAÎTRE aux yeux des autres, la peur de blesser ou de déplaire. Une personne vraie est centrée car ce qu'elle pense, dit et fait viennent du cœur, de ce qu'elle sent. Plus on est authentique, moins on doit faire attention à tout ce que l'on dit car c'est notre cœur qui s'exprime et il ne ment jamais; on ne peut donc pas blesser. Pour conclure, sachons que sans authenticité, la vraie communication profonde se veut impossible parce que le manque d'authenticité fait naître le doute et la méfiance et détruit la confiance.

V

VULNÉRABILITÉ

Susceptible d'être blessé ou attaqué. Voici quelques synonymes de cet attribut : faible, fragile, indécis, influençable et facilement malléable. Tous les êtres humains sont vulnérables à divers degrés. Ils le resteront tant et aussi longtemps qu'ils porteront en eux des BLESSURES DE

L'ÂME. C'est justement cette vulnérabilité qui nous aide à devenir conscients de nos blessures. Lorsque nous nous apercevons que tel genre de personne ou de situation nous touche particulièrement au point d'en perdre nos moyens, cela nous aide beaucoup à découvrir ce que nous sommes venus régler dans cette vie.

Malheureusement, au lieu d'utiliser leur vulnérabilité pour devenir plus conscients, la plupart des humains se couvrent d'une belle couche de protection, d'un MASQUE pour ne pas voir ou ne pas sentir leur vulnérabilité, ce qui retarde leur évolution. Décidons donc de nous permettre d'être vulnérables et de remercier cet aspect de nous pour son UTILITÉ. Notre vulnérabilité fera place à notre grande sensibilité dont elle découle. Cette SENSIBILITÉ sera ainsi utilisée de façon bénéfique pour nous et pour les autres.

V

Par amour ?

Aimer véritablement

Amour libérateur

…c'est respecter mon **espace** et celui de l'autre.

…c'est me donner le droit ainsi qu'aux autres d'être humains, c'est-à-dire d'avoir *des besoins, croyances, limites, désirs, talents, peurs et faiblesses* différents des autres sans jugements et sans culpabilité…

…c'est diriger et guider sans **attentes**.

…c'est **donner** pour le plaisir de donner, sans attentes.

…**c'est accepter, constater, même si je ne suis pas d'accord ou même si je ne comprends pas mentalement.**

Par peur ?

Aimer avec peur

Amour emprisonnant

…c'est **empiéter dans l'espace** des autres ou laisser les autres empiéter dans le mien.

…c'est me **critiquer** ou critiquer les autres.

…c'est vouloir me **contrôler** ou contrôler les autres.

…c'est décider pour soi ou pour les autres **sans vérifier** le **besoin véritable**.

…c'est donner en **espérant recevoir.**

…c'est me **croire responsable du bonheur des autres** et croire les autres responsables du mien.

**JE M'AIME COMME J'AIME LES AUTRES
LES AUTRES M'AIMENT COMME JE M'AIME**

CONCLUSION

Une personne peut véritablement se créer une vie remplie de bonheur, de joie de vivre, de paix, d'amour, d'harmonie, de santé et d'abondance en reprenant contact avec son être intérieur, la véritable demeure spirituelle de l'humain dont nous parlent tous les grands sages de l'humanité.

Retenons ceci : nous, les humains, avons tous la même mission : celle de vivre des expériences dans l'acceptation selon notre plan de vie. C'est pour cette raison que nous pouvons affirmer que dans le monde matériel, ce que nous *croyons* détermine le cours des événements et que dans le monde spirituel, ce dont nous avons véritablement *besoin* représente l'élément déterminant pour nous ramener vers notre « **JE SUIS** ».

Quand toutes nos expériences, peu importe lesquelles, seront expérimentées dans l'acceptation totale, nous n'aurons plus besoin de les revivre. Tant et aussi longtemps que nous ne saisissons pas le principe que notre raison d'être sur terre consiste à vivre des expériences dans l'acceptation totale, une partie de nous se sentira coupable ou aura peur et nous connaîtrons toujours de l'insatisfaction. Tout ce que nous décidons de réaliser devrait être accompli par amour et par choix conscient selon les grandes lois divines.

Si la vie t'offrait l'opportunité de tout recommencer, que ferais-tu de différent maintenant ?

L'être humain est condamné à la liberté, car, sitôt lancé dans le monde, il est responsable de tout ce qu'il fait.

Jean-Paul Sartre

INDEX

A

Index

B

Le grand guide de l'ÊTRE

C

Index

Le grand guide de l'ÊTRE

D

Index

E

Index

H

I

Index

J

K

L

M

Index

N

O

P

Index

R

Index

S

Index

Le grand guide de l'ÊTRE

NOTES

NOTES

_____

_____

_____

_____

_____

_____

_____

_____

_____

_____

_____

NOTES

NOTES

NOTES

_____

_____

_____

_____

_____

_____

_____

_____

_____

_____

_____

NOTES

NOTES

_____

_____

_____

_____

_____

_____

_____

_____

_____

_____

NOTES

_____

_____

_____

_____

_____

_____

_____

_____

_____

_____

_____

NOTES

NOTES

_____

_____

_____

_____

_____

_____

_____

_____

_____

_____

NOTES

NOTES

_____

_____

_____

_____

_____

_____

_____

_____

_____

_____

NOTES

_____

_____

_____

_____

_____

_____

_____

_____

_____

_____

_____

NOTES

L'école de vie pour un mieux-être

LES ATELIERS

ATELIERS
- ÉCOUTE TON CORPS Niveau Un *(2 jours)*
- Autonomie affective *(2 jours)*
- Bien gérer le changement *(2 jours)*
- Bien vivre sa sexualité *(2 jours)*
- Caractères et blessures *(2 jours)*
- Comment apprivoiser les peurs *(2 jours)*
- Comment développer le senti *(2 jours)*
- Comment gérer la colère *(2 jours)*
- Confiance en soi *(2 jours)*
- Découvrir son chemin de vie *(2 jours)*
- Écoute Ton Âme *(2 jours)*
- Écoute Ton Corps Niveau Deux *(sur vidéo)*
- L'écoute des autres *(2 jours)*
- L'écoute et l'estime de soi *(2 jours)*
- Métaphysique des malaises et maladies *(2 jours)*
- Métaphysique des rêves et de son habitation *(2 jours)*
- Principes féminin et masculin *(2 jours)*
- Prospérité et abondance *(2 jours)*
- Retrouver sa liberté *(2 jours)*
- S'abandonner *(2 jours)*
- Se connaître par les couleurs *(2 jours)*
- Simplifiez vos relations avec les jeunes *(2 jours)*
- Vendre avec coeur *(2 jours)*

FORMATION
- Devenir animateur/conférencier
- Relation d'aide

Nos ateliers se donnent dans plus de 20 pays. Visitez notre site Internet pour l'horaire des ateliers dans votre région au **www.ecoutetoncorps.com** ou demandez notre brochure d'activités par téléphone au:

1-800-361-3834 ou 514-875-1930

Vous désirez avoir un atelier dans votre région? Vous avez des capacités d'organisateur? Vous pouvez maintenant recevoir une animatrice d'Écoute Ton Corps dans votre région. Informez-vous des nombreux avantages qui vous sont offerts pour l'organisation d'un atelier en communiquant avec nous (voir coordonnées sur page C2).

Les produits "ÉCOUTE TON CORPS"
faciles à commander !

Par téléphone
Composez le:
(514) 875-1930
Ligne sans frais d'interurbain en Amérique du Nord
1-800-361-3834

Par la poste
(voir adresse à la page C13)
Utilisez le bon de commande à la fin du livre (page C13)

Par télécopieur
(450) 431-0991
Envoyez le bon de commande à la fin du livre (page C13)

Par Internet
www.ecoutetoncorps.com

Visitez notre site web sécuritaire!

Jetez un coup d'œil sur le
catalogue des produits et services!

Plus de 100 sujets passionnants

Lise Bourbeau saura vous captiver par les différents thèmes qu'elle aborde. Elle vous fera réfléchir tout en vous donnant le goût de créer votre vie plutôt que de la subir.

Disponible en: disque compact (=CD) ou en cassette audio (=C).

C-01 La peur, l'ennemie de l'abondance
Découvrir toutes les peurs inconscientes qui empêchent l'abondance dans les biens, le succès, l'amour, etc...

C-02 Victime ou gagnant
Prendre conscience de la partie victime en vous et de son influence nuisible dans certains domaines de votre vie. Comment la surmonter et devenir gagnant.

C-03 Comment se guérir soi-même
Les différentes façons de créer une maladie. Comment renverser le processus. Apprendre à prévenir une maladie.

C-04 L'orgueil est-il l'ennemi premier de ton évolution?
La description du comportement d'un orgueilleux, le prix à payer quand l'orgueil domine et comment faire pour le maîtriser.

C-05 (ou CD-05) Sexualité, sensualité et amour
Établir la différence entre la sexualité, la sensualité, la passion et l'amour véritable.

C-06 Être responsable, c'est quoi au juste?
Cette conférence a pour but de vous aider à accepter que vous ne pouvez pas être responsable du bonheur des autres; que vous êtes ici pour vous-même et que les autres sont là pour vous aider à vous connaître. Découvrez comment être une personne responsable plutôt que de vous sentir coupable.

C-07 Avez-vous toujours l'énergie que vous voulez?
Grâce à cette conférence, vous découvrirez pourquoi vous manquez parfois d'énergie. De plus, vous recevrez plusieurs moyens pour garder votre énergie aux plans physique, émotionnel et mental.

C-08 Le grand amour peut-il durer?
On traite de ce qui empêche l'amour intime véritable de durer et la signification du *don de soi*. On y donne les divers moyens pour réussir à le vivre plus longtemps.

C-09 Comment s'aimer sans avoir besoin de sucre
Les effets du sucre chez l'être humain. Devenez conscient de la cause de votre dépendance au sucre. Diabète et hypoglycémie.

C-10 (ou CD-10) Comment évoluer à travers les malaises et les maladies
Les différentes causes de maladies. La différence entre soigner médicalement et soigner métaphysiquement. La définition métaphysique de plusieurs malaises et maladies.

C-11 Se sentir mieux face à la mort
Pourquoi a-t-on peur de la mort? Comment se préparer pour accepter sa mort et celle de nos proches? Quel lien y a-t-il entre la peur de mourir et la peur de vivre? Qu'arrive-t-il à l'âme lors de la mort du corps physique?

C-12 (ou CD-12) La spiritualité et la sexualité
Le développement de l'énergie sexuelle. La grande influence du complexe d'Oedipe sur notre vie sexuelle d'adulte. L'homosexualité, l'inceste.

C-13 Ma douce moitié, la télé
Quelle est l'influence de la télévision dans votre vie? Comment apprendre à vous connaître à travers les émissions que vous regardez?

C-14 La réincarnation
Des réponses aux questions sur la réincarnation et le karma. Ce qui se passe lorsque l'on meurt. Le plan astral.

C-16 (ou CD-16) Prospérité et abondance
Lise Bourbeau explique quelles attitudes bloquent l'abondance et comment développer une attitude prospère grâce à plusieurs moyens concrets. La spiritualité et l'argent peuvent-ils cohabiter? La différence entre la prospérité et l'abondance sera aussi traitée.

C-17 Relation parent-enfant
Avec les enfants d'aujourd'hui, il est difficile d'avoir une relation harmonieuse avec eux lorsque nous utilisons les

Prix des CD	Prix des cassettes (selon le nombre commandé)	Québec & Maritimes	Autres prov. canadiennes	Autres pays	Prix à l'unité. Taxes comprises. Autres pays: douanes et taxes locales non incluses.
Québec & Maritimes: 17,20$ (taxes incl.) Autres provinces: 16$ (taxe incl.) Extérieur du Canada: 14,95$ (sans taxes)	1 à 4 cassettes	13,75 $	12,79 $	11,95 $	
	5 à 10 cassettes ....-10%*	12,37 $	11,51 $	10,75 $	
	11 à 20 cassettes ....-15%*	11,68 $	10,86 $	10,15 $	
	21 cassettes et plus ....-20%*	10,99 $	10,22 $	9,55 $	

Ces rabais sont disponibles uniquement lors de commandes postales envoyées à nos bureaux et non en librairie, ni dans nos ateliers ou sur notre site web.

Bon de commande page C13

moyens appris par nos parents. Venez découvrir de quelle façon vous y prendre pour vous faire respecter tout en les respectant.

C-18 Les dons psychiques
Que veut dire être psychique? Est-ce avantageux ou non? Comment utiliser les dons psychiques. L'avantage de développer l'intuition. Pourquoi certains enfants sont-ils hyperactifs et font des cauchemars?

C-19 Être vrai... c'est quoi au juste?
Pourquoi est-ce si difficile d'être vrai? Comment y parvenir dans différents domaines de notre vie : au travail, en société, en famille, avec le conjoint, avec soi-même...

C-20 Comment se décider et passer à l'action
Qu'est-ce qui nous empêche de nous décider ou de passer à l'action? Comment stimuler notre merveilleux pouvoir de créer.

C-21 (ou CD-21) L'amour de soi
L'amour de soi est basé sur un sentiment de fierté personnelle et légitime. Pourtant... pourquoi est-ce si difficile de s'aimer? De se sentir aimé?

C-22 La prière, est-ce efficace?
Devenir conscient de nos intentions quand nous prions et de notre façon de prier. La prière d'hier et celle de demain. Quelle différence y a-t-il entre une prière et une affirmation?

C-23 Le contrôle, la maîtrise, le pouvoir
Quelle est la différence entre ces trois termes. Que supposent-ils? Où et comment les utiliser et à quel prix?

C-24 Se transformer sans douleur
Être capable de prendre le risque de se transformer malgré les peurs et les douleurs. Expérimenter une nouvelle attitude face à l'amour et à la responsabilité.

C-25 Comment s'estimer sans se comparer
Lise Bourbeau nous aide à prendre conscience des ravages qu'un certain type de comparaison produit sur nous et comment cesser de l'utiliser.

C-26 Êtes-vous prisonnier de vos dépendances?
D'où viennent les dépendances qui rendent les gens esclaves? Comment s'en libérer et devenir notre seul maître.

C-27 Le pouvoir du pardon
Comment utiliser le pardon pour se libérer des rancunes. Comment le pardon libère une énergie qui apporte soulagement et guérison sur le plan moral et physique.

C-28 Comment être à l'écoute de son coeur
Le refus d'écouter notre coeur oblige notre corps à nous envoyer des messages pour nous ramener sur le chemin de l'amour.

C-29 Être gagnant en utilisant son subconscient
Lise Bourbeau explique la différence entre le conscient, l'inconscient et le subconscient. Comment utiliser le subconscient de façon optimale et vous laisser guider par lui.

C-30 Comment réussir à atteindre un but
Lise Bourbeau nous explique à travers l'aventure du livre ÉCOUTE TON CORPS, comment elle est parvenue à son but ultime (enseigner à aimer) si près différente de ce qu'elle avait planifié.

C-31 (ou CD-31) Rejet, abandon, solitude
Pourquoi certaines personnes vivent constamment du rejet?

D'où vient la peur d'être abandonné? La solitude : le grand fléau des années 80. Comment faire pour se défaire de ces peurs : être rejeté, être abandonné, être seul.

C-32 Besoin, désir ou caprice?
Comment parvenir à déterminer ce qui nous rendrait vraiment heureux en identifiant nos vrais besoins. Apprendre à faire la différence entre les désirs et les caprices.

C-33 Les cadeaux de la vie
Les cadeaux dans la vie ne sont pas toujours ce que nous croyons. Apprendre à voir dans chaque événement les avantages, les messages qu'ils nous apportent.

C-34 Jugement, critique ou accusation?
Dans cette conférence, Lise Bourbeau nous fait découvrir les bons aspects de la critique et comment l'utiliser pour nous connaître davantage. Comment s'exprimer sans juger ou accuser l'autre?

C-35 Retrouver sa créativité
Tout être humain est créatif, peu importe de quelle façon il l'exprime. Cette conférence nous fait découvrir que la créativité n'est pas exclusive aux artistes et qu'elle peut s'exprimer dans bien des domaines et de bien des façons.

C-36 (ou CD-36) Qui gagne, vous ou vos émotions?
Vous vivez sans cesse les mêmes émotions et vous aimeriez savoir pourquoi? Si vous voulez que cette ronde continuelle s'arrête, cette conférence vous en donne les moyens.

C-37 Comment aider les autres
Vous découvrirez différentes façons d'aider les autres. Quelle attitude avoir quand une personne a besoin de votre aide. Comment rester détaché pour demeurer efficace. Quoi faire quand vous vous sentez dépassé par les problèmes d'un autre.

C-38 Le burn-out et la dépression
Quelle est la différence entre les deux? Les causes métaphysiques sont mises en relief, ainsi qu'un moyen efficace pour prévenir ces malaises.

C-39 Le principe masculin et féminin
Cette explication du principe féminin et masculin vous aidera à comprendre pourquoi vos relations sont ce qu'elles sont. De plus, vous apprendrez comment utiliser vos relations avec les autres pour découvrir à quel degré vous acceptez vos parties féminine et masculine en vous. Cette conférence se termine par une détente dirigée.

C-40 La planète Terre et ses messages
Cette conférence souligne l'urgence de prendre conscience du parallèle entre les messages du corps et les messages de la Terre. Que signifient les raz-de-marée, les ouragans, les éruptions volcaniques et autres séismes?

C-41 Sans viande et en parfaite santé
Cette conférence a pour but de faire connaître les effets de la viande chez l'humain et comment s'habituer à un régime sans viande tout en comblant les besoins du corps physique.

C-42 (ou CD-42) Développer la confiance en soi
Savoir faire la différence entre avoir confiance et faire confiance. Plusieurs moyens pratiques pour développer la confiance en soi, ce qui aide à développer la créativité et l'abondance dans sa vie.

C = cassette audio   CD = disque compact

l'abondance dans sa vie.

C-43 (ou CD-43) Comment lâcher prise
Savoir faire la différence entre le contrôle, le lâcher prise et la soumission. Les grands avantages du lâcher prise et plusieurs moyens pratiques pour y arriver.

C-44 Comment découvrir et gérer vos croyances
Découvrez les croyances qui empêchent vos désirs de se manifester. Apprenez une technique simple pour devenir votre propre maître au lieu de laisser vos croyances du passé diriger votre vie.

C-45 (ou CD-45) Comment gérer ses peurs
Le pourquoi des peurs. Comment voir le bon côté de vos peurs et les utiliser à votre avantage. Explication de l'agoraphobie (la peur d'avoir peur). Comment arriver à ne plus être manipulé par les peurs et à les dépasser.

C-46 Quand le perfectionnisme s'en mêle
Comment rechercher la perfection et arrêter d'avoir peur de se tromper. Le lien entre le perfectionnisme, l'orgueil et la peur de dire la vérité. Quelle est la vraie perfection à atteindre.

C-47 Le monde astral
Cette conférence explique ce qui se passe dans ce monde subtil, invisible pour la plupart des humains; comment l'être humain est manipulé par le monde astral sans en être conscient et comment faire pour retrouver son propre pouvoir.

C-48 Comment vivre le moment présent
Par des techniques pratiques, vous découvrirez ce que veut dire *vivre son moment présent* et comment y parvenir, tout en continuant de planifier le futur sans en être prisonnier.

C-49 Êtes vous libre, libéré ou manipulé?
Être libre est essentiel à son bonheur. Cette conférence permet de vérifier si vous dirigez vous-même votre vie ou si vous êtes constamment manipulé. Comment peut-on arriver à cette liberté? En faisant la différence entre être libre, libéré ou manipulé.

C-50 Sais-tu qui tu es?
Vous apprendrez à mieux vous connaître et savoir qui vous êtes par des moyens pratiques. Êtes-vous comme un de vos parents ou avez-vous développé une personnalité contraire? Saviez-vous que lorsque vous vivez des peurs, des émotions, des doutes... vous n'êtes plus vous-même?

C-51 Qui est ton miroir?
Utilisez tout ce qui vous entoure en vous servant de la technique du miroir et le moyen le plus efficace et le plus rapide, selon Mme Bourbeau, pour apprendre à vous connaître et à vous aimer davantage.

C-52 Se connaître à travers son alimentation
Apprenez à vous connaître davantage en sachant comment interpréter vos habitudes alimentaires. Pourquoi avez-vous tendance à manger des aliments bien particuliers et pourquoi, à certains moments, mangez-vous plus qu'à l'habitude?

C-53 Les prophéties sont-elles vraies?
Découvrez le but et comment interpréter les différentes prédictions faites depuis plusieurs siècles. Comment composer avec les prophéties sans avoir peur, tout en restant réaliste face à ces dernières.

C-54 Comment se faire plaisir
Découvrez l'importance de se faire plaisir plutôt que de seulement faire plaisir à ceux qui vous entourent! Apprenez à

reconnaître ce qui vous fait réellement plaisir et comment le faire... sans vous sentir coupable!

C-55 Les messages du poids
Cette conférence vous aidera à découvrir la raison profonde d'un surplus ou d'un manque de poids. La nouvelle synthèse que Mme Lise Bourbeau a fait sur ce sujet est très révélatrice et peut apporter des résultats remarquables.

C-56 Les ravages de la peur face à l'amour
Si vous avez de la difficulté à aimer ou si vous ne vous sentez pas aimé, cette conférence a pour but de vous aider à découvrir quelles peurs font obstacle à l'amour véritable dans votre vie. À l'aide d'une détente dirigée, vous découvrirez un moyen pour y faire face d'une façon douce.

C-57 Quoi faire avec nos attentes
Est-ce que vous vivez souvent de la déception? Si tel est le cas, vous avez beaucoup trop d'attentes. Vous découvrirez quand il est bon d'avoir ou de ne pas avoir d'attentes et comment agir avec ceux qui ont des attentes envers vous.

C-58 La méditation et ses bienfaits
Apprenez tous les bienfaits de la méditation et comment la pratiquer dans son quotidien.

C-59 Comment développer le senti
Savez-vous ce que le senti veut vraiment dire? Confondez-vous le senti avec les émotions? Comment se fait-il que plus une personne est émotive, moins elle est en mesure de sentir clairement? Découvrez comment développer et bien vivre avec votre senti.

C-60 Bien manger tout en se faisant plaisir
Comment arriver à bien manger tout en se faisant plaisir? Que doit-on faire lorsqu'on a le goût de manger quelque chose dont on n'a pas vraiment besoin? Découvrez des moyens pour faire la transition entre manger d'une façon normale et manger d'une façon naturelle.

C-61 (ou CD-61) Le couple idéal
Cette conférence a pour but de t'aider à découvrir ce qui cause la plupart des problèmes dans une relation de couple. Tu apprendras aussi des moyens pratiques à expérimenter pour améliorer ta relation avec ton conjoint.

C-62 Les besoins des corps physique et énergétique
Qu'est ce qui nuit aux corps physique et énergétique. Découvrez pourquoi vous manquez souvent d'énergie. En plus, des moyens pour être en super forme physiquement et énergétiquement.

C-63 Les besoins du corps émotionnel
Découvrez l'importance de ce corps subtil. Quels sont ses besoins. En écoutant ces derniers, vous arrêterez d'être émotif et en restant quand même une personne sensible.

C-64 Les besoins du corps mental
Cette conférence vous aidera à découvrir pourquoi vous avez perdu la maîtrise de votre mental. Apprenez que c'est en écoutant vos besoins que vous redeviendrez maître de votre mental; donc de votre vie.

C-65 Les besoins du corps spirituel
Dans cette conférence, vous apprendrez ce que veut dire *être spirituel* et à faire la différence entre l'état spirituel, psychique et matériel. Vous découvrirez comment laisser l'être spirituel en vous émerger, car c'est en y arrivant que vous pourrez connaître le vrai bonheur.

C-66 Se guérir en s'aimant
Comment le fait de s'aimer véritablement peut apporter une guérison très rapide tant sur le plan physique, émotionnel que mental.

C-67 La loi de cause à effet
Apprendre à utiliser cette loi immuable à votre avantage. Comment gérer votre karma.

C-68 Le message caché des problèmes sexuels
Ce que révèlent les problèmes sexuels. L'attitude à adopter pour les transformer.

C-69 Comment dédramatiser
Comment vivre davantage dans la simplicité et arrêter les drames qui compliquent notre vie. Des moyens pour vivre moins d'émotions.

C-70 Comment éviter une séparation ou la vivre dans l'amour (partie 1).
Dans cette conférence, Lise Bourbeau donne des moyens concrets pour éviter une séparation. Si elle devient inévitable, comment la vivre dans l'amour en limitant les répercussions sur soi et sur l'entourage.

C-71 Comment éviter une séparation ou la vivre dans l'amour (partie 2).
Questions et réponses de la conférence.

C-72 Quelle attitude adopter face au cancer
Cette maladie est devenue un fléau dans notre société. Venez apprendre quelle attitude adopter si vous apprenez que vous-même ou une personne qui vous est très chère est atteinte de cancer. De plus, venez découvrir les divers messages que cette maladie comporte.

C-73 Recevez-vous autant que vous donnez?
Ce qui empêche la récolte dans votre vie. Comment vous ouvrir davantage à l'abondance.

C-74 Comment ne plus être rongé par la colère
Les effets rongeurs de la colère sur les corps physique, émotionnel et mental. Transformer une colère non bénéfique en une colère bénéfique.

C-75 Possession, attachement et jalousie
Pourquoi devient-on trop attaché, possessif, jaloux. Comment être détaché sans avoir à renoncer à tout.

C-76 Soyez gagnant dans la perte
Comment sortir gagnant de la perte d'un être cher ou de quelque chose de précieux. Apprendre quelque chose sur soi à travers la perte.

C-77 Êtes-vous une personne nouvelle ou traditionnelle?
La différence entre les deux. Les avantages d'adopter un mode de vie nouveau et comment y arriver.

C-78 Dépasser ses limites sans craquer
Comment dépasser ses limites au niveau matériel, c'est-à-dire aux niveaux physique, émotionnel et mental, d'une façon saine et harmonieuse.

C-79 Pourquoi y a-t-il tant de honte
Comment la honte de soi est reliée à la difficulté d'être soi-même. Comment être soi-même et arrêter d'avoir honte.

C-80 S'épanouir et évoluer dans son milieu de travail
Comment choisir un travail qui vous convient. Pourquoi le garder. Les différents moyens pour grandir, évoluer et vous conscientiser par l'emploi que vous avez.

C-81 Pourquoi et comment organiser son temps
Le manque de temps est devenu un problème sérieux du monde moderne. Pourquoi le manque de temps et comment s'organiser pour mieux utiliser le temps consacré au travail, au repos et au jeu.

C-82 Savez-vous vous engager?
Il ne peut y avoir de relations vraiment intimes sans engagement. L'engagement donne une direction à votre relation. Pourquoi savoir se désengager s'avère-t-il tout aussi important que de savoir s'engager. Pourquoi certaines personnes éprouvent-elles des difficultés à s'engager?

C-83 Accepter, est-ce se soumettre?
Différence entre l'acceptation et la soumission. Que signifie accepter véritablement? Les effets extraordinairement bénéfiques de l'acceptation. Pourquoi est-ce si difficile d'accepter? Comment atteindre l'acceptation inconditionnelle.

C-84 Avoir des amis et les avantages de l'amitié
Pourquoi certaines personnes ont des amis et d'autres, non? Comment se faire des amis. Peut-on ou doit-on changer d'amis? Une vraie amitié dure-t-elle toute une vie? La différence dans la manière dont l'amitié est vécue par les hommes et par les femmes. Les critères d'une amitié durable.

C-85 Vaincre ou en finir avec la timidité.
D'où vient la timidité? Comment les personnes cachent leur timidité. Les symptômes physiques de la timidité. De quoi la personne timide a-t-elle peur? Comment faire face à ces peurs et vaincre la timidité.

C-86 Pourquoi et comment se réconcilier?
Après une dispute ou une querelle, pourquoi est-ce si difficile de faire les premiers pas vers l'autre? L'explication des différences entre les principes masculin et féminin qui sont la cause de bien des malentendus, rancoeurs et disputes. Les avantages d'apprendre le langage de l'autre pour arriver à bien communiquer.

C-87 La chance est-elle réservée aux chanceux?
Pourquoi certaines personnes sont-elles plus chanceuses que d'autres? Pouvez-vous devenir plus chanceux? Est-ce que le karma ou le destin suscite ou limite la chance? Peut-on y échapper? Révélation des secrets des gens chanceux.

C-88 Comment les rêves peuvent vous aider
Pourquoi vous rêvez? Les messages des rêves. Comment vous pouvez utiliser les rêves pour vous guider. Qu'est-ce qu'un rêve éveillé et un rêve prémonitoire. Comment se souvenir de ses rêves.

C-89 Comprendre et accepter l'homosexualité
Les liens entre le complexe d'Oedipe et l'homosexualité. Comment faire face au problème de rejet associé à l'homosexualité. Comment être heureux dans l'homosexualité.

C-90 Comment faire respecter son espace
Savoir reconnaître son espace et des moyens pratiques pour le faire respecter. Comment savoir lorsque quelqu'un est dans votre espace et vous dans le sien. Les bienfaits de retrouver son espace vital, autant au plan physique qu'émotionnel et mental.

C = cassette audio   CD = disque compact

Commandez pas téléphone pour un service rapide page C2

C-91 Comment utiliser votre intuition
D'où vient l'intuition? Lise Bourbeau répondra à cette question et vous donnera des moyens pratiques pour le développer et bien l'utiliser. Vous apprendrez aussi la différence entre l'intuition, la pensée, le désir et la voyance.

C-92 Quoi faire face à l'agressivité et la violence
Nous sommes souvent témoins d'agressivité et de violence. Pourquoi vit-on dans un monde où la violence est présente? D'où viennent l'agressivité et la violence? La colère peut-elle être utile et quoi faire avec sa propre violence et celle des autres?

C-93 Pourquoi y a-t-il autant d'inceste?
Découvrez pourquoi le *pattern* de l'inceste se perpétue souvent d'une génération à l'autre. Les différentes souffrances de l'incestueux, du conjoint et de l'enfant qui en est victime. Que peut-on faire pour aider une personne victime d'inceste? L'importance du pardon face à l'inceste.

C-94 Êtes-vous dans votre pouvoir?
Comment faire la différence entre *être dans son pouvoir* et *vouloir avoir le pouvoir sur les autres*. Comment être dans son pouvoir sans déranger les autres et sans devenir orgueilleux. Comment reprendre contact avec votre puissance intérieure pour développer votre pouvoir.

C-95 Les faux maîtres
Êtes-vous votre propre maître ou laissez-vous certaines situations diriger votre vie? Comment en devenir conscient et comment faire pour reprendre la maîtrise de votre vie.

C-96 Les secrets pour rester jeune
Demeurer jeune longtemps, est-ce seulement une question génétique ou y a-t-il d'autres causes? Comment agir lorsque le corps ne veut pas suivre les désirs. Comment rester jeune et se sentir jeune.

C-97 Découvrez ce qui bloque vos désirs
Lise Bourbeau vous aide à découvrir les causes qui vous empêchent d'avoir ce que vous voulez. Elle vous donnera aussi des moyens pour manifester vos désirs sans peur et culpabilité.

C-98 Découvrez la cause de vos malaises ou maladies
Cette cassette vous enseigne comment trouver la cause derrière un malaise physique ou une maladie. Ceci vous permettra d'être votre propre thérapeute ou d'aider quelqu'un dans votre entourage.

C-99 (ou CD-99) Les blessures qui vous empêchent d'être vous-même
Cette conférence vous enseignera à reconnaître la ou les blessures qui vous habitent depuis votre enfance et comment les guérir. De plus, vous apprendrez comment les reconnaître chez les autres.

C-100 Comment bien gérer le changement
Avec la venue de l'ère du Verseau, nous devons tous faire face à plusieurs changements. Pourquoi ces changements sont-ils nécessaires? Comment les gérer dans l'harmonie et l'acceptation plutôt que dans la résistance.

C-101 (ou CD-101) Les cinq obstacles à l'évolution spirituelle
Nous sommes tous confrontés à des épreuves pour vérifier si nous nous dirigeons davantage vers notre Dieu intérieur. Devenez conscient de cinq obstacles majeurs grâce à cette conférence.

C-102 L'agoraphobie
Cette conférence explique les causes et les effets de l'agoraphobie d'une façon unique à Écoute Ton Corps. De plus, Lise Bourbeau vous donne des moyens concrets pour dissoudre cette grande peur qui fait de plus en plus de ravages.

C-103 Comment être à l'écoute de son corps.
Votre corps est une alarme! Il reflète tout ce qui se passe à l'intérieur de vous. Apprenez, grâce à cette conférence, comment écouter les messages de votre corps pour savoir si vous êtes dans l'amour de soi.

C-104 Est-ce possible de ne plus se sentir coupable?
Découvrez à quel degré vous vous sentez coupable et pourquoi. En plus, différents moyens pour arriver à ne plus vous sentir coupable seront enseignés afin d'arrêter de subir tous les effets nuisibles de la culpabilité.

C-105 Comment résoudre un conflit
Grâce à cette conférence, vous apprendrez quelle attitude avoir et quels moyens pratiques utiliser pour régler un conflit autant au plan personnel que professionnel.

CD-106 Savez-vous vraiment communiquer ?
Découvrez votre capacité de communiquer clairement et de faire vos demandes ainsi que votre capacité d'écouter de vous faire écouter.

CD-107 Comment retrouver et garder sa joie de vivre
Apprenez à retrouver la joie après les épreuves et à la garder malgré les contraintes. Découvrez tous les avantages de vivre dans la joie.

CD-108 Comment ÊTRE avec un adolescent
Découvrez pourquoi vous vivez des difficultés avec votre adolescent et quoi faire pour avoir une relation harmonieuse grâce au respect de soi et de l'autre.

CD-109 Développer son autonomie affective
Souffrez-vous de dépendance affective? Venez découvrir des moyens concrets pour en libérer et redevenir autonome.

ÉCONOMISEZ!
Procurez-vous un album audio qui regroupe quatre cassettes de conférences au prix de trois!

Québec & Maritimes : 40,20$ (taxes incluses); Autres provinces canadiennes : 37,40$
(taxe incluse); Extérieur du Canada : 34,95$ (frais de douanes non inclues)

Conférences sur vidéo

VC-01 Ton corps dit : « Aime-toi! »
VC-02 Comment découvrir et gérer vos croyances
VC-03 Comment être à l'écoute de son corps

Québec & Maritimes: 28,70$ (taxes incl)
Autres provinces can. : 26,70$ (taxe incl)
Extérieur du Canada: 24,95$

Détentes et de méditations
Prix : voir la page C-3

CDETC-03 Méditation «JE SUIS DIEU» (complètement révisée en sept. 2002)
Piste I : Méditation de 30 minutes sur Le mantra «Je suis Dieu» chanté par Monique Bertrand. Piste II : 30 minutes de musique douce.

CETC-12 (ou CDETC-12) Détente «COMMUNICATION»
Côté I : Détente de 30 minutes pour faire une demande, un partage ou un pardon avec quelqu'un. Côté II : 30 minutes de musique douce.

CETC-13 Détente «PETIT ENFANT»
Côté I : Détente de 30 minutes pour entrer en contact avec le petit enfant en soi afin de mieux accepter ses peurs et ressentir de la compassion. Côté II : 30 minutes de musique douce.

CETC-14 Détente «SITUATION À CHANGER»
Côté I : Détente de 30 minutes pour devenir conscient d'une situation pénible à vivre. Transformez votre vision en la revivant dans l'harmonie. Côté II : 30 minutes de musique douce.

CDETC-15 Détente «Le PARDON»
Piste I : Détente de 30 minutes pour faire un pardon véritable avec une personne absente de votre vie ou pour se préparer à faire le pardon avec quelqu'un. Piste II : 30 minutes de musique douce.

CETC-16 Détente «ABANDONNER UNE PEUR»
Côté I : Détente de 30 minutes pour aider à lâcher prise d'une émotion, d'un stress ou d'une situation difficile à vivre. Extrait de la technique «S'abandonner». Côté II : 30 minutes de musique douce.

CDETC-17 Détente «S'OUVRIR À L'ÉTAT D'ABONDANCE»
Côté I : Détente de 30 minutes utilisant sept étapes pour attirer plus d'abondance dans votre vie dans quelque domaine que ce soit. Piste II : 30 minutes de musique douce.

CDETC-18 Détente «À LA DÉCOUVERT DE MON ÊTRE»
Piste I : Détente de 30 minutes qui te permet de prendre contact avec la liberté, la beauté, l'harmonie et la confiance absolue en ton être. Piste II : 30 minutes de musique douce.

CDETC-19 Détente «RENCONTRE AVEC MON SAGE INTÉRIEUR»
Piste I : Détente de 30 minutes qui, par l'intermédiaire de ton sage intérieur, te permet de trouver une réponse qui répond au besoin de ton être. Piste II : 30 minutes de musique douce.

CDETC-21 Méditation «NOTRE PÈRE» (complètement révisée en sept. 2002)
Piste I : La prière du Notre Père chantée par Monique Bertrand. La signification métaphysique du Notre Père lu par Lise Bourbeau. Piste II : Méditation en trois parties : Le mantra «Je suis Dieu» chanté par Monique Bertrand, les attributs de Dieu et musique douce.

CETC-33 (ou CDETC-33) Détente «JE SUIS»
Côté I : Détente de 30 minutes pour devenir conscient de vos désirs et besoins dans plusieurs domaines de votre vie. Côté II : Musique douce.

C= cassette audio   CD= disque compact

ÉCONOMISEZ!
Quatre cassettes de détentes au prix de trois!
(ALB-06) DÉTENTES DIRIGÉES : Inclut ETC-12 + ETC-13 + ETC-14 + ETC-33

Québec & Maritimes : 40.20$ (taxes incluses)
Autres provinces canadiennes : 37.40$ (taxe incluse)
Extérieur du Canada : 34.95$ (taxes et douanes non incluses)

Améliorez votre qualité de vie dans le confort de votre foyer!

Écoute Ton Corps, ton plus grand ami sur la Terre (L-01)

En s'aimant et en s'acceptant, tout devient possible. La philosophie d'amour que transmet Lise Bourbeau à travers ce livre est la base solide d'un nouveau mode de vie. Plus que de simples connaissances, elle vous offre des outils qui, s'ils sont utilisés, vous mèneront à des transformations concrètes et durables dans votre vie. *Plus de 350 000 exemplaires vendus.*

Version française et anglaise: CANADA: 20,28$ (taxe incluse); Extérieur du Canada: 18,95$ (frais de douanes non incluses)

Également disponible en espagnol, italien, allemand, russe, roumain, portugais, polonais et en lithuanien (24,95$ + taxe si applicable).

Écoute Ton Corps, ENCORE! (L-06)

Voici la suite du tout premier livre de Lise Bourbeau. Ce livre regorge de nouveaux renseignements par rapport à l'*avoir*, le *faire* et l'*être*. Il saura vous captiver tout comme le premier!

CANADA: 20,28$ (taxe incluse); Extérieur du Canada: 18,95$ (frais de douanes non incluses)

Également disponible en russe (24,95$ + taxe si applicable)

Qui es-tu? (L-02)

La lecture de ce livre vous apprendra à vous connaître davantage à travers ce que vous dites, pensez, voyez, entendez, ressentez, et ce, par le biais des vêtements que vous portez, l'endroit où vous habitez, les formes de votre corps et les différents malaises ou maladies qui vous affectent aujourd'hui ou qui vous ont déjà affecté.

CANADA: 20,28$ (taxe incluse); Extérieur du Canada: 18,95$ (frais de douanes non incl.)

Également disponible en roumain, russe et en italien (24,95$ + taxe si applicable)

Je suis Dieu, WOW! (L-05)

Dans cette autobiographie au titre audacieux, Lise Bourbeau se révèle entièrement. Pour les curieux, un bilan des différentes étapes de sa vie ainsi que plusieurs photos. Comment une personne peut-elle en arriver à affirmer : «Je suis Dieu, WOW!»? Vous le découvrirez à travers son récit.

CANADA: 20,28$ (taxe incluse); Extérieur du Canada: 18,95$ (frais de douanes non incluses)

Ton corps dit : «Aime-toi!» (L-07)

Le livre le plus complet sur la métaphysique des malaises et maladies. Il est le résultat de toutes les recherches de Lise Bourbeau sur les maladies depuis quinze ans. Elle explique dans ce volume les blocages physiques, émotionnels, mentaux et spirituels de plus de 500 malaises et maladies.

Version française et anglaise: CANADA: 26,70$ (taxe incluse); Extérieur du Canada: 24,95$ (frais de douanes non incluses)

Également disponible en espagnol, allemand, russe, polonais et portugais (24,95$ + taxe si applicable).

Les 5 blessures qui empêchent d'être soi-même (L-08)

Ce livre démontre que tous les problèmes proviennent de cinq blessures importantes : le rejet, l'abandon, l'humiliation, la trahison et l'injustice. Grâce à une description très détaillée des blessures et des masques que vous développez pour ne pas voir, sentir et surtout connaître vos blessures, vous arriverez à identifier la vraie cause d'un problème précis dans votre vie.

Version française et anglaise: CANADA: 20,28$ (taxe incluse); Extérieur du Canada: 18,95$ (frais de douanes non incluses)

Également disponible en allemand, russe et italien (24,95$ + taxe si applicable).

Visitez le site de www.leseditionsetc.com pour lire des extraits de chaque livre.

Nouveauté!

Le grand guide de l'ÊTRE (L-10)
Le livre que nous attendions tous paraîtra en août 2003 ! Il présente plus de 400 sujets qui ont tous un point en commun : leur définition relève du domaine de l'*être*. Il suggère des outils concrets qui permettent de mieux gérer nos états d'être, nous conduisant ainsi vers la paix intérieure et le bonheur de vivre en harmonie avec soi et les autres. COUVERTURE RIGIDE. 700 pages.
CANADA : 32,05$ (taxe incluse) ; Ext. du Canada : 29,95$ (frais de douanes non incl.)

Outil quotidien

Une année de prises de conscience avec Écoute Ton Corps (L-09)
Résolument pratique, cet ouvrage nous invite, jour après jour, à découvrir et dépasser nos blocages sur les plans physique, émotionnel et mental.
CANADA : 20,28$ (taxe incluse) ; Extérieur du Canada : 18,95$ (frais de douanes non incluses)

Collection Écoute Ton Corps

À travers les livres de cette collection, Lise Bourbeau répond à des centaines de questions de tous genres, regroupées par thèmes différents. Sont disponibles à l'heure actuelle, les sept livres suivants :

(LC-01) Les relations intimes
(LC-02) La responsabilité, l'engagement et la culpabilité
(LC-03) Les peurs et les croyances
(LC-04) Les relations parent - enfant
(LC-05) L'argent et l'abondance
(LC-06) Les émotions, les sentiments et le pardon
(LC-07) La sexualité et la sensualité

CANADA : 10,65$ (taxe incluse) ; Extérieur du Canada : 9,95$ (frais de douanes non incluses)
Les sept sont également disponibles en russe et les #2 et #5 en italien (11,95$ + taxe si applicable).

Collection Rouma pour les enfants

Dans cette collection, *Rouma* représente le Dieu intérieur qui aide les enfants à trouver des solutions à leurs problèmes.
(ROU-01) La découverte de Rouma
(ROU-02) Janie la petite

CANADA : 13,86$ (taxe incluse)
Extérieur du Canada : 12,95$ (frais de douanes non incluses)

Jeu de cartes

Ce jeu de cartes vous aidera quotidiennement à devenir conscient d'une difficulté faisant obstacle à votre bonheur (carte bleue), à découvrir la croyance non bénéfique qui se cache derrière cette difficulté (carte jaune) et suggérera un moyen concret pour revenir sur la route du bonheur (carte rouge).
LES CARTES ÉCOUTE TON CORPS (J-01)
Québec & Maritimes : 13,75$ (taxes incluses) ; Autres provinces canadiennes : 12,79$ (taxe incluse) ; Extérieur du Canada : 11,95$ (frais de douanes non incl.)
Ce jeu est également disponible en allemand (18,95$), italien et espagnol (14,95$) + taxe si applicable.

Ateliers sur cassettes

Animés par Lise Bourbeau

Enfin, des outils pratiques et efficaces pour améliorer votre qualité de vie ... toujours à la portée de la main !

V-01

Le COFFRET-VIDÉO
de l'atelier *"Écoute Ton Corps Niveau Un"*

Son contenu dynamique, pratique et interactif constitue l'outil idéal pour améliorer votre qualité de vie. À ce jour, ce cours a été expérimenté par plus de 20 000 personnes.

Ce COFFRET-VIDÉO comprend cinq cassettes vidéo de deux heures chacune et le matériel nécessaire permettant de faire les exercices suggérés; le tout dans un coffret pratique pour le rangement.
Prix: 224.30$ au Québec, 208.65$ reste du Canada (taxe/s incluse/s) ou 195$CND à l'extérieur du Canada. (taxes locales et douanes en sus). Ajouter 20$ pour les versions SECAM et PAL.

V-02

Le COFFRET-VIDÉO
de l'atelier *"Écoute Ton Corps Niveau Deux"*

Enfin, un atelier qui vous permet d'approfondir davantage les notions apprises dans l'atelier *Écoute Ton Corps niveau un*. Il est structuré de façon à intensifier et rendre les résultats encore plus durables. Vous vivrez des expériences uniques chaque semaine en rapport avec les différents besoins des corps physique, émotionnel et mental et vous vous sentirez reconnecté de plus en plus à vos vrais besoins essentiels. 5 cassettes vidéos.

Prix: 201.30$ au Québec, 187.25$ reste du Canada (taxe/s incluse/s) ou 175$CND à l'extérieur du Canada. (taxes locales et douanes en sus). Ajouter 20$ pour les versions SECAM et PAL.

AA-01

Le COFFRET-AUDIO
de l'atelier *"Vendre avec coeur"*

À l'aube du prochain millénaire, une nouvelle approche est nécessaire pour oeuvrer efficacement dans le domaine de la vente. Venez profiter des trente années d'expérience de Lise Bourbeau où elle a rencontré plus de 20 000 personnes. Cet atelier vous apportera:
✓ une plus grande confiance en vous-même et en votre produit;
✓ une méthode efficace pour aider le client à identifier son besoin sans exercer de pression;
✓ une technique d'écoute permettant d'accueillir le client quand il exprime ses besoins et ses objections;
✓ les moyens pour augmenter votre rendement sans augmenter votre stress.

Prix: 102.38$ au Québec, 95.23$ reste du Canada (taxe/s incluse/s) ou 89$CND à l'extérieur du Canada. (taxes/douanes locales en sus).

Bon de commande page C13   **C11**

Consultation téléphonique à votre portée

ÉCOUTE TON CORPS

à votre écoute...

1-888-AIDEETC

Partout au Canada et aux États-Unis

15$/15 minutes

(2$ par minute additionnelle)

À votre service du lundi au jeudi de 12h à 17h.

08 00 91 83 89

Partout en France

23 /15 minutes

(3 par minute additionnelle)

À votre service du lundi au vendredi de 18h à 23h.

Consultations faites par des intervenantes diplômées d'Écoute Ton Corps.

Commandez pas téléphone pour un service rapide page C2

Bon de commande

# PRODUIT	QTÉ	TOTAL	POIDS (g)

SOUS-TOTAL		
FRAIS DE MANUTENTION		
TOTAL		

N.B. Tous les prix sont sujets à des changements sans préavis.

POIDS DES PRODUITS

Livres (450g/ch)
Cassette de conférences ou détentes (75g/ch)
Coffret audio - atelier sur la vente (350g/ch)
Livres Collection Écoute Ton Corps (200g/ch)
Jeu de cartes et disque compact (140g/ch)
Albums-cassettes (350g/ch)
Livres Collection Rouma (300g/ch)
Atelier sur Vidéo (2650g/ch)
Conférence sur vidéo (235g/ch)

Service *ultra-rapide* en
téléphonant avec carte de crédit
514-875-1930 ou 450-431-5336
si interurbain **1-800-361-3834**

Télécopieur: (450) 431-0991

Calculez le poids de chaque produit
commandé, faites le total et référez-vous au
tableau ci-bas pour les frais de manutention.

FRAIS DE MANUTENTION

	Service normal (1 à 2 semaines)				bateau 6-8 sem.	avion 1-2 sem.
CANADA :	$6.80		**AUTRES PAYS**	100 à 500g =	$ 8,20	$13,20
				600 à 1000g =	$12,10	$23,40
ÉTATS-UNIS :	$7.80			1100 à 2000g =	$16.00	$37,00
				2100g à 2500g =	$26.50*	$46,20*
				2600g à 3000g =	$30.00*	$55,00*
				Plus de 3100g =	téléphonez-nous	

*Prix valide pour l'**EUROPE** seulement

Paiement par chèque ou mandat-poste à l'ordre de:

ÉCOUTE TON CORPS, 1102 boul. La Sallette, Saint-Jérôme, Québec, Canada. J5L 2J7.
CANADA: Chèque personnel, mandat ou carte de crédit.
EXTÉRIEUR DU CANADA: Mandat international en devises canadiennes ou carte de crédit.

☐ **VISA** Numéro: ☐☐☐☐ ☐☐☐☐ ☐☐☐☐ ☐☐☐☐ Exp.: ☐☐ / ☐☐
mois   année

☐ **MasterCard** Nom du titulaire: _____

Signature: _____

☐ **CHÈQUE / MANDAT-POSTE**

Nom: _____

Adresse: _____

Ville: _____ Code postal: _____

Tél. résidence: ( ) Tél. travail: ( )